역주 조선시대 개성유람기

역주 조선시대 개성유람기

한국역사연구회 개경사연구반 편

혜안

『역주 조선시대 개성유람기』를 출간하면서

　마침내『역주 조선시대 개성유람기』를 출간하게 되었다. 이 책은 '한국
역사연구회 개경사연구반' 회원들이 10여 년 동안 함께 노력하여 이룬
결과물이다. 이 책을 펴내면서 25년이라는 오랜 기간 함께한 개경반의
활동 내용을 간단하게 되돌아보았다.
　개경반은 1995년 봄날에 홍영의의 제안으로 김기덕·박종진·서성호·신
안식·정학수 등이 참여하면서 출발하였다. 이후 강호선·김대식·김순자·
박진훈·안병우·안지원·오영선·윤채영·이혜옥·임명주·장지연·전경숙·
정요근·한정수 등이 함께하였다. 이들의 참여로 당시까지만 해도 불모지
에 가까웠던 개경사 연구에 활력을 더할 수 있었고, 많은 성과도 이룰
수 있었다. 대표적인 것으로는 「고려시기 개경의 구조와 기능」(2000.5),
「고려시대 개경의 공간기능과 시설」(2005.9)이라는 제목으로 이루어진
두 차례의 학술연구발표회와『고려의 황도 개경』(창작과 비평사, 2002),
『고려 500년 서울, 개경의 생활사』(휴머니스트, 2007)라는 두 권의 출판물
이다. 이외에도 개경반 개개인의 연구 성과들이 개경사 연구를 더욱
풍성하게 해주었다.
　개경반의 추억은 연구 성과에만 그치지 않았다. 그중에서도 가장 큰
추억은 2005년 11월 18일부터 3박 4일의 일정으로 이루어진 개성답사이다.
그때 「개성 역사지구의 세계문화유산 등록을 위한 남북공동 학술토론회와
유적답사」가 있었는데, 개경반에서는 안병우를 비롯한 박종진, 서성호,
신안식, 정학수, 홍영의가 참여하는 감격을 누렸다. 개경 연구를 시작하면
서 꾸던 꿈이 이루어진 셈이었다. 만월대에 첫발을 내디디면서 느꼈던

6

감흥, 태조 왕건릉(현릉) 제실에서 술 한 잔 올리면서 머리 숙였던 감회가 새록새록하다. 이 모두가 개경반의 구성원들이 있었기에 가능하였다. 이때는 일부 반원만 개성을 방문했지만, 그 후 개성관광 때 개인 자격으로 또는 만월대남북공동발굴의 자문위원 자격으로 많은 개경반원이 개성을 방문하였다. 또한 2004년 일본의 오사카·나라 답사, 숙대 개경자료팀과 함께 했던 2010년과 2011년 중국의 서안·낙양·정주·개봉 등을 답사한 것도 개경반 활동의 즐거움이었다.

개경반 활동을 하면서 아쉬움도 있었다. 두 권의 책을 출판한 이후 개경반의 활동이 느슨했을 때 『고려도경』 역주 작업을 시작하였지만, 그 결실을 출판으로까지 이어 가지 못했다. 그렇지만 연구반원들의 열정은 조선시대 사람들이 느꼈던 개성을 같이 느껴 보자는 쪽으로 뜻을 모으게 하였고, 이를 위해 자료로 남겨진 그들의 유람기로 시선을 돌리게 되었다. 2010년부터 시작된 개성유람기 윤독은 끝날 줄 모르고 이어졌다. 한문의 문맥에서 당대 사람들의 생각을 읽어낸다는 것이 그리 쉬운 일은 아니었다. 특히 연구에 필요한 역사 자료를 읽고 사실을 확인하는데 익숙한 우리에게 유람기의 문맥은 낯설었지만, 모두의 노력으로 어려움을 극복할 수 있었다. 그 결실이 이제 『역주 조선시대 개성유람기』 출판으로 빛을 보게 되었다.

뒤돌아보면 즐거운 추억과 아쉬움이 넘치지만 거의 불모지에 가까웠던 개경 연구에서 25년 동안 조금이나마 터를 닦았다고 자부한다. 이것은 그동안 개경반에서 활동한 모든 분의 공이다. 묵묵히 그 자리에서 오랜 세월을 함께 해온 반원들에게 사랑과 존경을 보낸다. 특히 얼마 전 세상을 뜬 오영선도 멀리서나마 개성유람기 출간 소식에 기쁨을 함께 해주리라 믿는다.

개경반이 사반세기 유지되는 동안 많은 분의 도움이 있었다. 이 자리를 빌려 모두에게 감사드린다. 특히 『역주 조선시대 개성유람기』 출판을 맡아주신 도서출판 혜안의 여러분에게 고마움을 전한다. 이 책이 앞으로 개경사 연구의 지평을 넓히는 데 작으나마 도움이 될 수 있기를 기대한다.
또 이 책은 지난 세월 함께 연구하고 토론하면서 성장한 개경반원에게도
좋은 추억이 될 것이다.

2021년 1월
한국역사연구회 개경사연구반 일동

8

차 례

원문 227

『역주 조선시대 개성유람기』 해제

조선시대 개성은 금강산·지리산 등과 함께 대표적인 유람지의 하나였다. 고려의 도읍지로 유적이 많고 박연 등 경치가 빼어난 곳도 적지 않아 문인들이 많이 찾던 곳이었다. 현재도 고려사 연구자들에게 개성은 특별한 의미를 지닌다. 비록 과거의 영화는 사라지고 계단과 주춧돌, 몇몇 유적만이 당시의 영욕을 간직한 채 묵묵히 자리를 지키고 있지만, 500년 고려 역사의 중심이었던 개성은 공간 자체가 무한한 상상력을 펼치며 당대의 숨결을 느끼게 하기에 더할 나위 없는 장소이기 때문이다. 또한 지금도 남아 있는 유적과 발굴 등을 통해 문헌에 기초한 연구를 보완할 수 있는 부분이 적지 않음은 말할 필요가 없다. 그러나 지금은 마음대로 가보지도 못하는 땅! 최근에 남북 교류가 부분적으로 이루어져 개성 일부 지역을 잠시 개방하고 만월대발굴조사도 일부 이루어졌지만, 다시 닫힌 개성으로의 문은 언제 열릴지 기약이 없다.

옛사람들은 가보지 못하는 곳에 대한 아쉬움을 '와유록(臥遊錄)'을 읽으며 달랬다. 자신이 과거에 가보았던 곳 또는 남이 가보고 남긴 그림이나 기행문 등을 보고 읽으며 유람을 대신한 것이다. 요즘 지구촌 곳곳을 여행하는 것을 주제로 한 방송을 보면서 대리만족을 느끼는 상황이나 비슷한 것이다. 우리도 10여 년 전에 조선시대 사람들이 남겼던 개성유람기를 모아서 번역하고 주석을 달기로 계획하였다. 그들의 기행문을 통해 가보지 못하는 개성에 대한 허기를 달래보기로 한 것이다.

이 책은 '한국역사연구회 개경사연구반'에서 현재 남아 있는 장서각본 『와유록』과 이름은 같지만 내용이 다른 규장각본 『와유록』 두 책에서

조선 초기부터 말기까지 개성유람기를 시대순으로 뽑아 원문 표점을
하고 역주한 것이다. 1477년(성종 8) 채수의 유람기를 필두로 1867년(고종
4) 송병선의 「서유기」까지 연대순으로 18편의 유람기를 실었다. 이들의
유람 시기는 대체로 봄, 가을이다. 채수의 「유송도록」에서 "열흘이 되지
않았는데 송경의 아름다운 곳은 다 구경했다."라고 한 것처럼 길어야
12일간, 짧게는 2~3일 정도의 여행이었다.

1. 일정 및 주요 유람지

이 책에 실린 개성유람기는 짧은 일정으로 「유박연기」, 「유천마산기」와
같이 박연 일대 및 화담 선생 유적지 등 특정 지역에 대한 기록만 남긴
것과, 이덕형의 「송도기이」와 같이 유람기라기보다 저자가 개성부 유수로
재직했을 때 개성에 전하는 설화 및 보고 들은 바를 모아서 엮은 것도
있다. 차이는 있으나 조선의 문인들은 대부분 며칠간 또는 10여 일을
묵으면서 옛 도읍지 개성 일대를 유람하고 여행기를 남겼다.

대부분 사가독서(賜暇讀書) 등 여가를 이용하거나 공무로 지나면서
잠시 틈을 내 유람을 했다. 일반적으로 유람을 목적으로 한 경우에는
10일 전후, 공무차 지나는 길에 들른 경우는 김수증의 「유송도기」, 박장원
의 「유박연기」처럼 2~3일에 그치곤 했다.

한양에서 출발하면 주로 사현[모래내]·홍제원·녹번동 등을 거쳐 파주에
서 1박하고, 다음날 새벽에 출발해서 점심 때쯤 개성에 도착하였다. 교통수
단은 말과 가마였다. 이정구는 「유송악기」에서 송도는 서울에서 100여
리 떨어져 있어서 말만 튼튼하면 하루에 갈 수도 있다고 하였다. 개성에서
는 견여(肩輿, 어깨에 메는 가마) 또는 남여(籃輿, 노출형 가마)를 타고
다녔으며, 승려나 개성의 하급 관인들이 길잡이 역할을 하였다.

김창협의 「유송경기」에 의하면 홍제원에서 녹반현(지금의 녹번동)에

이르는 길은 훤히 트이고 곧고 평평하여 말이 걷기 쉬웠다고 하였다. 개성의 천마봉과 같이 산세가 높고 가파른 길에서는 수레를 멘 승려가 100보에 한 번씩 교대해야 할 정도로 소처럼 헐떡이며 땀을 흘렸다고 한다. 그래서 몹시 험한 곳을 만나면 가마에서 내려 걷다가 평탄해지면 다시 가마에 타곤 하였다. 그들이 개성에서 들렀던 대표적인 유적지는 성균관·만월대·관음사·운거사·영통사·경천사·문충당·귀법사터·흥성사·환희령·지족사·적멸암·대흥사·석문담·마담·태종대·관음굴·박연·차일암·북성거암·원통사·현화사·화장사 등이었다.

2. 조선시대의 여행문화

유람기에는 다른 문헌에서 찾기 힘든 글이 상당수 수록되어 있어서 자료적 가치가 높다. 이 글들을 통해 조선시대의 여행문화를 엿볼 수 있다.

1) 동기

조선시대에는 문인들의 산수 유람에 대한 수요와 관심이 증가했다. 이들은 다녀온 후 유람기를 남겼다. 그 이유는 직접 기행을 가지 못하는 사람들에게 여행지에 대한 정보나 감흥을 느끼게 하려는 목적, 또는 자신들이 직접 산행할 수 없을 때나 노년에 위안거리로 삼으려는 뜻도 있었다. 「천성일록」에서는 "훗날 속세로 돌아와서 집에 고요히 앉아 있으면 수백 리 밖의 첩첩 산과 겹겹의 봉우리, 떨어지는 폭포와 맑은 연못을 마음속에서 맘껏 떠올릴 수 있을 것이니 어찌 유쾌하지 않겠는가? 내가 산에서 내려와서 드디어 산수 중에 기이한 볼거리와 거리의 원근을 기록하여 이 기행록을 지어 돌아가 동행했던 사람들에게 자랑하고, 혹 나와 뜻이 같아서 뒤이어 그곳에 가려는 사람이 있으면 이것을 보여줄 것이다.

나 역시 가을바람이 불어오고 단풍잎이 붉게 물들기를 기다려 다시 찾아가
전에 박연과 차일암 사이에서 맹세한 대로 화담 가에서 가시나무를 등에
지고 서경덕 선생의 영전에 전날의 잘못을 사죄할 것이다."라고 하여,
유람기를 기록한 이유를 밝히기도 하였다.

2) 여행 경비와 준비물

여행할 때는 상당한 비용이 필요했을 것이다. 조찬한은 1605년(선조
38)에 천마산과 성거산을 유람하였다. 그때 동행한 사람은 조카와 지기,
앞길을 인도하며 지휘한 우봉 아전 이희주 등 6명, 가마꾼인 운거사
승려 법찬 등 11명, 모두 18명 규모였다. 그러므로 여행 수단을 준비하고
수일간 일행이 먹을 식량과 술 등 음식물, 문방구 등과 이를 운반하고
관리할 노복 등 준비물과 경비가 적지 않았을 것이다. 또한 유호인의
「유송도록」을 보면 유람 준비를 하면서 『사기』, 『전한서』, 『후한서』 등
서적도 상자에 넣었다고 하고, 김창협은 「유송경기」에서 채수의 「송도록」
『동국여지승람』 등을 가져가 유적의 연혁 등을 비교해 보았다고 하였으므
로 서적도 이들에겐 여행의 필수품목 중 하나였음을 알 수 있다.

이처럼 준비물도 많고 경비가 적지 않았던 만큼 유람을 떠나기는 쉽지
않았을 것으로 보이며, 경비 부족으로 어려운 때도 있었던 듯하다. 남효온
등은 여행 경비가 부족했던지 좁쌀을 가지고 갔는데, 절의 승려가 좁쌀을
흰쌀로 바꿔 흰쌀밥을 지어줬다 하고, 잠도 남의 집 방앗간 채에서 잤다고
하였다.

3) 술자리와 유흥

유람기를 보면 이들이 유람하는 도중 자주 술자리가 벌어지곤 했음을
알 수 있다. 박은의 「유천마산록」을 보면 난정(蘭亭)에서 있었던 옛일을
따라, 흐르는 물에 술잔을 띄우는 유상곡수(流觴曲水) 놀이를 하였다고
한다.

남효온의 「송경록」을 보면 길 가는 도중에도 노복이 피리 불고 춤을 추며 흥을 돋우었고, 별도로 저녁 술자리에는 기녀를 데려오고 일행 중의 하나가 원숭이 춤을 추었다고 한다. 또 친척뻘 되는 선비가 술과 안주를 늘어놓고, 사냥꾼이 꿩고기로 회를 쳐 내는 등 흥취가 가득하여 취하는 줄도 몰랐다고 하였다. 그 외에도 사냥이나 낚시를 하거나 천렵을 구경하기도 하였다.

4) 개경의 풍습 채록

개성은 전 왕조의 수도였던 만큼 유람객들은 전승되는 풍습에도 관심을 보였다. 유람기에는 당시 남아 있던 개성의 풍습을 볼 수 있는 기록도 가끔 보인다. 박은은 1502년(연산군 8) 개성을 유람하면서 집들이 즐비하고 번화한 풍습이 남아 있었다고 하였다. 「송경록」에는 자하동곡·북전·한림별곡·청산별곡 등 고려가요뿐만 아니라 중양절을 맞아 건덕전에서 치러지던 야제(野祭)의 풍경도 소개되어 있어서 고려의 문학과 민간 풍속을 이해하는 데에도 도움을 준다.

「유송악기」에는 기우제의 제장이자 민간신앙의 대상이던 송악사당의 모습과 이에 대한 신앙 행위들이 기록되어 있다. 「유화담기」에는 홍이상 등이 주도하여 화담서원이 건립된 사실과 17세기 개성의 상황이 잘 나타나 있다.

3. 유람기의 사료적 가치

첫째, 유람기는 개성 지역에 대한 유적·경물·연혁·풍습 등 많은 정보를 담고 있다. 유적지나 유물의 상태 또는 구전되는 유적지의 유래 등이 자세히 묘사되어, 조선시대 개성에 남아 있던 유적지나 문화재에 대한 당시 상황을 알 수 있다. 그럴 뿐만 아니라 수백 년에 걸친 기록이기 때문에 개성의 변화 과정 등을 엿볼 수 있어 사료적 가치도 높다. 예컨대 남효원의 「송경록」에는 10년 전에 왔을 때는 화원의 팔각전이 있었으나, 1485년(성종 16) 방문했을 때는 전부 훼손되어 없었다고 하였다. 박은이 「유천마산록」을 남긴 1570년(선조 3)쯤에는 화원에 "옛 시절 기이한 꽃과 초목은 하나도 남은 것이 없고, 지금은 열에 한둘도 꽃이 없었다."라 하였다. 또 채수와 유호인 등이 개성에 갔을 때는 달달박박과 노힐부득 상이 있었는데, 1570년(선조 3)에 임운이 갔을 때는 지난 병인년(1566, 명종 21) 개성의 유생들이 달달박박을 파괴하여 노힐부득만 남아 있었다고 한다.

둘째, 후대에도 참고될 수 있는 좋은 유람기를 남기겠다는 의식이 있어 상당히 성실하게 기록한 편이다. 1477년 3월 채수가 송도 일대를 다녀와서 「유송도록」을 집필했는데, 한 달여 뒤 유호인도 송도로 가서 더 많은 곳을 방문하고 같은 제목의 「유송도록」을 남겼다. 이후 두 유람기는 개성유람기의 모범이 되었다. 김육도 「천성일록」을 남겨 개성의 유적을 지기들에게 알리고 훗날 자신이 다시 찾을 때 참고하기 위한 것이었음을 밝히며 방문지 간의 거리까지 꼼꼼히 기록해 놓았다.

셋째, 이들의 유람에 대한 태도를 엿봄으로써 조선시대 문인의 지향을 탐색할 수 있다. 조선시대의 문인들은 유람이 단지 휴식이나 유흥을 위한 것만은 아니었음을 부각하려 하였다. 산유(山遊)를 통한 심신 수련이나 인성 수양 또는 문학 수업의 목적도 겸한 것이었음을 드러낸다.

채수는 「유송도록」에서 "구경에만 몰두하는 것은 옛사람이 경계하는 바이니, 지나온 노정(路程)을 기록하고 우리들의 허물을 써서 스스로 고치기를 힘쓰고자 할 따름이다."라고 하였다. 임운도 화장사에 가서 "이런 빼어난 산수 속에서 몇 년만 있을 수 있다면 편협하고 인색한 마음을 깨끗하고 욕심 없는 마음으로 되돌릴 수 있으리라."라고 안타까워 하였다. 또 유호인의 휴대품 중에는 『사기』와 『전한서』『후한서』 등 서적이 포함된 것으로 보아 여행 틈틈이 독서를 했으며, 대부분 유람

도중이나 술자리에서 시를 지어 유흥과 함께 시짓기 수련도 겸하고 있었음을 알 수 있다.

넷째, 유람기를 통해 성리학에 기반한 사물관과 역사의식을 엿볼 수 있다. 성균관·숭양서원·화담 등은 필수 방문지였으며, 선현에 대한 참배에 상당한 의미를 부여하였다. 성혼은 「유천마산기」에서 서경덕의 도(道)의 경지를 언급하고, "깊숙한 경지에서 스스로 터득한 공력이 마음속에 깊이 쌓여서 밖으로 나타난 것을 알 수 있으니, 이름만 듣고 사모하는 선비들이 헤아려 흉내 낼 수 있겠는가?"라고 하였다. 김육도 화담을 방문하지 못한 것에 대해 속죄하는 마음을 가지고 다음에 꼭 찾을 것을 다짐하고 있다. 송병선은 개성을 유람하는 도중 오정문 터를 지나 한천사에 가서 주자와 안향·권부·이색·송시열 등을 배향했다.

이처럼 조선시대 개성유람기는 예나 지금이나 개성의 자연경관을 간접 체험할 수 있는 최적의 작품이라고 할 수 있다. 이들의 글을 읽고 있으면 먼 옛날 개성의 모습이 저절로 그려진다. 계절이 바뀌어 새로운 풍광을 맞으니 수년 전에 다녀왔던 만월대·박연폭포·성균관·숭양서원 등이 아련하다. 언제쯤 우리는 자유롭게 개성을 답사할 수 있을까? 조선 문인이 유람했던 그 길을 따라 개경반 선생님들과 마음껏 걸어 보고 싶다.

2021년 1월
개경반을 대표하여 이혜옥 씀

번

역

유송도록(遊松都錄)

채수(蔡壽)

송경(松京)은 전조
(前朝, 고려)의 도읍이
다. 산수가 기이하고
아름답기가 동방에서
으뜸간다. 5백 년 동
안의 번화하였던 이
름난 자취는 이미 땅
을 쓸어버린 듯 없어

송도전경(강세황, 『송도기행첩』, 국립중앙박물관 소장)

졌지만 그 당시의 풍
속이 그래도 남아 있어 일찍부터 한 번 가서 찾아보려고 했으나, 기회를
얻지 못하였다. 마침 인천(仁川) 채수**[蔡壽 : 자 기지(耆之)]·양천(陽川)
허침**[許琛 : 자 헌지(獻之)]·하산(夏山) 조위**[曺偉 : 자 태허(太虛)]가 휴가
를 받아 글을 읽고 있었고[賜暇讀書]1), 죽계(竹溪) 안침**[安琛 : 자 자진(子
珍)]은 한가한 부서에서 벼슬을 하고 있었다. 창녕(昌寧) 성현**[成俔 : 자

---

1) 사가독서(賜暇讀書) : 조선 초기 젊은 문신들을 선발하여, 휴가를 주어 독서
   및 학문 연구에만 전념하게 한 제도. 1426년(세종 8)에 처음 시행되었는데,
   유호인 등이 사가독서를 받은 것은 1476년(성종 7) 6월 14일(을유)이었다(『성종
   실록』 권68).

경숙(磬叔)]이 장차 파주(坡州)로 영분(榮墳 : 부모의 묘소에 과거나 관직에 임명되어 고유함)을 가게 되는데, 파주에서 개성(開城)이 멀지 않아서 드디어 서로 더불어 유람할 것을 약조하였다.

(1477년, 성종 8) 3월 신사(14일)에 성현·채수·안침이 먼저 출발하였다. 장포"(長浦)의 냇가에 도착하니, 찰방(察訪) 송위"(宋瑋)가 장막으로 맞이하여 들어가니 음식이 마련되어 있어서 술을 여러 순배하고 마쳤다. 저녁에 유수(留守)의 별장에 들어가 잠을 잤다.

임오(15일)에 채수와 안침은 새벽에 먼저 출발하여 적전"(籍田)에 당도하였다. 성현은 산소에 올라가 제사를 올리고 오후 늦게[日晡, 신시(申時), 오후 3~5시]에 따라 왔다. 판관(判官) 정희인"(鄭希仁)이 술자리를 마련하였는데, 자라를 삶고 잉어는 회를 쳐서 내어 온 술상이 매우 성대하였다. 정희인과 더불어 달밤에 나와 말 위에서 연구(聯句)를 입으로 읊으며, 보정문"(保定門)에 들어오니 이미 종소리가 들렸다.

계미(16일)에 도성 안을 두루 구경하는데, 성세명"[成世明 : 자 여회(如晦)]이 아우 세원"(世源)과 함께 또 따라왔다. 처음 연복사"(演福寺)에 도착하여 (연복사오층탑)" 층각(層閣)을 올라 도성(都城)을 내려다보았다. 층각 서쪽에 큰 비(碑)가 서 있는데, 양촌(陽村) 권근"(權近)이 글을 짓고, 독곡(獨谷) 성석린"(成石璘)이 글씨를 쓴 것이다. 층각 동쪽에는 큰 종(연복사종")이 매달렸는데 이곡"[李穀 : 자 가정(稼亭)]이 명(銘)을 지었다. 화원"(花園)에 이르니 화원은 벌써 황폐해졌고, 오직 팔각전(八角殿)"만이 우뚝 홀로 남았는데 (그마저도) 세월이 오래되어 반쯤은 무너져 있었다. 전의 뒤에는 돌로 쌓아 만든 가산(假山)이 있는데, 아직도 화초가 남아 있었다. 고려 우왕(禑王)이 항상 이 화원에서 날마다 술자리를 일삼으며, 망녕되이 요동(遼東)을 정벌할 계획을 하였다. 우리 태조(太祖)께서 위화도(威化島)에서 회군(回軍)하여 화원을 수백 겹으로 에워싸자 최영"(崔瑩)이 그 분함을 이기지 못하여 문지기를 죽이고 들어갔다. 이때는 이미 나라 안팎의 (인심이) 떠나 있었는데, 최영이 시정(市井)의 오합지졸을 가지고 하늘이 돕고 백성이 따르는 군대를 막고자 하였으니, 어찌 어렵지 않았겠는가!

목청전**(穆淸殿)에 이르러 태조(이성계)의 진영(眞影)을 배알하였는데, 이 전은 바로 태조의 옛집이다. 성균관**(成均館)에 이르러 성인(聖人)을 뵙자니, 오성(五聖)·십철(十哲)은2) 모두 흙으로 빚었는데 원(元)나라 사람이 만든 것이다. 자하동**(紫霞洞)을 지나니, 시냇물이 졸졸 흐르고 진기한 꽃들이 골짜기에 가득 피었으며 섬돌만 남아 있는 옛터가 많았으나, 중화당**(中和堂)이 어디쯤에 있었는지 알 수 없었다.

왕륜사**(王輪寺)에 이르렀다. 절은 옛날에 아주 큰 사찰(寺刹)이었는데 지금은 전각(殿閣) 하나만 남아 있다. 수락석(水落石)이란 바위가 안화동**(安和洞) 어귀에 있다. 한 줄기 맑은 샘물이 비탈진 바위 구멍에서 흘러나와 그 아래쪽에 작은 웅덩이를 이루고 있는데, 수백 마리의 작은 물고기가 그 밑바닥에서 헤엄치며 노닐고 있다. 모두 발을 씻고 낚싯대를 드리웠다.

오후 늦게 소격전**(昭格殿)에 도착하였는데, 동구(洞口)의 산수[泉石]가 매우 맑고 기이(奇異)하였다. 본궐[本闕 : 강안전(康安殿)]의 옛터3)에 이르니, 터가 송악산**(松岳山)의 남쪽 기슭이어서 지세(地勢)가 매우 높다. 사람들이 말하기를, "처음 창건할 때에 지맥(地脈)을 다치지 않게 하려고 돌을 쌓아 섬돌을 만들었다."라고 하였는데, 섬돌의 높이가 모두 수십 척이고, 주춧돌은 가로 세로로 몇 리나 되었다. 그 맨 위 언덕에 자리잡은 것이 건덕전**(乾德殿)인데, 전문(殿門)의 계단은 그대로 남아 있었다. 그

---

2) 오성(五聖)·십철(十哲) : 오성은 공자(孔子)와 그의 제자인 4성(聖) 곧 안자(顔子)·증자(曾子)·자사(子思)·맹자(孟子)임. 공자 문하의 10대 제자인 덕행(德行)에는 안연(顔淵)·민자건(閔子騫)·염백우(冉伯牛)·중궁(仲弓), 언어(言語)에는 재아(宰我)·자공(子貢), 정사(政事)에는 염우(冉有)·계로(季路). 문학(文學)에는 자유(子游)·자하(子夏)이다.
3) 본궐(本闕)의 옛터 : → 강안전(康安殿)

아래는 위봉루**(威鳳樓) 자리이다.

그 동쪽에 돌을 쌓아 만든 둑이 동지**(東池)인데, 지금은 논이 되었다. 그 남쪽의 평탄한 땅은 구정**(毬庭)인데, 푸른 소나무 만 그루가 울창하게 하늘을 가렸다. 그러나 이른바 산호정**(山呼亭)·상춘정**(賞春亭)·옥촉정** (玉燭亭) 등의 정자는 모두 찾을 길이 없었다. 함께 옛일을 상심하며 깊이 생각을 하니, 탄식이 그치지 않는다.

경력(經歷) 임수경**(林秀卿) 군이 술병을 들고 찾아왔기에 건덕전(建德殿)** 옛터로 올라가 소나무 숲에서 앉아 마셨는데, 이 자리가 세상에서 말하는 만월대**(滿月臺) 이다. 풍덕 훈도(豐德

「개성 만월대」(일제시기, 강본서점)

訓導) 구계중**(具繼重)이 거문고를 가지고 와서 회합하였다. 날이 저물어 헤어지려는데, 조위(曹偉)와 허침(許琛)이 서울에서 도착하는 바람에 머물러 두어 순배를 더 마시고 파하였다.

갑신(17일)에 새벽밥을 먹고 복령사**(福靈寺)에 이르렀다. 불전에 십육 나한(十六羅漢)이 있는데, 바로 원나라 사람이 만든 소상(塑像)으로, 정교 (精巧)하기가 비교할 만한 것이 없다. 천마산**(天磨山) 서쪽 기슭을 따라 북쪽으로 회령**(檜嶺)을 넘는데, 노상에서 피곤함과 목마름을 견딜 수 없어 말에서 내려 시냇가에 앉아 쉬고 있자니, 녹음은 무성하여 운치가 있고 찬물은 맑고 깨끗해서 좋았다. 그래서 손으로 물을 떠 미숫가루를 타서 마셨다.

여기서부터 산길이 험준하여 나뭇가지를 부여잡고 올라가야 했는데, 사람이나 말이 모두 엎어지고 미끄러지면서 박연**(朴淵)의 동구에 도착했

다. 이 골짜기가 옛날에는 숲이 깊어서 사람이 들어가지 못했는데, 지금은
다 베어내어 큰길이 되었다. 박연(朴淵)은 천마(天磨)·성거**(聖居) 두 산
사이에 있는데, 두 산이 칼과 창을 세워 놓은 듯 마주 서 있어 바라보면
(한 폭의) 그림과 같고, 산세(山勢)가 끊어져서 깎아지른 듯한 절벽이
천 길이나 우뚝 솟아 있다.

그 위에 석담(石潭)이 있어 물이 괴어 연못이 되었는데, 그 너비가
수십 자나 되며, 모양은 괭이와 같았다. 물빛이 맑고 푸르러서 그 깊이를
헤아릴 수 없으나, 그 밑바닥은 환하게 보였고, 가운데는 돌이 솟아 있는데
수십 명이 앉을 수 있을 정도였다. 석담의 물이 넘쳐 폭포가 되어 절벽으로
떨어지는데, 마치 은하수가 거꾸로 걸려 구슬을 뿜어내고 눈을 흩날리는
듯하였으며, 바위 골짜기에 울리는 요란한 소리는 성난 우렛소리 같아서
괴이하고 놀랍기가 말로 표현할 수 없을 정도이다.

채수가 감탄하여 말하기를, "조물주의 절묘함이 이 지경까지 이를 줄은
몰랐다. 만약 이곳을 와서 보지 않았다면 식견이 참으로 술독 속의 초파리
[醯鷄]와 같았을 것이다."라고 하였다. 절벽에 가지를 아래로 드리운 구불구
불한 소나무가 있어서 심부름하는 아이[從者]가 원숭이처럼 거기에 찰싹
붙어 밑을 내려다보는데, 머리칼이 쭈뼛거리고 심장이 두근거려 가까이
가지 못하였다. 바위에는 이곳을 구경한 사람들의 성명이 많이 기록되어
있었다.

세상에 전하기를, "옛날에 박씨 성을 가진 선비가 못 위에서 피리를
불다가 용녀(龍女)의 꼬임에 빠져 못 속으로 들어가 돌아오지 않자, 그
아내가 큰 소리로 울부짖다가 벼랑에서 몸을 던져 죽었다. 이 때문에
세상에서 위에 있는 못은 박연(朴淵)이라 하고 밑에 있는 못은 고모담**(姑母
潭)이라 한다."라고 하였다.

고려 문종(文宗)이 일찍이 이 바위 위에 올라갔는데 용이 바위를 마구
흔들었다. 이영간**(李靈幹)이 축법(祝法)으로 용을 채찍질하니 못의 물이
다 붉어졌다고 한다. 이 바위가 바로 못 한가운데 있는 것이다. 수십

걸음 정도 올라가니 돌부처 둘이 바위 굴속에 앉아 있는데, 동쪽에 있는 것은 달달박박**(怛怛朴朴)이며, 서쪽에 있는 것은 노힐부득**(努肹夫得)이다.

관음굴사**(觀音窟寺)로 갔는데, 이 절은 곧 우리 태조(이성계)가 잠저(潛邸) 때의 원찰(願刹)로, 목은[牧隱 : 이색**(李穡)]이 기문(記文)을 지었다. 절 뒤에는 넓고 깊은 굴이 있으며, 그 속에 돌로 만든 관세음보살[石大士]이 있기 때문에 부르는 것이다.⁴⁾ 골짜기의 산수가 무척 아름다웠으나, 날이 저물어서 두루 구경하지 못했다.

절 앞에는 앉을 만한 너럭바위가 있는데 물이 돌아 흐르면서 돌에 부딪쳐 요란한 소리를 내었다. 드디어 술병을 들고 바위 위로 올라가 술잔을 주고받다가 관솔불을 밝히고 연구(聯句)를 지었다. 잠시 뒤에 동쪽 봉우리에서 달이 떠올라 온 골짜기를 비추니 대낮처럼 밝았다.

조위(曺偉)는 시구를 찾느라 피곤하여 바위 위에 가로 누웠고, 성현(成俔)은 망건을 벗고 맨머리로 산보하며 서성대고, 허침(許琛)은 무릎을 껴안고 침음(沈吟)하였는데 생각한 바가 있는 듯하며, 성세명(成世明)은 술잔을 잡고 마시기를 계속 권하며, 성세원**(成世源)은 취하지도 않고 옷깃을 바로하고 앉아 있었다. 구계중(具繼重)은 크게 취해 거문고를 어루만졌는데 기이한 태도가 제멋대로 나왔고, 채수(蔡壽)도 거문고를 잡고 몇 번 농현(弄絃)하였는데 청아하여 들을 만하였다. 정희인(鄭希仁)은 저도 모르게 앞으로 다가왔고, 안침(安琛)도 취해서 거문고를 빼앗아 타는데 너무 가락이 맞지 않았다. 그러자 구공(具公)이 말하기를, "기예를 익히려는 자는 부끄러움이 없어야 성공할 수 있으니 그대의 거문고 타는 솜씨는

___

4) 돌로 만든 관세음보살[石大士]이 있기 때문에 부르는 것이다 : 개성특별시 박연리 관음사 관음굴에 있는 '관음보살좌상'을 말한다. '백불(白佛)'이라고도 한다. 관음굴에는 2기의 보살좌상이 전해진다. 그 하나가 평양의 중앙역사박물관으로 옮겨 갔다. 몸체는 균형이 바르고 차림새가 화려하며 조각 솜씨가 섬세하면서 정교하다. 고려 석조미술의 걸작으로 꼽힌다.

마침내 대성하겠다."라고 하자, 좌중이 포복절도하였다.

을유(18일)에 운거사**(雲居寺)에 이르렀다. 서쪽 방에 달마(達磨)의 화상(畫像)이 있는데, 송(宋)나라 맹공**(孟珙)이 이 상에 대한 찬을 지었고, 원나라 지정(至正) 연간에 쓴 것이다. 드디어 산을 끼고 걸어서 불회사**(佛會寺) 동구에 이르니, 경력(經歷) 임군(林君)이 와서 기다리고 있었다. 버드나무 그늘에 앉아서 시냇물을 마주하며 술자리를 베풀고 꿩과 토끼를 사냥하고 작은 물고기를 잡아서 실컷 마시고 돌아왔다.

저물녘에 광명사**(廣明寺)를 지나갔는데, 이 절은 바로 고려 태조의 옛집으로, 도선**(道詵)이 '기장[穄]을 심었던 땅'이라고5) 한다. 절 앞에 우물이 있는데 사람들의 전언에 따르면, '용녀**(龍女)가 노닐던 곳'이라고 한다.

병술(19일)에 아침에 비가 오다가 개었다. 모두 간단한 차림과 단복(短服)으로 탄현문**(炭峴門)을 나가서 오관산**(五冠山) 동구에 도착하였다. 푸른 절벽이 에워싸고 석천(石泉)이 웅덩이가 되어 물이 돌아나가 철쭉의 그림자가 거꾸로 비치는 곳을 '화담**(花潭)'이라 하고, 수십 보를 걸어가면 엄청난 바위가 있고 주름이 접혀서 기괴하여 형언할 수 없는 것은 '추암**(皺巖)'이라 하는데, 최 태위(崔太尉)가 눈 속에서 소를 타던 곳이다.6) 동쪽 봉우리에 바위가 공중에 떠서 홀로 우뚝 서 있는 것을 '고암**(鼓岩)'이라고

5) 기장[穄]을 심었던 땅 : 『고려사』「고려세계」에 나오는 내용으로, 도선(道詵)이 백두산(白頭山)에 올랐다가 곡령(鵠嶺)에 이르러 세조가 새로 지은 집을 보고 말하기를, '기장[穄]을 심을 땅에다 어찌하여 마(麻)를 심었는가?'라고 하였다.
6) 최 태위(崔太尉)가 눈 속에서 소를 타던 곳 : 최 태위는 최자(崔滋, 1188~1260)를 말한다. 본관은 해주(海州). 초명은 종유(宗裕) 또는 안(安). 자는 수덕(樹德), 호는 동산수(東山叟). 문헌공 최충(崔冲)의 6대손으로 최씨정권기에 활동했다. 시호는 문청(文淸)이다. 특히, 시문에 뛰어나서 당대에 크게 문명을 떨쳤다. 저서로 『최문충공가집(崔文忠公家集)』10권이 있었으나 전하지 않는다. 『보한집(補閑集)』이 전한다. 『삼한시귀감(三韓詩龜鑑)』에 시 1편이, 『동문선(東文選)』에 부(賦) 2편, 시 10편, 기타 작품이 수록되어 있다. 『동문선』 권20에는 이인로(李仁老)가 지은 「최태위 기우 출유(崔太尉騎牛出遊)」가 있다.

한다.

영통사*(靈通寺)에 이르렀는데, 절은 오관산*(五冠山) 아래에 있다. 골짜기가 매우 깊으며 전우(殿宇)가 크고 넓었다. 오래된 비갈(碑碣)이 있는데, 바로 문종의 아들 석(釋) 왕후*(王煦)의 공덕비이다. 김부식*(金富軾)이 글을 짓고 오언후*(吳彦侯)가 글씨를 썼다. 절 앞에 토교*(土橋)의 유지(遺址)가 있는데, 고려 때 술가(術家)의 말을 존숭(尊崇)하여 지맥(地脈)을 연결시키고자 한 까닭에 시냇물 위로 쌓은 것이다. 서편에 누(樓)가 있는데, 돌을 쌓아올려 터를 만들었다. 시냇물이 돌아 흐르고 나무 그늘이 짙게 우거져서 아무리 심한 한더위라도 시원한 기분이 사람에게 스며들었다. 벽면에는 양촌(陽村) 권근*(權近)·진일(眞逸) 성간*(成侃)·석월창*(釋月窓) 등의 시가 있다.

돌아와 귀법사*(歸法寺) 앞의 계곡에 도착하였다. 이 절은 광종(光宗)이 창건하였는데, 목종(穆宗)이 강조*(康肇)에게 핍박을 당하자, 천추태후*(千秋太后)를 모시고 말고삐를 잡고 가다가 이곳에 와 유숙하였다. 중기 이후로는 문사(文士)가 유생(儒生)들을 모아 놓고, 매년 하과(夏課)를7) 비교하고 부(賦)와 시(詩)로 합격자를 발표하였다[刻燭賦詩].8) 또 우왕(禑

---

7) 하과(夏課) : 고려시대 사학(私學)에서 실시한 여름철의 교육방법. 일명 '하천도회(夏天都會)'라고도 했는데, 요즈음의 여름방학 특강과 같은 것이다. 매년 음력 5월과 6월 사이의 50일 동안 조용한 사찰의 승방(僧房)을 빌려 문도(門徒)들을 합숙시키고, 자기 사학 출신의 과거급제자로서 능력이 뛰어나면서도 아직 벼슬하지 못한 자를 교도(敎導 : 일명 先達이라고도 함)로 삼아 후배들을 지도하게 한 사학의 과거 준비교육의 하나이다. 주로 개경 근교에 위치한 귀법사(歸法寺)와 용흥사(龍興寺)가 장소로 이용되었다. 문종 때 최충(崔冲)이 문헌공도(文憲公徒)를 열고 하과를 처음 시작한 이래 다른 사학에서도 이를 실시하였다. 실시 초기에는 주로 구경삼사(九經三史)를 가르쳤으나, 이때 시작은 촛불에 금을 그어 시간을 한정한 이른바 각촉부시(刻燭賦詩)의 방법에 따라 진행되었으므로 '하과급작(夏課急作)'이라 불렸다. 1391년(공양왕 3)의 사학십이도 혁파와 함께 없어진 것으로 여겨지는데, 그 풍속은 뒷날 서원(書院)의 거접(居接)으로 전승되었다.

8) 각촉부시(刻燭賦詩) : 납촉(蠟燭)에 눈금을 그어 그 그어놓은 눈까지 타 내려가는

王)이 많은 기생을 데리고 와서 물놀이를 하던 곳도 모두 이곳이다. 절이 오래 전에 폐사되고 부서진 기왓장과 무너진 담장밖에는 아무것도 남은 것이 없다. 서로 시냇가 바위 위에 둘러앉아 희롱삼아 주령(酒令)을 만들어 벌(罰)을 세는 산가지가 수북하도록 실컷 마시고 돌아왔다. 이날은 정희인 과 구계중이 따라오지 않았다.

정해(20일)에 유수(留守) 상공[相公 : 성임**(成任)]을 모시고 용둔평**(庸 遁坪)으로 사냥 구경하러 가서, 물가에다 장막을 쳤다. 오후에 사냥을 마친 뒤에 각각 잡은 짐승을 다투어 바치니 장막 앞에 가득하였다. 해질녘 에 태평관**(太平館)으로 돌아오니, 경력(經歷)·도사(都事)·찰방(察訪)이 전별(餞別) 잔치를 베풀었다. 마침 악공(樂工) 몇 사람이 서울로부터 왔는 데, 모두 당대의 고수들이라 여러 풍악이 맑고 낭랑하며 크고 밝아서 소리가 구름을 뚫고 올라가는 듯하였다. 술이 얼큰하게 취하자, 경력(經歷) 이 종이를 내놓고 시를 요구하는 것을 아주 심하게 하여 각각 한 편을 지어 써주었다.

무자(21일)에 승제문**(承濟門)을 나와 20여 리를 걸어서 경천사**(敬天 寺)에 도착하였다. 절은 화재로 다 타고 겨우 방 한 칸만이 남아 있었다. 뜰 가운데 석탑이 있는데 옥처럼 빛나고 윤기가 있었다. 높이는 13층이요, 12회상(會相)을 조각하였는데,9) 어찌나 정교(精巧)한지 거의 사람의 솜씨

사이에 시(詩)를 지음을 이름. 곧 일정한 시간 안에 빨리 시(詩)를 짓는 속작(速作) 놀이. 모의 과거시험인 각촉부시는 고려시대 사학(私學)의 하나였던 최충(崔沖) 의 문헌공도(文獻公徒)에서 널리 사용한 것으로 알려져 있다. 최충 문도에서는 매년 여름에는 귀법사(歸法寺) 승방(僧房)을 빌려 여름공부[夏科]를 실시하였다. 문도 중에서 급제하여 관리가 된 선배들이 찾아오면 재생(齋生)과 더불어 각촉부 시의 대회를 열어 종일토록 수창(酬唱 : 시가를 불러 서로 주고받음)하였다. 이때의 의식은 질서정연하여 보는 자로 하여금 감탄을 금치 못하게 하였다고 한다.

9) 높이는 13층이요, 12회상(會相)을 조각하였는데 : 경천사지 10층 석탑을 말한다. 고려 후기인 1348년(충목왕 4)에 개성 부소산 경천사에 조성된 이형 석탑으로, 대리석으로 만들어졌는데, 대리석은 이전에 탑의 재료로 사용하지 않았다.

가 아니었다. 이 절은 바로 원나라 기황후**(奇皇后)의 원찰(願刹)으로서,
탑 역시 중국 사람이 만들어 바다를 건너와 이곳에 세운 것이다. 나라
형세가 불안한 즈음에도 총애하는 여인에게 빠져서, 백성의 힘을 빼서
이와 같이 쓸데없는 짓만 일삼았으니, 원나라의 국운이 장구하지 않은
것은 당연하다. 중이 소장한 보주(寶珠)와 장번(長幡)을10) 내어 보여주었는
데, 보주는 직경이 몇 치나 되고 광채가 사람을 비추었으며, 장번 또한
금실로 짠 것으로 모두 당시에 기황후가 시주한 것이다. 또 승상(丞相)
탈탈**(脫脫)의 화상을 내놓는데, 반 이상 벗겨지고 떨어져서 식별할 수가
없었다.

　병악**(餠岳)의 남쪽에 이르렀다. 행궁(行宮 : 長源宮)의 옛터가 있는데
곧 장원정**(長源亭)이라고 하는 곳이다. 병악의 서쪽 몇 리 쯤에 깎아지른
언덕이 나직이 바다 쪽으로 들어가는데, 그 위는 좋은 사초(沙草, 이끼)가
깨끗하게 깔려 있다. 바다에 우뚝한 작은 봉우리가 있는데 '당두**(堂頭)'라
고 하며 뱃사람이 신(용왕)에게 제사하는 곳이다.

　벽란강**(碧瀾江)이 북으로부터 남으로 와서 바다로 들어가는 것은 예성
강**(禮成江)이요, 한수**(漢水)와 낙하(洛河, 임진강) 서로 만나 서쪽으로
바다로 가는 것은 조강**(祖江)인데, 당두(當頭)가 바로 그 요충(要衝)에

──────

　원의 승상 탈탈(脫脫)의 장인인 강융(姜融)이 원의 장인(匠人)을 데리고 와서
　조각하였다. 평면 구조는 '아(亞)'자 형태와 4각으로 구성되어 있는데 첫째,
　탑신에 비해 낮고 3중으로 된 기단은 정사각형 한 변에 직사각형이 돌출되어
　있으며, 그 위에 기단과 동일한 형태의 탑신이 3중으로 올려져 있다. 둘째,
　4층부터는 정사각형의 탑신과 지붕이 10층까지 이어졌으며 그 위로 상륜부가
　설치되어 있다. 우리나라 탑 가운데 매우 이례적인 구조적 형태를 보여준다.
　1909년경 일본 궁내대신 다나카[田中光顯]에 의하여 일본 도쿄(東京)로 불법
　반출되었다. 그 뒤 반환되어 경복궁 근정전 회랑에 방치되었다가 1995년 해체,
　복원되어 2005년 신축 개관한 국립중앙박물관으로 옮겨져 실내에 전시되고
　있다. 국보 제86호이다.
10) 보주(寶珠)와 장번(長幡) : 보주는 탑의 상륜부 찰주(擦柱) 끝에 달린 구슬 모양의
　장식. 장번은 부처·보살 등의 위덕(威德)을 나타내는 깃발로, 절의 경내나 법당
　안의 기둥 따위에 걸어둔다.

자리 잡고 있다. 가까이는 교동(喬桐)과 강화(江華) 해상의 여러 섬들이 서쪽으로 수평선 위로 출몰하며, 멀리는 연안(延安)과 해주(海州) 경계의 수양산""(首陽山) 여러 봉우리가 하나하나 셀 수 있을 정도이다. 이 날은 하늘에 구름과 연기가 엷게 끼고 수면이 거울을 닦은 것 같았으며, 남북으로 오가는 돛단배들이 바다를 덮었는데, 낙조가 반사되어 받아 금물결이 넘실거리며 조망(眺望)이 활짝 열려 거리낌이 없었다. 비록 군산(君山)의 동정호""(洞庭湖)가 장관이라 하더라도 이보다 나을 수는 없을 것으로 생각된다.

풍덕 군수(豐德郡守) 송숙기""(宋叔琪)가 허사악""(許士諤)과 더불어 마중을 와서 술상을 차렸는데, 안주가 매우 좋아서 각각 잔을 돌려 서로 권하며 가득 부어 마시어 크게 취하였다. 저물녘에 풍덕으로 가는데, 사람을 시켜 호각을 불고 앞을 인도하게 하여 횃불이 몇 리나 뻗쳤다.

기축(22일)에 경숙(磬叔)·기지(耆之)·자진(子珍)은 출발하여 서울로 돌아가고, 헌지(獻之)·태허(太虛)는 주인에게 만류를 받아 사악(士諤)과 더불어 대교""(大橋)에서 고기 잡는[천렵(川獵)] 것을 구경하고, 나는 일이 있어서 장단""(長湍)으로 향했다.

임진(25일)에 서울로 돌아왔다. 모두 열흘이 채 되지 않았는데, 송경의 아름다운 땅을 거의 두루 구경한 셈이다. 아! 모두 공무에 매인 몸으로 방외(方外)에 노닐 기회를 얻어 평소의 소원을 풀었으니, 어찌 우리들의 행운이 아니겠는가? 다만 보는 데 몰두해서 지켜야 할 바를 잃는 것은 옛사람의 경계하는 바이니, 우리들의 놀음이 너무도 안일했던 것은 아니었던가? 인하여 지나온 노정(路程)을 기록하고 또 우리들의 허물을 써서 스스로 고치기를 힘쓰고자 할 따름이다.

출전 | 『나재집(懶齋集)』권1, 록(錄)
역주 | 홍영의(국민대학교)

유송도록(遊松都錄)

유호인(兪好仁)

파주 임진나루(박종진 사진)

병신년(1476, 성종 7) 가을에 임금께서 문신을 뽑아 사가독서(賜暇讀書)를 내리시어 산방에서 공부하게 하셨다. 정랑(正郎)인 기지(耆之) 채수**(蔡壽), 전적(典籍)인 헌지(獻之) 허침**(許琛),

직강(直講)인 숙강(叔强) 권건**(權健), 정자(正字)인 가행(可行) 양희지**(楊熙止), 검열(檢閱)인 대허자복(大虛泊僕) 조위**(曹偉)가 모두 여기에 뽑혀서 임금께 감사인사를 올리고 장의사**(藏義寺)에 가 머물렀다. 겨우 열흘이 지나서 처음으로 부아복정(負兒覆鼎)[1]에 갔다가 돌아와서 의논하기를 "송도는 왕씨의 옛 도읍지로서 정말로 경치가 뛰어난 곳이고 풍속도 아직 옛 모습과 거의 비슷하다 하니 유람하러 가면 어떻겠소? 하물며 우리는 과분하게도 임금의 은총을 받아 단지 학문에만 힘쓰고 출퇴근에

1) 북한산을 말한다.

매이지 않아도 되니 이때를 놓칠 수 없지요."라 하고 다음해 늦은 봄에 떠나기로 약속했다.

약속한 날짜가 되자 채수 등이 경숙(磬叔) 성현**(成俔)과 함께 먼저 떠났다.2) 나와 양희지[可行]는 마침 급히 해야 할 일이 있어서 같이 가지 못하였다. 12일 후에3) 채수 등이 시 백여 편을 가지고 돌아오니 나는 더욱 좀이 쑤셔 견딜 수가 없었다. 내가 양희지를 돌아보며 말하기를 "이번에 저 친구들이 써가지고 온 것이 비록 아주 많지만 어찌 모든 곳을 다 보고 왔겠는가? 우리도 지금 한가로운 틈을 타 숙원을 풀어보세. 앉아서 남의 자랑이나 듣고 있을 수는 없네."라고 하였다. 이때 차소(次韶) 신종호**(申從濩)가 옆에 있다가 손뼉을 치면서 웃으며 "내 생각도 그렇네." 라고 하였다. 드디어 갈 준비를 하면서 『사기』와 『전한서』・『후한서』 1부씩 을 상자에 넣고 또 산행에 필요한 도구도 챙겼다.

4월 임술(25일)에 길을 떠났는데, 승려 현열(玄悅)이 따라오겠다고 청하 였다. 돈의문을 나가 사현**(沙峴)을 넘어 가론천(嘉論川)에 이르니 날이 아주 더웠다. 말 재갈과 안장을 풀고 물가에 앉아 내려다보니 물결이 곡식같이 일렁이는데, 바람이 부니 가는 비늘이 일어서는 것 같았다. 몇몇 붕어떼가 돌 아래에서 머리를 내밀기에, 즉시 어린 종에게 촘촘한 그물을 던지라고 해서 20여 마리를 잡으니 우리들 점심 반찬으로 충분했다. 이날 내가 탄 둔한 말이 길에서 자주 주저앉아서 심하게 채찍질하여 겨우 마산역**(馬山驛) 촌사에 도착하여 묵었다.

계해(26일) 새벽에 출발하여 파주**(坡州)를 지나는데 먹구름이 자욱하 게 일어나고 '솨아' 하는 서늘한 바람소리가 들리면서 빗줄기가 감악산**(紺 岳山)에서부터 몰려왔다. 강을 건너 서쪽으로 가는데 거센 비바람과 시끄

---

2) 채수 일행은 그해 3월 14일(신사)부터 23일(임진)까지 개성을 유람하고 유람기로 「유송도록」을 남겼다(이 책, 21~31쪽).
3) 협진(浹辰)은 12일을 말한다.

러운 회오리 바람소리가 백리 사이를 흔드는 것 같았지만 모두 도롱이를 입고 나아갔다. 지금까지 수개월 동안 비가 오지 않아서 천지가 거북등처럼 갈라져 있었기 때문에 오늘 쫄딱 젖었지만 서로 하늘에 감사해 마지않았다. 나루터 어구에 정자가 날아갈 듯이 서있었는데,⁴⁾ 그곳에 올라 길게 휘파람을 불자 여운이 은은하게 숲 끝자락까지 퍼졌다.

임진강을 건너⁵⁾ 수십 리를 가도 비가 그치지 않아 도롱이와 우산을 썼지만 당해낼 수가 없었다. 보현원**(普賢院)에 도착하니 단지 건물 몇 칸만이 달랑 남아 있었는데 좁고 습기가 차서 쉴 수가 없었다. 서쪽으로 조금 더 가서 시골집을 빌려서 쉬다가 서서히 비가 개자 다시 길을 나섰다. 보현원 앞의 작은 여울은 맑고 얕아서 맨발로 건널 수 있을 정도였는데 민간에서 '침조정(沈朝庭)'이라 일컫는 곳이다. 경인년(1170, 고려 의종 24)과 계사년(1273, 명종 3) 사이에 무인들이 뜻을 이루지 못하다가 수염을 태운 것에 화를 내고⁶⁾ 몰락한 임금(의종)에게 울분을 쌓았다가, 임금이 (이곳에) 이르자 그 행차 앞에서 무기를 들고 일어나 만조의 신하들이 모두 고기밥이 되었다니 매우 참혹한 일이다.⁷⁾ 그날 저녁 길이 험하고 앞에 진창이 있어서 길 양 옆으로 피해서 갔다. 개성에 들어가 조염로(趙廉老)의 집에서 잤다.

갑자(27일) 아침 일찍 경력(經歷) 임(林) 사문[斯文 : 임수경**(林秀卿)]을

---

4) 임진강 남쪽 강변 임진나루 근처에 있는 화석정을 말하는 듯하다. 유호인 일행이 방문했을 때에는 아직 화석정이란 이름을 붙지 않았다.

5) 당시 유호인 일행은 임진나루로 임진강을 건넜을 것이다. 임진나루는 현재 화석정이 있는 언덕 서북쪽 아래에 있다.

6) 고려 인종 때 나례가 있던 날 김부식의 아들 김돈중이 정중부의 수염을 태운 일을 말한다.(『고려사』 권98, 김돈중전)

7) 의종은 재위 후반기에 정사를 돌보지 않고 사천가의 보현원과 연복정에 행차하여 연회를 즐겼다. 특히 말년에는 연복정 주변에 제방을 쌓은 후 자주 그곳에 행차하여 연회와 뱃놀이 등을 즐겼는데, 이 때문에 군졸들이 노역에 시달려서 원망이 많았다. 무인들이 거사를 일으킨 보현원과 연복정은 모두 개경 동남쪽의 물줄기인 사천가에 있었다.(『고려사』 권19, 의종세가)

만나자, (임공이) 곧 아전에게 빈 관사를 청소시켜서 편하게 여장을 풀었다.
유수(留守)인 성(成) 상공[相公 : 성임**(成任)]을 뵙고 나와서 교수 방옥정**
(房玉精)과 함께 사현**(沙峴)을 넘어 수창궁**(壽昌宮)을 방문하였는데, (수
창궁은) 성종과 목종 사이에 지은 것이다. 빽빽하게 들어서서 칡덩굴처럼
즐비하던 전각들은 이미 사라져 남은 것이 없고 다만 후궁8) 한 채만
있는데, 지금 개성부의 의창**(義倉)이 되었다. 용머리 계단9)과 꽃 무늬
초석이 풀숲 사이에 묻혀 있고, 고목의 날카롭게 부러진 가지는 창이
늘어선 것 같은데 그 위에는 까마귀와 까치가 둥지를 틀었다. 서쪽에는
연못이 있는데 수십 이랑이나 됨직하였다. 만 개나 되는 푸른 연잎이
거울 같은 연못 위를 서로 비추고 있는데 개구리들이 무리지어 여기저기서
개굴개굴 울어대니 아주 슬픈 기분이 들었다.

십천교**(十川橋)를 지나 바로 연복사**(演福寺)에 다다랐다. 가운데 우뚝
솟은 오층탑10)이 성문을 압도하였는데, 그물망을 쳐 놓은 오층탑의 사각
모서리에 떨어지는 붉은 노을은 정말로 장관이었다. 정 서쪽에 비 하나가
서있는데, 양촌[陽村 : 권근**(權近)]이 짓고 독곡[獨谷 : 성석린**(成石璘)]이
쓴 것이었다.11) 정 동쪽에는 능인전**(能仁殿)이 있는데 3개의 커다란
불상이 있었다. 그곳 승려가 이르기를 "이 불상은 본래 화산**(花山)에
있던 것인데 신돈**(辛旽)이 나라의 권력을 오로지 가지고 있을 때 배로
옮겨 봉안한 것이다"12)라고 하였다. 다시 동쪽의 한 건물에 커다란 종이
걸려있는데13) 매단 끈[퇴려]이 아주 오래되었다. 종 면에 새긴 명문은

---

8) 구진(鉤陳) : 천자를 상징하는 별자리인 자미궁(紫微宮)에 속한 6성 중에서 제일
   북쪽에 있는 별 이름으로 후궁을 상징한다.
9) 지금 개성 성균관 대성전 건물 앞 좌우에 돌로 만든 용머리 조각이 있는데,
   그 중 서쪽에 있는 것이 수창궁에 있던 것이라고 한다.
10) 연복사오층탑(演福寺五層塔)을 말한다.
11) 조선 초에 만들어진 연복사탑중창비를 말한다.
12) 『고려사』에서 확인되지 않는다.
13) 연복사종(演福寺鍾)을 말한다.

가정[稼亭 : 이곡**(李穀)]이 지은 것이다.

남쪽으로 경덕궁**(敬德宮)에 이르니 바로 우리 태종의 옛 집이다. 용수산**(龍首山)에서 흘러내린 산줄기가 궁 서쪽의 조그만 언덕이 되었는데 머리를 쳐든 용이 서려있는 형세이니 대개 신인이 왕조를 일으킬 터전으로, 숨어 있다가 뒤에 나왔으니 어찌 하늘의 뜻이 아니랴!

을축(28일) 새벽에 방교수(방옥정)를 데리고 연경궁(延慶宮) 옛터를 찾았는데, (이곳은) 고려 태조 2년에 세운 것이다.[14] 북쪽으로는 숭산(崇山 : 송악산**)에 의지하였고 남쪽에서는 용수산이 조아리고 낙하**(洛河)는 동쪽을 감돌고 벽란도**(碧瀾渡)는 서쪽에서 입을 벌리고 있으니 참으로 하늘이 내린 도읍이다. 세상에 전하는 말에 따르면 '처음에 술사의 말을 듣고 지맥을 끊지 않으려고 산세에 따라 벌집같이 많은 집과 수많은 마을을 만들었다'고 한다. 화려하게 조각되었던 공포와 기둥, 보석이 박혔던 건물은 모두 땅속에 묻혀버렸고, 사방 몇 리에는 무너진 계단과 깨진 주춧돌만이 여기저기 흩어져 있을 뿐이었다. 수많은 소나무가 하늘을 찌를 듯이 서있지만, 차갑고 음산한 기운이 가득 차있고 가시덩굴이 우거지고 풀에 이슬이 맺혀서 이미 여우와 토끼의 놀이터가 되었다.

말에서 내려 구름 같은 계단을 매달리듯이 올랐다. 마치 봉황이 머리를 움츠렸다가 날아가려는 형상을 한 것이 건덕전(乾德殿)의 터이다.[15] 앞이 탁 트여서 바로 그 터를 볼 수 있는데, 사람들은 만월대**(滿月臺)라고 부른다. 동쪽에는 동지**(東池)가 있었는데, 지금은 논이 되었다. 고려 숙종과 예종 때에는 가끔 용선(龍船)을 띄워놓고 왕이 직접 선비를 시험하였다.[16] 역사에 이르기를 '고종 10년에 물이 3일 동안 흐리자 물고기와

---

14) 조선 초에는 고려의 본궐을 연경궁으로 잘못 인식하였다. 연경궁은 고려 태조 2년(919)에 창건한 고려의 본궐이 아니라 본궐 동쪽에 있었던 이궁이었다.

15) 유호인이 구름같이 놓은 계단을 올랐다고 한 것에서 그가 건덕전 터라고 한 것은 만월대 '중심건축군'의 회경전 터로 보인다. 건덕전은 회경전 서쪽의 '서부건축군'에 있었다.

자라가 모두 나왔다.'17)고 하니 참으로 괴이한 일이다. 동지의 동쪽에는 의신창(義神倉)18)이 있고, 건덕전에서 서쪽으로 수십보 떨어진 곳에 간의대**(簡儀臺)가 있다. 내려다보니 시냇물이 광명동**(廣明洞)에서부터 흘러와서 건덕전 앞 돌다리에서 잠시 머물다 내려가는데, 부딪히며 흘러가는 소리가 마치 허리에 찬 패옥(佩玉) 소리 같다.

다리 남쪽에 위봉루**(威鳳樓)가 있었고, 위봉루 동쪽에 사간원(司諫院)이 있었으며, 서쪽 언덕 가운데 잣나무 몇 그루가 하늘을 찌를 듯이 높이 서 있는 곳이 사헌부(司憲府)가 있던 곳이다.19) 사헌부 북쪽의 담장을 빙 두른 곳은 (어떤 곳이) 있던 곳인데, 남은 터는 모두 허물어져 있었다. 위봉루 남쪽은 구정**(球庭)이 있던 곳인데 둘레가 수십 보쯤 되었다. 세간의 말에 따르면 팔관회(八關會)20)를 열고 반승(飯僧)21)하던 곳이다. 대관전**(大觀殿)·관락전(觀樂殿)**·인덕전**(仁德殿) 같은 곳은 다 돌아보지 못하였다.22)

---

16) 관련 기록이 『고려사』 권11부터 권14에 있다.

17) 『고려사』 권53, 오행1, 수, 고종 14년 4월 신축에서 확인된다.

18) 유호인의 「유송도록」에서만 보이는 창고이다.

19) 조선시대 사간원과 사헌부와 관련된 관청은 어사대인데, 『고려도경』에는 어사대가 궁성 남문인 승평문 근처에 있었다고 하였다. 유호인이 조선시대 관청인 사간원과 사헌부의 위치를 서술한 것은 의문이다.

20) 팔관회(八關會) : 고려시대 국가가 주관한 대표적인 종교행사이자 축제. 연등회가 불교 중심의 축제였다면 팔관회는 불교뿐 아니라 토착신앙까지 국가적으로 종합한 종교의례이자 축제였다. 신라와 태봉의 팔관회를 계승한 고려의 팔관회는 매년 11월 14일과 15일 열렸다. 팔관회의 행사 중 가장 중요한 행사는 왕이 관리와 외국사신으로부터 조하를 받은 조하의식이었다. 팔관회는 고려시대 이후 이어지지 못하고 일부 연희적인 요소만 궁중연례 속에 포함되었다.

21) 반승(飯僧) : 불교에서 승려를 공경하고 받들어 모신다는 뜻에서 승려들에게 식사를 베푸는 종교행사. 이 의식은 불교가 우리나라에 유입되면서부터 널리 유행하였고, 통일신라시대에는 사찰의 낙성식이 있은 다음 국왕이 직접 반승을 베푸는 경우가 많았다. 고려시대에는 국왕이 주도하는 규모가 큰 반승이 궁궐에서 많이 개최되었다.

22) 대관전은 고려 인종 16년에 건덕전에서 이름을 바꾼 전각인데, 유호인이 건덕전

월대[만월대]에서 강안전**(康安殿)을 향하여 북쪽으로 가는데,23) 작은
길은 마치 뱀처럼 숲속으로 가늘게 나있어서, 종들을 시켜 숲을 헤치고
앞장서게 하여 가까스로 걸어서 광명사**(廣明寺)에 도착하였다. 광명사는
바로 세조(世祖)24)가 살던 곳이었다. 북쪽 계단 아래 물이 말라 버린
우물이 있는데25) 세간의 말에 따르면 '용녀(龍女)가 목욕하던 곳'이다.26)
광명사 북쪽 떨어진 곳에 작은 언덕이 있는데, 마치 뜸 심지같이 생겼다.
세속에서는 온혜릉**(溫鞋陵)이라고 부르는데 말이 모두 허무맹랑하여
믿을 수가 없다. 절 앞 수십 보쯤 떨어진 곳에 깨어진 비가 있는데 글자는
닳아서 거의 읽을 수가 없었다.

　　영평문**(永平門)을 나가 보현원**을 지나서 천마산**(天摩山) 서쪽 기슭을
따라 10여 리를 갔다. 험한 길을 겨우 뚫고 나아가는데 한결같이 모두
험한 산이요 까마득한 낭떠러지고, 가는 길마다 끊어질 듯하다 다시
이어지곤 하였다. 청량동**(淸凉洞)에 이르니 해는 이미 한낮이었다. 날씨
는 무덥고 습도가 높아서 비릿한 바람이 길을 막았다. 우거진 숲 아래에서
잠시 쉬는데 실개천이 그 가운데를 흐르고 있어 양치질을 할 수 있었다.
조금 후에 신 도사가 뒤따라왔다.

　　말을 타고 줄지어 회현**(檜峴)을 넘어 북쪽으로 돌아나가자 다시 고개

과 대관전을 동시에 기록한 것은 그 관계를 모르고 이 글을 썼기 때문으로
보인다. 또 관락전은『고려사』와『고려사절요』에서 확인할 수 없는 전각이라는
점에서 유호인의 고려 궁궐 답사 기록에는 오류가 적지 않다.

23) 강안전은 현재 만월대의 서쪽인 '서부건축군'에 있을 것으로 추정하고 있기
　　때문에 유호인 글에 만월대에서 북쪽으로 강안전을 향해서 산으로 갔다고
　　한 것에는 잘못이 있는 것 같다. 글 흐름으로 보아 광명사를 강안전으로 잘못
　　쓴 것으로 보인다.
24) 세조는 고려 태조 왕건의 아버지 왕릉을 말한다.
25) 광명사 우물을 말하는데, 한동안 고려 왕실에서 어수로 이용하였다.
26)『고려사』에 실린「고려세계」에 따르면 고려 태조의 할아버지인 작제건과 용녀는
　　송악산 남쪽 기슭에 집을 짓고 살았는데, 용녀는 침실 창 밖에 우물을 파고
　　그곳으로 용궁을 드나들었다고 한다.

박연폭포(박종진 사진)

하나가 앞을 가로막는데, 쳐다보니 마치 커다란 벽이 서있는 것 같았다. 말에서 내려 짚신을 신고 발끝에 힘을 주고 올랐다. 멀리서 천마산과 성거산** 두 산을 보니 푸른 봉우리가 하늘 속에 잘려 들어간 것이 마치 용과 호랑이 같기도 하고 칼과 창 같기도 하였다. 위로 솟은 것은 갈라져있고 옆으로 누운 것은 붙어 있는데, 기괴한 모양을 드러내려고 다투는 것을 다 셀 수 없었다.

대흥동**(大興洞)에 들어서자 마침 날이 저물려고 하였는데 자욱한 안개가 계곡에 따라 몇 리에 걸쳐 있어 두 산이 합쳐진 것처럼 보이는데 그 모양은 마치 문을 닫은 것 같았다.

박연(박종진 사진)

낭떠러지의 험준한 기세는 만 길이나 깎인 듯한데, 그 위에 있는 용추(龍湫)
가 바로 박연**(朴淵)이다.

바위에 생긴 큰 구멍은 마치 만 섬이 들어가는 커다란 술잔처럼 파여서,
계곡 물이 바로 흘러들어 검푸른 물이 구름처럼 몰려드는데, 고인 물이
깊어서 바닥이 없는 듯하다. 소용돌이치며 거세진 물은 갑자기 빠르게
변하여 물보라를 일으키며 날아 떨어진다. 천둥이 울고 번개가 치듯
벽에 쏟아져 내려 공중을 가르면서 고담**(姑潭)으로 떨어진다. 흩어져
만 필의 비단이 되어 숲과 산에 뿌려지고, 지축을 들어 흔드는데, 은하수가
꺾여서 땅으로 꽂히는 것 같아서 너무 놀랍고 두려워 거의 가까이 갈
수가 없었다.

박연의 한가운데 돌이 하나 있다. 반쯤 드러난 것이 마치 햇볕을 쬐는
거북이 같은데, 그 위는 서너 명은 앉을 만하다. 역사에 전하기를 '고려
문종이 이곳에 올랐을 때 갑자기 풍랑이 일면서 무엇인가 바위를 흔들자
이견간(李堅幹)이 부적을 던져 용을 다스렸다.'고 한다.27) 옆의 거대한
바위는 높이가 5장정도 되는데, 잘라놓은 비계처럼 희다. 고금의 유사(遊
士)들이 자주 이곳에 이름을 남겼고, 나도 지난 을유년28) 겨울에 우연히
이곳에 왔다가 내 이름을 써놓은 적이 있다. 벌써 12년이 지난 일이어서
틀림없이 닳아서 거의 없어졌을 것으로 여겼는데 먹물이 물기를 머금은
채 여전히 그대로였다.

그 옆 몇 걸음 떨어진 곳에 용왕당**(龍王堂)이 있는데 가뭄이 들 때마다
기도하면 바로 효험이 있다고 한다. 다시 그 위로 백 보쯤 더 올라가니
좌우 양옆 바위 절벽에 석불이 한 구씩 모셔져있다. 전설에 의하면 노힐부

---

27) 고려 문종 때 활동한 인물로 본문의 이견간(李堅幹)은 확인이 되지 않는다.
비슷한 이름으로 李令幹이라는 이름은 『고려사』에서 찾아지지만 그가 부적을
던져 박연의 용을 다스렸다는 내용은 확인되지 않는다.(『고려사』 권7)
28) 을유년은 유호인이 21세 때인 1465년(세조 11)으로, 유호인이 개성답사를 다녀와
서 「유송도록」을 쓴 1477년의 12년 전이다.

득(笯肣夫得)과 달달박박(怛怛朴朴)**의 상이라고 한다. 여기서부터 갈수록 경계는 더욱 그윽하고 고요하였다. 늙고 단단하고 마른 녹나무 등이 빽빽하게 들어차 끝이 없었으며, 개울을 넘어서 이어진 계곡에는 하나같이 큰 바위가 들어차 있었는데, 마치 성난 호랑이가 콧구멍과 입을 크게 벌리고 당장이라도 집어 삼킬 듯한 모습이었다.

가는 길에 연못을 하나 만났는데 돌 모양이 거북을 빼닮아서 구담**(龜潭)이라고 한다. 계곡을 따라 꼬불꼬불한 길을 가다가 조그마한 다리를 건너니 절이 하나 있다. 이름이 관음굴**(觀音窟)인데, 바로 우리 태조가 잠저에 계실 때의 원찰(願刹)이다. 목은(牧隱)이 지은 기문29)은 아직까지 벽에 걸려 있다. 절 뒤 바위 절벽의 커다란 굴은 모양이 마치 집 같다. 그 아래에 석불 10여 구를 모셨는데, 금박이 벗겨지고 떨어져서 얼굴모습은 거의 알아보기 어려웠다.

작은 샘물이 바위틈에서 흘러 나왔는데, 맑고 시원한 것이 중령**(中泠)에 비교할 만하다. 저녁 안개가 이미 내려앉아서 숲속 골짜기가 컴컴해졌다. 우리 몇 사람은 마침내 절집에 둘러앉아 창문을 열어놓고 놀면서 둘러보니 멀고 가까운 산봉우리들이 겹겹이 쌓여있는데, 모두 우리가 앉아 있는 자리 아래에 있었다. 삼경에 구름안개가 자욱하게 피어오르는데, 그 변화 무쌍함은 가슴 속을 깨끗하게 씻어내는 듯하였다. 늙은 중은 옆에서 천둥 같은 소리를 내며 코를 골며 자는데, 각자 백과탕(白胯湯) 몇 사발을 마시면서 시를 읊으며, 한량없이 넓은 마음으로 조물주가 만든 경치를 더불어 즐겼다.

동쪽으로 토점(土岾)30)을 바라보니 깊고 넓은 골짜기가 수십 리 이어져 있는데, 맑고 깨끗한 것이 더욱 기이하였다. 이곳에서는 오관산(五冠山)과

---

29) 『신증동국여지승람』 권4, 개성부 상, 불우 관음굴. 『목은집』에서는 기문이 확인
    되지 않는다.
30) 원문의 土峴은 土岾의 오기로 보인다.

성거산 양쪽으로 갈 수 있다.

병인(29일)에 신 도사는 몸이 조금 아파서 먼저 돌아갔다. 날이 밝기를
기다려 의논하여 운거사*(雲居寺)와 길상사**(吉祥寺)로 가기로 했지만
마침 하늘이 어두컴컴해지고 안개가 낀 것이 비가 올 것 같아서 결국
결행하지 못하고 곧 어제 왔던 길[舊路]로 되돌아갔다. 회현(檜峴)에 거의
되돌아 왔을 때에 염로(廉老)가 말머리를 막고 먼 곳을 가리키면서 이르기
를 "이쪽으로 몇 리만 올라가면 정자사**(淨慈寺)라는 절이 있는데 제가
미리 변변치 못한 음식을 마련하여 놓았습니다. 여행하는 여러분을 감히
초대하여 위로하려고 합니다." 하니, 모두들 허락하고 염로를 앞장세워
갔다. 정자사 남쪽의 누각은 아주 넓다. 마주 보이는 천마산의 가파른
절벽이 여기저기 따로 떨어져 솟아 있으니 정말로 볼 만하였다. 마침
소나기가 삼대같이 쏟아지다가 이내 잦아들었다.

말(고삐)를 재촉하여 저녁 때 보통원**에 도착하였다. 서쪽으로 돌아
파지동**(巴只洞)에 들어가서 고려 왕릉의 소재를 물으니, 시골 노파가
가까이 있는 가파른 언덕 너머를 가리켰다. 과연 하나의 무덤[丘陵]이
수풀 속에 있는 것이 보였다. 그 옆에 한 자쯤 되는 비석이 서 있는데,
묘표에는 "고려시조현릉(高麗始祖顯陵)"[31]이라고 되어있다.

덩굴 풀로 덮인 석상에 가시나무가 쌓여있어 제사를 올린 흔적이 있었
다. 수릉군(守陵軍)[32] 몇 명이 와서 이르기를, "우리 소인네들은 이곳에
산 지가 오래되었습니다. 세시(歲時, 명절)와 복납(伏臘, 삼복날과 섣달
그믐)에는 반드시 몸을 정결히 하고 희생과 술을 무덤에 올립니다. 그렇게

---

31) 현재 개건된 태조 현릉 봉분 왼쪽 묘도 입구에 '高麗始祖顯陵'이라는 묘표가
   세워져 있다. 다만 현재 있는 묘표가 유호인이 본 것과 같은 것인지는 확인할
   수 없다.
32) 수릉군(守陵軍) : 조선시대 능·원·묘를 지키는 사람. 1445년(세종 27) 5월에
   수호군(守護軍)을 수릉군으로 이름을 바꾸었다. 수릉군에게는 수릉군전을 지급
   하였다. 세종 이후 수릉군이 설치된 고려 왕릉은 태조 현릉을 비롯해서 현종
   宣陵, 문종 景陵, 원종 韶陵 등 모두 4곳이었다.

하지 않으면 비가 내리는 깜깜한 밤에 마치 군왕의 행차가 지나가듯이
행렬 소리와 음악소리가 나는데, 그런 후에는 사람들이 병을 앓게 되어
열 사람 중에 한 사람도 일어나지 못합니다."라고 하였다.

아! 삼국이 버티고 서서 온 나라가 혼란스러울 때에 왕씨[고려태조
왕건]는 용봉(龍鳳)의 자질을 가지고 동방에서 왕이 되어 3국을 하나로
통일하였으니 그 공은 한 없이 커서 백성들은 지금까지 그 은덕을 받고
살고 있다. 다만 한번 죽고 한번 사는 것은 변치 않는 이치이니 비록
호걸이라도 면할 수 없다. 따라서 하루아침에 운명이 가버리면 좋은
계책마저도 소용없게 된다. 그렇기는 하지면 저와 같은 위대한 영웅의
장한 혼백이 어찌 도리어 산도깨비를 흉내 내어 화와 복을 준다고 하면서
구차하게 너희들에게 음식을 요구한단 말인가? 북쪽 골짜기에 두 개의
능이 있는데, 수백 보 거리를 사이에 두고 서로 바라보고 있었다. 이곳
사람들이 "충정왕(忠定王)과 충혜왕(忠惠王)의 것"이라고 하지만 확인할
만한 비석이나 표지는 없었다.

이날은 날이 흐리고 어두운데다 많이 걸어 피곤하여 찬 기운을 견딜
수가 없었다. 집 다락[원루]에 올라 각각 큰 잔으로 술 몇 잔씩을 마시니
심신이 조금 안정되었다. 복령사"(福寧寺)에 들어서니 그윽하고 고요하여
아주 좋았다. 전각에 16나한의 소상(塑像)이 있는데 만든 솜씨가 절묘하여
[지의(智顗)]가 천태산에서 단식하고 있는 모습33)과 아주 닮았다. 동쪽으로
가면서 한 무더기의 무덤들을 지났다. 무덤은 떼 지어 있는데, 누런 잔디엔
햇빛이 떨어지고 까마귀와 솔개가 낮게 날고 있었다. 들에 있던 노인이
그곳을 가리키며 궁인(宮人)들의 무덤들이라고 말했다. 차소가 이르기를,
"어찌 왕을 생각하는 (젊은) 영혼이 제비가 되어 미앙궁(未央宮)34) 안으로

---

33) 중국 남북조시대에 지의(538~597)가 천태산에 들어가 경전 연구와 수행을 한
사실을 말하는 것으로 보인다. 천태산은 중국 절강성(저장성) 동쪽 천태현
북쪽에 있는 산이다. 중국 천태종의 중심이다. 우리나라에도 천태산 이름을
가진 산이 많다.

날아들지 않았겠는가?"라고 하였다.

지름길로 광명사에 도착하니, 경력 선생이 먼저 음식 만드는 사람을 보내어 연각국(軟脚局)35)을 마련해 놓고 교생 수십 명 또한 술과 안주를 가지고 와서 위로하였다. 장로가 나와 맞이하면서 말하기를 "어제 오셨을 때는 마침 놀러 나가서 얼굴을 뵙지 못해 죄송했습니다. 여러분들의 이번 여행이 오직 좋은 경치만 보러왔다고 들었습니다. 빈도(貧道)가 그림 하나를 소장하고 있는데 살펴보아 주십시오." 하고, 바로 그 자리에서 그림을 펼쳤다.

높은 면류관과 채색 인끈으로 보아 제왕의 모습 같았다. 오래되어 비단 올이 분간하지 못할 정도로 삭아서 손을 대면 부스러졌다. 문득 말대에 아주 작은 글씨로 '목종'이라는 두 글자가 보여서, 사방에 앉아있던 사람들은 모두 크게 놀라지 않을 수 없었다. 돌아보건대 목종은 훌륭한 자질을 가졌지만 어머니를 제어하지 못했기 때문에 하루아침에 적신이 틈을 타고 일어나자 옷을 팔아 밥을 지어 먹고 말을 빌려서 짐을 싣고 가다가 마침내 적성""까지 갔다가 돌아오지 못하였다.36) 옛말에 이르기를 '나병(癩病, 한센병) 환자가 임금을 보고 불쌍히 여겼다'고 하였는데, 바로 이것이로구나!

5월 정묘(1일)에 일찍 은비현(銀篦峴)을 넘고 병부교""(兵部橋)를 지나서 송악산(松嶽)의 남쪽 길을 따라갔다. 광명동(廣明洞)을 내려다보니 산봉우리들은 주름같이 겹겹이 쌓였고 푸른 안개가 자욱해서 안탕산""(雁蕩山)에 들어가서 적성(赤城)에 오른 것 같았다. 여러 구비를 돌아 산꼭대기에 오르니, 나무들로 빙 둘러 싸여서 저절로 한 구역을 만들었는데, (그

---

34) 미앙궁 : 중국 한나라 때 장안에 세운 궁궐이다.

35) 연각국(軟脚局) : 여행객의 다리의 피로를 풀어주기 위해서 베푸는 작은 잔치.

36) 목종은 재위 12년인 1009년 강조에 의해 폐위되어 귀법사에 머물다가 충주로 향하여 가다가 적성에서 강조가 보낸 사람에게 시해되었다.(『고려사』권3, 목종 12년 2월 기축)

안에) 보통 집 몇 채가 바위에 기대어 마을을 이루고 있고, 개와 닭소리가 시끄러웠다. 남쪽과 북쪽 봉우리에 각각 사당이 하나씩 있는데. 북쪽에 있는 것이 대왕당(大王堂)으로 신상(神像)은 여섯인데, 모두 높은 관을 쓰고 도포를 입고 홀을 들고 있었다. 남쪽에 있는 성모당(聖母堂)의 신상 또한 여섯인데 여관(女冠)을 쓰고 얼굴에 분을 바르고 연지를 찍었다. 사당지기가 문 앞에 서서 신상의 옷을 햇빛에 말리면서 화가 난 눈초리로 말하기를 "명신께서는 외부인이 와서 더럽혀지는 것을 원하지 않습니다." 라고 하므로 나는 그를 꾸짖고 문을 열게 하였다. 방안은 깨끗하고, 붉은 휘장을 상(牀) 앞에 늘어뜨려 놓았으며, 향불이 아직 향내를 내며 타고 있으니, 어찌 옛날에 이르던 '팔선궁**(八仙宮)'이 아니겠는가?

이날 처음으로 날씨가 개어 하늘이 아주 맑아서 사방을 바라봐도 끝이 없었다. 바다는 커다란 술동이 같고, 3개의 산은 소복이 담아 놓은 밥그릇 같았다. 높은 곳에서 사람 사는 곳을 내려다보니 마치 작은 벌레들이 왔다 갔다 하는 것 같아 자못 소강절**(邵康節) 선생이 낙양**(洛陽)에서 옛일을[37] 회상하던 느낌이 들었다.

(우리는) 서로 술 몇 말을 진탕 마시고 정신이 몽롱해질 때까지 큰 소리로 노래 부르니 티끌 같은 세상을 떠나서 신선처럼 맑은 이슬을 마시고, 대붕(大鵬)의 등을 타고 아홉 하늘(높은 하늘)을 날아가는 듯하였다.

저물 무렵에 청계사(靑溪寺)로 내려와 계곡 바위에 걸터앉아서 손으로 졸졸 흐르는 물에 물장난을 치면서 깨끗이 씻었다. 잠시 시간을 보낸

---

37) 소옹(邵雍, 1011~1077)으로, 자는 요부(堯夫), 호는 안락선생(安樂先生), 시호는 강절(康節)이다. 관료로서 사색에 힘썼던 주렴계에 비하여 그는 시정(市井)의 은둔 철학자였다. 소강절은 젊은 시절 공성[共城, 지금의 하북성(河北省) 범양현(範陽縣)]에서 살았는데, 그의 나이 54세 때에 부친이 돌아가신 후 낙양의 천진교(天津橋) 가까운 곳에 정착하였다. 소강절은 처음 낙양에 왔을 때, 쑥대나 싸리로 담장을 두고 몸소 나무하고 불을 때서 모친을 공양하였다. 평소에 비록 매우 가난하게 살아도 흔쾌히 즐거움으로 받아들여 그의 즐거움을 다른 사람이 따라갈 수 없었다.

후 언덕 몇 개를 넘어 동쪽으로 가서 옛 집터에 닿았는데, 바로 노국공주(魯
國公主)의 영전""(影殿)이었다. 그 당시 나라의 운명이 날로 기울어 '과부도
베 짤 때 씨줄이 모자라는 것을 걱정하지 않았다.'38)고 할 정도였는데도,
공민왕은 왕비가 죽었다고 백성의 힘을 10여년이나 되는 긴 세월동안
수고롭게 하였으니 충분히 정신 나간 사람에 대한 경계가 될 만하다.

수락암""(水落巖)을 지나자, 굽은 계곡물이 작은 물방울을 뿜으며 내려가
는데, 고려 전성기 때 비단을 씻던 곳이다.39) 왕륜사""(王輪寺)를 지나
북으로 백보쯤 떨어진 곳에 자하동""(紫霞洞)이 있는데, 시중 채홍철""(蔡洪
哲)의 옛집이 이곳이었다. 저녁에 건성사""(乾聖寺)에 이르니 개나리는
이미 지고, 작약 몇 송이가 이슬비를 맞으며 피어 있었다. 술잔을 잡고
감상을 읊조리기를 몇 차례 한 뒤에 자리를 파하였다.

무진(2일)40)에 경력공이 아침 일찍 편지를 보내 이르기를 "오늘은 여러
분을 모시고 서호""(西湖)에 놀러 가려 합니다."라고 하였는데, 마침 군기판
관(軍器判官) 김성경""(金成慶)이 공무로 이곳에 있었기 때문에 함께 참여하
였다.

승제문""(承濟門)을 나와 옥연평(玉蓮坪)을 통과하고 남신원(南神院)을
넘어서 영안성""(永安城)에 올랐다. 한쪽 면은 절벽인데, 툭 튀어나온 곳에
항구가 있다. 역사에 전하기를 '배천 정조 유희(劉晞)가 세조를 위해 쌓은
것'이라 한다.41) 세조가 죽자 몽부인42)과 이곳에 합장했기 때문에 창릉""(昌

---

38) 중국 주나라 때 과부가 베 짤 때 필요한 씨줄이 모자라는 것은 걱정하지 않고
    나라 걱정을 했다고 한다. 『春秋左傳』昭公 24년 6월 기록에 '嫠不恤其緯'라는
    글귀가 있다.
39) 이 사실은 다른 기록에서는 확인되지 않는다. 관련되는 내용으로『신증동국여지
    승람』(권12, 장단도호부, 산천)에 따르면 오관산 아래 영통동에는 오래 전부터
    직물을 세탁하는 사람들이 살았다는 기록이 있다.
40) 원문에는 戊戌로 되어 있다. 무술은 戊辰의 잘못이다.
41) 『고려사』에 실린「고려세계」에 따르면 태조의 할아버지인 작제건이 용왕의
    딸을 아내로 데리고 오자, 백주 정조 유상희 등이 개주·정주·염주·백주와 강화현
    ·교동현·하음현 사람들을 거느리고 와서 작제건을 위해서 영안성을 쌓고 궁실을

陵)이라고 부르기도 한다.

　예전에 송나라 상인이 내기 바둑으로 한 부인을 얻어서 데리고 돌아가려 하였는데, 배의 닻줄을 겨우 풀었지만 배는 그 자리에서 맴돌 뿐 나아가지 않았다. 점괘에 ‘절부에 감응한 것이다.’라고 나오자 상인은 두려워 부인을 돌려보냈다. 그 부인은 그때 예성강곡(禮成江曲)⁴³⁾이라는 노래 한 곡을 불렀는데 지금까지도 세상에 전해지고 있다.

　남쪽으로 구름이 낀 바다를 바라보니 고래 이빨 같이 흰 파도가 하루 종일 크게 일었고 아름다운 누각 같은 형상의 신기루는 계속해서 모습을 바꾸었다. 화개산(華蓋山)·마니산(磨尼山)·수양산(首陽山) 같은 산들이 이어진 모습은 소라모양으로 튼 상투 같았다. 나루터 어귀에서 잠시 쉬면서 자줏빛 생선회를 안주 삼아 길에서 술 몇 순배를 마셨는데 그때 나무하는 아이들과 나물 캐는 여인들이 다투어 와서 옆에서 구경하였다.

　잠시 후에 뱃사공이 키를 잡고 뱃머리를 돌려서 나아갔다. 마침 밀물이어서 30리를 거슬러 올라가는데, 돛을 높이 올리니 지나가는 새보다 빨랐다. 곧 비파를 뜯고 용적 피리를 불게 하였다. 술에 취하여 각자 시 한 편씩 지어 읊으니, 비록 서호(西湖)와 적벽(赤壁)의 놀이라 한들 어찌 이보다 좋았겠는가?

　벽란도(碧瀾渡)에 도착하니 맑고 시원한 정자가 나타났다. 돌기둥은 조수가 밀려오면 거의 3자가 잠긴다. 천천히 서쪽으로 돌아 별포(別浦)를

─────

　지었다고 한다. 「고려세계」의 유상희(劉相晞)가 「유송도록」에는 유희로 기록되어 있다.
42) 고려 태조의 어머니인 위숙왕후(威肅王后)를 말한다. 「고려세계」에 따르면 태조의 아버지인 세조(왕륭)는 꿈에서 어떤 여인과 결혼을 약속하였는데, 어느 날 송악에서 영안성으로 가다가 꿈 속의 여인과 닮은 여인을 만나 혼인하였기 때문에 세상사람들이 이 여인을 몽부인이라 불렀다고 한다.
43) 『고려사』 악지에 실린 고려시대 노래. 『고려사』 악지에는 당나라의 상인 하두강이 예성강에서 어떤 사람과 내기 바둑을 이겨서 그 사람의 아내를 빼앗아 배에 싣고 떠나가려 했다가 실패했다는 일화가 실려 있다.

따라 들어가서 견불사**(見佛寺)에 올랐다. 아득히 먼 바다에서 해가 떨어지고 소금 굽는 연기가 멀리서 피어 올랐다. 갈매기와 해오라기는 떼지어 날고 뱃사공은 누각 밑에서 배 밑동을 쳐서 소리를 내고 있었다.

나는 술이 매우 취하여 코로 가쁜 숨을 내쉬었고, 가행(可行)은 경치에 팔려서 가끔 남의 말에 엉뚱한 대답을 하였으며, 차소(次韶)는 눈을 멍하게 뜨고 길게 휘파람을 부니 그 여운이 또렷하였다. 경력공이 조금 비웃으며 말하기를, "여러분들은 오늘 정말 여러 모습을 보여주는군요."라고 하였다. 밤이 깊어 범패가 그치자 문을 열고 나가 산보하였다. 피곤하여 문득 갈대숲 사이에 누웠다가 잠이 들어 아침 해가 이미 바다 위로 높이 올라온 것도 깨닫지 못하였다.

기사(3일)에, 종들을 시켜 배를 동포**(東浦)로 옮기게 하였는데, 뱃사공이 나무토막을 북삼아 치면서 어부가를 불렀다. 감로사**(甘露寺)가 멀리 안개 속에서 출몰하였는데, 누각들이 들쑥날쑥한 것이 마치 한 폭의 그림을 보는 것 같았다. 묘미는 멀리서 보는데 있기 때문에 가까이 다가가는 것은 마땅치 않다. 천천히 노를 젓게 하여 배를 대었다. 요주(寮主)가 나와서 인사를 나누고, 방장으로 데리고 들어갔다. 판 위의 수십 편의 (시문)을 두루 보니, 모두 근대에 이름난 사람들이 읊은 것이었다.

마당 가운데 9층탑이 있는데 돌의 색은 옥 같고 조각 솜씨가 절묘하여 꼭 경천사(敬天寺)의 석탑**과 같았다. 감로사는 본래 이자연**(李子淵)이 지은 것으로 형세와 규모가 모두 중국 윤주**(潤州)에 있는 절을 본뜬 것인데, 기이한 경관과 아름다운 풍채는 해동에서 제일이다. 여기저기 배회하면서 구경하다가 조그만 누각의 벽을 닦고 이름을 써놓고 나왔다.

산마루를 넘어 개성고현**(開城故縣)으로 나오니 동쪽에 큰 우물**[大井]이 있는데, 아주 맑은 물이 몇 자 정도 고여 있었다. 가끔 거센 거품이 끓어올랐는데, 신기한 물고기들이 왔다 갔다 하는 것을 하나하나 다 셀 수 있을 정도였다. 이 우물 위로 산 중턱과 연결된 땅속으로 통하는 물길이 있는데, 급하게 흘러 내려온 물이 이 우물에 고였다가, 그 아래

수천 경의 땅에 물을 댈 수 있다고 한다. 세상에 '은 그릇으로 우물을 팠다'는 말이 전해지지만44) 어디서부터 나왔는지 모르겠다. 우물 옆에 몇 칸짜리 집이 있는데, 우물 사당인 듯하였다.

현릉(공민왕릉)과 정릉(노국공주릉) (박종진 사진)

동쪽으로 10리쯤 가서 북쪽으로 돌아 봉명산**(鳳鳴山)에 들어가 현릉**(玄陵)과 정릉**(正陵)을 찾았다. 모두 한 언덕 위에 나란히 우뚝 솟아 있는데, 동쪽에 있는 것은 마침 가운데가 아직 파헤쳐져 있었다. 처음 이 릉을 경영할 때에는 구슬로 치장한 옷, 옥 상자, 금 오리, 은 기러기 등의 장식을 당시 최고의 기술로 만들었으니, 비록 진시황(秦始皇)이 여산**(驪山)에서 한 역사도 이보다 더하지 않았을 것이다. 동쪽의 여장은 새것 같았다.

가운데 가로 누운 비가 서있는데,45) 비문은 삼왕(三王)을 봉하는 책과 곽광전**(藿光傳)의 서사(敍事)를 본받아 이색**(李穡)이 찬하였고 한수**(韓脩)가 글씨를 썼으며 권중화**(權仲和)가 전액(篆額)을 썼다. 나는 돌로 만든 양(石羊)을 어루만지며 조업**(曹鄴)의 시를 읊었다. "쌓이고 쌓인 무덤 속의 물건들, 살아있는 사람의 살림살이보다도 많구나. 만일 이 산이 옮겨갈 수 있었다면, 마땅히 진나라를 떠났겠네. 순임금은 이보다 먼저 죽었건만, 아직 봉분도 없다네."46) 차소가 말하기를, "만일 공민왕의

44) 『고려사』에 실린 「고려세계」에 따르면 작제건과 혼인한 용녀가 개성에 처음 와서 은그릇으로 우물을 팠다는 이야기가 전한다.

45) 광통보제선사비를 말한다.

46) 이 시는 조업(曹鄴)이 지은 '始皇陵下作'(『唐百家詩選』 권18)이라는 시의 일부이다.

영혼이 있다면 부끄러워하지 않을 수 있을까?"라고 하였다.

산예역**(狻猊驛)을 지나서 황교**(黃橋)에 도착하니 신 도사가 미리 장막을 치고 술과 과일을 마련하여 놓아서 아주 즐겁게 술을 마셨다. 난간을 붙들고 술에 취한 채 오정문**(午正門)으로 들어가니, 밝은 달빛이 도성 안에 가득한데 오교(五橋) 주변의 주렴이 늘어진 집에서는 은빛 등불이 반짝이고 피리 소리, 노래 소리가 여기저기서 들린다. 태평관**(太平館)을 지나 서소문**(西小門)을 경유하여 돌아오니 밤은 이미 초경이었다.

경오(4일)에 적전 판관(籍田判官) 정서**(鄭恕)가 오자 곧 함께 말을 몰아 화원**(花園)으로 갔다. 화원은 공민왕 23년(1374)에 창건하였다. 팔각전**(八角殿)이 있는데, 옥좌에는 먼지가 쌓였고 문에는 거미줄이 덮여 있었다.

계단 아래의 앵두나무 수십 그루에는 막 익은 열매가 주렁주렁 달려 있었고, 팔각전 뒤에는 괴석(怪石)들이 산을 이루고 진기한 화초들이 섬돌 틈에서 어지러이 피어 있었다. 이것은 우왕(禑王)이 나라를 도둑질하여 왕위에 앉은 10여 년간 즐기던 것인데, 지금은 흩어져서 민간에 있는 것이 얼마나 되는지 모른다. 가만히 생각해 보면, "어떤 사람이 잃은 것은 다른 사람이 차지하게 되는 것일 뿐, 인간 세상을 벗어나는 것이 아니다."라는 말을 어찌 믿지 않을 수 있겠는가!

도평의사**(都評議司)를 찾았다. 서쪽 벽 틈에 석각이 있는데, 바로 정삼봉(三峰, 鄭道傳)이 지은 기문[47]이다. 세 그루의 회나무만 무성할 뿐 재상들이 앉았던 자리[八座][48]는 황량하였다. '누구는 충신이라 하고 누구는

전문은 다음과 같다. "千金買魚燈 泉下照狐兎 行人上陵過 却弔扶蘇墓 壘壘壙中物 多於養生具 若使山可移 應將秦國去 舜歿雖在前 今猶未封樹."

47) 『삼봉집』에 「高麗國新作都評議使司廳記」가 실려 있다.

48) 팔좌(八座) : 고려시대 팔좌는 상서성에 속한 좌우복야와 6상서를 가리켰는데 (변태섭, 1971, 『고려정치제도사연구』), 이들의 지위는 재신과 추밀에 미치지 못하였다. 「유송도록」에서의 팔좌는 당시 고위 재상들의 자리를 가리키는 것으로 보인다.

간신이라' 하지만 어찌 후세 사람들이 각자 마음 속으로 판단한 것이
아니겠는가?49)

태묘동**(太廟洞)에 들어가서 포은(圃隱) 정몽주의 옛집을 찾았다. 뜰에
는 풀이 우거져 있고 집은 무너져 비구니의 거처가 되었다. 공은 비록
천명과 인심이 이미 진짜 주인[太祖]에게 돌아간 것을 알았지만 오히려
하찮은 나무 하나로 5백 년을 지탱해 온 큰 집을 지키려고 하다가 끝내
절개를 안고 죽었다. 이것은 천지의 정기(正氣)가 공에게 모인 것이니,
어찌 '태어나는 것은 저절로 오지만 죽음은 스스로 만드는 것'이라는
말이 아니겠는가. 경건한 마음으로 목청전**(穆淸殿)에 가서 우리 태조의
초상화에 절을 올렸다.

북쪽으로 회창문**(會昌門)을 나가 귀법사**(歸法寺) 옛터를 지났다. 옛날
최충**(崔沖)은 구재**(九齋)를 설치하였고 학생들은 매년 여름에 이곳에
머물면서 학문[기예]을 겨루었다.

드디어 총지동**(摠持洞)을 향해 가다가 비문령**(碑門嶺)을 넘자 영통사**
(靈通寺)가 있었다. 겹겹이 쌓인 많은 산봉우리들이 빙 둘러 감싸고 있는
것이 (완연하게) 호리병 속 같았다. 서쪽의 작은 누각은 계곡 낭떠러지를
굽어보고 서있는데 나무그늘이 빈틈이 없을 정도로 우거져 비록 한여름이
지만 '쏴아'하고 서늘한 바람이 불어 살갗에 소름이 돋았다. 현판에는
월창(月牕)·천봉(千峰)을 비롯하여 여러 사람들의 시가 있었는데, 모두
맑고 수준이 있어서 암송할 만하였다. 절 안에 의천 공덕비(義天功德碑 : 영
통사대각국사의천비**)가 서 있는데, 김부식(金富軾)이 지은 것이다. 누각
의 남쪽에 황양목(黃楊木) 10여 그루가 줄지어 서 있는데, 오래된 가지는
울퉁불퉁한 돌 모양 같아서 볼 만하였다. 이를 본 후에야 구양수(歐陽修)가
지은 (황양목에 대한) 부(賦)50)가 이른 경지를 알 수 있었다.

---

49) 피리춘추(皮裏春秋) : 겉으로는 옳고 그름을 표현하지 않지만 사람마다 각자
　속셈과 분별력이 있음을 말한다.(『晉書』권93, 褚裒傳 "季野有皮裏春秋 言其外無臧
　否 而內有所褒貶也")

절 북쪽에 가장 푸르고 아름답게 우뚝 솟은 것은 오관산**(五冠山)이다. 우리나라에서는 매년 향을 내려 제사를 지내고 있다. 그 아래 집터는 바로 효자 문충**(文忠)이 살던 곳이다.

주지가 4개의 그림 족자를 보여주는데, 그 중 하나는 선종(宣宗)의 초상화이고, 또 다른 하나는 홍자번**(洪子藩)의 것이다. 홍자번은 몸집이 크고 사람됨이 훌륭하였고 재주가 남보다 뛰어났으며 어려서부터 학문을 좋아하였다. 유경**(柳璥)에게 알려져 10여 년 동안 재상의 자리에 있으면서 일을 잘 처리하고 조화롭게 통솔하였으며, 충선왕 부자가 처음처럼 사랑하고 효도할 수 있게 힘썼다. 시호는 충정(忠正)이다. 또 하나는 영통(永通)의 초상화인데 홍자번의 손자이다. 영통은 윗사람에게 아부하기를 좋아하여 항상 역적 신돈**에 붙어서 감찰대부를 지냈다. 후에 임견미**(林堅味)와 염흥방**(廉興邦)과 함께 나쁜 짓을 하다가 혼자만 목숨을 건졌으며, 다시 삼사사(三司事)를 맡았다. 마지막 하나는 해평(海平) 사람 윤석**(尹碩)인데 (윤석은) 충선왕 때에 교묘한 말과 얼굴빛으로 임금의 비위를 잘 맞추고, 어질고 유능한 사람들을 시샘하고 미워하였는데, 평생의 행동이 모두 이와 비슷하였다. 벼슬은 정승에 이르렀다.

이날 저녁에 정 판관은 적전(籍田)으로 돌아가고, 방(房) 교수 형제와 김(金) 판관과 함께 회창문**(會昌門)으로 들어와 성균관**(成均館)에 들러서 공자의 소상(塑像)을 참배하였다. 공자의 소상은 면류관을 쓰고 구장복(九章服)51)을 입었는데 앞뒤의 옷자락이 단정하고 엄숙하여 공자가 위에

---

50) 구양수(歐陽修) … 부(賦) : 구양수가 쓴 부는 「황양수자부병서(黃楊樹子賦幷序)」
   이다. 이 글은 그가 관직에서 좌천된 뒤 이릉(彝陵)으로 가는 길에 황양목
   곧 회양목을 보고 감흥이 일어나서 쓴 글이다.
51) 구장복(九章服) : 왕이 면복을 갖추어 입을 때 입던 제복(祭服)으로 9개의 문장을
   놓은 옷이다. 왕이 종묘사직에 제사지낼 때나 조회 등에서 면복을 입을 때
   머리에는 면류관을 쓰고 곤복(袞服)을 갖춰 입었다. 이를 장복(章服)이라고도
   하는데, 황제는 십이장복, 왕이나 황태자는 구장복, 왕세자는 칠장복을 입었다.
   국립중앙박물관에 중요민속자료 제66호로 지정된 구장복이 소장되어 있다.

계시는 것 같았다. 묘당이 명륜당인데, 명륜당 좌우는 유생과 스승의
숙소이다. 뜰에는 오래된 잣나무 몇 그루만 서있을 뿐 유생들은 흩어져서
텅 비어있고 문은 항상 닫혀 있었다.

신미(5일)에 서울로 돌아가려고 의논하고 있는데 유수 상공께서 관원들
을 거느리고 와서 암방사**(巖防寺)에서 전송연을 베풀어 주셨다. 도성
안을 내려다보니 수많은 화재를 겪고 전쟁을 치르면서 이곳을 지키는
땅의 혼령도 이미 사라진 듯하였다. 옛사람들을 생각해 보면, 훌륭한
이름을 백대에 남긴 이도 있고, 혹은 만년 동안 악취를 남긴 이도 있겠지만
지금은 모두 사라져 버려 다시 종적을 볼 수 없으니 한탄스러울 뿐이었다.

술이 반쯤 취하는 동안 (여러 사람들이) 고려 5백 년의 흥하고 망한
원인에 대한 말을 주고받다가 말이 '이인임(李仁任)이 명나라 사신을 죽인
것'52)과 '연호정(烟戶政)53)'같은 일에까지 미치게 되었다. 유수 상공이
멀리 한 동네를 가리키며 말하기를, "저곳이 왕저동**(王邸洞)인데 늙은
간신이 살던 곳일세. 크고 아름다운 집에서 노래와 웃음소리가 들렸지만
지금은 모두 농토가 되어 버렸네."라고 하였다.

임신(6일)에 서울로 출발하는데, 방 교수가 여러 생도들을 데리고 천수
사**(天水寺) 취적봉**(吹笛峯)의 새 정자까지 나와서 전송해 주었다. 이
정자는 유수 이예**(李芮)가 지은 것이다. 현판 위에는 이인로**(李仁老)와
최사립**(崔斯立)의 시가 있어서 몇 번이나 반복해서 읊어 보니, 이곳
정경을 그대로 묘사한 정말 훌륭한 작품이었다. 서거정**(徐居正)과 성현(成
俔) 두 학사가 화답한 시를 보니 역시 우열을 가리기 어려웠다.

고종이 황제위에 오르기 전이나 칭제 후 황태자가 입은 것으로 추정된다.
52) 우왕 즉위년인 1374년 11월 호송관 김의(金義)가 귀국하던 명나라 사신 채빈(蔡
斌)과 그 아들을 죽이고 임밀(林密)을 납치하여 북원으로 도주한 사건을 말한다.
(『고려사』 권133)
53) 우왕 때 왜구침입에 대비하여 연호군을 편성하여 그 폐단이 논의된 일이 있다.
(『고려사』 권133)

적전(藉田)에 이르자 또 정판관이 잡아끌었다. 앉아서 한참 동안 이야기를 나누다가 일어나 말을 달려 호곶**(壺串)을 지나 신차소의 별장에서 잤다. 이날 밤 강에는 비오는 소리가 요란하고 고깃배들의 북소리가 시끄러워 앉아서 오랫동안 잠을 이루지 못하였다. 조금 쉬는데 이웃 노인이 커다란 물고기 한 마리를 보냈다. 소반 위에서 회를 뜨니 아주 맛이 좋았다.

계유(7일)에 새벽밥을 먹고 낙하(洛河)를 건너 서울로 돌아왔다. 우리들은 본래 먹통에 딸린 먹줄같이 관직에 매인 몸이지만 다행스럽게 한번 틈을 얻어 서울 밖 유람을 할 수 있었다. 한 열흘 유람하는 동안 문득 가슴 속이 맑고 시원해져서 완전히 예전의 내가 아닌 듯하다. 죽을 때까지 관청에서 열심히 일만 하다가 일찍이 하루의 휴가도 얻지 못했다면 어쩔 뻔 했을까?

그러나 평생 큰 뜻을 기약한 사람은[54] 여기에 그쳐서는 안 될 것이다. 앞으로 연북(燕北)[55] 지방의 강한 기운을 들이마시고 강남 지방의 맑은 바람을 삼킨다면 혹 옛 사람들이 '말한 것'을 얻을 수도 있지 않을까?

자루를 뒤져 시 백여 편을 얻었지만 모두 그때그때 흥취를 만나 아주 잠깐 읊은 것이어서 고를 만한 것이 없다. 한 지방의 형승, 세도의 흥망, 인물의 성쇠, 풍속의 좋고 나쁜 것에 대해서는 그런대로 참고할 만하므로 왼쪽과 같이 모아 묶고 아울러 앞에 날짜를 써서 행년기(行年紀)에 보충한다.

출전 | 『뇌계집(㵢溪集)』 권7, 文
역주 | 박종진(숙명여자대학교)

---

54) 호시(弧矢) : 『예기』 내칙의 '상호봉시(桑弧蓬矢)'의 준말로, 남자가 뜻을 세운 것을 말한다. 옛날에 남자 아이가 출생하면 뽕나무[桑木]로 활을 만들고 쑥대[蓬草]로 화살을 만들어 사방에 쏘아서 큰 뜻을 이루기를 기원하였다 한다.

55) 연북(燕北) : 『古文眞寶』에 실린 마존(馬存)의 「子長遊贈蓋邦式」에 나오는 "… 可以呑江南吳越之淸風 … 可以吸燕趙秦之勁氣 …"에서 인용한 것이다.

송경록(松京錄)

남효온(南孝溫)

을사년(1485, 성종 16) 9월 7일 을묘일에 우선언*[禹善言 : 자 자용(子容)]
과 이정은*[李貞恩 : 자 정중(正中)]이 말을 타고 어린 종 하나를 데리고서
개성부**(開城府) 판문리에 있는 나의 누추한 집으로 찾아왔다.

병진일(8일) 아침이 밝자 자용, 정중과 함께 판문을 나섰다. 5, 6리를
가서 큰길로 나가, 천수원**(天水院)을 지나 천수정(天水亭)에 올랐다. 중추
(中樞) 이예**(李芮)의 천수정기 및 달성(達城) 서거정**(徐居正), 판서(判書)
이승소**(李承召), 시중(侍中) 홍언박**(洪彦博) 등의 시를 읽었는데, 모두
사인(舍人) 최사립**(崔斯立)의 시에 화답(和答)한 것이었다. 다 읽은 뒤에
정자를 내려와서 탁타교**(橐駝橋)를 건넜다. 이 다리는 바로 고려 태조*가
거란이 바친 낙타를 내친 곳이다. 또 청교역**(靑郊驛)과 개국사**(開國寺)를
찾았다. 절은 단지 터만 남았고, 터에는 화표주(華表柱) 두 개와 장명등(長明
燈) 하나만 남아 있었다.

수구문(水口門)[1)]으로 들어가 야교**(夜橋) 길로 올라서 남대문** 밖에까
지 갔다. 길가에 국화 10여 떨기가 붉은 빛, 노란 빛, 자줏빛, 흰빛으로
흐드러지게 피어 있어 한참 동안 앉아서 감상하였다. 돌아와서 이총**[李

---

1) 수구문(水口門) : 개국사(開國寺)를 다녀오는 길의 수구문이므로 장패문(長覇門,
   보정문)의 수구문으로 보인다.

摠 : 자 백원(百源)이 사는 집을 방문하였다. 지나가는 사람이 잘못 알려주어 다른 동네로 들어갔다가 간신히 그 집에 도착하였다. 백원과 숙형(叔亨)이 우리를 우두커니 기다리다가 우리가 도착하자 매우 기뻐하였다. 이어 개성의 노인 한수(韓壽)라는 사람을 불렀다. 한수는 고려의 고적(故迹)을 잘 알기 때문에 백원이 길안내를 부탁한 것이다.

돌아와 화원**(花園)을 방문하였는데, 팔각전**(八角殿)이라고 불리는 것은 옛터만 남아 있을 뿐이었다. 내가 10년 전에 이곳에 왔을 때 팔각전은 꺾이고 썩어 무너지긴 했어도 철거되진 않았었는데, 지금은 더이상 남은 것이 없고, 팔각전 주춧돌 근처에 사람의 키만큼 자란 배나무가 있을 뿐이다. 팔각전 북쪽으로는 오래된 돌이 쌓여 있고, 돌 위에 단풍나무가 있었다. 우왕 때에 심은 것으로, (땅)위로 뻗어 나온 굵은 뿌리가 돌 사이에 뒤얽혀 있어 자못 예스러운 자태가 있었다. 한수가 우리를 이끌어 팔각전 터 위에 앉게 하고 고려왕조의 옛일을 이야기해주었는데, 말솜씨가 뛰어나 지루한 줄 몰랐다.

한참을 보내다가 화원을 떠나 동쪽으로 옛 도평의사사(都評議使司)에 들어가서 삼봉(三峰) 정도전**(鄭道傳)이 지은 비문을 읽었는데, 이 비는 우왕 때에 만든 것이다. 또 동쪽으로 나가 토령**(土嶺)을 넘어 반 리(里)쯤 가다가 왼쪽의 태묘동**(太廟洞)으로 들어갔다. 한수가 동네 입구의 누각 주춧돌을 가리키며 "이곳은 시중(侍中) 정몽주**(鄭夢周)가 고여(高勵) 무리들에게 격살당한 곳입니다."라고 하였다. 우리를 인도하여 동네로 조금 들어가다 작은 집 하나를 가리키며 "이곳이 시중의 옛 집입니다."라고 말하였다. 우리는 대문 앞에 앉아 복받치는 마음으로 옛일을 생각하며 슬퍼하였다.

조금 있다가 용암사**(龍巖寺)로 올라갔는데, 이 절은 암방(巖房)이라고도 한다. 나무가 하늘을 찌를 듯하고, 큰 것은 크기가 몇 아름이나 되었다. 아래로는 큰 바위가 비스듬히 가로놓여 있고, 낙엽이 바위를 덮고 있었다. 한수가 우리를 이끌어 바위 위에 앉게 하였다. 평지를 내려다보니 시야가 매우 넓어 한참을 앉아 구경하였다. 한수가 말하기를 "여기는 우리 태조(太祖)께서 회군(回軍)할 때에 잠시 머문 곳입니다." 하였다. 바위 뒤에 있는 토성(土城)은 굽은 것이 조각달 모양인데, 이른바 내성*(內城)이라는 것이다. 한수가 "태조께서 나라를 세운 이듬해인 계유년(1393)에 이 성을 쌓아서 왕씨(王氏)의 옛 거처를 분리하려 하였습니다."라고 하였다.

한수가 또 정중, 백원 등을 데리고 절 안으로 들어가서 십이행년불(十二行年佛)이라는 것을 보여주었다. 자용이 부처에게 네 번 절하고는 도로 나와 함께 북쪽 언덕으로 올라가 풀을 깔고 앉았다. 백원 여종의 사위인 엽귀동(葉貴同)이 술을 지고 와서 마셨는데, 백원 등이 몇 잔을 돌리고서야 마쳤다. 한수가 또 우리를 인도하여 백초정(百草亭) 사당(祠堂)으로 내려갔다. 그 사당에 들어가니, 늙은 여인 10여 명이 북을 치며 큰소리로 염불하고 있었다. 그중에 가장 젊은 여자는 나이가 서른 정도로 보이는데, 불법을 가장 잘 안다고 스스로 말하였다. 자용이 여자 앞에서 북쪽을 향해 서서 부처에게 네 번 절하였다.

한수가 또 나를 끌어 백화정(百花亭)을 보여주었다. 대나무가 여기저기 무더기로 어지럽게 있기에 내가 대나무 아래에 앉아 큰소리로 현담(玄談)을 했다. 이야기를 마친 후 북쪽 언덕 아래 묘각암*(妙覺庵)으로 올라갔다. 암자에는 여승 한 명이 있었다. 자용이 여승을 마주 보고 두 번 절하고 염주를 돌리며 염불을 외니, 여승이 눈인사하며 미소 지었다. 암자 앞에 있는 탑은 매우 높았는데, 고려 현종(顯宗)이 금자경(金字經)을 안치한 탑이다. 탑 위에 있는 범자(梵字)는 해독하기 어려웠고, 탑 옆면에 있는 돌 승상(僧像) 여덟 개는 기교가 매우 정교하였다. 우리는 모두 다 본 뒤에 내려와서 토령(土嶺) 길을 통해 머무는 집에 이르러 저녁밥을 먹었다. 또 어두워져서는 남대문 밖으로 갔다. 지나가면서 국화를 자세하게 감상하였다. 그리고는 남대문 위로 올라가서 큰 소리로 떠들면서 달빛 아래를 걸어왔다.

정사일(9일) 한수가 향사례(鄕射禮)에 참여하느라 오지 않았다. 백원

등이 나에게 예전에 이곳을 유람했으니 안내를 맡으라 하여, 어쩔 수
없이 앞장서 갔다. 가는 길에 악새(伶人) 송회령**(宋會寧)에게 피리를 불게
하였다. 토령을 지나는데 집들이 냇가에 늘어서 있었다. 1, 2리쯤 가서
왼쪽으로 토교(土橋)를 건너 순효사**(純孝寺)에 들어갔다. 또 목청전**(穆淸
殿)에 들어가서 태조의 진영(眞影)을 알현하려 하였지만 우리 모두 복장을
갖추지 않아 군신(君臣)의 예를 갖출 수 없었기 때문에 뵙지 못하고,
단지 집안만 둘러보았다. 세상에 전하는 말에 의하면, '이 절은 태조가
즉위하기 전에 살던 옛집으로, 태조가 집을 희사하여 절을 지었다.'고
하며, 또 영전(影殿)을 세워서 태조의 진영을 모셨는데, 이른바 목청전이라
는 것이다.

개성 성균관 대성전과 동무(박종진 사진)

한참 후에 나와 초
동(樵童)에게 물어 뒷
길을 알아내어 북쪽
으로 성균관**(成均館)
에 이르렀다. 성균관
앞으로 두 냇물이 뒤
섞여 흐르고 있었는
데, 이것을 반수(泮水)

라고 한다. 반수 밖에는 석교(石橋)가 있고, 석교 바깥으로 마암**(馬巖)이
있다. 석교를 건너 문에 들어가면 대문 안쪽으로 동서 양재(兩齋)가 있다.
그것은 본래 학생들의 숙소로 설치한 것인데 학생들은 하나도 없다.
동서재 위에는 교관청(敎官廳)이 있으나 교관은 없었다. 또 그 위에는
명륜당(明倫堂)이 있고, 명륜당 뒤에는 동서무(東西廡)가 있다. 동서무
안에는 공자의 70제자 및 한당(漢唐) 제유(諸儒)의 신판(神板)이 있었다.
동서무의 위에는 대성전(大聖殿)이 있었고, 대성전의 중앙에는 문선왕(文
宣王)의 토상(土像)이 있었으며, 그 곁에 안자(顔子)·증자(曾子)·자사(子思)
·맹자(孟子)의 토상이 있었다. 동서의 종사청(從祀廳)에는 십철(十哲)의

토상이 있었는데, 그 위차(位次)는 서울과 같으나 토상은 달랐다. 차례로
둘러본 뒤에 나와 도로 마암을 지나갔다.

또 대경(大卿) 왕미(王美)의 유허(遺墟)를 찾았고, 또 내동소문(內東小門)
을 지나 내동대문(內東大門)에 이르렀다. 문이 가시덤불에 묻혀서 길이
문 곁으로 나 있었다. 그 문에 들어가서 길 가는 사람에게 물어 중화당*(中華
堂)으로 향하였다. 동네 어귀에 돌로 만든 수조(水槽)가 있었다. 어떤
노인이 스스로 말하기를 "우리 집이 중화당 옛터에 있는데, 수조를 동네
어귀로 내다 놓은 것이 지금 이미 30여 년이 되었습니다."라고 하였다.
내가 노인에게 길을 인도하여 옛터를 가르쳐 주기를 청하니, 노인이
따라 주었다.

또 한 동네에 들어가서 왼쪽으로 왕륜사*(王倫寺)를 보다가 어떤 집터를
보았는데, 바로 고려 시중(侍中) 채공 중암(蔡中庵) 선생이 살았던 곳이다.
선생은 휘(諱)가 홍철*(洪哲)로, 기개가 높아 한 시대 풍류의 으뜸이 되었다.
집 한 채를 짓고 그곳에 거처하면서 날마다 기영(耆英)을 맞이하여 모임을
열었다. 스스로 「자하곡(紫霞曲)」2)을 지어 여자 아이에게 익히게 하고는
어두운 밤에 자하동*(紫霞洞)에 들어가서 그 곡을 부르게 하였다. 관현악기
가 모두 연주되자 은은한 것이 천상의 소리와 같으니, 중암이 손님들을
속여 말하기를, "이 뒤쪽 자하동은 예전에 신선이 있었기 때문에 밤마다
또 이러한 소리가 들린다."라고 하자, 여러 손님들이 그렇게 믿었다.
하루는 「자하곡」 소리가 점점 가까워지더니 중화당 뒤까지 이르렀고,
얼마 있다가 중화당 앞 뜰 가운데로 곧바로 이르렀는데, 중암이 내려가서
꿇어앉자 여러 손님들이 모두 머리를 조아려 엎드리고 들었다. 이 때문에
자하동에 신선이 있다고 세상에 전해지게 되었다.

우리가 중화당 위의 작은 봉우리에 앉아 아랫자리에 말을 매어놓고

---

2) 자하곡(紫霞曲) : 고려 때 채홍철(蔡洪哲)이 송악산 아래 중화당(中和堂)을 짓고
   늙은 친구들과 놀면서 불렀다는 악곡이다. 집이 자하동에 있어서 자하곡이라
   한다. 『고려사』 악지(樂志)에 그 한역시(漢譯詩)가 전한다.

중화당의 고사를 얘기하였다. 노인이 말하기를, "이곳은 채 정승(蔡政丞) 때에 선인(仙人)이 머물던 봉우리라오."라고 하였다. 악사 회령(會寧)이 「자하동곡(紫霞洞曲)」을 연주하니, 손님들이 모두 기뻐하였다. 봉우리 뒤에 있는 작은 동네가 묵사동**(墨寺洞)이다. 조금 있다가 내려와서는 왕륜사에 들어가서 장륙상(丈六像) 3구를 보았다. 또 내려오다가 수락석(水落石)을 보고 정중, 자용과 함께 냇물에서 목욕하였다.

또 1리쯤 올라가니 신박암**(信朴庵)이 있었다. 암자 앞의 동쪽 길은 곧 자하동이고, 서쪽 길은 곧 안화동**(安和洞)이다. 내가 서쪽 길을 따라 올라가니, 길가엔 들국화가 무더기로 나 있었다. 선인교(仙人橋)를 지나 절 앞에 이르니, 솜대가 오솔길을 이루었고 단풍잎이 떨어지려 하였다. 또 노란 국화가 만발하고 파초의 잎이 펼쳐져 있었다. 우리가 국화 사이에 앉아 꽃술을 따먹으니 주린 배가 불렀다. 또 절의 승려에게 청하여 어린 노복에게 돌배를 따오게 하여 마른 목을 적셨다. 내가 송나라 휘종(徽宗)이 썼다는 액자에 대해 물어 보니, 사주(社主)가 말하기를 "어리석고 망녕된 화주승(化主僧)이 그 글씨가 썩어 못 쓰게 되었다며 불태웠습니다."라고 하였다. 한참을 머물다가 내려왔다.

다시 신박암과 수락석을 지나서 서쪽으로 동산색(東山色)에 들어가 작은 고개를 넘었다. 동지(東池) 좌장(左藏)의 옛터를 지나 고궁(古宮)의 옛터에 올랐다. 세속에서 망월대**(望月臺)라고 부른다. 망월대 아래에 구정**(毬庭)이 있고, 구정 가운데에 청천(淸川)이 있으니, 원래 광명사**(廣明寺)로부터 흘러오는 것이다. 망월대 위에 소나무가 있었는데, 더러 몇 아름 되는 것은 하늘에 닿기까지 하였다. 소나무 아래에 앉았다. 백원의 노복들이 먼저 술, 고기, 떡, 과일을 차려 놓자 백원 등이 술자리를 열었다. 술이 반쯤 되었을 때에 회령이 공민왕(恭愍王) 때의 「북전곡(北殿曲)」을 연주하였는데, 망국을 안타까워 한 것이다. 술에 취해서는 의종(毅宗) 때의 「한림곡(翰林曲)」[3]을 연주하였는데 전성시대를 추억한 것이다. 또 서로 더불어 강개한 마음이 다하지 않아 내가 옛일을 슬퍼하는 시

3편을 지었다.

이 날은 바로 중양절(重陽節)이었다. 동서남쪽의 여러 산을 바라보니, 남녀가 행렬을 이루어 곳곳에서 높은 곳에 올라 노래 부르기도 하고 춤추기도 하여 자못 태평한 기상이 있으니, 가난한 선비가 흉년에 먹을 것을 염려하는 탄식을 까맣게 잊었다. 자연 그대로의 낙원에 머물며 술을 거나하게 마시자니 해가 졌다. 백원의 일행이 북령(北嶺)에 올라가 여러 궁궐터를 둘러보고 곧이어 첨성대*(瞻星臺)를 방문하였다. 건덕전**(乾德殿) 터에서 야제(野祭 : 한식날에 길가나 들에서 지내는 잡신을 위한 제사)를 지내는 남녀를 만났다. 남녀가 앞 다투어 나와 맞이하고 들어가서는 백원을 윗줄에 앉게 하여, 우리를 뒤따르는 사람의 줄에 늘어앉았다. 자용이 첫 번째에 앉고, 정중이 그 다음에 앉고, 회령이 그 다음에 앉고, 석을산(石乙山)이 그 다음에 앉고, 숙형(叔亨)이 그 다음에 앉고, 내가 끝에 앉았다. 의복이 매우 지저분했다.

그 사람들이 과일을 내어오고 작은 술자리를 베풀었다. 백원이 돌아보면서 부르자 정중이 비파를 타기도 하고, 거문고를 타기도 하였고, 회령이 피리를 불고, 석을산이 노래를 부르자, 자용이 일어나 춤을 추었다. 비파와 노래와 피리가 매우 절묘하게 어우러졌다. 자용이 가장 젊은 주인 여자와 마주보고 추던 춤을 마치고는 원숭이 춤을 추었는데, 몸동작이 굽이굽이 노래와 피리 소리에 들어맞아 주인 남녀가 기뻐서 모두 눈물을 흘렸다. 주인이 차례대로 술잔을 올렸다. 첫 번째 사람은 나이가 젊고 행색이 양반 같았는데, 스스로 전적(典籍) 안소**(安紹)의 아우라고 일컬었다. 두

---

3) 한림곡(翰林曲) : 고려가요의 한 곡명으로, 일명 한림별곡이다. 무신정권 때 벼슬을 떠난 문인들의 풍류적인 생활감정을 표현하였다. 『고려사』 「악지」의 주석에는 '야심사'(夜深詞)처럼 잔치의 마지막을 알리는 노래라고 기록하였다. 성현(成俔)의 『용재총화(慵齋叢話)』에 의하면, 조선 초기 '한림별곡'은 새로 과거에 급제한 선비를 위해서 선배 관리들이 베푼 허참(許參)이라는 술잔치의 막판에서 불린 노래였고, 『경국대전』에 따르면 악공취재(樂工取才)를 위한 시험곡의 한 곡으로 쓰였다.

번째, 세 번째, 네 번째 사람은 연로하고 저잣거리 사람 같았는데, 스스로 충찬위(忠贊衛)라고 일컬었다. 다섯 번째 사람은 나이가 어리고 행색이 유생(儒生) 같았는데, 나이 많은 네 사람 가운데 한 사람의 아들이었다.

주인이 살뜰한 마음을 정성껏 베풀어 즐거움이 다한 뒤에 파하였다. 주인이 백원에게 작별인사를 하자 우리도 주인에게 작별인사를 하였다. 정중이 주인에게 감사하며 "노숙하는 경우에는 아름다운 만남이란 진실로 어려운 법이기에 고맙고 고맙소이다. 만일 우리를 다시 보려고 한다면 한양의 시중(市中)에서 물어보십시오."라고 하니, 주인이 답하여 사례하기를 "궁벽한 곳에 살다 보니 여태 관현악 소리를 듣지 못했습니다. 지금 선악(仙樂)을 듣고서 먹었던 귀가 잠시나마 밝아졌으니, 어찌 큰 행운이 아니겠습니까?" 하였다.

헤어지고 나와서는 당금암(當今巖)을 지나 은소령(銀梳嶺)을 넘고 흥국사**(興國寺) 옛터를 경유하여 내남대문(內南大門)을 나갔다. 길 가는 중에 회령은 말 위에서 피리를 불고 자용은 말 위에서 일어나 춤을 추었다. 집집마다 남녀가 문을 나와서 바라보고 모두 감탄하며 기이한 사람이라 하자, 자용이 스스로 흡족해서는 때때로 미친 듯이 소리 질렀다. 이날 밤 유숙하던 집에서 묵었다. 백원의 노복이 자용의 재예(才藝)를 존경하여 또 별도로 작은 술자리를 베푸니, 자용이 다시 일어나 원숭이 춤을 추었다. 노복의 우두머리가 손을 모아 두 번 절하였고, 석을산이 기녀를 소개해 주었다.

무오일(10일) 한수가 왔다. 백원이 한수에게 장원정**(長源亭)에 갈 것을 알리고 같이 가고 싶어 했으나 한수가 유수(留守)를 뵙는다면서 사양하고 함께 가지 않았다. 우리 다섯 사람은 단지 네 명의 노복에게 양식을 지워서 따르게 하였다. 회령과 석을산은 따라오지 않았는데, 가기 싫은 마음이었는지 행동도 냉담하였다. 시두위교**(時豆爲橋)를 건너 태평관**(太平館)을 지나 남쪽으로 승지문**(承旨門)을 나가서 경천사**(敬天寺)에 들어갔다. 정오가 지나서 얻은 무를 씹어 주린 배를 채웠다. 절 가운데에

12층 석탑⁴)이 있었다. 층마다 부처를 조각하였고 꼭대기에 금표(金表)⁵)를
세웠는데, 기술이 매우 빼어났다. 승려가 이르기를 "중국에서 만든 것입니
다." 하였다. 잠시 뒤에 승려들과 헤어져 장원정을 찾아갔다. 20리를
가서 장원정의 옛터에 이르렀다.

곧바로 철리곶**(鐵里串)으로 가 당두산**(堂頭山)에 갔는데, 산꼭대기에
신당(神堂)이 있어 이렇게 부른다. 산의 형세가 가파르게 우뚝 솟았다가
바다 굽이로 달려 들어갔다. 삼면이 모두 물이고, 한수(漢水)와 낙수(洛水)
가 서로 섞여 흘러 바다로 들어간다. 바다 남쪽에 있는 섬이 강화군**(江華
郡)이고, 강화군의 서쪽에 있는 섬이 교동군**(喬桐郡)이다. 두 군의 산이
마치 소라껍데기가 물에 떠 있는 듯하였다.

바다 서쪽에 있는 강물은 북쪽으로부터 바다로 들어오는데 벽란도**(碧
瀾渡)라고 하고, 벽란도 서쪽에 있는 육지는 배천군**(白川郡)이라 한다.
앉아서 산과 바다를 구경하는데, 정중과 백원이 기뻐하는 기색이 한층
더했다. 두 사람이 여행하며 산과 바다를 구경한 것은 이것이 처음이었다.
좁쌀을 내어 앞마을 수군(水軍) 집에 들어서 밥을 지어 왔다. 무를 썰어
소금 간장을 절여서 함께 유기(柳器) 하나에 담아 우리 다섯이 늘어 앉아
함께 먹었다. 자용이 간혹 때 묻은 손으로 한 움큼씩 집어 먹기도 했다.

식사를 마치고 바위 사이에 앉아서 시사(時事)를 논하기도 하고, 옛일을
이야기하다보니, 음양의 조화나 밀물과 썰물의 이치까지 이야기하게 되었
다. 흥에 겨워 밤이 깊어지니 잡생각도 흩어져 사라졌다. 서늘한 달이
한 가운데 떠있고, 밀물이 크게 밀려와 갈매기가 우니, 내가 시 두 수를
지었다.

첫 번째 시는 다음과 같다.

---

4) 경천사탑(敬天寺塔)을 말한다.
5) 금표(金表) : 찰주로, 지금은 없다.

멀리서 바람불어와 흰 갈매기 잠 깨우고
밤 달 허공에 걸려 물결 하늘에 닿았네
한 시대의 호화로움이 지금은 적막하고
장원정의 옛 이야기 생각하니 아득하구나.

두 번째 시는 다음과 같다.

늙은 말이 배고파 울고 해는 지려 하는데
흰 소금에 조밥, 썰은 무뿐이네
들어왔다 나가는 바닷물은 삶과 죽음과 같으니
세상의 영고성쇠가 뜬구름 같네.

갑자기 세 명의 나그네가 세 명의 종을 데리고 찾아와서 인사하였다.
정중이 도둑놈들이 아닌가 의심하고 놀라 성급히 나가 답례로 절을 하며
말하기를, "객들은 어디서 오셨습니까?" 하였다. 나그네가 말하기를 "우리
는 바닷가에 사는 사인(士人)인데, 아직까지 군자를 만나 보지 못했습니다.
마침 이곳에 왔다가 높은 분들이 왔다는 말을 들었습니다. 도량이 좁은
소인배가 아니라 분명 양반 사족들이실 것이라 생각했기 때문에 찾아와서
뵙는 것입니다. 오늘은 밤이 깊고 이슬이 많으니 내려가서 주무시지
않겠습니까?" 하였다. 정중이 말하기를 "우리는 본래 바다를 구경하러
왔습니다. 그윽한 흥취가 끝나지 않아서 서리와 이슬이 두렵지 않습니다."
하였다. 함께 조수를 보다가 세 사람은 물러갔다. 우리는 밤중이 되어
유숙하는 집으로 돌아와서 방앗간 채에서 묵었다.
　기미(11일) 당두산을 출발하여 좁은 길을 따라서 곧바로 감로사**(甘露
寺)로 갔다. 길을 잃기도 하고, 찾기도 하며 간신히 도달하였다. 산길이
매우 험난하여 감로사의 남쪽 고개를 오를 때는 담쟁이덩굴이 나무를
휘감아 오르고 낙엽에 발이 쑥쑥 빠졌다. 동쪽으로 오봉산**(五峰山)을

등지고 서쪽으로 벽란도를 바라보니 상류에 절이 우뚝 서있는데, 의연한 게 병풍 속 같다. 절의 기둥에 배가 매어져 있었다. 절의 북쪽에 다경루(多慶樓)가 있고, 다경루 북쪽에는 강물을 향해 단정(檀亭)이 있었다. 정중이 앉았다가 일어날 줄 몰랐다.

주지승으로 유사덕(劉思德)의 조카라는 사람이 있었는데, 내가 예전에 유 선생에게 베푼 은혜가 있어 정성껏 맞이하였다. 우리를 대청 위에 앉게 하고 물에 만 밥을 대접하였다. 곧이어 밥을 지어서는 바로 대접하며 두부를 구워 수없이 올려놓았다. 내가 여러 벗들 중에서 가장 많이 먹었다. 양촌(陽村) 권근(權近)의 기문을 쳐다보며 읽었다. 기문에 이르기를 "고려 때 이자연(李子淵)이 중국에 갔다가 윤주(潤洲)의 감로사를 보고 본떠서 이 절을 창건했다." 하였다.

절 북쪽에 휴휴암(休休庵)이 있는데, 역시 윤주의 휴휴암을 본뜬 것이다. 벽에 영천군(永川君) 안지(安之)의 시가 있으니, 곧 강(江)과 창(窓)을 운자로 한 시였다. 부림군(富林君) 이식[李湜 : 자 낭옹(浪翁)]과 허주거사 (虛舟居士) 신포[申誧 : 자 지정(持正)]6) 등이 차운하여 지은 시가 또 벽 사이에 쓰여 있었다. 나도 백원과 함께 차운하였다. 창에 기대어 조수를 보고 있자니, 물고기[水族]가 나타났다 없어졌다 하는데 그 기괴한 형상은 다 기술할 수 없을 정도였다.

오후에 주지승과 작별하고 도로 나와서 평탄한 길을 따라 개성에 들어갔다. 도중에 정릉(正陵)을 지나갔으나 날이 저물어 들어가 볼 수 없었다. 또 영빈관(迎賓館)을 지나서 오정문(午正門)으로 들어갔다. 백원의 노복 들이 은행나무 아래에 술자리를 차려놓고 기다리고 있었다. 회령은 피리를 불고 정중은 거문고를 타며 즐겁게 논 후에 끝마쳤다. 달빛을 타고 피리를 불며 숙소에 도착했다.

경신일(12일) 한수가 와서 우리를 안내하여 남대문에 들어가 수창궁(壽

---

6) 신포(申誧) : ?~?. 자는 지정, 호는 허주이다. 시화에 능했다고 전한다.

昌宮)을 보았다. 수창궁은 공민왕이 남쪽으로 피신했을 때 창건한 것인데 지금은 창고가 되었다.[7] 홍례문(弘禮門)을 나와서 용두교(龍頭橋)를 건너, 내서소문(內西小門)을 나왔다. 개성부(開城府)를 지나다가 불은사**(佛隱寺)를 바라보니, 불은사의 서쪽에 작은 동네 하나가 있었다. 한수가 이르기를 "별이 들어온 동네입니다. 고려 시중(侍中) 강감찬**(姜邯贊)이 송나라 사신이 되어서 '문곡성(文曲星)의 정기[8]가 이 동네로 피난 온 것이다.'"라고 하였다. 동네 안에 강 시중의 옛집이 있었다. 동네 입구 동쪽에는 정승 조준(趙浚)의 옛집이 있고, 서쪽으로는 고려 때의 시인 허금**(許錦)의 옛집이 있었으나 모두 터만 남아있었다. 우리는 말을 세우고 한참 동안 있다가 돌아왔다.

태평관을 지나 동쪽으로 작은 동네에 들어가 나의 선조인 정승 남재**[南在 : 자 구정(龜亭)] 선생의 옛집을 보았다. 집터는 지금 농부가 경작하는 밭이 되었고, 밭 곁에 바위가 있었으니, 이는 구정이 말에 오르던 대(臺)이다. 내가 말에서 내려 시 두 수를 지었다.

첫 번째 시는 다음과 같다.

오백년 끝에 성군을 만났으니
구정은 그날 풍운을 만났네.
처량한 옛 집은 송산 아래에 있어

---

7) 수창궁은 고려 현종, 인종, 명종 등이 본궐을 중수할 때 이곳에 머물렀다는 기록을 참고할 때 고려전기에 창건된 것으로 보인다. 따라서 본문의 공민왕이 창건했다는 서술은 잘못된 것이며, 1361년(공민왕 10)~1362년의 홍건적의 침입으로 본궐이 소실되자, 1370년(공민왕 19) 수창궁의 옛 터에 궁궐을 짓게 한 일을 말하는 것으로 보인다.

8) 강감찬의 탄생과 관련된 문곡성(文曲星) 설화는 『고려사』권94, 열전7, 강감찬전에 실려 있다.(世傳, "有使臣夜入始興郡, 見大星隕于人家, 遣吏往視之, 適其家婦生男. 使臣心異之, 取歸以養, 是爲邯贊." 及爲相, 宋使見之, 不覺下拜曰, "文曲星, 不見久矣, 今在此耶!")

오세손이 베옷 입고 찾아왔다오

두 번째 시는 다음과 같다.

옛 뜰은 이제 농부의 밭이 되었으니
구정이 죽은 지 겨우 백년이네
교목 늘어선 남조(南朝)의 세묘(世廟)를 볼지니
강후**(絳侯)는 원래 네 조정의 현신이었네

　구정댁 아래에 정승 하륜**(河崙) 선생의 집터가 남아 있고, 남쪽의 고개 너머에는 정승 김사형**(金士衡)의 집터가 남아 있으나, 또한 모두 밭이 되었다.
　구경을 모두 마치고 동네 어귀를 나와서 동쪽으로 연복사**(演福寺)에 들어가 능인전**(能仁殿)을 보았다. 큰 불상 세 개가 있고, 사면에 아라한(阿羅漢) 500개가 있었다. 또 오층전에 올라서 회령에게 피리를 불게 하고 창을 열어 아래를 내려다보니 정신과 기운이 후련했다. 우리들이 내려와서 양촌(陽村)이 지은 비문*을 보았는데, 바로 우리 태조께서 연복사를 중창한 사실을 기록한 것이다.
　남문(南門)을 나와서 경덕궁**(敬德宮)에 이르렀다. 말 위에서 웃옷을 뒤집어쓰고 오자 길 가던 사람들이 크게 웃었다. 궁궐 문에 도착했을 때에 흰 까치가 울면서 날아가는데, 우리들은 처음 보았다. 대문으로 들어가 궁전을 다 보고 나와서 말에 걸터앉아 혜민국(惠民局) 앞에 이르렀다. 백원, 자화(子華), 숙형은 서쪽의 연안**(延安)으로 돌아갔고, 나는 정중, 자용과 더불어 동쪽으로 용암산**(湧巖山) 낙산사**(洛山寺)를 가기로 하였다. 작은 시냇가에 이르러 한수와 작별하였고, 세 사람이 동복(僮僕) 하나만 따르게 했다. 자용이 말 위에서 거문고를 잡았다.
　성균관을 지나 탄현**(炭峴)을 넘어 귀법사**(歸法寺) 옛터를 지나니,

화표주 2개가 있었다. 고려의 의종**(毅宗)이 역신(逆臣) 정중부**(鄭仲夫)에게 몰려 이 절에 갇혔었다. 마추령(馬墜嶺)을 지나 낙산의 조포소(造泡所) 앞에 노복과 말을 남겨두고 낙산사에 올랐다. 섬돌은 층계를 이루고 박달나무는 그늘을 드리웠다. 절의 승려 성휴(性休)는 내가 신축년(1481, 성종 12)에 산을 유람했을 때에 시를 지어 준 사람이다. 나를 끌고 들어가 앉혔다. 우리들이 좁쌀을 내어 밥을 지으려 하니, 성휴가 흰쌀로 바꾸려 하였다. 자용이 사양하였으나 듣지 않았다.

밥을 먹은 뒤에 절의 앞뒤를 둘러보니 참으로 절경이었다. 절 뒤에 성현(成俔) 공의 찬불비(贊佛碑)가 바위 사이에 들여서 세워 놓았다. 절 앞은 향로봉(香爐峰)이다. 학조(學祖)의 제자라는 승려가 우리 세 사람을 인도하여 향로봉 정상에 올랐다. 사방이 시원스레 트였고, 앞산의 불성암**(佛成庵), 성불암**(成佛庵) 등을 바라보았다. 이때 해가 지고 달이 나왔고, 바람이 일어 나무를 울렸다. 정중이 거문고를 타니, 산승(山僧)이 모두 귀를 세우고 들었다. 나와 자용은 이를 잡으면서 이야기하기도 하고 춤을 추기도 하였다. 밤이 되어서야 들어와서 잠자리에 들었다.

신유일(13일) 낙산을 출발하여 달월령(獺越嶺)을 지나서 적암(跡巖)을 지나갔다. 산승에게 길을 물어 영취산**(靈鷲山) 현화사**(玄化寺)에 들어갔다. 절 앞에 비석이 있었는데, 고려의 주저**(周佇)가 지은 것이다. 글 뜻이 비루하고 편벽하여 읽을 수가 없었다. 또 화표주 두 개와 장명등 하나와 석탑 하나가 있었다. 탑에는 친구 김굉필**[金宏弼 : 자 대유(大猷)]과 신영희**[辛永禧 : 자 덕우(德優)]의 이름이 있었다. 절 앞에 옛 궁궐터가 있었으니, 바로 목종(穆宗)과 현종(顯宗)이 거처하던 이궁(離宮)인데, 절은 성종(成宗)이 창건한 것이다.9)

절의 승려 일의(一義)가 또 내가 준 곡식을 바꾸어 흰밥을 대접하였다. 식사를 마치고 일의 등의 승려와 작별하면서 오도령**(悟道嶺)을 넘어가는

---

9) 현화사는 현종 창건 원찰이다. 잘못 알고 기록한 듯하다.

길을 물었다. 승려가 이르기를 "옛날의 다섯 성인이 도를 깨달은 곳입니다." 하였다. 문수암(文殊庵)을 지나 원통사"(元通寺)에 들어갔다. 절은 사냥꾼이 창건한 것이다. 승려가 이르기를 "옛날에 어떤 사냥꾼이 수달 한 마리를 쏘아 잡아서 그 가죽을 이미 벗겼는데, 수달이 영취산을 넘고 성거산"(聖居山)에 들어가서 다섯 마리 새끼를 안고 죽었습니다. 사냥꾼이 핏자국을 따라 찾아내고는 곧 자비의 마음이 생겨서 활과 화살을 꺾고 그 수달을 묻고는 달항(獺項)이라 하고, 절을 지어 원통사라 하였습니다. 또한 수달의 무덤 곁에 석탑을 세웠는데, 아마도 수달의 명복을 빌었던 것 같습니다." 하였다.

절 앞의 박달나무 아래에서 정중이 거문고를 타고, 또 절 앞 누각 위에서 거문고를 타니, 절의 승려가 늘어서서 거문고 소리를 들었다. 한 승려가 몹시 기뻐하며 축원하기를 "옛날 최치원"(崔致遠) 무리들이 거리낌 없이 산을 유람했다더니, 그대들도 이러한 무리가 아니겠소." 하였다. 사주(社主) 해경(海敬)은 우리들을 대우하는데 자못 간곡한 마음이 있었다. 우리들이 좁쌀을 주자 해경이 또 흰쌀로 바꾸어 밥을 지었다. 밥을 먹은 뒤에 문밖 섬돌 위에 나가서 앉아 거문고를 타니, 승려들이 또한 나와서 들었다.

다시 방에 들어와서 현묘한 이치를 이야기하는데 유가와 석가의 말을 뒤섞어가다가, 얘기가 동산(董山)이 어머니를 배반한 것에 미치자 정중이 심하게 비판하였다. 해은(海恩)이라는 승려는 김제(金堤) 사람이었는데, 자못 도리를 알아 형해(形骸)를 벗어났고10) 이미 무자(無字)11)에 대해 그 의미를 터득하였다. 함께 도를 이야기해보니 일치하는 것이 있어 기뻐하였다. 혼자서 각각의 생활방식을 비교하며 말하기에 내가 크게

---

10) 형해(形骸) : 사람의 몸과 몸을 이룬 뼈, 사람의 몸뚱아리.
11) 무자(無字) : 한 학인(學人)이 선종의 공안(公案) 조주(趙州)에게 "개도 불성(佛性)이 있습니까?" 하고 물으니 "무(無)!"라고 한 화두(話頭)로, 이때의 무는 유무(有無) 이원적 대립을 초월한 절대의 무(無)를 뜻한다.

다르지 않다고 인정하자 해은이 "손님께서는 경지에 도달하기는 했지만 행동은 이에 미치지 못하십니다."라고 말하니, 함께 손뼉을 치며 크게 웃었다.

해은이 옷을 구하자 내가 허락하지 않으며 말하기를 "나는 부처에게 아첨하지 않습니다." 하였다. 해은이 또한 웃으며 말하기를 "소인은 지리 (地理)를 조금 볼 줄 알아 사람의 수명을 늘릴 수 있고, 사람의 벼슬을 얻을 수 있고, 사람의 복을 더할 수 있소." 하였다. 내가 말하기를 "공은 문기(文記)를 갖고서 땅을 보십니까, 산형(山形)을 갖고서 땅을 보십니까?" 하니, 말하기를 "나는 문기가 없습니다." 하였다. 내가 대답하기를 "나는 성품이 비루하고 촌스러워 수명을 더하기를 구하지 않고, 벼슬을 얻기를 구하지 않고, 복을 더하기를 구하지 않고, 죽어서 아미타불을 뵙기를 구하지 않습니다." 하였다. 해은이 물러나면서 말하기를 "그렇다면 손님께 서는 도를 맛본 것이오." 하였다.

임술일(14일) 아침이 밝자 창을 열고 대청 위에 앉아 마을 어귀를 바라보았다. 산바람이 비를 몰아 수십 리를 가고, 동쪽에서는 아침 해가 막 솟아오르고 있었다. 내가 절구(絕句) 한 수를 지어 벽에 적었다. 아침을 먹은 후 비가 개자 원통사를 출발하여 서쪽으로 가서 중암(中庵)에 도착했 다. 승려 한 사람이 있었는데, 길안내를 부탁하였다. 수정굴**(水精窟)에 이르러 쉬려고 누웠다가 잠깐 잠이 들었다. 잠이 깬 뒤에 사주(社主) 사식(思湜)에게 길안내를 청하여 남쌍련암(南雙蓮庵)에 올라갔다. 절은 매우 정결했고 안에는 승려가 한 사람도 없었다. 우리는 마루 위에 앉아 바라보다가 벽에 이름을 적었다. 절을 나와서 뒤쪽 바위에 오를 때에는 기기도 하였다. 서성거암(西聖居庵)에 오르니 암자 또한 기이하고 예스러 웠는데, 쌍련암보다 한층 더하였다. 지심(智深)이라는 승려가 방에서 수행 하고 있다가 나와서 나에게 시를 지어 달라기에 내가 절구 한 수를 지어 주고 나왔다.

또 바위 위로 올라가서 차일암**(遮日巖)에 앉았다. 바위에는 해를 가리려

장막을 쳤던 흔적이 있었다. 사식이 말하기를 "여기는 다섯 성인이 모였던
곳입니다." 하였다. 내가 "다섯 성인은 어떤 사람입니까?" 하니, 사식이
말하기를 "옛날 다섯 성인이 이 산꼭대기에 올라 초가집을 짓고 이곳에서
도 닦기에 정진하였습니다. 세월이 오래 지나 그 이름은 알지 못해, 단지
오성(五聖)이란 이름으로 그 암자를 불렀으니, 지금의 남쌍련암, 서성거암,
북쌍련암, 남성거암, 북성거암 등이 이것입니다. 이 산의 이름이 성거산(聖
居山)이 된 것도 아마 이 때문인 듯합니다."라고 하였다.

이때 서쪽에서 남북의 두 성거암을 내려다보고 쉬다가 다시 성거산
윗봉우리로 올라갔다. 남풍이 매우 거세고 바위가 매우 험하여 발을
땅에 디딜 수 없었다. 정중이 매우 두려워하여 억지로 우리들을 끌고
내려가려 하기에 나와 자용이 따랐다. 북쌍련암에 이르러서는 바람이
더욱 거세지고 찬비가 얼어 눈이 되어 누른 낙엽과 뒤섞여 공중에 날렸다.
창을 열고 바다를 바라보니, 마치 신령이 기운을 일으키는 듯하여 정중과
자용이 크게 즐거워하였다. 정중이 「청산별곡(靑山別曲)」12)의 첫 번째
곡을 타니, 주지승인 성호(性浩) 또한 매우 즐거워하였다. 포도즙을 걸러
내놓아 우리들의 마른 목을 적셔 주니, 나 역시 기뻤다. 근래 먹었던
산중의 음식 중에 이것과 견줄 것이 없었다.

잠시 후 눈이 걷히자 사식과 함께 나와서 몇 리쯤을 걸어 윤필암*(潤筆庵)
으로 들어갔다. 여러 곳으로 돌아다니며 수행하는 승려[行僧]13) 몇 사람이
이미 먼저 와서 머물고 있다가 내가 오는 것을 보고 기쁘게 맞이하고
들어와 앉게 하였다. 자용이 말하기를 "제가 이전에 지리산 승당(僧堂)에

---

12) 청산별곡(靑山別曲) : 고려시대에 지어진 작자 미상의 가요이다. 모두 8연으로
『악장가사(樂章歌詞)』에 전문이 실려 전하고,『시용향악보(時用鄕樂譜)』에 곡조
와 제1연이 실려 있다. 「서경별곡(西京別曲)」·「만전춘별사(滿殿春別詞)」와 함께
고려가요 가운데 가장 유명한 작품이다. 남녀간의 애정을 주로 다루었던 다른
고려가요에 비해, 삶의 비애와 고뇌를 주된 내용으로 하고 있다.

13) 행승(行僧) : 행각승(行脚僧)이라고도 하며, 여러 곳으로 돌아다니며 수행(修行)
하는 승려(僧侶)를 말한다.

3년을 들어가 지냈고, 뒤에 금강산에 들어가서 2년간 묵언수행을 했습니다. 지금 또 망령되어서 언행이 이치에 맞지 않는 손님을 따라 여기에 이르렀다가 행각선승(行脚禪僧)들을 보게 되었으니, 어찌 지난 세상에서의 인연이 아니겠습니까?" 하였다. 승려들이 크게 놀라며 남달리 여겼고, 앞 다투어 옻칠한 바리때와 수저를 가져다 우리들 앞에 늘어놓고 조밥을 대접하였다. 내가 첫 번째에 앉고 자용이 다음에 앉고 정중이 끝에 앉았다. 어떤 승려가 자용에게 합장하고 말하기를 "가운데 앉은 손님은 웅장한 자태가 나옹**(懶翁)보다 배나 뛰어나고 학문도 또한 높으니, 자리는 비록 가운데에 있으나 필시 먼저 깨달은 사람일 것입니다." 하였다. 식사를 마친 뒤에 정중이 또 거문고를 내어서 타니, 모든 승려가 감탄하고 신기하게 여겼다.

사식이 작별하고 떠나자, 또 행각승 경의(敬如)에게 길안내를 부탁하였다. 암자를 출발하여 작은 굴 하나를 지나 눈비를 무릅쓰고 의상암**(義相庵)에 들어갔다. 암자에는 의상의 진영(眞影)이 벽에 걸려 있었다. 내가 의상대**(義相臺) 위로 올라가 앉으니 눈이 조금 그치고 무지개가 의상대 앞에 나타났다. 나와서 황련암**(黃蓮庵) 앞길을 지나 관음굴**(觀音窟)로 가서 묵었다.

계해일(15일) 아침에 박연폭포**(朴淵瀑布)를 가서 보았는데 높이가 수십 길이었다. 정중과 자용이 몹시 경이롭게 여겼으나 내가 전에 본 것에 비하면 기이하고 가파른 것이 그다지 뛰어나지는 않았다. 이는 내가 금강산 십이폭포**(十二瀑布)를 보았기 때문이니, 맹자가 말한 "바다를 본 사람에게는 물을 말하기 어렵다."14)라는 것이다. 우리는 또 고연(姑淵) 곁의 바위 위로 내려갔다. 정중이 거문고를 타니 거문고 소리가 매우 맑았다. 내가 절구 한 수를 지어 바위에 적었다.15) 다 구경하고 도로 관음굴로

---

14) 『맹자(孟子)』, 「진심(盡心)」편에 전한다.("觀於海者難爲水, 遊於聖人之門者難爲言.")

올라가서 아침밥을 먹
고 굴속의 석관음(石觀
音)16)을 보았으니, 이
는 왕태조(王太祖)의
원불(願佛)이다.17)

박연폭포(강세황, 『송도기행첩』, 국립중앙박물관 소장)

폭포의 상류를 거
슬러 올라가 대흥사**
(大興寺) 옛터에 앉았
다가, 성해암**(性海庵)
으로 가려다 길을 잃
어 정광암**(定光庵)으로 잘못 들어갔다. 다시 암자의 남쪽 길을 따라
서쪽 산허리를 돌아가다가 헷갈려 길을 잃었다. 높은 산 나무 밑을 가려니,
낙엽에 무릎까지 빠졌고, 간신히 길을 찾을 수 있었다. 배가 고파 석수어(石

---

15) 『추강집』2, 오언고시 기행(紀行)에 실린 24수 중 12번째 시이다. 내용은 다음과
　　같다.
　　　박연폭포 천고로 흘러내려　　　　　朴淵流千古
　　　가파른 벼랑에 흰 비단 걸쳤네　　　懸巖白練橫
　　　신령한 용이 그 못에 서렸는지　　　神龍據其潭
　　　대낮에도 바람과 우레 울리누나　　　白日風霆鳴
　　　서리가 짙어 나무 돌 미끄러우니　　霜濃木石滑
　　　한번 헛디디면 생사가 갈리리라　　　一跌關死生
　　　나뭇가지 잡고 정신이 아찔하니　　　攀林魄已褫
　　　감히 굽어보며 갓끈 씻지 못하네　　　不敢俯濯纓
16) 관음사 관음보살(觀音寺 觀音菩薩) : 개성특별시 산성리 관음사 좌측 동굴에
　　흰색 대리석으로 된 관음보살반가사유상이 모셔져 있다. 원래 두 구의 관음보살
　　상이 있었다고 하며, 그 하나가 평양의 중앙역사박물관으로 옮겨 갔다. 2006년
　　6월 13일부터 8월 16일까지 국립중앙박물관에서 열린 '북녘의 문화유산-평양에
　　서 온 국보들' 특별전에 전시된 적이 있다. 높이 113.0㎝, 북한 국보문화유물
　　제154호.
17) 이성계의 원찰인데 잘못 알고 기록한 것으로 생각된다. 따라서 '王太祖'가 아니라
　　'我太祖'일 것으로 보인다.

首魚)를 먹고, 적멸암**(寂滅庵)에 올라가서는 무 뿌리를 먹었다. 다시 산꼭대기에 난 길을 벗어나 나와서 남쪽으로 가다가 또 서해를 바라보니 지는 해가 바다 위에 반짝거렸다. 정중이 크게 기뻐하며 말하기를 “요사이 산행 중에 오늘 같은 날이 없었다.” 하였다.

천마산(天磨山) 청량봉**(淸凉峰)의 동쪽 길을 지나 영통사**(靈通寺) 뒤쪽의 봉우리를 내려다보았다. 골짜기 안의 길을 따라 울창한 대나무 숲을 헤치고 10여 리를 가니 이내 영통사 길에 도달할 수 있었다. 절에 들어가서 누각 위에 오르니, 다시 와서 보는 풍경은 크게 달라지지는 않았지만 낙엽 진 나뭇가지만은 달랐다. 주지가 동쪽 곁채에서 우리들에게 밥을 차려 주고 서쪽 곁채에 묵게 하였다. 한밤중에 옥린(玉麟)이란 승려가 와서 얘기를 나누었는데, 자못 총명하고 선법(禪法)을 이해하고 있어 서로 희롱하고 웃으며 밤을 지새웠다.

갑자일(16일). 영통사 뒤에 있는 홍성사**(興聖寺)에 한 노승(老僧)이 있었는데, 스스로 육행(陸行)18)의 법맥(法脈)을 얻었다고 말했다. 일찍이 들에서 양식을 시주받으러 다니다가 나와 잠시 얘기를 나눈 사람인데, 시주받은 쌀 다섯 말로 제자 한 명과 함께 겨우내 고생하며 살았다. 우리들을 보고는 초대하여 밥을 지어 대접하려 하니, 내가 애처롭게

---

18) 육행(陸行) : 『도덕경(道德經)』 50장 섭생(攝生)편에서 확인된다. 섭생이란 삶을 잘 다스리는 것으로, 삶(욕심)에 집착하지 않고 죽지 않는 곳을 찾으려는 노력을 통해 이룰 수 있다.(“出生入死 生之徒十有三 死之徒十有三 人之生動之死地 亦十有三. 夫何故 以其生生之厚. 蓋聞善攝生者 陸行不遇兕虎, 入軍不被甲兵. 兕無所投其角 虎無所措其爪 兵無所容其刃. 夫何故 以其無死地.” 세상에는 살 곳을 나와 죽을 곳으로 가는 일이 빈번하다. 오래 사는 자도 열에 셋은 되고, 요절하는 자도 열에 셋은 되고, 살 수 있는 인생을 움직여 사지로 들어가는 자도 또한 열에 셋은 된다. 왜 그런가 하면 인생을 지나치게 복잡하게 하기 때문이다. 내가 듣기로 삶을 잘 다스리는 자는 숲이나 들판에서도 무소나 호랑이 따위를 만나지 않고, 전쟁터에 나가도 갑옷을 입을 필요도 없다고 했다. 무소는 그 사람을 뿔로 받을 곳이 없고, 호랑이는 발톱으로 할퀼 곳이 없고 병사들은 칼로 찌를 곳이 없다고 한다. 왜 그런가 하면 그 사람은 죽을 곳을 찾아가지 않기 때문이다.)

여겨 사양했다가 노승의 지극한 정성을 보고 어쩔 수없이 허락하였다. 또 학지(學知)라는 승려를 보았는데, 또한 벗 중에 유생들이 많아 유가의 풍모까지 가지고 있었다. 세 승려와 작별하고 와서 판문(板門)에서 묵었다.

을축일(17일)에 장단(長湍)을 지나는 길에 이장길**[李長吉 : 자 자하(子賀)]을 만났고, 또 이심원**[李深源 : 자 백연(伯淵)]을 방문했으나 만나지 못했다. 임진(臨津)을 건너서 마산역(馬山驛)에서 묵었다.

병인일(18일)에 비를 맞으며 서울에 들어왔다.

출전 | 『추강집(秋江集)』 권6, 잡저(雜著)
역주 | 전경숙(숙명여자대학교)

유천마산록(遊天磨山錄)

박은(朴誾)

홍치 15년(1502, 연산군 8) 임술년 2월 신미일(28일)에, 이행**(李荇 : 자 택지[擇之])과 나 박은**(朴誾 : 자 중열[仲說])은 승려 혜침**(惠忱)과 함께 예전부터 약속했던 송경**(松京) 유람을 떠났다.

이 달에 택지는 장단**(長湍) 동강**(東江)에 있는 선친1)의 묘에 성묘하고 자 휴가를 청했다. 동강은 옛 도읍인 송경(松京)과의 거리가 30리도 채 되지 않아 한 끼의 식사를 먹고 떠나면 (다음 식사 때까지) 도착할 정도의 거리에 있었으며, 나는 맡고 있는 관직이 없어 어디든지 자유로이 갈 수 있었으므로, 하물며 기전(畿甸)2)의 가까운 개성을 가는 것이 무엇이 어렵겠는가!

이 날(신미일) 서울을 출발하여 낙하**(洛河)를 건너 동강에 이르자 택지가 길가에서 맞이하였다. 문득 크게 웃으면서 "우리의 약속이 드디어 이루어지는구나!"라고 서로 말했다.

임신일(2월 29일) 아침, 작은 연못가를 배회하면서 오랫동안 바라보다 가 택지가 동쪽 산기슭을 가리키며 말하기를, "이 봉황암**(鳳凰岩)의 빼어

---

1) 박은의 선친은 한성부판관을 역임한 박담손(朴聃孫)으로, 제용감직장(濟用監直 長)을 역임한 이이(李苡)의 딸과 혼인하였다.
2) 기전(畿甸) : 도읍을 둘러싸고 있는 경기(京畿) 일원을 부르는 명칭. 기내(畿內)나 기현(畿縣)이라고도 칭하며, 조선시대에는 경기도를 칭하는 용어로도 사용되었다.

난 경치는 비할 데가 없으니, 어찌 여기서 미투리[芒鞋]로 그물 삼아 못 속의 물고기들을 잡아서 버드나무에 꿰어보지 않겠는가?"라고 하였다.

(봉황암으로 가기 위해) 어린 종자가 단지를 짊어지고 풀숲을 헤치면서 좁은 길로 들어서니, 도중에서 만난 시골 노인이 위로의 말을 건넸다. 택지의 종자가 쇠고기와 술을 갖고 와서 함께 1~2리를 가자 시야가 트이기 시작했으며, 봉황암에 도달하자 절경은 더욱 뛰어났다. 낙하를 내려다보니 오른쪽으로 동강에 임하고, 앞을 바라보니 강줄기가 바다로 들어가는 지점이 아득히 보이면서, 물 위에 떠 있는 배들은 서로 잇대어 앞서거니 뒤서거니 하고 있었다.

낙하의 서쪽은 모두 넓은 들판인데 이 봉황암만이 홀로 우뚝 솟아 더욱 볼 만한 경치가 있었다. 내 생각에는 '일반적인 소견으로 안주**(安州) 백상루**(百祥樓)의 그것에는 미치지 못하지만, 양화**(楊花) 희우정**(喜雨亭)보다는 못하지 않다.'고 여겨진다.

정오가 되어 바람이 바다로부터 심하게 불어오므로 약간 아래쪽으로 내려와서 각기 자리를 깔고 앉으니,3) 두견화가 화려하게 피어서 마치 비단을 펼쳐 놓은 것 같았다. 술을 흠뻑 마셔 매우 흥취가 오르자, 택지가 건배하며 말하기를, "소식**(蘇軾 : 자 동파)이 적벽**에서 노닐었던 때가 또한 금년과 같은 임술년4)이었으니, 고금의 멋진 유람이 이처럼 서로 짝지어 맞아 떨어지는 것이 참으로 신기하구나."라고 하였다.

---

3) '반형'(班荊)은 가시풀을 깔았다는 뜻인데, 친구를 길에서 만나 풀을 깔고 앉아 옛 정을 나눈다는 '반형도고(班荊道故)'를 의미한다. 반형도고는 정(鄭)나라로 도피하였던 초(楚)나라의 대부(大夫) 오거(伍擧)가 채(蔡)나라의 대부(大夫) 성자(聲子)와 가시풀밭에서 의논하여 초로 되돌아갔다는 『좌전(左傳)』의 내용에서 유래한 고사성어이다.

4) 북송의 문인이자 관리였던 동파 소식(東坡 蘇軾, 1037~1101)은 황주(黃州) 유배 시절이던 1082년 7월과 10월에 황주성 밖의 적벽을 유람한 후 「전적벽부(前赤壁賦)」와 「후적벽부(後赤壁賦)」를 지었다. 적벽부는 소식의 대표적인 문학작품으로 유명한데, 소식이 적벽을 유람한 1082년이 바로 임술년이다.

3월 계유일(1일), 홍씨 성을 가진 70세 가량의 마을 노인이 옛 고려왕조의 일을 눈앞의 일처럼 이야기하므로 더불어 흠뻑 술을 마셨다.

3월 갑술일(2일), 아침에 동강을 출발하여, 호곶"(壺串)을 지나 사천"(沙川)을 건너서 개성의 외성"(外城)으로 들어갔다. 성곽은 본디 흙으로 쌓았는데 지금은 터만 남아 있다. 거친 수풀과 높이 뻗은 나무들 속에 무너진 담장과 깨진 주춧돌만이 여기저기 널려 있으니, 어찌 옛 시절에 큰 저택과 넓은 행랑이 있었다고 생각할 수 있겠는가? 화려하고 사치스럽게 치장해도 당시에는 오히려 부족했다고 생각했겠지만, 백년이 지난 지금에는 알아볼 수 없게 되었으니, 또한 사람의 일은 끝이 있는 것이다.

연복사"(演福寺)에 이르자 혜침(惠忱) 스님이 이미 기다리고 있었다. 다시 한번 웃으며 말하기를, "스님은 약속을 어기지 않았구려."라고 하였다. 연복사는 고려의 큰 사찰이었으나 이미 무너져 폐허가 되었다. 5층 전각"만이 홀로 우뚝 솟아 있으며, 전각 뒤 능인전"(能仁殿)에 있는 불상(塑像) 3구는 원래 옛 강화 도읍의 용장사"(龍藏寺)에 안치되었던 것이다. 신돈"(辛旽)이 미천할 때에 용장사의 승려에게 불쾌한 일을 당했는데, 출세한 후에 용장사를 파괴하고 여기에다가 옮겨놓았다. 혜침 스님이 말하기를, "전각 동쪽에 있는 큰 종[연복사종"(演福寺鍾)]은 원(元)나라5) 사람이 주조한 것으로 종에 새겨진 명문은 가정(稼亭) 이곡"(李穀)의 글이며, 서쪽에 있는 비석은 양촌(陽村) 권근"(權近)이 기문(記文)을 짓고 독곡(獨谷) 성석린"(成石璘)이 글씨를 쓴 것이다."라 하였다.

연복사를 나와 송죽가"(松竹家)에 이르러 떠날 채비를 하였다. 남대문"

---

5) 원(元) : 칭기즈칸의 손자인 쿠빌라이칸이 수도를 대도(현 중국 베이징)로 옮기고, 1271년에 정한 국호인 대원(大元)을 지칭. 원은 유라시아 대륙에 건설된 몽골의 여러 국가들 중 종주국임을 강조하고 정복활동을 이어나갔다. 그러나 오래지 않아 정치적 분열과 사회경제적 혼란, 지방민의 봉기 등으로 인하여 국력이 약화되었다. 이후 주원장이 세운 명의 공격을 받아 1368년 수도인 대도를 포기하고 몽골 본토로 후퇴하여 북원(北元)으로 이어졌다.

으로 걸어가 성루에 올라서 가난한 민가와 저무는 태양을 바라보니 쓸쓸한 감정이 생겨났다. 지름길로 만월대**에 이르렀으나, 마침 놀러 온 사람들에 막혀 제대로 유람하지 못하여 아쉬웠다. 혜침 스님이 위로하면서 말하기를, "제가 지금 문득 생각나는 곳이 제법 절경인데 위치 또한 한적한 곳에 있습니다."라고 하였다. 그리고서는 급히 길을 앞질러 병부교**(兵部橋)를 지나 송악산** 어떤 곳에 도착했다. 맑은 냇물과 흰 바위가 또한 절경을 이루었으니, 이곳을 역암**(檪岩)이라 하였다. 본래 옛 소격전**(昭格殿)이 있던 골짜기

연복사종(박종진 사진)

로서 전각의 터가 그대로 남아 있다. 갓을 풀고 바위에 기대어 쉬면서, 혜침 스님에게 부싯돌로 불을 피워 솥을 씻고 술을 데우게 하였으며, 우리 두 사람은 나뭇가지를 주웠다. 곧이어 흥취가 나서 바로 바위 위에 시를 지어 남겼다.

광명사**(廣明寺)에서 묵었다. 이 절은 고려 태조[6]의 옛집[麗祖舊宅舍]을 절로 삼은 곳이다. 절 북편 섬돌 아래의 말라버린 우물은 민간에서 용녀**(龍女)가 목욕하던 곳이라고 전해진다.[7] 절 서쪽에는 깨진 비석이 있는데,

---

6) 박은은 이 유람기에서 고려 태조 왕건(王建, 877~943)을 '여조(麗祖)'로 지칭하였다.
7) 광명사에 있던 우물에는 작제건(作帝建)과 용녀(龍女)의 이야기가 전한다. 「고려세계(高麗世系)」에 따르면 서해 용왕의 딸인 용녀가 작제건과 결혼한 뒤 송악에 살면서 자기 집의 우물을 통해 서해 용궁을 오갔다고 한다. 어느 날 작제건이 용녀의 당부를 어기고 용녀가 용궁으로 가는 모습을 엿보자, 용녀는 어린 딸과

비석 뒷면의 음기(陰記)는 온통 범어(梵語)로 새겨져 있어서 읽을 수가 없었다.

3월 을해일(3일), 만월대**(滿月臺)에서 답청(踏靑)8) 놀이를 하고자 했으나 비가 내려 행하지 못하고, 영평문**(永平門)을 나와 복령사**(福靈寺)로 향했다. 복령사에 있는 십육나한상(十六羅漢像)은 신라의 승려 의상*(義相)이 월지(月支)란 사람의 집에서 얻은 것으로 그 중 하나는 빈두로*(賓頭盧) 존자이다. 고려의 김부식**(金富軾)이 과거에 급제하기 전 하늘의 별에 제사를 지낼 때에, 그 제문을 절반도 읽지 않았는데 빈두로 존자가 머리를 기울이며 미소를 머금었다고 한다. 혜침 스님이 종루에 올라 간단히 술자리를 갖자고 하였다.

낭월사**(朗月寺)로 가는 도중에 혜침 스님이 꽃을 꽂으니, 내가 희롱하면서 "당신을 불러다가 일을 시키고 있는데, 당신이 꽃을 꽂으며 즐기는 것이 옳은가?"라고 말했다. 이에 혜침 스님은 "옛날 영산회(靈山會)9)에서 석가세존**께서 꽃을 꽂고 대중 앞에 나타나시자, 가섭**이 얼굴에 미소를 띠며 크게 깨달았고 법문의 승려도 여기에서 깨달음을 얻었소."라고 하자,

---

함께 용으로 변해 우물로 들어가 돌아오지 않았다고 한다. 용녀는 후에 원창왕후(元昌門后)로, 작제건은 의조 경강대왕(懿祖 景康大王)으로 추존되었다. 왕건의 아버지인 용건이 작제건과 용녀 사이에서 태어났다고 한다. 즉 광명사 우물은 고려 왕실의 신성성과 직접 연관된 장소였다. 조선 전기의 자료인『신증동국여지승람(新增東國輿地勝覽)』에도 광명사 우물의 존재가 확인된다.

8) 답청(踏靑) : 음력 3월 삼짇날이나 청명일에 산이나 계곡을 찾아가 먹고 마시며 봄의 경치를 즐기는 풍속. 특별히 삼월 삼짇날을 답청절(踏靑節)이라고 한다. 답청은 답백초(踏白草)라고도 하는데, 새봄이 찾아옴을 기뻐하여 산이나 계곡을 찾아가 꽃놀이를 하고 새 풀을 밟아 봄을 즐기는 것이라고 해서 붙여진 이름이다. 답청 때에는 부드러운 쑥 잎을 따서 찹쌀가루에 섞어 만든 쑥떡이나 찹쌀가루 반죽에 진달래꽃을 놓고 참기름을 발라가면서 둥글게 지진 화전(花煎)을 해 먹었다고 한다.

9) 영산회(靈山會) : 석가모니가 영취산(靈鷲山)에서「법화경(法華經)」을 설법하던 때의 모임으로, 영산회상(靈山會上)이라고도 함. 영산회의 모습을 그림으로 그린 것을 영산회상도라고 하며, 영산회상도는 법당의 후불탱화로 많이 사용된다.

서로 껄껄 웃었다.

절 아래에 이르니 기이하고 오래된 반송(盤松)[10]은 수레를 들어 올릴 만하였고, 담장 아래를 바라보니 아직 꽃을 피우지 않은 철쭉 몇 포기가 있어 꽃이 피면 더 아름답고 화려할 것 같았다. 절에 기거하는 승려의 안내를 받아 저녁에 절 뒤편에 있는 고개로 올라갔다. 멀리 서쪽의 호수를 바라다보니 석양빛이 물 위에 가득하고, 암자에 걸린 달을 올려다보니 구름 사이로 달이 빠져나오는 것 같았다. 금장굴**(金藏窟)에서 하룻밤을 묵었다.

3월 병자일(4일), 금장굴로부터 7~8여 리를 가자 갑자기 폭우가 내렸다. 마을의 작은 오두막집에 몸을 맡겨 잠시 머무르니 비가 그쳤다. 곧이어 영통사**(靈通寺)에 도착했다. 영통사는 개성을 대표하는 여섯 개의 가람 중 하나로 규모와 아름다움은 다른 곳에 비할 수 없을 정도로 훌륭하지만, 지금 남아있는 것은 원래 규모의 절반도 되지 못한다. 절의 동쪽에 있는 의천**(義天) 승통(僧統)의 비(영통사대각국사의천비**)는 김부식이 문장을 지었고 공부시랑(工部侍郎) 오언후**(吳彦侯)가 글씨를 썼다. 절의 뜰에는 세 개의 탑[11]이 서 있었다.

새순을 땅 위로 내민 작약 몇 포기는 누에고치나 밤톨의 모양과 같았다. 몇 그루의 흰 박달나무는 곧고 푸르게 서 있어, 바람이 부딪쳐 나는 소리를 머금는 듯하였다. 서쪽 누각에는 여러 문인들이 지은 시의 현판들이 걸려 있었고 그에 화답한 시들도 벽에 가득 차 있었으나, 옛 고승인

---

10) 반송(盤松)은 소나무의 품종 중 하나로, 지면 가까운 곳에서부터 여러 갈래의 줄기가 갈라져 부채를 펼친 모양으로 자란다.

11) 영통사에 위치한 세 개의 탑은 영통사 5층탑과 동3층탑, 서3층탑을 지칭하는 것으로 보인다. 현재도 남아 있는 이 3개의 탑 중에서, 5층탑이 가운데에 위치하고 그 좌우로 동3층탑과 서3층탑이 세워져 있다. 3개의 탑 모두 고려 초기에 만들어진 석탑으로, 5층탑은 현재 북한 국가지정문화재 국보급 제133호로 지정되어 있고, 동3층탑과 서3층탑은 각각 북한 국가지정문화재보존급 제541호와 542호로 지정되어 있다.

월창**(月牕)과 천봉(千峰) 만우**(卍雨)의 시12)는 보이지 않았다.

영통사는 오관산**(五冠山)의 아래에 있어, 천마산**(天磨山)과 원적산(圓寂山)의 여러 봉우리가 지척에 있는 것처럼 보였다. 긴 산줄기와 짧은 벼랑이 빙 둘러 이어져 있으며, 바위 사이로 흐르는 냇물은 맑고 흐름이 빨라 떨어지면 여울과 폭포가 되고 모이면 깊은 못을 이루고 있으니, 곳곳에서 냇가에 앉거나 누워서 쉴 수가 있었다. 예전에는 백사정**(白沙亭)이라는 정자가 있어 영통사에 유람을 오는 사람들은 반드시 여기에 들렀다고 하나, 지금은 다만 덩굴만 무성하게 남아 있다.

아래쪽에 있는 넓은 바위는 백 명의 사람이 앉을 정도의 크기였다. 이름을 차일암*(遮日岩)이라고 하였으니, 아마도 옛 시절에는 휘장을 펼친 곳이었을 것이다. 양쪽 바위 사이로 흘러내리는 가느다란 물줄기는 아주 맑았다. 노니는 물고기들은 활발하여 손으로 휘저어도 놀라지 않으니, 우리가 잡으려는 방책이 소용없다는 것을 이미 처음부터 믿고 있었던 것 같다.

난정**(蘭亭)에서 있었던 옛 일을 따라, 흐르는 물에 술잔을 띄우는 유상곡수(流觴曲水) 놀이를 하였다. 술잔을 비운 후에 시를 짓되, 시를 완성하지 못하는 사람은 벌을 받도록 하였다. 혜침 스님은 계율을 지켜야 하는 승려라 술을 마시지 못하므로, 그 대신 차를 마시도록 하였다. 세상 사람들은 바위(차일암) 아래의 무너진 섬돌을 삼토교**(三土橋)의 옛 터라고 한다. 송악에 도읍을 둘 때 이곳을 찾아 산줄기를 이었다고 전해진다.

밤이 되어 승려들과 담소를 나누다가 서로 베고 눕기도 하고 때때로 장난을 치기도 하니, 단지 자리만 서로 다툰 것은 아니었다. 오관산은 효자 문충**(文忠)이 살던 곳으로, 지금도 전해지는 악보 중에 오관산곡(五冠山曲)13)이 있다. 대개 영통사의 물과 바위의 경치는 한양의 장어사*(藏魚

---

12) 여기에서 지칭하는 월창(月牕)의 시는 『동문선(東文選)』 권16에 실려 있는 '영통사 서쪽 누각에서 옛 사람의 시에 차운하다(靈通寺西樓次古人韻)'라는 한시로 추정되나, 천봉(千峰) 만우(卍雨)의 시는 확인되지 않는다.

寺)와 백중(伯仲)을 다툴 정도이다.

3월 정축일(5일), 냇물의 발원지를 찾아 상류 쪽으로 환희현**(歡喜峴)
고개에 올라가니, 고개의 높이는 오관산과 견줄 만한 정도가 되었다.
넝쿨을 잡고 위로 기어 올라가자 피곤함과 갈증이 함께 밀려왔다. 천마봉**
(天磨峰)에는 얼음과 눈이 아직도 남아 있었으므로, 따라온 어린 종자에게
도끼로 깨도록 하여 한 번 맛을 보니 기분이 상쾌해졌다. 천마봉은 본래
높고 험하며 마치 하늘 문을 나와 우레와 번개에 부딪쳐 부서진 것 같으니,
지금은 큰 바위의 형상으로 보인다.

지름길로 조금만 걸어가자 원적봉(圓寂峰)을 지나쳤다. 청량봉**(淸涼峰)
앞에서 쉬었다가 지족암**(知足庵)에 이르렀다. 지족암은 도솔암(兜率庵)이
라고도 하며, 청량봉과 보현봉**(普賢峰)의 두 봉우리 사이에 있어 경관이
매우 높고 시원했다. 앞쪽에는 큰 바다가 면해 있어, 아득하게 끝없이
멀어서 가리는 것이 없으니, 그 경관은 참으로 절경이었다. 옛날에 중국
왕조[中朝]14)의 어떤 사람이 와서 그 경치를 베껴 그려서 돌아갔다고
하는데,15) 그에 대한 일화는 『동국여지승람(東國輿地勝覽)』**에 실려 있
다.16)

---

13) 오관산곡(五冠山曲) : 고려시대에 문충(文忠)이라는 효자가 지은 노래. 개경 오관
    산 영통사 부근 마을에 살던 문충은 어머니를 효성스럽게 모시는 관리였다.
    아침에 나갔다가 저녁에 돌아와 어머니 문안드리는 것을 게을리 하지 않았으나,
    그 어머니가 늙어가는 것을 탄식하여 오관산곡을 지었다고 한다. 오관산곡의
    다른 이름은 목계가(木鷄歌)이다.

14) 중조(中朝) : 중국왕조를 일반적으로 지칭하는 표현.

15) 중국왕조의 어떤 사람이 지족암에서 바라다본 산세를 그려 갔다는 일화는
    『신증동국여지승람』권4, 개성부 상 불우에 실려 있다. 그러나 민간에서 전해지
    는 이야기를 수록한 까닭에 실제 있었던 일인지는 확실하지 않다. 따라서 중국왕
    조가 중국의 어느 왕조를 뜻하는지도 분명하지 않다.

16) 『신증동국여지승람』에 의하면, 지족암(知足庵)은 천마산(天磨山) 청량봉(淸涼
    峯) 아래에 있다. 암자 뒤에는 천 자나 되는 석벽(石壁)이 낙산(洛山)보다 웅장하
    며, 뒷산에 사면으로 둘린 봉우리가 그림 병풍을 벌려 친 것 같고, 남쪽으로
    바다를 바라보면 시야에 막힌 곳이 없다고 한다. 민간에서는 "중국 사람이

절 뒤의 수십 길에 달하는 푸른 절벽 아래에는 우물이 있었으며, 우물 속에 있는 세 개의 돌덩어리는 생김새가 물고기와 같았다. 근래 속된 승려들이 돌덩어리의 절반을 깨서 없앴는데, 그 절의 어떤 스님이 꿈에서 물고기 세 마리가 피를 흘리며 도망가는 것을 보았다고 한다. 이로부터 우물이 말라버렸으나, 기도를 하자 이내 물줄기가 나왔다고 한다.

절의 주지인 설웅(雪雄) 스님이 말하기를, '섬돌 아래에 있는 은행나무는 나이가 천 백년이나 되었고, 관음전에 있는 비해당**(匪懈堂)의 기문은 홍준법사**를 위해 지은 것인데, 매몰되고 잊혀진 지 오래되어 장차 훼손되어 사라질 위기에 처했으므로, 자기가 벽에 걸어 놓았다'고 하였다. 설웅 스님은 자가 대걸(大傑)이고 호는 나월헌(蘿月軒)으로, 지금의 이 절을 중수하였다.

저녁에 성해굴**(性海窟) 앞의 고개에 올라 취하도록 술을 마셨다. 밤이 되자 멀리 산 위의 하늘을 보니, 불빛이 별을 뿌려놓은 것 같았고, 텅 빈 수풀에서 들리는 새 소리는 매우 괴이하였다. 인생에 대해 나누는 이야기들이 처량한 감정을 북돋았으므로, 술 취한 몸을 부축하여 성해굴에서 묵었다. 초승달은 어느덧 저물고 있었다. 성해굴은 보현봉(普賢峰)의 꼭대기 아래에 있다.

3월 무인일(6일), 보현봉에 오르니 곧 천마산 상봉이다. 마침 구름과 안개가 자욱하고 서리가 서렸는데, 넓은 바다의 풍경이 아득하게 이어져서, 푸르스름한 사이로 여러 산의 모습이 마치 불상의 나발(螺髮)17)과

일찍이 이곳의 산 형상을 그려 갔다"고 하며, 지족암 근방에는 고선(高禪)·적멸(寂滅)·성해(性海)·원적(圓寂)·낙도(樂道)·운주(雲住)·선관(善觀)·견성(見性)·청량(淸涼)·성등(聖燈)·불교(佛敎)·영안(永安)·보성(寶聖) 등의 암자가 있다고 한다. 10년 동안 수도에 정진하여 생불(生佛)이라 불렸으나, 황진이(黃眞伊)에게 유혹되어 파계한 지족선사(知足禪師)의 암자로도 유명하다.

17) 나발(螺髮)은 소라 모양으로 표현한 불상의 머리카락을 의미한다. 부처의 머리카락을 조각으로 새길 때에는 소라 껍데기와 같은 형태로 나타낸다. 나발은 군청색으로 채색하는 것이 일반적이며, 보살상의 경우에는 나발을 표시하지 않는다.

같다는 생각이 들었다. 산 밑에 있을 때에는 청량봉(淸凉峰)이 보현봉과 서로 경쟁하듯 높아 보였으나, 지금 보현봉에 올라 청량봉을 굽어보니, 역시 보현봉이 가장 높은 봉우리임을 알 수 있었다.

보현봉 꼭대기는 깎아지른 듯하여 올라갈 수가 없었고, 동쪽에 있는 미륵봉**(彌勒峰)도 높고 웅장했다. 지족암에서부터 따라가다가 성해굴에서는 따로 사미승 상철(尙哲)의 안내를 받았다. 적멸암**(寂滅庵)을 지나서 잠시 쉬었다. 적멸암은 고려 말기의 고승 나옹**(懶翁)이 창건한 암자로, 암자의 앞쪽 담장에는 모두 범어가 쓰여 있었는데, 기와를 잘라 가로 세로로 글자를 써서 마치 먹으로 쓴 것 같았다.

적멸암 아래에는 큰 숲이 하늘을 덮고 있었으며, 숲은 오래된 단풍나무들로 가득 차 있어서 그 안에서는 하늘의 해와 달을 직접 볼 수 없을 정도였다. 굽이쳐 흐르는 여울마다 높은 절벽과 흰 바위가 그 모양이 기묘하여, 새가 날고 짐승이 뛰노는 것 같았다. 마담**(馬潭)에 도착하자 떨어지는 폭포의 경치도 기이하였다.

아직 관음굴**(觀音窟)도 지나지 않았지만, 나는 몸이 너무 힘들어서 시를 읊으며 고단함을 이겨내고자 하였다. 택지는 벌써 박연**(朴淵)에 도착하여, 그 아래에 오롯이 혼자 앉아 있었다. 나는 뒤이어 박연에 이르러서 상철에게 택지를 찾아보도록 하였다. 갑자기 날씨가 험악해져서 구름이 급하게 움직이고 번개와 우레가 번갈아 일어나 마치 강과 바다가 날뛰는 것 같았으며, 산과 바위가 크게 흔들려 지척에서도 말소리를 분간할 수가 없었다. 몸과 정신이 혼미해져서 끝내 택지가 어디 있는지 알 수가 없었으므로, 걱정이 되고 두려워서 서로 바라만 볼 뿐이었다.

이윽고 한줄기 뻗은 길을 따라 내려가니, 택지는 이미 고모담**(姑姆潭) 유람을 마치고 돌아갈 채비를 하고 있었다. 택지는 웃으며 말하기를, "박연에서 노닐었다네. 때마침 하늘에서 비바람이 몰아쳐 온 세상이 심하게 뒤집히고, 귀신이 솟아나올 것 같았어. 춥고 두려웠지. 그래서 더 이상 머물지 못하고 발길을 돌리어 옛 절을 찾다가, 바위에 기대어 아래로 도암**(島岩)을 살펴보면서 다시 물길을 따라 올라왔다네."라고 하였다.
겨우 관음굴에 도착하여 휴식을 취하자, 날이 벌써 저녁이 되었다. 허기가
들어 빙손(氷孫)에게 밥을 지었냐고 물었지만, 그는 대답하지 않고 자기도
정신없이 박연에서 돌아왔다고 둘러대었다. 각자 주린 배를 붙잡고 "종놈
도 똑같구나."라고 하였다.

　박연으로부터 위로 적멸암까지 10여 리의 골짜기를 대흥동**(大興洞)이
라고 한다. 골짜기 안 대흥사**(大興寺) 터에 아직도 남아 있는 돌로 된
절구는 예전에 쓰던 물레방아라고 한다. 관음굴은 박연 상류 2~3리 지점에
있다. 굴 앞에 있는 연못은 구담**(龜潭)이라고 부르는데, 연못에 있는
바위가 거북이처럼 생겼기 때문이다. 박연의 가운데에 있는 바위는 도암
(島岩)이라고 하며, 폭포의 물줄기가 떨어지는 곳을 고모담(姑姆潭)이라고
한다. 박연에 있는 옛 사당은 용을 제사지내던 곳으로, 홍수가 나거나
가뭄이 들었을 때 제사를 지냈다고 한다.18)

　이날 밤에 피곤하여 잠이 들었는데, 비몽사몽간에 처마에서 물방울이
뚝뚝 떨어지는 소리가 들렸다. 시끄러운 소리가 숙소의 벽을 진동하자,
이윽고 시냇물이 불어난 것을 깨달았다. 우리 두 사람은 기뻐하며 서로
발을 구르며 말하기를, "하늘도 또한 우리들이 신기한 경치를 좋아하는
것을 알았구나."라고 하였다.

　3월 기묘일(7일), 동틀 무렵에 날씨가 쾌청하므로 다시 박연을 유람하였
다. 떨어지는 폭포의 위세는 어제보다 더욱 뛰어났다. 천만 가지의 기묘함
이 시시각각 모양을 달리 하니, 해풍강월(海風江月)의 구절19)로도 충분히

---

18)　『신증동국여지승람』 황해도 우봉현 항목에, 박연의 못 위에 신사(神祠)가 있는데
　　가뭄이 들었을 때 비가 올 것을 빌면 영험이 있다는 내용이 실려 있다. 『고려사(高
　　麗史)』에도 박연에서 기우제를 지냈다는 내용이 확인되는 것으로 보아, 일찍이
　　고려시대부터 박연에서 기우제를 지내는 풍습이 있었다.
19)　중국 당나라 때의 시인인 이백(李白, 701~762)의 '여산의 폭포수를 바라보다(望廬
　　山瀑布水)'라는 시에는 "바다에는 바람이 끊임없이 불어오고 강에는 달빛이
　　비추어 도리어 공허하네.(海風吹不斷 江月照還空)"라는 구절이 있다. 박은(朴誾)

표현할 수가 없었다.

내가 택지에게 "시 한 수를 읊을 수 있겠나?"라고 권했다. 이에 택지가 웃으며 "하늘과 땅 사이에 최고는 둘이 될 수 없으니, 내가 어찌 박연과 더불어 기이함을 다투겠는가?"라고 대답하고, 술잔만 몇 번 돌릴 뿐이었다. 우거진 수풀을 헤치고 돌아 나올 때도 반복하여 박연을 돌아보니, 연연하는 모습이 마치 친구와 이별하는 것 같았다. 주변에는 물개암나무가 많아, 상철에게 지팡이를 만들 만한 것으로 수십 그루를 가져가도록 하니, 서로 더불어 희롱하기를, "나무를 다 가져가니 올해는 박연의 가을 경치가 예년보다 못하겠구나."라고 말했다.

산에 들어가니 산속의 꽃들은 곳곳마다 비단을 펼쳐 놓은 것처럼 모두 아름다웠다. 박연에는 꽃들이 더욱 흐드러졌으며 살구꽃도 많이 피어 있었다. 내가 지팡이를 끌면서 낭랑하게 읊기를, "붉은 살구나무 옆에서 한 잔 술 마시는 것을 다시 아쉬워하네."라고 하자, 택지가 갑자기 개암나무 사이를 헤치고 나와 살구꽃 밑에 앉아서 술잔을 들어 술을 권했다. 떠돌이 승려 몇 사람이 지나가기에 함께 술을 마시며 정신없이 취했다. 저녁에는 천마산 뒤편에 있는 정자사"(淨慈寺)에 머물렀는데, 샘물과 바위가 아름다웠다. 혜침 스님이 어제부터 몸이 좋지 않은 까닭에, 아침에 말을 빌려 개성으로 돌아갔다.

3월 경진일(8일), 상철과 이별하였다. 말을 채찍질하여 보통원"(普通院)을 거쳐 영평문"으로 들어가 만월대 옛터에 올라 배회하니, 탄식하는 감정이 마음속에 생기고 마음속에 슬퍼하는 뜻이 가라앉지 않아, 취하도록 술을 마셨다. 동대문"(東大門)을 통해 성균관"(成均館)으로 들어가 공자(孔子)의 진영을 배알하였다. 옛 도평의사"(都評議使)를 돌아서 지나오니, 벽에는 삼봉(三峰) 정도전"(鄭道傳)의 글귀가 남아 있는데, 독곡 성석린"이 쓴 것이다. 말에서 내려 걸어서 화원"(花園)에 들어가니, 이곳은 고려

이 언급한 '해풍강월(海風江月)'의 구절은 이 시구를 지칭하는 것이다.

개성 성균관 명륜당(박종진 사진)

우왕**(禑王)이 음란하게 즐기던 곳이다. 옛 시절의 기이한 꽃과 초목은 하나도 남은 것이 없고, 괴이한 바위 덩어리는 사람들이 가져갔다. 지금은 열에 하나 둘도 옛날만큼 꽃들이 화원을 채우지 못하였으나, 배꽃만이 제법 볼 만하였다. 꽃 아래에서 술을 마시니, 달빛은 희미하게 밝고 꽃향기는 그윽하여 술잔 속에서 흠뻑 취해 버렸다.

남산**(男山)에 올라 성 안을 바라다보았다. 집들이 즐비하고 구슬 같은 푸른빛이 밝게 비치어 여전히 번화한 풍습이 남아 있었다. 우리 두 사람이 꽃을 꽂고 서로 기대어 거리를 지나가니, 사람들이 모두 놀라 웃으며 미쳤다고 손가락질하였다. 점쟁이에게 곡식을 가지고 가서 그 값으로 운수를 물었는데, 점괘가 조금 이상하다고 생각했지만 의심할 수는 없었다.

송죽가에서 숙박을 하고 다음날(9일) 아침, 동강으로 돌아왔다. 넓지도 않은 개성 땅 유람을 우리 세 사람이 서로 주저하면서 끝내 뜻대로 행하지 못하다가, 이제야 우리가 10년 동안 미루었던 약속을 실행하니, 어찌 기약한 바를 하나도 이루지 못한 것이 없다고 생각하겠는가? 따라서 지금 우리는 불우하다고 할 수는 없을 것이다.

출전 | 『와유록(臥遊錄)』 권4
역주 | 정요근(서울대학교)

유천마록(遊天磨錄)

임운(林芸)

나 임운**(林芸)은
천마산**과 성거산**의
경치가 빼어나다는 이
야기를 듣고 한번 유
람해볼 생각을 가진
지가 오래되었다. 하
지만 남북으로 거리
가 멀리 떨어져있고
일에 치여서 부질없

박연폭포(일제강점기 엽서)

이 세월만 보내고 있었는데, 나이를 먹게 되었어도 가고 싶은 생각이
마음속에서 조금도 사그라들지 않았다. 다행히 이제 서울에서 후릉**(厚陵)
에 치제(致祭)하러 가도록 명령을 받았는데, 후릉에서 이 산까지가 겨우
하루거리이다. 제사 지내는 틈에 밀 먹인 나막신1) 신고 지팡이 짚은
편한 차림으로 오랫동안의 소원을 풀 수 있게 되었으니, 이때를 어찌

---

1) 밀 먹인 나막신[납극(蠟屐)] : 중국 남조 송(宋)의 사령운(謝靈運)은 산에 오를
때 밀 칠한 나막신을 신었다고 함. 중국 남북조시대의 사대부들은 나막신을
손수 깎아 신는 것이 유행이었으며, 멋을 부리고 방습을 위해 동물의 기름을
덧칠했는데, 이를 납극이라고 한다.

놓치겠는가!

  이에 함께 갈 동지를 구하였는데, 성지(成之) 이우인**(李友仁)과 이경(而敬) 이정우**(李廷友)만이 자못 갈 뜻이 있어 8월 초하루2)에 같이 가기로 약속하였다. 약속 날짜가 되자 이성지는 능침의 제사 때문에, 이이경은 어머님3)의 명령 때문에 모두 약속을 저버리고 오지 않았다. 사람들도 또한 장마와 더위가 아직 가시지 않았으며 같이 갈 사람들도 모이지 않았으니 선선한 가을을 기다려 갈 계획을 세우는 것이 좋겠다고 하였다. 내가 생각해보니 '세상의 일이란 사단이 많이 생기며 사람의 일이라는 것이 어그러지기 쉬우니, 만약 지금 가지 않으면 뒷날에는 어떻게 될지 알 수 없다.'고 여겨져 드디어 홀로 가기로 결심하였다.

  승려 지은(智블)이 따라오기에 그를 앞장세워 8월 초1일 재소(齋所)에서 출발하였다. 백련산**(白蓮山) 서쪽 산기슭을 따라서 풍덕군**(豊德郡) 동쪽에 도착하였다. 풍덕향교**를 올려다보니 가파른 언덕 위에 자리 잡고 있었는데, 쓸쓸하기가 조그만 민가 같아 어느 것이 대성전**이고 어느 것이 선생과 학생들의 거처인지 알 수 없었다. 북쪽으로 대교(大橋)의 제방을 건너 높은 고개[高峴]를 넘어 송도(松都)의 토성(土城) 남문4)으로 들어갔다. 시냇물을 따라 길이 나 있었는데, 길을 끼고 4~5리에 걸쳐 집들이 이어져 있었다. 창문 사이로 언 듯 언 듯 빛이 보이고 닭과 개가 연이어 짖어대고 울어대니 옛 도읍의 유풍(遺風)이 엇비슷하게 연상되는 것 같았다.

  동쪽으로 목청전**(穆淸殿)을 지나 토성 동문5)을 나와 사천**(沙川)을

  2) 8월 초하루 : 1570년(조선 선조 3) 8월 1일 병신(丙申)일이다.
  3) 어머님[천지(天只)] : 하늘이란 말로써 어머님을 일컫는 말(황충기, 『한국학사전』, 829쪽, 국학자료원). 『시경』「국풍(國風)」 용(鄘)에 "어머니는 하늘이다[母也天只]"라고 했다.
  4) 송도 토성 남문 : 나성의 남문. 회빈문(會賓門)이라고 한다.
  5) 송도 토성 동문 : 나성의 동문. 숭인문(崇仁門)이다.

건너 장단**(長湍)의 백룡산**(白龍山) 천화사**(天和寺)에 이르렀다. 석성(石城)이 사방을 둘러싸고 있었는데 쌓아 만든 구조가 자못 장대하였다. 석불 1,500구가 안치되어 있었는데, 모두 옥석을 사용하여 극히 정교하게 조각하였으며 아마도 중국에서 건너온 것 같았다.

산등성이를 따라 8~9리쯤 가니 증각암**(證覺庵), 취두암(鷲頭庵), 금경암(金經庵)이 있었는데, 모두 매우 쓸쓸하면서도 고즈넉하였다. 보봉산**(寶鳳山) 화장사**(華藏寺)에

화장사 전경(일제강점기 엽서)

도착하였으니, 지순(至順) 5년(1334, 고려 충숙왕 후3)6)에 지공(誌公)7)이 제자를 시켜 창건한 것이다.

동쪽에 영자전(影子殿)을 만들었으며 그 안에 영정 둘이 안치되어 있었다. 중이 동쪽 벽을 가리키면서 공민왕이라고 하고 중당은 공정**(恭靖)이라고 하나, 근거가 없는 말이었으므로 믿을 수 없었다. 서쪽에는 적묵당(寂默堂)을 세웠는데, 지공(誌公)의 소상(塑像)이 있었다. 패엽범자경(貝葉梵字經)과 우두전단향(牛頭旃檀香)8)이 있었는데 모두 진기한 물건이었다.

---

6) 지순(至順) : 원 문종(文宗)의 연호. 그런데 지순 3년까지만 있다. 지순 5년은 원통(元統, 順帝의 연호) 2년이다. 원통 2년을 지순 5년으로 표기했을 가능성도 있지만 연대표기의 오류일 가능성도 있다.
7) 지공(誌公) : 지공(指空)의 오기. 피휘 때문에 일부러 그러했는지 순수한 오기인지는 불분명하다. 지공(指空, ?~1363)은 인도 출신 승려로, 본명은 제납박타(提納薄陀, Dhyānabhadra)이며 선현(禪賢)이라고 번역된다. 지공은 그의 호이다. 인도 마갈타국 만왕(滿王)의 왕자로, 8세에 나란타사 율현(律賢)에게 출가하였다. 1328년(충숙왕 15)에 고려에 왔으며, 1363년 입적하였다.
8) 우두전단향(牛頭旃檀香) : 전단향은 인도에서 자라는 고귀한 향나무이며, 이 전단향이 자라는 지역이 고산(高山)인데 그 산의 모양이 소의 머리[牛頭]처럼

여러 요사채 가운데 유독 괘원료(掛猿寮)가 매우 뛰어났다. 동쪽으로
취두산(鷲頭山)이 있고, 서쪽으로 성거산(聖居山)을 마주보고 있으며, 남쪽
으로 바다의 섬을 바라보고, 북쪽으로 보봉산(寶鳳山)을 등지고 있었다.
아침저녁으로 바람이 일고 안개가 끼면서 기괴함을 다투는 모습이 모두
시야에 들어왔다. 내가 주지에게 "이처럼 빼어나게 아름다운 곳은 세상에
드물 것이니, 만약 몇 년간 휴가를 얻어 여기로 와 머문다면 어그러지고
편협하며 인색한 마음을 맑고 깨끗하여 욕심 없는 마음으로 거의 되돌릴
수 있을 것입니다. 그러나 속세의 인연에 이끌려 빨리 되돌아가야만
하는 처지에 있는 사람이니, 참으로 안타깝습니다."고 하였다.

(8월) 2일 정유일에는 보봉산의 북령을 넘었다. 길이 돌벼랑으로 계속
이어져 발 디디기 어려울 정도로 위험하였으므로, 잡아주고 당겨주며
가까스로 내려왔다.

우봉**(牛峯) 땅에 들어와 누각과 다리가 허물어져 있는 터를 보았는데,
돌기둥이 아직도 물가에 넘어져 있었으나 어느 때 것인지 알 수 없었다.
현화사**(玄化寺) 어귀에 이르니 계곡을 끼고 돌로 만든 축대가 약 2리쯤
되었으며, 절 앞에는 돌을 파서 못을 만들었으니 아마도 풍수설 때문에
그렇게 한 것 같았다. 서쪽 편에 있는 비9)는 송나라 천희(天禧) 5년(1021,
고려 顯宗 12)에 세운 것으로, 주저**(周佇)가 글을 짓고 채충순**(蔡忠順)이
글씨를 썼다. 북쪽에는 나한전이 있는데, 터가 평평하고 넓어 가서 쉬기에
가장 적당했다. 동쪽에는 약사전이 있는데 세우기 시작한 지 얼마 되지
않아 아직 공사를 끝내지 못하였다.

서쪽 계곡을 따라 영취산**(靈鷲山)에 올라 성거산(聖居山)을 바라보니,
산 남쪽의 절들이 마치 별처럼 펼쳐져 있어 이루 다 헤아릴 수 없었다.

생겼으므로 우두전단향이라 부른다. 전단향은 사람이 바르면 불에 들어가도
불에 타지 않으며 상처를 쉽게 낫게 하는 등 악으로부터 선을 보호하는 능력을
가졌다고 알려졌으며, 이에 불상이나 불경의 목판을 만드는 데 많이 이용되었다.
9) 서쪽 편에 있는 비 : 현화사비(玄化寺碑)를 의미함.

작은 시내를 건너 문수봉(文殊峯)을 지나 원통사**(圓通寺)로 들어가니, 절은 오래되고 중도 별로 없었으며, 좌우 요사채 모두 거처할 만한 것이 못되었다. 다만 동대(東臺)에서 올려다보니, 차일암**(遮日岩)은 들쭉날쭉 우뚝 솟아 있고, 나무들이 창과 같이 빽빽하게 서 있었으며, 성거산의 기묘한 경관이 한 눈에 모두 들어왔다.

(8월) 3일(무술)에는 뒷산등성이를 따라 중암(中庵)에 이르렀다. 바위가 병풍처럼 뒤를 둘러싸고 있고 탁 트인 경치가 앞에 전개되었으며, 바위 골짜기에서 샘이 흘러나왔는데 시원하고 좋았다.

수정굴(水精窟)을 지나서 남쪽의 쌍령(雙靈)으로 들어갔다. 북쪽 모퉁이의 석굴은 높고 깊었으며, 차가운 냇물이 위에서 떨어지니 맑은 물소리는 처마의 낙숫물이 돌에 부딪히는 소리 같이 상쾌하고 맑아 비록 중국의 중령**(中泠)이라도 이에 비할 수 없을 것이다.

서쪽으로 성거산을 지나 북쪽으로 쌍령을 바라보니 그 사이에 바위산이 우뚝 솟아나있고 좁은 돌길이 위태롭게 나 있어 거의 지나갈 수 없었다. 여기서부터 남쪽으로 돌아가니 바위 고개가 우뚝 솟아나 있었는데, 세로로 갈라져 움푹 패인 틈이 있고 그 사이로 갈 수밖에 없었으므로, (틈 사이로 간신히 껴서 가느라고) 배와 겨드랑이가 다 까진 연후에야 도착하였다.

10여 리를 가니 가파른 벼랑이 앞을 가로막았는데, 그 아래는 땅이 보이지 않았다. 쇠사슬이 박혀 있어 간신히 부여잡고 차일암으로 들어갔다. 여기서부터는 남북으로 모두 갈 수 있었다. 성거산도 또한 쇠사슬을 잡고 가야만 했기 때문에 위험해서 감히 갈 수 없었다.

바위로 된 봉우리를 올려다보니 죽순이 나 있는 듯하고 창이 서 있는 듯해서 도저히 올라갈 수 없었다. 구부려 땅을 내려다보니 뚜렷이 보이기도 하고 아득해 보이기도 하여, 보잘 것 없는 것들은 어슴푸레하여 보이지 않고 마치 하늘과 땅이 구분되지 않은 상태를 넘어 바다의 기운까지 적시는 것 같았다.

아래로 환희령(歡喜嶺)을 따라 백련암(白蓮庵)에 이르렀는데, 15여 리 사이에 산등성이가 칼날 같아 간신히 좁은 길이 통하였다. 발 딛는 곳 외에는 좌우 모두 끝없는 벼랑이어서 아찔하여 내려다보기도 힘들었다.

이 때문에 기묘한 경치를 이루고 있던 보정(普精), 보명(普命), 요화(寥化), 연대(蓮臺), 보광(普光), 지수(智水)와 같은 여러 절들이 모두 산의 남쪽에 있었지만, 혹은 암벽 아래에 있거나 혹은 산봉우리 위에 있어 그 절들을 감히 한 둘도 둘러볼 수 없었다.

환희령의 북쪽 편에는 돌산이 우뚝 솟아 있었는데 의상봉(義相峯)이라고 하였다. 그 봉우리 중턱 바위틈에 정사(精舍)를 지어 개성정사(開聖精舍)라고 하였다. 송대(松臺)가 새 날개처럼 펼쳐져 있고 돌샘의 물은 시원하였으니 참으로 좌선할 만한 곳이었다.

대흥동**(大興洞)으로 들어가니, 동쪽은 우봉 땅이요, 서쪽은 개성의 땅이었다. 북쪽으로 꺾어 천천히 내려가 관음굴**을 지났는데, 물이 흘러가는 4~5리 동안 맑은 물 사이에 하얀 돌이 있어 종종 앉아 쉴 만하였다. 동·서 양쪽 언덕에는 석불 1구씩을 안치했는데, 동쪽 것은 노힐부득**(努肹夫得), 서쪽 것은 달달박박**(怛怛朴朴)이라고 하였다.

지난 병인년(1566, 조선 명종 21)에 개성의 유생들이 달달박박을 파괴[10] 하여 노힐부득만 남아 있었다. 10여 보 내려오면 박연**이다. 박연은 천마산과 성거산 사이에 있으며, 좌우는 모두 돌 봉우리인데 가파른 바위가 들쭉날쭉하여 마치 서로 손을 마주잡고 인사하는 듯하였다. 중간에는 바위 낭떠러지가 만 길이나 되는 것 같았다.

동구를 가로질러 대흥(大興)과 토현(土峴) 등 여러 골짜기의 시냇물이 합류해서 한 줄기 긴 내가 되었다. 돌과 기슭에 부딪히기도 하고 휘어

10) 달달박박의 파괴 : 1566년(명종 21) 1월 24일 중궁전 승전색(中宮殿承傳色) 조연종(趙連宗)과 내수사 별좌 박평(朴評)이 개성부 송악산(松岳山)에 가서 조사하고 돌아와 서낭당(城隍堂)·월정당(月井堂)·개성당(開城堂)·대국당(大國堂)·덕적당(德積堂) 등이 모두 유생들에 의해 소각되었다는 보고를 하고 있는데(『명종실록』 권32), 달달박박도 이때 파괴된 것으로 생각된다.

돌아 힘차게 내달려 바위골짜기로 흘러 들어와 웅덩이에서 휘돌아 못이
되었는데, 아주 맑으면서도 깊고 넓었다.

못을 휘돌다 차서 흘러넘치는 물이 벼랑 어귀로 분출해서 물결이 요동치
며 진동해서 우레가 치는 듯하며, 허공을 날아올라 때리며 고담**으로
내리꽂혔다. 하얀 무지개가 샘을 마시는 듯이 흩날리는 비처럼 산산이
흩어지며, 은하수가 하늘에서 떨어지는 듯이 물방울이 널리 흩어지며
날아오르니, 기이하면서도 놀라워 말로 다 할 수 없었다. 못 한가운데에
바위가 있는데,11) 반쯤은 수면 위로 나와 있고, 그 위에 5~6명은 앉을
만 하였다. 예전에 고려 문종**이 이곳에 올랐을 때 홀연히 바람이 불고
우레가 치며 바위를 진동시키는 변고가 있었는데, 이영간**(李靈幹)이 주문
을 써서 용을 쫓았다고 한다.12)

서쪽 낭떠러지에는 큰 바위가 무지개 모양으로 솟아 있는데, 색은
희고 표면이 매끄러워 고금의 유람 온 선비들이 모두 이곳에다 제명(題名)
하였다. 나도 지팡이로 두드리면서 "앞 사람은 가고 뒷사람은 오며 서로
이어져 끝이 없구나. 모두 다 날아가는 새처럼 자취가 없는데, 너만 홀로
변하지 않고 마치 어제처럼 뚜렷하구나. 몇 세대의 흥망의 세월을 겪고
오늘에까지 이르렀는지 알지 못하겠구나!"라고 하였다.

고담 주변에는 흰 모래가 평평하게 펼쳐져 있는데, 둘레가 수백 보나
되었다. 단풍나무와 푸른 소나무 그림자가 너울거렸으며, 앉아서 천마산
과 성거산을 올려다보니 바위산 돌 봉우리의 기이하고 괴이한 모습이
박연과 고담의 뛰어난 경치와 형세를 더욱 빛나게 해주는 것 같았다.

---

11) 바위 : 이 바위의 이름은 도암(島嵒)이라고 한다(『신증동국여지승람』 권42, 황해
　　도 우봉현, 산천).

12) 『신증동국여지승람』에 의하면, 문종이 놀러 와 이 바위에 올랐을 때 비바람이
　　불고 바위가 흔들려 문종이 놀라자, 이영간이 용의 죄목을 들어 책망하며 못에
　　던지자 용이 등을 드러냈고, 이때 이영간이 용을 때리자 못물이 다 붉어졌다고
　　한다(『신증동국여지승람』 권42, 황해도 우봉현, 山川).

낭떠러지가 서쪽 기슭에서 나와 계곡 속으로 들어가는데 마치 엎드린 거북이가 머리를 쳐드는 것 같았다. 중이 "물이 불어날 때 여기에 앉아 폭포를 바라보면 경치가 참으로 훌륭합니다."라고 하였다.

관음굴로 되돌아오니 앞 계곡의 돌다리 아래에 평평하고 매끄러운 흰 바위가 있고, 맑은 물이 아래로 흐르며 양쪽 기슭의 수목들이 짙은 그림자를 드리우고 있었다. 채안성(蔡安成)의 시 중에서 "군자들이 일찍이 술독을 지고 거문고를 가지고 솔가지를 태워 불을 밝혔다."라고 묘사한 구절이 생각났다. 옛 사람의 자취가 아직도 그대로이니, 나로 하여금 부지불식간에 우러러 탄식하게 하며 오랫동안 배회하게 하였다. 나는 옛 사람들을 좋아하나 늦게 태어나서 그들을 만나지 못하고 이리저리 바쁘게 그들이 남긴 자취만 따라다닌 것을 한탄하다가, 마음속 깊이 품어왔던 안타까움을 풀지 못하여 오늘 홀로 외로이 여기에 온 것이다. 비록 산수가 빼어나게 아름다워 호연지기(浩然之氣)가 맑게 일어나지만, 한 사람도 옆에 없으니 내 마음 속의 생각을 누구와 더불어 토로하여 서로 커나가는 즐거움을 북돋울 수 있겠는가! 옛 사람들에게 매우 겸연쩍고 부끄러울 따름이다.

날이 저물어 절에 들어갔는데, 절은 태조**께서 왕위에 오르기 전에 유람하던 곳이다. 일찍이 벽에 목은이 지은 기(記)13)를 걸어 놓았다는 이야기를 듣고서 찾았으나 이미 없어져 보지 못하였다. 이삼재(李三宰)14)와 성수익**(成壽益)의 장편(長篇)만이 문상방에 걸려 있었다. 절의 뒤에는 석굴이 있었는데 입을 딱 벌린 것 같이 생겨 기이하고 깊었다. 안에

---

13) 목은기(牧隱記) : 목은 이색(李穡)은 박연폭포와 관음굴을 방문하여 "天磨嶺北水潺潺 西岸觀音石窟間 記得沿流曾上下 朴淵瀑布似廬山 觀音窟裏白雲深 絶磵松風月滿岑 老去胸中猶熱惱 何時携影去相尋"(『목은집』「목은시고」권19,「倫絶磵來過」)라는 시를 지었다. 이 시가 이색이 관음굴을 방문하여 지었다는 기(記)와 관련이 있을 것으로 생각된다.

14) 이삼재(李三宰) : 이씨 성의 좌참찬(左參贊)을 말하는데, 정확하게 누구인지는 확인되지 않는다.

석불 셋을 안치하였는데, 모양새가 사람과 매우 닮았다.

작은 시내가 뒤의 계곡을 따라 흘러내려 오는데, 나무 안쪽을 파내어 물을 흐르게 해서 네모난 수조에 물을 받았다. 매우 맑고 시원하였으므로 씻기 좋았다. 밤이 되니 창밖은 고요하고 골짜기는 영롱하였다. 붉은빛 노을과 자줏빛 안개는 형태가 변화무쌍 하였으며, 창문을 열고 바라보니 그윽한 흥취가 물씬 일어났다.

(8월) 4일(기해)에는 일출암(日出庵)과 운거사(雲居寺)를 보려고 다시 박연을 방문하니 안개의 남은 자취마저 다 걷혔다. 험한 길을 멀리 걸어 다리가 피곤했으므로, 다만 동쪽 산등성이에 올라 멀리 바라보며 회포를 풀었을 뿐이다.

시내를 거슬러 백여 보를 가 태종암**에 오르니 흰 비계처럼 반듯하게 잘려있고, 흙으로 만든 평상처럼 평평하였다. 높이는 1장을 넘지 않았지만 넓이는 백 명이 앉을 만했다. 사면 모두 붙잡고 오를 만한 것이 없었는데, 오직 서쪽 한 모퉁이만을 통해서 겨우 오르내릴 수 있었다. 바위 위에는 산국화 여러 떨기가 활짝 피어 있고, 포도 한 그루가 가지마다 포도송이를 드리우고 있었다. 바위 동쪽의 흰 돌은 평평하고 매끄러우며, 넓이가 백 척이나 되었으며, 녹음이 영롱했고 졸졸 흐르는 시냇물이 돌 색을 더욱 빛내어 눈을 부시게 하였다.

배회하다가 우두커니 서서 먼 곳을 빙 둘러 바라보니, 천마산은 아름다운 봉황새의 부리처럼 서쪽에 자리 잡고, 성거산은 부용꽃이 빼어남을 다투는 듯이 동쪽에 솟아 있으며, 박연은 기괴한 구덩이가 새로 열린 것처럼 그 북쪽에서 입을 벌리고 있으며, 인달봉**은 붕새가 부리를 높이 들어 올린 것처럼 그 남쪽에 솟아 있었다. 수많은 산과 골짜기들이 제 모습을 모두 드러내어 빼어남을 서로 앞 다투며 이곳으로 들어왔다. 바람기운이 휘감아 돌아 정신을 상쾌하게 하니 속인이 감히 깃들어 살 수 있는 곳이 아니었다.

마담에 이르니 냇물 속 돌 소리 명랑하고, 잘 자란 나무들이 줄지어 그늘을 드리웠다. 폭포 한 줄기가 돌벼랑 아래로 쏟아져 내리니, 구름과 연기가 자욱하고 산봉우리는 빼어나고 기이하였다. 위 아래로 4~5리에 걸쳐 너럭바위까지 흘러내렸는데, 들어갈수록 더욱 뛰어났다.

대흥사** 앞 개울에 도착하니 흰 돌이 평평하고 넓었다. 녹음이 뒤쪽 편을 감싸고 있는데 푸른 물이 가운데로 흐르고 서쪽 편에는 기이한 봉우리가 그림 병풍처럼 둘러 있었다. 안쪽은 넓고 바깥쪽은 촘촘하여 구름 계곡과 같았으니, 참으로 은자(隱者)가 머물 만한 곳이었다.

중 자원(自圓)이 나와서 맞이하므로, 계곡 바위에 함께 앉아 인사말을 주고받은 다음 한가롭게 아래위로 거닐었다. 혹은 나무 그늘에 앉아 시를 이야기하고, 혹은 냇물에 발을 씻기도 하고, 혹은 옷깃을 젖혀 시원한 바람을 쐬기도 하고, 혹은 탁 트인 곳에 가 먼 곳을 바라보며 마음속에 간직한 회포를 털어놓기도 하였다. 고아한 흥취가 맑고 담백하며 마음이 여유롭고 넉넉하니 특히 무우(舞雩)에서 바람 쐬고 시 읊고 돌아오겠다15) 는 생각이 들었다. 자원을 돌아보며 "어찌해야 당신네 승려들처럼 세속의 누추함과 작별하고 이곳에다 조용한 집을 짓고 유유자적할 수 있겠는가?" 라고 하였다.

절 뒤에는 극락전과 능인전이라는 두 전각이 있었다. 창문은 열려 있어 상쾌하고 소나무 가득한 정원은 청량하여 사람의 정신과 몸을 맑고 시원하게 하여 속세의 생각이 절로 사라졌다. 경광대(景光臺)에 오르니 날아오를 듯하였으나 겁이 나서 오랫동안 서 있을 수는 없었다. 성거산에 자리한 적량암(迹凉庵)과 두타굴(頭陀窟)은 모두 오르는 도중에 볼 수

---

15) 무우에서 바람 쐬고 시 읊고 돌아오겠다[무우영귀(舞雩詠歸)] : 세속을 벗어나 자연을 벗 삼아 지내는 삶을 의미한다. 무우(舞雩)는 기우제를 지내는 명소이다. 『논어』 「선진(先進)」에 의하면, 공자가 일찍이 제자들에게 포부를 물었는데, 오직 증점(曾點)만은 "늦은 봄에 봄옷이 만들어졌으면 관(冠)을 쓴 어른 5~6명과 어린아이 6~7명과 함께 기수(沂水)에서 목욕하고 무우에서 바람 쐬며 시 읊고 돌아오겠습니다[莫春者 春服既成 冠者五六人 童者六七人 浴乎沂 風乎舞雩 詠而歸]" 고 하였다.

있었는데, 이것 또한 하나의 즐거움이었다. 그 곁에는 작은 암자가 있어
아주 시원하여 사람이 살 만하였으나, 이미 오랫동안 중이 머물지 않아
잡초만이 뜰에 가득하였다.

(8월) 5일(경자)에는 중 명월(明月)을 앞장 세워 서쪽 계곡을 통해 샘과
돌이 있는 아름다운 경치 속으로 들어갔는데, 폭포의 경치가 마담과
비교하여 백중세라고 할 만했다. 지장(智藏)을 지나 적멸(寂滅)에 이르렀는
데, 남쪽의 담장은 벽돌을 이용해 범(梵)자를 만들었다. 중의 말로는
나옹**(懶翁)이 여기에 머무를 때 지은 것이라고 한다.

동대(東臺)로 나와 바라보니 고선(高禪)이 바위 아래에 있었는데, 지붕과
처마가 나무 그늘 사이에서 은은하게 비치고 있었다. 성해(聖海)에 이르러
동쪽을 바라보니 청련(靑蓮)과 자련(紫蓮)이 의연하게 자욱한 구름과 안개
속에서 사라졌다 보였다 하였는데, 그 기묘함은 멀리서만 볼 수 있고
가까이에서는 볼 수 없는 것이었다.

서쪽으로 돌아 백여 보를 걸어 보현봉** 밑에 올라 쌍봉을 올려다보았는
데, 우뚝하게 마주 서 있는 것이 만 길이나 깎아지른 듯하였으며, 갖가지
기이한 경치가 걸음을 옮길 때마다 달라졌다. 만약 날개가 없으면 원숭이
처럼 민첩하다고 하더라도 오를 수 없을 듯하였다.

남쪽에는 작은 봉우리들이 창을 묶어 놓은 것처럼 가지런히 서 있었으며,
서쪽 벼랑은 만 길이나 되어 아래로 땅이 보이지 않았다. 나는 돌 귀퉁이에
원숭이처럼 붙어 아래를 엿보려 하였지만, 가슴이 두근거리고 기운이
쭉 빠지며 현기증이 일어나 가까이 갈 수 없었다. 그 아래 한 봉우리는
비록 보완(普玩)의 은하수같이 특출 나지는 못했으나, 또한 족히 해와
달을 곁에 두고 바람과 비를 머무르게 할 만하였다. 이에 명월에게 지시하
여, 지은(智訔)을 불러 종이와 붓을 가져오도록 하여 지시하는 대로 기록하
도록 하였으니, 기록하여 잊지 않으려는 것이었다.

먼저 처음부터 끝까지 볼 만한 것으로서, 산은 우봉(牛峯) 대둔산**(大屯
山)으로부터 구불구불 남쪽으로 내려와 끊어질 듯하다가 다시 솟아나

성거산의 차일암**(遮日岩)이 되었다. 서쪽으로 20리를 가서 천 길 낭떠러지
가 되었다가 고고하게 우뚝 솟아나 인달봉(人達峯)이 되었다. 인달봉의
한 줄기가 동쪽으로는 영취산(靈鷲山)이 되었고, 한 줄기는 서쪽으로
흘러 토현(土峴)이 되었다. 또 가파르게 서쪽으로 10여 리를 올라가서는
높이 솟아 천마산(天磨山)의 청량봉**(淸凉峯)이 되었다.

청량봉에는 세 줄기가 있는데, 한 줄기는 북으로 2~3리 쯤 달리다가
우뚝 솟아 구름 위로 나와 있는 것이 보현봉이니 천마산의 주봉이다.
다시 동쪽으로 내려가 박연의 서쪽 봉우리가 되고, 북쪽으로 내려가
제석봉(帝釋峯)이 되어 멈추었다.

다른 한 줄기는 동남으로 흩어져 솟아나 용암산(湧岩山)이 되고, 오룡산
(五龍山)이 되고, 보봉산이 되고, 또 오관산**(五冠山)이 되었다. 또 다른
한 줄기는 서쪽으로 2~3리 쯤 달리다가 우뚝 솟아 기이하고 빼어난데
원적산(圓寂山)이다. 여기서부터 깎아지른 바위 아래로 곧바로 4~5리
쯤 내려오면 삼각(三角)이 함께 솟아 있는데, 그 한 각은 조금 작지만
아이를 업은 듯하니 천마(天磨)라 한다. 또 휘어져 서쪽으로 향해 거의
10여 리를 가다가 그대로 드러나 높고 낮은 것이 섞여 죽 늘어선 것이
나월**(蘿月)이다. 또 다시 꺾여 남쪽으로 용이 날고 봉새가 춤추는 것
같고 엎드린 듯 서 있는 듯하면서 굼틀거리며 15여 리를 내려와 굉장히
빼어난 준령을 이룬 것이 송악**(松岳)이다.

송악의 한 줄기는 동쪽으로 10여 리를 가다 되돌아 와 남쪽으로 향해
낙타교 밖에 이르러 멈추었다. 또 한 줄기는 서쪽으로 뻗어나가다가
나뉘어져 송도(松都)의 내안산(內案山)과 외안산**(外案山)이 되며, 흩어져
풍덕군(豐德郡)의 수많은 산봉우리와 산기슭이 되었다가 강에 다다라
끝이 났다.

네 산을 볼 수 있으니, 철원**(鐵原)의 보개산**(寶蓋山)은 동쪽에서 가로놓
여 있고, 강화**(江華) 마니산**(摩尼山)은 남쪽에서 우뚝 솟아있고, 안악**(安
岳)의 구월산**(九月山)은 서쪽에서 둘러싸고 있고, 곡산**(谷山)의 고달산**

(高達山)은 북쪽에서 비스듬히 서 있다. 그 사이에서 융기하여 아울러 우뚝 솟은 것은 평강"(平康)의 고함산"(高涵山), 양주"(楊州)의 삼각산(三角山), 해주"(海州)의 수양산"(首陽山), 수안"(遂安)의 언진산"(彥珎山)과 같은 것으로, 까만 봉우리들이 줄지어 있는데 검푸른 모습이 희미하고 아련하니 모두 다 기록할 수 없었다.

주현(州縣)으로 가리켜 볼 수 있는 것이, 동쪽에 펼쳐 있는 것이 장단(長湍), 토산"(兔山), 삭녕"(朔寧), 마전"(麻田), 적성"(積城), 파주"(坡州), 고양"(高陽), 교하"(交河), 양주(楊州), 광주"(廣州), 평강(平康)이다. 남쪽에 퍼져 있는 것이 개성(開城), 풍덕(豐德), 강화(江華), 교동"(喬桐), 통진"(通津), 김포"(金浦), 부평"(富平), 양천"(陽川), 과천"(果川), 금천"(衿川)이다. 서쪽 땅에 별처럼 나열되어 있는 것이 배천"(白川), 연안"(延安), 강음"(江陰), 평산"(平山), 해주(海州), 재령"(載寧), 신천"(信川), 안악(安岳), 봉산"(鳳山), 풍천"(豐川), 문화"(文化), 강령"(康翎), 옹진"(甕津), 장연(長延)16), 은율"(殷栗)이다. 북쪽 땅에 바둑돌처럼 섞여 있는 것이 황주"(黃州), 중화"(中和), 상원"(祥原), 서흥"(瑞興), 수안(遂安), 곡산(谷山), 신계"(新溪), 이천"(伊川)이다.

기록이 끝나자 명월을 돌아보며 "수많은 지역과 준령들이 얽히고 섞이어 서로 감싸주고 있으며 관청과 민가는 그 틈 속에 숨겨져 있으니, 비록 명확하지는 않으나 어떤 산을 가리켜 그 지역이 된다고 할 수 있다. 이와 같이 오늘 우리들이 함께 올라온 곳은 바로 옛 사람들이 말한 '하늘과의 거리가 한 줌'17)이라고 한 것이니, 비록 푸른 난새를 타고 아득한

---

16) 장연(長延) : 현재 충청북도 괴산군 장연면(長延面) 지역에 있던 고려 때 현의 명칭이다. 따라서 지리적으로 장연(長延)은 옳지 않으며, 황해도에 위치한 장연(長淵)의 오기로 보인다. 장연(長淵)은 고구려 때부터 장연(長淵)이라 불렸으며, 고려 현종 때 옹진현에 속하였다가 예종 때에 감무를 파견하였다. 현재 북한의 황해남도 장연군으로 이어진다.

17) 하늘과의 거리가 한줌[거천일악(去天一握)] : 중국 파주(巴州)의 고운산(孤雲山)과 양각산(兩角山)에 대해 '去天一握'이라고 한 표현이 있다(『資治通鑑』 권67,

창공까지 날아간다고 하더라도 어찌 이곳보다 높이 날 수 있겠는가?"라고
말하였다.

드디어 산마루를 따라 느린 걸음으로 천천히 걸어가면서 허리를 굽혀
서쪽 벼랑 사이를 가리키니 보리(菩提), 보현(普現), 보암(普庵), 불지(佛地),
태안**(胎安) 등의 사찰이 각기 따로따로 자리를 잡고 있는데, 경치는
의연하여 그림을 보는 것 같았다.

견성암(見性庵)으로 들어갔다. 암자가 자리 잡고 있는 곳은 청량하면서
도 높아 시계(視界)가 확 트여 있고, 바위산의 빼어난 경치 및 강과 바다의
장관이 또한 정신을 깨끗하게 할 만한 곳이었다. 다만 버려진 지 오래되어
창과 벽이 무너지고 먼지에 묻혀 무릎조차 들여놓을 수 없었다.

지족사(知足寺)에 도착하니 뒤로는 푸른 벽을 등지고 있고 앞으로는
깎아 세운 듯한 골짜기에 임해 있었다. 원적산(圓寂山)의 여러 봉우리들이
왼쪽에 빽빽이 들어차 있고, 보현(普現)의 여러 봉우리들이 오른쪽에서
엿보고 있으며, 나월봉(蘿月峯)은 앞에 솟아 있고 청량봉(淸凉峯)은 뒤에
우뚝 서 있다. 더해서 조강**(祖江)과 벽란**(碧瀾)이 안에서 둘러싸고 있고
푸른 바다가 그 밖을 두르고 있으며, 뭇 섬들이 서쪽으로 가로놓여 있고
여러 봉우리들이 첩첩이 쌓여 있으며, 아침 연기와 저녁 아지랑이가
수백 수천가지로 변화한다. 이러한 모든 것이 앉아서 볼 수 있는 진기한
경치인데, 이와 같이 빼어난 경관은 비록 중국에서 찾더라도 쉽게 얻지는
못할 것이다.

땅거미가 깃들자 서대(西臺)에 올라 해가 떨어지는 것을 바라보았다.
바다 빛은 푸르고 아득한데 해는 점점 바다 속으로 가라앉고, 자주 빛
연기가 피어오르며 금빛 파도가 출렁였다. 멀고 가까운 산봉우리들이
아득하여 점점 깊은 어둠 속으로 묻혀갔다. 곧 동대(東臺)로 내려가 와우석
(臥牛石)을 보고 다시 안뜰로 들어갔다. 생각에 빠져 산보하다보니 초승달

「漢紀」 59, 孝獻皇帝 建安20년 7월).

은 이미 나무 끝에 걸려 있었다.

(8월) 6일(신축)에는 뒷재를 넘어 내원(內院)을 보고 긴 골짜기[長谷][18]를 지나 토현(土峴)에 오르니, 8~9리 사이에 초목이 무성하였다. 포도와 다래가 골짜기 사이에 널려 있었는데, 열매가 익어 있었으므로 주린 배를 채울 만하였다.

금신사**(金神寺)의 서대(西臺)에 오르니 동남쪽으로 확 트여 끝없이 멀리 보였다. 절은 또한 빼어나게 경치가 아름다웠으며, 옆에는 맑은 샘물이 돌 틈에서 흘러 나왔다. 혜산**(惠山)의 샘물이 비록 좋다고 하더라도 달콤하고 시원함을 비교하자면 마땅히 최고자리를 양보해야 할 것이다. 볼거리의 풍부함과 산천의 경치는 지족사(知足寺)와 더불어 수위를 다툴 만 하였다.

도솔암(兜率庵)과 소운암(小雲庵) 등의 암자를 굽어보니, 암자가 있는 곳은 비록 낮으나 푸르스름한 기운 자욱하여 그윽하고 한가로운 맛을 또한 느낄 수 있었다. 안적사**(安寂寺)로 내려가 보월(寶月)을 지나 서쪽 고개를 넘어 영통사**(靈通寺)로 들어갔다. 북쪽으로 오관산(五冠山)을 등지고 있고 남쪽으로 비문령**(碑門嶺)을 마주 대하고 있으며, 계봉(鷄峯)과 증봉(甑峯)이 좌우에서 인사하고 있으니, 참으로 별천지였다.

서쪽 누각은 시냇가 가까이 있어 시원한 기운이 사람에게까지 끼쳐왔다. 목은(牧隱) 이색**과 월창**(月窓) 등 여러 선현들의 시가 아직도 벽에 걸려 있으며, 뜰에는 의천**(義天)의 공덕비[19]가 세워져 있었다. 비문은 김부식**(金富軾)이 짓고 오언후**(吳彦侯)가 쓴 것인데, 일찍이 화재를 당해 태반이

---

18) 긴 골짜기[長谷] : 본문에 이 긴 골짜기를 빠져나가 토현(土峴)에 오른 후 금신사(金神寺)의 서대(西臺)에 올랐다고 되어 있으므로, 이 골짜기가 위치한 지역의 이름은 금신동(金神洞)으로 보인다. 『신증동국여지승람』에 의하면 "금신동은 동부(洞府)가 깊숙하고 수목이 울창한데, 북쪽으로 현화사에 가고 서쪽으로 토령(土嶺)을 넘는다."(『신증동국여지승람』 권42, 황해도 우봉현)고 되어 있다. 본문에 나오는 토현은 『신증동국여지승람』의 토령으로 생각된다.
19) 의천의 공덕비 : 영통사대각국사비(靈通寺大覺國師碑)를 말한다.

떨어져나가 읽을 수는 없었다.

(8월) 7일(임인)에 토교(土橋)의 남은 터를 보니 물은 맑고 돌은 희었으며 시원한 바람소리가 났다. 그 아래로 몇 리에 걸쳐 큰 돌들이 계곡에 흩어져 있는데, 커다랗게 우뚝 솟아 있는 것이 호랑이 같기도 하고 거북이 같기도 하였다. 또 아래로 1~2리 쯤의 산자락에 마을이 자리 잡고 있었는데, 모두 빨래 해주는 것을 업으로 삼고 있었다.

추암**(皺岩)을 지나 화담(花潭)에 도착하였는데 최태위(崔大尉)와 서경덕** 처사(徐處士)가 일찍이 놀던 곳이다. 화담 가의 화초는 선생이 돌아가신 후에 마을 사람들이 모두 베어버려, 단지 무성한 잡목과 풀만이 보이고 쓸쓸한 가을바람만이 귓전을 맴돌 뿐이었다.

선생의 아우 서숭덕**(徐崇德)을 불러 화담** 가의 돌 위에 앉았다. 서숭덕이 언덕 위의 작은 비를 손으로 가리키며 "돌아가신 형님의 묘인데, 단지 '서처사(徐處士) 아무개의 묘'라고만 쓰여 있습니다. 집에 형님이 직접 쓴 비문이 있지만, 돌에 새기려고 해도 힘이 미치지 못하고 있습니다."라고 하였다.

내가 "역사[太史]의 기록이 남아있고 만인이 입으로 전하는 칭송이 있으니, 비문이 있고 없고가 선생에게 무슨 상관이 있겠습니까. 다만 잘 모르겠지만 어진 사람을 높이고 덕이 있는 사람을 숭상하는 의리가 어떤 것이겠습니까?"라고 하였다. 이로부터 4~5리 쯤 물을 따라 거슬러 올라가니 내가 잔잔하게 굽이치며 흐르고 있거나, 또는 좌우의 평평한 바위가 옥을 간 것처럼 희거나, 또는 내 양 편의 흰 모래가 눈처럼 밝았으니, 모두 쉴 만한 곳이었다. 다만 큰 도읍[大國]20)이 가까이 있어 동네 안의 나무들을 모두 베어버렸으므로, 물에 의지해서 쉴 만한 곳에 나무 한 그루 없는 것이 애석하였다.

귀법사**(歸法寺) 옛 터를 방문하니, 담장은 무너지고 주춧돌은 깨져서

---

20) 큰 도읍[大國] : 개성을 의미함.

파묻혀 남아 있는 것은 없고, 단지 무성한 풀 사이에 석조(石槽)만이
있을 뿐이었다. 저기 말을 타고 온 일행들이 기생들을 데리고 와 놀고
있으니 도리에 맞는가? 더 이상 말하고 싶지 않다. 홀로 구재**(九齋)의
학업 내용을 생각하니 족히 후인들에게 우러러 받드는 마음을 불러일으킨
다. 그러나 문파를 나누어 문도를 두고 학과를 설치하여 가르침을 베푸는
것이 과연 중정지도(中正之道)21)에 합당하여 후세 사람들에게 능히 다른
의견이 없게 할 수 있겠는가?

탄현문**(炭峴門)으로 들어가 성균관**에 이르니, 생원 하대청**(河大淸)이
문묘의 문을 열어주어 들어가서 배알할 수 있게 하였다. 나는 복장도
제대로 갖추지 않고 사사로이 배알하기가 예법에 맞지 않아 마음이 편치
않았으므로, 다만 문묘의 바깥만 관람하고 나왔다.

동현(東峴)을 넘어 목청전**(穆淸殿)으로 갔다. 목청전 앞에는 절이 있어
중들이 거주하고 있었다. 흙으로 만든 불상을 중당(中堂)에 안치했는데,
중당은 바로 태조께서 왕위에 오르기 전에 살았던 곁채였다. 내가 참봉에
게 "불상을 모시는 곳은 따로 있는데 어째서 이곳을 비우고 불상을 옮길
만한 곳을 마련하지 않습니까?"라고 하였다. 재전(齋殿)을 설치한 것이
오래되어 훼손되는 대로 보수하였으며, 그 뒤에 단지 긴 함(函)에 담아
건물 구석에 봉안하였으니 어찌 예법에 맞는다고 하겠는가. 목청전 뒤
1~2리쯤에 새로 만든 암자가 있었다. 암자 주변에 별장이 있었는데,
또한 태조가 왕위에 오르기 전에 놀던 곳이었다.

남산(男山)의 동쪽에 이르러 태묘동**(大廟洞)을 바라보니, 태묘동 안에
새로 집을 지었는데 문헌당**(文獻堂)이라 하였다. 그 아래가 화원으로,
공민왕이 짓고 우왕이 살았던 곳인데, 이른바 팔각전(八角殿)이나 석가산
(石假山)22) 및 진기한 물건들은 다시는 찾을 수 없고 단지 빈터만 남아

---

21) 중정지도(中正之道) : 어느 한쪽으로 치우침이 없는 한 가운데의 올바른 길.
22) 석가산(石假山) : 기이한 돌을 쌓아 인공으로 만든 산. 주로 정원을 장식하기

선죽교(박종진 사진)

모두 그 지역 촌민들이 차지한 바가 되었다. 당시 인심이 이미 떠나갔고 천명이 이미 다하였는데도, 극도의 사치와 끝없는 욕심으로 안은 비게 만들고 외형만 꾸몄으니, 농민들이 든 호미나 괭이와 같은 무기도 감당하기 어려웠을 것인데 하늘이 도와주고 사람들이 따르는 군대[23]를 감당할 수 있었겠는가.

경덕궁**(敬德宮)을 방문하니 이성지(李成之)가 따라 왔다. 데리고 잠두(蠶頭)에 올라 개성 시내를 두루 살펴보고 큰 길을 따라 되돌아 내려와 삼석교(三石橋)를 건넜다. 민가 중에 서너 칸 되는 집이 홀로 우뚝 솟아 있고 의원(醫院)이란 현판이 걸려 있었는데, 바로 신돈**(辛旽)의 옛 집이었다. 여기에서 놀고 쉬면서 음탕하고 간사한 짓을 벌여, 앞서서 5백년 종사를 천만세의 은감(殷鑑)[24]으로 변화시켰으니, 아! 흥망과 치란(治亂)을 어찌 하늘이 만드는 것이겠는가? 사람이 그렇게 만드는 것이다.

남대문으로 들어가니 시가에 상점들이 고기비늘처럼 즐비하고, 상인들이 오가는 것이 혼잡하며 수레와 말이 가득하니, 고려의 유풍이 지금까지도 남아 있다고 하겠다.

위해 만들어졌다.

23) 하늘이 도와주고 사람들이 따르는 군대 : 조선왕조를 건국한 이성계의 군대를 의미함.

24) 은감(殷鑑) : 하(夏)나라의 걸(桀)이 정치를 잘못해 망한 것을 다음 나라인 은(殷)나라가 거울[鑑]로 삼는다는 뜻으로, 다른 사람의 잘못을 교훈 삼아 잘못을 저지르지 않도록 한다는 뜻.

연경궁**(延慶宮) 옛터를 방문하여 만월대(滿月臺)에 올랐으니, 바로 건
덕전**(乾德殿)의 터25)이다. 개성 사람 20여 명이 활쏘기 모임을 갖고
있어 옛 사적에 대해 물으니 자못 자세하게 알려주었다. 앞에는 돌다리가
있고, 밖으로는 여러 관사들이 설치되어 있었으며, 안으로는 구정**(毬庭)
을 두었고, 구정 안이 바로 위봉루**(威鳳樓)였다. 여기서부터 대명전**(大明
殿)까지 가는 계단이 매우 반듯반듯 하고 높았는데, "반당(伴倘)26)을 둔
것이 처음에는 이 때문이었다."라고 이성지가 말하였다. 동쪽에는 벼논이
있는데 바로 동지(東池)이고, 서쪽에는 돌기둥이 있는데 간의대**(簡儀臺)
였다. 자하동**(紫霞洞)·광명동**(廣明洞) 등이 동쪽·서쪽에 가깝게 있으며,
이른바 중화당**(中和堂)과 종제지**(種穄地)도 반드시 터가 있을 텐데 찾아
볼 겨를이 없었다.

　사다리를 잡고 올라가서 소나무 그늘에 앉아 술을 서너 잔 마시고,
한참동안 손가락으로 가리키다가 탄식하기를 "옳도다! 쌓아올리는 것은
5백년도 부족하지만 무너지는 것은 하루면 넉넉하다. 저기 몇 리를 빙
둘러 보석으로 호화찬란하게 꾸민 궁궐과 금옥(金玉)으로 치장한 건물들
의 지붕이 갈고리가 이어지는 듯 뿔이 서로 다투는 듯27) 이어지며 구름에
닿아 하늘을 나는 것 같고, 벌집처럼 물 소용돌이처럼 건물이 어지럽게
있어 추녀에서 떨어지는 물줄기는 몇 천 만 가닥인지 알지 못하던28)

---

25) 연경궁은 고려의 본궐이 아니라 본궐 동쪽에 있었던 이궁이었다. 조선 초에는
　　고려의 본궐을 연경궁으로 잘못 인식하였다. 또한 '만월대에 올라왔으니 건덕전
　　의 터'라고 하였으나, 이는 회경전(會慶殿)의 터이다.
26) 반당(伴倘) : 종친, 공신, 당상관 등의 고위관료들의 신변을 보호하기 위해 그들
　　에게 주어진 호위병. 고려 말에는 사병적 성격의 반당이 존재했지만, 조선시대에
　　들어와 사병적 성격의 반당을 폐지하고, 제도화하여 국가에서 정식으로 반당을
　　배정하였다.
27) 지붕이 갈고리가 이어지는 듯 뿔이 서로 다투는 듯[鉤心鬪角] : 이 구절은 두목(杜
　　牧)의 「아방궁부(阿房宮賦)」에서 인용한 것임.
28) 벌집처럼 물 소용돌이처럼 건물이 꽉 차 있어 어지러이 추녀에서 떨어지는
　　물줄기는 몇 천 만 가닥인지 알지 못하던[蜂房水渦紛, 不知幾千萬落] : 이 구절은

것이 모두 이미 연기처럼 사라지고 구름처럼 없어져 싹 쓸어낸 것처럼 남아 있는 것이 하나도 없다. 다만 무너지고 깨진 섬돌만이 가시덤불 속에 흩어져 있고, 나머지는 모두 여우나 토끼굴이 되었으니, 비록 시대가 다르다고 해도 나라 잃은 백성[禾黍]²⁹⁾의 감흥이 없지 않겠는가."라고 하였다.

도찰령(道察嶺)으로 나와 복령사**(福靈寺)에서 묵었다. 중당에는 천수관음을 안치했는데, 사람에게 어떻게 이와 같은 형상이 있겠는가? 불교의 기괴함은 대체로 이와 같다.

(8월) 8일(계묘)에 이성지가 먼저 재소(齋所)로 돌아가, 나만 홀로 환희동(歡喜洞)을 거쳐 능곡촌(陵谷村)으로 들어갔다. 한 산기슭에 8릉³⁰⁾이 쭉 있는데, 쓸쓸한 잡초 사이로 단지 석상만이 우뚝하니 마주 서 있을 뿐이었다.

봉명산**(鳳鳴山) 무선봉**(舞仙峯) 아래로 들어가 현릉**(玄陵)·정릉**(正

두목(杜牧)의 「아방궁부(阿房宮賦)」에서 인용한 것임. 단 「아방궁부」에는 '분(紛)'자 대신에 '꽉 차 있다'는 뜻의 '촉(矗)'자로 되어 있다.

29) 화서(禾黍) : 원래 의미는 벼와 기장이라는 뜻이나, 나라가 망한 것을 한탄하는 의미로 쓰임. 중국 상(商)나라의 주왕(紂王)은 신하들의 간언을 듣지 않고 주색에 빠졌다가 나라가 멸망하였다. 이후 기자(箕子)가 상나라의 옛 도읍을 지나다가 궁궐터에 보리, 벼, 기장 등만이 무성한 모습을 보고 "보리는 무럭무럭 자라고 벼와 기장도 잘 자랐구나. 못된 저 철부지가 내 말을 듣지 않았기 때문이지[麥秀漸漸兮 禾黍油油兮 彼狡童兮 不與我好兮]"(『사기(史記)』「송미자세가(宋微子世家)」)라는 시를 지었다고 한다. 이후 여기에서 유래된 '보리가 잘 자라고 있는 데 대한 탄식'이란 뜻의 맥수지탄(麥秀之嘆)이란 고사성어는 나라가 망한 것을 한탄하는 의미로 쓰이는데, 위의 '화서'도 '맥수지탄'과 같은 의미로 쓰였다.

30) 8릉(八陵) : 고려시대의 여덟 왕릉. 1101년(숙종 6)에 왕의 이름을 개명하면서 이곳에 아뢰었으며, 1102년(숙종 7)에는 돈(錢)을 사용하기 시작하면서 그 이유를 태묘(太廟)와 8릉에 고했다는 기록이 있다. 또한 이곳에서 기우제(祈雨祭)나 기청제(祈晴祭)를 지내기도 하였다. 숙종(肅宗)이 고려의 15대 왕이므로 8릉은 그 이전의 왕이나 왕비의 능으로 생각되지만, 정확하게 어떤 능을 가리키는지는 알 수 없다. 또한 이 글에서의 8릉이 숙종이 아뢴 8릉과 동일한 것인지도 확인되지 않는다.

陵)의 쌍릉을 바라보니 산등성이에 우뚝 솟아 있고, 석물(石物)이 아직도
남아 있었다. 곁에는 백옥 같은 비석31) 하나가 서 있었는데, 첫 면은
떨어져 나가고 글자는 깨져, 손으로 어루만져보고 아래에서 쳐다보고
위에서 내려다보아도 어(魚)자인지 로(魯)자인지 판별할 수 없었으니,
하물며 좋은 글32)이라도 무엇하겠는가.

몇 리를 가니 길옆에서 샘이 솟아나오는데 100경(頃)의 토지에 물을
댈 수 있을 만 하였다. 감로사**(甘露寺)에 도착하였다. 절은 오봉봉**(五鳳
峯) 아래에 있었는데, 옆에는 서호(西湖)가 있고 뒤에는 암벽이 있었으며,
상선들이 건물 아래를 왕래하고 있었다. 예전에는 만경루(萬景樓)가 호수
안에 지어져 있고, 다경루**(多景樓)가 바위 위에 기둥이 걸쳐 있으면서
각기 뛰어난 경치를 뽐내었다고 하는데, 지금은 모두 볼 수 없었다. 안뜰에
는 탑이 있었는데, 돌은 옥같이 매끄럽게 다듬어져 있고, 조각은 자못
훌륭하였다. 태정(泰定) 4년(1327, 충숙왕 14)에 원나라에서 세웠다고
한다.

목청전(穆淸殿) 참봉 양자징**(梁子澂) 중명(仲明)이 마침 여기에 와 있었
는데, 나를 서쪽 누각으로 불러 술을 따라주며 친밀하게 대해주는 것이
평소 친한 벗처럼 하였다. 이름을 써서 증정해주고 덧붙여 시를 지어
주었으니, 그가 마음을 열어 정성을 보여준 것이 이와 같았다.

---

31) 백옥 같은 비석 : 광통보제선사비(廣通普濟禪寺碑)를 말한다. 공민왕과 그 왕비
   인 노국공주의 명복을 빌기 위하여 광통보제선사를 창건하였는데, 그 건립
   과정을 기록한 비가 광통보제선사비이다. 1377년(우왕 3)에 만들어졌으며, 현재
   북한 황해북도 개풍군 해선리에 있다. 북한의 국보 문화유물 제152호이다.
32) 좋은 글[유부수신(幼婦受辛)] : 중국 동한(東漢)의 채옹(蔡邕)이 「조아비(曹娥碑)」
   에 '황견유부외손제구(黃絹幼婦外孫韲臼)'라고 썼는데, 삼국시대에 양수(楊脩)가
   이를 보고 파자(破字)하여 "황견은 '색이 있는 실[色絲]'이므로 절(絶)자가 되고
   유부는 소녀(少女)이므로 묘(妙)자가 되며, 외손은 '딸의 아들[女子]'이니 호(好)자
   가 되고 제구[韲臼]는 '매운 것을 받아들이는[受辛]' 것이므로 사(辭)가 된다.
   따라서 '절묘호사(絶妙好辭)' 즉 절묘하게 좋은 글이란 뜻이 된다."고 풀이하였다.
   여기서는 줄여서 유부수신(幼婦受辛) 즉 묘사(妙辭)만을 따와 썼다.

다시 왜현(倭峴)을 넘어 시식가(施食街)를 지나 저녁에 경천사**(敬天寺)
에 도착했다. 절은 부소산**(扶疏山)에 있었으며, 기황후의 원찰**(願剎)이
었다. 뜰에는 큰 탑33)이 있었는데, 지정(至正) 8년(1348년, 충목왕 4)에
제작해 세운 것이라고 한다. 매우 크고 정교하게 13층34)으로 이루어져
있었으며, 12회상(會相)이 조각되어 있고, 아래에는 날아가는 용의 형상을
만들었다. 돌 조각을 합쳐 만든 것이나, 세공한 흔적이 없으니, 그 기묘함은
하늘이 만들었지 사람이 만든 것 같지 않았다.

아! 원나라에서 보내주어 바다 밖 우리나라에까지 건너온 것으로, 부처
의 힘에 의지하여 상서로움을 끌어내 나라의 운명을 연장하려 하였으나,
끝내는 몇 년도 되지 않아 갑자기 멸망하게 되었으니, 이것은 족히 뒷사람
이 경계로 삼을 만한 거울[殷鑑]이 될 수 있을 것이다. 그런데 뒷사람이
귀감으로 삼을 만한 것이 아닌데도 또한 뒷사람에게 귀감이 되는 것은
무엇 때문인가?

(8월) 9일(갑진)에 후릉 재사(齋舍)로 돌아와 유백용(兪伯容)과 함께
잤다. 10일(을사)에 낙하**(洛河)를 건너 교하현에서 숙박하고, 11일(병오)
에 서울로 돌아왔으니 10여 일이 걸린 셈이다.

천마산과 성거산을 모두 거쳐 송도 5백년의 유적까지 가 봤으니, 비록
자연의 풍경을 다 섭렵하여 어진 사람은 산을 좋아하고 지혜로운 사람은
물을 좋아한다는 것을 다 한 것은 아니다. 하지만 신선이 산다는 경치가
뛰어난 곳에 들어가 속세의 때를 씻어, 마음에 부족함이 없게 얻은 것이
있는 듯하고, 분명치는 않으나 깨달음이 있는 듯하니, 나막신을 신고
가는 여행을 어찌 멈출 수 있겠는가?

만약 옛 사람이 유람하던 바대로 〈중국〉 강남의 맑은 바람을 흡입하고

---

33) 경천사지 10층 석탑을 말함.
34) 경천사지 석탑은 10층이다. 경천사지 석탑의 기단이 3단이므로, 필자는 기단까
   지 포함하여 13층이라고 한 것 같다.

연조(燕趙)35)의 굳센 기운을 들이마신다면36) 깨달음을 얻은 굼벵이가 홀로 천지의 위대함을 보는 것이 아니겠는가? 동대**(東岱) 유람을 부러워하고 남악**(南嶽)의 노래를 주고받으면서 남은 생애를 보내는 것이 나의 뜻이다. 그러나 얼굴이 날로 늙어 창백해지고 근력이 이미 쇠잔해져, 지금이 지나면 다시는 이러한 여행을 이겨낼 수 없을까 두려웠으니, 나의 눈에 천하가 작게 보일 때는 언제일지 알 수 없도다. 융경(隆慶)37) 경오년(선조 3, 1570) 음력 8월 12일 갈천망인(葛川妄人)이 쓴다.

출전 | 『첨모당선생문집(瞻慕堂先生文集)』권2
역주 | 박진훈(명지대학교)

---

35) 연조(燕趙) : 중국 춘추전국시대에 연(燕)나라, 조(趙)나라에는 세상일이 잘못됨을 비관하여 슬픈 노래를 부르는 선비들이 많았다고 하며, 이에 따라 연조는 우국지사를 일컫게 되었음.
36) 강남의 맑은 바람을 흡입하고 연(燕)·조(趙)의 굳센 기운을 들이마신다면[呑江南之淸風, 吸燕·趙之勁氣] : 이 구절은 중국 송나라 때의 시인 마존(馬存)이 지은 「자장유증개방식(子長遊贈蓋邦式)」(『古文眞寶後集』권10)의 "醉把杯酒 可以呑江南吳越之淸風 拂劍長嘯 可以吸燕趙秦隴之勁氣"라는 구절을 축약해서 인용한 것임.
37) 융경(隆慶) : 중국 명나라 목종(穆宗)의 연호.

유천마산(遊天磨山)

성혼(成渾)

신미년(1571, 선조 4) 9월에 안습지(安習之)1)와 천마산(天磨山)으로 놀러 가 영통사*(靈通寺)에서 묵었다. 아침에 일어나 시냇물을 따라 내려오다 보니, 산이 사방으로 감싸고 골짜기가 굽이돌았으며, 물과 돌이 깨끗하고 그윽하였다. 화담(花潭)에 도착하니 초가 몇 칸이 남아있었는데, 황폐한 정원과 좁은 길이 거의 구별이 안 되었다. 산기슭 뒤로 걸어올라 화담선생 (花潭先生)[서경덕*] 묘소를 참배했는데, 봉분이 겨우 몇 자밖에 안 되었고 흙 계단에 섬돌도 없었다. 묘 앞에 작은 비석을 세웠는데 "생원 서모의 무덤"이라고 새겨져 있었다. 두 번 절하고 일어나 (묘소 주위를) 배회하면서 둘러보고, (선생의) 뛰어난 인덕을 우러러 생각해 보니 서글프면서도 한없이 사모하는 마음이 일었다.

가랑비를 만나 초막으로 들어갔는데, 이 집은 선생이 옛날부터 거처하던 곳이 아니라 (원래 집이) 무너져서 뒤쪽 텃밭에 옮겨 지은 것이었다. 벽 너머에 계집종 하나가 거처하며 지키고 있었으므로 내가 "선생은 자식을 몇 명이나 두셨는가?"라고 물었더니, "정실부인에게서는 아들 하나만 있었고, 첩의 아들이 또 두 명 있었습니다."라고 대답하였다.

---

1) 안습지(安習之) : 안민학(安敏學)으로 추정된다. 안민학[1542(중종 37)~1601(선조 34)]의 본관은 광주(廣州), 자는 습지(習之), 호는 풍애(楓崖)이다. 아버지는 찰방 안담(安曇)이고, 한성에서 태어났다.

또 말하기를 "선생이
돌아가신 것은 병오
년(1546, 명종 원년) 7
월이었는데, 병이 위
독해지자 모시는 자
들이 떠메게 하여 못
가로 나오셔서 깨끗
하게 목욕하시고 돌
아왔다가 한 식경(食

화담(강세황, 『송도기행첩』, 국립중앙박물관 소장)

頃)이[2] 지나 돌아가셨습니다."라고 하였다. 내가 "어찌하여 그렇게 깨끗하
게 목욕을 하셨는가?"라고 물었더니, "현자가 돌아가실 때는 반드시 그처
럼 하는데, 이는 임종을 바르게 하는 것입니다."라고 대답하였다. 나와
안습지는 서로 돌아보면서 감탄하기를 "하찮은 계집종도 오히려 이러한
의리를 들어 알고 있으니, (선생의) 유풍(流風)과 여운(餘韻)이 참으로
아직 남아있다는 증거이다."라고 하였다.

비가 개어 못가로 나오니 널찍한 바위들이 못 주변으로 흩어져 있거나
혹은 물 가운데 있기도 하였다. 물과 돌이 깨끗하고, 작은 산이 주위를
감싸고 있었으며, 가을 낙엽이 쓸쓸하였다. 널찍한 바위 위에는 두 군데
구멍이 뚫려 있었는데, 사람들이 "선생이 일산(日傘)을 펼치던 곳으로,
일 벌이기 좋아하는 사람들이[호사자(好事者)] 선생을 위하여 뚫은 것이
다."라고 하였다. 널찍한 바위 위에는 이끼가 두껍게 끼었으며 산은 공허하
고 물만 흐르는데, 선생을 그리워해도 다시 만날 수 없으니, 덕을 돌아보고
세태를 논하는 감회를 이에 그칠 수 없었다.

선생은 세상의 뛰어난 인재로서 경전에서 도(道)를 구하여 음미하고

---

2) 식경(食頃) : 밥 한 끼 먹을 정도의 시간이라는 뜻으로 잠깐의 시간을 이르는
   말이다.

즐거워하였으며 스스로 지키고 밖에서 구함이 없었다고 한다. 추위와 굶주림이 극심하여 며칠 동안 끼니를 잇지 못했고, 한 벌의 베옷으로 몸을 가릴 지경이었다. 다른 사람들은 그 근심을 감당하지 못하였으나 (선생은) 태연하게 거처하며, 도의(道義)의 진리 속에 푹 젖은 것이 얼굴과 몸에서 나타나고[수어면배(睟於面背)]³⁾ 집 안에 가득하여 사람들이 원하는 고량진미를 바라지 않으셨다. 즉 깊숙한 경지에서 스스로 터득한 공력이 마음속에 깊이 쌓여서 밖으로 나타난 것임을 알 수 있다. 이 어찌 한갓 선비와 이름만 듣고 사모하는 무리가 헤아리고 흉내 내어 얻을 수 있겠는가?

무릇 깊은 조도(造道)⁴⁾의 순수함과 결점, 계오(契悟)⁵⁾의 얕고 깊음과 같은 것은 오히려 옛날을 회상하는 이 날에는 마땅히 제쳐 놓는 것이 좋겠다. 자리에서 고비(皐比)⁶⁾를 거둔 지 아직 한 세대도 못 되었는데 옛집에는 아무도 없고, 묵은 자취는 모두 묻혀서 차가운 산과 들판의 해만 남아 물을 곳이 없게 되었다. 유람하는 사람들과 지나는 선비들이 황량한 산기슭에서 (선생의) 유풍을 되새기면 여전히 완악한 자가 청렴해지고 게으른 자를 일으켜 세우기에 충분하니, 깨끗한 풍도(風度)와 드높은 모범으로 후세 사람들에게 감동을 줘 인심을 선하게 함이 깊고도, 아, 원대하도다! 창녕 성혼이 삼가 쓰다.

출전 | 『우계집(牛溪集)』 권6, 잡저, 잡기
역주 | 신안식(가톨릭대학교)

---

3) 수어면배(睟於面背) : 『맹자(孟子)』의 '수면앙배(睟面盎背)'와 같은 말로 '군자(君子)의 도(道)가 경지에 올라서 얼굴에 윤택하게 나타나고 등에 넘친다.'라는 말이다.

4) 조도(造道) : 도(道)에 도달한다는 뜻이다. 담약수(湛若水, 1466~1560)에 의하면, 지물(至物)은 사물에 나아가는 것이 아니라 도(道)에 도달하는 것[造道], 즉 도와 리(里)를 파악하는 것을 뜻한다고 하였다.

5) 계오(契悟) : 뜻에 어긋남이 없이 정확하게 깨달음을 뜻한다.

6) 고비(皐比) : 호랑이 가죽을 이르는 말이다. 옛날에는 스승이 앉는 자리에 이 가죽을 깔았기 때문에 스승의 자리 혹은 스승을 의미하기도 하였다.

유박연기(游朴淵記)

이정구(李廷龜)

　　우리 동방은 예로부터 뛰어난 산수가 많은데, 폭포 중 웅장한 것을 꼽으라면 반드시 박연을 일컬으니, 내가 한번 보고 싶어 한 지가 오래되었다. 마침 주문(奏文)을 받들고 경사(京師 : 북경)에 조회하러 가게 되어, 가는 길에 송도에 머물렀다. 심천 동구부터는 가마에서 내려 말을 탔는데, 부사(副使) 민인백**[閔仁伯 : 자 백춘(伯春)], 서장관(書狀官) 이준**[李埈 : 자 숙평(叔平)] 및 경력(經歷) 김계도**[金繼燾 : 자 순원(順元)]이 나를 따랐다. 아침에 태안사**(泰安寺)에 들어가니, 절은 누추한데 승려가 많았다. 승려들이 연포국(두부국의 일종)을 내와서, 부들방석에 잠시 앉아 술을 몇 순배 돌린 후 길을 떠났다.

　　여기부터 산은 점차 높아지고 길이 더욱 험해져서, 승려에게 가마를 빌리고 가마를 못 탄 사람은 지팡이를 짚고 왔다. 비가 오다가 느지막이 갰는데, 산의 풍광이 그림 같아서 개울은 한 줄기 좁은 길 같고 흰 돌이 줄지어 있으며, 아름다운 나무가 그늘을 이루고 예쁜 새들이 지저귀고 있었다.

　　정오 무렵에 지족암**(知足庵)에 이르렀다. 지족암은 천마산 청량봉 꼭대기에 있었는데, 암자 뒤의 바위벽이 1천 척이나 되었으며, 앞에는 백 길에 달하는 층층의 대가 있었다. 대 옆에는 석탑이 있었고, 그 아래에는 대나무숲과 노송이 많이 자라고 있었다. 또 고목(古木)이 있었는데, 우뚝 솟은 윗부분은 구름 속으로 들어갔고 가지와 줄기는 용트림을 하고 있었으며 둘레는 쉰 아름은 됨직 했는데, 보아하니 은행나무였다. 승려가 말하기를, "이 나무는 신라 시조 때에도 살아있던 것입니다."라고 하는데, 확실하지는 않다.

강인**[姜絪 : 자 인경(仁卿)]은 내 친구다. 이때 배천에 수령으로 있었는데, 내가 이곳 여행을 한다는 것을 듣고 말을 달려 왔다. 함께 승당에 앉아서 술을 따서 잔에 넘치게 찰찰 따르고 서남쪽을 내려다보니, 은빛 바다가 수평선에 넘실거리고, 바다 위에 여러 산과 바다 가운데 여러 섬이 구름 속에 들락날락하고 낙조가 그것을 비추어 푸른빛이 눈부시게 찬란하였다. 그것을 바라보노라니 넋이 날아가서 우주 밖으로 나가는 것 같았다.

대흥사**를 지나서 관음굴**에 이르렀다. 굴 앞에 집같이 생긴 바위가 있었고, 2개의 석인이 서 있었는데 관음이라고 하였다. 그 위에는 넓적한 돌(반석)이 있어서 백 명은 앉을 만하였는데, 태종대라 하였다. 대 아래에는 시냇물이 모여 있고 물고기가 수백 마리는 됨직했다.

시냇물은 보현동에서부터 여러 물줄기가 흘러 개울로 모여드니 마치 만 마리의 말이 적에게 달려가는 듯하였다. 돌이 우뚝 솟고 높아서 기이한 장관을 다투는 것이 이루 다 셀 수가 없을 정도였다.

여울물이 돌을 만나면 반드시 물보라가 치고, 물보라가 치면 물의 형세가 더욱 장엄해져서 모래톱도 생기고 급류도 되는데, 잔잔한 부분은 검푸른 빛이 되고, 가파른 부분은 하얀 물거품이 튄다. 청심담(清心潭)·기담(妓潭)·마담(馬潭)·구담(龜潭)이라는 것이 이것이니, 모습이 다양하여 모두모두 기이하고 절묘하다. 이것이 대흥동(大興洞)의 샘과 바위다.

이른바 박연에 이르니, 두 산이 가운데에서 탁 갈라져 거대한 천체를 쪼개서 하늘 문이 입을 떡 벌리고 있는 듯한데, 만고 이래로 신의 거처가 되어왔다. 큰 바위는 쪼개놓은 독 같아서 용이 거기에 사는 것 같았다. 깊이는 가늠할 수가 없고 맑기는 바닥이 보일 정도인데 반석이 연못

가운데 솟아나 있다. 물이 절벽으로 쏟아져서 긴 폭포를 이루어 흰 무지개
가 드리운 것 같고 물살이 거세어 그 소리가 산악을 진동시켰다. 징검다리
에는 눈 같은 물보라가 가득하고 마른하늘의 우렛소리처럼 은은하였다.
폭포 아래에도 또 연못이 있었는데, 물이 많이 고여 짙은 초록빛을 띠고
있어 가까이 갈 수가 없었다.

박연은 대체로 이와 같지만 내가 그 형상을 다 묘사할 수가 없다.
민간에서 전하기로는 박씨 성을 가진 사람이 상담(上潭)에서 피리를 불자
용녀가 감동하여 그를 잡아 들어가니, 그 어미가 울고불고하다가 하담에
빠져서, 이 때문에 상담은 박연이라 하고, 하담(下潭)은 고모담(姑姆潭)이
라고 한다고 하니 역시 기이하다. 때마침 천 층이나 되는 철쭉꽃이 사람을
붉게 비추고 온갖 꽃이 길을 덮어 향기가 옷에 스며드니, 사람이 그림
속을 걷는 것 같았다.

우봉태수 이국필*(李國弼)이 자리를 깔아놓고 하담 옆에서 우리를 기다
리고 있었다. 드디어 강인 등과 함께 질펀하게 술을 마시고 즐겼다.
어둑어둑해지자 취한 이들끼리 서로 부축하고 운거사(雲居寺)에 투숙하였
다.

이 해가 갑진년(1604, 선조37) 3월이다.

출전 | 『월사선생집(月沙先生集)』 권38, 기(記) 하(下)
역주 | 장지연(대전대학교)

유천마·성거 양산기(遊天磨·聖居 兩山記)

조찬한(趙贊韓)

　　더할 수 없이 높고 커서 만물과 견줄 수 없는 것을 천(天)이라 하고,
더할 수 없이 신령스럽고 조화로워서 천(天)과 공을 견줄 수 있는 것을
성(聖)이라 한다. 천하에 천과 성보다 존엄한 것이 없는데, 두 산이 천과
성으로 이름을 삼았으니 두 산이 여느 산과 다를 것은 따져보지 않아도
분명하다.

　　대개 산에 놀러가려는 사람은 이 길을 거치지 않는 이가 없고, 산을
유람하려는 사람은 이곳의 경치부터 살피지 않는 이가 없다. 그런데
취흥에는 많고 적음과 깊고 얕음이 있나니, 좋아하는 것이 나에게 있는
것이지 어찌 사물에 있겠으며, 마음에 있는 것이지 어찌 눈에 보이는
것에 있겠는가! 좋아하는 것이 어떠한가에 따라 그 사람의 됨됨이를
파악한다면, 또한 참으로 그 사람을 안다고 말할 수 있으리라!

　　이곳에 처음 와서는 운거사**(雲居寺)에서 묵었는데, 운거사는 오래된
절이었다. 법전(法殿, 대웅전)은 우뚝 솟아 아름다웠으며, 동쪽과 서쪽에
방이 있고 계단 아래에는 횡실(橫室, 옆으로 긴 방)이 있었다. 또 별전(別殿)
이 있는데, 모두 화려하고 빛나 꽤 볼 만하였다.

　　운거사에서 서쪽으로 5리 정도 들어가니 박연**(朴淵)이 있는데, 연못은
상연과 하연으로 되어 있었다. 연못의 뛰어난 경치는 천하에 웅장하고
사해에 으뜸이어서, 하나의 사물에 하나의 가장 정확한 말로 두루 기록하여

드러내 설명함으로써 그 형세를 밝힐 수 있는 것이 아니었다.

하연(下淵, 고모담")은 푸른 절벽이 칼로 베어진 듯하고, 무지개와 물안개가 드리워져 서려있는 틈 사이로 절벽이 담장같이 솟아 병풍처럼 둘러서 있는데, 높이는 수백 길이고 너비는 수백 보나 되어 보였다.

폭포수는 맷돌 주둥이에서 곧장 떨어지고 그 주둥이는 벼랑 중앙에 매달려 있는 듯한데, 쏜살처럼 떨어지고 흩날리면서 우렛소리를 내며 콸콸 쏟아져 내리려는 장엄한 모습은 하늘이 열리고 무지개가 지며 구름이 걷히고 용이 떨어지는 것 같았다.

웅덩이가 도달하여 연못이 되었는데 연못 너비는 거의 수십 보나 되며, 가득 차 있되 넘치지 않고 머무르며 흘러가지 않으니 그 깊이를 헤아릴 수 없었다. 생각건대 이를 두고 바닥이 없어서 저 깊은 구천에 곧장 도달하고 저 아득한 사해까지 두루 미친다고 하는 것이리라!

연못 둘레에는 흰 모래와 깨끗한 돌들이 물결에 찰랑대며 열 지어 깔려 있고 푸른 소나무들이 어두침침한 골짜기에 듬성듬성 서 있어서, 아래를 굽어보고 위를 쳐다볼 사이도 없이 금방 정신이 맑아지고 뼛속까지 시원해지니 마치 신선들과 함께 그들이 사는 곳으로 가서 노니는 듯한 기분이었다.

상연(上淵, 박연")은 돌 틈으로 계곡의 시냇물이 쏟아져 나와 거울 손잡이처럼 흐르다가 마침내 굽이쳐서 연못이 되었다. 연못의 모습은 돌의 모양에 따라 둥글거나 모가 져 있는데, 둥근 형태가 소반 같았고 평평하기가 깎아서 만든 것 같았으며, 주발 같이 가운데가 깊고 맷돌 같이 바깥 테두리가 있었다.

또 석표 하나가 주발 모양의 연못 한 가운데에 곧게 서 있었는데 석표 주위로 물이 도는 것이 고리 같았다. 괸 물이 푸르고 맑아 귀신이 웅덩이에 서린 것 같아서 그 깊이는 짐작해 볼 수 있겠으나 간담이 떨려서 다가가 들여다 볼 수가 없었다.

때때로 나뭇잎이 회오리바람에 떨어져 물위에 떠 있으면 새가 물어

가고 바람에 쓸려가서 잠시도 머물지 못했다. 백성들이 홍수나 가뭄을 만나 삼가 정성껏 기도하면 거기에 응하지 않는 법이 없었으니, 어찌 이른바 신룡이 그 속에 깃들어 소굴로 삼았다고 하지 않겠는가!

연못의 물이 가득 차 넘쳐서는 물보라가 일며, 맷돌 주둥이에 붙어 쏟아져서 폭포를 이루니, 실로 하연보다 훨씬 뛰어나보였다. 연못 옆에는 기괴한 바위와 절벽이 뒤섞여 우뚝 솟아 맞서서 버티듯 서로 모여 있으며, 키 큰 소나무와 키 작은 단풍나무가 푸르고 붉은 일산(日傘)처럼 보였다.

그래서 화려한 비단 같은 골짜기와 아름다운 빛깔로 수놓은 듯한 산봉우리들이 모두 그 연못 위에 거꾸로 반사되어 어지러이 비치고 있었다. 앉아서 눈길 한 번 돌리지 못한 채로 모골이 송연하였고, 황홀하기가 문득 신선이 되어 날아올라 북극의 문을 열어젖히고 뭇 제왕을 바라보는 것 같았다. 정신이 아득하고 오싹해져서 머물러 있을 수가 없었다.

연못을 떠나 계곡을 따라 위로 올라가니 바윗돌이 들쭉날쭉 한데, 성내는 것 같고 싸우는 것 같은 것이 수를 셀 수 없으며, 거북이 같고 양 같으며 곰이나 표범·사자와 같은 것이 사이사이에 끼어 있었다.

바위의 높낮이에 따라 물이 얕고 깊었는데, 앉아서 놀 수 있고 어루만지며 기댈 수 있을 듯한 돌들이 열 걸음에 여덟아홉 개나 되었다. 좌우의 일행들은 어서 가자고 앞길을 서로 재촉하지 않았으니, 앉으면 일어날 줄 모르고 일어서면 걷기를 잊으며 걸으면 가야할 길을 잊어버릴 정도였다.

5리 정도 더 깊이 들어가니 관음암**(觀音庵)이라는 암자가 있었는데 작고 오래되었다. 암자의 왼쪽에는 굴이 있는데 매우 기이하고 훌륭했으며 이름은 관음굴**(觀音窟)이라 했다. 굴은 높고 넓어서 10여 명이 앉거나 서 있을 만하였으며, 위·아래와 삼면이 모두 바위였다.

굴의 북쪽에는 두 구의 부처가 가부좌하여 남쪽을 향해 있는데, 모두 돌에다 모양을 새겼다. 돌은 티 없이 아주 깨끗하게 희어서 옥에다 새긴 것 같았으며, 조각의 교묘함은 귀신의 솜씨인 양 매우 신기하였다. 또 돌로 된 나한 여덟아홉 구가 좌우에 도열해 있었으며, 벽에는 명현들이

직접 쓴 글씨들이 많
이 있었다.

관음암에서 서쪽으
로 몇 리 정도 가게 되
면 바위가 있는데 태
종대**(太宗臺)라고 한
다. 넓이는 백여 명이
앉을 만하고, 바닥이

마담(강세황, 『송도기행첩』, 국립중앙박물관 소장)

평평하기는 마당과 같으며, 가운데에 움푹 팬 구멍이 있는데, 이는 여기에
용기(龍旗)1)를 세운 흔적이다. 앞에는 큰 바위가 있는데, 독특하게 웅크린
모습이 호랑이 같았다.

상쾌한 여울물은 졸졸거리며 바위를 감싸면서 흐르는데, 깊으면 연못이
되고 얕으면 냇물이 되어 태종대를 따라 모여드니 술잔을 띄워 주고받을
수 있었다. 그 맑고 깨끗함이 지극하니 마치 신선이 사는 곳에 포개져있는
바위처럼 아득하고 경치가 묘연하여 그 만분의 일도 그려내기 어렵다.

대개 고려 때 태종이 이 바위를 좋아하여 놀러왔었는데, 바위는 이로
인해 태종대라 불린 것이었다.2) 다 즐기지도 못한 채 흥망의 회한에
사무치는 느낌이 들었으나 오래 머물지 못하고 곧 대를 내려와 길을
찾았다. 몇 리 가지 않아 마담**(馬潭)이 있었는데, 연못은 매우 기이하였다.

둘레가 3, 40보나 되는 큰 바위가 있는데, 높은 데에서 아래로 내려갈수
록 물에 젖어 위험하고 미끄럽기 짝이 없으며 마치 기름을 쏟아 부어

---

1) 용기(龍旗) : 임금을 상징하는 용이 그려진 깃발. 조선시대 임금이 거둥할 때
　노부(鹵簿)의 둑(纛) 다음에 세우거나 군대를 친열(親閱)할 때 각 군영(軍營)을
　지휘하던 큰 기(旗). 노란색 깃발에 용 한 마리가 그려져 있으며, 기폭의 가장자리
　는 불꽃 모양의 그림으로 둘러싸여 있고 바깥 가장자리는 검은 천을 톱니처럼
　붙여 늘어뜨렸다.
2) 여기서 태종은 조선의 제3대 국왕인 태종 이방원을 말한다.

칠해 놓은 것 같아 제대로 서 있을 수가 없었다.

물이 위에서부터 가운데를 거쳐 아래로 내려가면서 거듭 뿜어내 폭포가 되었는데, 폭포는 8, 9길 높이에서 떨어져 연못 하나를 만들고 있었다. 깊이를 알 수 없으나 그 웅장하고 기이함은 박연(朴淵)과 더불어 백중세를 이루니, 박연이 없었다면 박연 같은 대우를 받았을 것이다. 겹겹이 포개어진 가파른 바위가 앞뒤로 아름다움을 드러내고 늘어서 있는 것을 모두 다 두루 설명할 수가 없다.

마담에서 위로 몇 리 즈음 가니 기담**(妓潭)이 있었다. 바위가 깎여 병풍을 만들었는데, 펼쳐서 물을 감싸 안고 있었다. 물이 콸콸 소리를 내며 절벽 아래로 떨어져서 고여 깊은 연못이 되니 1, 2길은 족히 되었다. 예전에 아름다운 여자가 이 바위에서 노닐다가 느닷없이 떨어져 익사했기 때문에 이로 인해 이러한 이름이 되었다고 한다. 돌아다닐 때는 조심해야 한다.

기담에서 위로 몇 리 즈음 올라가니 넓은 바위가 평평하게 깔려 있는데 비스듬히 경사져 있지만 위험하지는 않고 미끌미끌해 보였지만 미끄럽지는 않아서 4, 50명은 앉을 수 있었다. 얕은 여울이 옆에서 흘러, 마시고 입 헹구고 발을 씻을 수 있었으며, 옆에는 고목이 오솔길에 쓰러져 있었는데 비늘을 떨치고 갈기를 세워 굼틀거리는 모양이 마치 늙은 용이 머리를 쳐들고 일어나려는 모습과 같았다.

바위 위를 따라 백 보를 채 못 가서 대흥사**라는 암자가 있었는데, 맑고 상쾌하여 마음에 들었다. 대흥사에서 나와 곧장 위로 3, 4리 올라가니 적멸암**(寂滅庵)이라는 암자가 있었다. 벽돌을 쌓아 담장을 만들었는데 벽돌을 종횡으로 배치하여 그림을 만들었다. 범어로 진언(眞言)을 늘어놓으니 기이하고 예스러워 즐길 만하였다. 담장 밖에는 오래된 전나무[檜]가 있는데 구름 위로 곧장 뻗어 높이가 수백 길이나 되어 위용을 칭찬할 만하니 다른 산의 평범한 나무들과는 비교가 되지 않았다.

그 담장과 전나무는 나옹**(懶翁)이 쌓고 심었다고 한다. 적멸암은 난리3) 후에 비로소 중건하여 빼어남이 특히 여러 암자에 으뜸이며, 불전(佛殿)은

금벽으로 휘황찬란하고 용비늘처럼 번쩍번쩍했다. 발걸음을 옮길 때는
유리 위를 걷듯이 살금살금 걸었다. 불전 뒤에는 방 하나가 있는데 신선의
거처처럼 고요하였다. 슬슬 돌아다니며 앉았다 일어섰다 하는 사이에
홀연히 속세의 근심이 없어지는 것을 느꼈다. 승복을 입은 노선사가
경(經)을 끌어안고 잠들어 있었고 다른 중들은 없었다.

　적멸암에는 동대(東臺)가 있는데, 대에서 바라보는 넓고도 탁 트인
시야가 매우 빼어났다. 올라가 사방을 바라보니 하늘을 나는 신선보다
상쾌했다. 사방에 펼쳐져 있는 수많은 봉우리와 골짜기들이 구름 같기도
하고 노을 같기도 하며, 수를 놓은 비단 같기도 하고 소라모양의 부처
상투 같기도 하였다. 사람이 팔짱을 끼고 있는 듯, 새가 모이를 쪼고
있는 듯, 짐승들이 움직이거나 쉬고 있는 듯, 호랑이와 표범이 엎드려
있거나 어룡이 서 있는 듯이, 눈 깜빡할 사이에 기교를 다투니 황홀하고
멍해져서 정신이 아련했다.

　드넓어서 손가락으로 가리켜 보일 수는 없지만 빼어나게 특출하여
뭇 봉우리 가운데 가장 뛰어난 것이 동쪽에는 개성봉(開聖峯)이고, 남쪽에
는 지장봉(智藏峯)과 인달봉**(仁達峯)이며, 북쪽에는 정광봉**(定光峯)이
세 갈래로 가지런히 서 있었다. 또 보선봉(普善峯)이 있는데, 봉우리 아래에
는 암자가 있어 보선암**(普善庵)이라 하였다. 암자는 공중에 있는 듯이
아득하게 멀어 찾아 갈 수가 없었다.

　적멸암에서 서쪽으로 오르다가 내려가니 지족암**(知足庵)이 있었다.
이 암자의 절경은 형용하기가 어렵다. 대개 그 형세는 동쪽으로는 뭇
봉우리를 등지고 있고 서쪽으로는 대해(大海)에 임하였다. 당(堂)에 올라
가 재빨리 내려다보니 눈에 거치적거리는 것이 없었다. 오직 해가 동쪽으
로 암자를 비추니 금색기둥이 만 길이나 되고 구름빛과 바다색 변화하는
모습이 무궁할 뿐이었다. 올려다보고 내려다보니 몸은 아득히 법천(法天)

───────
　3) 임진왜란을 말한다.

으로 올라가는 것 같고 도가 불심을 꿰뚫는 것 같았다. 넓은 마당은 숫돌처럼 반들반들하여 두려워서 발 디딜 곳이 없었다. 은행나무 한 그루가 있는데 높이가 백 길이나 되고 너비가 백 보나 되며 둘레는 열 아름이나 되어 섬돌과 벼랑을 호위하듯이 서 있었다.

나뭇가지 사이로 차고 선선한 기운이 항상 일어서 바람이 불지 않아도 서늘하니 참으로 상쾌했다. 불전의 아름다운 빛깔은 영롱하고, 별전의 계단은 몹시 가팔라서 위태로운 모양이 마치 귀신이 만들어놓은 것 같아 표현할 수가 없다. 적멸암과 서로 자웅을 겨룰 만한데 깨끗하고 넓고 높게 탁 트인 것은 적멸암보다 더 낫다. 뾰족뾰족 솟아있는 봉우리들을 다 기록할 수는 없지만, 동쪽으로는 지족봉(知足峯)이고 보현봉**(普賢峯)이며, 북쪽은 미륵봉(彌勒峯)4)이, 남쪽은 철마봉(鐵馬峯)·청령봉(淸泠峯)·송악봉(松岳峯)·법왕봉(法王峯)이다. 서쪽은 낙월봉(落月峯)이 있는데, 책상에 놓인 붓끝처럼 뾰족하게 솟아있고 단지 중 한 명만이 거처하고 있으며 대개 천마산**의 형세는 여기에서 끝이 난다.

다음날 지족암의 동쪽 가장자리를 부여잡고 올라갔다. 험악한 곳을 지나고 매우 깊은 곳을 거쳐 어렵사리 길을 찾아 반나절을 오르내렸는데 숲이 성기다가 빽빽해져 위로 하늘이 보이지 않는 것이 시오리나 되었다. 겨우 현화사**(玄化寺)에 도달했는데, 절은 도적들에게 불타 없어지고 터만 남아 풀 속에 묻혀 있었다. 한 노승이 다시 건물 하나를 세우는데 완공하지 못해 아직도 공인을 모으고 있었다. 절터가 얼마나 되는지 헤아려 보고자 했으나 노승은 알 수가 없다고 하였다. 바깥에 돌거북이 비를 등에 지고 엎드려 있었는데, 고려의 학사 주저**(周佇)가 지은 글이었다. 뜰에는 무너진 석탑 잔재들이 있었는데 석탑(현화사칠층석탑)은 화주(化主)인 수견(壽堅)이 세운 것이었다.

현화사에서 동쪽으로 5리를 가니 바위고개가 하늘에 의지하여 가파르

---

4) 원문에는 미국(彌鞠)으로 되어 있으나 미륵의 오기인 듯하다.

게 솟았는데, 새와 짐
승이 떨어지고 빠진
다는 그 험준함을 들
으면 머리가 희어질
정도로 오싹하게 한
다. 그러나 당차게 붙
잡고 올라가 개미나
자벌레처럼 딱 붙어
서 가니 땀이 뻘뻘 나
고 눈은 아찔하며 열

경기도 장단 화장사 대웅전(유리건판, 국립중앙박물관)

걸음에 아홉 번 넘어지며 예정보다 조금 늦게 드디어 정상에 올라섰다.
정상에서 곧장 내려가면 화장사**(花藏寺)로 통한다.

  화장사는 서역승 지공**(指空)이 세운 것으로, 병화를 거쳤는데도 홀로
의연하게 남아 있으니 영험하고 장하다 할 것이다. 법전은 시원하고
넓게 트여 있고 단청은 아름다웠다. 엄숙한 것이 신선 세계와 같고 근엄한
것이 귀신과 같아 오싹하여 오래 서 있을 수가 없었다. 동쪽에는 선왕(先王,
공민왕)의 화상(畫像)이 어용전(御容殿)에 있으며, 전각의 동쪽에는 또
나한전(羅漢殿)이 있고 서쪽에는 승당(僧堂)이 있는데, 넓이가 백여 칸은
되었다.

  승당에는 지공의 법상(法像)이 있었고, 또 요사채들이 띄엄띄엄 늘어서
있었다. 종이 매달려 있는 누각은 높다란 모양이 호쾌하게 뛰어나서, 올라가
사방을 둘러보기를 눈이 지칠 때까지 실컷 구경한 후에야 누각에서 내려왔다.
느티나무가 심어져 있는 마당은 널찍했는데, 언뜻 보기에도 매우 넓어
두루 살펴볼 수 없었다. 한 중이 무릎을 꿇고 함 하나를 보였는데, 자물쇠를
열어보니 패엽범경(貝葉梵經)5)과 전단서향(栴檀瑞香)6)이 들어 있었다.

─────

  5) 패엽범경(貝葉梵經) : 종려나무(혹은 부채야자)로 만든 종이에 쓴 불경.

모두 서역에서 난 것으로, 지공이 지니고 있던 것이라 하니 참으로 기이하고 현묘하였다. 화장사에서 옛길을 따라 다시 현화사로 되돌아와 잤다.

다음날, 현화사에서 5리쯤 험준함을 무릅쓰고 가파른 산길을 가는데, 비틀거리고 올라가다 정강이를 채었다. 답답함과 아찔한 현기증이 화장산의 바위고개보다 심하였다. 절반도 올라가지 못했는데 두려운 마음이 생겨 오도 가도 못하고 한참이나 낭패를 보았다. 용감하게 돌부리에 갈고리를 걸어 움켜쥐고 매달려 올라가기도 하고 벼랑의 표면을 무릎으로 기어서 아주 조금씩 나아가는 사이에 북쪽에 있는 성거산˝의 작은 암자들을 볼 수 있었다. 수많은 봉우리 중턱에 있는 암자들은 구름에 쌓여 그윽하고 안개에 갇혀 조용했다. 붉게 칠한 기둥과 흰 주춧돌이 바위 사이로 은근히 비쳤다. 목을 길게 빼고 바라보니 신선이 사는 곳을 방불케 했다. 온종일 부지런히 고생하며 간신히 바위 하나 올랐는데 그 이름을 차일암˝˝(遮日巖)이라 하였다. 멀리 하늘이 갈라 터진 것처럼 탁 트여 있고, 높아서 구름 위에 걸려 있는 듯했다. 머리를 들고 손을 휘저으면 별들도 만질 수 있을 것 같고 온 천하가 밝게 내려다보였다. 대개 성거산의 산세는 여기서 다한다.

바위 서쪽 가장자리를 따라 아래로 5리쯤 내려오니 비탈진 절벽이 백여 보 펼쳐져 있고, 험악하게 생긴 바위와 돌들이 물길을 이리저리 나누어 흐르게 했다. 물은 벼랑입구로 모여서 얕고 조용히 흐르는데 무수한 나뭇가지들이 쌓여서 물길을 막아놓았다. 이에 여러 중들이 손으로 틔워서 여울을 통하게 하니 물이 마치 물동이가 엎어진 것처럼 급하게 벼랑으로 쏟아져 내리고 단풍잎들이 어수선하게 물결과 물거품을 뒤쫓아 흐르는 게 구슬을 꿰어 놓은 듯 물고기들이 떼를 지어 가는 듯 단풍잎들이 떠 있다가 차례대로 떠내려가는 모습에 서로 웃으며 재미있어 하니 한가로운 중에 기이한 볼거리였다.

---

6) 전단서향(栴檀瑞香) : 상서로운 향이 나는 향나무.

물을 따라 곧장 아래로 몇 리를 내려오니 큰 바위가 하나 있었는데 앞은 모나고 뒤는 날카로웠다. 모양은 마치 만 곡(斛)을 실을 정도로 큰 배가 골짜기 입구의 육지에 가라앉은 듯하고, 의젓한 것이 마치 하늘에서 떨어지거나 땅에서 솟아 귀신들이 보호하여 영원히 갈 수 있을 것 같았다. 바야흐로 조물주가 만들어놓은 것임을 알게 되니 더욱더 특출나고 기이하며, 지극한 교묘함이 무궁무진하게 감춰져 있는 듯했다. 주암(舟巖)을 지나 몇 리를 가니 한 노승이 십여 명의 중들을 인솔하여 의복을 단정히 하고 서 있었다. 우리의 동정을 엿보고 있었는데 실은 모두 아는 얼굴들이었고 함께 돌아온 곳은 알고 보니 운거사 바로 그 절이었다.

아! 처음에 산을 오르기 전에 이곳에서 묵었고 마지막에 산을 오르고 난 이후에 이곳에서 묵게 되니 여기가 처음과 끝의 출입문이요 길이다. 처음 아직 산을 오르기 전에 마음을 공손히 하고 고요히 기원하며, 생각을 맑고 엄숙 경건하게 하여 자나 깨나 산신령 비슷하게 헤아릴 수 없는 깊은 이치에 접하게 된 것이 이 절에서였다.

이제 올라갔다가 내려오니 마음과 눈이 다스려지고 뜻과 정신이 헤아려졌다. 산천의 신령과 더불어 넓고 아득하게 세속을 이리저리 떠다니고 신선 불자와 더불어 맑고 시원하게 사물에 즐거워하고 기뻐한 것이 이 절이었다.

그러므로 높이고 사모하는 것이 하늘[天]과 성스러움[聖]보다 나은 것은 없는데, 내가 이 산을 유람하고부터 마음이 트이고 맑아져 성인의 마음과도 멀지않게 담박하고 고요해졌다. 고요히 하늘과 함께 유람하니 내가 눈으로 감동하고 마음으로 얻은 것은 천마·성거 두 산의 도움이 아니었겠는가! 그러니 산이 이러한 이름을 얻은 것은 여느 산들과 구별될 뿐만 아니라 사람들에게 힘써 권장하는 것이 있기 때문일 것이다. 사람들이 이 길을 통해 이 산을 유람하는 것은 예나 지금이나 마찬가지이지만 그 흉금이 씻은 듯이 맑고 밝아져서 산의 정취와 하나가 된다면 또한 나와 같을 것이다! 아! 천과 성을 본받고 배우려고 한다면 이 산에서 시작해 이 산으로 돌아올 일이니 산의 정취와 이름을 탐구해보면 될 것이다.

　내 유람에 따라온 이는, 조전(趙佃)과 조칙(趙伏) 두 조카와 박씨 형제, 우봉**(牛峯)의 젊은 선비 최 아무개이고, 길잡이를 해준 이는 우봉 아전 이희주이고, 처음부터 끝까지 내 가마를 정성껏 메어준 이는 운거사 중 법찬(法贊)이고, 대성(大成)·지경(持敬)·혜일(惠一)·신혜(信惠)·해인(海仁)·법행(法行)·쌍윤(雙允)·능인(能印)·지진(智眞)·신준(信準)이 실제로 따라다녔다. 이해 만력 을사(1605년) 9월 7일에 기록한다.

　　　　　　　　　　출전 | 『현주집(玄洲集)』 권15, 기(記)
　　　　　　　　　　역주 | 정학수(인천문화재단)

천성일록(天聖日錄)

김육(金堉)

　정미년(1607, 선조 40) 4월 3일, 달부(達夫) 고홍달**(高弘達), 백원(百源) 조행립**(曺行立), 백유(伯游) 박호**(朴濠)가 송경(松京)에 가서 평양 대부인(平壤大夫人)의 행차를 맞이하고 【이때 금계군(錦溪君) 박동량**(朴東亮)이 평안도관찰사로 있었다.】 그 참에 박연폭포(朴淵瀑布)를 유람하기로 하였다. 나 역시 평소에 그런 생각이 있었으므로 드디어 말고삐를 나란히 잡고 동행하였다. 사현**(沙峴)을 넘어서 경리(經理)의 비각(碑閣)¹⁾에서 잠시 쉬었다가, 옹암**(瓮巖)에서 말에게 꼴을 먹이고, 저녁에 동파역**(東坡驛)에서 묵었다.
　4일 새벽녘에 길을 떠났다. 밥을 먹을 때쯤 송경에 도착하니, 부인 일행이 이미 도착해 계셨다. 우리들이 처음 출발할 때 약속하기로는, "부인의 행차가 도착하지 않았으면 곧장 박연폭포로 갔다가 송경으로 돌아와 기다리고, 도착했다 하더라도 하루를 머무신다면 달려가 구경을 하고 다음 날 숙소로 뒤쫓아 갑시다."라고 하였다. 그 날 마침 부인의

---

1) 경리비각(經理碑閣) : 경리는 정유재란 때 명에서 보낸 장수 양호(楊鎬)로 비와 비각은 그의 공을 기려 세운 것이다. 양호거사비라고도 하며, 서울시 유형문화재 91호다. 양호의 공덕비는 선조, 광해군, 영조, 헌종 때 총 4개가 세워졌는데, 이 비는 1598년(선조 31) 세운 공덕비로서 명지대 서울캠퍼스 안에 있다.

경리비각(명지대학교 소재)

일행이 떠나지 않고 머물러 계셨지만, 박정【길주(吉州)영공(令公)】이 동행들을 만류하며 보내 주지 않았다. 나는 혼자서라도 가보고 싶었으나 산길에 익숙지 않아 길을 잃을까 걱정이 되었다. 마침 개성부(本府)에 사는 유생 장홍도란 사람이 있었는데, 그와는 전에 서울에서 만난 적이 있었으므로 그를 이끌어 함께 가기로 하였다.

풍우교**를 건너서 동쪽 성 위로 올라가니 문충당**이 내려다보였다. 동대문**으로 나가 성균관**에서 잠시 쉬었는데, 대성전의 동무·서무, 명륜당의 동재·서재는 모두 근래에 새로 지었으나 지키고 있는 유생은 한 사람도 없었다.

탄현을 넘어서 귀법사**의 옛터를 지나 막제현을 넘어 종자동으로 들어가니, 산골 마을에 대여섯 집이 있었다.

시냇가 오솔길을 따라 6, 7리쯤 깊숙이 들어가 비문현을 넘어 가니 영통사**가 내려다 보였다. 절 앞 숲 사이에는 널따란 바위가 평평하게 펼쳐져 있었는데, 위로는 물이 흐르고, 아래는 맑은 못을 이루고 있었다. 산꽃과 우거진 풀이 붉은색 푸른색으로 어우러져서 역시 뛰어난 절경 중 하나였다. 중이 말하기를, "이곳의 이름은 토교**로 예전에는 수각이 있었습니다."라고 하였는데, 지금은 단지 축대를 쌓았던 터만 남아있을 뿐이었다. 이윽고 버선을 벗고 발을 씻은 다음 절 안으로 들어가 방장안에 앉았다.

영통사는 오관산** 아래에 있었는데, 왼쪽에는 증봉**이 있고, 오른쪽에는 목계봉이 있었으며, 흥성사**의 동암·북암·마암·서암이 그 북쪽, 동쪽, 서쪽 세 방면에 늘어서 있었다. 절문 앞에는 비석이 있었는데(대각국사비**), 김부식**이 글을 짓고 오언후**가 글씨를 쓴 것이었다. 신칙**(자 : 근숙)이 흥성사에 와서 묵고 있어, 내가 가서 만나보고 회포를 풀었다.

저녁을 먹은 다음, 중 의암과 함께 지족사를 향해 길을 떠났다. 종과 말은 그곳에 머물러 있다가, 다음날 성 안으로 가서 장흥도의 집에 묵고, 또 그 다음 날 화장사**에 가서 기다리도록 하였다.

이윽고 북쪽 골짜기로 들어가 시냇물을 따라 곧장 올라가니, 나무와 돌들이 얽히고설켜 열 걸음에 아홉 번이나 꺾어서 가야 할 정도였다. 10여 리쯤 가서 환희령에 오르니 동쪽으로는 너른 들이 보였고 삼각산*이 그 끝에 있었다. 서쪽으로는 뭇 산들이 잇닿아 있었고 큰 바다가 빙 둘러싸고 있었으며, 적조암, 문수암, 보현암 등 여러 암자가 모두 내려다보였다.

고개를 내려와서 또 다시 절벽에 달라붙어 바위를 붙잡고 지족사로 들어갔다. 지족사는 백 길쯤 되는 낭떠러지 아래 있었는데, 단청이 휘황하여 여러 빛깔로 현란하였다. 동쪽으로는 청량봉, 문수봉, 천마봉이 있고, 남쪽으로는 나월봉, 서쪽으로는 보현봉이 있었는데, 모두 우뚝 솟아 하늘을 떠받치고 있는 듯하였다. 천마봉과 나월봉 사이로 송악이 드러나 보였는데, 바라다보니 아득하여 마치 아들 산, 손자 산 같았다.

절 서쪽 바위틈 사이엔 나한전이 있었는데, 돌계단이 매우 높고 나한전 뒤에는 대나무가 무성하게 자라고 있었다. 절 동쪽에 있는 대(臺)에서 태안사**를 내려다보니 땅 바닥에 있는 듯 보였으며, 한수**, 임진**, 벽란** 세 강이 손금처럼 보였다. 절 앞의 뜨락과 집은 크고 깨끗하여 티끌 하나 없었으며, 층층이 쌓인 계단은 거의 10여 길이나 되고, 계단 아래에는 은행나무 한 그루가 앞을 가리고 서 있었다. 지세(地勢)가 높고 시야가 탁 트여 있어 이 산 중에서 으뜸이었다.

내가 오늘 아침에 일행들과 작별하였는데, 저녁에는 벌써 가장 높은

태안(泰安)의 석벽(강세황, 『송도기행첩』, 국립중앙박물관 소장)

봉우리에 올랐다. 아침에 지나온 곳을 내려다보니 개미집 둔덕같이 보일 뿐만 아니라 일행들이 아직도 그 사이에 갇혀 따라오지 못하고 있는 듯하여 생각할수록 나도 모르게 웃음이 나왔다. 조금 지나자 이지러진 조각달이 서산 너머로 지고, 빈 산이 적막해졌다. 절집 창가에 높은 목침을 베고 누우니 뼛골이 서늘하고 정신이 맑아져서, 비로소 "옛날의 진인은 잠이 들어서도 꿈을 꾸지 않는다."라고 한 것이 참으로 빈말이 아님을 믿게 되었다.2)

5일, 아침밥을 먹고 나서 중 경희와 함께 절 뒤편에 있는 큰 고개를 넘어가니 적멸암**이 내려다 보였다. 암자는 미륵봉** 아래 있었는데, 길을 조금 돌아가게 되는데다 박연폭포를 빨리 보고 싶은 마음도 있어서 곧장 대흥사로 향하였다. 깊은 숲 사이론 한 줄기 길이 나 있었는데 소나무와 전나무가 하늘로 죽죽 뻗어 있고 폭포가 여러 갈래로 흘러내리고 있었으며, 바위와 꽃이 물에 아롱져 있어 이렇게 아름다운 골짜기는 일찍이 본 적이 없었다. 바위 위에서 잠시 쉬다가 중을 만나 사사로운 이야기를 나누다가 대흥사**로 들어갔다. 개성암쪽을 바라다보니 암자가 개성령 중턱에 있었는데, 아주 높고 중이 없어 텅 비어 있었다.

중 문옥과 함께 절을 나와 천천히 걸어 스무 걸음도 채 못간 곳에 넓적한 바위가 절벽을 가로질러 있었는데, 수백 명은 족히 앉을 만했다.

---

2) 옛날의 … 믿게 되었다. : 『莊子』 卷2, 內篇 大宗師 제6에 "옛날의 진인은 잠이 들어서도 꿈도 꾸지 않고, 잠을 깨어서는 근심이 없었다.(古之眞人,其寢不夢,其覺無憂)"라 하였다.

그 아래에는 깨끗한 못이 있었는데 석문담이라고 하였다. 석문담 위에는
두 개의 바위가 길을 끼고 양쪽에 문처럼 서 있었다. 또 1리쯤 가니
폭포 떨어지는 소리가 요란했는데, 물이 떨어지는 석벽의 높이는 겨우
2, 3길밖에 안 되었다. 아래에는 돌 웅덩이가 있었는데 넓이가 3, 4칸
쯤 되었고, 푸른 물결이 청량했으며 물이 감돌아 흐르고 있었다. 중이
말하기를, "이 못 속에는 용마가 살고 있어서 마담*이라고 부릅니다."라고
하였다.

걸어서 태종대**에 도착하니, 대(臺)가 계곡 가운데 반석 위에 있었다.
앞에는 물방울을 튀기며 흐르는 여울이 있고, 좌우에 바위가 있었다.
오른쪽 바위 끝에는 늙은 소나무 한 그루와 철쭉 한 떨기가 있었는데,
바위틈에 뿌리를 내리고 있었고, 이끼가 그 위를 뒤덮고 있었다. 중이
말하기를, "이곳은 태종께서 놀던 대이며, 이 소나무는 태종 때부터 있었던
소나무입니다."라고 하였다. 높이는 4척이 채 못 되었으나, 솔방울이
매우 많이 달려 있어 오래되었음을 알 수 있었다.

드디어 관음굴**에 들어가니 절 뒤에 굴이 있고 그 안에 돌부처(관음사관
음보살**)가 안치되어 있었다. 법당에는 성담년**, 성몽정**, 안요명**, 성수
익**의 시문이 2개의 판에 새겨져 탁자 위에 놓여 있었다.

노승 부운이 가마를 타라고 청하기에 내가 손을 내저으며 사양하였다.
이 산중에는 유람 오는 사람들이 끊이지 않는데, 무뢰한 사람들이 산승들에
게 난폭하게 굴어 절이 태반 비어 있는 것도 바로 이 때문이었다. 나는
눈으로 즐길 생각만 했지 다리 아플 것은 염두에 두지 않았으니 내가
하고 싶지 않은 일을 차마 남에게 시킬 수 있겠는가?

이윽고 부운과 함께 절을 나섰다. 절 아래쪽 시내 가운데에는 큰 바위가
거북 모양을 하고 있었는데, 마치 깎아서 만든 것 같아 저절로 생겨난
것 같지가 않았다. 그 아래에는 못이 있었는데, 구담이라고 하였다. 또
1리쯤 가니 산신령이 앉아 있었다던 곳이 있었는데 양쪽으로 서로 마주
보고 있었다. 제룡단**을 지나니 박연폭포가 내려다 보였다.

관음사 관음굴 관음보살(박종진 사진)

　박연은 천마산과 성거산 두 산이 합쳐진 곳에 있었는데, 천 길이나 되는 푸른 못과 만 장(丈)이나 되는 푸른 절벽에, 심신이 날아갈 듯하고 눈이 휘둥그레지며 머리털이 쭈뼛해져서 앞으로 가까이 다가가 볼 수 없었다. 박연의 입구는 항아리 같아 마치 바위를 뚫어 놓은 것 같았고, 가운데 있는 큰 돌은 용을 채찍질했다는 바위였다.3) 중이 말하기를, "못 물이 거울처럼 깨끗해서 티끌조차 달라붙지 못하므로, 날리는 꽃잎이나 낙엽이 감히 그 위에 떠 있지를 못합니다."라고 하였다.

　고모담(姑姆潭)으로 내려가서 폭포가 쏟아지는 것을 올려다보았다. 허공에서 쏟아져 내리는 것이 대략 30여 장(丈)으로 흰 명주가 허공에 걸려 있고 빛나는 구슬이 흩어져 내리며 바람과 우레가 땅을 울리고 차가운 눈이 하늘에서 반짝거려 눈으로 보고 마음으로 감상할 수 있을 뿐 남에게 말로 설명하기가 어려웠다. 못 안의 바위 위에는 네 그루의

---

　3) 이 이야기는 이 책의 채수와 유호인의 글에서도 보인다.

낙락장송이 가지를 늘어뜨려 그늘을 드리우고 그 바위 속에 뿌리를 내리고 있었다. 그러나 이렇게 자라는 것은 소나무의 본성이 아니니 혹 신령이 소나무를 그렇게 자라도록 만든 것이 아닐까?

잠시 앉아 구경을 하다가 운거사**(雲居寺)로 들어갔다. 이 절에는 세조** [光廟]의 어필이 있었는데, 그곳에 사는 중이 말해 주지 않아서 보지는 못하였다. 중 묘명과 함께 길성동을 거쳐 차일암**으로 향하였다. 5리쯤 가자 흐르는 폭포 하나가 석벽을 타고 쏟아지는데, 공중에서부터 떨어지는 것은 아니었지만 역시 볼 만한 곳이었다.

곧장 수령(水嶺)으로 올라가니, 고갯길이 매우 가파른 것이 환희령(歡喜嶺)보다도 심하였다. 차일암이 가까워오자 묘명은 길이 위험하다고 장황하게 떠들어댔다. 장홍도가 주저앉아 일어나지도 못하고 말하기를, "사람 목숨이 아까운데 왜 하필 위험한 곳으로 넘어가려 하십니까? 저는 여기서 곧장 내려가 원통사**(圓通寺)로 가지 결코 차일암으로 올라가지는 않겠습니다."라고 하였다. 내가 웃으면서 말하기를, "자네는 어찌 그리 겁을 내는가? 정말 위험할 것 같으면 나도 올라가지 않을 걸세. 그 앞까지 가서 형세를 살펴본 다음 어렵겠거든 물러나도 괜찮을 걸세. 어찌 소문만 듣고 겁부터 낸단 말인가?" 하고 손을 끌어 일으켰다.

양쪽 돌 틈사이로 끼어 있던 몸을 빼어 겨우 나오니 앞에는 몹시 가파른 절벽이 있었는데 과연 위험하였다. 위로는 붙잡을 만한 것이 없었고 아래로도 의지할 만한 곳이 없었다. 비스듬히 놓인 돌계단은 겨우 두 칸 남짓하였고, 아래는 천 길 낭떠러지였다. 돌 위에는 홈이 파여 있었는데 겨우 발 하나 디딜 만한 정도였으므로 옷을 걷고 버선을 벗은 다음 엉금엉금 기어서 힘겹게 건넜다. 묘명이 앞장서고 내가 그 다음에 건넜으며, 장홍도가 가장 나중에 건넜다.

차일암에 오르니 사방이 평평한 들판으로 아득하여 끝이 보이지 않았다. 여러 강들이 띠를 두른 것 같았고, 뭇 산들은 주름을 잡은 듯하였다. 차일암 위에는 돌을 뚫어서 구멍을 판 곳이 네 곳 있었다. 중이 말하기를,

"옛날에 다섯 분의 훌륭한 스님이 계셨는데, 이 산에 와서 유람하며 북성거암(北聖居庵), 남성거암(南聖居庵), 서성거암(西聖居庵), 남상령암(南商嶺庵), 북상령암(北商嶺庵) 다섯 암자에[4] 나누어 거처하였답니다. 밤이면 각자 암자로 돌아갔다가 낮에는 바위 위에 함께 모였으므로 왕이 차일을 쳐 주었답니다. 차일암이란 이름을 얻은 것은 이 때문이며, 돌의 구멍은 바로 차일을 칠 때 버팀목을 박았던 곳이랍니다. (지금은) 이 다섯 암자 가운데 북성거암만 남아 있고 나머지는 모두 무너져서 남은 것이 없습니다."라고 하였다.

북쪽에 있는 돌사다리를 따라 손으로 쇠사슬을 잡고 내려온 다음 남성거암이 있었던 폐허를 지났다. 또 다시 석령(石嶺)으로 올라갔는데, 몹시 높고도 험하였다.

인호대(印號臺)에 오르니, 대 위에 도장처럼 생긴 바위가 있었는데 이 때문에 인호대라 불려졌다고 한다. 중 사준이 나와 우리를 맞았는데, 이 중은 계묘년(1603, 선조 36) 겨울에 수양산* 약사암에서 만났던 사람이었다.

내가 장홍도에게 말하기를, "오늘 지나온 길은 심장이 서늘하고 간담이 떨려 한 번 가지 두 번 다신 못 갈 곳이네. 아들에게는 가지 말도록 주의를 주는 게 좋겠네."라고 하였다. 장홍도는 "오늘 지나온 길이 뭐가 험합니까. 나는 조금도 무서운 마음이 없었습니다. 아들에게 가라고 할 뿐만 아니라, 손자에게도 가 보라고 하겠습니다."라고 하였다. 내가 웃으며 말하기를, "자네가 위험한 잔도(棧道)에 있을 때엔 안색이 창백하고 목소리

---

4) 북성거암(北聖居庵) … 다섯 암자 : 성거산 차일암 부근에 있던 암자. 옛날 다섯 성인이 이 산꼭대기에 올라 초가집을 짓고 정진하여 여기에서 도를 깨달았다는 전설이 있어 이 다섯 성인으로써 암자를 호칭하여, 남쌍련암, 서성거암, 북쌍련암, 남성거암, 북성거암 등으로 했다고 전한다.(南孝溫,『秋江集』卷6) 조선 전기 1485년(성종 16) 남효온이 방문했을 때는 모두 남아있었다고 전한데 반해 1607년(선조 40) 김육이 방문했을 당시에는 북성거암만 남아 있었다고 한다.

가 떨리며 마치 죽으러 가는 사람 같더니만 이제 평지로 나오니 안색을 펴고 팔을 내저으며 큰소리를 치니 어찌 조금 전에는 겁을 내다 이제 와서 용감한 척 하는가?" 하였다. 나의 말이 끝나자 모두 박장대소하였다.

드디어 북성거암으로 들어갔다. 암자는 법달봉 아래에 있었는데, 병풍 같은 바위가 둘러싸고 있어 마치 규방(閨房) 같았다. 앞에는 수미봉이 있었는데 곧장 위로 1천 척이나 솟아 있어 가파르고 뾰족하며 험하면서도 장엄하였다. 뒤에는 두 개의 바위굴이 있었는데, 위에 있는 굴은 법달굴로 서역 중 법달이 머물렀던 곳이라고 한다. 아래 있는 굴은 제자굴인데, 법달의 제자가 머물렀던 곳이라고 한다. 위에 있는 굴은 돌담으로 막아서 들어가 볼 수 없었고, 아래 있는 굴은 들어갈 수 있었다. 그 안에는 돌부처 하나가 있었는데 제자의 등신불이었다. 가운데서 샘이 솟아 나왔는데, 맑고 차며 깊고 푸르러서 한 웅큼 떠서 입가심을 하자 나도 모르게 이가 시원하였다.

6일, 밥을 먹고 중 사운(師雲)과 함께 원통사(圓通寺)로 향하였다. 절은 텅 비어 중이 없었으며, 전각은 퇴락하고 뜨락에 풀만 짙푸르렀다. 동구(洞口)를 나와 천천히 걸으며 흥복사가 있었던 터를 바라보니, 두 개의 석탑이 덤불 사이에 서 있었다.

고개를 넘어서 현화사*뒤편에 있는 상암으로 들어갔다. 암자에는 유생 두 사람이 글을 읽고 있었는데, 바로 나와 같은 해에 진사시에 급제한 김득휘*의 동생 김중휘*와 김익휘*였다. 그들과 이야기를 끝내고 현화사로 들어갔다. 절은 영취산*아래에 있었는데, 들만 있고 산이 없어 특별히 경관이 수려하지는 않았다. 전각만은 넓고 고적들이 꽤 있었는데, 고려 왕이 행차하던 곳이었다. 절 앞에 비석(현화사비)에는 사적이 갖추어 기록되어 있었는데, 주저*(周佇)가 글을 짓고 채충순*이 글씨를 쓴 것이었다. 또 돌절구와 돌로 만든 함지박이 있었는데, 모두 풍수가가 압승하는 술법을 하던 것이었다.

중 상민과 함께 광암령을 넘어 화장사*로 들어갔다. 산의 이름은 보봉산*

현화사비(개성 고려박물관 소재, 박종진 사진)

이며 아홉 개의 산봉우리로 둘러싸여 있었다. 금대는 앞이 탁 트여 있고 누각은 화려하고 사치스러워서 참으로 두 산중에서 가장 큰 절이었다. 공민왕의 영정, 서역 중 지공**의 등신불, 패엽경, 전단향 등이 있었는데, 모두가 기이한 물건이었다. 절 동쪽에는 부도가 있었는데, 지공의 사리를 봉안한 곳이었다.

총괄하면, 천마산, 성거산은 본래 하나의 산이었는데, 박연의 물로 양분되어 두 산이 되었다. 동쪽은 성거산**이 되고 서쪽은 천마산**이라고 부른다. 폭포가 장엄하기로는 박연폭포에 비견될 만한 것이 없고, 시야가 넓게 보이기로는 차일암이 으뜸이었다. 사찰로는 지족사와 화장사의 높고 시원스러움, 고선사와 적멸사의 그윽하고 고요함, 북성거암의 소슬하고 깨끗함, 관음굴의 깊은 골짜기들은 머물다 돌아오기를 잊어버릴 만한 곳들이다. 노닐며 구경 다닐 만한 곳으로는 영통사의 토교, 대흥사의 반석과 마담 및 태종대**, 관음굴의 구담, 운거사의 폭포들이 있었는데, 또한 구경하다가 해 저무는 줄 모를 만한 곳들이었다.

거리는 송경에서 영통사까지가 20리이고, 영통사에서 지족사까지가 15리, 지족사에서 대흥사까지가 6, 7리, 대흥사에서 관음굴까지가 4, 5리, 관음굴에서 박연까지가 3, 4리, 박연에서 운거사까지가 6, 7리, 운거사에서 차일암까지가 15리, 차일암에서 북성거암까지가 2, 3리, 북성거암에서 원통사까지가 5리, 원통사에서 현화사까지가 10리, 현화사에서 화장사까지가 10리이다.

내가 이번 걸음에서 음미하고 돌아온 곳으로 비록 기이하고 험난한 곳을 다 찾아가 보지는 못했지만 볼 만한 곳을 빠뜨린 데는 없었다. 다만 아쉬운 것은 장홍도가 힘든 것을 꺼려 나를 속이고 길을 돌아가서 화담을 볼 수 없게 한 것이니 이것이 이번 걸음에서 크게 아쉬운 점이다.

뒷날 유람가는 사람들은 마땅히 먼저 화담으로 들어가 옛적에 현자가 도를 즐기며 그윽하게 살던 곳을 찾아가서 백 년 전으로 거슬러 올라가 정신적으로 만나 벗해야 할 것이다. 그런 다음 토교를 거닐다가 영통사에서 휴식을 취하고, 태안사를 거쳐 적조사로 들어갔다가 문수사를 거쳐 지족사로 올라가 천마봉과 나월봉의 꼭대기에서 옷을 털고[5], 적멸암과 고선사에서 밤을 지내면서 향불을 피워야 할 것이다.

대흥사의 반석에서는 발을 씻고 누웠다가 관음굴 속의 부처를 보고 돌아와야 할 것이다. 태종대에서는 옛일을 찾아보고, 구담과 마담에서 기이한 자취를 더듬어 보아야 할 것이다. 박연에서는 대단한 장관을 보고 차일암에 올라가서는 눈길 닿는 데까지 먼 곳을 둘러보며, 성거사의 대 위에서 긴 휘파람을 불고, 원통사의 정자에서 시 한 수를 새로 지을 만하다. 두 산의 기이한 볼거리는 이 밖에 더는 없었지만 화장사의 경치가 마지막으로 볼 만한 뛰어난 경관이었다.

훗날 속세(俗世)로 돌아와서 집에 고요히 앉아 있으면 수백 리 밖의 첩첩 산과 겹겹의 봉우리, 떨어지는 폭포와 맑은 연못을 마음속에서 맘껏 떠올릴 수 있을 것이니[6] 어찌 유쾌하지 않겠는가.

내가 산을 내려와서 드디어 산수 중에 기이한 볼거리와 거리의 원근을 기록하여 이 기행록을 지어 돌아가 동행했던 사람들에게 자랑하고 혹 나와 뜻이 같아서 뒤이어 그곳에 가려는 사람이 있으면 이것을 보여줄

---

5)　옷을 털고 : 원문의 '진의천인강(振衣千仞岡)'은 옷을 벗어 천길이나 되는 산등성이에서 흔듦. 곧 속세에서 초탈하여 장한 뜻을 이룬다는 뜻이다.

6)　마음 속에서 … 것이니 : 원문의 '농라(籠羅)'는 자기 수중에 넣고 마음대로 조종한다는 뜻이다.

것이다. 나 역시 가을바람이 불어오고 단풍잎이 붉게 물들기를 기다려 다시 찾아와 전에 박연과 차일암 사이에서 맹세한대로 화담 가에서 가시나무를 등에 지고7) 서경덕**(徐敬德) 선생의 영전에 전 날의 잘못을 사죄할 것이다.

　박양(朴敭)과 최명원(崔命元)이 화장사에 와서 글을 읽고 있어서 그들과 서로 만나보고 이어 장홍도와 작별하였다. 이날 저녁은 동파역에서 잤다.

　7일 비를 무릅쓰고 서울로 들어왔다.

출전 | 『잠곡유고(潛谷遺稿)』 권14, 록(錄)
역주 | 이혜옥(문학박사)

---

7) 가시나무를 등에 지고 : 원문의 '부형(負荊)'은 가시나무를 등에 지고 매질하기를 바란다는 뜻으로 사죄한다는 의미이다.

유송악기(遊松嶽記)·유화담기(遊花潭記)

이정구(李廷龜)

유송악기(遊松嶽記)

송도는 서울에서 백여 리 떨어져 있어서 말만 튼튼하면 하루에 갈 수 있으니, 나는 여러 번 이곳에 와 보았다. 옛 도읍이어서 유적지가 많아 가까이는 만월대나 자하동, 멀리는 천마산, 지족암, 박연, 대흥동이 있는데, 두루 가보지 않은 곳이 없으나 송악 같은 곳은 한 번도 산에 올라 전망 구경을 한 적이 없었고, 아래에서 녹음이 푸르른 것만 보았다.

갑인년(1614)에 봄부터 여름까지 비가 내리지 않으니 임금께서 걱정하시어 중신들을 나누어 보내 악, 독에 두루 제사를 드리게 하였다. 나는 송악에 가게 되었고, 진창군(晉昌君) 강인(인경)은 오관산에 가게 되어 나란히 수레를 타고 왔다. 유수 홍이상*[洪履祥 : 자 원례(元禮)]이 나와서 맞이하며 정성을 다하였다.

이튿날 아침 제사관[祀官]들을 이끌고 송악산에 올랐다. 만월대 서쪽으로부터 능선을 타고 계속 가서 산기슭에 이르니, 시냇물이 길을 빙 둘러 돌아가고 골짜기가 그윽하였다. 몇 리를 더 가니 개성부 사람들이 가마를 가지고 길에서 기다리고 있었는데, 길이 험해져서 말을 타고 갈 수 없기 때문이었다.

마침 한여름이어서 온갖 꽃이 다 진 상태였지만, 오직 산철쭉만 만개해서 빽빽한 나무 사이에 그림자를 드리우고 있었다. 키 큰 것은 한 장정도 되었고, 작은 것은 바위틈을 덮었다. 바람이 사방의 산에서 불어 내려오니 향기가 짙게 풍겼다. 길 좌우는 모두 깎아지른 듯한 절벽이었는데, 샘이 풀숲에 가려진 채 흘러서 물은 보이지 않고 소리만 옥구슬처럼 좔좔좔 들릴 뿐이었다.

가마를 타고 오르면서 간혹 바위에서 쉬었는데, 가마를 멘 자가 헐떡거리는 숨이 진정된 후에야 다시 올라갔다. 길이 열에 여덟은 구비길이어서 돌고 돌아서야 그 꼭대기에 다다랐다. 제사관을 돌아보니 모두 웃통을 벗고 걸으면서 숨을 헐떡거려 말을 못하였다. 초가집 대여섯 채는 송악사를 지키는 자가 머무는 곳이었다. 아전이 자리를 만들어 나를 앉게 하고 차가운 과일과 찬술로 피곤을 풀게 하였다.

저녁 무렵이 되니 산기운이 적막해져 이지러진 달이 빛을 비추고 빽빽한 삼나무, 전나무 사이로 바람소리가 들렸다. 멀리 신단을 바라보니 정결하고 엄숙하여 사람의 넋을 감동시켰다. 신사는 모두 다섯 곳이 있는데, 첫째는 성황이요, 둘째는 대왕, 셋째는 국사, 넷째는 고녀, 다섯째는 부녀이다. 단만 있고 집은 없으며 산 정상의 북쪽에 줄지어 있었다. 집도 있고 단도 있는 것은 악신사였다. 이른바 대왕, 국사, 고녀, 부녀라는 것은 어떤 신인지는 알 수 없지만, 나라 안에서 경사를 빌거나 복을 기원하려는 자들이 이곳에 앞다퉈 달려왔다. 한양의 사대부집 여인네 중에 바라는 일이 있는 사람들은 꼭 이곳에 왔고, 심지어는 궁인이 세시에 향을 내리는 것이 끊이지를 않는다고 한다. 이는 산의 영험함이 특별해서인가, 아니면 고려 때 귀신을 숭상하여 음사가 많았는데 그 남은 풍속이 계속 전해져서 고칠 줄을 모르기 때문인가?

4경(새벽 1시~4시)에 제사를 드리려고 하니 하늘이 엄숙하고 맑고 별이 찬연하여 신선의 경지가 삼엄하니, 정신이 처연해지고 뼛속까지 한기가 느껴졌다. 제사가 끝나자 촌가에서 임시로 묵고 청량한 아침에 산꼭대기에 걸어서 올라 새로 지은 사우를 구경하였다. 듣자하니 서울의 부유한 백성이 재산을 내어 지은 성황사라 한다.

산의 왼쪽 줄기가 남쪽으로 달려가는데 커다란 바위가 활모양으로 휘어져 산봉우리의 곡성을 이루는데, 둘러쳐진 치와 성가퀴가 끊어졌다 이어졌다 한다. 사람을 끌고 올라가보니 위태롭고 좁아서 줄지어 앉을 만은 해도 나란히 앉을 수는 없었다. 바람이 세차게 불자 사람이 떨어질 것 같았는데 술을 걸치니 정신이 비로소 진정이 되었다. 한번 획 바라보니, 산세가 완연하게 구불구불 하여 머리를 숙이다가 일어나는 듯하고, 달려가다 멈추는 듯하여, 용이나 범이 변화무쌍하게 움직이는 것같이 기세가 매우 웅장하였다.

동남쪽에는 먼 산들이 빙 둘러싸고 있어서 우두머리에게 조회하는 것 같았고, 긴 강은 띠 같았으며, 큰 바다는 하늘에 닿아 있는 것 같았다. 오백 년의 울창한 기운이 이곳에 다 모여 있으니 '신숭'이라 이름 지은 것도 진실로 허튼 것이 아니었다. 앉은 자리에서 율시 한 수를 써서 제사관인 김봉조**(金奉祖)와 경력 윤영현**(尹英賢)에게 보여주고 그 대강 을 기록하여 나중에 놀러오는 사람에게 전하고자 한다.

유화담기(遊花潭記)

신숭(송악)을 내려와서 다음으로 자하동을 찾아 잠시 쉬었다. 홍이상** (원례)이 편지를 보내어 "화담은 물과 돌이 가장 맑고 뛰어나며 산의 꽃들이 바야흐로 한창입니다. 강인도 오관산에서 내려와 만나기로 하였으 니 바로 와서 함께 감상하여 한 바탕 유람합시다. 나는 먼저 가서 화담가에 서 기다리겠습니다."라고 하였다.

나도 여흥이 아직 사라지지 않던 차에 소식을 듣고 기뻐서 가마를 재촉하여 길을 떠났다. 산기슭을 따라 고성을 나가서 탄현을 넘으니 두 산이 갈라져서 동구 문처럼 된 것을 볼 수 있었다. 널찍한 돌바닥이

「모당 홍이상 평생도 중 송도유수부임도」(김홍도, 1781년, 비단에 채색, 국립중앙박물관 소장). 홍이상 후손의 의뢰로 18세기에 그려진 8폭 병풍으로, 홍이상의 일생 중 중요한 장면을 표현하고 있다. 그중 송도유수에 부임한 것이 포함되어 있다.

1리 정도 비탈져서 큰물이 거칠게 흐르는데, 그 윗면은 베를 하얗게 염색한 것처럼 밝고 깨끗하여 눈을 비비고 볼 만하였다. 가마를 멈추고 거기를 바라보는데, 친척뻘 되는 선비가 앞에 와서 인사하며 "마침 술을 가지고 개울가에서 기다리고 있었으니, 공께서 잠시 머물렀다 가시면 좋겠습니다."라고 하였다. 그때 갑자기 사냥꾼이 매를 부르며 지나가는데, 잠시 후 매가 앞 숲에서 꿩을 잡아 가지고 오자 사냥꾼이 그 꿩을 바쳤다. 내가 가마에서 내려 돌 위에 앉고, 경력 윤영현**도 나를 따라 앉았다.

내가 "이곳이 어디길래 송도의 기이한 승경이 이곳에 다 있는가? 그대가 나를 초대하지 않았다면 이 계곡과 산을 못 볼 뻔했으니, 평생의 한이 될 뻔하였다."라고 물었다. 윤영현이 "이곳은 귀법사** 옛터로서, 개울 위에 물을 가로질러 놓은 돌기둥이 아직도 있습니다."라고 하였다. 내가 놀라서 "이곳이 바로 최충**이 더위를 피한 곳이고, 이규보가 '옛 수도를 추억하며 쓴 시'에서 이른바 '황량한 옛 서울 차마 생각하기도 괴로우니 차라리 잊어 바보 되는 것만 못하네. 오직 한 가지 마음이 끌리는 것은 귀법사 냇가에 앉아 술잔 나눴던 일이라오'라는 것이로구나.1) 옛날 사람들이 이미 마음이 끌렸다고 하더니 진실로 이름이 헛되지 않도다."라고 하였다. 마침내 옷을 벗고 맨발을 맑은 물에 담갔다.

친척뻘 되는 선비
가 술과 안주를 늘어
놓고 사냥꾼이 꿩고
기로 회를 치니 흥취
가 가득하여 취하는
줄도 몰랐다. 홍이상
이 화담에 있으면서
여러 사람을 보내 빨
리 오라고 재촉하는

화담서원(「송도사장원계회도」 중, 국립중앙박물관)

데 차마 놔두고 떠날 수가 없어 해가 질 무렵에야 화담에 이르렀다.
화담은 서경덕** 선생의 옛 거처인데, 홍이상이 여러 선비와 기획하여
그 땅에 서원을 지어 제사를 드리기로 하였다. 정자와 대와 둔덕 등은
모두 그가 꾸며놓은 것이라고 한다. 산에는 두견화가 많아서 붉은빛이
연못물에 비추어 이로써 (화담이라는) 이름을 얻었다고 한다.

두 산이 담장처럼 서 있는데, 물이 원통사의 여러 골짜기로부터 나누어
흘러나와 합하여 대천을 이루었다가 연못으로 떨어지니, 물 모이는 소리가
거창하였다. 연못 위에는 돌벼랑이 줄지어 서 있었는데, 우뚝하니 가장
높고 큰 것에는 백 명도 앉을 만하였다. 연못의 서쪽에는 깊숙이 들어간
구역이 있어서 땅이 아늑하면서도 깨끗하여 흙을 쌓아 대를 만들어 모여서
노는 장소를 만들었다. 앞에 좌우에 있는 벽은 아름다운 나무가 빽빽하게
자라고 있고 가는 물이 흐르고 있었다. 대의 아래에는 물이 또 띠처럼
두르고 있어서 여러 겹의 모래톱을 이루고, 야트막한 모래섬도 이루고,
물굽이도 이루고 있어, 기이하지 않은 것이 없었다.

---

1) 故國荒涼忍可思 … 歸法川邊踞送叵 : 이규보가 강도에서 옛 서울인 개경을 추억하
며 쓴 시 세 수 중 '귀법사의 냇가'를 인용하였다.(『東國李相國後集』 권1, 古律詩
一百五首 憶舊京三詠 歸法寺川邊)

주인이 자리를 마련하여, 악기를 번갈아 연주하니 음악 소리가 숲 그늘을 진동시켰다. 내가 매우 즐거워서 술잔을 띄워 서로서로 전하고 다리를 쭉 뻗고 앉아 술을 마시다가 취하고서는 바위를 베개 삼아 잠이 들었다. 꿈에서 고상한 사람과 노닐었는데 서 선생은 아니었을는지. 글로 기록해둔다.

출전 | 『월사집(月沙集)』 권38, 기(記) 하(下)
역주 | 장지연(대전대학교)

송도기이(松都記異)

이덕형(李德泂)

숭정(崇禎) 기사년(1629, 인조 7)에 나는 송경**유수(松京留守)로 나가게
되었다. 세대가 아득히 멀어져 고려 시절의 풍속이 변하고 바뀌어 거의
없어졌지만, 오직 장사하고 이익을 좇는 습속은 옛날보다 더욱 융성해졌
다. 이 때문에 사람 중에 부자가 많고 물자도 풍부하기가 우리나라에서
으뜸이라고 일컬을 만하다. 저잣거리의 풍속은 저울눈을 가지고 다투기
때문에 마땅히 간사한 송사가 많을 것 같지만, 순박하고 넉넉한 운치가
지금까지 남아있어서 문서 처리가 자못 간단했다.

매년 해가 긴 여름에는[장하(長夏)1)] 책상에 앉아 문서를 다 처리해도
날은 아직 대낮이었다. 그래서 아전들이 물러가고 사람들이 흩어져도,
남은 해가 아직도 길어서 항상 베개에 기대어 졸았는데, 조는 것도 괴로웠
지만 졸음을 물리치는 것은 더욱더 어려웠다. 술 마시고 바둑 두는 것은
본래 좋아하지 않았으며, 명산이나 경치 좋은 곳도 늙으면서 흥미가
점차 떨어져서 때때로 마을 노인 한두 명을 불러서 민간의 병폐(病弊)를
묻기도 하고, 겸해서 항간의 풍속이나 소문[가담(街談)]과 야화(野話)를
캐내어 모아둔 것이 자못 많았다. 또한 내가 만력(萬曆)2) 갑진년(1604,

---

1) 장하(長夏) : 해가 긴 때의 여름으로 음력 6월의 다른 이름이다.
2) 만력(萬曆) : 명나라 13대 신종(神宗, 1563~1620) 재위 때 사용한 연호이며, 신종

선조 37)에 개성부(開城府)의 시재어사(試才御史)가 되었는데, 일이 끝나지 않아서 거의 열흘에 걸쳐 오랫동안 머물렀다. 그때 같이 있었던 사람이 안경창**[安慶昌 : 자 사내(四耐)]와 진주옹(陳主翁) 등이었는데, 나이가 모두 80여 세였다. 그들은 근고(近古)의 견문이 넓었을 뿐만 아니라 경험한 일들이 많았기 때문에 참으로 뛰어난 노인들이라 할 만했다. 내가 그때 두 노인에게서 새롭고 기이한 말들을 얻어들은 지가 지금까지 30여 년이나 되었는데 아득해서 딴 세상의 일처럼 느껴진다. (나는) 항상 새롭고 오래된 설화를 기록하는 것을 심심풀이로 삼았다. 다만 고려왕조의 지난 자취는 모두 책에 실려 있지만 지난 백 년 동안의 일들은 사실과 거짓이 서로 혼동될 수 있다고 여겨서, 우선 약간 오래된 일 중에서 이목(耳目)을 끌 만한 것을 작은 글로 만들어 가볍게 볼 수 있도록 하고자 한다. 말은 비록 속되고 거칠지만 가르침에 도움이 없지는 않을 것이다.

신미년(1631, 인조 9) 음력 5월에 죽천병옹(竹泉病翁)이 송악(松岳) 아헌 (衙軒)에서 쓴다.

화담선생의 성은 서씨(徐氏), 이름은 경덕**(敬德), 자는 가구(可久)이며, 송도(松都) 사람이다. 여러 대를 거쳐 가문이 한미하였고, 집은 본래 가난하였다. 선생의 아버지는 남모르게 덕을 베풀고 곤궁함을 잘 견뎠으므로 이웃 사람들이 모두 공경하였다. 어머니가 일찍이 공자 사당에 들어가는 꿈을 꾸었더니, 선생은 태어날 때부터 영리해서 보통 아이들과는 크게 달랐다. 점점 자라면서 스스로 글 읽을 줄 알았고, 한번 읽으면 잊지 않고 쉽게 외웠으므로 여러 책을 두루 읽고 기억을 잘하였다. 일찍이 『서전(書傳)』을 읽다가 기삼백(朞三百)의 주(註)3)에 이르러 거듭 생각하고

을 만력제(萬曆帝)라고도 부른다.
  3) 기삼백주(朞三百註) : 『서경(書經)』 요전(堯典)에서 '기삼백육순유육일(朞三百六

풀었으나 쉽게 해결할 수가 없었다. 개성부(開城府)에 늙은 상사(上舍)⁴⁾가 있었는데 평소 경서에 밝다는 소문을 듣고, 선생이 그 문하에 가서 가르침을 청했다. 상사가 "이 주(註)는 비록 나이 많은 스승이나 명망 높은 선비라 하더라도 아는 자가 거의 없어, 나 또한 배우지 못했다."라고 하였다. 선생이 집으로 돌아와 개연히 "세상에 통달한 선비가 없으니, 우리의 도(道)가 피폐해졌구나."라고 탄식하였다. 마침내 『서전』 1통을 벽에다가 붙여 놓고,⁵⁾ 마음을 가라앉히고 글이 지닌 깊은 뜻을 생각하면서 침식까지 물리치기에 이르렀다. 15일이 지나자 마음이 환하게 풀리면서 비로소 그 가지가 나뉘고 실타래처럼 쪼개진 뜻을 알게 되어 마침내 마음으로 확실하게 깨닫게 되었는데, 이때 선생의 나이가 17세였다. 또 탄식하기를, "성현의 도의(道義)는 모두 책에 있으니, 하물며 다른 곳에서 구할 까닭이 있겠는가?"라 하고, 마침내 스승에게 의지하는 수고로움을 덜고 더욱 스스로 사숙(私淑)⁶⁾하였다.

타고난 천성이 도(道)에 가까워 경전(經傳)의 깊은 뜻을 스스로 쉽게 해석할 수 있었다. 더욱이 역학(易學)에 깊었는데 참되게 쌓고 힘쓰기를 오래 하여 드디어 유림(儒林)의 종장(宗匠)이 되었다. 명성이 날로 퍼지자 멀고 가까운 데서 그를 추앙하여 배우려는 자들이 모여들기를 천 리를 멀다 하지 않았다. 선생은 재주에 따라 가르치되 반드시 부모에 대한 효도와 형제에 대한 우애를 먼저 하였다. 어른과 어린아이의 서열을 나누고, 나이를 따져서 오르고 내리는데 겸손하게 하였으며, 서로 의심나는 것은 의논하고 어려운 것은 묻게 하니, 글 외는 소리가 넘쳐흘렀다.

旬有六日)' 즉 '1년 366일'이라 한 것에 대해 주석한 것을 말한다.
4) 상사(上舍) : 생원(生員) 또는 진사(進士) 시험에 합격한 사람을 말한다.
5) 서경덕은 뜻을 알 때까지 글자를 벽에 붙여 놓고 공부했다고 한다.
6) 사숙(私淑) : 『맹자(孟子)』 이루하(離婁下) 편에 나오는 것으로 '존경하는 사람에게서 직접 가르침을 받을 수 없으나, 그 사람의 도나 학문을 본으로 삼고 배우는 것이다.'라는 말이다.

스승과 제자 사이에 화기(和氣)가 가득했으며, 후학들을 인도함이 마치 때맞추어 내리는 비에 만물이 소생하는 것과 같았다. 많은 내용이 김연광**(金鍊光)의 일기에 나온다. 문인 중에는 학행(學行)으로 이름난 자가 매우 많았는데, 사암(思菴) 박순**(朴淳)·초당(草堂) 허엽**(許曄)·행촌(杏村) 민순**(閔純)이 그중에서 더욱 뛰어난 이들이었다.

선생은 처음에 사마시(司馬試)에 합격했고, 태학(太學)에서 후릉**참봉(厚陵參奉)에 천거하였으나 사양하고 나아가지 않았다. 돌아가신 뒤에 대신들이 아뢰어 의정(議政)7)을 추증하고 시호를 문강(文康)이라 하였다. 선조(재위 1567~1608) 때에 상국(相國) 이항복**(李恒福), 도헌(都憲) 홍이상**(洪履祥), 참의(參議) 한백겸**(韓伯謙)이 여러 선비에게 통문을 돌려 선생이 전에 살던 곳에 서원(書院)을 세웠고, 사액(賜額)8)하기를 '화곡(花谷)'이라 하였다. 선생을 봉안하여 제사를 모셨는데, 박사암(朴思菴)·허초당(許草堂)·민행촌(閔杏村)을 종향(從享)9)하였다. 퇴계선생(退溪先生)의 문집 가운데, "(어느 날) 서화담(徐花潭)이 만월대(滿月臺)**에 올라갔는데 어느 손님이 율무죽을 주었더니, 화담이 이것을 먹고 일어나서 춤을 추었다."라고 하였다. 내가 이것을 보고 일찍이 의아하게 여겼다. 그러나 가만히 생각해 보니, 선생은 (만월대에) 올라간 뒤 펼쳐진 광경을 보고서 감회가 일어나 태연하게 스스로 마음에 얻은 바가 있어 자신도 모르게 손을 들어 춤추었을 것이다. 만일 그렇지 않았으면 어찌 일어나서 춤까지 추었겠는가?

내가 송도유수로 있을 때 전 금오랑(前金吾郎) 한대용**(韓大用)이란

---

7) 의정(議政) : 우의정(右議政)을 말함.
8) 사액(賜額) : 임금이 사당(祠堂)·서원(書院)·누문(樓門) 등에 이름을 지어서 새긴 편액(扁額)을 내리는 것을 말한다. 최초의 사액 서원이 소수서원(紹修書院)이며, 화곡서원(花谷書院)은 1609년(광해군 1)에 사액 서원이 되었다.
9) 종향(從享) : 학덕이 있는 사람의 신주(神主)를 문묘(文廟)나 사당(祠堂)·서원(書院) 등에 모시는 것을 말한다.

자가 있었는데, 일찍이 사마시(司馬試)에 합격하고 나이 90여 살인데도 정신이 쇠하지 않았다. (그는) 선생과 한마을 사람으로서 어려서부터 선생에게 가장 오랫동안 공부를 배웠기 때문에 능히 선생의 평상시 일을 말해 줄 수 있었다. 나는 그에게 "선생이 일어나 춤을 추었다는 것이 사실인가?"라고 물었더니, 한생(韓生)이 "선생은 매양 꽃피는 좋은 계절이 되면 문도(門徒)들을 데리고 걸어서 앞 시내로 나가 소나무 수풀과 수석(水石) 사이를 거닐다가 때때로 술을 마셨습니다. 조금 취하면 금방 그치고, 젊은이로[관자(冠者)10)] 하여금 「귀거래사(歸去來辭)」11)를 외우게 하고, 동자(童子)들은 일어나서 춤을 추게 했습니다. 이런 일은 내가 직접 보았지만, 선생이 몸소 춤을 추셨다는 말은 듣지 못했습니다. 아마도 필시 이 말이 잘못 전해진 것이겠지요."라고 하였다.

유학자[사문(斯文)] 차식**(車軾)은 송도 사람이다. 부지런히 배워 학문을 닦았으며, 또 시를 잘 짓는다는 명성이 있었다. 일찍이 과거에 급제하고[석갈(釋褐)]12) 집에 있었는데 유수(留守)가 차식을 후릉(厚陵)의 한식전사관(寒食典祀官)으로 보냈다. 차식이 능에 이르러 정자각(丁字閣)을 보았더니, 해마다 비가 새어서 대들보와 서까래가 모두 썩었고, 흙먼지가 벽에 가득했으며, 뜰에는 풀이 우거졌고, 상·탁자·그릇들은 오래되어 더럽고 깨져 있었다. 차식은 사방을 둘러보면서 탄식하였다. 이윽고 늙은 수복(守僕)이 와서 뵙자, 차식이 "나라의 능이 이렇게 매몰될 줄 일찍이 몰랐다."라고 하니, 수복이 "이 능은 조천(祧遷)13)한 지가 이미 백 년이 지났는데,

---

10) 관자(冠者) : 성인 의식인 관례(冠禮)를 치른 젊은이를 일컫는다.
11) 귀거래사(歸去來辭) : 동진(東晉)의 은거시인 도연명(陶淵明, 365~427)의 대표적인 한시 작품이다. 이는 도연명이 41세 때 벼슬을 사직하여 집으로 돌아오면서 지은 작품이다.
12) 석갈(釋褐) : 과거에 합격한 자가 평민의 옷을 벗고 새로이 관복을 입는다는 뜻으로 곧 급제하여 처음으로 벼슬하였음을 의미한다.
13) 조천(祧遷) : 제사를 지내는 대(代)의 수가 다 되어서 종묘(宗廟)의 본전(本殿)

1년에 한식 이외에는 제사[香火]가 끊어집니다. 제관(祭官)도 서울에서 오는 것이 아니고, 전헌(奠獻)과 배례(拜禮)도 법도에 맞지 않으며, 희생에 쓰는 짐승이 파리하고, 제주(祭酒)가 신 것도 대수롭지 않게 봅니다. 사당 문이 한 번 닫히면 1년 내내 횅하고 고요하니, 능졸(陵卒) 또한 줄어들어, 텅 빈 산의 비바람을 수호할 사람이 없으니, 어찌 황폐하지 않을 수 있겠습니까?"라고 하였다. 차식은 이 말을 듣고 처량한 생각이 들어, 몸소 향불을 피우고 청소를 한 다음, 정성껏 제물(祭物)을 준비하고 목욕하고서 제사를 올렸다. 제사가 끝나고 잠이 들었는데, 꿈에 자줏빛 옷을 입은 중사(中使)14)가 와서 차식에게 소명을 전하기를, "주상께서 대궐에 앉아 계시니 저를 따라 들어가시지요."라고 하면서, 마침내 차식을 인도하여 대문으로 들어갔다. 밖에서 바라보니 대궐집은 크고 깊었으며, 임금께서는 어탑(御榻)15) 위에 앉아 계셨다. 황공하여 뜰에 엎드리니 중사가 들어오기를 재촉하므로 탑(榻) 앞에 엎드리자 임금께서, "저번까지 왔던 제관은 모두 정성을 들이지 않았고 제물도 보잘것없어서 내가 거들떠보지 않은 지가 오래되었다. 그런데 오늘은 음식이 몹시 정결하기에 내가 심히 가상히 여겼다. 네 어미가 지금 대하병(帶下病)16)을 앓는다는 것을 들었는데, 내가 좋은 약을 주겠노라."라고 하였다. 또 이르기를, "반드시 뒤에 복을 받을 것이다."라고 하는 것이었다.

차식이 꿈에서 깨어서도 두려움을 이기지 못하다가 날이 밝자 동구(洞口)로 나왔다. 매 한 마리가 뒤에서 갑자기 날아가면서 큰 물고기 한 마리를 말 앞에 떨어뜨렸다. (그 물고기는) 생기가 팔팔하여 땅에서 퍼덕거

안의 위패(位牌)를 영녕전(永寧殿)으로 옮겨 모시던 일을 일컫는다.

14) 중사(中使) : 궁중(宮中)에서 왕의 명령을 전하던 내시(內侍)이다.

15) 어탑(御榻) : 임금이 앉거나 눕는 기구로서 평상이나 침상 따위가 이에 해당한다.

16) 대하(帶下) : 부녀자의 음도에서 흘러나오는 일종의 걸쭉한 액체인데, 대하의 양이 많거나 색·질·냄새에 이상이 있거나 혹은 전신 증상을 수반하는 것을 대하병(Gynecolligical Disease)이라 한다.

리는데 만려어(鰻鱺魚)[17]였다. 그 길이가 한 자나 되었다. 차식은 꿈속에서
있었던 일을 크게 깨닫고, 그것을 가지고 집으로 돌아왔다. 며칠 동안
국을 끓여서 어머니께 드렸더니 그 병이 마침내 나았다. 차식의 벼슬이
군수(郡守)에 이르고 두 아들 차천로**(車天輅)와 차운로**(車雲輅)는 모두
과거에 급제하였다. 차천로 또한 문장으로 벼슬이 첨정(僉正)에 올랐고,
차운로 또한 문명(文名)이 있어 벼슬이 시정(寺正)에 이르렀다. 차천로의
아들 차전곤(車轉坤)은 과거에 급제하여 지금 정랑(正郎)이 되었다고 한다.
만려어(鰻鱺魚)는 칠성례(七星鱧)[18]이다.

　안경창(安慶昌)은 송도(松都)의 천한 사람이었다. 호는 사내(四耐)이고,
성격이 대범하고 빼어나 기개(氣槪)와 절조(節操)가 뛰어났다. 어렸을
때 중을 따라서 화장사**(花庄寺)에서 공부했다. (그때) 노승(老僧)이 있었
는데 겨울에는 맨머리에 맨발로 눈 위를 걸어 다녔고, 한여름에는 누더기를
입고 바위 위에 누워서 천둥소리와 같이 코를 골았다. 동료 중들이 모두
공경하여 신승(神僧)이라고 했다. 안경창도 마음으로 몹시 사모하여 사리
(闍梨)[19]가 되어 주기를 원하였더니 스승이 이를 허락하였다. 이에 그를
좇아 배운 지 거의 반년이 되었을 때 가만히 그의 하는 것을 엿보았더니,
스승은 밤마다 북두성에 절을 하고, 밤중이면 일어나서 입으로 불경을
줄줄 외웠으며, 먹는 것은 다만 솔잎뿐이었다. 안경창이 스승에게 "추위를
이기고 더위를 참는 방법을 듣고자 합니다."라고 청하였더니, 스승이
"이것이 어찌 다른 방법이 있겠는가! 오랫동안 솔잎을 먹으면 자연히
추위에도 춥지 않고 더위에도 덥지 않으며, 배고프고 목마른 것이 몸에
침범하지 못하느니라."라고 하였다. 안경창이 "스승님께서 외우시는 것이

17) 만려어(鰻鱺魚) : 뱀장어이며, 칠성례(七星鱧)라고도 한다.
18) 칠성례(七星鱧) : 뱀장어이며, 만려어(鰻鱺魚)라고도 한다.
19) 사리(闍梨) : 범어(梵語)로 아사리(阿闍梨)의 약칭인데, 불자(佛子)들의 사범이
　　되는 큰스님을 높여 부르는 말이다.

무슨 경(經)입니까?"라고 물었더니, (스승이) "북두(北斗)이다."라고 하였다. 또 "다른 스님도 솔잎을 먹는 자가 많은데, 춥고, 덥고, 배고프고 목마른 것을 참았다는 말을 듣지 못했습니다."라고 물었더니, 스승이 "(솔잎 외에) 다른 사람들은 소금이나 간장을 먹어서 또한 정신을 모을 수가 없느니라!"라고 하였다. 또 "어떻게 하면 정신을 모을 수가 있습니까?"라고 물었더니, 스승이 "욕심이 없어야 한다."라고 하였다. 안경창은 그 법을 대략 전해 받아서 자못 네 가지 괴로움을 참았기 때문에 이로써 스스로 호(號)로 삼았다. 스승은 실로 남다른 승려였고, 안경창 또한 보통 사람이 아니었다. 겨울에 베옷을 입고 다리를 내놓고 다녔으며, 또 얼음을 깨고 들어가 목욕을 했다. 얼굴은 마치 붉은 칠을 한 것 같았는데, 나이 80여 세에 죽었다.

만력 갑진년(1604, 선조 37)에 나는 응교(應敎)로서 송도에 시재어사(試才御史)로 나갔다. 이때 무과(武科)의 인원수가 가장 많아서 수십여 일을 머무르는 동안 매양 안경창과 같이 거처했다. 안경창은 국내의 명산을 두루 돌아다녀 여태까지 유람했던 빼어난 경치들을 잘 말하였으므로, 나는 재미있게 듣고는 자못 누워서 유람하는[와유(臥遊)20)] 것과 같은 흥취를 얻었다. 그때 마침 안경창과 박연(朴淵)에 놀러 가기로 약속했는데, 안경창이 또 박연에 대한 기이한 일을 이야기하기를, "제 나이 열두 살에 같은 마을의 족당(族黨)들을 따라서 박연에 갔는데, 남녀노소가 거의 30여 명이나 되었습니다. 때는 마침 4월 보름이라서 철쭉꽃이 한창 피었고 신록이 정말 아름다웠으며, 더욱이 마침 비가 온 뒤라서 폭포 물이 넘쳐흘러 경치가 정말 좋았습니다. (그때) 새로 시집간 여인 하나가 자색이 아주 아름다웠는데, 옷을 벗고 가슴을 드러낸 채 물에 들어가 몸을 씻었습니다. (그런데) 못의 물이 바람도 없는데 저절로 끓어오르듯이 물결이

---

20) 와유(臥遊) : 누워서 유람한다는 뜻으로 집에서 명승(名勝)이나 고적(古蹟)을 그린 그림을 보며 즐김을 이르는 말이다.

치솟더니 검은 구름 한 줄기가 마치 일산(日傘)같이 퍼졌습니다. 그리고
무슨 물건이 못 가운데에서 솟아 나왔는데, 그 모양이 키[箕]와도 같았으며,
구름과 안개가 모여들어 머리와 얼굴을 분별할 수 없었고 눈빛만이 번개처
럼 번쩍였습니다. 사람들은 모두 두려워 떨고 있었는데, 그 여인은 놀라
부르짖고 물에 자빠지는 것이었습니다. 친속(親屬)들이 엉겁결에 (그녀를)
업고 도망하여 바위 밑에 두었더니, 이윽고 검은 구름이 사방을 메우고
골짜기가 캄캄해지면서 큰비가 물 쏟아지듯이 내리고 바람소리와 물소리
가 산골짜기를 진동했습니다. 놀러 간 사람들은 모두 나무를 껴안고
앉아서 벌벌 떨고 어찌할 바를 몰랐습니다. 한참 만에 날이 개므로 엎어지
고 넘어지며 흩어져 겨우 동구(洞口)까지 나왔는데, 태양은 중천에 떴고
풀이나 나뭇잎에는 젖은 흔적이 하나도 없어 비가 온 기운이란 전혀
없었으니 더욱 이상한 일이었습니다. 그 여인은 집에 돌아와서 한 달
만에 죽었는데, 그 후에 이웃에 사는 사람이 보니 그 여인은 흰옷 입은
소년과 함께 (박연) 못가에서 놀더라는 것이었습니다."라고 하였다.

　최영수**는 송도 사람이다. 글공부하여 어려서부터 재주 있다는 소문이
있었다. 여러 번 향해(鄕解)²¹)에 참여했으나 회원(會院)²²)에는 합격하지
못했다. 공용경**(龔用卿)이 조사(詔使)로 왔을 때 태평관**(太平館)의 수리
감관(修理監官)이 되어 단청을 칠하고 바닥에 까는 것을 매우 화려하게
했다. 조사(詔使)가 태평관에 들어가기 전날 밤에 모든 집기를 벌여 놓았는
데 찬란하여 눈이 부셨다. 이날 밤에 최영수가 낭사(廊舍)에서 자는데,
꿈에 한 조정의 관원이 말을 달려 먼저 오더니 태평관의 건물들을 두루
살펴보면서 말하기를, "주상께서 거동하시어 벌써 동구에 이르렀다."라고

---

21) 향해(鄕解) : 향시(鄕試)이다. 향시는 조선시대 과거 시험에서 각과의 초시(初試)
　　중의 하나였다.
22) 회시(會試) : 문·무과(文·武科) 과거의 초시(初試) 급제자가 서울 한양에 모여
　　제2차로 보는 시험이며, 여기서 급제한 자가 전시(殿試)를 보는 것이 원칙이었다.

하였다. 갑자기 문밖에 떠드는 소리가 들리기에 일어나 보니, 깃대와 갑졸(甲卒)들이 수 리(里)에 뻗쳐 있었다. 임금이 탄 수레가 문으로 들어와 임금께서 대청 북쪽 벽에 앉았는데, 용모가 엄중했으나 수심이 얼굴에 가득하였다. 종자(從者)가 말하기를, "공민왕"(恭愍王)이시오."라고 했다. 백발에 금 갑옷을 입은 장군이 왼쪽에 시립했는데 그 몸가짐이 몹시 무서웠다. 종자가 말하기를, "최영"(崔瑩)장군이오."라고 했다. 또 재신(宰臣) 여섯 명이 오른쪽에 고개를 숙이고 엎드렸는데, 종자가 말하기를, "맨 윗자리에 있는 분이 목은(牧隱) 이색"이고, 그 다음이 포은(圃隱) 정몽주"이오."라고 하였다. 나머지도 모두 이름을 말했지만 잊어버렸다. 또 흰옷 입은 부인이 있었는데 용모가 초췌했다. 소장을 가지고 대궐 안으로 들어갔다가 나왔는데, 그 모양이 마치 평상시에 임금께 글을 올리는 모습과 같았다.

임금이 장군을 돌아보면서 무엇인가 말하는 것 같더니, 갑자기 중사가 호령을 전하자 사나운 병졸이 사방에서 나와 죄수 하나를 잡아 뜰로 들어오는데, 몸에 모두 형틀을 씌웠다. 모두 말하기를, "정도전"(鄭道傳)이오."라고 하였다. 끝자리에 있던 재신(宰臣)이 일어나서 임금께 아뢰기를, "내일 조사(詔使)가 이 관(館)에 들어올 것이니, 이곳은 죄수를 국문할 장소가 아닙니다."라고 하니, 임금이 고개를 끄덕였다. 갑자기 하품과 기지개를 켜다가 깨고 보니 꿈이었다. 최생은 몹시 놀라고 이상하여 개성부(開城府)의 여러 늙은 유학자들에게 꿈 이야기를 했다. 그리고 묻기를, "흰옷 입은 부인이 누군지 모르겠소?"라고 하였더니, 혹자가 말하기를, "필시 신우"(辛禑, 우왕)의 어미가 억울함을 하소연한 것일게요."라고 하였다. 고려 말에 군신(君臣)들의 원통함이 맺히고 풀리지 않아서 백 년 후에도 이러한 하찮은 꿈에까지 나타나니, 참으로 원통할 일이로다! 당시에 나라를 팔아먹은 간사한 자가 정도전(鄭道傳)뿐만이 아닌데 그만 홀로 벌을 받았으니, 어찌 간적(奸賊)의 괴수라고 해서 그런 것이 아니겠는가? 이는 첨정 차운로(車雲輅)가 한 말이다.

　진이**(眞伊)는 송도의 이름난 기녀였다. 그 어미 현금(玄琴)은 용모가
꽤 아름다웠다. 18살 때 병부교**(兵部橋) 밑에서 빨래를 하는데 다리
위에 형색이 단아하고 의관이 화려한 한 사람이 현금을 눈여겨보면서
혹은 웃기도 하고 혹은 가리키기도 하므로 현금도 마음이 움직였다.
그러다가 그 사람이 갑자기 보이지 않았다. 날이 이미 저녁때가 되어
빨래하던 여자들이 모두 흩어지니, 그 사람이 갑자기 다리 위로 와서
기둥에 기대어 오랫동안 노래하였다. 노래가 끝나고 물을 달라고 하므로
현금이 표주박에 물을 가득 떠서 주었다. 그 사람은 반쯤 마시더니 미소
짓고 돌려주면서 말하기를, "너도 한 번 마셔 보아라."라고 했는데, 마시고
보니 술이었다. 현금은 놀라고 이상히 여겨 서로 좋아하더니 드디어
진이(眞伊)를 낳았다. (진이는) 용모와 재주가 아주 뛰어났고 노래도 매우
잘 불렀기 때문에, 사람들이 그녀를 선녀(仙女)라고 불렀다.

　유수(留守) 송공(宋公)이【혹은 송염이라고도 하고 혹은 송순**(宋純)이
라고도 하는데 어느 것이 옳은지 알 수 없다.】처음 부임했을 때 마침
명절이었다. 아전들이 관청에 조촐한 술자리를 마련했는데, 진이가 와서
뵈었다. (그녀는) 태도가 얌전하고 행동이 단아하였다. 송공은 풍류인(風流
人)으로서 화류계에서 잔뼈가 굵은 사람이었다. 한 번 그녀를 보자 범상치
않은 여자임을 알고 좌우를 돌아다보면서 말하기를, "이름을 헛되이 얻는
것이 아니로구나!"라 하고, 기꺼이 정성껏 대접하였다. 송공의 첩 또한
관서(關西)23)의 명물(名物)이었다. 문틈으로 그녀를 엿보다가 말하기를,
"과연 절색이로다! (이제) 내 시절이 가버렸구나!"라 하고, 드디어 문을
박차고 나가 큰소리로 외치면서 머리를 풀고 발을 벗은 채 뛰쳐나오기를
여러 번 하자 여러 계집종이 붙들고 말렸으나 만류할 수가 없었다. 송공은
놀라 일어나고 자리에 있던 손님들도 모두 물러갔다.

　송공이 그 어머니를 위하여 수연(壽宴)24)을 베풀면서, 경성(한양)의

---

23) 관서(關西) : 조선시대의 평안도와 황해도 북부 지역을 이르는 말이다.

예쁜 기생과 노래하는 여자를 모두 불러 모았다. 이웃 고을의 수재(守宰, 지방관)와 고관들이 모두 한자리에 앉았는데, 붉게 분칠한 여인이 자리에 가득하고 비단옷 입은 사람들이 무리를 이루었다. (이때) 진이는 화려하게 화장도 하지 않고 옅은 화장만 하고 나왔는데, 타고난 경국지색(傾國之色)이어서 광채(光彩)가 사람들을 감탄시켰다. 밤이 다하도록 계속되는 잔치에서 모든 손님이 칭찬하지 않는 이가 없었다. 그러나 송공은 조금도 그녀를 쳐다보지 않았는데, 그것은 발[簾] 안에서 엿보고 전날과 같은 변이 있을까 염려했기 때문이었다. 술에 취하자 비로소 계집종이 술잔[파라(叵羅)]에 술을 가득 부어서 진이에게 마시기를 권하면서, 가까이 앉아서 혼자 노래 부르게 했다. 진이는 매무새를 가다듬어 노래를 부르는데, 맑고 고운 노랫소리가 간들간들 끊어지지 않고 위로 하늘에 사무쳤으며, 고음 저음이 다 맑고 고와서 평범한 곡조와는 전혀 달랐다. (이에) 송공은 무릎을 치면서 칭찬하기를, "하늘이 준 재주로구나!"라고 했다.

악공(樂工) 엄수**(嚴守)는 나이 70살이었는데 온 나라에서 알아주는 가야금의 명수요, 음률 또한 잘 터득하였다. 처음 진이를 보고 감탄하기를, "선녀로구나!"라고 했다. 노랫소리를 듣더니 자기도 모르게 놀라 일어나며 말하기를, "이것은 신선 세계의 소리로다! 세상에 어찌 이런 곡조가 있으랴!"라고 감탄했다. 그때 명나라 사신이 개성부에 들어오자, 원근에 있는 사녀(士女)들이 구경하려고 모여들어 길옆에 숲처럼 서 있었다. 어떤 두목(頭目)[25]이 진이를 바라보다가 말에 채찍을 치면서 달려와서 한참 동안 보다가 갔는데, 그가 태평관에 이르러 통역관에게 이르기를, "너의 나라에 천하의 절색(絶色)이 있더구나."라고 했다.

진이가 비록 창기(娼妓)였지만 성품이 고결하여 번잡하고 화려한 것을

---

24) 수연(壽宴) : 오래 산 것을 축하하는 잔치이며, 일반적으로 환갑(還甲) 잔치를 뜻한다.

25) 두목(頭目) : 중국 국사(國使)의 일행 중에서 장사를 목적으로 사신을 따라오던 북경 상인을 지칭하기도 한다.

일삼지 않았다. 비록 관부(官府)의 술자리일지라도 다만 빗질과 세수만
하고 갈 뿐, 옷도 바꿔 입지 않았다. 또 방탕한 것을 좋아하지 않아서
시정(市井)의 상것들이 비록 천금을 준다 해도 돌아보지 않았으며, 선비들
과 함께 놀기를 즐기고 자못 문자를 해득하여 당시(唐詩) 보기를 좋아했다.
일찍이 화담(花潭) 선생을 사모하여 매양 그 문하에 나가 뵈니, 선생도
역시 거절하지 않고 함께 담소했으니, 어찌 당대의 명기라 하지 않겠는가!
　　내가 갑진년(1604, 선조 37)에²⁶⁾ 개성부의 어사(御史)로 갔을 적에는
병화(兵火)²⁷⁾를 막 겪은 뒤라서 관청이 텅 비어 있었으므로, 나는 남대문(南
大門) 안에 사는 서리(書吏) 진복**(陳福)의 집에서 유숙했다. 진복의 아비
또한 늙은 아전이었고, 진이와는 가까운 친척이었다. 그때 그의 나이가
80여 살이었는데, 정신이 강건하여 매번 진이의 일을 어제 일처럼 또렷하
게 이야기해 주었다. 내가 "진이가 특이한 비법을 가져서 그러했던가?"라
고 물었더니, 노인은 "특이한 비법이란 건 알 수 없지만, 방 안에서 때로
이상한 향기가 나서 며칠 동안 없어지지 않았다고 합니다."라고 했다.
나는 공무가 끝나지 않아 여러 날 그곳에 머물면서 늙은이에게 익히
그 전말(顚末)을 들을 수 있었다. 이 때문에 이렇게 기록하여 기이한
이야기를 널리 퍼뜨리는 바이다.

　　송악신**(松岳神)에 대한 제사는 국초부터 성행하여서 그 폐단이 늘어났
고, 관리들 또한 무당과 마주 춤을 추는 일까지 있었다. 【이 또한 『상촌집
(象村集)』에도 나온다.】²⁸⁾ 성종 때 대신들이 위에 아뢰어서 이를 엄금시켰

26) 이때 이덕형이 개성부에 가서 시제를 했다.(『선조실록』 권171, 선조 37년 2월
　　9일(경인), "遣御史李德泂于開城府 試才儒生·武士等")
27) 병화(兵火) : 임진왜란(壬辰倭亂).
28) 『大東野乘』象村雜錄, "海東雖自堯時立國 不過一海外屯長 如三韓四郡事迹 杳不可考
　　高句麗新羅百濟享國雖久 究其國制 五倫不立 高麗亦不能改 至麗末 圃隱建白 始備官服
　　及喪制 而未幾麗亡 至于我 朝 凡百文物 一倣華制 彬彬可觀 而若夫巫佛祈祝 尚有夷俗
　　故祖宗朝 自 上如有疾病 則僧徒巫覡 誦經設禱於仁政殿上 且松岳神祠 尤極崇奉 神祠行

지만 종실의 외척이나 귀한 가문에서는 오히려 그전 관습대로 하였고, 시정(市井)의 부자 상인 집에서는 경쟁적으로 사치를 부려 온갖 도구를 줄지어 싣고 노래 소리가 길에 가득했으므로, 한 번 차리는 비용이 중인 한 집안의 재산을 다 기울여도 오히려 부족하였는데, 문정왕후**(文定王后) 때에 이르러 더욱 심했다. 환관과 궁녀들이 길에 끊이지 않았고 음식 제공도 적지 않았으며, 남녀들이 산골짜기를 메워 여러 날 머물렀기 때문에 자못 추한 소문까지 있었다. 개성부에 사는 강씨(姜氏) 성을 가진 생원이 유생 40여 명을 선동해 가서 신사(神祠)를 불사르고 신상(神像)과 제사상을 헐어버려 아무것도 남기지 않았다. 문정왕후가 크게 노하여 모두 잡아다가 무거운 형벌을 내리라고 명령하니 감옥에 갇히는 사람들이 이어져 선비들이 옥에 가득했다.

유수(留守)로 있던 심수경**(沈守慶) 또한 이를 금하지 못했다 하여 견책을 당했다. 그리하여 삼사(三司)가 서로 글을 올려 석방시키기를 청한 것이 한 달이 넘었으나 (문정왕후의) 노여움이 풀리지 않았으므로 명종이 기회 있을 때마다 간하여 겨우 석방을 허락받았다. 여러 무당들이 반드시 귀신의 꾸지람이 있을 것이라 저주했으나, 그 후 강씨는 오래 살고 아무런 재앙도 없었으며, 같이 갔던 유생들도 사마시(司馬試)와 문과에 등과한 자가 역시 많았다. (그리하여) 모든 사람들의 의혹이 자못 풀리어 (신사가) 폐해 없어진 것이 여러 해가 되었다. 뒤에 또 점차 다시 만들어져 지금에 이르러서는 고칠 수 없는 폐단이 되어 버렸으니, 참으로 탄식할 일이로다!

세상에서 전하는 말에 노국공주(魯國公主)의 능[정릉**(正陵)] 속에는 금과 보물이 많이 간직되어 있다고 한다. (어느 날) 성 안에 사는 사람의 집에서 말이 도망하므로 주인이 이를 쫓아갔는데, 말이 쏜살같이 달려가다

禮後 巫女設筵 則開城留守入參 至於與巫女歌舞 恬不知怪 巫女往來神祠 所用什物 皆驛遞官供 及 成廟朝 始有言者罷之 逮 中廟朝己卯年 儒者進用 雖僅一歲 而國俗大變 自是之後 冠婚喪制 稍稍式禮矣."

가 바로 노국공주의 능 뒤에 있는 언덕으로 가더니 멈춰 섰다. 주인이
말을 잡고 능 있는 곳을 내려다보니, 그 곁에 풀무[야로(冶爐)]를 만들어
놓고 두 사람이 구멍을 뚫고 있었으므로 돌아와서 관청에 사실을 고했다.
이때 심수경(沈守慶)이 유수로 있었는데, 군졸을 풀어서 잡았다. 도적들이
정신이 혼미하여 어찌할 줄을 몰라서 그들이 관인(官人)인 줄도 모르고
제 자리에서 꼼짝도 못한 채 잡히고 말았다. 유수가 형구(刑具)를 갖추어
놓고 심문하자, 그들 모두 사실대로 줄줄 불었다. 낭리(郎吏)[29]를 시켜서
조사해 보았더니, 거기에는 망치와 못 같은 기구들이 여기저기 흩어져
있었고, 구멍 뚫은 것이 거의 한 길이나 되었다. 아마도 한두 사람이
몇 달 동안 저지른 일이 아닌 듯하였다. 조정에 알리니 즉시 관리를
파견하여 수리하고, 두 도둑은 법대로 다스렸다. 아! 전대의 제왕들이
혹 유명(遺命)으로 장사를 박하게 지내게 한 것은 대개 이런 일을 조심했기
때문이다. 도망간 말이 능으로 간 것이나 말 주인이 도둑을 고발한 것은
어찌 신명(神明)이 크게 인도한 것이 아니겠는가? 아! 역시 신기한 일이다.

　상당군(上黨君) 한명회**(韓明澮)는 역경에 빠져 때를 만나지 못하다가,
나이 40여 세에 문음(門蔭)으로 비로소 송경(松京)의 경덕궁직(景德宮直)[30]
이 되었다. (그때) 본부의 관료들이 마침 좋은 계절을 맞아서 주변의
경치가 바야흐로 아름다웠으므로 본부의 속관(屬官)들을 모두 초대하여
만월대**(滿月臺)에서 잔치를 열었는데, 한공(韓公) 역시 참여하게 되었다.
한공은 본래 큰 뜻이 있어 당시는 의관에 그다지 신경 쓰지 않았고 또한
모양도 내지 않았다. 여러 손님 중엔 귀한 집 자제들이 많아서 호화롭고
사치스러운 것을 서로 숭상하여 한공의 행색을 깔보았다.

---

29) 낭리(郎吏) : 낭관(郎官)으로 각 관아의 당하관(堂下官)이며, 주로 6조(六曹)의
　　정랑(正郎)·좌랑(佐郎) 혹은 그 밖의 실무를 담당하는 6품의 관원을 이른다.
30) 경덕궁직(景德宮直) : 경덕궁은 개성에 있던 태조 이성계의 잠저였으며, 경덕궁
　　직(景德宮直)은 그곳을 지키던 말단 관직이었다.

경덕궁 터(일제강점기 엽서)

술이 얼큰해지자 서로 약속하기를 "우리들은 모두 서울에 사는 친구들로서 고도(故都, 개성)에 와서 벼슬하고 있으므로 이런 좋은 놀이가 다시 있을 수 없고, 서로 모여 만나기도 기약하기 어려우니, 이제 마땅히 계(契)를 만들어서 오래도록 다음날에도 잘 지내도록 해야 할 것이다."라고 했지만, 오히려 한공에게는 그런 얘기를 하지 않았다. 한공이 말하기를, "나도 거기에 참여하기를 원하오."라고 했더니, 모든 손님들이 가만히 비웃었다. 좌중에 한공을 소중히 여기는 자가 있어 혼자 말하기를 "오늘 한공이야말로 제비나 참새들 속의 큰 기러기나 고니와 같다."[31]라고 하였다. 이듬해에 한공은 좌명(佐命) 원훈(元勳)[32]이 되어 공명이 크게 빛났고 3·4년 내에 공훈으로 개부(開府)[33]가 되니 지위가 상공(上公)[34]에 이르렀다. (그러나) 당시에 계를 맺었던 사람들은 모두 옛 관질에서 맴돌면서 한갓 (한공의) 명성을 우러르며 깊이 스스로 부끄러워하고 한스럽게 여길 뿐이었다. 지금까지도

---

31) 군계일학(群鷄一鶴).

32) 좌명공신(佐命功臣) : 정종 2년(1400) 왕자 방간(芳幹)의 난을 평정할 때 박포(朴苞) 등을 죽인 공으로 이저(李佇) 등 40여 인에게 녹훈(錄勳)한 것인데, 여기에 "한공(韓公)이 좌명 원훈이 되었다."라고 한 것은 착오이다. 세조 원년(1455) 성삼문(成三問) 등의 모략을 미리 알린 공으로 책록한 좌익공신(佐翼功臣)의 잘못인 듯하다. 그 이유로는 한명회가 태종 13년(1415)에 출생하여 "나이 40이 넘도록 벼슬을 못하고 있다가 문음(門蔭)으로 경덕궁직(景德宮直)이 되었고, 그 이듬해에 녹훈했다."라고 하였는데, 세조 원년에 한명회가 41세이고 보면, 좌익공신이 틀림없기 때문이다.

33) 개부(開府) → 개부의동삼사(開府儀同三司)

34) 상공(上公) : 정1품의 최고 관직을 높여 부르던 말이다.

송도 사람들은 이것을 기이한 이야기로 여긴다.

예로부터 영웅호걸의 선비는 품은 뜻을 펴지 못했을 때에는 성 담장이나 토담을 쌓는 일과 같은 하찮은 일을 하면서 괴롭게 지내기도 하고,[35] 남의 가랑이 밑을 참고 지나가기도 했지만[36] 풍운(風雲)의 기회를 한 번 만나면 하늘과 땅 만큼의 현격한 차이가 나는 것이 모두 이와 같은 것이다. 저들 귀하게 놀던 범상한 사람들이 티끌 속에 이런 기이하고 뛰어난 사람이 있는 것을 어찌 알았으랴? 세상의 세력을 믿고 거만하게 구는 자를 가리켜 당시 사람들은 송도계원(松都契員)[37]이라고 했는데, 이를 듣는 자는 배를 잡고 웃었다.

화장사(花藏寺)[38] 불전(佛殿) 뒤에 바위 구멍이 있었는데, 그 깊이가

---

35) 판축반우(版築飯牛) 고사. '판축'은 성 담장이나 토담을 쌓는 일을 말하고, '반우'는 소를 먹이는 일을 가리킨다. 즉 하찮은 일을 뜻한다. 상나라 때 부열(傅說)이란 현자는 민간에서 토담 쌓는 일을 했고, 춘추시대 현자 영척(寧戚)은 소 키우는 일을 했다. 이들은 훗날 모두 조정에 중용되어 나라를 위해 큰일을 해냈다. 이 일은 『사기』「평진후주보열전(平津侯主父列傳)」에 '판축반우'라는 사자성어로 압축 요약되었는데, 아무리 하찮은 일을 하는 사람도 능력과 인품을 갖추고 있으면 큰일을 할 수 있다는 뜻이다.

36) 한신(韓信, 미상~BC 196)의 고사. 『사기(史記)』「회음후열전(淮陰侯列傳)」에 보면, 한신이 불량배의 가랑이 밑을 기어갔다는 내용이 있다. '과하지욕(跨下之辱)'이라고도 쓰며, 원문에 쓰인 대로 '과하지욕(袴下之辱)'이라고도 쓰고 '과하수욕(袴下受辱)'이라고도 쓴다(淮陰屠中有侮信者曰 若雖長大 好帶刀劍 中情怯耳. 衆辱之曰 信能死 刺我 不能死 出我袴下 於是信孰視之 俛出袴下 蒲伏 一市人皆笑信 以爲怯). 미래의 큰일을 이루기 위해서는 어떤 치욕이라도 참고 기다릴 줄 알아야 한다는 뜻이다.

37) 송도계원(松都契員) : 송도계(松都契)의 일원을 말한다. 조선시대 한명회(韓明澮)가 송도의 경덕궁직(景德宮直)으로 있을 때 개성부의 벼슬아치들이 만월대에서 연회를 베풀고 친목계를 조직할 적에 보잘것없는 한명회를 계원으로 받아들이지 않았다. 하지만 한명회는 수양대군을 도와 계유정난(癸酉靖難)을 일으켜 정난공신(靖難功臣)에 책봉되었다. 세조가 즉위한 뒤 한명회가 출세가도를 달리자, 예전에 송도계를 맺었던 사람들은 한명회를 계원으로 받아 주지 않은 일을 아쉬워했다. 따라서 지위나 세력을 믿고 남을 멸시하고 오만하게 구는 사람을 '송도계원'이라 부르게 되었다.

얼마나 되는지 알 수 없었다. 비가 오려고 하면 푸른 연기 한 줄기가 그 구멍에서 일어나서 한들한들하다가 흩어졌다. 노승들이 서로ˇ전하여 말하기를 "큰 이무기가 그 속에 숨어 있으면서 기운을 뿜어내서 그렇다."라고 했지만, 사람들은 그래도 그 말을 믿지 않았다. 마침 장맛비가 그쳐 개고 뜨거운 햇살이 내리 쬐였다. (그때) 어떤 물체가 구멍에서 불쑥 나왔는데, 마치 고양이새끼 머리와 같은 것이 비늘을 번쩍였다. 까마귀 떼가 짖어대고 새들이 날아 그 위를 맴돌므로 절에 있던 중들이 무서워서 감히 가까이 가 보지도 못해서 또한 어떤 물체인지 알 수도 없었는데, 그 혓바닥을 날름거리므로 비로소 뱀인 줄 알았다. 그 뒤로 학질에 걸린 어떤 중이 그 바위 구멍에 가서 앉아 보았더니 학질이 떨어졌으므로 이로부터 사람들이 모두 이를 신봉해 왔다. (그리하여) 원근의 백성들이 병에 걸리면 반드시 여기에 와서 기도했는데, 향과 떡 같은 것을 여기에 놓고 북을 둥둥 치면 뱀이 나와서 먹었다. 마침내 이것이 길들여져 일상으로 된 것이 거의 50년이나 되었다.

장단(長湍)에 살던 박만호˙˙(朴萬戶)라는 자가 사냥개를 끌고 매를 부리면서 준마를 타고 왔다. 그때 마을의 노파가 있었는데, 막 병든 어린애를 안고 여기에 와서 치성을 드리자 뱀이 머리를 내놓고 음식을 먹었다. 박만호는 이것을 보고 크게 놀라 백우동(白羽洞)[39]을 뽑아 그 뱀의 머리를 쏘아 꿰뚫어 쓰러뜨렸다. 절에 있던 중들은 놀라서 서로 다투어 뱀에게 합장하고 절을 할 뿐이었다. (그러나) 박만호는 얼굴빛을 변하지 않고 말에 채찍을 휘두르며 가버렸다. 그 이후에 요상한 일이 마침내 사라졌다.

10여 년 뒤에 박만호는 당상관으로 승진하여 고을 원을 지내다가 늙어서 자기 집으로 물러났다. 고향의 친척들을 거느리고 절에서 계(契)를 하였는

---

38) 화장사(花藏寺) → 화장사(華藏寺).
39) 백우동(白羽洞) : 백우시(白羽矢)라고 하며, 흰 깃을 달아 만든 화살로서 흔히 독수리의 깃을 사용한다.

데, 백발은 휘날렸으나 용모는 엄하고 굳세었다. 여러 중들은 익히 쳐다보고 말하기를 "이 노인이 당시에 뱀을 죽였던 사람과 비슷하다."라 하고 서로 의심이 나서 그 종에게 "이 분이 장단"의 박만호가 아닌가?"라고 물었더니, 종이 "그렇습니다."라고 하자, 여러 중들이 웅성웅성 거렸다. 박만호는 자리에 있던 손님들에게 말하기를 "이 절에는 옛날에 요괴스런 뱀이 있었는데 내가 화살 하나로 쏘아 죽였소. 중들은 내가 반드시 뒤에 재앙이 있을 것이라고 했지만, 나는 지금 나이나 지위가 모두 높으오. 뱀은 미물(微物)인데 어찌 사람에게 화복(禍福)을 줄 수 있겠소? 더구나 옛날부터 뱀을 죽이고 복을 얻은 자는 얼마든지 있소이다. 그러니 전날에 어리석은 중들이 의심했던 것은 참으로 우스운 일이오."라고 했다. 이 말을 듣고 좌중의 손님들이 탄복하였다. 박만호가 어떤 사람인지 알 수 없지만, 필시 아는 것이 많고 기이한 사람일 것이다. 그 자손들이 번창하여 지금은 명문거족(名門巨族)이 되었다고도 한다.

유학자 차천로"(車天輅)는 차식"(車軾)의 아들이고, 호는 오산(五山)이다. 문장에 능하였는데, 특히 시를 잘하였다. 긴 글이든[장편(長篇)] 뛰어난 글이든[거작(鉅作)] 막힘없이 줄줄 써 내려갔는데, 구법(句法)⁴⁰⁾이 웅건하여 사람들의 입에 오르내려 전하여 외우는 자가 매우 많았다. 중국 사신이 올 때마다 제술관(製述官)으로 빈상(儐相)⁴¹⁾을 따라가서 시를 읊어 주고받았는데, 만일 강운(强韻)⁴²⁾이나 짓기 어려운 체제를 만나면, 반드시 차천로의 시를 내놓으면 중국 사신이 이를 보고 크게 칭찬하고 탄복하였다.

---

40) 구법(句法) : 시문(詩文)의 구절을 만들거나 또는 글귀를 배열하여 놓는 법을 말한다.
41) 빈상(儐相) : 중국 사신을 멀리까지 나아가 맞아들이는 원접사(遠接使)의 이칭으로 임시 직책이었다. 2품 이상의 관원이 임명되는 것이 보통이었다.
42) 강운(强韻) : 한시(漢詩)를 지을 때 쓰이는 운자(韻字) 중에서 시를 짓기 어려운 운자를 말한다.

선조(宣祖)는 인재를 길렀으므로 시로써 세상에 이름을 날린 자를 많이 배출했는데, 웅혼(雄渾)하고 뛰어난 것은 모두 차천로에 미치지를 못했다. 그가 저술한 시문의 권질(卷秩)이 꽤 많았는데, 다만 사람됨이 엉성하여 세상 물정에 어둡고 오직 마시고 먹고 글을 읊을 뿐이었다. 일찍이 알성과 (謁聖科)에서 다른 사람을 대신하여 글을 지어 주었는데, 그 사람이 과연 장원을 했으나 일이 탄로 나서 과거가 취소되고 차천로는 옥에 갇혀 죄를 받았다. 이 때문에 비방이 들끓어 마침내 불우하게 되어 벼슬이 겨우 4품으로 세상을 마쳤다.

그 아우 차운로**(車雲輅)가 개성교수(開城敎授)로 있었는데, 그때 유수 조진**(趙振)이 제법 천문(天文)을 이해하고 있었다. 차운로에게 이르기를 "요사이 규성(奎星)이 광채를 잃었는데 이렇게 되면 문인(文人)이 반드시 죽습니다. 지금 세상에 문장으로는 그대의 형만한 이가 없으니, 이 별의 변괴에 해당하지 않을까요?"라고 했는데, 얼마 지나지 않아 차천로가 과연 죽자 듣는 자들이 이상히 여겼다. 차천로가 만약에 별의 정기를 타고 났다면 인품과 명성이 어찌 그다지도 보잘것없단 말인가? 그렇지 않다면 타고 난 것은 화려한 재주일 뿐이어서 시를 쓰는 데에만 파묻혀 있었기 때문이 아닌가? 애석한 일이로다!

한호**(韓濩)는 송도 사람이었다. 호는 석봉(石峰)인데, 필법(筆法)이 힘차고 아름다워 스스로 서법(書法)을 이루었다. 공사(公私)의 비석·묘갈· 병풍·족자가 모두 그의 손에서 이루어져 사람들이 모두 그것을 보배로 여기고 간직했다. 선조 대왕(宣祖大王)은 하늘이 낸 성인의 기질에다가 또 시·서·화에도 모두 묘법을 얻었는데, (한호의) 필적을 볼 때마다 감탄하기를 "세상에 드문 특출한 재주이다. 이 조그만 나라에 이런 기이한 재주를 가진 자가 태어날 줄은 생각지 못했다."라고 했다. 중국에서 글씨를 잘 쓴다고 이름난 자도 역시 한호의 필체를 보고는 놀라고 감탄하기를 마다하지 않았고, 평가하여 말하기를 "목마른 도롱뇽이 도랑으로 나가는

것 같다."라고 했는데, 이것은 그 글
씨의 힘이 웅건함을 말한 것이다.
이 때문에 중국 사람들이 서로 다투
어 사 가서 석봉의 이름이 천하에
전해졌다. 한호는 스스로 말하기를
"평생에 제일 힘을 들인 글씨는 서화
담(徐花潭)의 비석이다."라고 했는
데, 지금 그 인본(印本)을 보니 참으
로 매우 잘 쓴 필체였다. 우리나라에
서는 안평대군**(安平大君) 이후의
서법(書法)은 한호를 으뜸으로 친다.
사람됨이 정중하였으며, 한미한 데
서 일어나서 글씨 잘 쓰는 것으로

선죽교 글씨(한호 필, 박종진 사진)

이름을 얻었고 벼슬은 군수(郡守)에 이르러 죽었다.

　이유성**(李有成)이란 자는 송도의 천인이었는데, 키가 8척이며 용모가
크고 잘났다. 일찍이 역부(役夫)로 산릉(山陵) 공사에 나갔는데, 고을
벼슬아치로서 공사를 감독하는 자가 평소 다른 사람의 관상을 잘 보았다.
(그 자가) 여러 사람 중에서 유성을 바라다보고는 마음으로 몹시 이상히
여겨 (그를) 불러 "넌 웬 놈이냐?"라고 물었다. 유성이 사실대로 대답하니,
고을 벼슬아치가 "아깝구나! 지극히 천한 데서 태어났지만 또한 기이한
관상이 있으니, 명성으로 세상을 덮고 수명과 복이 몹시 크겠다."라 하고,
마침내 군부(軍簿)43)에서 이름을 삭제하고 물러가게 하였다. (이로부터)
유성은 장사에 힘써 재산이 넉넉했으며, 어머니를 지극한 효성으로 섬겼
다.

---

　43) 군부(軍簿) : 군역 편성의 기준이 되는 문서를 말한다.

(유성이) 어느 날 어머니에게 "일찍이 듣자오니 우리는 사족(士族)의 종이라 하였는데, 여러 해 동안 숨어 사는 것은 의리에 옳지 못합니다. 옛 주인의 성명과 관향(貫鄕)을 어머니는 기억하십니까?"라고 물었다. 어머니는 한숨을 쉬며 탄식하기를, "내 나이 14살 때 너의 아버지가 행상으로 서울에 왔는데, 이웃집 할멈의 꼬임에 빠진 나를 하룻밤 사이에 너의 아버지가 협박하여 데리고 내려왔다. 그때 어찌 도로 가고 싶지 않았으랴만, 나는 어리고 약했기 때문에 가는 길을 알지 못했다. 그 후 세월이 흘러 지금은 이미 늙었구나. 너의 주인 영감은 바로 김감찰(金監察)인데, 이름은 잊었고 서울의 아무개 동(洞)에 살았다. 주인 영감과 주인댁은 나를 딸처럼 생각하여, 음식은 반드시 나누어 주었으며 한 번도 매로 때린 적이 없었다. 그리고 처자(處子) 하나가 있었는데 나와 나이가 동갑으로 항상 나와 한 곳에서 같이 놀았다. 그 선연한 모습이 꿈에 항상 보일 뿐, 40여 년이 지난 지금은 주인집 소식이 막연하여 들을 수가 없구나."라고 했다. 유성은 "종으로서 주인을 배반하는 것이나 신하로서 임금을 배반하는 것이나 그 나쁘기는 한가지입니다. 오래도록 돌아가지 않으면 반드시 하늘의 재앙이 있을 것이니, 제가 마땅히 공물을 갖추어 가보겠습니다. 그러나 주인의 이름을 알지 못하니 어떻게 찾아간단 말입니까?"라고 하였다. 어머니가 "주인의 이름은 비록 기억하지 못하지만 같이 있던 비복(婢僕) 아무 아무는 모두 나보다 나이가 아래였으니 필시 다 죽지는 않았을 것이다. 그들을 수소문하면 바로 찾을 수 있을 것이다."라고 하였다.

유성은 즉시 포목과 토산물을 갖추어 가지고 김감찰(金監察)의 옛 집을 찾아갔다. 감찰은 이미 10년 전에 돌아가셨고, 부인은 나이가 늙어 가난하게 살고 있었으며 딸 하나도 먼저 죽었다. 유성은 공물을 갖다 바치고 지난 곡절을 모두 말한 다음 뜰에 내려가 절하고 뵙는데, 말과 체모가 지극히 공손하였다. 부인은 놀라고 슬퍼하였으며, 집안에 있는 늙은 종들도 서로 감탄하면서 유성을 후하게 대접해 보냈다. 유성이 돌아와서 그 어머니에게 말하니, 어머니는 상전의 부음(訃音)을 듣고는 곧 초상을

발하고 목을 놓아 슬피 울었다. 이로부터 일정하게 보내는 공물 이외에
또 절기에 따라 물건을 보내어 거의 거르는 달이 없었다. 그런 지 5·6년에
부인의 병이 위중했다. 유성은 기별을 듣고 달려가서 진귀한 음식을
많이 바치니, 부인이 감동하여 임종 때에 문서를 만들어 면천(免賤)하게
하였다. 유성이 여러 번 사양했지만 받지 않을 수가 없었다. 그녀가
죽자 유성은 초상을 발하고 통곡하면서 수십 일 동안 고기를 먹지 않았으
며, 한시도 최복(衰服)⁴⁴을 벗지 않고 힘을 다하여 장례를 치렀다. 그리고
면천의 문서를 묘 앞에서 불사르고 통곡하며 돌아갔다. 사람들이 그
까닭을 묻자 유성은 "어머니와 아들이 40년 동안 숨어 피했으니 그 죄가
몹시 크거늘, 주인댁이 인자하시어 이것을 버려두고 묻지 않았으니 그
은혜가 큰데, 도리어 면천의 문서를 받겠는가?"라고 하니, 듣는 자들이
탄복하였다. 주인집의 문족(門族)이 의롭게 여겨서 문서를 다시 써서
위로하고 주었다. (유성은) 3년 동안 상복을 벗지 않고 반드시 제사에
참석하여 슬피 울어 흐르는 눈물이 얼굴에 가득했다. 절일(節日)에는
반드시 제수(祭需)를 마련하여 바쳤고 또 죽을 때까지 주인집에 충성을
다했다.

  또 유성이 젊었을 때 여러 젊은이들과 성거산˘(聖居山)에 가서 놀았는데,
큰 호랑이가 숲속에 죽어 있고 그 곁에 두 마리 새끼가 굶주려서 거의
죽어가고 있었다. 다른 젊은이들은 모두 호랑이의 가죽을 벗기고 뼈를
취하고 두 새끼마저 죽이려고 했다. 유성이 "죽은 물건은 더러우니 손을
댈 수가 없고, 두 새끼는 어미를 잃었는데 어찌 차마 때려죽인단 말인가?"라
고 하면서 힘껏 말려서 그만두게 하였다. 유성은 두 새끼에게 밥을 먹이고
는 안고 돌아와 집에 두고 길렀다. 4·5개월이 지나 점점 장성하더니,
달음질할 즈음에는 획획 하는 바람 기운이 일었으며, 사람을 보면 으르렁거

---

44) 최복(衰服) : 상복(喪服) 또는 제복(祭服)이라고 부르는 상제(喪制)의 겉옷을 말한
다.

리며 물려는 모양을 하였다. 집안사람들이 몹시 두려워하고 유성 또한
후환이 있을까 염려하여 집 뒤 산골짜기에 옮겨 놓고 날마다 쌀밥을
갖다 주었다. 또 한 달이 지나자 두 호랑이가 간 곳이 없으므로 유성이
산에 올라가 두루 살펴보니, 두 호랑이는 산 밑에서 한 어린애를 함께
먹고 있었다. 유성은 깜짝 놀라서 도망 와서 이로부터 발길을 끊어 버렸다.
이듬해 겨울 밤중에 호랑이가 집에 와서 으르렁거렸는데, 이튿날 아침에
나가 보니 문밖에 큰 사슴 한 마리가 놓여 있었다. 유성은 놀라고 이상히
여겨 마침내 이웃과 친척들과 나누어 먹었다. 그런 지 몇 달 후에 또
큰 사슴을 갖다 놓았다. 마을 사람들이 모여서 보고는 이상한 일이라고
감탄했다. 유성이 "이 사슴은 사사로이 처분할 수가 없다."라 하고 즉시
관가에 바쳤다. 그때 유수 강현**(姜顯)이 일찍부터 그 일을 들어왔는데,
그의 인물이 뛰어난 것을 보고는 불러서 은근히 이야기하더니 "옛날
열사(烈士)의 풍도가 있고 게다가 지극한 효성까지 겸했으니, 참으로
비범한 사람이로구나."라고 감탄했다.

유성의 명성이 멀리 퍼지자, 개성부(開城府)45)를 거쳐 가는 사자(使者)는
그를 불러 보지 않는 자가 없었고, 보면 반드시 숙연(肅然)히 공경하는
마음을 일으켜 "이상하구나! 이 사람이 어떻게 이런 의리를 구별해서
행하는지 알 수가 없다."고 하였다. 개성부의 유생과 부로(父老)들이 유수
에게 글을 올려 '위에 아뢰어 그 탁월한 행동을 표창하여 격려하고 권면하
는 방도를 보여주십시오.'라고 하였다. 유수가 즉시 계문(啓聞)46)을 올리
자, 중종은 특별히 복호(復戶)47)를 내렸고, 또 개성부로 하여금 후하게
먹을 것을 주도록 했다. 참으로 세상에 드문 특이한 일이었다.

유성의 성은 이씨(李氏)이고, 네 아들이 있었는데 모두 장사를 하여

---

45) 개성부(開城府) : 조선시대의 개성(開城)을 지칭한다.
46) 계문(啓聞) : 조선시대에 신하가 임금에게 아뢰던 글이다.
47) 복호(復戶) : 조선시대에 어떤 특정한 대상자에게 요역(徭役)과 전세(田稅) 이외
    의 잡부금을 면제하던 일이다.

부자가 되었다. 또 효도를 다하여 유성은 늙어서도 편안하게 살다가 나이 90세에 가까워 죽었다. 그 자손들이 서울 바깥에 흩어져 사는 자가 매우 많았는데, 역시 무과로 벼슬이 수령과 변장(邊將)에 이른 자까지 있었으니, 이 어찌 선을 쌓은 보답이 아니겠는가? 지금껏 송도 사람들이 아름다운 이야기로 여긴다고 한다.

가정(嘉靖) 을미년(1535, 중종 30)에 중종대왕(中宗大王)께서 풍덕**(豊德)에 행차하여 제릉**(齊陵)을 참배하고 그 길로 송도로 가서 목청전**(穆淸殿)을 참배하였다. 호가(扈駕)하던 문신들로 하여금 고려왕조 때 최사립**(崔斯立)의 다음과 같은 시[48]의 운(韻)에 따라 글을 지어 올리게 했다.

천수문**(天壽門) 앞에 버들개지 나는데,
술 한 병 들고서 친구 오기 기다리네.
해 지는 거리를 뚫어지게 보아도,
행인이 많이 오지만 가까이 와보면 아니네.

교서관정자(校書館正字) 전승개**(田承漑)가 다음과 같은 시를 지었다.

천수문 앞에 버들개지 나는데,
술 한 병 들고서 친구 오기 기다리네.
고금의 흥망은 늘 있었던 일이어니,
청산을 향해서 시비를 묻지 마오.

대제학 정사룡**(鄭士龍)이 심사했는데 전승개의 시를 첫째로 삼으니, 중종이 특별히 명령하여 6품으로 승진시켜 서용했다. 전승개는 홍주(洪州)

---

48) 이 시의 제목은 「대인(待人)」이다.

사람으로 시에 능하다는 명성이 있었고, 여러 번 수령을 거쳐 시정(寺正)까
지 올랐다고 한다.

　문인(文人) 임제**(林悌)는 호걸다운 선비였다. 일찍이 평안도 평사(評事)
가 되어 송도를 지나다가 닭 한 마리와 술 한 병을 가지고 글을 지어
황진이(黃眞伊)의 무덤에 제사지냈는데, 그 글이 호방하여 지금까지 전해
져오면서 읊어지고 있다.49) 임제는 일찍이 문재(文才)가 있고 협기(俠氣)가
있으며 남을 깔보는 성질이 있었으므로 마침내 예법을 아는 선비들에게
흠결로 여겨졌다. 벼슬이 겨우 정랑(正郞)에 이르렀고 뜻을 이루지 못한
채 일찍 죽었으니, 어찌 운명이 아니랴, 애석한 일이로다!

출전 | 『대동야승(大東野乘)』권70
역주 | 신안식(가톨릭대학교)

---

49) 임제가 지은 황진이에 관한 시가 "청초 우거진 골에 자난다 누었난다 / 홍안을
　어디 두고 백골만 묻혔나니 / 잔 잡아 권할 이 없으니 그를 슬퍼하노라(靑草深深眠
　臥長/埋城白骨換紅粧/而今無復持盃勤/到此如何不永傷)"이다. 『海東歌謠』「見松都
　名妓黃眞伊塚上作詞弔之」에 실려 있다.

유박연기(遊朴淵記)

박장원**(朴長遠)

   나는 성질이 매우 나태해서 평소 편히 하루를 지내는 것을 그날의 복이라고 여긴다. 산수 경치를 아주 좋아하지 않는 것은 아니지만 또한 자주 가보지는 못했다. 다만 어려서부터 지금까지 세상사에 쫓겨서 나라 안 몇 군데를 돌아다니면서 아주 그윽하고 기이한 곳을 볼 수 있었을 뿐이다. 예로부터 우리나라에 삼신산이 있다고 했는데, 뒷사람들은 관동의 풍악산*과 영남의 두류산, 탐라의 한라산이 그 기준이라고 했다. 그런데 우리나라는 땅이 좁고 동·서·남·북이 수천 리에 불과하며 도로도 아주 멀지는 않다. 세상 사람들은 이 세 산 중에서 한 곳을 본 사람도 드물지만 나는 두 곳에 가보았다.

   그 외에 맑고 빼어난 곳은 4군(郡)의 계곡과 산만한 것이 없고, 웅장하고 화려한 곳은 기성(箕城 : 평양)과 완산(完山 : 전주) 도읍만한 것이 없으며, 누각에서 보는 경치로는 철관령에서 북쪽 들판을 바라보는 것과 촉석루, 영남루에서 동남쪽을 바라보는 것이니, 이들 모두는 내가 평생 가본 곳들이다. 동원(東原 : 강원도 철원)의 보개산과 안음의 덕유 3동, 산음의 환아정, 여강(여주)의 청심루는 소위 더이상 말할 필요가 없는 곳들이다. 요즘 와서는 모든 생각이 시들해져서 좋은 경치를 보고 싶다는 마음도 점차 줄어든 것을 깨달았다. 또 벼슬길이 쓸데없이 번거롭고 병까지 들어서 결국 명승지에 오를 생각을 그만두고 말았다. 그러나 생각해보면 박연은 천하에 이름을 떨쳐서 여산폭포**와 서로 선후를 다툴 정도로 실로 형세가 웅장하고 뛰어나다. 백문이 불여일견이라고 생각하므로 조만간 가서 보게 된다면 다시 여한이 없을 것이라고 생각했다.

백주(白州)[배천(白川)]에 부임한 이래 일이 많아서 백 리 거리에 있는 곳1)을 바라만 보고 미처 가볼 계획을 세우지 못한 채 하릴없이 마음 속으로 동동거리며 왕래하기를 마지 않았다. 다음해 4월 23일 갑신일에 마음을 정하고 몸을 빼서 전포진**을 건넜다. 정오에는 자론리 길 가의 가게에서 쉬었다. 날이 이미 저물었으므로 마천촌으로 들어갔다. 마을길은 밭 사이에 얽히고설켜 있고, 큰 냇물이 마을을 감싸고 돌아 흐르고 있었다. 옛 시에서 이른 바, '골짜기에 한 줄기 물이 흘러 이리 구불 저리 구불 거듭 건너는구나!'2)라는 것이 이것이었다. 인가는 단지 서너 채 뿐인데, 천마산 여러 봉우리의 검푸른 빛은 지붕 모서리까지 연달아 뻗어 있었다. 주인에게 박연까지의 거리를 물어보니, '약 이십 리 정도'라고 대답했다. 이른바 '모든 하늘이 등넝쿨 위에 있어서 시커먼 어둠이 머리 위까지 와 있네.'3)라는 것이 이것이다. 그대로 그 마을에서 묵었다.

다음날 을유일(24일)에 새벽밥을 먹고 서둘러 출발하여 8~9리를 가니 작은 고개가 있는데 그 이름은 설마치라고 한다. 고개를 넘어 동쪽 작은 길로 접어들어 5리를 가서 정자사**에 도착했다. 문루에 올라 조금 쉬고 말과 가마를 남겨두고 바로 출발했다. 남쪽 암자로 가서 의성 노스님을

---

1) 용량지지(舂糧之地) : 백 리라는 뜻. 원래 뜻은 먼 곳에서 잘 때 가지고 가야 하는 곡식을 말함. 『장자(莊子)』「소요유(逍遙游)」에서 '백 리를 가려면 밤에 양식을 찧어 준비해야 하고, 천 리를 가려면 3개월 전부터 양식을 준비해야 한다(适百里者宿舂粮, 适千里者三月聚粮)'로 쓰인 후로 '舂糧'은 백 리를 대신하는 말로 쓰인다(『漢語大詞典』 제8권, 1289쪽).
2) '溪行一流水, 曲折方屢渡'는 두보(杜甫)의 시 「서지촌에서 초당 지을 곳을 찾다가 밤에 찬공의 토실에서 묵다(西枝村尋置草堂地 夜宿贊公土室)」에서 인용한 것이다.
3) '諸天合在藤蘿外, 昏黑應須到上頭'는 두보(杜甫)의 시 「부성현 향적사의 관청 누각에서(涪城縣香積寺官閣)」에서 인용한 것이다.

방문했다. 의성은 바로 무인년(1638년)에 풍덕사**에서 처음 만났던 사람
이다. 나이는 올해 80세이고 눈썹이 두텁고 머리가 흰 것은 예전과 다름이
없었으나, 그 사람은 대충 내가 누군지 알아보지 못했다. 노사는 제법
도리를 알고 있어서 함께 이야기를 나눌 만했지만, 바빠서 고별했다.

숲을 벗어나서 머
리를 돌리고 한참 동
안 서글픈 듯 서 있었
다. 몇 리를 가니 또
고개가 하나 있었다.
고개 위에서 짐을 진
중들의 어깨를 잠시
쉬게 하고, 배회하면
서 둘러보다가 조금

박연폭포와 고모담(하일식 사진)

후에 진경(眞景)이 눈앞에 펼쳐진 것을 깨달았다. 또 수백 보를 가서
드디어 상연[박연]에 도착하니 큰 돌이 우뚝 박혀 있었다. 돌 사이로
걸어들어가 드디어 못에 다다랐다. 바위의 모양은 솥과 같고 그 바닥은
깊이를 가늠할 수 없었다. 동쪽의 빈터에는 나무 아래에 돌이 쌓여 있는데,
홍수나 가뭄에 기도하는 곳이니 나라의 사전(祀典)에 기록된 곳이라고
한다. 못 양 옆의 돌은 광택이 나면서 미끄러워 감히 발을 내디딜 수
없어서 몸을 굽혀 내려다보니 몇 백 장이나 되는지 알 수 없고, 눈이
아찔하고 가슴이 떨려 몸을 가눌 수 없었다. 또 뒤돌아 하연[고모담]으로
내려갔다. 그 사이는 겨우 30보 정도인데, 고목이 울창하고 덩굴로 덮여서
한여름 대낮에도 더운 기운이 없는 곳이었다. 걸어서 한 대에 오르니
이름이 '범사'이다. 새겨진 세 글자는 바로 한석봉의 글씨인데 자획이
닳아 없어져서 거의 알아볼 수 없었다.
범사대**에서 내려와 못 가에 이르니 비단같은 돌이 평평하게 깔려

있는데, 둘레에 몇 백 명은 앉을 만했다. 푸른 소나무 네 그루가 돌들 사이에 우뚝 서 있었다. 그 중 한 그루는 그루터기에 앉을 만했다. 걸터앉아서 갓을 벗고 위를 쳐다보니 성난 폭포가 쏟아지는 듯하였고 비가 오지 않는데도 무지개가 생겼다. 그 모습은 마치 은하수가 거꾸로 걸린 듯하고, 구름이 새어나와 안개를 뿜어내는 듯했다. 햇빛이 비쳐 눈이 부셔서 똑바로 바라볼 수 없었다. 푸른 벼랑이 깎아지른 듯 병풍처럼 서 있는데, 그 벽면은 비록 먹줄을 쳐서 도끼로 찍어 깎아냈다고 해도 그 기묘함을 비유하기에 부족하였다. 옛 사람이 말한 바 '신령은 나타나기도 하고 숨기도 하는데, 용은 물이 고인 곳에 서리어 있구나.'4)라고 한 것이 과연 믿을 만했다.

　벼랑 동쪽에 깊은 굴이 하나 있는데, 산에 사는 사람들이 서로 전하기를 '푸른 학이 그 안에 둥지를 틀었는데, 유람객들이 소란스럽게 해서 날아가서는 돌아오지 않은 지 올해로 10여 년이 되었다.'라고 했다. 올해 정월부터 4월까지 비가 오지 않았으니 정말 큰 가뭄이 들었다. 물이 떨어지는 기세가 웅장하지는 않고 멀리서 바라보면 명주를 드리워놓은 듯할 뿐, 보이는 것은 소문보다 못하였다. 전해오는 말뜻에 부합하지 못한 것이 한탄스러웠다. 산에 사는 중 해운이 나를 따라와 곁에 있었는데 말하기를, "만약 바람이 불고 비가 오면 산골짜기에 소리가 진동해서 지척에 있어도 사람의 말이 들리지 않습니다. 폭포수가 바람에 날리고 흩어져서 사람들이 감히 가까이 갈 수 없고, 구경꾼은 겨우 범사대까지만 갈 수 있으니 참으로 색다른 경치입니다. 오늘 공께서 한탄하시는 것은 당연합니다."라고 하였다. 서로 크게 한번 웃고 술 몇 잔을 마시고 파했다.

　공무에 쫓겨서 총총 산을 나왔다. 관음사와 운거사가 박연 위, 아래에 있다. 숲으로 덮여 있어서 멀지 않은 곳에 있는 줄은 알았지만 역시

---

4) '神物顯晦 龍盤積水'는 두보(杜甫)의 시 「만장담(萬丈潭)」에서 따온 구절이다. 일반적으로 신기한 현상이 일어나는 상황을 묘사할 때 사용된다.

찾아가지는 못하였다. 이 날 금천에 돌아와서 잤다.

　병술일(25일)에 발산나루**를 경유하여 돌아왔다. 이 여행에 추기(追記)를 써서 다른 날의 장관(壯觀)을 위한 밑바탕이 되게 하려 한다.

　정해년(丁亥年, 1647) 단오일에 구옹(久翁)이 백주(白州) 금학당(琴鶴堂)에서 쓰다.

출전 | 『구당선생집(久堂先生集)』 권15, 기(記)
역주 | 김순자(전 중국 정주경공업대학)

유송도기(遊松都記)

김수증(金壽增)

　송도에는 빼어난 산수와 충성스럽고 어진 사람들의 고적이 있으므로 매번 한번 가서 살펴보고 싶었으나 그렇게 하지 못하였다. 해서의 지방관으로 임명되었는데,1) 부임하는 길이 여기에서 출발하였다. 경술년(1670) 8월에 평산에서 오조천˝에 도착하니, 절벽에 '영수병˝˝'이란 세 글자가 크게 새겨져 있는데, 누가 쓴 것인지 모르겠다. 또 비석이 있는데, 융경 원년(1567)에 명 사신 허국˝이 '회란석'이라고2) 제자를 썼고 앞면에 허국과 위시량˝˝(魏時亮) 두 사람의 시를 새겼다. 동쪽으로 40여 리를 가며 여러 차례 박연의 하류를 건넜다. 저녁에 운거사˝˝˝에 묵었는데, 개경유수 홍이상˝의 글씨를 보았다. 이익규가 와서 영접하였고, 함께 선당에 묵었다.
　이튿날 아침 이익규와 함께 남여를3) 타고 몇 리를 가서 박연˝˝에 도착하였다. 기이한 장관이 과연 듣던 대로였다. 서쪽 바위에 '범사대˝˝˝'라고 세 글자를 새겼는데, 크기가 작고 부드러웠다. 길을 돌아서 위에 있는

---

1) 김수증은 현종 11년(1670) 6월에 안악군수로 임명되어 23일(무신)에 하직(下直)하였다(『승정원일기』 현종 11년 6월 무신, 탈초본 11책).
2) 회란석(廻瀾石) 비 : 1567년(명종 22)에 황해북도 금천군 금천읍 서남쪽 오조천 기슭에 세운 비석으로, 영수병의 아름다운 풍경이 시구 형식으로 새겨져 있다.
3) 남여(籃輿) : 뚜껑이 없는 작은 가마. 의자와 비슷하고, 위를 덮지 않아 주로 산길 등의 좁은 길을 갈 때 사용하였으며, 앞뒤에서 각각 두 사람이 어깨에 멜 수 있도록 나무를 이었다.

못(박연)으로 올라가서 내려다보았는데, 위태위태하였다. 이어 관음굴""
에 도착하였다. 절에 있는 석굴 안에 돌부처 두 구를 안치하였으며, 다른
것은 볼 만한 것이 없다. 식사를 하고 수백 보를 가서 태종대""에 올랐다.
큰 바위가 물가에 있고, 쟁반처럼 생긴 흰 돌이 비스듬하게 있다. 또
마담""과 기담""을 지났는데, 모두 여러 길 되는 폭포가 달려 있고, 바위와
물이 아름답다. 대흥동""을 지나 계곡 안으로 들어가니, 수목이 즐비하고
돌길이 험난하다. 적멸암""에 도착하였는데, 암자는 불에 타고 터만 남았다.
기왓장과 썩은 나무가 수풀 사이에 쌓여 있다. 폐기된 지 이미 여러
해 되었다고 한다. 대 앞에 늙은 삼나무가 가로막고 서 있으며, 지세가
자못 높아 성거산"" 한쪽을 내려다 볼 수 있다.

  남쪽으로 백여 보 가서 고개에 오르니 만경대""가 있다. 만경대는 풍악산""
에 있는 천일대"" 같다. 산들의 모습이 아주 가까이 다가오는데, 이름을
알 만한 봉우리들이 구름 사이에서 나와 하늘을 찌르며 각자 기이함을
드러내고 있다. 조금 먼 곳 동쪽에 성거산의 인달봉""이 있고, 북쪽 가까이에
천마산""의 보현봉과 미륵봉"", 동쪽에는 청량봉""과 원적봉, 조금 남쪽에는
천마봉과 낙월봉""이 있는데, 뛰어나고 고고하며 높이 솟아 하늘에 닿았다.
보현봉과 미륵봉은 바위가 깎은 듯이 서 있는데, 천길만길이나 되어
비록 나는 새나 민첩한 원숭이도 가까이 갈 수 없을 것 같다. 강화도""와
교동""이 뚜렷하게 눈 아래 보이고, 서남쪽에는 바다가 하늘 밖에 가로로
누워있어 마치 수은을 쏟아놓은 듯하다. 수양산""과 연백평야""가 손바닥에
있는 것처럼 분명하게 보이고, 삼각산""과 관악산""은 동남쪽으로 점점이
이어져 있다. 아침놀이 아직 남았는데, 맑게 갠 하늘엔 구름이 말려 있고,
산과 섬은 잠시잠시 보였다 없어졌다 하였다. 천일대도 이보다는 좀
못하다고 하겠다.

  가마에서 내려 아래쪽으로 내려가 적조암""에 이르렀다. 암자는 보현봉
아래 있고, 그 위쪽 높고 험한 절벽에 작은 암자가 또 하나 있다. 약간
아래로 봉암암을 지나갔는데 들어가지는 않았다. 태안사"" 터를 지나

남쪽 등성마루에 오르고, 천마봉 옆을 거쳐 산을 따라 동쪽 오관산**으로
나와 영통사**에 도착했다. 절에 오래된 비가 있는데, 고려 김부식**이
짓고 오언후**가 글씨를 썼다.⁴⁾ 없어진 글자가 많다. 절이 전란에 불타버렸
는데, 이것은 근래 다시 세운 것이다.

영통사(박종진 사진)

운거사에서 여기까
지 한 40리 된다. 누대
앞에서 잠시 쉬고 계
곡을 나와서 가니 산
과 물이 자못 아름답
다. 백화담**이라는 곳
에 이르니, 바닥에 평
평하게 깔린 흰 돌이
맑은 시냇물에 비쳐

잘 어울렸다. 자리를 옮겨 화담 선생 서원에⁵⁾ 이르렀다. 계곡과 산이
둘러싸고 있으며, 앞 산등성이의 소나무 숲이 그늘을 만들고 있다. 철쭉나
무가 무리를 이루고 있어, 꽃이 피면 그 모습이 물에 비칠 만하다. 바위가
갑자기 끊어지는데, 거기에 서서 물고기를 볼 수 있다. 바위에 있는 우묵한
구멍은 선생이 일산을 펼쳐놓던 곳이라고 한다. 묘정에 들어가 배알하니,
선생은 북쪽 벽 주인 자리에 계시고, 서쪽에는 박순**, 동쪽에는 허엽**과
민순**을 모셨다. 또 위로 백여 보를 가서 분묘를 살펴보고 배알하였다.
새로 세운 석인상 두 구가 있고, 그 바깥쪽에 묘표를 세웠는데, 돌을
깎아 안전하게 세웠다. 비에는 '증우의정 시문강공⁶⁾ 화담선생의 묘(贈右議

---

4) 오래된 비 : 대각국사 의천의 비이다.
5) 화담서원(花潭書院)=화곡서원(花谷書院)을 가리킨다.
6) 문강공(文康公) : 화담 서경덕을 말함.

政諡文康公花潭先生徐公之墓)'라고 새겼다. 예전에는 단지 '생원 서모의 묘'라고 새겼다고 들었으니, 이것은 근래 다시 새긴 것이라고 한다.

또 10여 리를 가서 선죽교**를 지났다. 다리 옆에 포은의 순절비가 있는데, '고려의 충신 포은 정선생 성인비'라고 새겼으며, 또 '일대의 충신이요, 만고의 강상[一代忠臣萬古綱常]'이라는 여덟 글자가 있다. 말에서 내려 경의를 표하며 살펴보고 지나갔다. 이어 숭양서원**을 찾았다. 이곳은 실제로 선생이 사시던 옛집이고, 사우는 옛 가묘 터라고 한다. 일찍이 만력 정미년(1607, 선조 40)에 할아버지(김상헌**)께서 개성부의 경력으로 임명되셨다. 그 전 해에 개성부의 유생들이 위패를 받들고 서원에 배향하였다.

가만히 생각해보니, 내가 석실**에서 할아버지를 모시고 있던 어느 날 숭양서원을 방문하는 내용의 시를 지으라고 명령하셨다. 내가 곧 지어서 올리니, 눈물을 흘리며 말씀하시기를 "가르칠 만하다. 공경하는 마음이 있다."고 하셨다. 그것이 어제 일 같은데, 벌써 25년 전이다. 묘정을 살펴보고 배알한 뒤에 추모하는 심정을 이기지 못해 아울러 기록하였다.

출전 | 『곡운집(谷雲集)』
역주 | 안병우(한국학중앙연구원)

유송경기(游松京記)

김창협(金昌協)

　송경(松京)은 옛 도읍이어서 여러 명승지가 많다. 우뚝 솟아 진산(鎭山)이 된 것은 천마산*(天磨山)이며, 천마산과 나란히 있는 산이 성거산**(聖居山)과 오관산**(五冠山)이다. 두 산은 비록 천마산의 줄기는 아니지만, 바위 봉우리들과 골짜기는 천마산과 실로 서로 표리가 되고, 빼어난 경치 또한 거의 필적한다. 나는 일찍부터 한 번 가서 두루 유람하고 싶었으나 하지 못하였다. 신해년(1671, 현종 12)에 아우 자익(子益) 김창흡**과 함께 강도(江都)의 유수부(留守府) 관아로 중부(仲父 : 김수흥**)를 찾아 뵙고 그대로 머물러 글을 읽다가 3월에 함께 서울로 돌아갈 때 송경으로 길을 잡아 숙원을 풀기로 하였다. 친구인 도실(道實) 송광속**(宋光涑)이 마침 (중부의) 사위가 되어 와 있어서 또한 동행하기로 약속하였다. 승려 계철(戒哲)·승린(勝璘)·학련(學連)·계준(戒俊) 등도 모두 따라가고 싶어해서 허락하였다.
　초나흗날인 을묘일(乙卯日, 3월 4일) 새벽에 동문을 나오는데, 가랑비가 오락가락하고, 운무가 사방에 자욱하여 수십 보 밖의 사람과 물체를 볼 수 없었다. 승천포**(昇天浦)에 이르러 만조를 기다려 배를 띄웠는데, 하늘과 물이 어우러져 어디가 물가인지 식별할 수가 없었다. 물 한가운데서 사방을 둘러보니 흐릿하여 끝이 없는 것 같았다. 이윽고 안개가 조금 걷히자 강 북쪽의 산들이 어렴풋이나마 보였으나, 서쪽으로 바다와 하늘을 바라보니 아직 어둑하기만 하였다.

해가 높이 떠서야 비로소 강기슭
에 배를 대고 동북으로 20리를 가서
가파르게 경천사**(敬天寺)에 들어
갔다. 경천사는 부소산**(扶蘇山) 아
래에 있었다. 마당에는 십삼급(級)[1]
석탑이 있는데 돌의 빛깔이 맑고 환
하여 옥에 버금가는 돌(주 : 대리석)
같고, 높이는 십여 길이나 되었다.
사방에 누대와 부처의 모습을 새겨
십이회(十二會)[2]를 상징하였는데,
솜씨가 정교하여 인물(人物)이 빽빽

경천사10층석탑(유리건판, 국립중앙박물관)

하고도 살아 움직이는 것 같았다. 이 절은 다른 볼거리는 없고, 오직
이 탑으로 이름이 나 있다.

『동국여지승람』에는 "이 절은 원나라 승상 탈탈*[脫脫, 토토]의 원찰(願
刹)인데, 진녕군(晉寧君)[3] 강융**(姜融)이 원나라 공인(工人)들을 모아 이
탑을 만들었다"고 하였고, 채수**(蔡壽)의 『송도록(松都錄)』[4]에는 "기황후**

---

1) 십삼급(十三級) : 경천사탑을 십삼층으로 본 표현. 경천사탑은 보통 탑신부를
   기준으로 십층석탑이라고 하는데, 여기에다 기단부까지를 합치면 13층이 된다.
2) 십이회(十二會) : 경천사 십층석탑의 탑신부 1층에서 3층까지 그 장면을 새겨
   놓은 영산회, 화엄회, 약사회 등 12개의 불회(佛會). 원통회 등 4층의 4개 불회까지
   넣어 십육회(十六會)로 보기도 한다. 각 불회의 이름은 불회 장면 위에 명시되어
   있다. 이런 불회를 새긴 데 대해, 층별로 신앙과 사상, 밀교 등으로 구분한
   것으로 보기도 하는 등 여러 설이 있다.
3) 진녕군(晉寧君) : 진녕부원군(晉寧府院君)의 줄임말로 강융(姜融)을 말한다.
4) 송도록(松都錄) → 유송도록(遊松都錄) : 조선 중기 문신 채수(蔡壽, 1449~1515)의
   개성 기행문. 채수의 문집인 『나재집』에 전한다. 채수는 중종반정공신임에도
   벼슬을 버리고 경상도 함창(지금의 상주)에 쾌재정(快哉亭)을 짓고 독서와 풍류

(奇皇后)의 원찰이고 탑도 중국 사람이 만든 것으로, 바다를 건너와 세웠다."고 하여, 두 이야기가 달라서 어느 것이 옳은지 모르겠다. 윗면에 지정(至正)이라는 연호를 새긴 것으로 보아, 순제**(順帝) 때 만들어진 것임은 분명하다. 절집이 아주 누추하여 앉을 수가 없어서 탑 아래에 자리를 깔고 종자(從者)와 함께 식후 낮잠을 잤다. 날이 저물 무렵 송경에 도착하였는데, 누대(樓臺)와 꽃과 버드나무가 아름다워서 한양(漢陽)에 못지않았다. 유수 이정영**(李正英)이 초대하여 서로 인사를 나누고 술과 안주를 내어 위로해 주었다.

병진일(丙辰日, 3월 5일)에 일찌감치 일어나 곧바로 숭양서원**(崧陽書院)으로 달려가 참배하였다. 대문을 들어서자 소나무와 대나무가 빽빽하여, 선생의 꼿꼿한 기상을 뵙는 것 같았다. 동쪽으로 십 보 가량에 작은 비석이 있는데, '고려충신정모지려(高麗忠臣鄭某之閭)'5)라고 쓰여 있었다. 또 동쪽으로 수백 보 간 곳은 선죽교**(善竹橋)인데, 바로 선생이 목숨을 바친 곳이다. 선죽교 동쪽에 비석 두 개가 있는데, 하나에는 다리 이름이 쓰여 있고, 다른 하나에는 '고려시중정선생성인비(高麗侍中鄭先生成仁碑)'***라고 쓰여 있다. 종자(從者)들이 처음 다리 이름을 듣고 특별한 것이 있는 줄 여겼다가, 막상 와서 보니 그저 넓적한 돌 하나만 있을 뿐이므로 서로 바라보며 어이가 없어 웃었다. 나는 홀로 감개하여 서성이면서 오래도록 떠나지 못하였다.

얼마 안 있어 갑자기 비가 쏟아지는데, 송악산을 돌아보니 구름이 먹물을 푼 듯하므로 말을 재촉하여 남문을 통해 들어갔다. 성루(城樓)에 올라 시가지를 쭉 바라보다가 빗속에 만월대**(滿月臺)를 찾아갔다. 옛날의 여러 누대와 궁전들은 하나도 남아 있지 않고, 섬돌과 주춧돌만이 무성한

로 여생을 보냈다.

5) 고려충신정모지려(高麗忠臣鄭某之閭) : 정몽주의 옛집[포은구거圃隱舊居]을 말함.

덤불 속에 흩어져 있을 뿐이다. 비록 다른 시대의 일이지만, 문득 세상의 무상함[黍離][6]을 느꼈다.

동북쪽으로 8~9리를 가서 탄현**(炭峴)에 오르니, 천마산의 봉우리들이 내 말머리 앞에서 다투어 나타나는데, 기이하게 빼어난 모습들이 손에 잡힐 것만 같았다. 귀법사**(歸法寺) 옛터를 지나 화담서원**(花潭書院)에 이르러 말에서 내려 사당에 참배하였다. 못은 사당 오른편 10보쯤에 있는데, 맑고 깊어서 바닥이 보이고, 하얀 조약돌들이 반짝반짝 빛났다. 물가에 있는 바위가 높고 둥근데, 윗면이 평평하여 수십 명이나 백 명 정도 앉을 만하였다. 그 동쪽으로 푸른 벼랑이 둘러싸고 있는데, 소나무로 덮여 있다. 산유화(山榴花)가 한창 피어 못 바닥에 거꾸로 비치니 그 운치 또한 즐길 만하였다. 어제 도실이 그의 형이 관북(關北) 지방으로 떠난다는 말을 듣고 여기까지 왔다가 일찍 돌아가니, 매우 섭섭하였다.

반 식경쯤 앉아 있다가 지팡이를 짚고 앞을 향했다. 여기서부터는 산세가 굽이굽이 이어지고 시냇물이 그 형세를 따라 흐르는데, 오솔길 굽이마다 여러 차례 절경을 만났다. 마침 비 온 뒤라 산의 숲은 더욱 윤기가 나고 물은 더욱 빠르게 흐르고 바위는 더욱 맑아서 기분이 좋았다. 시내를 거슬러 10여 리를 올라가니 인가(人家) 두어 채가 보이는데, 산을 등지고 물가에 자리 잡은 것이나 산뽕나무로 사립문을 만든 것이 어쩐지 그림 같아서 나도 닭과 개를 데리고 들어가고 싶을 정도였다.

또 앞으로 몇 리를 더 가다가 산을 돌아가니 경계(境界)가 열렸다. 우러러보니 다섯 봉우리가 울창하게 빼어남을 다투며 서로 형제들처럼 서 있으니 바로 오관산이다. 그 아래가 영통사**(靈通寺)인데, 이 절은 옛 송경의 대가람(大伽藍)이었으나, 중간에 화재를 겪은 후 열 중 두엇만

6) 세상의 무상함[서리(黍離)] : 서리(黍離)는 『시경』 왕풍(王風)의 편명으로, 동주(東周)의 대부가 이미 망한 서주(西周)의 옛 도읍인 호경을 지나가다가 옛 궁실과 종묘가 폐허로 변하여 기장과 풀만 우거진 것을 보고 탄식하며 부른 노래. 그 구절 중에 "彼黍離離[저 기장 이삭 늘어져 넘실거리고]"라고 한 것이 있다.

영통사대각국사비(靈通寺大覺國師碑)(서
성호 사진)

남아 있다. 뜰에는 세 개의 석탑이
서 있고 문 밖에는 고려 승려 의천(義
天)의 비[영통사대각국사비**(靈通寺
大覺國師碑)]가 있는데, 중간 아래로
는 글자가 떨어져 나가 읽을 수 없다.
채수의 『송도록』에는 서쪽 누각의
빼어난 모습을 크게 칭찬하였는데,
지금은 남아 있지 않다.

　잠시 쉰 후 동쪽 암자로 가는 좁은
길을 오르는데, 대숲이 빽빽하고 졸
졸 흐르는 물소리가 들을 만하였다.
두 칸짜리 작은 암자는 집터가 꽤 높고, 섬돌 아래로 샘물을 끌어다
나무 홈 안에 흘러들게 하였는데, 맛이 매우 깨끗하고 시원하였다. 중이
비록 고상한 것은 아니나, 그 거처만큼은 부러워할 만하였다. 영통사의
중이 저녁밥 때임을 알려서 돌아와 밥을 먹었다. 또 걸어서 앞 시내에
나가보니, 흰 바위가 넓고 평평하며, 맑은 물이 부딪치며 흐르는데, 해송(海
松) 몇 그루가 무성하게 둘러 서 있었다. 옷을 벗고 세수도 하고 발도
씻으니 기분이 좋아 돌아가고 싶지 않았다. 밤에 동쪽 요사에서 묵는데,
늙은 중이 이야기를 나눌 만했으나 너무 피곤하여 이야기를 하지 못하였다.
　정사일(丁巳日, 3월 6일)에 말은 두고 견여(肩輿, 어깨에 메는 가마)를
타고 절의 오른쪽으로 시내를 건너 올라갔다. 산세는 점점 높고 가팔라져,
수레를 멘 중이 100보에 한 번씩 교대하면서도 소처럼 헐떡이며 땀을
흘린다. 몹시 험한 곳을 만나면 가마에서 내려 걷다가 조금 평탄해지면
다시 가마에 타곤 하였다. 6~7리쯤 가서 천마봉 아래에 당도하였다.
　바위를 타고 흐르는 물을 한움큼 떠서 목을 축이고는 다시 방향을
꺾어 서쪽으로 갔다. 천마봉의 왼쪽을 돌아 몇 리를 내려가니 태안사**(泰安

寺)였다. 높은 봉우리들이 사방을 에워싸고 골짜기물이 빙 둘러 있어서 그윽한 것이 하나의 깊은 별천지였다. 지금은 황폐해져 민전(民田)이 되어 밭이랑이 얽혀 있으니 한스러운 일이다. 절 오른편에 봉암전(鳳巖殿)이라는 암자가 있는데 이 또한 호젓하였다. 주위에 여러 꽃과 대나무가 빼곡하고 아름다우며, 섬돌 아래로 물이 졸졸 흘러내리니, 그 모습이 마음에 들어 떠나고 싶지 않았다.

1리쯤 떨어진 곳에 범림암(梵林菴)이 있었다. 잠시 쉰 후 다시 길을 꺾어 3리를 올라가니 적조암**(寂照菴)이 있는데, 보현봉·문수봉 두 봉우리 바로 아래였다. 산의 높이를 헤아려 보니 (암자가 있는 곳은) 산의 7, 8부 능선쯤은 될 것 같았다. 여러 봉우리들이 둘러싼 모습이 마치 별들이 (북두성을) 옹위하고 있는 것 같았다. 천마봉·나월봉(蘿月峯)·노적봉(露積峯)·원적봉(圓寂峯)·법주봉(法主峯)·청량봉(淸凉峯)이 하나하나 모두 기이하게 솟아 있어 옥비녀를 뽑아 세운 듯도 하고 녹색 부용(芙蓉)을 꽂은 듯도 하다. 온 산의 진면목과 정기가 모두 여기에 모여 있어서, 나는 아직 금강산 정양사**(正陽寺)를 가보진 못하였으나, 여기보다 낫지는 않을 것이라 생각된다. 암자가 위치한 곳의 경치도 훌륭하지만, 주지가 거처하는 방 또한 먼지 하나 없이 너무도 밝고 깨끗하여, 만사를 버려두고 한 열흘 들어앉고 싶었지만, 그럴 수도 없는 일이었다.

밥을 먹은 뒤에 문수암에 올랐다. 잠시 쉬다가 또 보현암에 오르는데, 좁은 바윗길이 험하고 가팔라서 곧장 수백 보를 오를 때 비틀거리고 기다시피 하며 거의 걷지 못하였다. 암자에 당도하니 텅 비어 중은 없고 금부처만 홀로 우뚝 앉아 있을 뿐이다. 또 2리쯤 올라 만경대**(萬景臺)에 도착하였다. 이곳은 이 산의 가장 높은 곳이어서 아주 넓고 먼 곳을 바라볼 수 있으나, 마침 날이 흐리고 안개가 짙어 마음껏 바라보지 못하였다. 단지 서남쪽으로 보니, 바다 빛이 어렴풋하고 뭇 산들이 구름 사이로 은은한 것이 마치 섬처럼 보였다.

잠시 앉아 있다가 방향을 바꾸어 서쪽으로 내려갔다. 깊은 골짜기를 조용히 걸어가는데, 양쪽의 산이 서로 버티듯이 끼고 있었다. 골짜기 안에는 많은 삼나무·소나무·전나무·잣나무가 장중하게 서로 늘어져 휘어 있었고, 실처럼 길게 뻗쳐 하늘을 가려서, 한낮인데도 터럭만큼의 햇빛도 들지 않았다. 밑에는 오래된 넝쿨들이 얽힌 채 아래로 드리워져서 지나가는 사람은 허리를 굽혀야만 지나갈 수 있었지만, 옷섶과 망건이 걸리는 것은 어쩔 수 없었다.

3리를 가서 적멸암**(寂滅菴)에 이르렀는데, 나옹**(懶翁)이 지은 것이었지만 지금은 허물어지고 터만 남았다. 앞에 얕은 담이 있는데, 깨진 기와로 만들어 놓은 범서(梵書)가 먹으로 쓴 글자처럼 완연하였다. 담 밖에는 수백 척이나 되는 늙은 삼나무가 위로 쭉 뻗어 있어서 검푸른 빛이 구름과 같았다. 세상에서는 나옹이 손수 심은 것이라고 하지만 알 수 없다. 그러나 수백 년 된 것임은 분명하다.

또 앞으로 2리 더 가서 대흥사**(大興寺) 옛터에 이르렀다. 절 앞에는 수백 명이 앉을 만한 너럭바위가 있었다. 시냇물이 보현동(普賢洞)에서 여러 물줄기를 모으며 내려오다가 그 바위 위로 퍼져 흐르는 모습이 마치 옷감에 무늬를 짜 넣는 것 같았다. 시내를 따라 2리를 가서 청량담(淸凉潭)을 만났다. 또 앞으로 1, 2리를 가니 마담**(馬潭)이었다. 폭포가 네다섯 길 높이에서 바로 떨어지는데, 폭포물 떨어지는 바위가 우묵하게 패여 말구유 같고, 거기에 고인 물의 깊이는 헤아릴 수 없었다. 물가의 돌은 모두 흰색인데, 기름처럼 미끄러워 사람이 바로 서 있을 수가 없어서 가까이 갈 수 없었다.

여기서부터 아래로는 물이 더욱 거세지고 돌은 더욱 많아져서, 그 형세의 굳세고 기이함에 따라 여울과 폭포가 되고 깊은 연못을 이룬 것이 하나둘이 아니었다. 마음에 드는 곳을 만날 때마다 기뻐서 가마에서 내렸는데, 앉으면 일어설 줄을 모르고, 일어서면 걸음을 뗄 줄을 몰랐다. 그럴 때마다 종자들이 앞길을 재촉하는데, 그 성화를 견딜 수 없게 되어서야 나아가고, 가다가는 또 멈추곤 하였다. 이렇게 몇 리를 가서 태종대**(太

宗臺)를 만났는데, 시냇물이 깍지7)처럼 빙 둘러 흐르고, 태종대 옆 선바위 위에는 늙은 소나무가 기이하고 예스런 모습으로 서려 있었다.

앞으로 100여 보를 가니, 관음사**(觀音寺)였다. 뒤의 바위굴 속 훤히 뚫린 곳에 돌부처가 안치되어 있으니, 절의 이름이 이에 따라 붙여진 것이다. 밥을 먹은 후 몇몇 중들과 함께 시내 가운데 솟은 바위에 나가 앉아 있는데, 물고기 수십 마리가 유유히 놀고 있었다. 사방의 산들이 차츰 어두워지고 숲의 나무들이 어둑어둑한 가운데, 천천히 떠오르는 초승달이 못 밑에 잠겨 있어, 그윽하고 맑고 고요하고 아득한 것이 내 마음에 꼭 맞았다. 한참을 앉아 있는데 절에서 풍경 소리가 들려와 조용히 시 한 편을 읊조리며 돌아왔다. 밤에 비가 내렸으나 단잠을 자느라 알지 못했다.

무오일(戊午日, 3월 7일)에 아직 비가 개지 않았으나, 가마를 타고 나섰다. 자익(子益)은 정자사**(淨慈寺)로 향하고 나는 바로 박연으로 달려갔다. 양쪽 산이 물을 끼고 내려오다가 여기 와서 갑자기 험하게 끊어져 큰 바위 벽을 이루었다. 드높고 기이하며 장대한 것이 층을 이룰 틈도 없었다. 높이는 대략 30길이고, 절벽의 위아래에 모두 못이 있었다. 위의 못은 바로 바위를 뚫어 형성된 것으로서, 보름달처럼 둥글고 물빛이 짙은 녹색이며, 한가운데 둥근 바위가 솟아 있어 마치 거북이 못에 엎드려 그 등을 내놓고 있는 것 같다. 세상에 전하기를, 고려 문종이 그 위에 올라 용을 채찍질하였다고 하나, 믿을 수 없다. 아래의 못은 그 넓이가 거의 6, 7무(畝)인데, 검은빛을 띤 것이 어떤 물체가 엎드려 있는 것 같았다.

위의 못의 물이 모여 아래 못으로 쏟아지는 것이 폭포인데, 물이 처음 내려올 때는 석벽을 타고 붙어 내리듯 하다가 조금 지나서는 허공에

---

7) 깍지[抉] : 활을 쏠 때 시위를 잡아당기기 위하여 엄지손가락에 끼는 뿔로 만든 기구. 각지(角指)라고도 한다.

매달려 바로 떨어지는 것이 마치 눈을 흩뿌리는 듯 무지개를 드리우는
듯 그 기이하고 빼어남을 형용할 수 없었다. 날리는 물거품이 사방으로
흩날려 수십 보 밖에 있는 사람도 마치 빗속에 서 있는 것처럼 얼굴과
머리카락이 다 젖었다. 잠시 후에 구름이 흩어지고 햇빛이 쏟아져 아름답
게 빛나니 눈은 어지럽고 정신은 아득하다. 내가 바야흐로 큰 소리로
아름다움을 찬탄하고 있는데, 자익 김창흡이 정자사로부터 도착하여 서로
함께 실컷 구경하고 떠들썩하게 얘기하며 말하기를, "평생에 처음 보는
장관이로다. 여산**(廬山)은 어떨지 모르겠지만 …"이라고 하였다.

　다시 길을 꺾어 동북쪽으로 가서 운거사**(雲居寺)에 이르러서는 밥을
먹고 길을 나섰다. 여기서부터 원통사**(圓通寺)까지는 모두 성거산에
속한다. 높고 가파른 바위 봉우리가 중첩되어 험하고 높기가 천마산보다
더하지만, 기이하고 수려하기는 그만 못하였다. 골짜기의 물과 돌 역시
맑고 빠르지만 대흥동 골짜기에는 훨씬 못 미친다. 산길이 험준하여
대부분 가마를 탈 수 없고 다리 힘도 다 빠져 몇 걸음 걷고는 한 번씩
쉬었다. 하늘에 오르듯이 몇 십리를 오르고 또 올라서야 비로소 산등성이
에 도달하였다. 또 아래로 내려올 때는 함정에 떨어지는 것 같았는데,
괴석들이 삐죽삐죽 박혀 있어 거의 발 디딜 데가 없었다.

　몇 리를 가서야 비로소 원통사에 도착하였는데 이미 해가 진 뒤였다.
정원(淨源)이라는 승려가 그 무리 수십 명을 데리고 묘화암(妙華菴)에
주석(住錫)하고 있었는데, 거리가 소의 울음소리가 들릴 만큼 가까운
곳이었다. 내가 왔다는 말을 듣고 만나 보기 위해 일부러 왔다. 위엄
있는 모습이 바르고 단정하며 경전의 가르침도 잘 알아 함께 이야기를
나눌 만하였다.

　기미일(己未日, 3월 8일)에 아침을 먹은 뒤에 가마를 타고 산을 나섰다.
여기서부터는 길이 조금 평탄하여 "험한 길도 이게 끝인가 보다"라고
생각하였다. 그런데 몇 리를 가서 고개를 만났는데, 바위투성이 비탈길이
6, 7리를 넘어 기어오르는 동안 고생이 이만저만이 아니었다. 고개를

넘어 화장사*(華藏寺)에 도착하였다. 이 절은 옛 서역*(西域)의 중 지공*(指空)이 창건한 것으로 매우 웅장하고 아름다웠다. 불당은 여러 해 전에 소실되었다가 근래에 비로소 중건되어선지 단청이 선명하였다. 불당 왼편의 작은 집에는 고려 공민왕의 영정(影幀)[8]을 모셨고, 또 그 왼편은 나한전인데 수많은 나한상(羅漢像)을 모셨다.

불당 오른편은 적묵당(寂默堂)인데, 지공의 소상(塑像)이 있다. 또 그 남쪽은 조사전(祖師殿)으로, 가섭(迦葉) 이하 여러 조사들의 초상화가 자못 정밀하고 아름다웠다. 절의 중이 상자 하나를 꺼내 보여주었는데, 거기에는 패엽서(貝葉書)[9]와 전단향(栴檀香)[10]이 들어 있었다. 패엽서는 모두 범자(梵字)로 돼 있어 알아볼 수 없었다. 전단향은 곧 능엄경(楞嚴經)[11]에서 말한 "한 대만 태워도 사십 리 안에서 동시에 향기를 맡게 된다"는 그것이었다. 지공이 서역에서 가져온 것을 간직하여 지금에 이르렀다고 한다. 남루(南樓)는 아주 탁 트여 백리 안에 있는 강화*·통진*(通津)의 여러 산들을 바라볼 수 있었다. 큰 강이 휘감아 흐르고, 구름이 파도처럼 아득히 펼쳐져, 난간에 기대어 멀리 끝까지 바라보니 기분이 상쾌하였다. 밤에 동편 요사에서 자는데, 승려들이 새벽에 일어나 불공을 드리느라

---

8) 공민왕의 영정[恭愍王影幀] : 현 개성특별시 용흥동의 화장사(華藏寺)에 봉안되어 있던 고려 제31대 공민왕의 초상화. 누가 그렸는지 알 수 없으나, 고려 말의 작품이라는 데에 별 이견이 없다. 한국전쟁 때 소실된 것으로 전한다. 일제가 1916년에 촬영할 당시 세로 208.2㎝, 가로 154.8㎝의 크기로, 화상의 길이가 약간 축소된 상태였다고 한다.

9) 패엽서(貝葉書) : 고대 인도 등지에서 나뭇잎에 불교의 가르침을 쓴 불경. 흔히 패엽경(貝葉經)이라고 한다. 잎이라는 뜻의 산스크리트어 '파트라(pattra)'를 중국에서 음역하여 패다라(貝多羅)가 되었고, 패다라엽(貝多羅葉)의 준말이 패엽(貝葉)이 되었다. 패엽경이 우리나라에 들어온 것은 신라시대부터라고 한다. 현재 대구 동화사(桐華寺)와 영월 법흥사(法興寺)에 패엽경이 전한다.

10) 전단향(栴檀香) : 인도에서 나는 향나무. 조각물의 재료로 많이 쓰인다.

11) 능엄경(楞嚴經) : 한국불교 근본경전 중의 하나로, 원래 명칭은 『대불정여래밀인수증요의제보살만행수능엄경(大佛頂如來密因修證了義諸菩薩萬行首楞嚴經)』이며, 줄여서 『대불정수능엄경』, 또는 『수능엄경』이라고 한다.

범패(梵唄) 소리가 시끄러웠다.

경신일(庚申日, 3월 9일)에 아침을 먹고 절문을 나서는데, 중 계준·승린·학련은 모두 인사하고 돌아갔으며, 계철만 혼자 따라왔다. 산에 들어온 후로 계속 이들과 함께 돌아다녔다. 낮이면 개울과 골짜기를 드나들며 앞서거니 뒤서거니 하였고, 밤이면 한 방에 같이 자며 이마가 닿거나 다리를 서로 걸치기도 하였다. 지금 산에서 나오자마자 바로 그들과 작별하니 그 섭섭함을 짐작할 수 있을 것이다.

해가 서쪽으로 기울 무렵 적벽**(赤壁)에 도착했는데, 듣던 것에는 크게 못 미쳤다. 양쪽 기슭에 진달래가 많이 피어 그런대로 생기가 느껴졌다. 강 한가운데서 실컷 구경하고 싶어 배를 저어 물결을 따라 내려갔다. 마침 밀물이 올라오고 역풍이 불어 배가 빙빙 돌 뿐 앞으로 나아가려 하지 않았다. 사공이 힘이 부족해 한번 흐름을 놓치면 수백 보나 밀려 나곤 하여, 많은 시간을 허비한 뒤에야 겨우 2, 3리를 나아갔다. 해는 저물려 하고 풍랑은 더욱 거칠어졌다. 배에 탄 사람들이 모두 주리고 지쳐서 배를 돌려 동편 기슭에 정박하였다. 농부에게 물으니 이곳이 적성(積城) 땅이라고 했다. 말에 올라 남쪽으로 수십 리를 가서 임진(臨津)에 도착하였다. 촌집에 묵는데, 아주 작은 집에 벌레가 많아 밤새 잠을 편히 자지 못하였다.

신유일(辛酉日, 3월 10일) 새벽에 일어나 새벽밥을 먹고 출발하였다. 도중에 계철과 헤어지고 해가 서쪽으로 기울 무렵 도성에 들어왔다. 지나온 여정을 후에 기록하여 기문(記文)을 짓는 바이다. 이번 유람에서 천마산·성거산·오관산 등 여러 명승지를 두루 지나왔으면서 이름을 송경이라고 한 것은 큰 덩어리로 뭉뚱그린 것이다.

출전 | 『농암집(農巖集)』 권23
역주 | 서성호(전 국립중앙박물관)

서유기(西游記)

김창협(金昌協)

　을묘년(1675, 숙종 원년) 윤5월 덕수(德水)의 율곡선생 사당[1]이 준공되
었다. 이달 정유일(丁酉日, 윤5월 10일)로 날을 잡아 위패를 봉안하고
제사를 지낼 예정이어서, 계백(啓伯) 최방준**(崔邦儁)·사징(士澄) 이홍**(李
泓)과 그 낙성식을 가 보기로 약속하였다. 이틀 전인 을미일(윤5월 8일)
새벽에 경성**(京城)을 떠났는데, 두 사람은 모두 뒤늦게 출발하여 한낮에야
고양(高陽)에서 나를 따라잡았다. 저녁에 임진강(臨津江)에 도착하여 배를
저어 내려가며 강기슭의 아름다운 바위 절벽을 구경하고 강가의 민가에
묵었다.
　병신일(丙申日, 윤5월 9일)에 아침 일찍 임진강을 건너는데, 갑자기
비가 쏟아져서 동파역**(東坡驛)에 들어가 밥을 지어 먹었다. 한낮에 사천
(沙川)에 도착했는데, 여전히 비가 와서 길 가기가 매우 힘겨웠다. 저녁에야
덕수에 도착하였는데, 원근에서 70여 명의 선비가 모여들었다. 이날 밤에
비가 심하게 오고 큰바람이 불었다.
　정유일(丁酉日, 윤5월 10일)에 아직 날씨가 개지 않았다. 선비들이 모두

---

1)　덕수(德水)의 율곡선생 사당 : 『농암집』에서 김창협 일행이 1675년(숙종 1)에
　　준공식에 참석했다고 한 덕수(德水)의 율곡 이이 사당. 이곳은 1681년(숙종
　　7)에 개성부 남쪽 30리로 옮기고 이듬해에 사액된 구암서원(龜巖書院)을 가리키
　　는 것일 가능성이 있으나, 확실하지 않다.

박연폭포(일제강점기 엽서)

사당문 밖에 비를 맞으며 서 있는데, 제사 지낼 때가 되자 조금 갰다. 일을 맡은 사람들이 각기 그 맡은 일로 분주하며 제기(祭器)를 다루었다. 또 음복례를 행하는데, 각기 존비(尊卑)의 순서대로 일어나 나이 많은 사람에게 나아가 술잔을 권해 올리는데 모두 공경한 태도였다. 제사를 마칠 때쯤엔 날이 더욱 갰다. 나는 전에 이미 두 사람(최방준, 이홍)과 박연(朴淵)을 구경하기로 약속한 일이 있어서 길을 나섰다. 해가 지기 전에 송도(松都)에 도착하여 남문 밖에서 묵었다.

무술일(戊戌日, 윤5월 11일)에 일찍 출발하였는데, 이슬비가 내렸다. 모두 6, 7개의 시내를 건너 영은령(靈隱嶺)에 올랐다. 이곳은 천마산 자락으로, 고갯길이 끝나고 골짜기로 들어가니 솔밭이 나타났다. 마침 중 둘이 지나가기에 박연으로 가는 길을 물으니 "이곳이 박연인데 어찌 물으십니까?"라고 하였다. 나와 두 사람 모두 깜짝 놀랐다. 조금 앞으로 가 보니 바로 큰 바위 웅덩이가 보였다. 이곳이 박연이라는 곳으로, 폭포수가 여기에서 떨어진다. 아래는 곧 고무담**(鈷鉧潭)이니, 폭포수가 떨어져 모이는 곳이다. 폭포를 위에서 보면 그 끝나는 곳을 볼 수 없고, 아래에서 올려다보면 그 근원을 볼 수가 없다. 높이를 헤아려 보니 대략 30길이나 되어 하늘에 매달려 아래로 떨어지는 것 같고, 그 소리는 우레와 같으며, 물보라는 한겨울의 싸라기눈과 같았다.

위에 있는 박연은 반 무(半畝) 가량이고 아래쪽은 그 열 배인데, 그 색이 청록이다. 중이 말하기를, "이 안에 용이 삽니다. 예전에는 단을 쌓아 제사를 지냈는데, 제사에는 돼지머리를 쓰고 홍수나 가뭄이 있을 때 기도를 하면 응답이 있었습니다"라고 하였다. 폭포 양쪽 벼랑은 모두 절벽인데, 절벽에 있는 검은 학의 둥지를 중이 내게 가리켜 보였다. 구경을 마치고 운거사(雲居寺)에서 밥을 먹은 후, 돌아오면서 다시 박연을 구경하고, 못가의 돌에 자취를 기록하였다. 물을 따라 올라가서 구담(龜潭)을 구경하고 관음굴(觀音窟)에서 쉬다가 골짜기의 물을 마시고, 태종대 아래에서 목욕하였다. 이날 밤 달이 밝았다.

기해일(己亥日, 윤5월 12일)에 산을 내려와서 또 박연을 구경했다. 모두세 번을 구경했는데 볼수록 기묘하였다. 지난 신해년(1671, 현종 12)에는 늦봄에 박연에 왔었고, 이번에 다시 온 것인데, 폭포를 구경한 것은 지난번의 갑절이니, 오직 비 때문에 그런 것이다.

한낮에 송도로 돌아와 만월대에 올라서 왕씨의 옛 자취를 더듬었다. 숭양서원의 사당을 알현한 다음, 선죽교를 지나 탄령**(炭嶺)을 넘어서 화곡**(花谷)에 이르렀다. 여울물이 콸콸 흐르고 속에 흰 자갈이 많았다. 물가에 우뚝 솟은 바위 아래로 못을 이루었으며, 산이 병풍처럼 둘러치고 소나무가 무성하니, 이곳은 서경덕 선생이 머물던 곳이다. 나와 두 사람은 이곳이 좋아서 바위 아래 둘러앉아 술잔을 물에 띄워가며 술을 마셨다.

북쪽으로 나오니 숲이 듬성듬성해졌다. 큰 길이 끝나고 가파른 돌비탈을 오르는데, 몇 리를 가니 화장사**(華藏寺)에 이르렀다. 이곳에서 패엽서(貝葉書)와 전단향(栴檀香) 등 기이한 물건들을 구경하였는데, 이는 모두 서역에서 난 것이다.

경자일(庚子日, 윤5월 13일)에 산을 내려왔는데, 바람이 가을이나 겨울처럼 심하게 불었다. 임진강을 건너 화석정**(花石亭)에 올랐다가 저녁에 고양에서 묵었다. 신축일(辛丑日, 윤5월 14일) 아침에 경성으로 돌아왔다.

출전 | 『농암집(農巖集)』 권23, 기(記)
역주 | 서성호(전 국립중앙박물관)

서유일기(西遊日記)

오원(吳瑗)

기유년(1729년, 영조 5) 4월 2일 병자일에 동생인 무(瑂)와 함께 송경(松京)으로 놀러 갔다. 6촌형인 국보(國寶)씨는 회악(會岳)에 있는 집안의 장례 때문에 하루 먼저 장단 세곡(細谷)으로 출발하면서 3일에 개성에서 만나기로 약속하였다. 친구 김성지(金誠之)가 파주 시곡""(柴谷)에 살고 있어서 미리 편지를 보내어 약속하였다.

이 날 해가 뜨자 돈의문을 나섰다. 가는 비가 간간이 뿌리고 구름이 점점이 흩어진 것이 그런대로 즐거웠다. 그때는 오래도록 가뭄이 들어 단비를 바라고 있었기 때문에 나는 동행인들에게 "하늘이 비를 뿌리면 우리는 흠뻑 젖어 괴롭겠지만 농가에는 크게 다행이고 폭포를 구경하는 데도 크게 도움이 될 것이네."라고 말했다. 혼자 비옷[油衣]이 없어서 걱정했는데 끝내 비는 내리지 않았다. 벽제에서 점심을 먹고 25리를 가니 시곡(柴谷)인데 대로(大路)1)까지는 몇 마장 거리였다. 지돈녕(知敦寧)인 김씨 어른을 찾아뵈었더니 이민(而敏) 김약로""(金若魯)도 거기 있었다. 앉아서 오랫동안 이야기하다가 성지(誠之)도 채비를 챙겼으므로 드디어 나란히 말을 타고 30리를 갔다.

화석정""(花石亭)에 들렀는데, 정자는 강가의 매우 높은 곳에 있었다.

---

1) 대로(大路) : 의주로(義州路)를 말함.

진달래가 좁은 언덕에 무성하게 피었는데, 시들었지만 아직 볼 만했다. 사이사이에 배나무와 능금나무가 섞여 있었고 철쭉 또한 활짝 피기 시작하였으며, 소나무와 회나무가 드문드문 섞여 있어서 경치는 자못 그윽하고 품위가 있었다. 임진강은 북쪽에서 흘러와서 정자 아래에서 휘돌아 굽었다가 남쪽으로 흘러가는데, 강물이 흘러오는 곳과 흘러가는 곳을 모두 굽어볼 수 있었다. 하얀 모래가 강 구비에 평평하게 깔려 있는데 꽤 멀리까지 보여서 천마산의 봉우리들이 모두 보였다. 화석정의 주인인 이로환(李老統)이 나와 있었는데, 그의 아들 순익(舜翼)은 진사인 친척 아저씨[族叔]의 사위였다. 친척 누이 집을 방문했다. 성지가 술병을 가지고 와서 작은 술자리를 마련했다. 해질녘에 배를 타고 임진나루로 내려와서 시골집에서 묵었다.

(4월) 3일 날이 밝자 나루를 건넜다. 안개가 강에 가득해서 하늘과 강물이 서로 붙어 있는 듯 볼만했다. 배 안에서 술을 조금 마시고 강을 건너 20리를 가서 아침밥을 먹었는데, 여기부터 오목점**(梧木店)까지는 20리 길이다. 판적교**(板積橋)부터는 송경 땅인데 산천이 밝고 아름다워서 한양[漢京]에 크게 뒤지지 않는다. 천수원**(天壽院) 옛 터를 지났는데 섬돌과 주춧돌은 지금도 완연하다. 취적교**(吹笛橋) 남쪽에 있는 조원**(朝院) 옛 터를 지났다. 탁타교**(橐駝橋)를 거쳐서 동현**(銅峴)에 도착하니 곧 개성부의 남쪽인데, 여기에서 국보씨와 만나기로 약속했기 때문이다. 국보 형의 종을 만나서 그가 먼저 도착해 있는 것을 알았다. 드디어 숙소로 들어가서 만나니 매우 기뻤다.

점심밥을 먹고 남쪽으로 1리를 가서 경덕궁**(敬德宮)으로 들어가서 숙종어제비**(肅宗御製碑)를 우러러 보았다. 이곳의 지세는 평평하고 반듯하며 사방이 언덕으로 둘러싸인 것이 참으로 하늘이 만든 땅이었다. 뒤쪽 언덕에 올라가서 개성부 안을 바라보니, 누대는 다닥다닥 붙어 있는 것이 작은 틈도 없었다. 저지교**(猪支橋)를 지나 남대문 문루에 오르니

개성 남대문(박종진 사진)

사방으로 마을의 집들이 보였는데, 경덕궁에서 본 것보다 두 배는 많아 보였다. 누대에는 숙종께서 쓰신 글이 있고 옆에는 큰 종이 있는데 가정(稼亭)이 명문(銘文)을 지었다.[2]

한동안 바라보다가 연경궁**(延慶宮) 옛 터로 향했다. 무너진 담장과 부서진 주춧돌이 여기저기 널려 있었다. 몇 리에 걸쳐 텅 비어 있는데 당시 궁궐의 짜임새가 얼마나 컸는지 짐작할 수 있었다. 동지**(東池)는 비록 논으로 변했지만 지금도 알아볼 수 있었다. 서편의 석대 하나가 이른바 간의대**(簡儀臺)이다. 전각의 터는 한 마을을 이룰 만큼 깊고 굉장했는데, 좌우에서 조회하듯이 둘러싸서 모두 평평하게 둘러싸고 있었다. 마을 밖은 보이는 것이 없고, 송악산이 매우 수려한 것과 용수산이 맑고 고운 것만 보였는데, 참으로 하늘이 내린 터였다.

한참 배회하면서 감개무량에 잠기다가 가장 높은 전각 터에 올랐다. 개성 노인인 최수화, 최수태 형제가 아들과 조카인 창복과 창조, 창우를 데리고 나왔다가 술을 가지고 와서 몇 잔을 권하였다. 전각 뒤 언덕에 올랐더니 언덕 뒤는 끊어질 듯 험한 것이 마치 하늘이 만든 요새처럼 신기했다. 해가 이미 기울어져서 동남쪽으로 가서 관덕정**(觀德亭)에 올랐다. 관덕정은 개성 사람들의 활터인데 지세는 아주 높고 시원하게

---

2) 연복사종(演福寺鍾)을 말함. 이곡(李穀), 「새로 주조한 연복사종의 명(銘) 병서(幷序)(新鑄演福寺鍾銘 幷序)」(『가정집(稼亭集)』 권7)에 의하면 1346년(충목왕 2)에 만들었다. 조선 중기에 연복사가 화재로 소실되자 근처의 남대문에 옮겨 달았던 것이 오늘에 이르고 있다. 북한의 국보급 문화재 30호이다.

트여 있다. 여기에서 수많은 집들을 굽어보니 남대문 문루에서 볼 때보다 곱절로 많이 보였다. 꽃과 버드나무가 어우러진 누대는 참으로 장관이었다. 개성 사람 첨지 김여채(金麗彩)가 술과 안주를 가지고 와서 성지(誠之)에게 권하고 나에게도 권했다. 관덕정 동남쪽 바위기슭은 잠두봉**(蠶頭峯)이라 하는데 마을을 내리누르는 듯하고, 그 경치는 관덕정에서보다 나았다.

여기서부터 동쪽으로 1리를 내려가 숭양서원**(崧陽書院)을 참배했다. 서원은 바로 문충공(정몽주**)의 집터이고, 화담(花潭 : 서경덕**), 청음(淸陰 : 김상헌**), 잠곡(潛谷 : 김육**), 포저(浦渚 : 조익**)를 배향하였다. 잠시 배회하다가 남문 안에 있는 선달(先達) 설창후(薛昌垕) 집에 묵었는데, 우리를 극진하게 대접하였다. 그의 아들 보신(寶臣)은 유학을 하는 사람인데 함께 이야기할 만했다. 교수 홍하제**(洪夏濟)가 왔다. 낮에 동현에서 만났는데 저녁에 또 찾아왔다. 배천군수 이병연**(李秉淵)이 마침 이곳을 지난다기에 우리가 사람을 보내어 안부를 묻고 다시 사람을 보내어 술과 게[蟹]를 보내었더니, 영통사**에 꼭 가보라고 권했다.

초4일, 해가 뜬 뒤에 출발했다. 주인인 설보신(薛寶臣)과 최수태, 그 조카인 창우와 김여채도 함께 갔다. 남문을 나가서 동쪽으로 선죽교에 들렀다. 말에서 내려 한참 거닐면서 성현의 충렬을 생각하다보니 나도 모르게 눈물이 났다. 다리 옆에 있는 작은 석비의 '선죽교' 세 글자는 한호**(韓濩)의 글씨이다. 성인비(成仁碑) 돌의 작은 글자 역시 매우 고졸했다. 성균관을 지나 탄현을 넘었다. 여기부터는 장단 땅이라 한다. 귀법사**(歸法寺) 옛 터 앞에 있는 샘물과 돌은 매우 맑고 시원했으며, 흰 너럭바위와 평평한 못은 구비마다 앉을 만했다. 물길을 따라 위로 올라갈수록 더욱 아름다웠다. 단 나무가 적어서 무성하지 않고 바위만 조금 둘러져 있을 뿐이었다. 가장 좋은 곳을 차지하고 쭉 늘어 앉아 물 위에 잔을 띄우며 마셨다. '귀법사 개울가에 걸터앉아 술잔을 보내노래[歸法川邊踞送卮]'3)라는 시를 읊느라 오랫동안 돌아가는 걸 잊었다. 절에는 무너진 터만 있고,

개울가에 오직 당간지주 한 쌍과 그 동쪽에 탑 1기가 남아 있었다.4)
여기서 개성부까지는 10리 거리이다.

　동쪽으로 화곡서원*(花谷書院)까지는 몇 리 되지 않는다. 서원은 화담의
옛 집인데, 사암(思菴 : 박순**)과 초당(草堂 : 허엽**), 습정(習靜 : 민순**)을
배향했다. 그곳은 매우 그윽하고 조용하며 언덕과 봉우리로 둘러싸여
있었다. 그들의 정신이 깊게 서려 있으니 참으로 하늘이 어질고 덕이
있는 사람이 노닐도록 만들어준 땅이었다. 서원 뒤 돌로 된 언덕에는
선생의 의관을 보관해둔 곳이 있다. 서쪽으로 수십 보 가면 서사정*(逝斯亭)
이 있다. 정자 아래는 바로 화담이 계곡에서 탁족하거나 술을 마시며
권하던 곳이다. 계곡과 못은 굽었는데 자못 그윽하고 기묘했으며, 물가의
큰 돌은 아주 신기했다. 계곡 남쪽의 비취색 벽은 꿈틀거리는 듯 볼만했다.
풀과 나무는 푸르렀고 아직 꽃도 남아 있었지만, 다만 가뭄 끝이라 물이
적은 것이 흠이었다.

　해가 한낮이므로 말을 타고 계곡을 따라 올라갔다. 한 구비 지나 작은
폭포를 만났는데 매우 아름다웠다. 옆에 있는 너럭바위는 매우 맑고
깨끗해서 앉을 만했다. 말에서 내려앉아서 폭포를 감상했다. 상담(上潭)에
서 떨어져 만들어진 하담(下潭)이 제법 깊고, 돌은 희고 물은 맑았다.
폭포 아래에는 모래나 자갈이 없고 물이 언덕에 부딪히고 씻어 내리는
것이 자못 신기한데, 마치 구슬이 흩어지고 눈이 날리는 듯했다. 이 풍치를
즐기면서 돌아갈 줄 모르다가 또 술을 조금 마셨다. 최씨 성 여러 사람에게
묻기를 "이 못에 이름이 없는 것이 매우 안타깝다."라고 하고는 '수옥담'이
라고 이름붙였다.

　길 동쪽의 봉우리 꼭대기에는 두 바위가 서로 겹쳐 있는데, 위쪽에

<hr/>

3) 이규보(李奎報)의 연작시 「옛 서울을 생각하며 세 수를 읊다(憶舊京三詠)」 중
　「귀법사 개울가에서(歸法寺川邊)」에 나오는 구절.
4) 귀법사(歸法寺)의 당간지주와 탑을 말함.

있는 것은 위태로워
서 마치 북을 매달아
놓은 것 같았는데 이
것이 바로 고암**(鼓
巖)이다. 여기서부터
산길이 자못 깊고 으
슥했다. 몇 리를 가니
영통동구였다. 물가

영통동구(강세황, 『송도기행첩』, 국립중앙박물관 소장)

의 바위는 마치 섬돌
처럼 네모반듯한데, 폭포 같은 물줄기가 그 위를 덮고 흐르다가는 떨어져서
못을 만들었다. 사방에 앉을 만한 돌이 많아서 말에서 내려 잠시 쉬었다.
서로 말하기를 "이곳이 좋긴 하지만 돌이 썩 깨끗하지 않은 것이 흠이네.
이 상류에는 진짜 좋은 곳이 있을 걸세."라고 하였다. 1리쯤 가니 과연
돌은 점점 뽀얗고 깨끗하며 물도 점점 맑아지고, 봉우리도 더욱 그윽해지는
것을 보았다. 성지가 앞서 가다가 "진짜 경치가 과연 여기 있네!"라고
했다. 여러 사람들이 말에서 내려 계곡을 따라 갔다. 물이 바윗돌 위로
흐르는데 닳고 닳아서 도지게[桔] 모양이 되었다. 꿈틀거리며 쏟아져서
와폭(臥瀑) 몇 길을 만들기도 하니, 그 기세가 기이했다. 물이 떨어지는
곳은 배처럼 생긴 돌웅덩이가 만들어져서 물이 가득 찼다가는 뒤쪽으로
흘러 나갔다. 남쪽에 튀어나온 큰 돌은 매우 판판하고 반들거려 앉을
만했다. 돌병풍이 그 뒤를 호위하고 있는데 네모반듯하기가 마치 자를
대고 자른 듯하고, 높이도 몇 척 되어 보였다. 그 위도 평평하고 매끈해서
수십 명은 앉을 듯했고, 바위의 색도 아주 깨끗했다. 그 상, 하, 좌, 우에
깨끗하고 하얘서 앉을 만한 바위와, 맑고 소리까지 청아하여 즐길 만한
물은 글로 다 쓸 수 없었다. 서로 보면서 아주 기쁘게 "이 배천 군수가
우리를 속인 것은 정말 아니네!"라고 했다. 바위 위에 앉아서 술잔을
씻어가면서 함께 마시는데, 이곳도 역시 이름이 없는 것이 아쉬웠다.

그래서 못의 이름은 '옥병'으로, 폭포의 이름은 '와룡'으로 짓고 싶었다.

여러 사람이 영통사가 앞에 있다고 우리의 발걸음을 재촉했다. 내가 웃으면서 말하기를, "비록 영통사에 간다 한들 여기보다 꼭 더 낫지는 않을걸세."라고 했다. 한참 있다가 말을 타고 몇 리 가지 않아서 영통사가 나왔다. 절에 백 걸음 정도 못 미쳐서 한 굽이에 물과 바위가 있기에 내려앉았더니, 역시 맑고 깨끗하여 기뻤는데 생각건대 토교[*](土橋)인 듯했다. 계곡 서쪽에는 오래된 섬돌이 있는데 필시 채수[*]의 글에 나오는 서루대[*](西樓臺)인 듯했다. 절의 중에게 물어보니 과연 그렇다고 했다. 조금 있다가 절로 들어갔다. 절 뜰 앞에 탑이 3기 있고, 그 동쪽에 영통사대각국사의천비가 있다. 비록 병화(兵火)에 부서지고 손상되었지만 손상되지 않은 곳의 글씨는 새로 쓴 것 같았다. 절에 들어가서 점심밥을 먹고 절의 중 탄기와 옥병담의 경치에 대해 이야기하면서 아직 아름다운 이름이 없어서 안타깝다고 했다. 탄기가 "이곳의 이름은 백석담입니다. 돌 위에 새긴 글씨가 있는데 못 보셨습니까?"라고 했다. 우리는 놀라서 "조금 전에 우리가 오랫동안 감상했는데 새긴 글이 있었다면 어찌 못 보았겠는가?"라고 하고는, 지나쳐서 못 본 경치가 있는지 궁금해 했다.

돌아오는 길에 나는 성지와 다시 못 위로 향하여 가고 다른 사람들은 백화담[*]길로 갔는데, 최창우만이 따라 왔다. 못 가까이에서 말에서 내려 사잇길로 내려갔지만 더 얻은 것이 없었다. 다시 폭포를 따라 위로 가서 병풍같은 절벽을 보니 과연 '백석담'이라는 세 글자가 새겨져 있었다. 다만 비바람에 깎이고 씻겨서 분명하지 않았으므로 처음에 못 본 것이다. 한참 동안 또 즐겼다.

동북쪽으로 백화담 길로 접어들어 3리쯤 가다가 길 위에서 숲과 돌이 빼어난 곳에 여러 사람이 계곡 옆 여기저기 앉아 있는 것을 보고 그곳이 백화담인 것을 알았다. 급히 아래를 내려다보니 돌의 형세가 자못 웅장한데 기울어진 것이 많았다. 그 위로 떨어지는 폭포는 아주 **빼어나지만**

그윽하고 기묘한 맛은 없었다. 폭포 위 너럭바위에는 구멍을 뚫은 흔적 예닐곱 개가 있었는데, 마치 기둥을 세웠던 흔적 같았지만 알 수 없었다. 부여잡고 한 층 아래로 내려가니 돌들이 잇몸처럼 **빽빽**이 서 있는데 그 사이로 물소리가 가득한 것이 술잔을 띄우기에 딱 알맞는 곳이었다. 드디어 다시 술잔을 띄어 보내면서 술을 마셨다. 옆으로 숲이 제법 있었는데 곳곳마다 평온한 것이 상류 쪽보다 제법 나았다. 여기서부터 계곡을 따라 내려갔다. 또 앉았던 곳을 떠나 아래로 내려가니 나무꾼이 다니는 험한 길이었다. 걷기도 하고 말을 타기도 하면서 2리쯤 가서 구동현(嫗洞峴)에 이르러 비로소 대흥대로를 만났다. 여기서부터는 두 산 사이의 좁은 길에 숲은 제법 울창했고 옆에는 마구 솟아 있는 층암절벽이 많아서 볼만했다. 그늘에 핀 진달래는 아직 시들지 않았고 어린잎과 서로 섞여서 고운 것이 눈을 즐겁게 하였다. 말에서 내려 괴정"에서 쉬었다. 길 왼쪽에 서 있는 기이한 돌과 꽃나무가 볼만했다. 김군이 오매차를 내어 와서 서로 권했다.

7~8리를 가서 남문에 올랐다. 처음에 대로에서 남문을 바라보았을 때는 아주 끊어질 듯 위태로워서 더위잡고 갈 지름길도 없어 보였으나 구불구불한 길을 꺾어 올라가서 결국 말을 타고 갔다. 마침내 문루에 올라서 내려다보니 푸른 바다는 끝이 없고 구름안개가 자욱했다. 동쪽의 인달봉과 금신봉은 성거산에 속해 있고 서쪽의 자라봉은 천마산에 속해 있는데, 모두 부여잡고 갈 만하고 그 높이도 가늠할 만했다. 성지가 말하길 "어제는 인달봉이 하늘 위에 있는 것처럼 보이더니 오늘은 어느 새 그 안에 들어와 앉아 있네. 사람의 힘으로 못 갈 곳이 없네."라고 했다. 나는 "이것이 어찌 나날이 덕에 나아가고 학문을 닦는 것과 비교하여 부족하겠는가?"라고 생각했다. 북쪽으로 성 안의 여러 봉우리들을 바라보니 동장대와 정광봉이 마주 보고 솟아 있는데 그 사이가 박연이라고 한다. 비로소 빨리 박연으로 가고 싶었다.

대흥동에 도착하자 모두들 날이 저물고 말이 피곤해서 더 가기 어렵다고 해서, 절 앞에 있는 기담에 앉았는데 석문담이라고도 한다. 조금 있다가 또 한 구비 내려가서 청심담 위에 앉아서 술을 조금 마시다가 해가 져서 돌아왔다. 잠시 대승당에 앉았다가 약사전에서 잤다. 영통사에 수백 걸음 못 미친 계곡 위에 큰 바위가 첩첩이 겹쳐 있는데, 마치 옹기를 겹쳐놓은 것 같다. 물이 그 사이로 흘러서 폭포도 만들고 못도 만드는데, 소리가 찌렁찌렁 굉장했다. 폭포 밑 돌에 10자 정도 되는 틈이 있는데 물이 고여서 상당히 깊다. 중이 말하기를 "여기는 용이 누워 있는 곳이라서 용암이라고 합니다."라고 하지만 믿을 수는 없다. 돌아오는 길에 말에서 내려 내려다보니 무서웠다. 중 탄기가 영통사에서부터 따라왔는데, 대흥동에서 묵고 다음날 새벽에 작별하고 돌아갔다.

5일. 아침에 일어나 하늘빛을 보니 어둑어둑한 것이 비가 올 듯했다. 모두들 "딱 비가 오겠네!"라고 했다. 우리가 한성을 출발해서 오는 길에 말한 것이 전부 비 오기만 바라는 것이었는데도 도리어 가뭄만 심해져서 끝내 감히 바라지는 못했다. 어제 성지와 말하기를 "우리들 중에 한 이부(韓吏部)[5]와 같은 사람이 있으면 어찌 천마산의 산신령을 감동시켜서 비를 청할 수 없을까?"라고 했다. 오늘 아침 가랑비가 날리니 이것 또한 가문 날의 일상적인 모습이다. 종자에게 관음사에 아침상을 차리라고 시켰다. 조금 마시고 철쭉지팡이를 짚고 걸어서 석문담과 청심담에 갔다.

그 못에서 백여 걸음 내려가자 마담이 있었다. 폭포는 몇 길이나 되는 석벽에 떨어져서 석담 돌웅덩이를 만들었는데 자못 깊고 푸르며 자갈은 쌓여 있지 않았다. 중이 "여기에서 용마가 나왔는데, 지금도 신물(神物)이 있는지 모르겠습니다."라고 했다. 바위 위에 앉아서 아주 시원하게 떨어지

5) 한 이부(韓吏部) : 당(唐)의 한유(韓愈, 768~824)를 말함. 한유가 후난성[湖南省] 형산현[衡山縣] 형산(衡山)에 놀러갔을 때 큰 비가 내려서 산에 오를 수 없자 산신령에게 기도하여 구름을 걷히게 했다는 고사가 있으며, 그의 시 「형악묘에 참배하고 드디어 악사에 투숙하여 문루에 적다(謁衡嶽廟 遂宿嶽寺 題門樓)」에 기록되어 있다.

는 폭포를 바라보았는데 그 모양 또한 반듯했다. 잠시 앉아 있다가 말을
타고 또 2리쯤 갔다. 길 왼쪽에는 큰 바위가 물에 닿을 듯 나와 있는데
미끄러워서 발을 붙이기가 어려우니 여기가 태종대이다. 태종대 좌우에는
작은 돌들이 솟아 있었다. 왼쪽 바위에는 소나무 한 그루가 있는데 오래
된 것 같지는 않고, 오른쪽 바위 위에는 진달래가 흐드러지게 피어서
볼만했다. 관음사와 구담을 스쳐 지나서 1리쯤 거리에 있는 박연으로
곧장 달려갔다. 상담(上潭)에 잠시 앉았다가 북문을 나와서 범사정에
이르렀다. 가뭄 끝이라 폭포는 말라 있었다. 어느 사이 빗줄기가 커져서
여러 사람들이 서로 돌아보면서 크게 기뻐했다. 함께 술을 마시면서
한참 앉아 있다가 비옷을 입고 돌아왔다.

　관음사에서 아침을 먹고 관음굴을 구경했다. 바위 봉우리 아래가 푹
들어가 있는데 마치 집 처마가 뒤집힌 것 같았다. 석불 세 분을 모셨고
옆에는 여러 나한상을 새겼다. 굴 위에는 진달래가 활짝 피었는데 물을
들어붓듯이 비가 내렸다. 내가 일행에게 "오늘 비는 참으로 산신령이
알아서 내려주신 것인가 보네. 한 이부가 형산의 구름을 걷히게 했다는
것이 진짜로 빈 말이 아니네."라고 말했다. 빗발은 하루 종일 점점 굵어지길
래 저녁밥을 내오라고 독촉하고, 비를 무릅쓰고라도 박연을 보려고 했다.
중들은 "비가 지나간 뒤에 폭포의 세력이 더 세어지니 조금 더 기다리십시
오."라고 했다. 우리가 "어찌 그러겠는가? 산의 물은 쉽게 줄어드니 마땅히
비가 그치기 전에 가야 하네."라고 말했다.

　드디어 비옷을 입고 말에 올라 북문을 나갔다. 앞으로 나아가자 전에
물이 없던 계곡이 지금은 모두 크게 넘쳐서 수많은 골짜기가 떠들썩하게
울어대니 사방에서 벼락이 치는 것 같았다. 내가 국보 형을 불러서는
"박연을 보지 않아도 상상이 되는군요."라고 했다. 진흙길을 이리저리
밟으면서 드디어 폭포 아래에 도착했다. 국보 형과 동생 무가 먼저 말에서
내려 크게 소리를 질렀다. 나도 바로 도착해서는 다른 말을 할 겨를이
없이 다만 "이런 장관이 있나, 이런 장관이 어디 있나!"라고만 반복했다.

대개 폭포는 [몇 줄 빠짐] 비를 만나 물줄기가 더욱 커졌다. 술을 가져다가 함께 마시면서 해질녘까지 앉아 있었다. 여러 사람들이 계곡물이 불어서 다리가 무너질까 걱정된다 하므로 돌아왔다. 말을 타면서도 서너 번 돌아보니 순식간에 그 굉장함이 점점 커졌다. 돌아오니 이미 깜깜했다. 밤이 되어도 빗소리가 한결같더니 한밤중이 되어서야 그쳤다. 모두들 폭포 구경이 천하에서 제일 신기한 일이었다고 자랑했다. 여러 사람들이 말하기를, "여기 사는 사람들도 이때와 같은 폭포를 보는 것은 쉽지 않을 것이다."고 했다.

이날 식사 후에 교동의 군영에서 편지가 와서 일행에게 후서강을 거쳐서 와보라고 했다. 대개 송도와 교영은 불과 하루거리인데 나는 제사가 있어서 다른 길로 가야 하므로 무척 아쉬웠다. 당숙이 술과 꿩을 보내주셨으므로 꿩을 삶고 술을 가져오라고 해서 함께 마셨다. 북문을 나서서 동쪽을 바라보니 산 위에 걸린 절벽이 마치 손바닥같이 깎였는데, 물이 그 위에서 바로 떨어지는 것이 마치 수백 척 옷감을 걸어놓은 듯했다. 이 또한 아침에는 보지 못한 것인데 비 온 뒤에야 나타난 것이다.

초6일. 새벽에 일어났다. 비가 오락가락했다. 급히 말을 타고 박연폭포로 달려갔더니 어제 저녁보다 물줄기는 조금 줄어들었으나 폭포는 희고 못은 맑아서 어제보다 훨씬 나았다. 가는 비가 보슬보슬 내리는데 바위의 기운과 나무 색은 더욱 새로웠다. 한참 있다가 말을 타고 돌아왔는데 마음이 망연자실해서 돌아보고 또 돌아보면서 차마 떠날 수가 없었다. 잠시 상담 위에서 쉬다가 아래를 내려다보니 더욱 놀라서 오싹했다. 돌아오는 길에 걸어서 구담을 찾아갔다. 구담은 관음사 앞에 있으니 곧 박연폭포의 상류다. 계곡물이 구불구불 멀리 흘러서 못이 되었는데 제법 깊고 넓다. 구담 아래에 돌이 있는데 흡사 거북이 모양과 닮았고 머리가 구담 쪽을 향하고 있어서 이 이름이 붙여졌다.

관음사에서 아침을 먹고 곧장 산에서 나왔다. 안개비가 휘날려서 지척을 거의 분간할 수 없었고, 계곡의 다리는 물이 넘쳐 매우 위태로워서 여러 번 말에서 내려 걸어서 지났다. 마담에 이르니 폭포가 쏟아져 내리는 기세가 매우 웅장해서, 바위를 다 덮어버리고 물방울이 마구 휘날려 날아올랐다. 어떤 못은 물이 다 끓어올라서 그것이 못인지 거의 알 수 없을 정도인데, 못 아래의 폭포와 연결되어서 그 기세가 더욱 장관이었다. 나는 여러 사람들과 큰 소리로 '우와, 멋지다!'라고 감탄하여 외치면서 말을 세우고는 차마 떠나지 못했다. 한 길로 쏟아지는 물소리가 뇌성벽력과 같아서 마음 속까지 상쾌했다.

석문담에 이르니 물살이 옆으로 퍼져서 큰 바위를 타고 넘치는데, 그 웅장함은 마담보다 더했지만 크기는 기이하게도 조금 작았다. 안개가 심해서 말 위에서 술을 달라고 해서 마셨다. 남문에 이르니 사방에 흰 안개가 가득해서 천지가 하나로 된 것 같았다. 나는 웃으면서 여러 사람들에게 말하기를, "어제 내린 비는 큰 바다가 넘친 것이 아닌가?"라고 했다. 관음사의 중 준찬과 정택이 중영 앞까지 와서 작별하고 돌아갔다.

오도현**(吾道峴)에 이르렀다. 여기는 구동현에서 오는 대로와 합쳐지는 곳이다. 대로를 지나 협로로 내려갔는데, 돌을 캐서 쌓아 만든 길이 매우 가지런하고 시내를 건너는 곳에는 몇 리에 걸쳐 돌다리가 간간이 있었다. 이것은 분명 이전 왕조의 수레길이다. 그때 공사가 얼마나 힘들었을지에 대하여 서로 개탄하면서 끝없는 사치와 황탄에 탄식했다. 나는 성지를 돌아보고 "이 길은 이전 왕조가 망할 때 만든 게 틀림 없네."라고 말했다.

여기에서부터 백화담 동구를 지나 영통동구를 바라보니 모두 길 옆에 있었다. 오도현에서부터 수옥담까지는 겨우 10리이다. 수옥담에 못 미쳐서 길 왼쪽의 석벽은 판판하게 깎여진 것이 수백 걸음이나 되었는데, 모두 틈이 있어서 층층이 줄지어 선 것이 아마도 추암인 것같다. 앞은 영통사로 들어가는 길인데 역시 지난번에 여기를 지났다. 수옥담은 비온 뒤라서 옥같은 물이 바위를 모두 덮을 것처럼 흘러내렸는데, 수옥담이 아니었다면 이상할 것도 없다. 말을 멈추고 한참 있었더니 마음이 상쾌해졌다.

서사정에 이르니 계곡물이 여러 바위를 완전히 덮치며 흘렀다. 낚시터 바위 아래의 맑은 못은 평평하고 넓은데 물이 차고 넘치는 모습이 전보다 훨씬 보기 좋았다. 돌 위에 한참 동안 앉아서 술을 조금 마셨다. 귀법천을 지나가는데 물이 가득한 평평한 못에 폭포가 흰 너럭바위를 덮치는 경치가 장관이었다. 말에서 내려 지난 번 잔을 띄워 보내던 못 가에 늘어앉았다. 잔을 띄워 보내던 바위는 이미 큰 물살 속에 잠겨버렸다. 바위에 앉아서 술을 조금 마셨다.

평야를 지나면서 최변에게 앞장서 말을 달려가게 했더니 그 모습 또한 장관이었다. 다시 성균관에 도착하여 말에서 내려 명륜당으로 들어갔다. 건물이 밝고 아름다웠으며 뜰은 엄숙하고 탁 트인 것이 서울의 태학에 비교해도 크게 떨어지지 않았다. 돌아오는 길에 동부에 사는 김 첨지의 집으로 들어갔는데, 그 동네의 이름은 어은동이라고 했다. 거기서 점심을 먹고 출발해서 남문 밖에 도착하여 국보 형과 동생 무와 헤어졌다. 판적교에 못미처 가랑비가 와서 비옷을 입고 몇 리를 갔다. 접현**과 발막**을 지나 15리를 가니 오목점이었다. 날은 이미 저물었다.

이날, 송도 사람 김광침과 최창우 등 여러 사람이 술과 안주를 가지고 화장사로 갔는데, 아마 우리가 처음에 박연폭포에서 화장사로 가서 패엽과 전단향을 보기로 했기 때문인 듯하다. 아침에 비가 개지 않았으므로 김 첨지 등 모든 사람이 길이 험하고 계곡물이 깊다고 만류해서 결국 가지 못했는데 성지가 못내 아쉬워했다. 내가 그의 마음을 풀어주려고 "세상 일은 절대로 원만하기 어려운 일이네. 오늘 우리의 유람은 비록 우리가 스스로 하려고 했던 터이지만, 꼭 뜻한 대로 되지는 않은 것이 이와 같네. 화장사 하나쯤은 빠뜨린 채로 남겨서 조물주의 시기심을 풀어주어도 무방하지 않겠는가?"라고 했다. 성지가 웃으면서 "그대의 말이 참으로 그럴 듯하지만, 여기까지 와서 이런 말을 듣다니!" 하면서도 못 본 것을 몹시 안타까워했다. 또 우리 때문에 여러 사람이 공연히

헛걸음한 것에 대해서도 안타까워했다. 김여채의 집에서 점심밥을 먹고 저녁에 오목점에서 투숙했다. 길에서 이슬비를 만났다.

초7일, 구름 낀 날씨. 새벽에 출발해서 임진강을 건너 화석정에 올랐다. 비온 뒤라서 강산이 더욱 아름다웠다. 철쭉이 흐드러지게 피었고 녹음도 이미 무르익었다. 주인이 술자리를 마련하여 서로 대작했다. 풍계사를 참배했다. 풍계사는 파주향교 옆에 있는데, 나의 고조할아버지와 이공, 박공을 함께 배향한 곳이다.[6] 그 날을 회상하다가 나도 모르게 소매를 적셨다. 오후에 시곡의 김씨 어른 댁에 가서 점심을 먹고 성지와 작별했다. 창릉점에서 말에게 꼴을 먹였다. 성 서쪽에 있는 종갓집으로 돌아오니 해가 막 떨어지는 참이었다.

출전 | 『월곡집(月谷集)』 권10, 기(記)
역주 | 김순자(전 중국 정주경공업대학)

---

6) 오원의 고조인 오두인(吳斗寅, 1624~1689)과 이세화(李世華), 박태보(朴泰輔)를 말함. 1689년(숙종 15) 숙원 장씨(淑媛張氏)의 소생을 세자로 책봉하려 할 때 전 사직(司直)이었던 오두인(吳斗寅) 등 86명이 연명상소를 올렸다. 조사 과정에서 전 목사 박태보와 전 관찰사 이세화가 상소문 기초 단계에서부터 연루된 것이 확인되어 숙종이 친국을 하고 모진 고문 끝에 죽었는데, 이들을 함께 배향한 것이다. 『숙종실록』 권20, 숙종 15년 4월 신묘(25일)조 ; 권35, 숙종 27년(1701) 11월 기해(16일)조.

계사춘유기(癸巳春遊記)

이덕무(李德懋)

    계사년(1773, 영조 49) 윤3월 25일에, 나는 연암 박지원**(朴趾源)과 영재 유득공**(柳得恭)과 함께 평양을 유람하려고 가다가 파주**에서 잤다. 홍제원**에서 녹반현**에 이르는 길은 훤히 트이고 곧고 평평하여 말이 걷기 쉬웠다. 파주로 가는 길 북쪽 숲 언덕 위에 돌로 만든 사람 둘이 우뚝 서 있는데,1) 하나는 크고 하나는 작으며, 얼굴색은 회청색이고 무섭게 생겼다. 삼각산**이 머리를 불쑥 내밀고 엿보는 형세이므로, 동쪽 산의 우묵한 곳에 감시하는 석인을 설치하여 삼각산 기운을 누르는 것이 다.2)

    26일 아침 화석정**에 올랐는데, 이곳은 율곡 이이 선생의 별장이었다. 벽에 송강 정철**과 문곡 김수항** 등 여러 명현과 명나라 사신 황홍헌**

---

1) 파주로 석인(坡州路石人) : 경기도 파주시 광탄면 용미리에 있는 석불을 이야기 하는 것으로 추정된다. 이 석물은 천연 암벽을 몸체로 삼아 그 위에 목과 머리, 갓 등을 따로 만들어 얹은 두 구(軀)의 거대한 불상이다. 보물 제93호이며, 보통 고려시대의 불상으로 보았으나 최근에는 명문과 양식을 근거로 조선 전기의 작품으로 보는 견해가 우세하다.

2) 삼각산(三角山)의 기운 : 삼각산은 서울의 북쪽과 경기도 고양시에 걸쳐 있는 산으로 북한산을 말한다. 도선국사가 송악을 도읍지로 정하고 난 뒤 맑은 날 멀리서 삼각산이 개성을 훔쳐가려는 모습을 하고 있는 것을 보고, 이를 막기 위해 삼각산을 볼 수 있는 곳에 장명등을 세워 불을 밝히고, 쇠로 만든 개 열두 마리를 세워 삼각산을 감시하게 하였다는 이야기가 전해져 온다.

등 여러 사람들의 시
가 있다. 잡목은 푸르
게 우거졌고, 새들은
지저귀었다. 앞에는
구회강이 달처럼 흐
르고 있다. 이리저리
거닐며 생각해보니 감
회를 누를 수 없고, 마
치 경서를 끼고 선생

파주 화석정(박종진 사진)

에게 배우는 무리에 끼어있는 듯하였다. 한낮에 개경 선비 양정맹**의
집에서 점심을 먹었다. 진사 임창택**은 호가 숭악인데, 성품이 대단히
효성스럽고 시문(詩文)을 잘 지었으며 일찍이 삼연 김창흡**과 교유하였다.
『숭악집』 몇 권과 『황고집전』과 『임장군전』을 지었다.

　고려 말의 개성윤 조인의 아들 조의생**과 임선미** 등 70여 명이 문을
닫고 절의를 지켰다. 칼날이 눈앞에 이르는데도 앞을 다투어 죽으려
하였으므로, 그들의 자손은 하나도 등용하지 않았다. 이양중**은 고려가
멸망하자 은둔하여 살았는데, 차원부**의 원통한 죽음을 분하게 여겨
타어회에서3) 막걸리를 가득 담아 놓은 술병을 깨뜨리니 사람들이 그를
파료옹(막걸리 병을 깬 노인)이라 불렀다. 길재**가 등잔을 던진 사실과
조운흘**이 책상을 친 사실이 『숭악집』에4) 나와 있다.

　두문동**은 지금의 동현**이며, 부조령**과 괘관리**가 있다. 진사 한명상**

---

3) 타어회(打魚會) : 타어는 그물로 고기를 잡는 것이며, 타어회는 이것을 구경하는
　　모임이다(『고려사』권48 신우 열전).

4) 숭악집(崧岳集) : 1735년(영조 11)에 간행된 조선 후기 개성의 문인 임창택(林昌
　　澤)의 시문집. 권1·2에 시와 해동악부(海東樂府), 악령문(岳靈問), 서(書), 서(序),
　　제문, 기(記), 용호검명병서(龍虎劍銘幷序), 권3·4에 양친론(養親論), 잡저, 행장,
　　가장, 전(傳) 등이 수록되어 있고, 부록으로 묘갈명 1편이 있다.

은 고사를 널리 알아 『개성지』를5) 지었는데 매우 자세하게 기록하였다.
나는 일찍이 이분의 이름을 경암 조연귀**에게 들었는데, 이번 길에 방문하
려 하였으나 길이 바빠서 찾아보지 못하였다.

영재와 함께 남대문**에 올랐다. 이것은 조선 초에 만들었는데, 동쪽에는
성벽이 없고 서쪽에만 있다. 치문과 쇠문은 없고, 동쪽으로 잇대어 종각을
건립하였다.6) 고려 충목왕 때 원나라에서 대장고 부사 신예**를 보내
금강산에서 종을 만들었다. 예가 일을 끝내고 돌아가려고 하니, 왕이
예에게, "큰 종이 오래되어 못쓰게 되었으니, 종을 만드는 훌륭한 기술자가
우리나라에 온 기회에 다시 만들고 싶다." 하니, 예가 승낙하고 만들었다.
이 종을 연복사**에 달았는데, 조선 초에7) 이곳으로 옮겨 달았다. 가정
이곡이 기문을 지었다.8) 웅크리고 앉아 있는 용의 비늘은 빳빳하게 서서
마치 움직이려는 것 같았다. 두께는 주척으로 거의 두 자쯤 되었다.

저녁에 청석동**에서 묵었다. 골짜기는 깊고 고요한데 바위에 부딪치는
물소리만 구슬피 울렸다. 저녁때가 되니 다리에 반점이 있는 산모기
떼가 앵앵거렸다. 연암과 영재 두 분과 함께 길거리로 놀러 나오니, 어떤
노인이 가야금을 타고 또 해금을 뜯으면서 노래를 잘 불렀다. 다시 입을
오므려 풀피리를 부니, 맑고 또렷하며 구슬픈 소리가 바위와 숲에 울려
퍼졌다.

27일 아침에 청석동을 출발하여 마당점에서 점심을 먹었다. 마당점은
평산 땅인데, 부싯돌이 나온다. 평산의 흙은 붉은데, 길에는 간간이 대추나

---

5) 『개성지(開城誌)』: 개성의 진사 한명상(韓命相)이 지은 개성 읍지로 보이는데,
   현재 전해지지 않는다.
6) 남대문 종각 : 강세황의 그림에는 종각이 서쪽에 있어, 이 기행문과 차이가
   있다. 현재 종각은 없고 연복사(演福寺) 종만 문루 서쪽에 매달려 있다.
7) 조선 초는 조선 명종대로 추정한다.
8) 이곡(李穀)의 기문 : 「연복사신주종명병서(演福寺新鑄鍾銘幷序)」를 말한다. 이
   곡이 1346년(충목왕 2) 봄에 원나라 자정원사(資政院使) 강금강(姜金剛)과 신예
   (辛裔)가 연복사 종을 새로 만든 사실을 기록한 글이다.

콩만한 조약돌이 흙과 섞여 단단하게 된 덩어리가 널려 있다. 먼 옛날에는
물이 괸 곳이었는데, 어느 땐가 물이 빠져 땅이 된 것이다.

저녁에 총수점**에서 자려고 해가 기울어질 무렵 말을 몰아가는데,
논에서는 물빛이 반짝거리고 기이한 고목이 이따금 서 있어 전원의 기분을
느끼게 하였다. 총수점의 지붕은 청석으로 덮은 것으로 보였다. 산이
총수점 남쪽에서 가파르게 솟아올랐는데, 기괴하면서도 수려하며 잡목들
이 우거져 있다. 긴 내가 빙 둘러 있고, 산봉우리의 그림자가 물속에
거꾸로 잠겨 있다. 외나무다리를 건너는데 물고기들은 발소리를 듣고
수면에서 뛰어오르고, 오리는 그림자에 놀라 모래 위로 걸어 나갔다.
이에 연암·영재 두 분과 함께 미친 듯 기뻐 춤을 추고 싶었다.

돌 걸상에 걸터앉으니, 배꼽처럼 깊숙하게 패인 동쪽 벽에서는 물방울이
뚝뚝 떨어졌다. 그 언저리는 모두 화반석이어서 도장을 새길 만하였다.
난우(蘭嵎) 주지번**(朱之蕃)이 '옥류천'이라고 가로로 써 놓았는데, 글자
크기가 손바닥만큼씩 하고 옆에는 도장을 찍었다. 또 '옥유영천'이라는
네 글자가 있고, 옆에 장백 유홍훈이라고 새겨 놓았다. 연암은 본래 바위를
잘 그렸는데, 이것을 보고는 손가락으로 허공에 그림 그리는 시늉을
하면서, "준법(皴法)이 귀피법도 아니고 마아법도 아니다."라9) 하고는
무엇을 얻은 듯 기뻐하였다. 영재는 칼을 꺼내어 화반석을 갈고 다듬어
금성(金星)이나10) 구안(鸜眼)11) 같이 훌륭한 벼루를 만들려고 하였는데,

---

9) 준법(皴法) : 동양화에서 입체감이나 양감을 표현하기 위해 사용하는 음영법.
   조그만 붓으로 여러 번 그어서 산이나 바위의 맥이나 결을 표현하는 데 쓴다.
   중국에서는 진(秦)·한(漢)시대의 산악도(山岳圖)에서 그 원시적 형태를 볼 수
   있으며, 그 후 산수화의 발전과 함께 여러 준법이 나타났다. 주로 남종화에서
   사용된 삼[麻]의 껍질을 벗긴 것 같은 선적(線的)인 주름인 피마준(披麻皴)과
   북종화에서 많이 사용된 도끼로 쪼갠 면과 같은 주름으로 면적(面的)인 성격이
   강한 부벽준(斧劈皴)이 대표적이다.
10) 금성(金星) : 좋은 벼루의 이름. 금성석(金星石)으로 만들기 때문에 붙여진 이름
    이다.
11) 구안(鸜眼) : 좋은 벼루의 이름. 단계석(端溪石)으로 만들었는데, 벼룻돌 위의

색깔이 쑥처럼 푸르고 메밀처럼 희었다.

돌 걸상의 서쪽에 또 '청천선탑'이라고 쓴 네 글자가 있다. 그 위에는 좁은 돌층계가 있는데, 물방울이 비처럼 쏟아졌다. 이 산 이름인 총수(蔥秀)의 총(蔥)은 '푸르다'는 뜻이니, 우리나라에서 이보다 더 푸르고 빼어난 산은 없다. 요동에 총수산이 있는데, 이 산과 똑같으므로 이 산을 총수산*이라고 하였다 한다. 절벽의 중간에 가부좌하고 앉아 있는 관음보살상을 조각해 놓았는데, 어깨와 발이 매우 단정하고 예쁘다. 세상에서는 이것을 주지번의 상이라고 하는데, 그렇지 않다.

28일에 서흥**에서 점심을 먹고 영파루**에 올랐다. 이 누는 용천관*의 문루이다. 앞에는 긴 내가 흐르는데 깨끗하고 맑다. 이장의 집에서 술을 마셨다. 논머리에 물을 푸는 기구가 있는데 두레라고 한다. 나무를 세 개 세운 뒤 그 끝을 동여매고는 장두(長斗)를 그 아래에 매달아 놓았다. 장두에는 자루가 있으며, 이 자루를 잡고 올렸다 내렸다 하면 물이 논으로 콸콸 들어간다. 장두의 모습은 마치 나무를 길게 파서 만든 오줌통과 비슷한데, 용골이라 부르기도 하며 세속에서는 용두라고도 한다.

우물의 난간은 나무로 만들기도 하고 청석으로 만들기도 하는데, 양쪽 끝부분을 깎아 서로 맞추어 놓은 것이 정(井)자 모양과 흡사하다. 대개 정(井)이라는 글자는 복판이 우묵하게 들어간 모양을 형상한 것이 아니라, 우물에 있는 난간의 모습을 취한 것이다. 이것으로 자세히 살펴보면, 백성들이 일상생활에서 쓰는 물건의 모양이 글자의 뜻이 되지 않은 것이 없다.

여기서부터 서쪽으로 가면서 보니 길옆 암석이 간혹 절구통처럼 패였으며, 밭이 사방은 높고 한 가운데는 낮고, 간혹 땅이 꺼져 구멍이 뚫리기도 하였다. 해서 사람들은 "해서 지방에 봉사가 많은 것은 지형 때문이다."라

원형으로 된 반점이 흰색·붉은색·노란색 등 여러 가지 무늬가 있어서 마치 구관조의 눈처럼 생겼기 때문에 붙여진 이름이다.

고 한다. 그러나 일찍이 들으니 "해서 지방에서는 티끌이 공중에 날아다니
다가 눈으로 들어가기 때문에 봉사가 많을 뿐만 아니라 눈먼 말도 많다."고
한다. 저녁에 검수점**에 머물렀는데, 돌은 험상궂게 서 있고 시냇물은
성난 소리를 내며 흘렀다.

출전 | 『아정유고(雅亭遺稿)』
역주 | 안병우(한국학중앙연구원)

서유기(西遊記)

송병선(宋秉璿)

해주에서부터 연안을 거쳐 송도에 이른 것을 기록하다
(自海州歷延安 至松都記)

임술일(1867, 고종 4, 11월 13일) 새벽에 청단역**을 출발하여 연안부**에
도착하니, 아직 정오가 못 되었다. 연성대첩비**를 읽어보니, 오성 이항복**
이 쓴 글이다. 문열공 조헌**(趙憲)과 병사 신각**(申恪)의 멀리 내다보는
식견과 뛰어난 노고가 매우 감동스럽지만, 나중 사람들이 이 성을 잘
관리하지 못한 것이 한탄스럽다. 그러나 그 산천의 위치가 모두 길한
곳이니, 초토사 이정암**(李廷馣)이 큰 승리를 거둔 것이 어찌 사람의
지모만으로 된 것이겠는가.

남쪽 몇 리 되는 곳에 남대지**가 있다. 둘레가 30리이고, 바깥쪽은
바다이고 안쪽은 들인데 망망하여 끝이 보이지 않았다. 만약 겨울에
얼음이 얼면 용이 그 위에 나와 밭을 갈았는데, 주민들이 밭 간 흔적을
보고 그해에 풍년이 들지 흉년이 들지 예측하였다고 한다. 못 안에 여러
종류의 연꽃이 있고, 못 가에는 군자정이 있는데, 올라가 보니 탁 트여
마음이 시원하였다.

북쪽에 이창매**의 묘가 있다. 이 사람은 본래 연안의 평민인데, 성품이
지극히 효성스러워 아버지 산소를 잘 돌보았다. 그가 무릎을 꿇고 손을

짚은 곳에는 풀이 나지 않았고, 오가며 남긴 발자취가 아직도 완연히
남아 있다, 정승 홍석주*가 지나가다가 비를 세우고 '효자 이창매의 묘'라고
썼다.

토산현**을 넘으니, 배천** 땅이다. 벽란도**에 이르러 구병연**을 방문했
다. 그의 선조 독락재 구시경**은 문정공 송시열**의 문인이다. 문정공이
직접 쓴 '여섯 군자를 칭찬한 글'[1]과 '청담시화첩'을[2] 갖고 있다.

계해일(14일)에 일찍 일어나 남쪽 강가를 바라보니 구릉이 있어, 물어보
니, 창릉**이라고 하였다. 고려 태조의 할아버지 작제건*이 용녀*와 결혼하
여 여기 살았다. 흙으로 쌓은 성 터가 아직도 남아있으며,[3] 이 능은
작제건의 무덤[4]이라고 한다. 나루를 건너고 죽백현을 넘어 두문동**을
지났다. 이곳은 조선에 복종하지 않은 고려 말의 신하들이 숨어 산 곳이다.
그들은 머리에 삿갓을 쓰고 햇빛을 보려고 하지 않았으며, 어깨에는
거칠게 기운 옷을 걸치고 살았다. 나중에 이것이 풍속이 되었으며, 개성
사람들은 지금도 그렇게 한다.

동쪽 몇 리 되는 곳에 고려 태조의 능[현릉**(顯陵)]이 있다. 오정문**
터를 지나 한천사**에 가서 주자와 회헌 안향**, 국재 권부**, 목은 이색,
유항 한수**, 우암 송시열에게 배향했다. 수창궁** 터를 보고 만월대에

─────────

1) 육군자찬(六君子贊) : 남송이나 명의 특정 시기에 활약한 여섯 명의 신하를 찬미
   한 글 또는 육군자도(六君子圖)를 찬미한 글로 보인다. 6군자의 사례로는 남송
   영종(寧宗) 때의 양굉중(楊宏中) 등 여섯 신하와 이종(理宗) 때의 유불(劉黻)
   등 여섯 신하가 있다. 육군자도는 보통 원말명초의 화가 예찬(倪瓚)이 강남의
   가을 풍경으로 언덕 위에 있는 소나무 등 여섯 종류의 나무를 그린 그림을
   가리키며, 이 그림은 문인 회화의 전범으로 꼽혔다.
2) 청담시화첩(淸潭詩畵帖) : 청담 즉 박연을 그리고 시를 써넣은 시화첩으로 보인
   다.
3) 흙으로 쌓은 성터 : 김관의의 『편년통록』에 따르면, 작제건이 용녀와 결혼하고
   돌아오자 주위의 토호들이 영안성을 축조하여 살게 하였다고 하므로, 영안성
   터로 보인다.
4) 창릉은 태조 왕건의 아버지 왕륭(王隆, ?~897)의 무덤이다.

올랐다. 섬돌이 어떤 것은 떨어져 나갔고 어떤 것은 그대로였으며, 만월대
는 높고 긴 둑같이 생겼다. 도선*이 높은 곳을 깎아내지 말고 흙을 돋우어
터를 보충하라고 하였으므로, 고려 태조가 돌을 다듬어 층계를 만들어서
산록을 지키며 전각을 세웠다고 한다. 서쪽 가장자리에 첨성대**가 홀로
우뚝 솟아 있다.

만월대를 따라서 천천히 봉명산**에 올라가 좌우를 돌아보니,5) 망한
나라에 대한 감회가 없을 수 없다. 형세는 웅장하고 산천은 맑고 고왔으니,
진실로 문과 무를 함께 쓴 나라라고 하겠다. 다만 산봉우리가 모두 부처의
형상 같아서, 고려로 하여금 불교를 믿다 망하게 하였으니, 진실로 그럴
만한 까닭이 있었다. 고려의 3경을 두루 살펴보니, 평양은 겉모양만 뛰어나
고, 송도는 본바탕만 뛰어난데, 오직 한양이 적절함을 얻었으니, 마땅히
동방의 기주**가 될 만하다.

천곡 송상현**의 집터를 지나 성의 남문 문루에 올라가 시가지를 죽
둘러보았다. 문루에 걸려있는 초루 권협**의 시에 "눈 위에 비치는 달빛은
옛 왕조의 색이고, 차가운 종소리는 옛 나라의 소리라네. 남쪽 문루는
슬프게 홀로 서있고, 남아 있는 성곽에는 저녁 안개 서려있네."라6) 하였다.
다 읽고 돌아 내려와 서쪽으로 가서 경덕궁** 터를 보았다. 우리 태조가
왕이 되기 전에 살던 집이다. 각과 비를 세우고 임금이 지은 시를 새겼다.7)
경덕궁 서쪽 수십 보 되는 곳에 부조현**이 있다. 세상에 전해지는 이야기로
는 태조가 임금의 자리에 올라 개경 경덕궁에 와서 과거시험을 치러
선비를 뽑았는데, 한 사람도 응시하는 선비가 없었고, 모두 고개를 넘어
가버렸기 때문에 이런 고개 이름을 얻었다고 한다. 고개 북쪽에 산이
있는데, 고개를 넘어간 선비들이 여기에 모자를 걸어놓고 두문동으로

---

5) 만월대와 봉명산은 같은 공간이 아니기 때문에 미주를 확인하기를 바란다.
6) 이 시의 제목은 '송도회고'이며, 인구에 회자되던 유명한 시이다.
7) 경덕궁비(敬德宮碑) : 경덕궁숙종어제비(敬德宮肅宗御製碑)를 말한다.

들어갔으므로 나중에 이 고개를 괘관현**이라고 불렀다고 한다.

다시 동쪽으로 돌아 4, 5리 가서 숭양서원**을 찾았다. 협실에 초상을 봉안하였는데, 체격이 매우 크고 당당하지만 얼굴은 비통한 모습이어서 해와 달처럼 일관된 선생의 충성을 볼 수 있다. 동쪽으로 10보 쯤 되는 절벽 위에 작은 비가 서 있는데, "고려 충신 정 모의 마을"이라고 쓰여 있다. 또 동쪽으로 1리 되는 곳에 선죽교**가 있으니, 선생이 목숨을 잃은 곳이다. 다리 사면에 난간을 설치하여 사람들이 밟지 못하게 하였다. 혈흔이 돌 속으로 배어들어가 벌어진 틈새에 고여 검붉은 빛을 띠었다. 물로 씻어보니 더욱 선명하다. 동쪽에 비 두 개가 서 있는데, 하나에는 다리 이름을 썼고, 다른 하나에는 "고려 시중 정 선생 성인비"라고 쓰고 그 아래 "일대의 충신이요, 만고의 강상[一代忠臣萬古綱常]이라"는 여덟 글자를 썼다. 또 그 곁에 선생의 녹사 김경조**의 비가 서 있다. 다리 서쪽에 비각이 있는데, 영조가 친히 지은 시 "도덕과 충의는 만고에 뻗치리, 태산처럼 높은 포은공의 절개여"라고 새겼으니, 감개무량하여 이리저리 왔다 갔다 하며 떠날 수가 없었다.

다리에서 동쪽으로 수십 걸음 되는 곳에 목청궁[목청전**]터가 있으니, 이 또한 태조의 본궁이었다. 동북쪽으로 5, 6리 가서 새 건물에8) 도착하였는데, 문성공 안향의 역

목청전(일제강점기 엽서)

_____

8) 신관(新館) : 성균관을 이르는 것으로 보인다. 성균관은 공민왕 때 현재의 자리로 이전하였다. 이 때문에 신관이라고 부른 것으로 보인다.

사가 서린 곳이다. 예전에 문성공이 중국에 가서 학교제도를 배워와서 여기에 학교를 세웠으니, 우리나라의 학교는 이로부터 시작되었다. 뜰의 은행나무와 회화나무, 측백나무는 공이 직접 심은 것이고, 이를 지키는 노비는 문성공 노비의 후손이라고 한다.

송도에서부터 천마산을 거쳐 성거산에 이른 것을 기록하다
(自松都歷天磨 至聖居山記)

갑자일(15일)에 권우직은 경성으로 돌아갔다. 나는 천마산의 여러 경치를 보고 싶어서 새벽에 출발했다. 탄현에 오르니 천마산의 여러 봉우리가 말머리처럼 기이하게 드러났다. 귀법사 옛 터를 찾아가니, 이곳이 바로 최충이 피서한 곳이다. 시냇물을 따라 3리 정도를 가서 화담서원에 이르러 우러러 절하고 또 그 묘(서경덕의 무덤)를 참배하였다.

서원 앞 개울로 걸어 나갔더니, 두 산이 담벼락처럼 서 있는데, 산 속의 여러 물줄기가 합쳐져서 큰 시내를 이루어 연못으로 떨어져 물이 모여드는 소리가 요란스러웠다. 연못 위에는 바위가 줄지어 서 있었는데, 우뚝하니 가장 높고 큰 것에는 백 명도 앉을 만하였다. 연못의 서쪽에는 깊숙이 들어간 구역이 있는데, 땅이 아늑하면서도 깨끗하여 흙을 쌓아 대를 만들어 모여서 노는 장소를 만들었다. 대 앞 좌우에 있는 벽은 아름다운 나무가 빽빽이 자라고 있고 가는 물이 흐르고 있었다. 대의 아래에는 물이 또 띠처럼 두르고 있는데, 여러 겹의 모래톱도 있고, 야트막한 모래섬도 있고, 물굽이도 있어서, 기이하지 않은 것이 없었다. 산에 두견화가 많아서 붉은빛이 연못물에 비치기 때문에 화담이라는 이름을 얻었다.

위에는 서사정이 있는데, 바로 서경덕 선생이 지은 것이다. 기쁘고 반가워서 내가 한참을 앉아 있다가 북쪽으로 돌아 전석현을 넘으니,

산굽이마다 계곡이 깊숙하였고, 극락봉을 올려다보니 우뚝하게 홀로 선 것이 사람을 기쁘게 맞이하는 듯하였다. 현화사＂터를 지나 구불구불 돌비탈길을 가니 형세가 점점 험준해졌다. 십여 리를 걸어가 천마관을 통해 문루에 올랐는데, 시야가 멀리까지 탁 트였다. 바다색은 아득하고, 삼각산은 남쪽에 우뚝 솟아 초록색 부용화를 꽂아놓은 듯하였다. 드디어 대흥산성에 들어가자, 밖은 험하면서도 안은 평탄하여 충분히 위급한 일을 대비할 만하였다.

대흥사＂에 이르니 앞에 너럭바위가 있는데, 매우 희고 널찍했으며 시냇물이 퍼져 흐르는 것이 마치 비단무늬 같았다. 곁에 있는 비석 하나에 절의 옛 사적이 기록되어 있었는데, 나옹이 천마산에 들어와 절을 개창하여 불력으로 나라의 운을 돕고자 하여 절의 이름을 '대흥'이라 하였다고 한다. 나옹이 무슨 신통한 능력이 있어서 천명을 돌리고 역수를 정할 수 있었을는지 가소로울 뿐이다. 절이 없어졌다가 나중에 재건하여 지금은 큰 절이 되었다.

개울을 따라 1리 정도를 가니, 물이 소용돌이치는 가운데 넓은 모래벌을 덮고 있었고 바위가 누워 벼랑을 이루고 있었다. 세찬 물결이 두서너 길을 흘러 바닥이 맑은 연못을 이루고 있었으니, 여계담이라 하였다. 아래로 흘러가서는 청심담·봉룡담이 되었고, 그 앞으로 1, 2리 가서는 마담이 되었다. 큰 돌이 가로 누웠고 물이 거꾸로 떨어지니 폭포를 이루어 곧바로 8, 9척 아래로 떨어져 내렸다. 아래에는 너럭바위가 있어서 폭포를 받아 구덩이를 이루어 말구유 같은데, 돌이 하얗고 매끄러워 발을 붙일 수가 없었다. 이 길을 따라 점점 들어가면 물과 돌이 더욱 기이하여 폭포가 되거나 연못이 된 것이 매우 많았다. 좌우로 돌아보니 즐거워서 가다 멈추다 하였다.

태종대는 예전에 우리 태종이 머물렀기 때문에 이러한 이름을 얻었다. 시냇물이 활같이 흰 옥처럼 빙 둘러 흐르는데, 위에는 70~80명이 앉을 만하였고, 아래로는 작은 굴로 통하는데 기어서 들어갈 만하였다. 동쪽에는

태종대(강세황, 『송도기행첩』, 국립중앙박물관 소장)

'제일영구(第一靈區)' 각자(『고려도읍 개성의 민족유산』,
(북한)외국문출판사, 2018)

둥근 돌이 우뚝 서 있는데, 꼭대기에 서 있는 늙은 소나무는 구불구불하여 기이하고도 예스러웠으며, 바위 틈에는 "신선들이 사는 조그만 물가[小瀛滙]" "제일 영험한 구역[第一靈區]" 등의 말이 새겨져 있었다. 서쪽으로 십여 보 올라가니 어수정 우물이 바위 밑에 있었는데, 민간에서는 태종에게 이 물을 올렸다고 한다. 1리쯤 더 가서 관음사에서 잠시 쉬었다. 절 뒤에는 암굴이 있는데, 안에 돌로 만든 보살을 안치하여 절이 이러한 이름을 얻었다. 또 백여 보를 가니 구담을 만났는데, 물이 암석 틈에서 나와서 그윽하게 연못을 이루어 맑고 푸르고도 깊었으며, 옆에는 둥근 바위가 있는데 형태가 거북이가 엎드린 것 같았다. 그 위에 앉아 술을 마시고 술잔을 흘려보내며 마시고 놀았다.

또 앞으로 3, 4리를 가니 큰 돌 웅덩이 하나가 보이는데, 이것이 박연이다. 두 산을 끼고 물이 흘러 내려가다 여기에 이르러 갑자기 끊어져 암벽을 이루었다. 상하에 모두 연못이 있는데, 위의 것이 절반 정도 되고 아래

것은 몇 배나 크다. 상담은 곧바로
바위를 뚫어서 둥근 모양을 이루어
보름달 같고, 그 색은 청록색이다.
바위가 높이 정중앙에 솟아나 있으
니 연못에 엎드려 등을 내놓고 있는
것 같아서 용암이라 칭한다. 옛날
고려 문종이 그 위에 올라 용을 채찍
질하여 피를 흘렸다고 하는데, 돌
위에는 아직도 얼룩 흔적이 있다.
상담의 물이 구비 돌아 아래로 흐르
며 처음에는 벽에 붙은 것 같다가,
공중에 걸려 곧바로 아래로 떨어지
니 길이가 30~40장 정도 되어 꼭 구

구담 각석(『고려도읍 개성의 민족유산』, (북한)외
국문출판사, 2018)

천(하늘)에서 떨어지는 것 같았다. 농암 김창협의 유록9)에서 "위에서
내려다보아도 어디서 그치는지 알 수 없고, 아래에서 올려다보아도 그
근원을 볼 수가 없다."고 한 것이 진실로 이를 잘 묘사한 것이다.

　물보라에 무지개가 드리우니 빼어나게 기이하고 웅장하였는데, 만약
비가 온 후라면 더욱 커다란 볼거리가 되었을 것이다. 그러나 이것도
평생 처음 보는 광경인데, 금강산 구룡폭포가 이것과 비교한다면 어떨지
모르겠다. 일찍이 중국인이 그것을 보고 여산폭포보다 낫다고 한 적이
있었는데, 그렇다면 이 폭포가 천하의 제일인 것인가? 세상에 전해지기를
박씨 성을 가진 이가 상담에서 피리를 불자 용녀가 이를 듣고 감동하여
그를 끌고 들어가니, 그 어미가 통곡하며 하담에 몸을 던져서 상담을
박연이라 이르고 하담을 고모담이라 이른다 하니, 이 또한 기이하다.

---

9) 『농암유록(農巖遊錄)』: 농암 김창협의 「서유기」를 말한다.(『農巖集』 권23, 記
　西遊記).

바위 위에는 고금의 여러 인물들이 이름을 많이 새겨 놓았는데, 대흥사부터 여기에 이르기까지 한 조각도 안 쓰여 있는 돌이 없었다. 몇 걸음을 가니 범사정이 있었는데 폭포와 마주보고 있어서, 앉아서 폭포를 올려다보니 물방울이 날아오는 것이 싸락눈 같아 더욱 기이하고 멋있었다. 물이 떨어지는 곁에는 이백의 '여산폭포' 시 한 구절이 새겨져 있었는데, 명기 황진이[*]의 글씨라 한다.

폭포는 성거산에 있으며, 성거산의 서쪽이 천마산이고 천마산의 남쪽이 청량산이며 그 아래가 또 송악이 되는데, 오관산은 청량산의 동쪽에 있으니 네 산에 속하지 않는다. 대흥사로 돌아와 완월루를 관람하고 강설당에 묵었다. 이 밤에는 달빛이 환하게 빛나서 술을 가지고 냇가로 나가 너럭바위 위에 그냥 앉아 밤이 깊어졌는데도 돌아가고 싶지 않았다.

성거산에서부터 교하에 이른 것을 기록하다(自聖居山 至交河記)

을축일(16일), 산에서 내려와 남쪽으로 가서 개울을 따라 나왔다. 산봉우리와 고개는 고리처럼 둘러 하나가 되었고 냇물이 합쳐져 그윽하고 깊었으며, 바위와 돌은 비탈져서 앉을 만하였다. 푸른 절벽이 강물에 맞닿아 있으니 기쁨이 더해졌다. 길을 갈수록 경치가 더욱 좋아져서, 폭포가 나타나기도 하고 연못이 나타나기도 하였다. 이렇게 몇 리를 지나자 화담[**]이 나왔다. 경로를 잃어버려 산등성이를 둘러 나왔으며, 다시 옛길을 따라서 밤에 임진[**]나루를 건너 하룻밤을 묵었다.

병인일, 새벽에 밥을 먹고 율리[**]를 지나서 화석정[**]에 오르니, 아슬아슬하게 강물에 임하여 있었다. 물은 활을 잡아당기는 듯이 휘감아 흐르고 멀리 펼쳐진 산들은 기이하게 줄지어 있어, 조망이 극도로 상쾌하였다. 화석정의 벽에는 율곡 이이[**]가 여덟 살에 지은 "산은 외로운 둥근 달을 토해내고 강은 일만 리의 바람을 품고 있네"라는 시[10]가 걸려 있었고,

또한 선현들이 읊은 시도 여러 편 걸려있었다. 뜰 앞에 있는 회나무 역시 율곡이 손수 심었다고 전해진다. 10여 리를 지나 향양리"에 이르러서, 청송 성수침"과 우계 성혼" 두 선생의 묘에 참배하였다.

파주"읍을 지나 누현"을 넘으니 교하" 땅이었다. 낮에 부산"(缶山)에 도착하여, 심원"의 김박연 선생을 뵙기를 청하였다. 안부를 나눈 후에 백계 선생은 가문 사이에 대대로 이어온 친분관계를 설명하였다. 또한, 나의 큰아버지[송달수"(宋達洙)]를 장황하게 칭찬하여 말씀하기를, "엄숙하고 굳센 용모와 깊은 학문을 지녔으니, 오늘날 찾아보기 힘든 훌륭한 분이네. 자네는 그 가정에서 배웠으니, 반드시 특출함이 있을 것일세."라고 하셨다.

내가 일어나 대답하여 말씀드리기를, "안으로는 아버지와 형의 현명함을 갖추지 못했고 밖으로는 스승과 벗의 엄숙함이 없으니, 소인으로 여겨질까 봐 두렵습니다. 그런 까닭에 오늘의 방문은 진실로 남들과 차이가 있습니다. 삼가 생각건대, 아버지와 형의 옛 인연에 의지해서 우러러 사모하는 마음[羹牆之慕]11)으로 가르침의 유익함을 얻고자 하니, 이는 옛날에 저희 선대[송시열"]께서 우산 안방준"(安邦俊) 선생을 찾아뵈었던 일12)과 같습니다. 바라건대, 어르신께서는 저를 아들이나 조카와

---

10) 시의 내용(『栗谷先生全書』 권1 詩 上)은 다음과 같다.
숲속의 정자에는 가을이 이미 깊어지니, 나그네의 뜻은 끝이 없어라.[林亭秋已 晚騷客意無窮]
멀리 흐르는 물은 하늘에 닿아 푸르고 서리 맞은 단풍은 햇빛을 받아 붉게 물들었네.[遠水連天碧 霜楓向日紅]
산은 외로운 둥근 달을 토해내고, 강물은 일만 리의 바람을 품고 있구나[山吐孤輪 月 江含萬里風]
변방의 기러기는 어디로 가려는가? 외마디 소리는 저녁 구름 사이로 사라지네.[塞 鴻何處去 聲斷暮雲中]

11) 원문에는 '羹牆之慕(갱장지모)'로 나와 있으며, 누군가를 우러러 사모하는 마음을 뜻한다. 요임금이 죽은 뒤에 순임금이 요임금에 대한 사모의 정을 이기지 못한 나머지, 요임금의 얼굴이 국그릇에 비치고 담장에 요임금의 그림자가 어른거리는 것 같다고 한 고사에서 나온 말이다.

같이 보아주셔서, 하는 일마다 가르침을 주시기 바랍니다."라고 하였다.
　(이하 생략)

출전 | 『연재집(淵齋集)』 권19 잡저(雜著)

역주 | 안병우(한국학중앙연구원)

　　　장지연(대전대학교)

　　　정요근(서울대학교)

---

12) 안방준은 자신을 찾아온 송시열에게 「충효전가서(忠孝傳家序)」를 지어준 바가
　　있다. 송병선은 송시열의 9대손이므로, 자신이 김박연을 찾은 일을 송시열이
　　안방준을 찾아간 고사에 비유하여 언급한 것으로 여겨진다.

遊松都錄

蔡壽

松京 前朝所都也. 山水奇麗 甲于東方. 五百年繁華勝迹, 雖已掃地, 其遺風餘俗, 猶有存者, 嘗欲一往探討而不得. 適仁川 蔡耆之 陽川 許獻之 夏山 曺大虛 受假 讀書, 竹溪 安子珍 官亦閑. 昌寧 成磬叔 將榮墳于坡州, 州距開城不遠, 遂相與約 遊.

三月十四日辛巳, 磬叔·耆之·子珍先發. 至長浦川邊, 察訪 宋逶 張幕待之. 邀入 設食, 飮數巡而罷, 暮投留守別墅.

壬午 耆之·子珍 凌晨先發. 到籍田. 磬叔上墳致奠, 日晡隨至. 判官 鄭希仁設酌, 炰鱉膾鯉, 杯盤甚盛. 與希仁乘月而出, 馬上口占聯句, 入保定門已聞鍾聲.

癸未 周覽城中, 成如晦與弟世源亦來從. 初到演福寺, 登層閣, 俯瞰都城. 閣西樹 大碑, 陽村所製, 而獨谷所書. 閣東懸大鍾, 稼亭所銘. 至花園, 園已荒廢. 唯八角 殿嶷然獨存, 年久半摧. 殿後聚石爲假山, 花卉猶在. 高麗辛禑, 常在此園. 日事 沈湎 而妄爲攻遼之計. 及我太祖回軍, 圍園數百重, 崔瑩不勝其憤, 殺門者而入. 當此時, 內外離叛, 瑩以烏合市井之卒, 欲拒天人助順之師, 不亦難哉.

至穆淸殿, 謁御容, 殿卽太祖舊宅也. 至成均館謁聖, 五聖十哲, 皆土塑, 元人所 造也. 過紫霞洞, 溪水潺湲, 奇花滿洞, 而多石砌古基, 不知中和堂在何許也. 至王輪寺 寺昔爲大刹, 今獨一殿在. 水落石 石在安和洞口. 淸泉一派 瀉出崖巆 其下成小泓, 小魚數百 游泳其底. 相與濯足垂竿.

日晡 到昭格殿. 洞口泉石甚淸奇. 至本闕古基. 基因松嶽南麓, 厥勢甚高. 人言：“初創時, 不欲傷地脈, 故累石爲階”, 高皆數十尺, 礎砌縱橫數里, 其最據岡上者曰乾德殿. 殿門陛級儼然. 其下曰：威鳳樓.

其東甃石爲隄者曰：東池. 今爲稻畦. 其南平衍之地曰：毬庭, 蒼松萬株, 薈蔚攙天. 所謂山呼·賞春·玉燭等亭, 皆不可尋. 相與弔古遐思, 感嘆不已.

經歷 林君秀卿, 携酒尋至. 登乾德殿古址, 飮于松間, 俗號滿月臺. 豐德訓導 具繼重 携琴來會. 日晚將散, 大虛·獻之, 自京而到, 留飮數杯而罷.

甲申, 蓐食, 至福靈寺. 佛殿有十六羅漢, 迺元人所塑, 精巧無比. 遵天磨西麓, 迤北踰檜嶺, 路上不堪困喝, 下馬坐溪曲, 樹陰扶疏, 寒流淨澈可愛 舀水漬乾餱而飮.

自此山蹊險巇, 攀緣而升, 人馬顚躓, 到朴淵洞口. 洞自昔蒙翳, 人不得入, 今皆芟剗, 遂成大路. 淵在天磨·聖居兩山之間, 兩山崒嵂對峙 攢如劍戟, 望若畫圖, 山斷勢阻 峭壁陟絶 削立千仞.

上有石潭, 瀦而爲淵, 廣可數十尺, 狀如鐵鑊, 水色澄碧, 其深不測 而可鑑其底. 當心有石突起, 可坐數十人, 潭水溢爲瀑布, 落于絶壁, 宛若銀潢倒掛, 噴珠散雪, 喧豗岩洞, 聲如怒霆, 可怪可愕, 不可殫說.

耆之嘆曰：“不知造物之至此也, 若不來觀 眞瓮中之醯鷄耳.” 緣崖有虯松倒乘[1], 從者猿附下窺, 髮豎魂悸不可近. 石上多志遊人姓名. 諺傳：“昔有朴姓儒, 吹笛淵上, 爲龍女所誘, 入潭不返, 其妻號泣, 投崖而死, 故上曰朴淵, 下曰姑母潭.”

高麗 文宗 嘗登石上, 龍振其石, 李靈幹以祝法鞭龍, 淵水盡赤. 此卽潭心石也. 上數十步, 有石佛二軀坐巖寶, 東曰：怛怛朴朴, 西曰：弩盻夫得.

至觀音窟寺, 卽我太祖潛邸時願刹, 而牧隱作記. 寺後有窟深廣, 中有石大士, 故名之. 谷中泉石奇絶, 而因日晚, 不得遍遊.

寺前有盤石可坐, 流水沿回而觸石有聲. 遂携酒酬酢其上, 燃松明, 寫聯句, 俄而東峯月上, 光輝散林壑, 照耀如晝.

---

1) 승(乘)은 수(垂)의 오기로 보인다(교감『속동문선』참조).

大虛困於索句, 橫臥石上, 磬叔脫巾露頂, 散步彷徨, 獻之抱膝沈吟, 若有所思, 如晦持觴導飮不已, 世源不醉, 整襟而坐. 具公大醉撫琴, 奇態橫發, 耆之亦操數弄, 淸雅可聽, 希仁不覺前膝, 子珍亦醉 取琴而彈, 頗不中節調. 具公曰: "凡學藝者, 唯無恥則可成, 君之琴, 終大成矣." 一坐絶倒.

乙酉, 至雲居寺. 西室有達磨畫像, 宋 孟珙作贊, 而元 至正間所書也. 遂傍山而行, 至佛會寺洞口, 經歷林君 已來候矣. 坐柳陰, 臨流設酌, 獵雉兔網小鱗, 劇飮而還, 暮過廣明寺. 寺乃高麗 太祖故居, 道詵所謂'種穄之地'. 寺前有井, 人傳'龍女所遊處也'.

丙戌, 朝雨乍晴. 俱輕裝短服, 出炭峴門, 至五冠山洞口. 翠崖環擁, 石泉潗泂而躑躅倒影於水者曰: "花潭." 行數十步, 有巖屬屓, 皺如襞積, 奇詭不可狀者曰: "皺巖." 崔大尉雪中騎牛處也. 東峯有石浮空獨立曰: "鼓巖."

至靈通寺, 寺在五冠山下. 洞府深邃, 殿宇宏敞. 有古碣, 乃文宗子釋煦功德碑也. 金富軾所製, 而吳彦侯所書. 寺前有土橋遺址, 高麗時, 崇信術家言, 欲連地脈, 故跨澗築之也. 西偏有樓, 累石爲基. 溪流縈廻, 樹陰翁翳, 雖盛暑, 爽氣襲人. 壁上有陽村, 眞逸, 釋月窓等詩.

還至歸法寺前溪, 寺乃光宗所創, 穆宗爲康肇所逼, 奉太后執鞚而行, 出宿于此. 中葉以後, 文士聚儒生, 每校夏課, 賦詩唱名, 又辛禑携群妓, 來遊水中, 皆此地也. 寺廢已久, 壞瓦頹垣, 無復存者, 相與坐川邊石上, 戲作酒令, 罰籌交錯, 痛飮而還. 是日, 希仁·具公不從.

丁亥, 陪留守相公, 觀獵于龍遁坪, 臨流張幕. 今(→ 午 교감)²⁾後, 合圍而下(, 추가) 爭獻所獲, 狼藉於前, 暮還太平館, 經歷·都事與察訪, 設宴以餞. 適有樂工數人自京而來, 皆一時妙手, 衆樂寥亮鏗訇, 響徹雲霄, 酒酣, 經歷出牋索詩甚苛, 各賦一篇以留.

戊子, 出承濟門, 行二十餘里, 至敬天寺. 寺經火, 但存一室, 庭中有石塔, 光瑩如玉, 高十三層, 雕刻十二會相, 窮極精巧, 殆非人力所造. 寺乃元 奇皇后願刹,

---

2) 금(今)은 오(午)의 오기로 보인다(교감『속동문선』참조).

而塔亦中國人所作, 渡海來建于此, 當國步艱杌之日, 惑於內寵, 勞民力. 以事無
用如此, 元之不長宜矣. 僧出所藏寶珠長幡以示之, 珠徑數寸, 光艶照人, 幡亦織
金爲之, 皆當時奇后所施者也. 又出脫脫丞相畫像, 半已脫落, 不可辨識.

至餠岳南. 有行宮故基, 卽所謂長源亭. 岳西數里, 斷隴低枕海曲, 其上平衍,
晴莎淨綠, 有小峯斗絶控海, 曰堂頭, 舟人賽神之所也.

碧瀾江, 自北南入于海, 曰: 禮成江 漢水·洛河交流而西注于海, 曰: 祖江, 堂頭
正據其衝. 近則喬桐, 江華海上諸島, 庚橫出沒, 遠則延安, 海州之境首陽諸山,
歷歷可數, 是日, 雲煙淡抹, 鏡面如拭, 南北檣帆 蔽海而來, 落日倒射, 金濤淣濆,
眼界敞豁, 一望無礙, 雖君山, 洞庭之壯觀, 想不能過也.

豊德郡守 宋叔琪與許土諤, 來迓設食, 肴饌甚豊, 各傳觴相勸, 引滿大醉, 及暝
向豊德, 令人吹笛角前導, 火城連亙數里.

己丑, 磬叔·耆之·子珍, 發還京城. 獻之·太虛, 爲主人所挽, 與土諤觀漁于大橋,
以事向長湍.

壬辰, 還京. 首尾不滿十日, 而松京佳勝之地, 足迹殆將遍焉. 噫. 俱以繩墨之身,
而得爲方外之遊, 以償夙昔之願, 豈非吾儕之幸耶. 但以役於觀覽而喪其所守,
則古人所戒, 吾儕之遊, 無已太康耶. 因紀所歷, 且志吾輩之過, 以自勖耳.

출전 | 『나재집(懶齋集)』 권1, 록(錄)
역주 | 홍영의(국민대학교)

遊松都錄

俞好仁

丙申秋, 上命揀文臣, 賜暇隸業于山房. 正郎 蔡壽 耆之·典籍 許琛 獻之·直講 權健 叔强·正字 楊熙止 可行·檢閱 曹偉 大虛泊僕, 俱被是選. 拜辭往棲于藏義寺. 纔閱旬日, 始有負兒覆鼎之行. 歸且謀曰︰"松都, 王氏舊都, 眞形勝之地, 流風餘俗猶想髣髴, 盍往遊焉? 況吾儕過蒙上賜, 徒馳騖文字間無卯申之縛, 時不可失." 約以明年春暮.

至期, 耆之輩同磬叔着鞭先往. 予與可行, 適爲職事所挽, 未遑也. 浹辰之餘, 耆之等得詩百餘篇而還, 尤使人技癢不禁也. 顧與可行云︰"日者, 此輩收拾雖太苛, 豈盡卷地來? 吾曹今且偸閑, 可償夙願! 不可坐受人詑談." 時申從濩 次韶與聞, 拍手笑曰︰"是吾志也." 遂戒行, 籃載史記兩漢書各一部, 兼參酌遊山具. 四月壬戌, 起程. 僧玄悅請從. 出敦義門, 踰沙峴, 至嘉論川, 天甚暑. 因衞鞍藉莎渚, 俯瞰水紋如縠, 風至或細細鱗起. 婢魚數隊闖然石下, 立命小奚施數罟, 得廿餘尾, 足供吾輩午廚也. 是日, 僕所騎款段, 屢顚于中道, 强策之, 僅抵宿馬山驛村舍.

癸亥晨發, 歷坡州, 黑雲瀚渤, 涼籟瀏瀏, 雨勢起自紺岳. 過江而西, 鱗甲笙鍾, 蕩搖百里間, 各具襏襫而前. 先是, 數月不雨, 千里龜柝, 今日沾濡雖劇, 相與慶天公不已. 有亭翼然渡頭, 登臨長嘯, 餘韻殷殷于林杪.

過臨津, 行數十里 屏翳猶未解, 幾不可當. 到普賢院, 但數間巋乎獨存, 卑湫不可庥. 少西得村舍 遲霽乃行. 院前有小灘, 湍淺可揭, 諺稱沈朝庭. 庚癸之間, 武夫失意, 釀禍於燃鬚, 蓄憤於溺殿, 至使輦轂之下, 干戈蜂起, 而滿朝簪佩, 盡爲魚腹之物, 尤可慘哉! 是夕, 道途間關, 有淖於前, 輒左右相違而行. 入開城, 宿趙廉老家.

甲子, 早見經歷林斯文, 卽命衙吏掃空館, 安下馬. 遂剌謁留守成相公, 出與房敎授玉精踰沙峴, 訪壽昌宮, 蓋成·穆間所建也. 重棲複殿, 膠葛櫛比者, 已掃無餘, 只有鉤陳一面而已, 今爲府義倉. 螭階花礎, 埋沒草莽間, 老樹槎牙如列戟, 烏鵲巢其頭. 西邊有蓮塘, 可數十畝, 翠綃萬本, 交映鏡面, 蝦蟆數部閤閤, 甚可憎. 由十川橋, 直抵演福寺. 中峙五層閣, 盡壓城闉, 罘罳甍稜, 錯落彩霞, 眞壯構也. 正西, 樹一碑, 陽村撰, 獨谷書. 正東曰能仁殿, 有三大士軀. 住僧云: "此佛本在花山, 賊旽專國時, 以舟移安焉." 更東一閣, 懸大鍾, 追蠡甚古. 鍾面鏤記, 稼亭製也.

南詣景德, 卽我太宗舊邸也. 龍首山流峙, 爲宮西小岡, 隆隆然若昂首雄盤, 蓋神人所起基命之地. 祕而後出, 豈非天乎!

乙丑質明, 拉房敎授訪延慶宮舊址, 麗祖二年所創也. 北據嵩山, 南控龍首, 洛河迤其東, 碧瀾哆其西, 眞天府也. 世傳: '其始, 惑術士之說, 不欲斷地脈, 故隨岡勢, 爲蜂房萬落.' 雕欒鏤栥 結瑤構瓊者, 俱已埋沒, 但見環數里間, 頹階敗砌, 縱橫高下. 萬松攪天, 寒雲晻靄, 荊榛草露, 已爲狐兔之鄉也.

舍馬攀雲梯而上. 若鳳頭縮而欲飛者, 乾德殿基也. 面勢敞豁, 正値其地, 諺稱滿月臺. 東偏曰東池, 今爲稻田. 盡·睿之朝, 往往泛龍舸親試士. 史云：高宗十年, 氷[1]濁三日, 魚龍[2]盡出' 可怪也. 池東曰義神倉, 距殿西數十步, 曰簡儀臺. 俯見澗水自廣明洞, 逗殿前石橋而下, 激激若環佩響.

橋南曰危鳳樓, 樓東曰司諫院, 西岡腹, 數柏蒼秀者, 司憲府也. 府北, 墙垣周遭者□□□[3]也. 皆遺址頹然. 樓南曰毬庭, 周可數十步. 世云：'設八關飯僧之處'.

---

1) 水의 오자이다.(『고려사』 권53, 五行1, 水, 고종 10년 4월 신축)
2) 龖의 오자이다.(『고려사』 권53, 五行1, 水, 고종 10년 4월 신축)
3) 원문에 3자 정도가 비어있다.

若所云大觀·觀樂·仁德之殿, 則不復了了.

由月臺, 傃康安殿而北, 支徑如蛇, 細入林莽, 令僕夫披翳前導, 僅步得達于廣明寺. 寺卽世祖舊居也. 北階下, 有窨井, 世云:'龍女所浴處'也. 距寺北有小丘, 若炙炷然, 俗稱溫鞋陵, 語皆涉荒誕不可信. 寺前數十步有斷碑, 字漫幾不可讀.

出永平門, 過普賢院, 傍天磨西址, 行十餘里. 崎嶇穿歷, 一皆殘山斷隴. 所至路若窮, 而稍復開割. 抵淸涼洞, 日已卓午. 暑霧熏潤, 腥風礙塞. 少憩茂林下, 線流通其中, 可漱齒. 少選, 辛都事尾至.

連鑣踔檜峴而迤北, 又一嶺當其前, 仰如壁立. 去馬, 着芒蹻而登. 遙見天磨·聖居兩山, 蒼翠挺拔, 截入霄漢, 或若龍虎, 或若劍鋩. 從者叛而橫者附, 爭奇露怪, 不可殫數.

入大興洞, 時日將夕, 輕靄溟濛. 沿澗約數里, 兩山襟合, 狀若門關. 崖斷勢阻, 戊削萬仞, 上有龍湫, 曰朴淵.

因石爲嵌竇, 若剖萬斛窪尊, 溪水卽焉, 黛蓄霽黟, 淳泓無底. 沿洄作勢, 欻霍變化, 飛澇噴浪, 雷奔電吼, 瀉壁半空, 而墜于姑潭. 散而爲萬匹練, 濺洒林巒. 掀撼坤軸 若銀河折而揷于地, 可驚可愕, 殆不可近.

淵心有石. 半出伏如曝龜, 頂可容三四人. 史傳:'高麗文宗嘗登, 風浪忽起, 有物掀簸之, 李堅幹投文鞭龍'云. 傍側巨巖, 高可五丈, 白如截肪. 古今遊士, 比比題名于此. 僕嘗於乙酉冬, 偶一揮. 今已閱十二載4), 意必雲磨殆盡, 醉墨淋漓無恙. 傍行距數步曰龍王堂, 每遇旱, 有禱輒應. 更上百步, 左右兩崖, 各安石佛一軀. 俗傳夫得·朴朴. 自此以往境益幽寂. 樹老堅瘦□□5)枏之植, 排擁無際, 跨溪綿谷, 一皆大石, 伏若怒虎鼻口相呀, 如將競噬也.

行得一潭, 石狀酷類龜, 故云龜潭. 沿流曲折, 度略彴有寺. 曰觀音窟, 卽我太祖潛邸時願刹. 牧隱所製記, 猶釘于壁. 寺後崖广穹隆, 狀如屋架. 其下安石佛十餘軀, 金泥剝落, 面目幾不辨.

細泉從巖岈而出, 清冽可比中泠. 夕霏已沈, 林壑晦冥. 吾數人遂圍坐律堂, 開戶
遊矚, 遠近峯巒, 攢蹙累積, 都在几席下. 三更, 雲霧坌沸, 變態不常, 似有盪胸之
勢. 老衲在傍, 鼾睡如雷鳴, 各飲白膠湯數椀, 而賦詩, 茫洋乎與造物者游. 東望
土峴6), 洞壑鬱盤, 延袤數十里, 清淨愈奇. 由此達于五冠·聖居.

丙寅, 辛都事以微疾先還. 遲明, 議向雲居·吉祥二寺, 會空翠霏微, 天將有雨徵,
卒不果, 徑導舊路. 幾返檜峴, 廉老當馬首遙指7)云: "上此數里, 有寺曰淨慈,
卑賤預設草具. 欲慰行色敢邀", 僉諾, 令廉老前導而往. 寺有南樓甚宏敞, 面對
天磨峭壁離立數條, 眞奇翫也. 時雨脚如麻, 須臾少止.

促轡暮抵普通院. 迤西入巴只洞, 問前朝寢園所在, 村嫗近指斷岡外. 果見一丘
陵在草樹中. 豎尺碑于側, 表曰: "高麗始祖顯陵."

蔓草石牀, 班荊如積, 有禱賽之狀. 守陵軍數夫來告云: "吾儕小人居此久矣. 歲
時伏臘, 必潔牲酒上塚. 不然, 於陰昏雨夜, 有鹵簿鼓吹如君王之行, 則人患疾,
十不能一起也." 嗚呼! 三國鼎峙海內搶攘, 王氏以龍鳳之姿, 成位乎東方, 統三
爲一, 功莫與京, 民到于今, 受其賜焉. 第以一死一生理之常, 雖豪傑亦所不免.
故一朝運去, 長算促於短日. 然其英魂壯魄, 豈反效山鬼林魅, 區區要汝食以禍
福耶. 北洞有二陵, 相望數百步. 居人云: "忠定·忠惠", 然無碑標可識也.

是日陰晦, 道途之困, 寒凜不可耐. 登院樓, 各倒數巨杯, 神觀稍定焉. 入福靈寺,
幽靜可愛. 殿有十六羅漢塑像, 制作絶妙, 酷似天台休粒之狀. 東行過一阡, 叢冢
纍纍, 黃茅落日, 烏鳶低回, 野老指點謂宮人斜. 次韻云: "豈無春魂化燕飛入未
央時耶."

徑到廣明寺, 經歷先生, 先遣廚人設軟脚局, 校生數十輩, 齎酒殽亦來慰. 長老出
迎云: "昨者見臨, 適爾遊錫, 未及承顔爲愧. 聞諸君是遊專爲采勝. 貧道但蓄一
畫, 諦觀之", 卽展于坐間. 軒冕采緋, 蓋帝王儀也. 歲久漫漶綃絲, 應手飄裂.
俄見軸木細書穆宗二字, 四坐莫不駭愕. 顧以猗昌之資, 不能制毋, 一朝賊臣投

---

6) 土峴은 土峴의 오자로 보인다.
7) 指는 指의 오자로 보인다.

蘥而起, 買衣而炊, 請馬而馱, 終有赤城之行而不返. 傳曰：'厲人憐王[8]', 有是哉!

五月丁卯, 早邊銀箟峴, 過兵部橋, 緣松嶽陽道. 俯臨廣明之洞, 岡巒襞積, 煙霞縹緲, 似入雁蕩而登赤城也. 盤回百餘折, 得抵塚頂, 樹木圍擁, 自作一區. 有平家數四架巖成落, 鷄犬蕭然. 南北峯各有祠, 北曰大王堂, 神像六, 皆峨冠褒笏. 南曰聖母堂, 神像亦六, 戴女冠, 塗粉脂. 廟史立門下, 曝神衣, 恚視曰："明神不欲與外人褻." 予呵叱之, 令啓戶. 室內淨潔, 絳帳施牀, 香穗猶熏, 豈古所云'八仙宮耶'?

是日, 新霽天宇廓清, 四望無極. 瀛海爲罇罍, 三山爲飣餖. 俯視人世, 蟻蝼紛紛, 殊有康節 洛陽懷古之感. 相與劇飮數斗, 浩浩高歌怳然, 謝塵埃而飮沆瀣, 超鵬背而出九霄矣.

薄暮, 乃下青溪寺, 踞澗石手弄潺湲澡?[9]. 移時逐蹜數隴而東, 得古址, 乃魯國公主影殿也. 當是時, 天步日蹙, '蝥有不恤其緯'[10], 而玄王以一妃之故, 勞吾民之力至十有餘年之久, 足爲狂惑者之戒.

歷水落巖, 彎碕噴薄而下, 全盛時濯錦處也. 由王輪寺, 北距百步, 曰紫霞洞, 蔡侍中洪哲舊居. 暮抵乾聖寺, 辛夷已謝, 芍藥數叢嫣然細雨中. 把酒吟賞, 數巵而罷.

戊戌[11], 經歷公早馳折簡云："今日邀諸君往遊西湖." 時軍器判官金成慶, 以公務在此, 亦與焉.

出承濟門, 穿玉蓮坪, 逾南神院, 登永安城. 一面依斷岡, 斗入港口. 史傳：'白川正朝劉晞爲世祖築'也. 世祖薨, 與夢夫人合葬于此, 故或稱昌陵.

昔, 宋商以手談, 賭一婦而歸, 舟纜解纜旋回不行. 卜云：'節婦所感', 商懼乃還

---

8) 『韓非子』「姦劫弑臣」의 "傳曰：'厲憐王', 此不恭之言也, 雖然 古無虛傳, 不可不察也. …"에서 온 글이다.

9) 원문 글자가 분명하지 않다.

10) 『春秋左傳』昭公 24년 6월 기록에 있는 글귀이다.

11) 원문의 戊戌은 戊辰의 오자이다.

之. 其婦乃歌禮成江一闋, 至今猶傳于湖海間.

南臨雲海, 鯨牙雪浪, 日夕浩洶, 珠樓蜃闕, 變態不常, 如華蓋·磨尼·首陽諸山,
庚庚似螺髻也. 少憩步頭, 膾紫鱗道飮數巡. 時有嫠竪採姑, 競來旁觀.

須臾, 篙師連舳艫而進, 晚潮方肥, 遡上三十里間, 檣烏高擧, 迅於過鳥. 卽令彈
琵琶吹甬笛. 酒酣, 各賦長短律, 雖西湖·赤壁之遊, 何以浮此?

逗碧瀾渡, 有亭淸爽. 石柱爲潮所貪, 則沒盡三尺. 款款西轉, 從別浦而入, 登見
佛寺. 落日蒼茫, 鹽煙遙起. 漚鷺群飛, 舟子鳴榔於樓下矣.

僕醉甚, 鼻息齁齁, 可行, 騁懷景物, 往往錯應人語, 次詔, 瞪目長嘯, 餘音劃然.
經歷公微哂曰: "諸君當日, 殊各有態度." 夜深, 梵唄已息, 排戶散步. 旣倦則忽
頹然于蘆荻間, 不覺曉旭已升於海角矣.

己巳, 命僕移舟東浦, 櫂夫鼓枻, 奏漁父之歌. 遙見甘露寺出沒煙霧中, 樓閣參
差, 正如畫圖, 妙在遠觀而不宜近也. 令緩棹而艤. 寮主出敍寒暄, 引入方丈,
歷看板上數十篇, 皆近代諸名公所詠也.

庭心有浮圖九層, 石色如玉, 雕鏤妙絶, 直與敬天相埒. 寺本李子淵所營, 形勢規
模, 一倣潤州, 奇觀勝槩甲於海東. 覽遍徘徊, 小樓掃壁, 題名而出.

踰山椒, 出開城故縣, 東有大井, 凝澄數尺, 往往狂泡沸騰而起, 神魚出沒, 歷歷
可數. 有潛竇上通山腹, 驚溜泌瀿而卽于井, 其下可灌數千頃. 世傳: '銀盂掘井
之語', 不知何自也. 井傍有屋數間, 蓋井祠也.

東行十里許, 北轉入鳳鳴山, 訪玄·正二陵. 並峙一岡, 在東者方中猶拆. 其始營
皇堂也, 以珠襦·玉匣·金鳧·銀雁之物爲之飾, 制作極一時之妙, 雖驪山之役, 無
以加此. 東臂女墻如新.

中樹橫碑. 碑文倣封三王策 霍光傳敍事, 李穡撰, 韓脩書, 權仲和篆額. 予摩挲
石羊, 詠曺鄴詩云: '纍纍壙中物, 多於養生具. 若使山可移, 應將秦國去. 舜沒
雖在前, 今猶未封樹'[12]. 次詔曰: "使玄陵有靈, 能無愧耶."

---

12) 이 시는 조업이 지은 '始皇陵下作'(『唐百家詩選』 권18)이라는 시의 일부이다.
   전문은 다음과 같다. "千金買魚燈 泉下照狐兔 行人上隧過 却弔扶蘇墓 纍纍壙中物
   多於養生具 若使山可移 應將秦國去 舜歿雖在前 今猶未封樹."

過彼狖驛, 達黃橋, 辛都事預張幕設酒果, 極歡慰酒, 闌扶醉入午正門, 明月滿
地, 五橋珠箔, 銀燈閃鑠, 笙歌競沸. 過大平館, 由西小門而還, 夜已初鼓矣.
庚午, 籍田判官鄭恕來, 卽偕轡向花園. 恭愍二十三年所創也, 有八角殿. 玉座成
塵, 蛛絲冪戶.

階下, 櫻桃數十株, 方結子離離, 殿後, 怪石成山, 奇花異卉, 紛敷砌磶. 此辛禑盜
竊十餘間供翫之物, 今已散落民間者亦不知幾許. 細思'人失人得不出塵寰'之
語, 詎無信歟!

歷都評議司, 西壁間陷置石刻, 乃鄭三峯所製記也. 三槐扶疏, 八座荒涼. 某也忠
某也姦, 豈不爲後世皮裏春秋者耶.

入大廟洞, 訪圃隱舊居, 庭草蕪穢, 廢爲尼坊. 公雖知天命人心已歸眞主, 而猶以
區區一木, 謀支五百年之大廈, 竟伏節以死, 豈非天地之正氣鍾於公'其生也有自
來, 其死也有自爲'13) 耶! 謹詣穆淸殿, 拜我太祖聖眞.

北出會昌門, 過歸法寺故基. 昔崔冲設九齋, 學徒每於夏月, 避寓於此較藝.
逐傒摠持洞, 逾碑門嶺, 有寺曰靈通. 層巒疊巇回護磅礴, 宛然一壺中. 西偏小
樓, 俯臨絶澗, 樹陰無磶, 雖盛暑涼籟瀏瀏, 起人膚粟. 板上, 有月牕·千峯及諸臣
公詩, 皆淸適可誦. 沙門內樹義天功德碑, 金富軾製也. 樓南有黃楊十餘株, 推婀
成行, 老幹磊砢皆窠可翫. 然後得歐公之賦所到處.

寺北, 最蒼秀拔起者, 五冠山也. 本朝歲歲降香. 其下址, 則乃孝子文忠所居也.
住僧示四畫幀, 其一宣宗也, 其一洪子藩. 爲人魁梧俊偉, 才幹絶人, 自少好學,
柳璥所知, 位居公輔十餘年. 彌縫調護, 使忠宣父子, 慈孝如初, 諡曰忠正. 其一
永通, 洪忠正之孫. 性喜伺侯, 常附賊旽, 歷監察大夫, 後與林·廉同惡, 獨保首領,
復典三司事. 其一尹碩, 海平人. 在忠宣朝巧言令色, 妬賢嫉能, 平生行事皆類
此, 官至政丞.

是夕鄭判官還籍田. 與房教授兄弟金判官, 入會昌門, 過成均館, 謁夫子塑像.
戴冕旒, 服九章, 前後襜如儼然14), 如在其上也. 廟堂曰明倫堂, 堂左右, 生師舍

———
13) 蘇軾이 쓴 「潮州韓文公廟碑」에 "其生也有自來 其逝也有所爲"라는 글귀가 있다.

也. 庭畔古柏數株, 靑衿寥落, 門戶常關而已.

辛未, 議將還, 留守相公率僚佐, 設餞于巖防寺. 俯視都中, 千燒萬戰, 坤靈已死. 思想古人, 或流芳百代, 或遺臭萬年, 今皆泯滅亡羊, 無復有蹤跡, 爲可嘆也. 酒半, 上下五百年興廢之由, 語及'李仁任殺明使''煙戶政'等事. 相公遙指一洞 曰: "此所云王邸洞, 老姦所居. 輪焉奐焉歌笑於斯, 今盡爲鋤犁"云.

壬申, 發還, 房教授率諸生, 出餞於天水寺 吹笛峯新亭, 亭卽留守李相茵所營也, 板上有李仁老·崔斯立詩, 圭復沈吟, 情境宛然, 眞絶唱也. 及見徐·成兩學士和 篇, 亦可伯仲間.

到籍田, 又爲鄭判官所拉, 坐語良久, 起躍馬, 過壺串, 宿次韶別業. 是夜, 江雨蕭 颯, 漁鼓喧闐, 坐久不能寐. 少選, 隣老送巨鱗一尾, 撥刺盤中, 甚可樂.

癸酉, 蓐食渡洛河, 還京師. 吾儕素以繩墨之身, 幸偸一閑, 得爲方外之遊. 涉旬 之間, 頓覺襟懷蕭爽, 殊不似舊時之我. 其視經營末路, 熱情都府, 曾不得一日暇 者, 爲何如也.

然平生弧矢所期者, 竊不止此. 將以吸燕北之勁氣, 呑江南之淸風, 倘得如古人 所云否.

探囊, 得詩凡一百餘篇, 皆卽事寓興卒爾而吟, 無足採然. 於一方形勝世道興廢 人物盛衰俗尙美惡, 庶幾備考, 故彙編于左, 幷書歲月于顚, 以補行年紀云.

출전 | 『뇌계집(磊齋集)』 권7, 문(文)
역주 | 박종진(숙명여자대학교)

---

14) 『論語』 第10 鄕黨篇에 "攝所與立 左右手 衣前後襜如也"라는 글이 있다.

松京錄

南孝溫

乙巳九月初七日乙卯, 子容·正中, 匹馬短童, 訪余于開城府 板門奴舍.

丙辰朝明, 因與子容·正中發板門. 行五六里出大路, 過天水院, 登天水亭. 仰讀中樞李公 茜亭記, 達城 徐公 居正·判書李公 承召·侍中洪公 彦博等詩 皆和舍人崔斯立詩也. 讀訖還下亭, 渡橐駝橋. 橋乃王太祖却契丹所獻橐駝之所. 又過靑郊驛 開國寺, 寺但有基, 基有華表二, 長明燈一.

入水口門, 登夜橋路上, 行至南大門外. 見路傍菊花十餘叢, 紅黃紫白, 爛熳齊開, 余坐賞良久. 還訪百源所寓之家. 爲行路人所誣, 誤抵他洞, 艱難得達其家. 百源與叔亨, 佇待余輩 及其至大喜. 仍請開城老人韓壽者, 壽頗知前朝故迹, 百源請爲嚮導.

歸訪花園, 所謂八角殿, 但有故基. 余去十年前到此, 則八角摧朽不撥矣, 今則無復存者, 而殿礎傍, 有梨樹準人長矣. 殿北傍有古石積立, 石上有丹楓樹, 辛禑時所種也. 昂藏老根, 盤在石間, 頗有古態. 韓壽引余輩, 坐殿基上, 談前朝古事, 亹亹不厭.

移時去花園, 東入故都評議司, 讀三峯 鄭道傳所撰碑, 乃辛禑時所創也. 又東出越土嶺路半里許, 左入太廟洞. 韓壽指洞口樓礎曰:"此鄭侍中夢周爲高勵輩所擊殺處也." 引余輩入洞小許, 指一小屋曰:"此侍中故宅也." 余等坐門前, 慷慨弔古.

俄上龍巖寺, 寺一名巖房. 樹木參天, 大至數圍. 下有大巖橫斜, 落葉被石. 壽引

余等坐石上. 俯視平地, 眼界甚闊, 坐玩良久. 壽曰: "此我太祖回軍時駐蹕之
地." 巖後有土城, 回曲如片月形, 所謂內城者也. 壽曰: "太祖御國之翌年癸酉,
築此城以隔絶王氏故居者."

壽又引正中·百源等入寺中, 示所謂十二行年佛者. 子容拜佛四度, 已而還出, 與
余上北岡藉艸坐. 百源婢壻葉貴同, 携酒來飮, 百源等數巡而罷. 壽又引余輩下
百草亭社堂. 入其社, 則有女老十餘人, 打鼓唱佛. 其中有最少者, 年可三十餘,
自謂最知佛法. 子容於女前, 北面立, 拜佛四度.

壽又引余, 使見百花亭. 有叢竹雜生, 余坐竹下, 唱爲玄談. 談訖, 又上北岡下妙
覺庵. 庵有女僧一人, 子容對女僧拜佛二度, 捫念珠唱佛, 女僧目成而笑. 庵前有
塔甚高, 高麗顯宗藏金字塔也. 塔上有梵字, 不可解讀, 塔傍有石僧像八軀, 技極
精巧. 余等覽畢下來, 由土嶺路至寓家夕食. 又乘昏, 至南大門外, 所經菊花前細
玩, 又上南大門, 劇談步月而來.

丁巳, 韓壽以赴鄕射禮不來. 百源等以余前嘗爲此遊以爲前導, 余不得已前行.
路中使伶人宋會寧吹笛. 行過土嶺, 巡家在川邊, 行一二里許, 左越一土橋, 入純
孝寺. 又入穆淸殿, 欲謁太祖眞, 以余輩皆闕服, 無君臣禮, 故不敢也, 但巡觀庭
廡而已. 世傳 '寺乃太祖潛龍故邸, 太祖捨家爲寺', 又立影殿, 留太祖眞, 所謂穆
淸殿者也.

移時出來, 問於樵童得小路, 北赴成均館. 館前有二川交流, 是謂泮水. 水外有石
橋, 橋外有馬巖. 渡石橋入門, 門內有東西兩齋. 其設本爲諸生所舍, 而無一諸
生. 齋上有敎官廳, 而無敎官. 又其上有明倫堂, 堂後有東西廡. 廡內有七十子及
漢唐諸儒神板. 廡上有大聖殿, 殿中央有文宣王土像, 其傍有顏·曾·思·孟土像.
東西從祀廳, 有十哲土像, 其位次與京城同, 而土像則異矣. 余等歷覽而出, 還過
馬巖.

又過王大卿美遺墟, 又過內東小門, 至內東大門, 門乃沒於荊棘, 而路出門傍矣.
入其門, 問行路人投中華堂, 洞口有石槽. 有一老父自言: "家在中華堂故基, 掇
出洞口, 今已三十餘年." 余請老父前導指故基, 老父從之. 又入一洞, 左視王倫
寺而有堂基, 乃前朝侍中蔡公中庵先生所居. 先生諱洪哲, 倜儻[1]爲一代風流宗.

構一室, 所居上, 日迎耆英設會. 自作紫霞之曲, 令女兒肄之, 昏夜, 令入紫霞洞, 唱其曲. 絲管俱起, 隱然如天上聲, 中庵誑其客:"此後紫霞洞, 舊有神仙, 夜則又有此聲." 諸客信之. 一日, 曲聲漸近, 至於中華堂後, 俄而直至堂前中庭, 中庵下跪, 諸客稽首, 莫不俯伏而聽. 以此世傳'此洞有神仙云.'

余等坐堂上小峯, 絍馬下坐, 談中華堂故事. 老父曰:"此蔡政丞時, 仙人所駐之峯也." 伶人會寧奏紫霞洞之曲, 諸客皆喜. 峯後有小洞, 曰墨寺洞. 俄而下來, 投王倫寺, 見丈六三軀. 又下來得水落石, 余與正中·子容浴川水中.

又上里許, 有信朴庵. 庵前東路卽紫霞洞, 西路卽安和洞. 余從西路上, 路傍有野菊叢生. 渡仙人橋, 至寺前, 則綿竹成蹊, 楓葉欲謝. 又有黃菊開滿, 芭蕉葉張. 余等坐菊間飡蕊, 飢腹果然. 又請於寺僧, 令小奴摘山梨, 以沃渴喉. 余問末徽宗所書額字, 社主曰:"有愚妄化主, 以其書朽敗焚之矣." 良久下來.

還過信朴庵 水落石, 西入東山色, 越小嶺, 經東池左藏之墟, 登古宮墟. 俗呼爲望月臺. 臺下有毬庭, 庭中有淸川, 元自廣明寺而來. 臺上有松樹, 或至數圍者參天矣. 余等坐松樹下, 百源奴輩先設酒肉餅果矣, 百源等開酌. 酒半, 會寧奏恭愍正北殿之曲, 傷亡國也. 興酣, 奏毅宗時翰林之曲, 憶全盛也. 又相與慷慨不歇, 余就弔古詩三篇.

時乃重陽之日. 望見東西南諸山, 士女成行, 處處登高, 或歌或舞, 頗有太平氣像, 寒士荒年, 慮食之嘆頓忘2)矣. 居無何,3) 酒盡日落. 百源輩欲上北嶺, 歷覽諸宮之墟, 旋訪瞻星臺. 遇野祭士女於乾德殿基. 士女競來迎入, 坐百源上列, 余等列坐從人之行. 子容居首, 正中居次, 會寧居次, 石乙山居次, 叔亨居次, 余居末. 衣服甚醜.

其人進行果, 設小酌. 百源顧呼, 正中彈琵琶, 或彈琴, 會寧吹笛, 石乙山唱歌,

---

1) 척당불기(倜儻不羈) : 기개(氣槪)가 있고, 뜻이 커서 남에게 눌려 지내지 않음을 이르는 말이다.

2) 돈망(頓忘) : 1. 갑자기 잊다. 2. 까맣게 잊어버리다.

3) 무하(無何) : 무하유, 무하유지향(無何有, 無何有之鄕)의 준말. 장자가 말한, 어떠한 인위도 없는(사람이 손대지 않은) 자연 그대로의 낙토(樂土)를 말한다.

子容起舞. 琵琶歌笛, 極臻其妙. 子容與主女最少者相對舞, 舞罷作沐猴舞, 枝枝節節, 中於歌管, 主人士女歡喜皆泣下. 主人以次進酌. 其一, 年盛而似兩班形, 自稱曰典籍安紹弟也. 其二其三其四, 年老而似市人形, 自稱曰忠贊衛也. 其五, 年少而似儒生形, 年老四人中之一人子也.

主人極陳繾綣之意, 樂極而罷. 主人拜別百源, 余等拜別主人. 正中謝主人曰: "草次之間, 嘉遇誠難, 多賀多賀. 如欲再見我輩, 問諸漢陽市中." 主人答謝曰: "僻處之人, 未聞絲管. 今聞仙樂, 聾耳暫明, 豈非大幸?"

分袂而來, 過當今巖, 越銀梳嶺, 經興國寺故墟, 出內南大門. 道中會寧於馬上吹笛, 子容於馬上起舞. 家家士女迎門出見, 咸嘆以爲異人, 子容自得, 時時發狂叫. 是夜投宿寓家. 百源奴心服子容才藝, 又別設小酌, 子容復起沐猴舞. 主奴攢手再拜, 石乙山許媒妓女.

戊午, 韓壽來. 百源告壽 長源亭之行, 欲與偕歸, 壽辭以謁見留守不從. 余等五人, 獨從四奴負糧行. 會寧·石乙山不從, 其意似惡行止冷淡也. 渡時豆爲橋, 過太平館, 南出承旨門, 入敬天寺. 時日過午, 倩喫菁根, 以充飢腹. 寺中有石塔十二層. 層各刻佛, 頂上立金表, 爲技極妙. 僧云: "中朝所造也." 須臾, 辭僧輩訪長源亭. 行將二十里, 至亭之故基.

徑往鐵里串, 登堂頭山, 頂有神堂故名. 山形峭竦, 走入海曲. 三面皆水, 漢水·洛水交流入海. 海南有島, 曰江華郡, 郡西有島, 曰喬桐郡. 二郡之山, 若螺髻浮水然.

海西有水自北入海, 曰碧瀾渡, 渡西有陸, 曰白川郡. 坐觀山海 正中·百源喜氣益加. 二人遊觀山海, 此其初眼也. 出粟米投前村水軍家炊飯來. 劈菁根漓鹽醬, 一柳器盛食, 余等五人, 列坐共食. 子容或澤手抔喫.

食訖坐巖間, 或論時, 或談古, 或及陰陽造化之談, 潮汐進退之理. 興極夜深, 塵懷散落. 涼月正中, 潮長鷗鳴, 余有二詩.

其一曰

長風吹起白鷗眠

夜月懸空浪接天

一代豪華今寂寞

長源古事思茫然

其二曰

老馬飢嘶日欲曛

白鹽粟飯劈菁根

潮來潮去猶生死

在世榮枯摠似雲

俄而有三客從三僮, 尋余輩來拜. 正中疑樑上君子也, 驚遽出答拜曰：“客何從
來此?” 客曰：“我輩海濱士人, 未見君子. 到此仄聞冠蓋來臨, 疑非齷齪小子,
必兩班士族, 故來謁耳. 今日夜深露重, 何不下歸就寢乎?” 正中曰：“我等本以
觀海而來. 幽興未盡, 霜露未可畏也.” 相與觀潮, 三人謝去. 余等夜分乃還所寓
之家, 宿於春廬.

己未, 發堂頭, 從小路徑往甘露寺. 或失路, 或得路, 艱難得達. 山路甚澁, 及上甘
露南嶺, 藤蘿上樹, 落葉沒屨. 東背五峯山, 西臨碧瀾渡, 上流有寺峙焉, 依然如
屛裏. 寺柱繫船, 寺北有多慶樓, 樓北有檀亭臨流, 正中坐不肯起.

主僧有稱劉思德姪子者, 以我有劉先生舊恩, 迎我懃懃. 坐余輩堂上, 饋澆飯.
又從而炊飯, 俄而復饋飯, 炙豆腐無數進之. 余於諸友, 食最多. 仰讀陽村記,
記有云：“前朝李子淵赴中朝, 見潤洲 甘露寺, 倣而創此寺.”

寺北有休休庵, 亦倣潤洲 休休也. 壁上又有永川君 安之詩, 乃江㕧雙韻. 富林君
浪翁·虛舟居士 持正等次韻詩又書在壁間. 余與百源次韻. 倚㕧觀潮, 水族出沒,
奇形怪狀, 不可具述.

午後, 辭主僧還出來, 從坦途入開城. 路過正陵, 以日暮不得入見. 又過迎賓館,
入午正門. 百源奴輩設酌於鴨脚樹[4]下以待之. 會寧吹笛, 正中彈琴, 盡歡而罷.
乘月吹笛 到寓家宿.

庚申, 韓壽來導余輩, 入南大門見壽昌宮. 宮乃恭愍王南奔後所創也, 今爲倉府

---

4) 잎의 모양이 오리발을 닮았다 하여 은행나무를 압각수(鴨脚樹)라고도 한다.

云. 出弘禮門, 渡龍頭橋, 出內西小門. 過開城府, 望見佛隱寺, 寺之西邊, 有一小洞. 韓壽云："星入之洞. 高麗侍中姜邯贊"爲宋使云："此文曲星精, 乃避此洞." 洞內有姜侍中故宅. 洞口東邊, 有趙政丞浚故宅, 西邊有前朝詩人許錦故宅, 皆墟矣. 余等立馬良久乃還.

過太平館, 東入小洞, 見先政丞龜亭先生故宅. 基今爲野人所耕田, 邊有石, 蓋龜亭上馬臺. 余下馬就二詩.

其一曰

五百年終遇聖君

龜亭當日際風雲

凄涼故宅松山下

短布來過五葉孫.

其二曰

故園今作野人田

此去龜亭一百年

喬木南朝看世廟

絳侯元是四朝賢

龜亭宅下, 有河政丞浩亭先生遺基, 南邊一嶺後, 有金政丞上洛伯遺基, 亦皆爲田矣.

覽畢出洞口, 東入演福寺, 見能仁殿. 有大佛三軀, 四面有阿羅漢五百軀. 又上五層殿極頭, 令會寧吹笛, 開囱下瞰, 神氣舒暢. 余等下來, 見陽村所撰碑, 乃我太祖重創演福事迹也.

出南門到慶德宮. 馬上負衣而來, 行路大笑. 至宮門, 有白鵲飛鳴, 余輩初眼也. 大門覽宮殿畢, 出跨馬到惠民局前. 百源·子華·叔亨西歸延安, 余與正中·子容東尋湧巖山 洛山寺. 至一小溪邊與韓壽別, 三人從一僮. 子容於馬上携琴.

過成均館, 越炭峴, 過歸法寺故墟, 有華表二石. 前朝毅宗爲逆臣鄭仲夫所迫, 囚於此寺. 過馬墜嶺, 入洛山 造泡前, 置奴從及馬, 上洛山寺. 階石作層, 檀樹成陰. 寺僧性休者, 余之辛丑年遊山時贈詩者, 引余入坐. 余等納粟米炊飯, 休易以白粒. 子容辭謝不得.

飯後歷覽寺之前後, 眞絕境. 寺後有成公侃贊佛碑, 陷置巖石間. 寺前香爐峯. 有僧稱學祖弟子者, 引余三人登峯頂. 四顧豁如5), 望見前山佛成·成佛等庵. 時日落月出, 風起樹鳴. 正中彈琴, 山僧莫不聳聽. 余與子容採蒜, 或談或舞. 夜入來就宿.

辛酉, 發洛山, 渡獺越嶺過跡巖. 問路於山僧 入靈鷲山 玄化寺. 寺前有碑, 乃高麗周佇所撰. 文義鄙僻, 不能成讀. 又有二華表, 一長明燈, 一石塔. 塔有故人6)大猷·德優名. 寺前有故闕墟. 乃穆宗·顯宗所居離宮, 而寺則成宗所創也.

寺僧一義又換余所納粟米饋白飯. 食訖, 別一義等僧, 問路越悟道嶺. 僧云: "古之五聖悟道處也." 經文殊庵, 入元通寺. 寺乃獵夫所創也. 僧云: "古有獵夫射得一獺, 已屠其皮 獺過靈鷲山, 入聖居山, 抱五子而死. 獵夫蹤血尋之, 卽生慈悲之念, 因折弓矢, 埋其獺曰獺項, 造佛寺曰元通寺. 又造石塔於獺墳傍, 蓋祈獺冥福也."

於寺前檀木下, 正中彈琴, 又於寺之前樓上彈之, 寺僧列立聽琴. 有一僧最喜, 乃祝曰: "古之崔致遠輩率爾遊山, 子等無乃是耶?" 社主海敬者遇余輩, 頗有曲意. 余等納粟米, 海敬又換白粒爲飯. 飯後出坐門外階上彈琴, 僧輩亦出聽.

還入房談玄理, 雜以儒釋語, 及董山叛母之說, 正中深闢之. 有僧海恩者金堤人也, 頗識道理, 外形骸, 已於無字上破其義者. 與談其道, 喜其合. 自云各出生計較之, 余諾大同而小異, 恩曰: "客到閫域7)而行差下." 相與撫掌大笑.

恩求衣, 余不許曰: "余不佞佛." 恩亦笑且曰: "僕小相地理, 能增人之壽, 得人之爵, 加人之福." 余曰: "公持文記而相之歟, 持山形而相之歟?" 曰: "余無文記." 余對曰: "余性鄙俚, 壽不求益, 爵不求得, 福不求加, 死不求見彌陀." 恩謝

---

5) 활여(豁如) : (생각이나 뜻이) 막힘이 없이 탁 트이어 넓은 모양을 말한다.

6) 고인(故人) : 그리운 친구를 뜻한다. 두목(杜牧)의 조추시(早秋詩)에 '淸風來故人' 이라고 하였다.

7) 곤역(閫域) : 문안 또는 성안이라는 뜻으로 경지를 의미한다.(한국민족대백과사전) 『주역』에서도 신성스런 경계 또는 범위를 말한다.

曰：“然則客味道矣.”

壬戌. 朝明, 開囪坐堂上視洞口. 山風拖雨, 行數十里, 東邊出日初暾. 余得一絶書壁上. 食後雨霽, 發元通, 西行至於中庵, 但有一僧. 請爲嚮導. 投水精窟, 歇臥成小睡. 睡覺, 請社主思湜爲嚮導. 上南雙蓮, 寺極精灑, 內無一僧. 余等坐堂上望觀, 題名壁間. 出寺上後巖, 或匍匐行. 上西聖居庵, 庵又奇古, 加雙蓮一等. 有一僧名智深者入定矣, 出求余言, 余留贈一絶, 還出.

又爲巖上行, 坐遮日巖. 巖有遮日跡. 思湜曰：“此五聖會處.” 余曰：“五聖者何人耶?” 思湜曰：“古之五聖人, 上此山頂結艸廬, 精盡化道於此. 歲久不知其名, 但以五聖號其庵, 今之南雙蓮·西聖居·北雙蓮·南聖居·北聖居等庵, 是也. 此山之名爲聖居, 疑亦以此故也.”

時西邊俯視南·北聖居二庵, 又上聖居上峯. 南風甚勁, 巖石甚險, 足不接地. 正中大恐, 固引余輩下, 余與子容從之. 至北雙蓮, 風力益緊, 凍雨成雪, 雜與黃葉飛空. 開囪望海, 如有神靈作氣者, 正中·子容大喜. 正中彈靑山別曲第一闋, 主僧性浩亦大喜. 漉葡萄汁, 沃余輩渴喉, 余亦喜. 比來山中之味無此比.

俄而雪霽, 出與思湜行數里許, 入潤筆庵. 行僧數人已先止接[8], 見余來, 喜迎入坐. 子容曰：“僕前入智異山僧堂三年, 後入金剛山, 無言二年. 今又從狂妄客到此, 又見行脚禪輩, 豈非宿緣歟?” 僧輩大驚異之, 爭持其漆鉢漆匙, 列我等前饋粟飯. 余居首, 子容居次, 正中居末. 有一僧祝手子容曰：“中坐客人, 壯貌加奇於懶翁一倍, 而學問又高, 坐雖在中, 必是先覺.” 食訖, 正中又進琴彈之, 諸僧嗟異之.

思湜別去, 又請行僧敬如. 發庵歷一小窟, 冒雨雪入義相庵. 庵有義相眞掛壁間. 余上坐義相臺, 雪小歇, 有虹見於臺前. 出過黃蓮庵前路, 赴觀音窟寓宿.

癸亥. 朝日, 就見朴淵瀑布. 高數十丈. 正中·子容大驚異之, 然比余前日所見, 奇峭不甚異. 乃余見金剛山十二瀑故也. 孟子所謂‘觀於海者難爲水’也. 余等又

---

8) 지접(止接)：① (어떤 곳에 몸을) 붙이어 의지하다. ② 잠시 몸을 의탁하여 거주하다.

下姑淵傍石上. 正中彈琴, 琴韻甚清. 余得一絶, 書在石間. 觀罷, 還上觀音窟.
朝飯, 見窟中石觀音者, 王太祖願佛也.

泝瀑布上流, 坐大興寺故墟, 求性海庵, 失路誤入定光庵. 又從庵南路, 轉踏西山
之腰, 迷失路. 行高山樹木之底, 落葉沒膝, 艱難得達一路. 飢餐石首魚, 上寂滅
庵餐菁根. 又出山頂路南行, 又視西海, 斜日耀水. 正中大喜曰: "近日山行, 無
如此日."

行過天磨山 清涼峯之東路, 下視靈通寺後峯. 從谷中路, 披叢竹將十餘里, 乃達
靈通路. 入寺登樓上, 重來景槩不殊, 而落葉脫枝則異也. 社主飯我於東廂, 館我
於西廂. 夜半, 有僧玉麟者來話, 頗聰明, 解禪法, 相與劇笑終夜.

甲子. 靈通寺後有興聖寺, 有老釋自稱得陸行法派者. 嘗化糧於野, 與余成暫話
者. 得米五斗, 與其弟子一人, 爲終冬之契闊.[9] 見余輩, 引而爲飯饋余, 余哀而辭
之, 見老釋誠懇, 不得已而許之. 又見釋學知者, 亦多友儒生, 涉儒家風. 余別三
僧, 來宿板門.

乙丑. 過長湍, 歷見李子賀. 又訪伯淵不遇, 渡臨津宿馬山驛.

丙寅. 冒雨入京.

출전 | 『추강집(秋江集)』 권6, 잡저(雜著)

역주 | 전경숙(숙명여자대학교)

---

9) 계활(契闊) : ① 삶을 위하여 애쓰고 고생하다. ② 멀어서 소식이 서로 막히다.

遊天磨山錄

朴誾

弘治十五年壬戌二月辛未, <u>擇之</u> <u>容齋</u>·<u>仲說</u>與山人 <u>惠忱</u>, 舊有<u>松京</u>之約.

是月, <u>擇之</u>謁告省親于<u>長湍</u>之<u>東江</u>. 距舊京未三十里, 一浪可到, 而<u>仲說</u>又無官守, 東西南北無適不可, 況畿甸跬步¹⁾之地耶.

是日, 發京師渡<u>洛河</u>抵<u>東江</u>, <u>擇之</u>已邀於路. 輒一笑相謂曰:"吾輩之約可得遂耶."

壬申朝, 散步小池上徘徊延望, <u>擇之</u>指東一麓曰:"此<u>鳳凰岩</u>勝絶無比, 盍於此少試芒鞋²⁾網池魚貫之杮?"

小奴肩壺披草, 得細逕, 遇村老之慰. <u>擇之</u>來者亦携牛酒, 拉而俱行一二里, 漸覺開豁, 到<u>鳳凰</u>益絶. 在瞰<u>洛河</u>, 右臨<u>東江</u>, 前望<u>海門</u>³⁾微茫⁴⁾, 帆軸相銜⁵⁾, 倏先忽後.

自<u>洛河</u>以西, 皆平原曠野, 而兹岩獨穹窿中崎, 故所得益多. <u>仲說</u>云:'以平日所見, 雖未及<u>安州</u> <u>百祥</u>, 亦不在<u>楊花</u> <u>喜雨</u>之下.'

卓午, 風從海口來甚急, 小下各班荊而坐, 杜鵑花爛熳, 如鋪錦繡. 痛飲甚樂,

---

1) 규보(跬步): 반걸음 정도로 가까운 거리.
2) 망혜(芒鞋): 미투리.
3) 해문(海門): 강줄기가 바다로 들어가는 지점을 의미한다.
4) 미망(微茫): 어슴푸레해짐을 의미한다.
5) 범축(帆軸): 선박의 돛대를 의미한다.

擇之擧觴屬曰：“蘇仙 赤壁之遊，亦在壬戌，今古勝事偶相值，信一奇也.”
三月癸酉，有村老洪姓者，年七十餘，能言王朝事如目前，相與劇飲.

甲戌朝，發東江，過壺串，渡沙川，入松京外城. 城本土築，今但有址. 荒林喬木中，
毁垣礎6)往往而在，豈昔時甲第廣廈耶？務奢競麗，尙不足，而百年之後，已不可
辨，亦足以了人事也.

抵演福寺，忱師已相待. 復一笑曰：“師亦不違矣.” 寺前朝巨刹，已頹癈. 唯五層
殿獨峙，殿後有能仁殿中有塑像三躯7)，本江都 龍藏寺所安者. 辛旽微時，不快
於寺僧，及得志，破其寺，移於此. 忱云：‘殿東有巨鍾，乃元人所鑄，有銘稼亭之
文，西有碑，陽村記，獨谷筆.’

出寺，抵松竹家辦裝. 步從南大門，入登城樓，縱望寒烟落日，徒使人起感. 徑到
滿月臺，適爲遊人所阻，頗以敗意爲恨. 忱慰之曰：“自我會意，便爲勝地，有所
着亦偏.” 遂先路，過兵部橋，傍松嶽得一區. 淸流白石亦一勝，此所謂欂岩. 本昭
格殿舊洞，有殿基存焉. 解冠据石而憩，令忱敲石出火，洗鐺賣酒，吾二人手拾
榾柮. 興甚適留詩題石上.

宿廣明寺. 寺麗祖舊宅舍爲寺. 北砌下有瑠井，俗傳龍女浴處. 西有斷碑，陰乃梵
字漫 不可讀.

乙亥，欲踏靑于滿月臺，以雨故不果，出永平門，抵福灵寺. 寺有十六羅漢像，
新羅僧義相得於月支者第，一曰賓頭盧. 高麗 金富軾未第時，設祈醮，讀疏未半，
尊者傾頭而笑. 忱云：‘登鍾樓小酌.’

指朗月寺，途中忱揷花，仲說戲之曰：“喚作汝，爰花僧，可乎.” 忱曰：“昔灵山
會上，世尊拈花示衆，伽葉破顏微笑，因是大悟，法門僧亦於此得一悟.” 相與大
噱.

抵寺下，有盤松甚奇古，可輿車輦，相垮墻底，躑躅八九叢，尙未破蕾，若見花時，
頓添勝麗. 戒居僧善護8)，晚陟後嶺. 遙望西湖，落日滄茫，仰視月懸菴，若出雲

---

6) 영인본에서는 ‘破’(파)로 읽을 수 있으나, ‘礎’(초)가 타당한 것으로 판단된다.
7) 영인본에서는 ‘躯’로 판독되는데, ‘軀’(구)가 타당한 것으로 판단된다.

表. 宿金藏窟.

丙子, 自金藏行七八里許, 遇暴雨. 投村廬, 小憩雨止. 抵灵通寺. 寺松都六伽藍,
巨麗無比, 而今之存者, 不能半. 東有義天僧統碑, 金富軾所撰, 工部侍郎吳彦侯
所書, 庭中立三塔.

芍藥數叢, 梢頭𥊾栗. 白檀八九株, 蒼然直立, 尙含風籟9). 西樓釘諸公詩板, 和
者滿壁, 獨月摠千峰詩, 不可見.

寺在五冠山之下, 而天磨·圓寂數峰望若咫. 長岙短崿, 環繞不絶, 石溪淸馼, 落
爲湍瀑, 涵爲淵潭, 往往可坐臥溪邊. 舊有白沙亭, 遊灵通者, 必於此, 今唯見蔓
草耳.

下有石廣, 可坐百人. 名遮日岩, 豈昔日張暐之所耶. 細流瀉兩石間, 極澄澈.
遊魚潑潑, 以手擾之, 亦不驚, 始信吾輩機械10)已盡也.

依蘭亭故事, 爲流觴之. 飮盃行詩, 不及成者罰. 忱持戒不飮屬以茗. 岩下有頹
砌, 俗傳三土橋基也. 都松岳時, 尋此以接山脉云.

夜與居僧談笑, 或相枕籍, 或時戲侮, 非但爭席而已. 五冠山孝子文忠所居, 今樂
譜有五冠山曲. 大抵灵通水石之勝, 與藏魚可伯仲間.

丁丑, 尋溪源而上登懂喜峴, 峴高與五冠山竝. 攀緣傴僂, 困渴俱逼. 至天磨峰,
氷雪尙存, 令僮奴持斧斸之, 一嚼便快. 峰本極嶠崒, 若出天門爲雷霆所擊碎,
只今巨石當.

遆不可數, 過圓寂峰. 憩淸凉峰前, 抵知足庵. 庵一名兜率, 在淸凉·普賢兩峰之
間, 境甚高爽. 前臨大海, 一望無際11), 眞絶觀也. 昔中朝人模畵形勝而去, 事載
勝覽.

寺後靑壁數十丈下有井, 井有三石, 狀如魚. 頃俗衲斫去其半, 寺僧夢見三魚被
血而奔. 自此井涸處禱乃得水.

---

8) 영인본에서 '𥊾'(획)으로 판독되나 의미상 '護'(호)가 타당한 것으로 판단된다.
9) 풍뢰(風籟) : 바람이 숲에 부딪쳐 나는 소리.
10) 기계(機械)는 機械之心, 즉 책략을 꾸미는 마음을 뜻한다.
11) 일망무제(一望無際) : 아득하게 끝없이 멀어서 눈을 가리는 것이 없음.

主僧雪雄云：‘砌下有銀杏樹, 可千百年, 觀音殿有匪懈堂記, 爲洪澰法師作也.
埋沒塵埃久, 將隳失, 雄始釘于壁.’ 雄字大傑, 號蘿月軒, 今重修此寺云.

晚登性海窟前嶺劇飮. 至夜遙見山, 火如撒星, 空林聞鳥聲, 甚怪. 論說平生益凄
感, 扶醉投性海. 新月將沒矣. 窟在普賢絶頂下.

戊寅, 登普賢, 乃天磨上峰也. 適雲霧昏霜, 但覺滄海鴻洞12), 莽蒼間衆山若螺
髮13)也. 在山下, 唯見淸凉與爭長, 今更俯視淸凉, 始知玆峰之尊也.

絶頂削立不可上, 東有彌勒峰亦高雄. 自知足追, 別於性海, 以沙彌尙哲見付.
過寂滅庵少憩. 庵懶翁所構, 前墻皆梵書, 書以斷瓦縱橫若墨子.

寂滅以下, 長林蔽天, 皆丹楓老樹, 若不見日月. 湍瀨曲折, 皆蒼崖白石奇奇恠
恠, 如禽翔獸走. 到馬潭, 縣瀑亦奇.

未過觀音窟, 仲說行吟甚苦. 擇之經走, 朴淵下兀然孤坐. 仲說繼至, 令哲覓擇
之. 雲物崩湧, 電雷交作, 如河飜海惡, 山嶽震撼, 咫尺未辨人語. 神思怳忽,
終不知所在, 相顧錯愕.

尋線路而下, 擇之已自姑姆潭欲還矣. 復一笑曰：“朴淵之遊樂乎. 時天且雨風
甚顚, 神物若將出也. 凜乎. 不可留, 返尋古寺, 倚石下窺島岩, 復泝流而上.”
投觀音窟, 日已夕矣. 始覺有飢意, 問水孫曰, 做飯, 未答云：‘癡奴亦於朴淵頓忘
返矣.’ 各捧腹曰：“奴亦乃爾.”

自淵上至寂滅約十餘里, 名曰大興洞. 洞有大興寺基, 石臼尙存, 古水春也. 觀音
在淵上流二三里. 窟前有潭, 曰龜潭, 潭有石如龜. 淵心有石, 曰島岩, 瀑之所落
曰姑姆潭. 古祠卽祭龍處, 水旱必降香.

是夜, 困而就睡, 夢覺間時, 聞簷溜滴瀝有聲. 喧吼震屋壁, 久認乃溪漲也. 吾二
人喜相蹴曰：“天公亦知吾輩好奇耶.”

己卯, 遲明快晴, 復遊朴淵. 下瀑勢視昨日尤勝. 千奇萬恠, 頃刻異態, 海風江月
之句, 殆不足當也.

---

12) 홍동(鴻洞) : 풍경이 서로 이어져 끝이 없음.
13) 영인본에서는 ‘髻’로 읽을 수 있으나, ‘髮’이 타당한 것으로 판단된다.

仲說屬擇之曰:"可賦一詩乎?"擇之笑曰:"天壤之間, 物無兩大, 吾寧與朴淵
爭奇?"酒數巡已. 由林莽出十步九顧, 戀戀如與親舊別也. 傍多水榛木, 令哲取
可爲杖者數十株, 相與戱曰:"今年減朴淵秋色矣."
自入山, 山花若披錦, 在在皆然. 到朴淵益爛熳, 杏花亦多. 仲說曳杖, 朗吟曰:
"更惜一盃紅杏邊."擇之輒披榛, 坐杏花下, 擧杯以屬. 野僧數輩過之, 與同酩酊.
晚投淨慈寺. 寺在天磨山後, 泉石亦佳. 忱自昨感微恙, 是朝買騎經還.

庚辰, 與尙哲別. 策馬過普通院, 入永平門, 登滿月坮古基徘徊, 慷慨胸懷, 磊隗
不平, 痛飮至醉. 由東大門, 出入成均館, 謁夫子眞. 還過都評議使, 壁有三峰記,
獨谷所書. 舍馬步入花園, 卽辛禑淫樂處. 昔之奇花異卉, 無一存者, 有恠石一
堆, 亦爲人竊去. 什不一二滿園, 唯梨花. 遂飮花下, 月色微明, 花香馥馥, 入盃乘
醉.

登男山, 望城中. 屋宇櫛比, 珠翠輝映, 尙有繁華之習. 吾二人揷花, 相扶經市街,
市街人皆驚笑, 指爲狂生也. 携糈從賣卜家, 卜頗以爲異, 而亦不能疑也.
夜宿松竹家, 明朝還東江. 夫城中尺五之地, 三人相戒出遊, 卒不能如意, 豈料吾
輩十年之約得成於今, 而所期者又無一不遂耶? 吾輩於此亦不可謂不遇也.

출전 | 『와유록(臥遊錄)』 권4
역주 | 정요근(서울대학교)

遊天磨錄

林芸

余聞天磨·聖居之勝, 思欲一遊者久矣. 南北隔遠, 事故牽挽, 虛負光陰, 已至衰暮, 而憧憧一念未嘗少弛于懷也. 幸今拜命京師赴齋厚陵, 陵去此山纔一日程也. 香火之暇, 蠟屐扶筇 以酬宿願, 時哉不可失也!

於是, 求同志可與偕行者, 惟李友仁 成之·李廷友 而敬, 頗有意焉, 約以中秋初吉. 及期, 成之以陵寢入齋, 而敬以天只有命, 皆負約不來. 人亦以霢熱未收同志未會, 莫若待秋涼爲得計也. 余惟 '世故多端, 人事喜乖, 今若不成, 後日難卜', 遂決意獨往.

僧智訔從之, 使爲先導, 八月初一日, 自齋所啓程. 遵白蓮山西麓, 到豐德郡東. 仰視鄉校, 占在斷崗, 蕭然若小民舍, 不知何者爲聖殿, 何者爲師生舍也. 北過大橋堤, 踰高峴, 入松都土城南門. 沿溪開路, 挾路連椽四五里間. 簾窓掩映, 鷄犬相連, 古都遺俗, 猶想彷彿.

東過穆淸殿, 出土城東門, 渡沙川, 至長湍 白龍山 天和寺. 石城四圍, 結構頗壯. 安石佛千有五百, 皆用玉石, 雕琢極巧, 蓋自中國來者也.

從崗脊, 行八九里許, 有庵曰證覺曰鷲頭曰金經, 皆極蕭洒. 到寶鳳山 華藏寺, 至順五年, 誌公囑小宗營建者也.

東構影子殿, 安二影其中. 僧指東壁曰恭愍, 中堂曰恭靖, 然語涉無稽, 不可信也. 西建寂默堂,[1] 誌公塑像存焉. 所留貝葉梵字經[2]·牛頭旃[3]檀香, 皆奇玩也. 諸寮中, 獨掛猿極勝. 東臨鷲頭, 西對聖居, 南望海島, 北負寶鳳, 風煙朝暮, 爭奇

競惟, 都入望眼中矣. 余謂主僧曰 : "如此勝地, 世所稀有, 若得數年請暇, 栖遲
於此, 則庶可以回褊吝之心, 爲冲澹之懷. 而世緣多牽, 未免爲遽歸之一漢, 可嘆
也."

二日丁酉, 踰寶鳳北嶺. 路緣石崖, 危難着脚. 僅得推挽而下.

入生峯地界, 見樓橋遺址, 石柱猶顚倒水邊, 不知何代事也.

至玄化寺洞口, 挾溪石築幾二里許, 寺前鑿石成池4), 盖用風水說也.

西邊有碑, 大宋天禧五年所樹, 周佇撰, 蔡忠順書也. 北有羅漢殿, 占地平豁,
最宜栖息. 東有藥師殿, 經始未久, 工未斷手.

從西溪登靈鷲(山名), 望聖居, 則山南諸刹, 列若星排, 不可殫數. 渡小溪過文殊,
入圓通寺, 寺古僧殘, 左右寮舍, 無一可居. 惟東臺仰視 遮日岩矗嶫高低, 森若釰
戟, 聖居奇觀, 渾入一望.

三日(戊戌), 由後崗至中庵. 石屛後圍, 洞天前豁, 有泉流出岩谷, 冷然可愛.
過水精窟, 入南雙靈. 北隅石窟高深, 洌川從上落下, 琤琮若簷溜甃石承之, 洒然
淸澈, 雖中泠莫克比也.

過西聖居, 見北雙靈, 其間岩巒挾嶫, 石逕懸危, 殆不可攀躋也. 自此南回, 岩嶺
崛起, 縱圻成坎, 路由其中, 腹腋俱蕩磨然後達焉.

行十餘里, 峭壁當前, 下臨無地. 上釘鐵鎖, 僅得攀緣, 乃入遮日岩, 自是可達南
北. 聖居亦攀鐵鎖, 故危未敢也.

顧仰石峯, 抽筍竪戟, 絶無可攀. 俯視下土, 依然杳然, 積蘇微茫, 怳然若超鴻濛,
而浥沆瀣也.

---

1) 적묵당(寂默堂) : 적묵당의 묵(默)자가 원문에는 '점(點)'으로 되어 있으나, 문맥
에 따라 '묵(默)'이 맞으므로 바로잡았다.

2) 패엽범자경(貝葉梵字經) : 패엽범자경의 '자(字)'자가 원문에는 '우(宇)'로 되어
있으나, 문맥에 따라 '자(字)'가 맞으므로 바로잡았다.

3) 전(旃) : 원문에는 '매(梅)'자로 되어 있으나, '전(旃)' 또는 '전(栴)'자를 잘못 표기한
것이므로 바로잡는다.

4) 지(池) : 원문에는 '타(他)'자로 되어 있으나 문맥상 '지(池)'의 오기로 생각되므로
바로 잡는다.

下循歡喜嶺, 到白蓮庵, 十五餘里間, 山脊或如釖鋩, 僅通細路. 容足之外, 左右皆臨無底, 眩難俯視.

以此奇勝如普精也·普命也·寥化也·蓮臺也·普光也·智水也諸刹, 皆在山陽, 或占岩底, 或占崗頭, 不敢窺其一二也.

歡喜北支, 石山高聳, 曰義相峯. 峯腰岩隙, 構一精舍, 曰開聖. 松臺翼如, 石泉冷然, 眞坐禪地也.

入大興洞, 東則牛峯地也, 西則開城界也. 北折趁下, 過觀音窟, 沿流四五里間, 淸川白石, 比比可坐. 東西兩岸, 安石佛各一軀, 東曰弩肸夫得, 西曰怛怛朴朴. 往在丙寅, 開城儒生, 擊破朴朴, 惟夫得存焉. 下十餘步, 卽朴淵也. 淵在天磨·聖居兩山間, 左右石峯, 巉岩起伏, 若相拱揖然. 中有石厓萬仞.

橫截洞口, 大興·土峴衆壑溪流, 合爲一派長川, 激石衝岸, 屈曲奔放, 流入石嵌, 潴洄爲淵, 疑澄深廣.

盤回盈溢, 噴出崖口, 驚波駭浪, 雷喧電閃, 飛空墮虛, 倒插姑潭, 若白虹飮泉, 飛雨散洒, 若銀河落天, 濺沫旁飛, 可怪可愕, 不可談悉. 淵心有石, 半出水面, 上可坐五六人. 昔高麗 文宗登此, 忽有風雷振石之變, 李靈幹[5]用祝法鞭龍云. 西崖巨岩穹窿, 色理滑白, 古今遊士, 皆題名于此. 余以杖叩之曰: "前者去後者來, 相尋無窮, 而總若飛鳥無蹤, 汝獨不變, 宛然如昨, 不知閱幾世興亡歲月, 以至今日耶!"

潭邊白沙平鋪, 周可數畝. 丹楓翠松, 交影婆娑, 坐仰天磨·聖居, 岩巒石峯, 呈奇露怪, 若爲淵潭助奇勝形勢也.

有岸來自西麓, 投入溪心, 若伏龜昂首然. 僧謂: "水漲時坐此, 瞻對飛流, 形勝十分奇偉."

還到觀音窟, 前溪石橋下, 白石平滑, 淸流瀉下, 兩岸樹木, 翠影相交. 憶得蔡安成詩: "諸君子嘗載酒携琴, 燃松明" 寫聯句. 遺迹依然, 令人不覺俯仰長吁, 徘

---

5) 이영간(李靈幹): 원문에는 이견간(李堅幹)으로 되어 있지만, 이영간의 잘못이므로 바로잡는다.

徊久之. 恨余好古生晚, 未及奔走後塵, 贊發幽懷, 今獨子然來此. 雖山奇水秀,
清興浩然, 殊無一人, 可與吐出鄙懷, 以叩相長之樂! 愧古人以忸怩.

日暮入寺, 寺卽太祖潛邸時所遊. 聞牧隱記曾釘于壁, 尋之已無見. 李三宰·成壽
益長篇, 掛在門楣. 寺後石窟, 呀然奇邃. 中安三石佛, 面目機關, 克肖人形.
小溪從後谷流下, 刳木引流, 以貯方槽. 凝然清冽, 殊可湘濯. 夜來軒窓寥靜,
萬壑玲瓏. 丹霞紫煙, 變態無常, 開窓騁目, 幽興藹然.

四日(己亥), 欲觀日出庵·雲居寺, 重訪朴淵, 以盡煙霞餘蘊. 涉險遠來, 脚力憊
困, 只昇東崗, 瞻望寄懷而已.

泝流百餘步, 登太宗岩, 白如截肪, 平若土床. 高不過一丈, 廣可容百人. 四無可
攀, 惟西一隅僅通升降. 上有山菊數叢, 繁英滿發, 葡萄一朵, 結實離離. 岩東白
石平滑, 廣可百尺, 綠陰玲瓏, 玉流潺湲, 川光石色, 鬪耀縟眼.

徘徊佇立, 以騁遐矚, 則天磨西臨, 彩鳳若喙, 聖居東起, 芙蓉競秀, 朴淵哆其北,
鬼坎新開, 人達聳其南, 鵬味高褰. 千山萬壑, 盡露所有, 競相輸入于此. 風氣爵
紆, 神魂颯爽, 殆非烟火食者所敢栖息也.

至馬潭, 川石明朗, 嘉木連陰. 飛瀑一派, 瀉下石崖, 雲烟曖睇, 峯巒秀異. 上下四
五里間, 飛流盤石, 愈入愈奇.

到大興寺前溪, 白石平廣. 綠陰後繞, 碧流中瀉, 西面奇峯, 圍若畫屏. 內寬外密,
有同雲谷, 誠隱者所盤旋也.

僧自圓來迎, 相與坐溪石, 敍寒暄畢, 優游上下. 或坐樾談詩, 或臨流濯足, 或披
襟納凉, 或臨虛望遠, 襟懷冲放. 雅興蕭淡, 悠悠然浩浩然, 殊有舞雩詠歸之思.
顧謂自圓曰:"安得謝世累, 結幽棲逍遙於此, 如汝僧耶."

寺後有二殿, 曰極樂, 曰能仁. 軒窓開爽, 松庭洒落, 令人魂淸骨冷, 塵想自消.
登景光臺, 翼若將飛, 慄難久立. 聖居之隱迹凉庵·頭陀窟, 皆入登眺中, 亦一快
也. 傍有小庵, 高爽可居, 但無僧已久, 荒草滿庭矣.

五日(庚子), 使僧明月前導, 由西溪, 入泉石之趣, 飛瀑之勝, 比諸馬潭, 亦可伯仲
間. 過智藏到寂滅, 南墻之築, 用甋石成梵字[6], 僧謂懶翁居此時所爲也.

出東臺望, 高禪占在岩下, 簷牙屋角, 隱映樹陰中. 到聖海東望, 靑蓮·紫蓮, 依然

隱見於雲烟掩靄中, 妙在遠觀, 而不宜近也.

西轉百有餘步, 登普現峯下, 仰視雙峯, 巍然對起, 削立萬仞, 千奇萬狀, 隨步變態. 若非羽翼, 雖猿猱之捷, 不可攀而躋也.

南有小峯, 矗立若束矛戟, 西崖萬丈, 下臨無地. 余乃猿附石角, 欲窺其下, 心悸氣奪, 眩難近也. 下一峯, 雖不及普玩之特出雲漢, 亦足以傍日月而臨風雨也. 於是, 引明月令指示, 呼智崔供紙筆, 隨指隨記, 以志不忘.

先以源委之可見, 則山自牛峯 大屯山, 逶迤南下, 幾絶復起, 爲聖居之遮日岩. 西行二十里, 骨立千仞, 孤圓貞秀, 爲人達峯. 人達一支, 東爲靈鷲山, 一支西流爲土峴. 又崢嶸西上十餘里, 而挺然高起, 爲天磨之淸凉峯.

淸凉有三支, 一支北走二三里許, 屹然挺拔, 矗聳雲表曰普現峯, 卽天磨主峯也. 東下爲朴淵西峯, 北下爲帝釋峯而止焉.

一支東南散峙, 爲湧岩, 爲五龍, 爲寶鳳, 又爲五冠焉. 一支西趨二三里許, 兀然奇秀曰圓寂. 自是, 巍岩直下四五里, 三角幷聳, 一角差小, 若負兒然, 曰天磨. 又屈曲西向幾十餘里, 露骨森然, 高低錯列, 曰蘿月. 又折而南, 龍飛鳳舞. 若伏若起, 蜿蜒十五餘里, 而團成一大奇峻, 曰松岳.

松岳一支, 東指十餘里, 還回向南, 至駱駝橋外而止焉. 一支西蔓, 分爲松都內外案山, 散爲豐德郡千崗萬麓, 臨江而盡焉.

四山之可望, 則鐵原 寶蓋山橫乎東, 江華 摩尼山峙乎南, 安岳 九月山圍乎西, 谷山 高達山迤乎北焉. 其間隆起並峙, 如平康之高涵, 楊州之三角, 海州之首陽, 遂安之彦珎, 鴉鬟列占, 黛色微茫, 不可殫記.

州縣之可指, 則布乎東者, 長湍也, 兔山也, 朔寧也, 麻田也, 積城也, 坡州也, 高陽也, 交河也, 楊州也, 廣州也, 平康也. 列乎南者, 開城也, 豐德也, 江華也, 喬桐也, 通津也, 金浦也, 富平也, 陽川也, 果川也, 衿川也. 星排西土, 則曰白川, 曰延安, 曰江陰, 曰平山, 曰海州, 曰載寧, 曰信川, 曰安岳, 曰鳳山, 曰豐川,

---

6) 자(字) : 원문에는 우(字)자로 되어 있으나, 문맥에 근거하여 '자(字)'자로 바로 잡는다.

曰文化, 曰康翎, 曰瓮津, 曰長延, 曰殷栗也. 碁錯北地, 則曰黃州, 曰中和, 曰祥
原, 曰瑞興, 曰遂安, 曰谷山, 曰新溪, 曰伊川也.

記畢, 顧謂明月曰: "千區萬嶺, 縈絡回護, 官府民居, 隱於襞積, 雖不可了了然,
猶能指某山爲其地者. 如是則今日吾儕所躋, 眞古人所謂: '去天一握', 雖跨靑
鸞御汗漫, 何以浮此."

遂由山脊, 緩步徐行, 俯指西崖中, 菩提·普現·普庵·佛地·胎安等刹, 各占別區,
形勝依然, 若畫圖中見也.

入見性庵. 占地淸高, 眼界曠遠. 岩巒之勝, 江海之壯, 亦足疏瀹精神處也, 但廢
棄有年, 窓壁摧頹, 塵埃埋沒, 已不能容膝矣.

到知足寺, 背負蒼壁, 前臨絶壑. 圓寂諸峯, 森立於左, 普現列岳, 窺闖於右, 蘿月
前聳, 淸凉後拔. 加以祖江·碧瀾圍乎內, 滄海環其外, 群島庚橫, 衆峯嶙峋, 朝烟
暮靄, 變態百千. 皆爲坐臥中奇玩, 則如此勝槩, 雖求之中國, 未易多得.

薄暮, 登西臺觀日落. 海色蒼茫, 火輪低垂, 紫烟浮起, 金波蕩漾. 遠邇峯巒,
茫然靄然, 漸入於希夷. 乃下東臺, 見臥牛石, 還入中庭. 沈吟散步, 眉月已掛樹
抄矣.

六日(辛丑), 踰後嶺見內院, 過長谷, 上土峴, 八九里間, 草木翁鬱. 葡萄與獼猴
桃連絡谷中, 結子成熟, 可沃枯腸.

登金神西臺, 東南豁遠, 極目無際. 寺亦高勝, 傍有玉泉, 流出石縫. 惠山雖美,
若比甘冽, 應讓一頭矣. 至於瞻眺之富風烟之勝, 欲與知足爭甲乙者也.

俯見兜率·小雲諸庵, 占地雖下, 嵐翠靄然, 幽閑一味, 亦可想也. 下安寂過寶月,
踰西嶺入雲[7]通寺. 北負五冠山, 南對碑門嶺, 鷄·甑兩峯, 左右拱揖, 眞別區也.
西樓臨溪, 爽氣襲人. 牧隱·月窓諸賢詩, 猶懸在壁上, 庭中樹義天功德碑. 金富
軾所撰, 吳彦侯所書, 曾經回祿, 剝落殆半, 不可讀也.

七日(壬寅), 觀土橋遺址, 川淸石白, 風韵颯然. 其下數里, 大石當溪錯落, 隆然
昂然, 若虎若龜. 又下一二里許, 村落依山, 皆以并濚繞爲業.

---

7) 운(雲): '영(靈)'자의 잘못으로 보인다.

過皺岩到花潭, 崔大尉·徐處士所嘗遊處也. 潭邊花草, 自先生逝後, 盡爲村斧所侵, 但見荊榛荒草, 蕭索於秋風前耳.

邀先生弟崇德, 坐潭石上. 崇德手指崗上短碣曰: "亡兄墓也, 只書'徐處士某之墓'而已. 家有亡兄自製, 切欲入石而力未逮也."

余謂: "太史有傳, 萬口有碑, 有碣無碣, 在先生何關焉. 第未知尊賢尙德之義何如耳." 自是沿沂四五里間, 平川透迤, 袞袞安流, 或左右平岩, 白如玉磨, 或兩邊白沙, 明若雪平, 皆可栖遲也. 第以郊於大國, 斧斤相尋, 盡一洞之內, 無一樹可依流憩處, 是可惜也.

訪歸法寺遺基, 頹垣敗礎, 埋沒無餘, 只有石槽猶在草莽中. 彼執鞚之行, 携妓之遊所, 可道也? 言之長也. 獨念九齋之課業, 足以起後人景慕. 然其分門立徒, 設課施敎, 果合於中正之道, 而能保無異議於後世者耶.

入炭峴門, 至成均館, 生員河大淸啓廟門令入謁. 余以闕服私謁, 於禮未安, 只觀廟兒而出.

踰東峴, 趂穆淸殿. 殿前有寺, 緇流居之. 安塑佛于中堂, 堂卽太祖潛邸時翼廊也. 余謂參奉曰: "安佛自有其處, 何不空此, 以備移安所也?" 凡齋殿之設, 歲月已遠, 隨毀隨補, 歲有其後, 而只貯長囥, 奉安屋隅, 豈禮之宜耶. 殿後一二里許, 有新庵. 庵邊構別業, 亦潛邸時所遊也.

至男山之東, 望大廟洞中, 新構一堂, 曰文獻. 其下卽花園, 恭愍所構, 辛禑[8]所居, 所謂八角殿·石假山·供玩之物, 無復可尋, 只有遺墟, 盡爲村氓所占. 當此時, 人心已離, 天命已去, 而窮奢極欲, 虛內事外, 雖鋤耰棘矜, 有難堪攴, 況天人助順之師乎.

訪敬德宮, 李成之追至. 携上蚕頭, 周覽城市, 還下大路, 渡三石橋. 閭閻中有屋數間, 歸然獨秀, 扁曰醫院, 卽辛旽舊第也. 遊焉息焉, 爲淫爲慝, 坐使五百年宗社, 變爲千萬世殷鑑, 嗚呼, 興亡治亂, 豈其天耶, 抑由人也.

入南大門, 市廛街第, 鱗錯櫛比, 商賈雜沓, 車馬駢闐, 豈前朝遺風餘俗, 至今猶

───────

8) 신우(辛禑): 원문에는 '신우(辛隅)로 되어 있으나, 오기이므로 바로 잡는다.

有存耶.

訪延慶宮遺基, 登滿月臺, 卽乾德殿基也. 市人廿餘輩, 設候來會, 問舊迹, 指說頗詳. 前有石橋, 外設諸司, 內置毬庭, 庭內卽威鳳樓也.

自此達于大明殿, 階級甚儼且高, 成之謂:“伴倘之設, 初爲此也.”東有稻田, 卽東池也, 西有石柱, 卽簡儀臺也. 紫霞·廣明等洞, 近在東西, 所謂中和堂·種穆地, 必有遺址, 未暇尋也.

攀雲梯坐松陰, 酬酢數盃, 指點良久, 仍嘆曰:“信哉! 積之五百年而不足, 毁之一日而有餘也. 彼環數里間, 珠宮貝闕, 金軒玉樓, 鉤心鬪角, 連雲駕空, 而蜂房水渦紛, 不知幾千萬落者, 皆已烟消雲滅, 掃地無餘. 只有頹階敗砌, 縱橫荊棘中, 盡爲狐兔窟穴, 雖居異代, 不能無禾黍之感也.”

出道察嶺, 宿福靈寺. 中堂安千手觀音, 人豈有是形耶. 佛道詭恠, 類如是夫.

八日(癸卯), 成之徑歸齋所, 余獨從歡喜洞, 入陵谷村. 一崗之麓, 八陵列占, 蕭疏荒草中, 只有翁仲歸然對立.

入鳳鳴山 舞仙峯下, 視玄·正雙陵, 隆然斷崗中, 石物猶存. 傍立一碑石如白玉, 始面缺落, 字畫釘破, 摩挲俯仰, 雖魚魯已莫辨也, 況幼婦受辛乎.

行幾數里, 有泉湧出路傍, 可灌百頃. 到甘露寺. 寺在五鳳峯下, 臨西湖負岩壁, 商船賈舶, 往來軒下. 昔有萬景樓立柱湖中, 多景樓駕棟岩上, 各擅奇勝, 今皆不見. 中庭有塔, 石理如玉, 雕刻頗巧, 泰定四年大元造建也.

穆淸參奉梁子澂 仲明, 適寓於此, 邀余西樓, 盃酒團欒, 歡若平生. 書贈姓名, 副以所詠, 其開心見誠如是.

還躡倭峴, 過施食街, 夕到敬天寺. 寺在扶疏山, 卽奇皇后願利也. 庭有巨塔, 至正八年, 所立制作. 極宏且巧, 連十三層閣, 刻十二會相, 而下作飛龍形. 片石合成, 斧鑿無痕, 妙若天成, 殆非人造也.

噫! 大元施舍, 遍及海外, 宜賴佛力, 致祥延曆, 而曾不數歲, 奄就滅亡, 玆足爲後人之殷鑑. 而後人不之鑑, 又爲鑑於後人者, 何哉?

九日(甲辰), 還厚陵齋舍, 與兪伯容同宿. 十日(乙巳), 渡洛河, 宿交河縣, 十一日(丙午), 還京, 浹旬之餘.

歷盡天磨·聖居, 以及松都五百年之遺迹, 雖未敢窮山水之趣, 爲仁智之樂. 然入烟霞之境, 洗塵土之累, 而充然如有得, 怳然如有悟, 則蠟屐之擧, 烏可但已. 若使呑江南之淸風, 吸燕·趙之勁氣, 如古人所遊, 則發蒙之醨鷄, 不獨見天地之大也. 慕東岱之遊, 酬南嶽之唱, 以盡餘年者吾志也. 而蒼顔日變, 筋力已衰, 深懼自今以往終不復自克也, 則不知何時天下小於吾目中耶. 隆慶庚午中秋旬二, 葛川妄人書.

출전 | 『첨모당선생문집(瞻慕堂先生文集)』 권2
역주 | 박진훈(명지대학교)

遊天磨山

成渾

辛未九月, 與安習之遊天磨山, 宿靈通寺. 朝起循溪而下, 山廻谷轉, 水石淸幽. 到花潭, 有草屋數間, 荒園細逕幾不可辨. 步上後麓, 拜花潭先生墓, 封纔數尺, 土階無砌, 墓前立小石碑, 刻曰:"生員徐某之墓." 再拜而作, 徘徊瞻眺, 懷仰高風, 悽然遐慕.

值小雨入草廬, 廬非先生舊居也, 圮而移葺于後圃者也. 隔壁有一婢居守, 渾問曰:"先生有子幾人?" 對曰:"正室只有一子, 妾子又二人." 又曰:"先生之歿, 在丙午七月, 當病革時, 令侍者舁出潭上, 澡浴而還, 食頃乃卒." 渾問:"何爲是澡浴乎?" 答曰:"賢者之歿必須如此, 乃正終之義也." 渾與習之相顧咨嗟:"以爲小婢猶聞此義, 流風餘韻信乎其猶可徵也."

雨霽出潭上, 潭皆石磯, 高揷潭邊, 或據溪心. 水石淸激, 小山環抱, 秋葉蕭瑟. 磯上有石竅二所, 人言:"先生張傘之處, 好事者爲先生鑿之." 云. 磯上苔深, 山空水流, 懷先生而不可作, 則考德論世之感, 於是而不能已焉.

先生以高世之才, 求道於遺經, 玩而樂之, 有以自守而無求於外. 寒餓之極, 至於數日無食, 一褐蔽體. 人有不堪其憂, 而方且頹然處順, 涵泳乎道義之腴, 晬於面背, 充於門閭, 而不願人之膏粱之味, 則其深造自得之功, 有以積於中, 而形於外者, 可知也. 是豈一節之士聞慕之徒, 有所指擬采獲, 而可得於此哉?

若夫造道之醇疵, 契悟之淺深, 猶當姑置於感古之日, 可也. 皐比撤座猶未一世, 而舊廬無人, 陳跡蕪沒, 寒山野日, 殆不可問. 遊人過士俛仰於荒山之濱, 猶足以

起頑廉懶立之志, 淸風卓範, 感後世而淑人心也, 深矣, 呼, 遠哉! 昌寧 成渾謹書

출전 | 『우계집(牛溪集)』 권6, 잡저, 잡기
역주 | 신안식(가톨릭대학교)

游朴淵記

李廷龜

吾東方故多名山水, 而論瀑之雄, 則必稱朴淵, 余常願一見久矣. 適奉奏朝京, 道次松都. 遂自深川洞口, 捨轎而騎, 副使閔伯春·書狀官李叔平·曁經歷金順元從. 朝投泰安寺, 寺陋而僧多. 僧進軟泡, 蒲團少坐, 酒數行卽行. 自此山漸高路益峻, 貰僧肩輿, 不及輿者, 杖而隨之. 天雨晚晴, 山光如畫, 緣溪一逕, 白石齒齒, 嘉樹蔭之, 好鳥和鳴.

午到知足庵. 庵在天磨山 淸涼峯絶頂, 庵後石壁千尺, 前有百仞層臺, 臺傍有石塔, 其下多生叢竹老松. 又有古樹, 上竦入雲, 枝幹如老虬, 大可五十圍, 視之銀杏也. 僧言: "此樹生在新羅始祖之年", 未可詳.

姜君仁卿, 吾友也. 時宰白川, 聞余作此遊, 馳及之. 與之坐僧堂, 開酒引滿, 俯視西南, 銀海拍天, 海上群山, 海中諸島, 出沒雲際, 落照射之, 靑蔥眩耀. 望之使人神思飛揚, 若出宇宙外矣.

歷大興寺, 至觀音窟. 窟前有巖如屋, 二石人立, 號爲觀音. 其上盤石, 可坐百人, 名曰太宗臺. 臺下溪水積焉, 有魚可數百尾. 溪自普賢洞, 群水匯衆壑, 趨如萬馬赴敵. 石之突怒偃蹇, 爭爲奇壯者不可數.

湍遇石必激, 激而水勢益壯, 爲重洲爲急瀨, 平者深黑, 峻者沸白. 其曰淸心潭·妓潭·馬潭·龜潭者是, 而殊狀異態, 皆奇絶. 此卽大興洞泉石也.

至所謂朴淵, 則兩山中拆, 若劈巨靈, 天門呀然, 爲萬古神宅. 大石如剖甕有龍居之. 深不可測, 而淸如見底, 盤石湧出淵中. 水瀉絶壁爲長瀑, 垂如白虹, 澎湃吼怒, 聲震山岳. 飛雪滿矼, 晴雷隱隱. 瀑下又爲潭, 渟泓黛綠, 不可近.

其大都如此, 余不得以窮其狀. 世傳:朴姓人吹笛於上潭, 龍女感而攬之入, 其母哭之, 墜於下潭, 以故上爲朴淵, 下爲姑姆潭云, 亦異矣. 時千層躑躅紅映人, 雜花被逕, 香氣襲衣, 人行畵圖中.

牛峯太守李國弼, 設筵待之下潭邊. 遂與仁卿輩縱飮樂甚. 黃昏扶醉, 投宿雲居寺.

是歲甲辰三月云.

출전 | 『월사선생집(月沙先生集)』 권38, 기(記) 하(下)

역주 | 장지연(대전대학교)

遊天磨·聖居 兩山記

趙贊韓

莫高且大, 物莫與竝之謂天, 莫神且化, 與天比功之謂聖. 天與聖, 莫尊乎天下, 而兩山者得爲號焉, 兩山之與衆山別, 不待辦而明矣.

夫遊玆山者, 莫不由是路, 覽玆山者, 莫不究是景. 而趣有多少, 興有淺深, 豈非所樂者在我而不在彼, 在心而不在目乎! 以其樂之如何, 而驗其人之如何, 則亦可謂知人也夫!

始來也, 宿于雲居, 雲居古寺也. 法殿隆麗, 東西有兩室, 階下有橫室. 又有別殿, 俱甚煥炳可觀.

由雲居西入僅五里, 爰有朴淵, 而淵有上下焉. 蓋淵之勝, 壯天下而魁四海, 則非一事一言可褒記而顯稱, 以彰其形勢也.

下淵則蒼壁翠崖, 劍剚刀割, 霞襞而霧裂, 墻嶒而屛立, 高可數百丈, 廣可數百步.

而瀑之垂, 政從磨嘴, 嘴之懸, 政當崖中, 飛射噴薄, 雷吼電激, 壯若天開而霞落, 雲霽而龍垂.

遂注而爲淵, 淵之廣, 僅數十步, 滿而不溢, 停而不進, 其深不可測, 意者, 是之謂無底, 直達九泉之幽, 旁及四海之遠歟!

淵之外, 白沙淨石, 鋪列瀰漫, 翠松碧樹, 疏植蔭洞, 俯仰未旣而神爽骨瑩, 若與神仙者, 登淸都而遊嬉焉.

上淵則疏石瀉澗, 澗若鏡柄, 遂窾而爲淵. 淵之廣衺,[1] 逐石狀而圓方, 蓋其圓如

盤 而平若削成, 中深如鉢, 外輪如磨.

又有石表, 正立鉢中, 而水循表若環. 凝湛綠淨, 鬼潛神蓄, 其深雖可測, 而魄駭膽掉, 不可俯臨.

時有脫葉飄泛, 則鳥銜去而風擺出, 未嘗少留焉. 民遘水旱, 齊餴虔祈, 則無不響應其晴雨, 豈所謂神龍者巢其中而爲窟歟!

其盈科餘沫, 着於磨嘴注而爲瀑, 是其逞奇於下淵者也. 其傍詭巖怪崖, 錯峙而互蹲, 脩松短楓, 蓋翠而傘紅.

於是洞壑之綺麗, 峯巒之繡彩, 咸凌亂倒影於其中. 坐未轉晌而毛骨已習習, 怳若羽化乘蹻, 排寒門而望群帝也, 眛乎栗乎 其不可留矣.

卽捨淵, 沿澗而上, 則巖石之旁挺側竦, 若怒若鬪者, 殆不可數, 而如龜如羊, 如熊豹獅子者間之.

從石之高低, 而水有淺深焉, 可坐可翫, 可撫摩倚睨者, 十步而得八九, 左右從者, 未嘗以前途相迫, 則坐忘起, 起忘步, 步忘其前進於途矣.

深探僅五里, 有庵曰 觀音, 小而古, 庵左有窟, 甚奇峻, 名曰 觀音窟. 窟之高廣, 可容十餘人坐立, 而上下三面, 皆石也.

窟北有二佛, 跏趺面南, 皆鐫石刻狀, 而石之精白, 如玉可珍, 劚之巧妙, 若神可怪. 又有石羅漢八九, 列于左右, 而其壁多名賢手跡.

從庵西僅數里, 有石曰 太宗臺. 廣可坐百餘人, 面平如場, 而中有一竅, 乃龍旗所豎之跡. 前有大巖, 特踞若虎,

爽瀨琮琤被石而瀉, 深爲潭而淺爲澗, 從臺府臨, 可斟流觴, 其淸絶淨洒, 恰若丹丘積石之縹緲, 而景致杳然, 難以模寫其萬一焉.

蓋高麗 太宗好此石來遊, 而石仍爲號焉. 探玩未竟, 有感慨興亡之懷, 殆不可久居, 卽下臺覓路. 不數里有馬潭焉, 潭之奇可異焉.

有大石鋪亘三四十步, 從高漸下, 危滑湛潤, 若塗脂瀉膏, 立不定武.

---

1) 원문에는 '袤(사특할 사)'로 되어 있으나 문맥상 '袤(길이 무)'로 수정하여 번역하였다.

而水由上經中而下, 仍噴注爲瀑, 瀑高可八九丈, 落爲一潭. 深不可窺, 其爲雄特奇絶, 與朴淵相伯仲, 無朴淵則如朴淵矣. 層巖危石羅列逞美於前後者, 不可殫諭.

由潭而上僅數里, 有曰 妓潭. 有石削成屏, 開障擁水. 瀧瀧循崖而下, 瀦爲深潭, 厚可一二丈. 嘗有美娥遊此石, 忽隳溺而死, 仍有是名云. 仿像之際, 要冶可念.

由潭而上僅數里, 有廣石平鋪, 傾而不危, 滑而不達, 可坐四五十人. 有淺瀨旁瀉, 可飮可漱可濯澣, 而旁有老査倒臥當蹊, 鱗鬣奮張, 蜿若古龍矯首起陸.

從石面未百步, 有庵曰 大興. 淸爽可愛. 出庵直上三四里, 有庵曰 寂滅. 纍磚築墻, 而磚軸縱橫爲畫, 列成梵字眞言, 奇古可玩. 墻外有老檜, 直上雲霄, 高可數百尋而其大稱之, 非他山凡木之可方焉.

其墻與檜, 蓋懶翁之所種築云. 其庵則亂後始重構, 特絶爽越, 甲於諸庵, 而佛殿則金碧眩煌, 照爛龍鱗, 移足靖步, 若躡琉璃. 佛後一室, 靜比仙櫳. 逍遙坐作之際, 斗覺塵慮煙滅. 有褒緇老禪, 擁經而眠, 此外無餘僧矣.

庵有東臺, 臺之曠絶炭豁尤最. 登眺之快爽於飛仙. 其千峯萬壑之羅布於四方者, 若雲若霞, 若錦繡, 若螺髻, 人拱鳥夏, 獸訛禽息, 虎豹伏魚龍立者, 爭奇鬪巧於一曠之間, 怳惚惝怳, 魂與神飆.

浩不可指點, 而挺起特出, 最於群峯者, 東有開聖, 南有智藏·仁達, 北有定光峯, 三岐齊立. 又有普善峯, 峯下有庵. 是謂普善庵. 庵在半空, 杳不可尋.

由寂滅西升而下, 有曰 知足庵. 玆庵之絶, 難以形容. 蓋其勢東背諸峯, 西臨大海. 升堂快瞰, 眼無所礙. 唯有日東投穴, 金柱萬仞, 雲光海色, 變態無窮而已. 憑瞻俯眂, 迥若身升法天, 道貫佛心焉. 廣庭如砥, 懼臨無地. 而有文杏一樹高可百尋廣可百步圍可十包者, 衛砌護崖而立.

枝梢之間, 冷颸常瀏瀏, 不風而寒, 可謂爽矣. 佛宇金碧之玲瓏, 別殿階除之嶄嶸, 炭若神施鬼設而不可象. 直與寂滅, 相雌雄互甲乙, 而淸曠高絶則過之. 峯之多少錯秀者, 不可盡載, 而東則曰 知足, 曰 普賢, 北則曰 彌鞠,[2] 南則曰 鐵馬,

---

2) 미국(彌鞠) : 미륵(彌勒)의 오기인 듯하다.

曰 淸泠, 曰 松岳, 曰 法王, 西則曰 落月, 當案而筆尖. 只有一僧居焉, 蓋天磨之
勢, 盡於茲矣.

翌日, 由庵東攀緣上上. 歷險惡透深奧, 艱難索路, 陟降半日, 林薄織密, 上不見
天者十五里. 僅達玄化寺, 寺爲賊火所蕩而餘基蕪沒. 有一老僧, 重構一殿, 未克
訖功而方鳩工. 擬跂前址者, 僧可謂沒量矣. 外有石龜負碑而伏, 乃前朝學士周
佇所撰文也. 庭有石塔殘缺, 乃化主壽堅所樹植也.

由玄化東走五里, 石嶺巋屹倚天, 飛走之所隳墊, 聞其險岌, 使人白頭, 而搪突攀
援, 蟻附蠖着, 翻汗眩眼, 十步九顚, 踰時而始陟絶頂. 由頂直下, 以通于花藏寺.
寺蓋西域僧指空所創, 而歷兵火, 猶獨巍然, 可謂靈且壯矣. 法殿敞赫宏誦, 丹雘
懿濴, 肅若上界, 儼若鬼神, 慄悸不可久立. 東有先王畫像所御容殿, 殿東又有羅
漢殿, 西有僧堂, 廣可百餘間.

堂有指空法像, 又有諸寮, 疊置間列. 懸鍾一樓, 高爽特揭, 登臨四望, 眼盡其力,
由樓而下. 槐庭廣衍, 騁睎益曠, 周覽未畢. 有僧跪進一函, 卽開鐍視之, 則有貝
葉梵經, 栴檀瑞香, 皆産於西天, 而指空所手而置者, 信乎其奇且玄矣. 由寺從古
道 復還于玄化, 止宿.

翌日, 由玄化五里許, 冒險觸崢, 蹣跚蹎蹟. 恦塞眩狂, 有甚於花藏石嶺. 登陟未
半, 怖懔愁悶, 進退狼狽者良久, 勇敢懸上爪鉤石齒, 膝行崖面, 寸進尺度之際,
歷望北聖居小菴. 菴在千峯半頂, 雲窓窈窕, 霧閤靜深, 彤柱粉礎, 隱暎巖竇.
延頸一望, 彷彿仙莊焉. 辛勤盡日, 僅上一巖, 其名曰 遮日. 逈拆天罅, 崒憑雲
表. 擧頭揮手, 可捫星斗, 六合八垓, 無不洞臨. 蓋聖居之勢盡於茲矣.

緣巖西下僅五里, 有傾崖鋪地百餘步, 頑巖猛石, 錯分通波. 水聚崖口, 淺不悍流,
而無數落木, 沈積塞斷. 仍與諸僧手決而指疏, 以通其湍, 則水急瀉崖, 倒若建
瓴, 而紅葉之紛紛者, 逐波趁沫, 珠貫魚聯. 次茅3)懸溜而下, 仍相與笑玩, 可謂
無事中奇致也.

沿緣直下僅數里, 有一大巖, 前方後銳, 狀若萬斛之舟, 陸沈于洞門, 儼若天隳地

---

3) 茅(띠 모)가 아니라 第(차례 제)가 들어가야 맞다.

出, 而鬼護神呵, 以閟終古焉! 方覺造物者之所施爲, 愈出愈奇, 藏至巧於無窮無盡也. 歷舟巖數里, 有老僧一人, 率諸僧十餘輩, 整服巾而立, 偵伺而候, 實皆所知面, 而所與返者, 實雲居其寺也.

噫! 始焉, 未登乎山而宿于茲, 終焉, 旣登乎山而宿于茲, 茲可謂始終之門而本末之路矣. 其未始登也, 齋志嘿禱, 澄慮肅虔, 窹寐之間, 髣髴與山靈, 相接於窅冥者, 茲寺也. 其旣登而降也, 心與目營, 意與神謀, 灝灝與山靈地祇. 浮遊於方內, 冷冷與仙翁釋子, 娛嬉於物表者茲寺也.

然則所尊而慕者, 莫天與聖, 而自余之遊覽茲山, 靈臺洞澈, 不隔聖人之胸而澹泊恬靜. 嘿與天遊, 則余之觸於目而得乎心者, 非兩山之助歟! 然則山之得是名, 非獨自別於衆山, 而亦有以勸勵企及乎人哉. 人之由是路覽是山者, 古今何限, 而其胸襟之洒落淸曠, 與山趣同味, 亦有如我者歟! 嗚呼! 天與聖, 可法而學焉, 則從茲山返茲山, 探山之趣, 而究山之名, 則其亦不遠矣.

從余遊者, 阿姪俀·伿二人, 朴生兄弟二人, 生峯少士崔某一人, 而前導指揮者, 生峯衙吏李希珠其人也, 終始肩余輿不怠者, 雲居居法瓚其僧也, 曰 大成, 曰 持敬, 曰 惠一, 曰 信惠, 曰 海仁, 曰 法行, 曰 雙允, 曰 能印, 曰 智眞, 曰 信準, 實從焉, 是年月日, 萬曆乙巳九月初七也. 是爲記.

출전 | 『현주집(玄洲集)』권15, 기(記)
역주 | 정학수(인천문화재단)

天聖日錄

金坮

丁未 四月 初三日, 達夫·百源·伯游, 將往松京, 以迎平壤大夫人之行,【時錦溪為西伯.】因賞朴淵瀑布. 余亦素有此志, 遂竝轡同行. 踰沙峴, 少憩經理碑屋, 秣馬于瓮巖, 夕宿東坡.

初四日, 凌晨起程. 食時, 到松京, 夫人之行已來到矣. 我等之初發也, 約曰："夫人之行未到, 則直往朴淵, 還待于松京, 雖已到, 若留一日, 則馳往觀之, 追及于翌日宿所." 今日, 適留不發, 而朴正【吉州 令公】止諸伴不送. 余欲獨往, 而山路不熟, 恐有迷失之患. 有本府儒生張弘度者, 曾於洛下相見, 遂挽與同行.

渡楓友橋, 登東城上, 俯見文忠堂. 出東大門, 少憩于成均館, 廟廡·堂齋皆近年新創, 而儒生無一人守者. 踰炭峴, 過歸法寺遺墟, 踰莫啼峴, 入種子洞, 有山村五六家.

緣潤邊細路, 深入六七里, 踰碑門峴, 俯見靈通寺. 寺前林木間, 廣石平鋪, 水流其上, 下作澄潭, 山花幽草, 紅碧交輝, 亦一奇絶處也. 僧言："此處名土橋, 古有水閣." 而今但有築石餘基而已. 遂赤脚洗垢, 入寺坐方丈中.

寺在五冠山下, 左有甑峯, 右有木鷄峯, 興聖 東庵·北庵·麻庵·西庵, 列在北東西三面. 寺門前有碑, 金富軾之所撰, 而吳彦候之筆也. 申恍 謹叔來棲于興聖庵, 余就見敍闊. 夕飯後, 與僧義庵步向知足. 留奴馬于此, 使明日, 向城中主張生家, 又明日, 來待于華藏.

遂入北谷, 緣澗直上, 縈林絡石, 十步九折. 行十餘里, 登歡喜嶺, 東望大野,三角爲際, 西臨衆山, 大海環之, 寂照·文殊·普賢諸庵, 皆可俯見.

遂下嶺, 又攀崖抱石, 入知足寺. 寺在百丈懸巖之下, 丹靑炳煥, 金碧炫曜. 東有
淸涼峯·文殊峯·天磨峯, 南有蘿月峯, 西有普賢峯, 皆高峻撑[1]天. 天磨·蘿月之
間, 露出松岳, 望之杳若兒孫.

寺西巖隙, 有羅漢殿, 石梯甚高, 殿後綿竹離披. 寺東有臺, 俯見泰安, 如在地底,
漢水·臨津·碧瀾三江, 若視掌紋. 寺前庭宇廣淨, 一塵不到, 築階幾十餘丈, 階下
有鴨脚一株, 蔽遮當前. 地勢之高, 眼界之遠, 最於一山.

余今朝, 與諸伴作別, 而夕已登最高之巓, 俯視朝來所歷, 不啻若蟻垤, 而諸伴猶
在其間, 有若拘縶而不得隨, 思之不覺失笑也. 少焉, 缺月西沈, 空山寂寥. 雲窓
高枕, 骨冷魂淸, 始信古人無夢寐之語之非虛也.

五日, 飯後, 與僧敬熙踰寺後大嶺, 俯見寂滅庵. 庵在彌勒峯下, 徑路稍枉, 且欲
速見朴淵, 徑向大興. 深林一逕, 松柏參天, 百道飛泉, 巖花映水, 洞壑之美, 曾所
未見. 少憩于巖上, 逢僧細話, 遂入大興寺. 望見開聖庵, 庵在開聖嶺腰, 極高而
虛無僧.

與僧文玉, 出寺徐行, 行未二十步, 有盤石橫崖, 可坐數百人. 下有澄潭, 名石門
潭. 潭上有兩石, 夾路爲門, 又行一里許, 有瀑流喧豗, 飛下石壁者, 僅二三丈.
下有石湫, 廣三四間, 碧波凝淸, 灣環洄洑. 僧言: "此中有龍馬, 故名馬潭."
行到太宗臺, 在澗谷之中, 磐石之上. 前臨飛澗, 左右有巖. 右巖之端, 有古松一
株, 杜宇一叢, 結根石隙, 莓笞覆之. 僧言: "此, 太宗所遊之臺, 此松太宗時松
也." 長不滿四尺, 而結子甚多, 可知其生之久也.

遂入觀音窟, 寺後有窟, 石佛坐其中. 法堂有成聃年·成夢井·安堯明·成壽益詩
文, 刻爲二板[2], 置在卓子上矣. 老僧浮雲, 請乘藍輿, 余揮手謝之. 蓋此山之中,
遊人絡繹, 無賴之徒, 侵暴山僧, 寺之太半空虛者, 以此. 余固爲眼, 而不計脚矣,
忍以所不欲者, 施於人乎?

---

1) 撑: 탱(撑)의 俗字이다.
2) 겁(极): 판(板)의 오자인 듯하다. 极은 말안장 또는 극진하다는 뜻이다.

逐與浮雲出寺. 寺下澗中有大石, 狀類龜形, 有若刻造而非自成也. 其下有潭, 名龜潭. 又行一里許, 有山神坐處, 兩邊相對. 過祭龍壇, 府見朴淵.

淵在天·聖兩山之合處, 千尋碧湫, 萬丈青壁, 心神飛越, 瞪目豎髮, 不可近前而狎視也. 淵口如甕, 有若礱磨, 中有大石, 所謂鞭龍之巖也. 僧言: "淵水鏡淨, 不著纖芥, 飛花落葉, 亦不敢浮其上"云.

逐下姑姆潭, 仰望懸瀑, 則空中飛下者, 約三十餘丈, 白鍊橫空, 明珠散落, 風雷動地, 氷雪耀天, 只可目接心賞, 而難以語他人也. 潭中石礫上, 有四株長松, 落落垂陰, 根盤水石之中, 而長成如許者, 非松之性也, 無乃神物使之然耶?

坐玩移時, 逐入雲居. 此寺有光廟御筆, 而居僧不言, 未得見也. 與僧妙明, 由吉城洞, 向遮日巖. 行五里許, 有流瀑, 走瀉石壁, 雖不飛空, 亦是可觀處.

直上水嶺, 嶺路峻急, 甚於歡喜. 將近遮日巖, 妙明盛言危險之狀. 張生坐而不起曰: "人生可惜, 何必涉險? 吾當從此直下, 向圓通寺, 決不登遮日巖." 余笑曰: "君何怯也? 實若危險, 吾亦不蹟. 當前往觀勢, 知難而退可也. 何至於聞風而怔怯耶?" 挽手而起.

緣兩石間, 夾身僅出, 前有傾危之石崖, 果是危險. 上無所攀, 下無所憑. 欹斜石棧, 僅二間餘, 而下臨千仞之壁. 石上鑿臼, 僅令容足, 褰衣脫襪, 匍匐疾度. 妙明先之, 余次之, 張生最後.

逐登遮日巖, 平臨四野, 極目無際. 群江若帶, 衆山如皺. 巖上鑿石爲宂者四處. 僧言: "古有五聖僧, 來遊此山, 分處於北聖居, 南聖居, 西聖居, 南商嶺, 北商嶺五庵. 夜則各歸庵中, 晝則共聚巖上. 國王爲張遮日, 巖之得名以此, 石宂乃遮日竿所植處也. 五庵 只餘北聖居, 餘皆廢壞無遺矣."

從北邊石梯, 手攀鐵鎖而下, 過南聖居遺墟, 又登石嶺, 極峻且險.

上印號臺, 臺上有巖如印, 故以此爲號云. 有僧師俊者來迎, 癸卯冬, 於首陽山藥師庵中, 相見者也.

余謂張生曰: "今日所經, 心寒膽掉, 可一過而不可再也. 有子則戒以勿往可也." 張生曰: "今日之路, 何難之有? 吾則了無怖心, 非徒教子往, 亦且教孫往." 余笑曰: "君方在危棧, 面青聲顫, 如將就死, 旣出夷塗, 舒顏攘臂, 大言矜誇, 何前怯而後勇也?" 言訖, 皆拍手大笑.

遂入北聖居. 庵在法達峯下, 石屛環抱, 有若閨房. 前有須彌峯, 直上千尺, 尖峭
險壯. 後有二石窟, 上曰: "法達窟, 西域僧法達所住也." 下曰: "弟子窟, 法達弟
子所住也." 上窟以石墻塞之, 不可入見. 下窟則可入, 有一石佛, 乃弟子之等身
也. 有泉出其中, 淸洌湛綠, 抔而漱之, 不覺齒牙之爽快也.

六日, 食訖, 與僧師雲, 向圓通寺. 寺空無僧, 殿宇寥落, 庭草積翠而已. 出洞徐行,
望見洪福寺遺墟, 有二石塔, 立於榛莽之中.

踰嶺, 入玄化後上庵. 有儒生二人讀書, 乃余同年進士金得輝之弟重輝·益輝也.
話罷, 遂入玄化寺.

寺在靈鷲山下, 野而不山, 別無奇景. 但屋宇廣大, 頗有古跡, 乃高麗王所幸處
也. 寺前有碑, 具載事蹟, 周佇之文, 而蔡忠順之書也. 又有石磨·石池, 皆風水家
厭勝之法也.

與僧上閔, 踰廣嚴嶺, 入華藏寺. 山名寶鳳, 九峯環抱. 琴臺敞谺, 樓閣華侈, 眞兩
山中一巨刹也. 有恭愍王影子, 西域僧指空等身·貝葉經·旃檀香, 皆奇異之物
也. 寺東, 有浮圖, 乃藏指空舍利處也.

總之, 天·聖之山, 本爲一山, 而以朴淵之水分而二之, 東爲聖居, 西號天磨. 瀑布
之壯, 則朴淵無其對, 眼界之廣, 則遮日爲第一. 寺刹則知足·華藏之高爽, 高禪·
寂滅之幽靜, 北聖居之蕭灑, 觀音窟之洞壑, 可以淹留而忘返也. 遊觀之處, 則靈
通之土橋, 大興之磐石, 馬潭·太宗臺, 觀音窟之龜潭, 雲居之流瀑, 亦可賞玩而
終夕也.

道里則松京至靈通二十里, 靈通至知足十五里, 知足至大興六七里. 大興至觀音
窟四五里, 觀音至朴淵三四里, 朴淵至雲居六七里, 雲居至遮日十五里, 遮日至
北聖居二三里, 北聖至圓通五里, 圓通至玄化十里, 玄化至華藏十里也.

余之此行領略himiro歸, 雖不得搜奇歷險無處不到, 而可觀之處, 則已無遺矣. 第恨
張生憚於行役, 以路枉瞞我, 使不得見花潭, 此今行之大欠也.

後之遊者, 當先入花潭, 以探昔賢樂道幽棲之地, 而神交尙友於百年之上, 然後
徘徊土橋, 休息靈通, 由泰安而入寂照, 歷文殊而上知足, 振衣於天磨·蘿月之

巓，燒香於寂滅·高禪之夜.

大興磐石濯足而臥，觀音窟中見佛而歸. 訪古事於太宗臺上，探奇跡於龜·馬潭中，極壯觀於朴淵，縱遠目於遮日，聖居之臺可以發長嘯矣. 圓通之亭，可以賦新詩矣. 二山奇賞，此外無餘，而華藏之勝，最後之奇觀也.

他日，歸來塵土，靜坐蓬廬，則數百里層巒疊嶂，飛瀑澄潭，籠羅於方寸之中，豈不快哉?

余旣下山，遂記山水奇觀，道里遠近，以爲此錄，歸誇於諸伴，倘有同志而踵往者，以此示之. 余亦待商飆之起，楓葉之丹，再尋前盟於朴淵·遮日之間，而負荊花潭之上，以謝前日之罪於徐先生之靈也.

朴敾·崔命元來華藏讀書，與之相見，因與張生敍別. 是夕，宿東坡.

初七日，冒雨入京.

출전 | 『잠곡유고(潛谷遺稿)』 권14, 록(錄)
역주 | 이혜옥(문학박사)

遊松嶽記 · 遊花潭記

李廷龜

遊松嶽記

松都去京師百餘里, 馬健一日可至, 余之過此地屢矣. 而以其故都多舊迹, 近如滿月臺·紫霞洞, 遠如天磨山·知足庵·朴淵·大興洞, 足迹靡所不遍, 而若松嶽則未嘗一登眺焉, 但望見蒼翠而已.

歲甲寅, 自春至夏不雨, 上憂之, 分遣重臣, 祀嶽瀆殆遍. 余得松嶽, 晉昌姜仁卿得五冠, 聯駕而來. 留守洪公元禮迎勞綏款.

詰朝率祀官上嶽. 自滿月臺西, 邐迤而往, 至山麓, 溪回路轉, 洞壑窈窕. 行數里, 府人以轎候於路, 路險不得騎故也.

時當盛夏, 百花盡謝, 只山躑躅爛開, 隱映密樹中. 高者丈餘, 短者覆巖隙. 風自四山而下, 香氣馥郁. 路左右皆絶壑, 有泉流暗草中不見水, 而但聞聲錚然如環佩響.

懸輿而登, 或憩於石, 輿者喘定乃復上. 路凡十八盤, 乃得窮其頂. 回視祀官, 皆裸身而步, 脅息不能語. 草屋五六區, 守祠者所居. 吏設席坐我. 以凉果冷酒紓其困.

向夕, 山意寂寥, 缺月有光, 杉檜森立, 風動有聲. 望見神壇淨肅, 令人魄動. 祠凡五所, 一曰城隍, 二曰大王, 三曰國師, 四曰姑女, 五曰府女. 壇而不宇, 列在山頂之北. 而其有屋有壇者, 卽嶽神祠也. 所謂大王·國師·姑女·府女. 未知何神, 而國中之祝釐祈福者, 爭奔走焉. 漢都士女凡有禱, 必於此, 至有宮人降香歲時不絶云. 豈山之靈異耶, 抑麗朝尙鬼多淫祠, 遺俗流傳, 不知改耶.

四更將事, 天宇肅淸, 星斗粲然, 神境森嚴, 凄神寒骨. 祀罷, 假寐於村家, 淸朝步上山冢, 見有新構祠宇. 聞京都富民, 出財力建城隍祠云.

山之左支南走, 全石矗起, 爲嶺曲城, 繚之雉堞, 斷而復連. 牽人而上. 危且窄, 可列坐而不能幷. 風蓬蓬然吹, 人欲墜, 沃之酒, 神始定. 試望之, 山勢蜿蜒盤屈, 若頻而起, 若鶖而止, 猶龍虎之變動, 而氣勢之雄也.

東南遠山, 環衛若朝宗, 長河如帶, 大海接天. 五百年鬱蔥之氣, 盡鍾於是, 號爲神嵩, 信不虛矣. 席上書一律, 示祀官金奉祖·經歷尹英賢. 仍記其槩. 以貽後之遊者.

遊花潭記

下神嵩, 歷訪紫霞洞少憩. 洪元禮馳書曰 : '花潭水石最淸絶, 山花方盛. 姜仁卿亦自五冠山約會, 願卽來同賞, 成一場勝遊. 吾已先往候潭邊云.'

余餘興未闌, 聞而樂之, 促肩輿以行. 循山麓出古城踰炭峴, 見兩山拆爲洞門. 石盤陀一里許, 大川奔流, 其上如布白練, 明麗刮眼. 停輿而望之, 有族生拜於前曰 : "適有酒, 候於溪上, 望公少駐." 忽有獵者呼鷹而過, 俄有鷹攫雉於前林, 獵者獻之. 余下輿坐石上, 經歷尹侯隨之.

余問 : "是何地. 松都奇勝. 盡於此矣. 向使族生不邀我, 幾失此溪山, 負恨平生也." 尹曰 : "是迺歸法寺舊基, 溪上石柱跨水, 猶在也." 余驚曰 : "是卽崔冲避暑之地, 而李奎報憶舊京詩所謂 '故國荒涼忍可思, 不如忘却故憨癡, 唯餘一段關情處, 歸法川邊踞送辰'者耶. 昔人已關情矣, 信乎名不虛得." 遂解衣赤足濯淸流.

族生陳酒肴, 獵者膾雉膏, 興到引滿, 不覺爛醉. 洪元禮在花潭, 使數輩至, 促之甚, 猶不忍捨去, 日晚始抵花潭. 潭是徐先生舊居, 洪元禮與多士謀, 卽其地建書院以祠之. 亭臺嶼塢, 皆其所賁飾云. 山多杜鵑花, 紅映潭水, 得名以此也.
兩山墻立, 水自圓通寺衆壑分流, 合爲大川而墜之潭, 有聲潨然. 潭上有石離列,
其巍然最高大者, 可坐百人. 潭之西有奧區, 地幽而淨, 築土作臺, 爲燕集之所.
前左右壁, 嘉樹叢生, 細泉懸焉. 臺之下, 水又環之如帶, 爲重洲爲淺渚爲曲灣.
無非以奇售者.

主人設席, 絲竹迭奏, 聲振林樾. 余樂甚, 流觴互傳, 箕踞而飮, 醉後枕石眠.
夢與高人遊, 豈徐先生耶. 書以識之.

출전 | 『월사집(月沙集)』 권38, 기(記) 하(下)
역주 | 장지연(대전대학교)

松都記異

李德泂

崇禎己巳, 余出守松京. 世代綿邈, 麗朝遺俗變易殆盡, 而惟貿遷逐利之習比古尤盛. 是以人民之富庶, 物貨之殷儲, 可謂冠於吾東矣. 闤闠之俗, 錙銖有競, 宜若囂訟之多, 而淳厖餘韻至今猶存, 簿牒頗簡焉.

每於長夏, 案牘旣徹, 則日嘗當午矣. 吏退人散, 餘暑尙永, 必倚枕而睡, 睡亦惱也, 却睡尤難. 把酒圍碁, 素性不喜, 名山勝區, 老興漸薄, 時或招邀一二鄉老, 詢以民間弊瘼, 兼採閭巷風謠街談野話, 領會者頗多. 且余於萬曆甲辰, 爲試才御史於本府, 使事未完, 淹留幾至旬日. 其時同處有若安四耐·陳主翁諸人, 年皆八十餘. 以其近古聞見博, 而閱事多, 眞所謂喬木遺老也. 余因二老得聞新異之說久矣, 于今三十餘年, 邈然如隔世事也. 常記新舊說話, 賴以破寂. 第念前朝往蹟俱在方策, 百年故事眞贋相混, 姑以中古以來表著耳目者, 抄爲小說, 以備閑覽. 言雖俚野, 不無有助於名敎也云.

辛未仲夏, 竹泉病翁書于松岳之衙軒.

花潭先生姓徐氏, 諱敬德, 字可久, 松都人也. 累代寒門, 家素貧窶. 先生皇考, 隱德固窮, 鄉鄰起敬. 母夫人嘗夢入夫子廟, 先生生而英秀, 大異凡兒. 稍長自知讀書, 寓目輒誦, 博覽强記. 嘗讀『書傳』, 至'朞三百'註, 反覆思繹, 未易窮解. 聞本府有老上舍素稱明經, 先生踵門請敎. 上舍曰: "此註 雖老師宿儒, 鮮有知者, 吾亦未之學也." 先生還家, 慨然嘆曰: "世無通儒, 吾道廢矣." 遂『傳』書一通付諸壁上, 潛心玩索, 至廢寢食. 越十五日, 釋然始悟, 支分縷析, 了了心目, 先生時年十七. 又歎曰: "聖賢道義, 皆在方策, 何必他求?" 遂不煩師資, 益自私淑. 天資近道, 聖經奧旨, 迎刃自解. 尤邃於易學, 眞積力久, 遂爲儒宗. 聲聞日彰, 遠近推仰, 學者坌集, 不遠千里. 先生隨才施教, 必先孝悌. 長幼序齒, 升降揖遜, 相與叩疑問難, 誦聲洋洋. 函丈之間, 和氣藹然, 誘掖後學, 時雨若化. 多出金鍊光日記. 門人以學行著名者甚多, 而朴思菴淳·許草堂曄·閔杏村純, 尤其傑然者也.

先生初中司馬, 太學薦授厚陵參奉, 辭不就. 易簀之後, 大臣陳啓, 贈以議政, 謚曰文康. 宣祖朝, 李相國恒福·洪都憲履祥·韓參議伯謙通諭多士, 建書院于先生舊居, 賜額曰花谷. 奉安先生, 而俎豆之, 以朴思菴·許草堂·閔杏村從享. 退溪先生文集中, '有徐花潭登滿月臺, 有客進薏苡粥, 花潭飮而起舞.' 余未嘗不致訝焉. 因自料, 先生登眺之際, 覽物興懷, 悠然自得於心, 而不覺手之舞之. 不然何至於起舞?

余守松都, 有前金吾郞韓大用者, 早中司馬, 年九十餘精神不衰. 以先生同里, 幼蒙受業最久, 故能道先生平日之事. 余因問: "先生起舞是否?" 韓生曰: "先生每於芳辰佳節, 率門徒步出前溪, 倘佯乎松林水石之間, 時或遇酒. 微醺輒止, 使冠者朗詠歸去來辭, 而童子起舞. 此則身親見之矣, 先生自舞, 則未之聞也. 想必因此傳訛也云."

車斯文軾, 松都人也. 勤學績文, 又有能詩聲. 嘗釋褐家居, 留守以軾差送厚陵寒食典祀官. 軾到陵, 見其丁字閣, 年年雨漏, 梁椽腐敗, 塵埃滿壁, 庭草蕪沒, 床卓器皿歲久朽破. 軾顧瞻咨嗟. 俄有年老守僕來謁, 軾曰: "曾不料國陵若是埋沒." 守僕曰: "本陵祧遷已過百年, 一年寒食外香火斷絶. 祭官又非京差, 奠獻拜禮不中常式, 牲酒痛酸, 視爲尋常. 祠門一閉, 終歲闃寥, 陵卒亦減, 空山風雨, 守護無人, 安得不至於荒廢乎?" 軾聞言凄感, 親薰修掃, 精備祭物, 沐浴行事. 祭罷就寐, 夢有紫衣中使宣召於軾曰: "主上坐殿, 隨我入來." 遂引軾入一大門.

外望見殿宇深邃, 王者坐於御榻之上. 惶恐匍匐於庭, 中使催入, 伏於榻前, 王曰:"向來祀官皆不能致誠, 祭物菲薄, 予不顧享久矣. 今日饌品頗極精潔, 予甚嘉焉. 聞爾母方患帶下之病, 予以良藥賜爾." 且曰:"必有後福."

軾覺來不勝瞿然, 天明出洞口. 有鵲自後倏然飛過, 墜一大魚於馬前. 生氣潑潑, 跳躍於地, 乃鰻鱺魚也. 其長盈尺. 軾大感夢中之事, 持歸於家. 連日作羹, 進於母氏, 其病遂愈. 軾官至郡守, 二子天輅·雲輅俱登第. 天輅亦文章, 官至僉正, 雲輅亦有文名, 官至寺正. 天輅之子轉坤登第, 今爲正郎云. 鰻鱺魚 七星鱧也.

安慶昌 松都賤流也. 號四耐, 性倜儻多氣節. 少時從僧, 受業於花庄寺. 有老僧, 冬月露頂跣足, 行走雪上, 盛夏着百結衣, 臥於巖上, 鼻息如雷. 羣髡咸敬, 以爲神僧. 慶昌心甚慕悅, 願爲闍梨, 師許之. 從遊幾半年, 竊覘所爲, 師每夜拜北斗, 夜半而起, 喇口誦經, 所喫只松葉而已. 慶昌請於師曰:"願聞凌寒耐暑之方," 師曰:"是豈有他方! 久服松葉, 則自至寒不寒暑不暑, 飢渴不能侵矣." 慶昌曰:"尊師所誦何經?" 曰:"北斗." 又問曰:"他僧喫松者多矣, 未聞有寒暑飢渴之能耐." 師曰:"他喫鹽醬, 亦不能收斂精神!" 又問曰:"何以則收斂精神?" 師曰:"無慾." 慶昌粗傳其法, 頗耐四苦, 因以自號焉. 蓋師實異僧, 而慶昌亦非常人也. 冬月着布衫赤脚而行, 又折氷入浴. 顏如渥丹, 年八十餘而逝.

萬曆甲辰, 余以應敎, 爲試才御史於松都. 以武額最多, 留連幾十餘日, 每與慶昌同處. 慶昌遍遊國內名山, 能說向來游覽之勝, 余聽之亹亹, 頗有臥遊之興. 其時適與慶昌約遊朴淵, 慶昌又說朴淵奇事曰:"渠年十二, 從同里族黨往觀朴淵, 老幼男女幾至三十餘人. 時當四月之望, 躑躅方開, 嫩綠正好, 又值雨後, 瀑流盛漲, 景物最勝. 有女新嫁, 姿色絶美, 脫衣露臂, 臨水澡洗. 潭水無風自沸, 波浪翻騰, 黑雲一帶望如張蓋. 有物湧出於潭心, 其狀如箕, 雲霧凝聚, 不卞頭面, 而眼光如電. 人皆惶怖, 其女驚叫仆水. 親屬蒼遑, 負而走置於巖底, 俄頃陰雲四塞洞壑冥晦, 大雨如注, 風聲水聲震裂山谷. 遊觀者皆攀樹而坐, 戰慄罔措, 良久開霽, 顚倒分散, 纔出洞口, 白日方中, 草樹無添濡之跡, 全無雨氣, 尤可異也. 其女還家逾月而逝, 其後有隣人見之, 女與白衣少年, 遊於潭水之側."

崔永壽者, 松都人也. 業文, 少有才名. 屢參鄕解, 不利於會院. 龔用卿詔使時,
爲太平館脩理監官, 丹艧鋪陳極其華美. 詔使入館之前夕, 盛陳諸具燦爛眩目.
是夜崔生宿於廊舍, 夢有朝官馳馬先到, 遍視館宇曰: "主上行幸, 已至洞口."
俄聞門外有塡咽之聲, 起而視之, 旗旄甲卒連亘數里. 大駕入門, 王坐於大廳之
北壁, 容貌嚴重, 愁色滿顔. 從者曰: "恭愍王也." 白髮金甲將軍侍立於左, 威儀
可畏. 從者曰: "崔瑩將軍也." 又有宰臣六人俯伏於右, 從者曰: "首座牧隱, 次
則圃隱." 餘皆指名而忘之. 又有白衣婦人, 形容憔悴. 持文狀入於殿內而還出,
有若常時呈狀者然.

王似有顧言於將軍, 忽有中使傳呼, 悍卒四出, 拿入一囚於庭, 枷杻纏身. 皆曰:
"鄭道傳也." 末坐宰臣起白於王曰: "明日詔使入館, 此非鞫囚之地." 王唯唯. 忽
欠伸而覺, 乃夢也. 崔生心甚驚異, 仍說夢事於府中斯文諸老. 而問曰: "白衣婦
人未知何人?" 或曰: "必是辛禑之母訴怨也." 蓋麗末君臣之冤, 結而不解, 百年
之後, 現出於等閑夢寐, 可勝痛哉! 當時賣國之奸不但道傳, 而獨被縲絏, 豈不以
奸賊之魁也. 僉正車雲輅言之.

眞伊者, 松都名娼也. 母玄琴頗有姿色. 年十八浣布於兵部橋下, 橋上有一人,
形容端妙衣冠華美, 注目玄琴或笑或指, 玄琴亦心動. 其人仍忽不見. 日已向夕,
漂女盡散, 其人倏來橋上, 倚柱長歌. 歌竟求飮, 玄琴以瓢盛水而進, 其人半飮,
笑而還與曰: "汝且試飮之." 乃酒也. 玄琴驚異之, 因與講歡, 遂生眞娘. 色貌才
藝妙絶一時, 歌亦絶唱, 人號爲仙女.
留守宋公【或云宋磏或云宋純, 未知孰是】, 初莅政府, 適値節日. 郞僚爲設小
酌於府衙, 眞娘來現. 態度綽約, 擧止閑雅. 宋公風流人也, 老於花場. 一見知其
爲非常之女, 顧謂左右曰: "名不虛得!" 欣然款接. 宋公之妾亦關西名物也. 從
門隙窺見曰: "果然絶色! 吾事去矣!" 遂挑門大呼, 被髮跣足突出者累矣, 羣婢扶
擁勢不能止. 則宋公驚起, 坐客咸退.
宋公爲大夫人設壽席, 京城妙妓歌姬無不招集, 隣邑守宰簪纓聯席, 紅粉滿座,
綺羅成叢. 眞娘不施丹粉, 淡粧來預, 天然國色, 光彩動人. 終夕宴席, 衆賓莫不

稱譽. 而宋公少不借顏, 蓋慮廉內之窺, 恐有前日之變也. 酒闌始使侍婢, 滿酌叵
羅勸飲眞娘, 使之促席獨唱. 眞娘斂容而歌, 歌聲瀏亮裊裊不絶, 上徹雲衢, 高低
淸婉, 逈異凡調. 宋公擊節亟稱曰: "天才!"

以樂工嚴守年七十, 伽倻琴爲通國妙手, 又善解音律. 始見眞娘, 嘆曰: "仙女
也!" 及聞歌聲, 不覺驚起曰: "此洞府餘韻! 世間寧有此調!" 時詔使入本府, 遠近
士女觀光者坌集, 林立路左. 有一頭目望見眞娘, 催鞭而來, 注眼良久而去. 到館
謂通事曰: "汝國有天下絶色."

眞娘雖在娼流, 性高潔不事芬華. 雖官府酒席, 但加梳洗, 而衣裳不爲改易. 又不
喜蕩佚, 若市井賤隷雖贈千金而不顧, 好與儒士交遊, 頗解文字, 喜觀唐詩. 嘗慕
花潭先生, 每造謁門下, 先生亦不爲拒, 與之談笑, 豈非絶代名妓也!

余於甲辰年爲御史於本府, 纔經兵火, 公廨蕩然, 館余於南門內書吏陳福家. 福
之父亦老吏也, 與眞娘爲近族. 時年八十餘, 精神强健, 每說眞娘之事歷歷如昨.
余問曰: "眞娘挾異術然耶?" 翁曰: "異術則未知也, 房內時聞異香, 數日不歇
云." 余以官事未完, 留連累日, 因翁熟聞顚末. 故錄之如右, 以廣奇談.

松岳神祀自國初始盛, 其弊滋漫, 官府亦有與巫對舞者.【亦出象村集】 成廟
朝, 大臣建白嚴禁, 而戚里貴家, 猶踵前習, 市井富商, 競誇侈靡, 百具聯載, 聲樂
盈路, 一設之費, 盡傾中人一家之産而不足, 至文定王后時極焉. 中官宮女, 絡繹
於道, 厨供不貲, 男女塡咽山谷, 留連屢日, 頗有穢聞. 府居生員姜姓者, 倡率儒
生四十餘人, 焚燒神屋, 毁裂像設, 蕩然無餘. 文定震怒, 幷命拿致, 欲加重罪,
囚繫累累, 章甫滿獄.

守留沈相守慶, 亦以不能禁抑被譴. 三司交章請放者逾月, 慈怒未解, 明廟乘間
屢諫, 始許放釋. 諸巫恐動必有鬼譴, 其後姜姓壽考無灾, 從儒生登司馬文科者
亦多. 羣惑頗釋, 廢絶有年矣. 後乃稍稍復設, 至今遂成痼弊, 可勝嘆哉!

世傳魯國公主陵中多藏金寶. 城內人家馬逸, 主追及之, 其馬駸駸, 然直至魯陵
後岡而立. 主始捉之, 因下視陵所, 傍設冶爐, 二人有穿堀之狀, 來告于官. 時沈

相守慶爲留守, 發卒捕之. 賊昏迷失措不知爲官人, 不離寸步而就縛. 留守設刑具究問, 皆款款吐實. 使郞吏審視之, 椎釘什物狼藉, 穿寶幾至丈餘. 殆非一二人數月之役矣. 聞于朝, 卽遣官脩補, 二賊置法. 噫! 前代帝王或有遺命薄葬者, 蓋有慮乎此也. 逸馬之到陵, 馬主之告盜, 豈非神明之高誘? 吁! 亦異哉.

<u>韓上黨</u> 明澮落拓不遇, 年四十餘以門蔭始補<u>松京</u> 景德宮直. 府僚以時當令節, 景物方佳, 竝邀本府屬官, 設宴於滿月臺, 韓公亦預焉. 韓公自以雄豪有志, 當時不屑屑於衣冠, 亦不修飾邊幅. 諸客多是貴客子弟, 豪侈相尙, 眇視韓公矣. 酒闌相約曰:"吾儕皆以<u>京洛</u>故人, 遊宦故都, 良遊不再, 會面難期, 今宜作契, 永爲他日脩好之地." 猶不言及於韓公. 韓公曰:"吾亦願參." 諸客竊笑之. 座客有雅重韓公者, 獨曰:"今日韓公乃燕雀中鴻鵠也." 翌年韓公爲佐命元勳, 功名爀然, 三四年來, 勳爲開府, 位爲上公. 當時結契之人, 皆低佪舊秩, 徒仰風聲, 竊自愧恨而已. 至今<u>松都</u>人作爲奇談.
自古英雄豪傑之士, 懷志未售也, 困悴於版築, 隱忍於胯下, 及其風雲一會, 天淵迥隔者, 滔滔皆是. 彼貴遊凡流, 豈識塵埃中有此奇偉人也哉? 世之挾勢傲物者, 時人目爲松都契員, 聞者捧腹.

<u>花藏寺</u>佛殿後有巖竇, 深不可測. 天欲雨則靑烟一條自竇而起, 裊裊而散. 老僧相傳:"巨蟒藏蟄于中, 嘘氣而然也." 人猶未之信焉. 適霖雨旣霽, 烈日方曝. 有物闖然於竇口, 宛如猫兒頭, 鱗甲斑爛. 羣鴉競噪, 飛鳥盤廻, 寺僧魂悸, 不敢近視, 亦不知爲何物, 其舌閃閃, 始知爲蛇也. 其後僧有患瘇者, 試坐於巖竇而得療, 自此人皆信奉之. 遠近蚩氓疾病必禱, 置薰蒿餠餌之物, 而擊鼓坎坎, 則蛇乃出啖. 竟至馴擾, 習以爲常者, 垂五十年矣.
<u>長湍</u>居朴萬戶者, 牽黃臂蒼, 乘駿而來. 時有村婆, 方抱病兒而致賽, 蛇出頭就食. 萬戶見而大驚, 拔白羽洞, 射其頭而斃之. 寺僧錯愕, 爭相膜拜於蛇而已. 萬戶神色不變, 揚鞭而去. 其妖遂絶.
後十餘年, 萬戶陞銀緋, 歷州府, 退老于家. 率鄕里族屬, 脩契於僧舍, 白髮飄然,

容貌嚴毅. 羣髡諦視曰：“此老似是當年殺蛇者.” 相與疑信, 問於其僕曰：“無
乃長湍 朴萬戶耶?” 曰：“是矣.” 羣髡嘖嘖. 萬戶謂座客曰：“此寺昔有妖蛇, 吾
一箭射殺. 僧徒謂吾必有後災, 吾今年位俱高. 蛇乃微物, 豈能禍福人哉? 況自古
殺蛇而致福者滔滔, 向者愚僧之惑良可哂也.” 坐客嘆服. 朴萬戶不知何許人, 必
達識奇偉者也. 其子孫繁衍, 今爲鼎族云.

車斯文天輅, 軾之子也, 號五山. 能文章, 尤長於詩, 長篇鉅作, 略不經意, 滔滔不
渴, 句法雄健, 膾炙傳誦者甚多. 每於華使之來, 以製述官隨儐, 相酬唱之際,
如遇强韻險製, 則必用車詩, 華使見之, 大加稱歎.
宣廟養畜人材, 以詩鳴世者輩出, 而雄渾富贍, 皆不及天輅矣. 所著詩文卷秩頗
多, 但爲人迂疎, 闊於事情, 只飮食吟咏而已. 嘗於謁聖科代人借述, 其人果居
魁, 事覺削科, 天輅下獄獲罪. 以此謗議喧騰, 遂至坎軻, 官纔四品而終.
其弟雲輅爲開城敎授, 時留守趙公振頗解天文. 謂雲輅曰：“近日奎星晦彩, 若
此則文人必死. 當世文章莫如君伯氏, 無乃應此星變哉?” 不久天輅果沒, 聞者異
之. 天輅若稟列宿之精, 則人器名位, 何若是其殘劣耶? 抑所稟者只才華, 而坐於
詩窮而然耶? 惜哉!

韓濩者, 松都人也. 號石峰, 筆法遒勁, 自成一體. 公私碑·碣·屛·簇皆出其手,
人皆寶藏之. 宣祖大王天縱聖質, 又於詩·書·畫皆得其妙, 每見筆蹟, 嘆曰：“間
世絶藝也, 不料偏邦生此奇才.” 中國以善書爲名者, 亦見韓筆, 不勝驚嘆, 批
曰：“渴鯢赴壑.” 言其筆勢雄健也. 以此華人爭相購得, 石峯之名傳於天下. 韓
濩自言：“平生着力處, 在於徐花潭碑.” 今見印本眞妙筆也. 國朝安平以後書法,
以韓濩爲第一. 爲人恭謹, 起自寒微, 以善書得名, 官至郡守而終.

有成者, 松都賤人也, 身長八尺, 容貌魁偉. 嘗以役夫赴山陵, 有邑宰監董者,
素善相人. 望見有成於稠衆中, 心甚異之, 招問曰：“汝是何人?” 有成對之以實,
宰曰：“惜乎! 生之極賤, 然亦異相也, 令名蓋世, 壽福極遠.” 遂除名軍簿, 使之退

往. 有成業商, 家饒於財, 事母至孝.

一日謂母曰: "曾聞, 吾屬乃士族家奴, 累世隱匿, 於義不祥. 舊主姓名鄕貫, 母能記憶否?" 母喟然嘆曰: "余年十四, 汝父以行商到京, 余爲隣嫗所誘, 一夜之間, 汝父駈迫下來. 其時豈不欲還往, 顧余稚弱, 不知去路. 歲月遷延, 今已老矣. 汝主翁乃金監察, 名則忘之, 居於京中某洞. 主翁主室視余如女, 飮食必分, 未嘗捶楚. 只有處子一人, 與余同庚, 嘗與同處嬉遊. 森然面目夢寐常見, 于今四十餘年, 主家消息邈然無聞矣." 有成曰: "奴而背主, 臣而叛君, 其惡一也. 久不還現, 必有天殃, 吾當備貢往訪. 但不識主名, 何以尋覓?" 母曰: "主名雖不記得, 同班婢僕某某, 皆齒下於余, 必不盡死. 以此訪問, 則庶得推尋矣."

有成即備布端土物, 訪金監察舊宅. 監察已於十年前捐舍, 內室年老貧居, 一女又先亡. 有成持納貢物, 備陳曲折, 而進庭拜謁, 言語體貌恭順至極. 內室且驚且悲, 家間老婢相與咨嗟, 因厚遇有成而送. 有成歸語其母, 母聞上典訃, 即發喪失聲悲哭. 自此常貢之外, 又致節物殆無虛月. 積五六年, 內室病重. 有成聞奇奔往, 多致珍羞, 內室悲感, 臨終成券免賤. 有成屢辭不獲. 其沒也, 有成發喪慟哭, 食素累旬, 一時不解衰服, 盡力襄葬. 焚免賤文券於墓前, 痛哭而去. 人問其故, 有成曰: "母子四十年隱避, 厥罪甚重, 內宅仁慈, 置而不問, 其恩重矣, 反受文券乎?" 聞者嘆服. 主家門族義之, 改成文券, 慰諭而予之. 三年喪服不脫, 而必參禮哀哭, 流涕滿面. 節日必供祭需, 又終身致忠誠於主祀之家.

且有成少時, 與羣少往遊聖居山, 大虎死於林莽中, 傍有二雛飢惱垂死. 羣少皆欲剝皮取骨, 幷殺二雛. 有成曰: "死物穢惡, 不可下手, 二雛失母, 何忍撲殺?" 力止乃已. 有成以飯飼二雛, 因抱而來, 置家飼養. 過四五朔, 漸至長成, 行走之際, 颸颸有風氣, 見人咆哮, 有欲噬之狀. 家人始大恐, 有成亦慮有後患, 移置家後山谷之間, 日以米食往遺. 又過一月, 二虎無去處, 有成登山遍視, 二虎共食一小兒於山下. 有成驚駭而走, 因此遂絶. 翌年冬夜半, 有虎來吼於家, 明朝視之, 置一大鹿於門外. 有成驚異, 遂與隣族共分. 後數月, 又置大鹿. 隣里聚觀, 感嘆異事. 有成曰: "此物不可私用." 即納於官家. 時留守姜公顯, 风聞其事, 見其狀貌雄偉, 接話慇懃, 嘆曰: "有古烈士風, 而誠孝兼焉, 眞異人也."

有成名聲, 傳播遠近, 使命之經過本府者, 無不招見, 見必肅然起敬曰:"異哉!
斯人不知是何以辨此義行乎." 本府儒生父老, 呈書於留守, '冀得上聞, 庶彰卓絶
之行, 以示激勸之方.' 留守卽傳啓, 中廟特賜復戶, 又令本府給食物. 誠曠世異數
也.
有成姓李, 有四子, 皆以商販致富, 又能盡孝, 有成終老居安, 年近九十而逝.
其子孫散處京外者甚多, 亦有以武科官至守令·邊將者, 豈非積善之報也? 至今
松都人作爲美談云.

嘉靖乙未, 中宗大王, 幸豐德謁齊陵, 因行松都, 謁穆淸殿. 令扈駕文臣 依前朝崔
斯立:"天壽門前柳絮飛 / 一壺來待故人歸 / 眼穿落日長程畔 / 多少行人近却
非"之韻, 製進. 校書正字田承漑詩曰:"天壽門前柳絮飛 / 一壺來待故人歸 /
古今興廢尋常事 / 莫向靑山問是非" 大提學鄭士龍考取, 以田詩爲首, 中廟特命
陞敍六品. 承漑 洪州人, 有能詩聲, 屢經守令, 終於寺正云.

林斯文悌, 豪士也. 嘗爲平安評事, 行過松都, 以隻鷄壺酒, 操文往祭于眞伊墓,
文辭放蕩, 至今傳誦. 悌夙有文才, 任俠傲物, 終爲禮法之士所短. 官纔正郞,
齎志早沒, 豈非命也, 惜哉!

출전 | 『대동야승(大東野乘)』 권70
역주 | 신안식(가톨릭대학교)

遊朴淵記

朴長遠

余性嬾甚, 平居每以一日安坐, 爲一日之福. 雖於山水, 不可謂不酷好, 而亦不數數然也. 唯是自幼以至于今, 爲世故所驅, 足跡幾遍方內, 得以極幽遐怪詭之觀. 古稱三神山在於我東, 後人因以關東之楓岳, 嶺南之頭流, 耽羅之漢挐爲準, 而我國壤地偏小, 東西南北不過數千里, 道路亦非踔遠也. 世之人, 於玆三者, 罕覩其一, 而余則得其二焉.

其他淸峻, 如四郡之溪山, 壯麗, 如箕城·完山之都邑, 樓觀, 鐵關嶺之望朔野, 矗石·嶺南樓之眺東南, 皆余平生所歷, 而至於東原則寶蓋山也, 安陰則德裕三洞也, 換鵝亭之於山陰, 淸心樓之於驪江, 乃所謂誠自鄶也 年來百念俱息, 勝情亦覺漸減, 且緣宦塗冗擾, 疾病侵尋, 遂絶意於登陟, 而顧以朴淵擅名於天下, 與廬山相甲乙, 實有雄偉奇特之勢. 嘗以爲百聞不如一見, 早晩得到其間, 則無復有遺恨也.

及夫至白以來, 遭値多事, 相望春糧之地, 未遑理屐之計, 則徒憧憧往來于中不已也. 越明年維夏廿有三日甲申, 乃決意抽身, 涉錢浦津. 午得自論里路傍店舍歇鞍. 日已晚暮, 遂投馬踐村, 村逕縈繞田間, 大川抱村而流, 古詩所謂:'溪行一流水, 曲折方屢渡者是也. 人家只有數四, 而天磨諸峯叢翠, 聯亘於屋角. 問主人以距淵遠近, 則答云:'約二十里許'. 此則所謂:'諸天合在藤蘿外, 昏黑應須到上頭者是也. 仍宿其村.

越翌日乙酉, 蓐食催趲, 行行八九里, 有小嶺, 其名雪馬峙云. 逾嶺取東小路,去五里, 抵正慈寺. 登門樓小憩, 捨馬肩輿卽發. 歷南菴訪義誠老師, 誠乃戊寅年間初逢於豊德寺者也. 年今八十, 厖眉皓首, 無改昔時, 而渠則不知我爲誰. 師頗識道理可與語, 而忙迫告別.

出林回首, 悵然久之. 行數里餘, 又有一嶺. 嶺上暫息擔僧肩, 徘徊顧望, 已覺眞界在眼. 又行數百步, 遂抵上淵, 巨石雜豎. 步入石間, 方可臨淵. 石狀如釜, 其底深不可測. 東有隙地, 累石樹下, 爲水旱禱賽之地, 蓋國家祀典所載云. 淵之兩傍, 石色凝滑, 不敢托足, 俯身而臨之, 不知其幾百丈, 使人眩視, 悸不自保. 又顧而之下淵, 其間劣三十許步, 古木彌覆, 藤卉蒙絡, 雖盛夏亭午無暑氣處. 步上一臺, 名曰泛槎. 所刻三字, 是韓石峯蹟, 字畫漫滅, 幾不可辨.

下臺至淵邊, 錦石平鋪, 周圍可坐數百人. 蒼松四株, 離立石縫. 其中一株, 盤根可踞. 踞坐岸幘而仰面, 則怒瀑中瀉, 不雨而虹, 其狀乃如銀河倒掛, 或如洩雲噴霧. 日光燭之, 璀璨奪目, 不可正視. 靑壁削立, 作一屏障, 而其壁面, 雖施斧斤繩墨, 不足以喩其巧也. 古人所謂: ‘神物顯晦, 龍盤積水’者, 信矣.

崖之東偏有一嵌竇, 山中人相傳: ‘靑鶴巢其中, 爲遊人所侵擾, 去而不返, 今十餘年’云. 是年自正月至四月不雨, 正屬大旱. 水勢不壯, 遠望如垂練而已, 所見屈於前所聞, 無以副其所以來之意, 是可恨焉耳. 山之僧海雲, 隨余在傍, 向余言曰: “若當風雨之會, 則聲震山谷, 咫尺不聞人語. 飛沫散射, 人不敢近, 觀者僅到泛槎臺而止. 眞異境也. 宜乎令公有今日之恨也.” 相與一噱, 數杯而罷.

迫於吏役, 匆匆出山. 觀音·雲居諸寺在淵上下, 樹林掩翳, 知在不遠, 而亦不可尋也. 是日還到金川宿.

丙戌由鉢山渡而歸. 追記玆遊, 以爲他日壯觀張本云.

丁亥重午日, 久翁書于白州之琴鶴堂.

출전 ǀ 『구당선생집(久堂先生集)』 권15, 기(記)
역주 ǀ 김순자(전 중국 정주경공업대학)

遊松都記

金壽增

松都有山水勝致忠賢古跡, 每欲一往探討而未得焉. 佩符海西, 路出於此. 庚戌八月, 自平山行到五助川. 絶壁刻'映水屛'三大字, 不知何人所書. 又有碑, 卽隆慶元年, 華使許國所題廻瀾石也. 前面, 刻前人及魏時亮兩詩. 東行四十餘里, 屢渡朴淵下流. 夕宿雲居寺, 見留相洪公書. 李生益規來迎, 同宿禪堂.

翌朝, 與李生乘籃輿行數里, 至朴淵, 奇壯果如所聞. 西有巖石, 刻泛槎臺三字, 字小而刓. 轉至上淵, 俯視懍悸. 仍到觀音窟. 寺有石窟, 安石佛二軀, 他無可觀. 食罷, 出數百步, 登太宗臺. 大巖臨流, 白石盤陁. 又歷馬潭 妓潭, 皆懸瀑數丈, 泉石佳勝. 轉過大興洞, 自入洞中, 樹木櫛比, 石路險截. 至寂滅菴, 菴燬只有基, 殘瓦朽木, 亂堆林莽間, 廢棄已有年云. 臺前, 老杉干宵, 地勢頗高, 聖居一面, 可以俯視.

南行百餘步, 登一峴, 卽名萬景臺, 此如楓嶽之天逸臺. 一山面目, 皆歸眉睫, 峯巒之可名者, 刺天出雲, 各自逞奇. 稍遠而東有聖居山之仁達峯, 近北而有天磨山之普賢峯·彌勒峯. 又東而有淸涼峯·圓寂峯, 又稍南而有天磨峯·落月峯, 秀拔孤高, 偃蹇當空. 而普賢·彌勒兩峯, 石骨削立, 不啻千萬仞, 雖禽鳥之飛, 猿猱之捷, 似不得近. 江都·喬桐, 歷歷眼底, 西南大海, 橫帶天外, 如瀉銀汞. 首陽之山·延白之野, 如指諸掌, 三角·冠嶽, 點綴東南. 朝霞未盡, 晴雲半卷, 山形海島, 頃刻出沒. 此則天逸臺, 亦可以少遜也.

去輿而下, 至寂照菴. 菴在普賢峯下, 其上又有小菴, 孤絶懸崖. 又稍下, 過鳳巖菴不入. 歷台安寺故基, 仍南上一脊, 由天磨峯之傍, 緣山而東出五冠山, 到靈通寺. 寺有古碑, 高麗金富軾所撰, 吳彦侯所書, 字多殘缺. 寺燬於兵燹, 此是近年草創者云.

自雲居至此, 可四十里. 少憩前樓, 出洞而行, 泉石頗有佳處. 至所謂白花潭, 白石平鋪, 淸流映帶. 轉至花潭徐先生書院, 溪山回抱, 前岡松林掩映, 躑躅成叢, 花時可以倒影. 巖石斗斷, 可據而觀魚. 石有窪穴, 卽先生張傘處云. 入謁廟庭, 北壁先生主坐, 西朴思菴, 東許草堂, 閔杏村. 又上百餘步, 展拜墳塋, 新竪石翁仲二軀, 立表於翁仲之外, 鑿巖而安之, 刻曰'贈右議政謚文康公 花潭先生徐公之墓'. 舊聞只刻'生員徐某之墓', 此則近年所改刻者云.

又行十餘里, 過善竹橋. 橋邊有圃隱殉節碑, 刻曰'高麗忠臣圃隱鄭先生成仁之碑', 又有'一代忠臣萬古綱常'八字. 下馬敬玩而行. 歷謁崧陽書院, 此實先生故宅, 而祠宇是家廟舊基云. 我王考曾在萬曆丁未, 任經歷於本府. 府中章甫, 前年奉位版, 配享院中.

竊記不肖侍王考於石室, 一日命作崧陽尋[1]院詩. 不肖卽製呈, 則王考閱之, 垂涕而曰 "可敎, 警欬在耳." 如昨日事, 而俯仰今昔, 忽已二十有五年矣. 展拜廟享之後, 不勝羹墻之慕, 因並記之云.

출전 | 『곡운집(谷雲集)』
역주 | 안병우(한국학중앙연구원)

---

1) 심(尋) : 서(書)의 오자로 보임.

游松京記

金昌協

松京, 舊都也, 故多諸名勝. 其山之巍然作鎭者, 曰天磨. 並天磨而山者, 曰聖居, 曰五冠. 二山雖別屬, 而其巖巒洞壑, 與天磨實相表裏, 勝槩亦略相當. 余嘗欲一往徧游而不可得. 歲辛亥, 與舍弟子益, 往省仲父于江都留衙, 因留讀書, 三月, 將同返京師, 謀取道松京以償宿願. 宋友光洙 道實, 方在甥館, 亦約同行. 山人戒哲·勝璘·學連·戒俊, 皆願從許之.

四初日乙卯, 昧爽出東門. 細雨乍作乍止, 雲霧四塞, 不見數十步外人物. 至昇天浦, 候潮滿發船. 天水頊洞, 不辨洲渚. 中流四顧, 惝怳若無際涯. 俄而氣稍霽, 江北諸山, 隱約可見, 而西望海天, 尙泱瀁也.

日高始泊岸, 東北行二十里, 迤入敬天寺. 寺在扶蘇山下, 庭除有十三級石塔, 石色晶熒, 類次玉, 高可十餘丈. 四圍鑴樓臺·佛相, 以象十二會, 製作精巧, 人物森然若生動. 寺無他勝, 而獨以是名.

『勝覽』謂: "寺卽元丞相脫脫願刹, 而晉寧君 姜融, 募元工造此塔." 蔡壽『松都錄』謂: "爲奇皇后願刹, 塔亦中國人所作, 渡海來建." 二說牴牾, 不知孰是. 觀上面刻至正年號, 其爲順帝時所建則明矣. 寺屋陋甚不可坐, 設席塔下, 與從者攤飯. 日晡到松京, 樓臺花柳之勝, 幾不減漢陽. 留守李公正英, 引與相見, 勞以酒肴.

丙辰, 早起, 卽走謁崧陽書院. 入門, 松竹森然, 想見先生後凋氣象. 東十步許, 立短碑, 書'高麗忠臣鄭某之閭'. 又東數百步, 爲善竹橋, 卽先生授命地也. 橋東有二碑, 一書橋名, 一書'高麗侍中鄭先生成仁碑'. 從者始聞橋名, 謂有他奇, 及見之, 特扁然一石耳, 則相視啞然而笑. 余獨感慨彷徨, 久而不能去.

俄而雨驟作, 顧視松嶽, 雲氣如潑墨, 促馬從南門入. 登城樓, 縱觀街市, 冒雨尋滿月臺. 昔之重樓複殿, 一無在者, 但餘砌礎, 縱橫榛莽間耳. 雖在異代, 便有黍離之思.

東北行八九里, 登炭峴, 天磨諸峯, 爭出馬首, 奇秀如可掬. 過歸法寺舊基, 至花潭書院, 下馬謁祠. 潭在祠右十許步, 清深見底, 白礫磷磷. 有石磯, 高圓上平, 可坐數十百人. 其東翠厓環擁, 松樹被之, 山榴方盛開, 倒影潭底, 致復可玩也. 道實昨聞其兄有關北行, 至此徑歸, 意甚悵然.

坐半餉, 杖而前. 自此以往, 山勢邐迤, 溪水並之, 徑路曲折, 屢與勝會. 會雨後, 林巒水石, 益蒨潤清駛, 可喜. 溯溪行十餘里, 見人家數三. 背山臨流, 桑柘柴荊, 隱然如畫, 幾欲攜雞犬以入.

又前數里. 山回境闢. 仰見五峯, 森然競秀, 互爲長弟, 即五冠山也. 其下爲靈通寺, 寺故松京大伽藍, 中經煅爐, 只存什二三. 庭中立三石塔, 門外有麗僧義天碑, 自腰以下, 剝落不可讀. 蔡壽『松都錄』, 盛稱西樓之勝, 今亡之.

少憩, 上東菴夾路, 叢竹綿密, 澗水琮琤可耳. 小屋裁三楹, 占地頗高. 階下引石泉, 注剜木中, 味甚清冽. 僧雖不雅, 其棲託却可羨也. 靈通僧報夕炊, 乃還飯已. 又步出前溪, 白石廣平, 清流激瀉, 海松數樹, 環列森陰. 解衣盥濯, 欣然忘返. 夜宿東寮, 有老釋稍可與語, 倦甚不能談.

丁巳. 舍馬從肩輿, 繇寺右, 渡溪而上. 山勢浸高峻, 舁僧百步一遞, 喘汗如牛. 遇險絕處, 輒下輿而徒, 稍夷則又輿. 凡行六七里, 乃抵天磨峯下.

掬巖溜以沃渴已, 又折而西. 循天磨左趾而降數里, 爲泰安寺. 峭峯四圍, 澗水縈帶, 窈然別一隩區. 今廢爲民田, 畦塍交錯其中, 可恨. 寺右有菴, 曰鳳巖殿, 亦幽复. 傍多花竹, 叢籠鮮麗, 水流階下濺濺然, 心愛之不欲舍.

去里許, 爲梵林菴. 少憩, 又折而上三里, 爲寂照菴, 直普賢·文殊兩峯下. 測山之高下, 可得十之七八. 諸峯簇立環擁, 勢若星拱. 其曰天磨, 曰蘿月, 曰露積, 曰圓寂, 曰法主, 曰清凉者, 一一奇拔峭聳, 如抽玉簪, 如插綠芙蓉. 蓋一山面目精神,盡萃於此, 余未見金剛之正陽, 而恐無以過之也. 菴旣處地勝絶, 而丈室又極明淨, 不著一塵, 令人欲棄百事坐十日 而不可得矣.

飯後, 步上文殊菴. 少憩, 又上普賢菴. 巖蹊迂絶, 直上數百步, 蹣跚匍匐, 幾不成行. 及至, 室空無僧, 惟金佛歸然獨坐耳. 又上二里許, 乃抵萬景臺. 是爲一山最高處, 望勢極闊遠, 適是日蒙氣重, 不能竟目力. 但見西南, 海色蒼然, 羣山出沒雲際, 隱隱若島嶼而已.

坐少頃, 轉而西下. 窈然行深谷中, 兩山夾持如掎角, 中多杉松檜柏, 偃蹇樛互, 綿亘蔽天, 時方亭午, 日光無纖毫. 在地下則壽藤老蔓, 交絡下垂, 行者須傴僂乃得度, 然猶不免冒裾鉤幘也.

行三里, 到寂滅菴, 卽懶翁所構, 今廢有遺址. 前有短墻, 用斷瓦錯成梵書, 宛然若墨字. 墻外有老杉數百尺, 夭矯直上, 黛色如雲. 世傳懶翁手栽, 不可知. 要當爲數百年物.

又前二里, 到大興寺舊基. 寺前盤石, 可坐數百人. 溪水自普賢洞, 滙衆流而下, 平布石上, 流若織文. 循溪行二里, 得淸凉潭. 又前一二里, 爲馬潭. 懸瀑直下四五丈, 石受瀑處, 窪然成坎, 類馬槽, 水之積者, 深不可測. 其畔石皆白色, 凝滑如脂膏, 令人立不定, 武不可近也.

自是以下, 水益壯石益多. 其隨勢逞奇, 爲湍瀑爲淵潭者, 殆不可一二數. 每遇會心處, 輒欣然下輿, 坐忘起, 起忘步. 從者輒以前路相迫, 至不勝嘲乃行, 行而又止. 如是數里, 得太宗臺, 溪流環之如玦. 臺傍有立石, 頂載老松, 蟠屈奇古. 前行百餘步, 爲觀音寺. 後有巖竇谽谺中安石大士, 寺之所緣名也. 飯後與數僧, 出坐溪中石, 游魚數十頭, 方從容自得已而. 四山漸暝, 林木蒼然. 新月冉冉在潭底, 幽淸窈冥, 意與境會. 坐久, 聞磬聲自寺中出, 沈吟得一絶而返. 夜有雨, 睡美不能覺.

戊午. 猶未晴, 第趣輿出. 子益向淨慈, 余徑走朴淵. 兩山夾水而下, 至此, 忽陡斷, 爲大石壁. 磅礴奇壯, 不假層累. 高凡三十仞. 壁上下皆有潭. 上潭直穿石以成, 其規如滿月, 其色深綠. 當中有圓石隆然, 若穹龜之伏於淵而出其背. 世傳高麗 文宗, 登其上鞭龍, 不可信. 下潭, 廣袤幾六七畝. 其黑黰然, 類有物伏焉.

上潭之水, 滙而注于下潭者爲瀑. 其始猶著壁耳, 旣而懸空直下, 如滾雪如垂虹, 奇逸不可狀. 飛沫噴薄, 人在數十步外, 面髮皆濕, 如立雨中. 小選, 陰靄解駁, 旭日射之, 晃朗璀璨, 目眩神奪. 余方大叫稱美, 而子益自淨慈至, 相與縱觀劇論以爲: "生平所創目, 不知廬山如何耳已."

乃折而東北, 至雲居寺, 飯而行. 自此至圓通寺, 皆屬聖居. 巖嶂重疊嶙崒, 視天磨爲壯, 而奇秀遜之. 洞中水石, 亦淸駛, 而遠不及大興也. 山路險峻, 太半不可輿, 脚力且盡, 數步一息. 登登若攀天者, 幾十餘里, 始抵山脊已. 又俯而下, 若墮穽然, 怪石齒齒, 幾無措足處.

數里始抵圓通, 日已夕矣. 有僧淨源, 方與其徒數十人, 住錫妙華菴, 距此兩牛鳴. 聞余至, 爲來相見. 儀觀雅整, 且解經敎, 可與語也.

己未. 朝飯, 肩輿出山. 自此路稍夷, 意謂: '險阻且盡是矣'. 行數里, 又得一嶺, 石磴犖确, 殆過六七里, 攀附而上, 艱苦備至. 踰嶺得華藏寺, 故西域僧指空所創, 甚壯麗. 佛殿火於昔年, 近始重建, 丹碧煥然. 殿左小室, 奉高麗 恭愍王影幀, 又其左, 爲羅漢殿, 有千百羅漢像.

殿右, 爲寂默堂, 有指空塑像. 又其南, 爲祖師殿, 有迦葉以下諸祖師, 傳神繪事, 頗精麗. 寺僧出一函以示, 中有貝葉書及栴檀香, 書皆梵字不可識. 香卽楞嚴所謂 "燃於一炷, 四十里內, 同時聞氣" 者也. 蓋指空自西域携來, 藏之至今云. 南樓極敞豁, 可眺望江華·通津諸山, 近在百里間. 大江縈帶, 雲濤浩渺, 憑闌極眺, 爲之一快. 夜宿東寮, 僧輩曉起作佛事, 梵唄相鬧.

庚申. 朝飯, 出寺門. 山人戒俊·勝璘·學連, 俱辭歸, 獨戒哲從焉. 入山以來, 終始與此輩周旋. 晝則出入澗谷, 杖屨爭先, 夜則枕藉一室, 骶頂交蹠. 今遽失之於出山之初, 悵黯可知矣.

日西, 到赤壁, 遠不如所聞. 兩岸多杜鵑花, 稍覺生色. 意欲中江縱觀, 挐舟順流而下. 會潮上風逆, 舟盤廻不肯前. 篙工力弱一失勢, 輒退數百步. 費了許多時, 僅行二三里. 日且入, 風浪益盛. 舟中人皆飢困, 遂回棹泊東岸. 問耕夫, 卽積城界云. 上馬南行數十里, 抵臨津. 村舍止宿, 斗屋多蟲, 通宵不得安寢.

辛酉. 曉起, 蓐食發行. 半道, 與戒哲分路, 日西入城. 追書所歷, 爲之記. 是游也,歷徧天磨·聖居·五冠諸名勝, 而以松京名者, 統于大也.

출전 | 『농암집(農巖集)』 권23
역주 | 서성호(전 국립중앙박물관)

西游記

金昌協

歲乙卯閏五月. 德水 栗谷先生祠廟成. 卜用是月丁酉, 擧妥侑之儀, 約崔子啓伯·李子士澄, 往觀厥成. 先二日乙未, 平明發京城. 二子皆後, 午及我于高陽. 夕次臨津. 刺船以下, 觀江岸石壁之勝, 宿于濱江之舍.

丙申. 早渡臨津, 雨驟作, 投東坡驛炊飯. 午次沙川, 冒雨行甚艱. 夕始達于德水. 遠近士集者七十餘人. 是夜雨甚大風.

丁酉. 尙未晴. 士皆雨立廟門外. 逮行事少晴. 諸在位各以其事奔走, 執豆籩已. 又行飲福禮, 各以尊卑次起, 詣尊執爵, 飲皆敬. 卒事益晴. 余前已約二子觀朴淵, 遂行. 及日于松都. 宿于南門之外.

戊戌. 早發, 雨微作. 凡揭水六七, 乃登靈隱嶺. 是爲天磨之麓. 絶嶺入谷, 得松林之壇. 遇二僧過焉, 問朴淵路. 曰：“是則淵, 尙奚問.” 余及二子皆驚. 少前, 卽見一大石泓. 是惟曰朴淵, 瀑水之所自墜. 下卽爲鈷鉧潭, 瀑水之所降滙. 瀑從上視, 不見其止. 從下望, 不見其源. 測之高凡三十仞, 懸而流若從天下, 其聲類震雷, 其沫類大冬之霰.

潭上者半畝. 下者十之, 厥色靑綠. 云：“有龍居之, 舊築壇以祠. 祠用豆棧. 水旱禱之有應.” 瀑兩崖皆壁, 壁有玄鶴之巢, 僧爲余指焉. 觀旣, 飯于雲居之寺. 還又觀朴淵. 記迹於潭之石. 遵水以上, 觀龜潭, 息于觀音窟. 飲谷中之水, 浴于太宗臺下. 是夜月出有光.

己亥. 下山, 又觀朴淵. 凡三觀益奇. 昔歲辛亥, 余以春暮至淵. 及今惟再至,其觀顧倍昔, 則亦惟雨故焉.

午還松都. 登滿月臺, 撫王氏古蹟. 謁崧陽廟, 過善竹橋, 蹴炭嶺, 至于花谷.
湍瀨濺濺, 中多白礫. 爰有石磯巍然, 下成淵潭. 有山屛之, 松樹攸菀, 是惟徐先
生之所盤旋. 余及二子樂之. 環坐磯下, 爲流觴之飮.

北出林薄. 絕大路陟峻磴, 數里至于華藏寺. 觀貝葉·栴檀諸奇物, 是皆出西域.

庚子. 下山. 風甚如秋冬. 渡臨津登花石亭, 夕宿高陽.

辛丑. 朝還京城.

출전 | 『농암집(農巖集)』 권23, 기(記)
역주 | 서성호(전 국립중앙박물관)

西遊日記

吳瑗

己酉四月初二日丙子, 與斌弟爲松京遊. 再從兄國寶氏爲會岳家葬, 先一日向長湍之細谷, 約以三日相遇於松都. 金友誠之寓居坡州 柴谷, 預送書爲期.

是日平明出敦義門, 微雨時灑, 雲氣點綴可喜. 時久旱望甘霖, 余語同行: "天若下雨, 雖吾儕沾濕爲苦, 於田家誠大幸. 且於觀瀑爲大助." 獨以無油衣爲慮, 旣而雨不果作. 中火碧蹄, 二十五里爲柴谷, 距大路數馬場. 入謁金知敦寧丈, 而敏亦在焉. 坐語良久, 誠之亦已俶裝, 遂並馬行三十里.

歷訪花石亭, 亭臨江岸甚高爽. 杜鵑夾岸成林, 雖衰尙可觀. 間有梨柰相錯, 躑躅亦盛始開, 松檜粧點, 頗亦幽雅. 江自北來, 至亭下彎而又南去, 其來處去處, 皆可俯見. 白沙平鋪江曲, 眼界頗遠, 天磨諸峰皆可見. 主人李老統出見, 其子登翼, 卽進士族叔女壻. 訪見族姊. 誠之携壺成小酌, 日落舟下臨津, 村舍投宿.

初三日, 旣明涉津. 霧氣漫江, 天水相□[1], 亦奇觀也. 舟中小飮, 渡江二十里朝飯, 梧木店二十里. 自板積橋爲松京地, 山川明麗, 與漢京不甚上下. 過天壽院舊基, 階礎至今宛然. 過吹笛橋南朝院舊墟. 由橐馳橋至銅峴, 卽府之南, 盖與國寶氏約會于此故也. 逢寶兄奴, 知已先到. 遂入所舘, 相見喜甚.

中火, 南行一里, 入瞻敬德宮 肅廟御製碑. 面勢平正, 岡麓環合, 眞天作之地也. 登後麓, 望見府內, 樓臺緝緝稠密, 無片隙. 行過猪支橋, 登南門樓, 四望村閭,

---

1) 1글자 결락인 듯.

比敬德所見倍之. 樓有肅廟御製, 傍有大鐘, 稼亭作銘.

眺望良久, 向延慶宮舊址, 頹垣廢礎縱橫. 數里荒墟, 可想當時結構一之宏也. 東池雖爲稻田, 今尙可認, 西偏一石臺, 卽所謂簡儀臺也. 殿基自作洞, 府甚宏偉, 左右朝擁, 亦皆平穩環匝. 一洞之外, 無所見, 松岳之雄秀, 龍峀之明麗, 眞所謂天府也.

盤桓感慨良久, 登最高殿基. 府中老人崔君秀華·秀泰兄弟, 率其子姪昌福·昌祚·昌祐, 携酒來勸數酌. 登殿後崗, 崗後陡絶, 若天塹甚奇. 日旣昳, 東南行登觀德亭, 亭卽府人射堂處, 地甚高爽. 俯臨萬井, 視南樓又倍之, 花柳樓臺, 其觀甚壯. 府人金僉知麗彩具酒饌來, 勸誠之並及於我. 亭東南巖麓曰: '鼇頭', 壓臨井落, 其觀勝於亭.

自此東下一里, 謁崧陽書院. 院卽文忠遺宅之基, 而花潭·淸陰·潛谷·浦渚配享矣. 彷徨少焉, 歸宿于南門內薛先達昌壼家, 待之甚款. 其子寶臣業儒, 可與語. 洪敎授夏濟來, 見于銅峴書寓, 夕又來見. 白川守李丈秉淵適過此, 余輩送人致訊, 亦送人饋酒蠏, 勸以必觀靈通.

初四日, 日出作行. 主人薛寶臣及崔生秀泰, 其姪昌祐, 金君麗彩偕焉. 出南門, 東過善竹橋. 下馬彷徨移時, 懍想忠烈, 不覺涕落. 橋邊小石碑善竹橋三字, 韓濩筆也. 成仁碑石小字亦甚拙. 過成均館踰炭峴. 自此屬長湍地云. 歸法寺故基前泉石甚淸爽, 白磐平潭, 曲曲可坐, 沿洄而上, 愈進愈佳. 但欠樹木不茂, 巖巒少環合耳. 占其最佳處, 列坐爲流觴之飮. 詠'歸法川邊踞送扈'之詩, 良久忘歸. 寺但有廢基, 獨川邊雙石幢及其東一塔尙存. 此去府內十里.

東至花谷書院未數里, 院卽花潭舊居, 而以思菴·草堂·習靜配焉. 處地極幽靜, 回抱岡巒. 點綴甚有精神, 實天爲碩人作考槃之地也. 院後石岡, 有先生衣冠之藏. 小西數十步, 爲逝斯亭, 亭下卽花潭臨溪濯足, 呼酒相屬. 溪潭曲折, 頗幽妙, 石磯甚奇. 溪南翠壁蚴蟉可玩. 草樹葱然, 尙有餘花, 所欠旱餘水少耳.

日且午, 騎馬緣溪而上. 轉一曲得短瀑, 甚佳. 傍有磐石, 甚瑩潔可坐. 下馬坐玩瀑. 自上潭落爲下潭頗深, 石白水淸. 瀑底無沙礫, 漱激頗奇, 若散珠揮雪然. 樂之忘去, 又取酒少飮. 問于崔生諸人云: "此無標名, 甚惜之" 爲錫名曰: '漱玉潭'.

路東峰頂, 兩巖相疊, 其在上者危寄, 若懸鼓然, 此卽所謂<u>鼓巖</u>也. 自此山路頗幽邃. 數里爲<u>靈通洞口</u>. 有石磯整如階砌, 面勢方正, 瀑流被之, 墜而成潭. 四面石多可坐, 下馬少憩. 相謂曰:"此固佳妙, 所欠石不甚白, 意此上流必有眞境" 行里許, 果見石漸潔水漸淸, 巖巒益幽窈, <u>誠之</u>在前曰:"眞境果在此矣" 諸人遂下馬沿溪. 水行石上, 磨戛成栝, 蜿蜒激射, 爲臥瀑數丈, 其勢已奇. 其落處成石潭如船, 水盈而後方流. 其南石磯極平夷, 瑩滑可坐. 石屛護其後, 方正如用繩矩, 高可數尺. 其上亦平潤, 可坐數十人, 色又甚白. 凡其上下左右, 巖石之端好潔白可坐者, 水之澄淳琤琤可玩者, 不可盡書. 相視喜甚, 語曰:"<u>李 白川</u>, 眞不欺人也" 坐石上洗盞共飮, 惜此亦無標名, 欲名潭曰<u>玉屛</u>, 瀑曰<u>臥龍</u>.

諸人以<u>靈通</u>在前, 促余輩行. 余笑曰:"雖上<u>靈通</u>, 必無勝於此者" 良久上馬, 未數里爲<u>靈通寺</u>. 未及寺且百武, 得一曲水石下坐, 亦淸爽可喜, 意此卽是<u>土橋</u>, 而溪西有古階砌, 必是<u>蔡壽記</u>中<u>西樓臺</u>也. 問之寺僧, 果然. 少焉入寺. 庭前有三塔, 其東有<u>大覺國師碑</u>, 雖經兵火剝損, 其未損處字畵石理如新. 入寺午炊, 與寺僧<u>坦璣</u>語<u>玉屛潭</u>之勝, 惜其曾無佳名. 璣曰:"此名<u>白石潭</u>, 石上自有刻, 豈未之見耶?" 余輩驚曰:"俄者耽翫旣久, 若有刻, 豈不能覩?" 遂疑其有遺勝.

歸路與<u>誠之</u>復向潭上, 諸人徑向<u>百花潭</u>路, 獨<u>崔君昌祐</u>從焉. 近潭下馬, 從澗道下, 益得所未得. 復從瀑上視屛, 果刻<u>白石潭</u>三字. 但風雨磨洗不分明, 故初未之見耳. 又沿弄有頃.

東北躡<u>百花潭</u>路, 距此僅三里, 路上望見林石秀爽中, 諸人散坐溪上, 已知其爲潭也. 亟下視之, 石勢頗雄, 多欹仄. 瀑道其上殊逸, 但無回抱幽妙之意. 瀑上盤石有鑿痕六七, 似是立柱之痕, 而未可知也. 攀援而下一層, 石勢如齟齬, 衆淙道其間, 眞合流觴. 遂復爲流觴之飮. 傍邊頗有林樹, 處地之穩, 頗勝上流也. 自此沿溪而下已. 已又舍去下, 樵路險澁, 或步或騎可二里, 上<u>嫗洞峴</u>, 始得<u>大興大路</u>. 自此兩山夾路, 林木頗茂, 傍多古壁層巖可觀. 杜鵑生陰處者尙未衰, 與嫩葉相間, 蔿麗悅目. 下馬憩<u>槐亭</u>, 奇石峙立路左, 花木之可喜. <u>金君</u>以烏梅茶相勸. 凡七八里登<u>南門</u>. 始自<u>大路</u>望<u>南門</u>, 危絶甚, 若無蹊徑可攀緣, 而路紆回曲折而登, 終以鞍馬上. 旣登門樓俯視, 滄海無際, 雲霧浩渺. 東有仁達·金神峰屬聖居, 西有者羅峰屬天磨, 皆若可攀援者, 可知其高矣. 誠之曰: "昨見仁達峰如在天上, 今乃居然坐在此中. 人力固無所不到也." 余謂: "此豈不足兪進德爲學乎?" 北望城中諸峰, 惟東將臺與淨光峰對峙, 其間爲朴淵云. 始欲徑往朴淵.

至大興洞, 諸人多以日暮馬倦難之, 因坐寺前妓潭, 一名石門潭. 旣而又下一曲, 坐淸心潭上小飮, 日沒而歸. 少坐大乘堂, 宿于藥師殿. 未及靈通寺數百步, 溪上巨巖委積, 若羅疊甕罍. 水流其間, 或成瀑成潭, 聲殷轟頗壯. 瀑底石成罅十餘尺, 水渟頗深. 僧言: "是龍臥處, 故名龍巖云." 未可信. 歸路下馬俯視, 然怕人, 坦璣自靈通從行, 至大興宿處, 翌曉辭歸.

初五日. 平明起, 視天色陰陰有雨意, 諸伴皆言: "必將下雨." 余輩自發漢城, 路上所語皆望雨之言, 而顧以旱甚, 終不敢望也. 昨與誠之言: "吾輩中若有如韓吏部者, 豈不能感天磨山靈, 請得一雨耶?" 今朝微雨沾灑, 亦謂是旱天常態. 令從人具朝飯於觀音寺, 小飮携躑躅节, 步過石門·淸心潭.

自潭而下百餘步爲馬潭. 瀑布垂石壁幾可數仞, 爲石潭頗深碧, 無沙礫堆塡. 僧言: "龍馬出於此, 今亦疑有神物云." 坐巖上看瀑甚疎爽, 面勢亦正. 坐少選, 上馬且二里許. 路左巨巖臨水如磯, 滑難著足, 此爲太宗臺. 巖左右小石竦峙. 左巖有松一樹, 此則似非舊物也, 右巖上杜鵑方開亦可觀. 掠過觀音寺·龜潭, 徑走朴淵僅一里許. 坐上潭少頃, 出北門至泛槎亭. 旱餘瀑未懸空. 顧以雨勢漸大, 諸人相顧喜甚, 呼酒共酌, 坐良久, 披油衣而歸.

朝飯于觀音寺, 觀觀音窟. 石峰底嵌然如屋覆簷. 安三石佛, 傍刊諸羅漢. 窟上杜鵑方盛開, 雨下如注. 余謂諸伴曰: "今日之雨, 眞是山靈有知. 韓吏部開衡雲, 信非虛語也" 雨勢終日漸大, 催進夕飯. 冒雨將觀朴淵. 僧徒言: "雨過後瀑勢方壯, 宜姑俟之" 余輩曰: "豈有是理? 山水易落, 宜及雨未歇."

遂披油衣, 上馬出北門. 前之無水之溪, 今皆大漲. 萬谷喧豗, 若霹靂起於四面. 余呼國寶兄曰: "朴淵不見, 可想矣" 泥路跋涉, 旣至瀑下. 寶兄與斌先下馬大叫, 余亦踵至. 不暇出他語, 但連叫曰: "是何壯耶, 是何壯耶!" 盖瀑缺幾行, 得雨勢益大. 呼酒共酌, 坐至日暮, 諸人以溪漲橋崩爲慮, 遂歸. 臨上馬又三四顧, 頃刻漸增其壯. 歸且曛黑. 入夜雨聲如一, 夜半後始歇. 共詫觀瀑以爲天下第一奇事. 諸人言："此地人亦未易見如此時"云.

是日食後喬營書來, 令一行由後西江來見. 盖松都距營不過一日程, 而余則以有忌祀, 將分路甚悵然. 堂叔送酒與雉, 煮雉呼酒同酌. 出北門東望, 山上懸崖削如掌, 水直下其上, 如掛匹練數百尺, 此亦朝所未見, 而雨後所得也.

初六日, 曉起. 雨乍作乍止. 亟騎往朴淵瀑, 比昨夕小減, 而瀑白潭清, 大勝昨矣. 細雨霏微, 巖樹氣色益新. 良久上馬而歸, 心惘然晻顧不忍別也. 少憩上潭之上, 俯視益駭慄. 歸路步尋龜潭. 潭在觀音寺前, 卽朴淵上流. 溪水演迤, 成潭頗深廣. 潭下有石, 酷類龜形, 首向潭處, 故以此名.

朝飯于觀音寺, 遂出山. 霧雨霏霏, 殆不辨尋尺, 溪橋爲水所齧危甚, 屢下馬步過. 至馬潭, 瀑勢噴薄甚壯. 遍覆巖石, 飛沫舂騰. 一潭盡沸, 殆不知其爲潭, 與潭下瀑相連接, 勢尤奇壯. 余與諸人大叫稱快, 駐馬不忍去. 一路水聲如奔雷, 甚快胸襟.

至石門潭, 瀑勢橫亘, 騰挐於巨巖之上. 其雄甚於馬潭, 但體勢奇逸少遜耳. 霧甚, 馬上呼酒爲飲. 至南門, 白霧彌望, 天地湏洞爲一. 余笑謂諸人曰："昨日之雨, 無乃大海漲耶？"觀音僧俊贊·貞澤, 至中營前辭歸.

至吾道峴, 此卽自嫗洞會大路處也. 由大路而下夾路, 伐石築道甚齊整, 跨澗往往有橋石, 如是者數里, 此必前朝輦路也. 相與慨人力之太勞, 歎奢荒之無度. 顧謂誠之曰："此必前朝將亡之時所作也."

自此過百花潭洞口, 望見靈通洞口, 皆在路左. 自吾道峴至漱玉潭僅十里. 未及漱玉潭, 路左石壁平削, 可數百步, 皆有蟠如層置列立, 意此卽是皺巖也. 前入靈通, 亦嘗過此矣. 漱玉潭得雨, 玉流鋪盡一巖而下, 莫非漱玉, 還不甚奇也. 駐馬久之, 意甚快爽.

至逝斯亭, 溪流盡覆諸巖. 釣磯下澄潭平廣, 盈科勝致, 比前不啻累倍. 坐石上良久小酌. 行過歸法川, 水滿平潭, 瀑覆白磐, 景色稱其境界. 下馬坐前日流觴潭傍而列坐, 流觴之石, 已在洪流中矣. 坐石小酌.

行經平野, 令崔弁前行馳馬, 亦奇觀也. 還到成均館, 下馬入明倫堂. 結構之明麗, 庭除之肅敞, 無甚讓於太學也. 歸路入東部 金僉知家, 洞名於隱洞云. 午飯發行, 至南門外, 與寶兄·斌弟分路. 未及板積橋, 遇小雨. 披油衣行數里. 過拈峴·撥幕十五里爲梧木店. 比入日已入矣.

是日, 松都人金光琛·崔昌祐諸人, 持酒肴往華藏, 盖以余輩初計自朴淵向華藏, 觀貝葉·旃檀, 而朝雨未霽, 金僉知諸人皆以路險溪深挽止, 故未果往, 而誠之頗以此爲恨. 余解之曰 :"凡天下事, 絶難圓滿. 吾輩今日之遊, 雖令自爲之地, 未必若是如. 願留一華藏爲一缺典, 以解化兒之猜, 亦何妨也?" 誠之笑曰 :"子言誠然. 至是聞此!" 深以未見爲歎. 又歎諸人爲吾輩作空往來也. 午飯金麗彩家, 夕投宿梧木店, 路遇小雨.

初七日, 陰. 曉發渡臨津, 登花石亭. 雨後江山益佳麗. 躑躅盛開, 綠陰已成. 主人具酒相待. 歷謁豐溪祠. 祠在坡州鄕校傍, 卽先祖考及李·朴二公並享之地也. 追惟當日, 不覺沾袂. 午投柴谷 金丈宅中火, 與誠之作別. 秣馬昌陵店. 歸到城西宗家, 日纔沒矣.

출전 | 『월곡집(月谷集)』권10, 기(記)
역주 | 김순자(전 중국 정주경공업대학)

癸巳春遊記

李德懋

癸巳閏三月, 余與燕巖·泠齋 將遊平壤, 二十五日 宿坡州. 自弘濟院 至綠礬峴, 路曠白平直, 馬爲之工步. 坡州路北林阜上, 二石人歸然而立, 一大一小, 面灰靑, 可怕. 盖東山凹處, 三角山闖然而窺, 置此守望壓勝.

二十六日朝, 登花石亭, 栗谷先生別業也. 壁松江·文谷諸名賢詩, 又有明使黃洪憲諸人詩. 雜樹蔓綠, 禽鳴嘈嘈. 前有九檜江如月. 裴回緬想, 懷不自任, 如在橫經摳衣之列. 日午, 飯于開京 梁士人廷孟家. 進士林昌澤號崧岳, 性敦孝, 能詩文, 嘗從三淵遊, 著『崧岳集』若干卷, 有『黃固執傳』·『林將軍傳』.
勝國之末, 開城尹曹仁子義生及林先味等七十餘人, 杜門守節, 白刃當前, 爭先延頸, 其遺裔皆廢不用. 李養中麗亡遁居, 憤車原頵之寃死, 嘗於打魚會, 怒破盛醪瓶, 人號破醪翁. 吉再投燈·趙云仡擊案事, 見『崧岳集』.
杜門洞今銅峴也, 亦有不朝嶺·掛冠里. 進士韓命相博識掌故, 著『開城誌』, 甚詳悉. 余嘗聞名於趙敬菴, 今欲訪之, 而忽忽未果.
與泠齋登南門. 國初所造, 而東邊無城, 西邊有城, 無雉門, 無鐵扇. 東邊連建鐘閣. 高麗忠穆王時, 元遣大藏庫副使辛裔, 鑄鐘金剛山. 將歸, 王謂裔曰：“大鐘久廢, 願因巧冶之來而更鑄.” 裔諾成之, 懸于演福寺. 國初, 移懸於此. 李稼亭記之. 蹲龍鱗甲, 礫然欲動. 厚幾周尺二尺.
夕宿靑石洞, 脩谷漠漠, 水石悲激. 豹脚之蚊 黃昏成雷. 與燕巖·泠齋二士, 出遊街上, 老人彈伽倻琴, 又引奚琴能歌, 又糜口吹葉, 激壯哀烈, 巖藪爲鳴.

二十七日朝, 出靑石洞, 午飯于麻唐店. 店則坐山地, 而産火石. 坐山土赤, 而路
旁往往水磨石, 如棗如豆, 雜凝于土, 成塊磊落. 遠古之初, 積水之所貯, 不知何
年, 水殺而爲陸.
夕宿蔥秀店, 斜陽驅馬, 田水明滅, 古木離奇, 令人層動田園之想. 店舍或覆靑石,
有山陡起于店南, 奇怪秀麗, 雜樹敷葉. 帶以長川, 峰影倒蘸, 跨以略勺, 文魚聞
履響而波立, 花鴨駭衣影而沙步. 於是與燕·洺二士, 狂喜欲舞.
踞于石榻, 榻之東壁, 硏然如臍, 有水滴滴, 臍郭皆花斑, 堪刻圖章. 朱蘭堨橫書
'玉溜川', 字大如掌, 旁著圖章. 又有'玉乳靈泉'四字, 旁刻長白劉鴻訓. 燕巖嘗工
畫石, 見此, 以指頭劃空, 作起草狀曰, "皴法, 非鬼皮, 非馬牙", 欣然如有得.
洺齋拔刀磨刮, 期得金星鷳眼, 艾綠蕎白.
榻西又有'聽泉仙榻'四字, 上有細磴, 水滴如雨. 蔥者靑也. 蔥而且秀, 國內之山,
莫過此也. 遼東有蔥秀, 酷類此山, 仍以名此云. 壁半, 刻跌坐觀音像, 肩足端好.
俗以爲朱蘭堨像, 非也.

二十八日, 午飯于瑞興, 登暎波樓, 樓, 龍泉館之門樓也. 前有長川, 瑟然而明.
飮于李樟家. 田頭灌水器曰戽, 立三木, 縛其末, 懸長斗於下, 斗有柄, 持其柄,
俯仰之, 水汩汩注于田. 其形宛是戶下斗也, 一名龍骨, 俗曰龍斗.
井欄或以木, 或靑石. 剡其頭橫接, 宛成井字形, 盖井字非取凹陷之象, 而取井欄
之形. 以此詳究, 民生日用, 無非字義.
自此以西, 路旁嚴石, 往往成臼, 田疇四高中低, 或陷而爲穴. 西人之言曰: "海
西多瞽, 地形使然," 然嘗聞'西土空裏, 飛絲入眼, 不惟多瞽, 馬瞎者亦多'. 夕次
于劍水店, 石立狠, 溪鳴厲.

출전 | 『아정유고(雅亭遺稿)』
역주 | 안병우(한국학중앙연구원)

西遊記

宋秉璿

自海州歷延安　至松都記

壬戌, 曉發青丹驛, 到延安府, 日未亭午. 歷讀延城大捷碑, 鰲城文也. 曠感趙文烈 申兵使恪遠識殊勞, 歎後人之不能修斯城也. 然其山川部位, 咸得其吉. 李招討廷馣大捷, 豈徒人謀已哉.

南數里許, 有南大池, 周三十里, 而外海內野, 茫茫不可見際. 冬若成冰, 有龍出耕于上, 居民看耕迹, 驗歲豐凶云. 池中多種芙蕖, 上有君子亭, 登覽快濶.

北有李昌梅墓. 此本延之常人, 性至孝, 省其父墓. 跪膝著手處, 草莽不生, 且往來步履之跡, 宛然尙在. 溫泉 洪相公奭周過之, 竪碑, 書曰: "孝子李昌梅之墓." 踰兔山峴, 白川地也. 至碧瀾渡, 訪具秉然. 其先祖獨樂齋公時經, 文正公門人也. 有文正公手書六君子贊及淸潭詩畫帖.

癸亥, 早起, 南望江上, 有一丘陵. 問之, 是昌陵也. 麗太祖之祖作帝建, 娶龍女, 居于此. 土築城址尙存, 而陵是作帝之葬云. 渡津踰竹帛峴, 過杜門洞. 是麗季不服臣隱居之地也. 頭戴篢笠, 不欲見天日, 肩掛草衲, 以資生業. 後作風俗, 松人至今尙然.

東數里, 有麗祖陵. 過午正門墟, 往拜寒泉祠, 享朱子及晦軒, 菊齋, 牧隱, 柳巷與尤菴. 歷壽昌宮址, 登滿月臺. 砌礎或剝落或依舊, 而臺是一仰長堤也. 道詵使之不毁, 而培土以補基, 故麗祖練石爲層塔, 護麓立殿云. 西邊瞻星臺, 屹然獨立.

從臺而漸上鳳鳴山, 左右觀望, 不無殷黍之感, 而局勢雄壯, 山川明麗, 眞是用文武之國. 但峯巒, 皆如佛形, 使麗氏崇彼致亡, 良有以也. 蓋歷觀三京, 平壤文勝, 松都質勝, 惟漢陽得中, 宜爲東方之岐周矣.

過宋泉谷舊居之墟, 登城南門樓, 縱觀街市. 樓揭權草樓詩曰: "雪月前朝色, 寒鍾古國聲. 南樓愁獨立, 殘郭暮烟生." 讀訖, 還降而西, 觀昌德宮[1]舊址, 卽我太祖龍潛故宅. 建閣竪碑, 刻御製詩. 宮西數十步許, 有不朝峴, 世傳太祖正位九五, 御松京敬德宮, 設科試士, 士無一人赴擧者, 皆踰峴而去, 故峴以是得名. 峴之北有山, 踰峴之士, 掛冠于此, 而入杜門洞, 後稱掛冠峴云.

復折而東四五里, 拜崧陽書院. 奉像于夾室, 貌甚魁偉, 滿面有慘惔之狀, 可見先生忠貫日月之誠矣. 東十步許石崖上, 立短碑, 書"高麗忠臣鄭某之閭." 又東一里, 爲善竹橋, 卽先生受命之地也. 橋檻四面作架, 令人不得踐. 血痕淋漓, 沁入石心, 而注于磚, 厥色朱殷. 取水沃之, 愈益分曉. 東竪二碑, 一書橋名, 一書"高麗侍中鄭先生成仁碑", 而下有"一代忠義 萬古綱常"八字. 傍又立先生錄事金公慶祚碑. 橋西有碑閣, 刻英廟御製詩曰: "道德精忠亘萬古, 泰山高節圃隱公", 彷徨感慨不能去.

橋東數十武許, 有穆淸宮舊址, 此亦太祖本宮也. 東北行五六里, 到新館, 是安文成公遺墟. 昔文成公往中國, 模學宮制度而來, 建立于此, 東國之有學校, 自此始. 庭杏檜栢, 亦公手植, 而守僕卽其奴裔云.

自松都歷天磨 至聖居山記

甲子, 權友直還京城. 余欲觀天磨諸勝 曉發. 登炭峴, 天磨諸峯, 奇出馬首. 過歸法寺古址, 卽崔冲避暑之地也. 緣溪而行, 行三數里, 到花潭書院, 瞻拜, 又謁其墓.

步出前溪, 兩山墻立, 山中衆流 合爲大川而墜之潭, 有聲潗然. 潭上有石離列, 其巍然最高大者, 可坐百人. 潭之西有奧區, 地幽而淨, 築土作臺, 爲燕集之所. 前左右壁, 嘉樹叢生, 細泉懸焉. 臺之下, 水又環之如帶, 爲重洲爲淺渚爲曲灣. 無非以奇售者.[2] 蓋山多杜鵑花, 紅映潭水, 故以此得名.

上有逝斯亭, 卽徐先生所築也. 余欣然坐久, 轉北而踰磚石峴, 山回谷深, 仰見極樂峯, 奇秀獨立, 如將向人喜迎. 歷玄化寺基, 逶迤磴路, 勢漸峻險. 行十餘里, 從天磨關而入登門樓, 眼界闊遠. 海色迷茫, 三角山屹然南出, 如插綠芙蓉. 遂入山城, 外險內夷, 足爲緩急之備也.

到大興寺, 前有盤石, 頗白甚廣, 溪水布流若織紋. 傍有一碑, 記寺古蹟, 懶翁入天磨山, 始開精藍, 欲以佛力扶國祚, 故寺名大興. 懶翁有何神術, 能轉回天定曆數也, 可笑. 寺廢後建, 今爲大刹.

隨溪而行一里, 渦平坐, 水被廣沙, 而巖臥作崖. 瀑流數三丈, 底成澄潭, 稱麗溪潭. 下流爲淸心潭·鳳龍潭, 又前一二里, 爲馬潭. 巨石橫臥, 水懸作瀑, 直下八九尺. 底有盤石, 受瀑爲坎, 如馬槽, 石白而滑, 著足不可得. 從此漸入, 水石益奇, 爲瀑爲潭者甚衆. 左右顧眄, 欣然會心, 或行或止.

抵太宗臺, 昔我太宗遊豫于此, 故臺以名焉. 溪水環回如玦, 上可坐七八十人, 底通小竇, 俯伏可入. 東有圓石斜立, 頂戴老松, 蟠屈奇古, 巖間刻‘小瀛澨’與‘第一靈區’等語. 西上十餘步, 有御水井, 井在巖底, 俗傳太宗進御云. 稍前一里, 暫憩觀音寺. 後有巖竇, 中安石大士, 寺以是名. 又行百餘步, 得龜潭, 水出巖石間, 窈然成潭, 澄碧而深, 傍有圓巖, 形如龜伏. 坐其上呼酒, 爲流觴之飮.

又前三四里, 見一大石泓, 是爲朴淵. 蓋兩山挾流而下, 到此陡斷, 忽作巖壁, 上下皆有潭, 上可坐, 下爲幾倍. 上潭直穿石, 以成其規圓, 如滿月, 厥色靑綠. 有石隆然當中, 伏於淵而出其背, 稱龍巖. 昔高麗 文宗, 登其上, 鞭龍垂血, 石上尙有斑痕也. 上潭之水, 匯而流下, 始猶著壁, 旣而懸空直下 長可三四十丈, 若從

---

2) ‘合爲大川而墜之潭 …… 無非以奇售者’:『月沙集』권38, 記 下 遊花潭記에서 인용하였다.

九天而落. <u>農巖遊錄</u>云:'從上視, 不見其止, 從下望, 不見其源'者, 眞善形容矣.
滾雪垂虹, 奇逸雄壯, 若當雨後, 尤作大觀. 然猶爲生平所創目, 不知<u>金剛 九龍</u>
<u>瀑</u>, 與此何如也. 嘗有中國人見之, 以爲過於<u>廬山瀑</u>, 然則此瀑, 惟爲天下第一
歟. 世傳<u>朴</u>姓人吹笛於<u>上潭</u>, <u>龍女</u>感而攬之入, 其母哭之, 墜於<u>下潭</u>, 以故上爲<u>朴</u>
<u>淵</u>, 下爲<u>姑姆潭</u>云, 亦異矣. 巖上多古今人題名, 自<u>大興寺</u>至此, 無片閒之石.
數步許, 有<u>泛槎亭</u>, 與瀑相對, 坐而望見, 飛沫如霰, 益奇絶. 水落之傍, 刻<u>李靑蓮</u>
<u>廬山瀑</u>詩一句, 名妓<u>黃眞</u>筆云.

蓋瀑在<u>聖居山</u>, <u>聖居</u>之西, 爲<u>天磨</u>, <u>天磨</u>之南, 爲<u>淸凉</u>, 其下又爲<u>松嶽</u>, 而<u>五冠</u>則
在<u>淸凉</u>之東, 不屬於四山矣. 還<u>大興寺</u>, 觀<u>玩月樓</u>, 宿講說堂. 是夜月色皎然,
携酒出溪, 露坐盤石之上, 至夜深, 猶不欲歸也.

自聖居山至交河記

乙丑, 下山南行, 循溪而出. 峯嶺環合, 澗合幽深, 巖石陂陁可坐. 蒼壁臨流,
見而喜甚, 愈行愈好. 或瀑或潭, 如是過數里, 爲<u>花潭</u>矣. 經路迷失, 邐迤岡脊,
還從舊路, 夜渡<u>臨津</u>宿.

丙寅, 曉飯, 過<u>栗里</u>, <u>登花石亭</u>, 危臨江. 水作彎弓而流, 遠山奇列, 望極爽闊,
壁揭<u>栗谷</u>八歲所作'山吐孤輪月, 江含萬里風'之詩, 又多先賢題詠. 庭前檜木, 亦
<u>栗翁</u>手植云. 行十餘里, 到<u>向陽里</u>, 拜<u>聽松</u>·<u>牛溪</u>兩先生墓.

歷<u>坡州</u>邑, 踰<u>樓峴</u>, <u>交河</u>地也. 午抵<u>缶山</u>, 請謁<u>樗園金文丈</u>. 寒暄後, 講世誼.
又娓娓稱道我伯父曰:"嚴毅之容, 深邃之學, 今世難見矣. 君學於家庭, 必見得
別."

余起而對曰:"內失賢父兄, 外無嚴師友, 恐爲小人之歸. 故今日之來, 誠有異於
人. 竊思侍父兄之舊要, 以寓羹牆之慕, 而獲受薰陶之益, 如先子之於<u>安牛山</u>故
事也. 願視之如子姪, 隨事提敎."

(이하 생략)

출전｜『연재집(淵齋集)』 권19 잡저(雜著)
역주｜안병우(한국학중앙연구원)
　　　장지연(대전대학교)
　　　정요근(서울대학교)

수록글 저자 소개 및 문집 해제

1.0

저자	채수[蔡壽, 1449(세종 31)~1515(중종 10)]
제목	유송도록(遊松都錄)
출전	『나재집(懶齋集)』
유람 시기	1477년(성종 8) 3월 14일(辛巳)~23일(壬辰)
담당자	홍영의(국민대학교)

저자 소개

조선 전기의 문신. 본관은 인천(仁川), 자는 기지(耆之), 호는 나재(懶齋). 아버지는 채신보(蔡申保)이고 어머니는 유승순(柳承順)의 딸이다. 1468년(세조 14) 생원이 되고 이듬해 추장문과(秋場文科)의 초시·복시·전시에 장원급제하였는데, 이석형과 함께 조선건국 이래 삼장에 잇따라 장원한 두 사람 가운데 하나이다. 1477년(성종 8) 3월, 사가독서 중에 성현 등과 함께 개성을 유람하고 『유송도록』을 저술하였다. 죽은 뒤 의정부좌참찬 겸지경연춘추관사 예문관제학으로 증직되고, 양정(襄靖)이라는 시호를 받았다. 1568년(선조 1)에 현손 채유린(蔡有隣)이 문집을 간행하였다.

작품 해제

「유송도록(遊松都錄)」은 작자 채수의 『나재집(懶齋集)』 권1 록(錄)과 『동문선(東文選)』 속집 권21에 수록되었다. 1477년 29살 때인 3월 14일부터 성현(成俔) 등과 함께 한 10일 동안의 개성 여행기이다. 1476년 허침(許琛)·조위(曹偉) 등과 함께 사가독서(賜暇讀書) 문신에 뽑혀 장의사(藏義寺)에서 독서를 하고 있을 때의 개성의 시내와 외곽의 유적지와 경승을 유람하고 돌아온 과정을 기록하였다.

수록 문집 소개

본집은 문(文) 1권과 시(詩) 1권으로 되어 있고, 권수(권수제 : 仁川世稿)에 서문(序文)과 잡록(雜錄), 권미에 발문(跋文)을 수록, 2권 1책으로 구성되어 있다. 전체 편수 가운데 고시(古詩)·율시(律詩)가 대부분을 차지하고 있으며, 벼슬 중에 경험한 송경(松京)·금강산(金剛山)·속리산(俗離山)·가야산(伽倻山) ·지리산(智異山) 등지의 유람과 선위사(宣慰使)·성절사(聖節使) 때의 작품이 많다. 저자의 시문은 현손 채유인(蔡有隣)이 1568년 칠원현감(漆原縣監) 재임 시 유고(遺稿)를 모아 편집·간행하였다. 초간본은 현재 전하지 않는다. 간행 시기에 대하여는 이 발문이 현종 15년(1674)에 지어진 것이므로 이 무렵에 간행되었을 것으로 보인다. 처음에는 저자의 둘째아들인 채소권(蔡紹權)과 증손 채무일(蔡無逸)의 시문도 함께 간행하려 했으므로 문집명을 「인천세고 (仁川世稿)」라 하고 이순형(李純亨)에게 그 서문을 받았으나 「나재집(懶齋集)」 간행에 그쳤다. 본서의 저본은 중간본을 교정(校正)·보판(補板)한 후쇄본으로 서울대학교 규장각장본이다.

유람 일정

3월 14일(신사) : 장포(長浦)⇒ 유수(留守)의 별장에 투숙(投宿)

15일(임오) : 적전(籍田)⇒ 보정문(保定門)

16일(계미) : 연복사(演福寺)⇒ 화원(花園)⇒ 팔각전(八角殿)⇒ 목청전(穆淸殿) ⇒ 성균관⇒ 자하동(紫霞洞)⇒ 왕륜사(王輪寺)⇒ 안화동(安和洞) 입구⇒ 소격전 (昭格殿)⇒ 본궐(本闕) 옛터⇒ 건덕전(建德殿) 고지(古址)

17일(갑신) : 복령사(福靈寺)⇒ 회령(檜嶺)⇒ 박연(朴淵)의 동구⇒ 관음사(觀音寺)

18일(을유) : 운거사(雲居寺)⇒ 불회사(佛會寺)⇒ 광명사(廣明寺) 용녀정(龍女井)

19일(병술) : 탄현문(炭峴門)⇒ 오관산(五冠山) 동구⇒ 화담(花潭)⇒ 추암(皺 巖), 고암(鼓岩)⇒ 영통사(靈通寺)⇒ 귀법사(歸法寺)

20일(정해) : 용둔평(庸遁坪)으로 사냥⇒ 태평관(太平館)

21일(무자) : 승제문(承濟門)⇒ 경천사(敬天寺)⇒ 병악(餠岳)의 남쪽, 행궁(行 宮)의 옛터(長源亭)⇒ 당두(堂頭)⇒ 벽란강(碧瀾江)⇒ 풍덕(豊德)

22일(기축) : 대교(大橋)⟹ 장단(長湍)
25일(임진) : (還京) 한양 도착

2.0

저자   유호인[兪好仁, 1445(세종 27)~1494(성종 25)]
제목   유송도록(遊松都錄)
출전   『뇌계집(㵢谿集)』
유람 시기 1477년(성종 8) 4월 25일(壬戌)~5월 7일(癸酉)
담당자   박종진(숙명여자대학교)

저자 소개
조선 전기의 문신. 본관은 고령(高靈). 자는 극기(克己), 호는 임계(林溪)·뇌계
(㵢溪). 아버지는 유음(柳蔭)이다. 김종직(金宗直)의 문인이다. 1462년(세조
8)의 생원시(生員試)와 진사시(進士試)에 모두 합격하였고, 1474년(성종 5)
식년문과에 병과로 급제하였다. 1476년 채수(蔡壽), 허침(許琛), 권건(權健),
양희지(楊熙止), 조위(曺偉) 등과 함께 사가독서를 받았고, 그 다음해인 1477년
(성종 7) 4월 임술일부터 5월 계유일까지 12일동안 허침(許琛), 권건(權健),
조위(曺偉), 현열(玄悅) 등과 함께 개성을 답사하고 「유송도록(遊松都錄)」을
남겼다. 홍문관 수찬(弘文館修撰), 홍문관 교리(校理)를 지냈고, 『동국여지승
람』 편찬에 참여하였다. 1494년(성종 25) 합천군수(陜川郡守) 재직 중 죽었다.
문집으로 『뇌계집(㵢谿集)』이 있다.

작품 해제
유호인이 1477년(성종 7) 4월 임술일(25일)부터 5월 계유일(7일)까지 12일동
안 허침(許琛), 권건(權健), 조위(曺偉), 현열(玄悅) 등과 함께 개성을 답사하고
남긴 기행문으로, 유호인의 문집인 『뇌계집(㵢谿集)』 권7, 문(文)에 실려있다.
유호인 일행은 4월 임술일(25일) 돈의문을 출발하여 26일 임진강을 건너
개성에 들어가서 5월 계유일(7일) 낙하를 건너 한양에 돌아올 때까지 수창궁·

경덕궁·연복사·만월대·화원·목청전·성균관 등 개성의 중심지에 있는 고려
의 주요 유적지뿐 아니라 개성 북쪽의 송악산·성거산·천마산·오관산 주변의
박연폭포 등 명승지와 사찰, 영안성·벽란도·견불사·감로사 등 개성 서쪽의
예성강 주변의 유적지, 태조 현릉과 공민왕릉 등 고려 왕릉까지 폭넓게
답사하고 기록을 남겼다. 유호인 일행은 비교적 많은 곳을 방문하였을 뿐 아니라
여행 과정도 비교적 자세하게 남겼기 때문에 조선 초기 개성의 경관을 이해하는
데 도움을 준다. 또 유호인의 「유송도록」은 채수(蔡壽, 1449~1515)의 「유송도
록」과 함께 초기에 쓴 개성유람기여서 이후 개성유람기의 모범이 되었다.

수록 문집 소개
『뇌계집(濡谿集)』은 조선 초기의 문신인 유호인의 문집이다. 7권 3책. 목판본.
권1·2는 결본이고, 권3·4는 서울대학교 규장각한국학연구원에 있으며, 권5~7
은 동국대학교 도서관에 있다. 편자와 간행연대를 알 수 없다. 판본으로
미루어 1500년대 초에 간행된 것으로 보고 있다. 권3~6에 시 394수, 권7에
유록(遊錄) 1편, 발 5편, 서(序) 2편, 묘지명 3편, 전(箋) 3편, 곡(曲) 10절,
요(謠) 8편, 가(歌) 2편, 사(辭) 2편, 부 1편, 제문 5편 등이 수록되어 있다.

유람 일정
4월 25일(임술) : 돈의문(敦義文)⇒ 사현(沙峴)⇒ 가론천(嘉論川)⇒ 마산역(馬
山驛)
26일(계해) : 새벽 출발 파주⇒ 임진강 나루(정자)⇒ 보현원(普賢院)⇒ 침조정
(沈朝廷)⇒ 개성 도착. 조염로(趙廉老) 집(숙박)
27일(갑자) : 빈 관사에 여장⇒ 사현(沙峴)⇒ 수창궁⇒ 십천교(十川橋)⇒ 연복
사(演福寺)⇒ 경덕궁(景德宮)⇒ 개성의 관사(숙박 추정)
28일(을축) : 연경궁(延慶宮) 옛터⇒ 건덕전(乾德殿)의 터 : 만월대(滿月臺), 간
의대(簡儀臺), 위봉루(威鳳樓) 터, 구정(球庭) 터⇒ 광명사(廣明寺)⇒ 온혜릉(溫
鞋陵)⇒ 영평문(永平門)⇒ 보현원⇒ 천마산 서쪽 기슭⇒ 청량동(淸凉洞)⇒
회현(檜峴)⇒ 대흥동(大興洞)⇒ 박연(朴淵) 폭포⇒ 용왕당⇒ 노힐부득과 달달
박박의 상⇒ 구담(龜潭)⇒ 관음굴(觀音窟)
29일(병인) : 회현(檜峴)⇒ 정자사(淨慈寺)⇒ 보통원(普通院)⇒ 파지동(巴只洞)

⇒ 현릉(顯陵)⇒ 충정왕(忠定王)과 충혜왕(忠惠王)의 무덤⇒ 복령사(福寧寺)⇒ 광명사

5월 1일(정묘) : 은비현(銀篦峴)⇒ 병부교(兵部僑)⇒ 송악산(松嶽山) 정상 : 대왕당(大王堂), 성모당(聖母堂)⇒ 청계사(淸溪寺)⇒ 노국공주 영전⇒ 수락암(水落巖)⇒ 왕륜사(王輪寺)⇒ 건성사(乾聖寺)

2일(무진) : 승제문(承濟門)⇒ 옥연평(玉蓮坪)⇒ 남신원(南神院)⇒ 영안성(永安城) : 창릉(昌陵)⇒ 벽란도(碧瀾渡)⇒ 별포(別浦)⇒ 견불사(見佛寺)

3일(기사) : 동포(東浦)⇒ 감로사(甘露寺) : 9층 탑⇒ 개성현 터 : 대정(大井), 사당⇒ 현릉(玄陵, 공민왕릉)과 정릉(正陵, 노국공주릉)⇒ 산예역(狻猊驛)⇒ 황교(黃橋)⇒ 오정문(午正門)⇒ 오교(五橋)⇒ 태평관(太平館)⇒ 서소문(西小門)

4일(경오) : 화원(花園) : 팔각전(八角殿)⇒ 도평의사(都評議司)의 청사⇒ 태묘동(太廟洞) : 정몽주(鄭夢周) 옛집⇒ 목청전(穆淸殿)⇒ 회창문(會昌門)⇒ 귀법사(歸法寺) 터⇒ 비문령(碑門嶺)⇒ 영통사(靈通寺) : 의천 공덕비(義天功德碑)⇒ 회창문(會昌門)⇒ 성균관(成均館)

5일(신미) : 암방사(巖防寺)

6일(임신) : 천수사(天水寺) 취적봉(吹笛峯)의 신정(新亭)⇒ 적전⇒ 호곶(壺串)⇒ 신차소의 별장(숙박)

7일(계유) : 낙하(洛河)⇒ 한양

3.0

저자　　　남효온[南孝溫, 1454(단종 2)~1492(성종 23)]
제목　　　송경록(松京錄)
출전　　　『추강집(秋江集)』
유람 시기　1485년(성종 16) 9월 7일(乙卯)~18일(丙寅)
담당자　　전경숙(숙명여자대학교)

저자 소개
조선 전기의 문신으로 생육신 중의 한 사람이다. 본관은 의령(宜寧), 자는

백공(伯恭)이며, 호는 추강(秋江)·행우(杏雨)·최락당(最樂堂)·벽사(碧沙)이다. 영의정 남재(南在)의 5대손으로, 할아버지는 감찰 남준(南俊)이고, 아버지는 생원 남전(南悛)이다.

김종직(金宗直)의 문인으로 김굉필(金宏弼)·정여창(鄭汝昌)·김시습(金時習) 등과 함께 수학하였다. 1478년(성종 9) 25세의 나이로 단종의 생모 현덕왕후 (顯德王后)의 능인 소릉(昭陵) 복위에 관한 상소를 올렸다가 정난공신(靖難功臣)들에 의해 배척당한 후 벼슬을 단념하고 유랑생활로 생애를 마쳤다. 1504년 (연산군 10) 갑자사화(甲子士禍) 때 김종직의 문인이고 소릉 복위 상소를 이유로 부관참시(剖棺斬屍)를 당하였다. 1513년(중종 8) 소릉 복위가 실현되자 신원되어 좌승지에 추증되었고, 1782년(정조 6)에 다시 이조판서에 추증되었다. 고양의 문봉서원(文峰書院), 장흥의 예양서원(汭陽書院), 함안의 서산서원(西山書院), 영월의 창절사(彰節祠), 의령의 향사(鄕祠) 등에 제향되었다. 저서로는 『추강집(秋江集)』·『추강냉화(秋江冷話)』·『사우명행록(師友名行錄)』·『귀신론 (鬼神論)』 등이 있다. 시호는 문정(文貞)이다.

작품 해제

「송경록(松京錄)」은 남효온(南孝溫, 1454~1492, 단종 2~성종 23)이 32세 때인 1485년(성종 16) 9월 7일(을묘)부터 18일(병인)까지 12일 동안 개성 지역을 유람하고 지은 기행으로, 남효온의 문집인 『추강집(秋江集)』 권6 잡저(雜著)에 수록되어 있다. 남효온은 9월 7일 개성부(開城府) 판문(板門)에 있는 자신을 찾아온 벗 자용(子容) 우선언(禹善言, ?~?), 정중(正中) 이정은(李貞恩, ?~?)과 함께 천수원을 시작으로 개성 유람을 시작했다. 이때의 유람은 세 번째에 해당한다. 송경록에 의하면 첫 번째는 성종 6년(1475), 9월 8일 화원을 둘러보며 "내가 배년 전에 이곳에 왔을 때는 팔각이 꺾이고 썩은 채였지만 철거되진 않았지만, 지금은 남은 것이 없다."라고 밝히고 있는 데서 확인된다. 두 번째는 성종 12년(1481) 9월 12일 "절(낙산사)의 승려 성휴는 내가 신축년에 산을 유람했을 때 시를 지어준 사람이다."라고 했는데 신축년은 1481년(성종 12)이다. 이때 남효온이 개성을 방문한 것은 『추강집』 권2, 五言古詩, '辛丑九月十一日. 與叔度, 宗之約遊松都. 發京城.'을 통해서도 확인할 수 있다. 세 번째로 개성을 찾은 남효온은 목청전·도평의사사·성균관·화원·망월대·

건덕전·수창궁 등 고려의 정치 공간, 정몽주·채홍철·강감찬·남재·하륜 등 관료들의 고택, 개국사·순효사·왕륜사·흥국사·감로사·연복사·귀법사·낙산사·현화사·원통사·관음사 등 사찰들을 중심으로 여행하였다. 고려가 멸망한 지 한 세기가 되어가던 무렵인 만큼, 개성의 유적지를 찾아가는 힘들었던 과정, 허물어지고 텅비어버린 궁궐과 전각, 관료들의 집터, 절터 등을 소개하고 전 왕조의 영화와 현재의 애잔함, 조선의 자긍에 관한 감상을 시로 표출하였다. 또한 「송경록」에는 자하동곡, 북전, 한림별곡, 청산별곡 등 고려가요뿐만 아니라 중양절을 맞아 건덕전에서 치러지던 야제(野祭)의 풍경도 소개하여 고려의 문학과 민간 풍속을 이해하는 데에도 도움을 준다.

수록 문집 소개

『추강집(秋江集)』은 조선 전기의 학자이자 생육신의 한 사람인 남효온(南孝溫)의 시문집이다. 8권 5책의 목판본으로, 현재 규장각에 소장되어 있다. 권1에 시 40수, 부 6편, 권2에 시 143수, 권3에 시 120수, 권4에 상서(上書)·서(書)·서(序) 각 1편, 기 6편, 잡저, 권5에 기 1편, 논 4편, 권6에 잡저 3편, 권7에 잡저·제문 각 2편, 권8에 속록(續錄)으로 시 5수, 전(傳) 2편, 부록으로 시장(諡狀)·묘갈명·봉안문·축문·척유(摭遺) 등이 수록되어 있다.

유람 일정

9월 7일(을묘) : 우선언, 이정은이 개성부(開城府) 판문(板門)에 있는 남효온의 집 방문

9월 8일(병진) : 천수원(天水院)⇒ 탁타교(橐駝橋)⇒ 청교역(靑郊驛)⇒ 개국사(開國寺)⇒ 수구문(水口門)⇒ 야교(夜橋)⇒ 남대문⇒ 화원(花園) 팔각전(八角殿)⇒ 도평의사사(都評議使司)⇒ 태묘동(太廟洞)⇒ 정몽주 고택⇒ 용암사(龍巖寺)⇒ 백초정(百草亭)⇒ 백화정(百花亭)⇒ 묘각암(妙覺庵)⇒ 토령(土嶺) 숙소

9월 9일(정사) : 토령⇒ 순효사(純孝寺)⇒ 목청전(穆淸殿)⇒ 성균관(成均館)⇒ 마암(馬巖)⇒ 중화당(中華堂)⇒ 왕륜사(王倫寺)⇒ 채홍철(蔡洪哲) 옛집[所居]⇒ 신박암(信朴庵)⇒ 망월대(望月臺)⇒ 첨성대(瞻星臺)⇒ 건덕전 터[乾德殿基]⇒ 흥국사 옛터[興國寺故墟]⇒ 남대문 숙박

9월 10일(무오) : 경천사(敬天寺)⇒ 철리곶(鐵里串) 당두산(堂頭山)⇒ 숙박

9월 11일(기미) : 당두산⇒ 감로사(甘露寺)⇒ 휴휴암(休休庵)⇒ 정릉(正陵)⇒
영빈관(迎賓館)⇒ 오정문(午正門) 안에서 숙박

9월 12일(경신) : 수창궁(壽昌宮)⇒ 강감찬(姜邯贊) 고택⇒ 조준(趙浚) 고택⇒
허금(許錦) 고택⇒ 남재(南在) 고택⇒ 하륜(河崙) 고택⇒ 김사형(金士衡) 고택⇒
연복사(演福寺)⇒ 경덕궁(敬德宮)⇒ 혜민국(惠民局)⇒ 귀법사 옛터[歸法寺 故墟]
⇒ 용암산(湧巖山) 낙산사(洛山寺)

9월 13일(신유) : 영취산(靈鷲山) 현화사(玄化寺)⇒ 원통사(元通寺).

9월 14일(임술) : 원통사⇒ 수정굴(水精窟)⇒ 남쌍련암(南雙蓮庵)⇒ 서성거암
(西聖居庵)⇒ 차일암(遮日巖)⇒ 북쌍련암⇒ 윤필암(潤筆庵)⇒ 의상암(義相庵)
⇒ 관음굴(觀音窟)

9월 15일(계해) : 박연폭포⇒ 대흥사 옛터[大興寺故墟]⇒ 적멸암(寂滅庵)⇒ 영
통사(靈通寺)

9월 16일(갑자) : 흥성사(興聖寺)⇒ 판문(板門)

9월 17일(을축) : 장단(長湍)⇒ 임진(臨津)⇒ 마산역(馬山驛).

9월 18일(병인) 입경(入京)

4.0

저자	박은[朴誾, 1479(성종 10)~1504(연산군 10)]
제목	유천마산록(遊天磨山錄)
출전	『와유록(臥遊錄)』
유람 시기	1502년(연산군 8) 2월 28일(辛未)~3월 9일(辛巳)
담당자	정요근(서울대학교)

저자 소개

본관은 고령(高靈)이다. 자는 중열(仲說), 호는 읍취헌(邑翠軒)이다. 아버지는
한성부판관을 역임한 박담손(朴聃孫)이며, 어머니는 제용감직장(濟用監直長)
이이(李苡)의 딸이다. 1496년(연산군 2) 18세의 나이로 식년 문과에 병과로
급제한 뒤 사가독서(賜暇讀書)의 인원으로 선발되었다. 홍문관(弘文館)에서

정자(正字), 수찬(修撰) 등의 직책을 지냈다. 1498년 유자광(柳子光)과 성준(成俊)을 탄핵하는 상소를 올렸다가 파직되고, 옥에 갇히어 불우한 정치 행보를 겪었다. 이후 경제적으로도 어려워지고 술과 시로 세월을 보냈다. 1504년(연산군 10)에 지제교(知製敎)에 임명되었으나 출사하지 않았다. 같은 해 갑자사화가 발생하자 동래로 유배되었다가, 의금부에 투옥된 후 26세의 나이로 사형을 당했다. 1507년(중종 2)에 신원되어 도승지로 추증되었다. 부인은 좌의정을 역임한 신용개(申用漑, 1463~1519)의 딸이며, 1503년에 박은보다 일찍 세상을 떠났다. 박은은 기발한 착상과 기교적인 표현으로 시를 지어, 해동 강서파의 일원으로 평가되었으며, 절친한 친구인 이행(李荇, 1478~1534)이 그의 시를 모아 『읍취헌유고(挹翠軒遺稿)』를 펴냈다.

작품 해제
「유천마산록(遊天磨山錄)」은 저자인 박은(朴誾)이 1502년(연산군 8) 2월 28일 신미일부터 3월 9일 신사일까지 10박 11일 간 절친한 친구인 이행(李荇)과 함께 승려 혜침(惠忱)을 동반하여 개성 일대를 유람하고 남긴 기행문이다. 한양에서 낙하(洛河)를 건너 개성 동남쪽의 동강(東江)에서 이행을 만났고, 3일 후 개성에 들어가 연복사(演福寺)에서부터 승려 혜침이 동행하였다. 유람 기간 동안 만월대(滿月臺)와 연복사, 성균관, 남대문, 옛 도평의사(都評議使) 등 개성 시내 일대의 명소들과 아울러, 송악산과 천마산 일대에 남아 있는 사찰과 암자, 그리고 박연폭포 일대 등을 방문하였다. 이 글은 각 유람지의 풍경을 사실적으로 묘사하였고, 해당 유적에 얽힌 고려시대 당시의 고사(故事)를 언급하며 자신의 감흥을 문학적으로 표현하기도 하였다. 또한 이 기행문은 고려가 멸망한 지 110년이 지난 1502년에 작성된 글인 만큼, 현존하는 개성 기행문 중 비교적 초기의 것에 해당한다. 따라서 16세기 초반 당시 고려시대의 유적이나 유물이 어떤 상태로 남아 있었는지에 대한 정보를 알려준다는 점에서도 사료적 가치가 높다.

수록 문집 소개
한국학중앙연구원 장서각에 소장된 조선 후기의 기행 시문집이며, 12권 12책으로 구성되었다. 편자는 누구인지 밝혀져 있지 않으며, 산수 유람과 관련된 고려시대 이래의 시와 글들을 모아 편찬한 문집이다. 금강산이나 지리산 등과 함께 개성은 이 문집에 수록된 글들의 대표적인 기행 지역 중 하나이다. 이 문집을 편찬한 주요 배경으로는 조선 후기 문인들의 산수 유람에 대한 수요와 관심의 증가를 들 수 있다. 또한 臥遊라는 문집의 제목에서 알 수 있듯이, 이 문집은 직접 기행을 가지 못하는 사람들에게 글을 통하여 기행지에 대한 정보나 감흥을 느끼게 하도록 하는 목적도 갖고 있다. 한편 이 문집은 다른 문헌에서 찾기 힘든 글들을 상당수 수록하고 있어 자료적 가치가 높다. 박은(朴誾)의「유천마산록」역시 그 중 하나이다. 한국학중앙연구원 장서각에 한문 필사본이 소장되어 있으며, 영인본이 출판되었다. 서울대학교 규장각한국학연구원에는 7권 7책으로 구성된 같은 제목의 책이 소장되어 있으나, 분량과 수록 자료에 있어서 장서각 소장『와유록(臥遊錄)』과 차이가 있다.

유람 일정

2월 28일(신미) : 한양(漢陽)⟹ 낙하(洛河)⟹ 동강(東江)⟹ 숙소(미상)

2월 29일(임신) : 숙소⟹ 봉황암(鳳凰巖)⟹ 숙소(미상)

3월 1일(계유) : 숙소⟹ 마을(미상)⟹ 숙소(미상)

3월 2일(갑술) : 숙소⟹ 호곶(壺串)⟹ 사천(沙川)⟹ 개성 나성⟹ 연복사(演福寺)⟹ 송죽가(松竹家)⟹ 개성 남대문⟹ 만월대(滿月臺)⟹ 병부교(兵部橋)⟹ 역암(櫪岩)⟹ 광명사(廣明寺) 숙박

3월 3일(을해) : 광명사(숙소)⟹ 영평문(永平門)⟹ 복령사(福靈寺)⟹ 낭월사(朗月寺)⟹ 금장굴(金藏窟) 숙박

3월 4일(병자) : 금장굴(숙소)⟹ 영통사(靈通寺)⟹ 백사정(白沙亭) 터⟹ 차일암(遮日巖)⟹ 삼토교(三土橋) 터⟹ 영통사 숙박

3월 5일(정축) : 영통사(숙소)⟹ 천마산 천마봉(天磨峰)⟹ 원적봉(圓寂峰)⟹ 청량봉(淸凉峰)⟹ 지족암(知足庵)⟹ 성해굴(性海窟) 숙박

3월 6일(무인) : 성해굴(숙소)⟹ 보현봉(普賢峰, 천마산 상봉)⟹ 적멸암(寂滅庵)⟹ 대흥동(大興洞)·관음굴(觀音窟)⟹ 박연(朴淵) 일대[도암(島岩), 고모담(姑姆潭) 포함]⟹ 관음굴(觀音窟)⟹ 귀담(龜潭)⟹ 숙소(관음굴로 추정)

3월 7일(기묘) : 숙소⟹ 박연 일대⟹ 정자사(淨慈寺)⟹ 개성 시내 숙박 추정

3월 8일(경진) : 숙소⟹ 보통원(普通院)⟹ 영평문⟹ 만월대⟹ 동대문⟹ 성균관
(成均館)⟹ 옛 도평의사(都評議使)⟹ 화원(花園)⟹ 남산(男山)⟹ 개성 시내⟹
송죽가 숙박
3월 9일(신사) : 송죽가(숙소)⟹ 동강⟹ 한양

5.0

저자   임운[林芸, 1517(중종 12)~1572(선조 5)]
제목   유천마록(遊天磨錄)
출전   『첨모당선생문집(瞻慕堂先生文集)』
유람 시기   1570년(선조 3) 8월 1일~11일(丙午)
담당자   박진훈(명지대학교)

저자 소개
조선 중기의 문신. 본관은 은진(恩津)이며, 자는 언성(彦成), 호는 첨모당(瞻慕
堂) 또는 노동(蘆洞)이다. 아버지는 임득번(林得蕃)이며, 어머니는 진주 강씨
(晉州姜氏)로 참봉을 지낸 강수경(姜壽卿)의 딸이다. 정여창(鄭汝昌)의 문하에
서 공부했으며, 1564년(명종 19)에 형 임훈(林薰)과 함께 효행으로 정려(旌閭)
되었다. 1567년(명종 22)에 이조의 천거로 사직서(社稷署) 참봉(參奉)이 되었
으며, 1570년(선조 3)에 후릉(厚陵) 참봉이 되었고, 8월에 개성 일대를 유람한
뒤 「유천마록(遊天磨錄)」을 지었다. 1586년(선조 19)에 정여창을 모신 안음현
(安陰縣)의 서원(1662년 사액되어 龍門書院이 됨)에 형 임훈과 함께 배향되었
다. 임운의 집에 그의 아들 임승신(林承信)이 학문을 공부하기 위해 지은
서간소루(西澗小樓)가 경상남도 거창군 북상면 간계리의 임씨 씨족마을 내에
위치하고 있다.

작품 해제
「유천마록(遊天磨錄)」은 임운(1517~1572)이 1570년(선조 3) 8월 1일부터 11일
까지 11일 동안 개성 일대를 답사하고 쓴 기행문이다. 임운은 일찍부터

성거산과 천마산의 경치가 뛰어나다는 이야기를 듣고 가서 보고 싶다는 생각을 하고 있었다. 그러던 차에 개성에 있는 후릉(厚陵)의 참봉(參奉)이 되어 후릉의 제사를 모시게 된 것을 기회로 개성 일대를 답사하였다. 그의 나이 54세 때였다. 8월 1일 후릉을 출발하여 개성 토성 남문으로 들어가 목청전을 구경하고 화장사에서 묵었다. 이후 현화사, 수정굴, 성거산, 관음굴, 박연, 대흥사, 안적사, 영통사, 화담, 귀법사 터, 성균관, 신돈의 옛 집, 현릉, 정릉, 경천사 등 개성 시내와 개성 일대의 주요 유적지와 명승지를 두루 관람하였다. 이후 다시 후릉재사(厚陵齋舍)로 되돌아와 낙하(洛河)와 교하현 을 거쳐 서울로 돌아왔다. 임운은 개성 일대의 주요한 곳을 거의 대부분 유람하였을 뿐만 아니라, 유람하면서 세세하게 기록하였고 유람에서 돌아온 다음날 「유천마록」을 집필하였다. 따라서 「유천마록」은 임진왜란 이전 개성 의 모습을 살펴볼 수 있는 매우 정확하고 귀중한 자료라고 할 수 있다.

수록 문집 소개
조선 중기의 문신 임운(林芸 : 1517~1572)의 시문집. 임운의 후손과 용문서원 (龍門書院)의 유림들이 1669년경에 가장 초고를 바탕으로 편집하여 간행하였다. 3권 1책이며, 2권이 임운의 개성 유람기를 기록한 「유천마록(遊天磨錄)」이다.

유람 일정
1일(8월 1일) : 후릉⇒ 백련산(白蓮山) 서쪽 산기슭⇒ 풍덕군 동쪽⇒ 고현(高峴) ⇒ 개성 토성(土城) 남문⇒ 목청전⇒ 토성 동문⇒ 사천(沙川)⇒ 백룡산(白龍山) 천화사(天和寺)⇒ 증각암(證覺庵), 취두암(鷲頭庵), 금경암(金經庵)⇒ 보봉산 (寶鳳山) 화장사(華藏寺)
2일(8월 2일) : 화장사⇒ 보봉산 북령(北嶺)⇒ 우봉(牛峯)⇒ 현화사(玄化寺)⇒ 영취산(靈鷲山)⇒ 문수봉(文殊峯)⇒ 원통사(圓通寺)
3일(8월 3일) : 중암(中庵)⇒ 수정굴(水精窟)⇒ 쌍령(雙靈)⇒ 성거산⇒ 차일암 ⇒ 환희령(歡喜嶺)⇒ 백련암(白蓮庵)⇒ 개성정사(開聖精舍)⇒ 대흥동(大興洞) ⇒ 관음굴⇒ 박연⇒ 고담(姑潭)⇒ 관음굴
4일(8월 4일) : 박연⇒ 태종암⇒ 마담⇒ 대흥사⇒ 경광대(景光臺)
5일(8월 5일) : 대흥사⇒ 지장(智藏)⇒ 적멸(寂滅)⇒ 동대(東臺)⇒ 보현봉(普現

峯) 아래⇒ 견성암(見性庵)⇒ 지족사(知足寺)⇒ 서대(西臺)

6일(8월 6일) : 내원(內院)⇒ 장곡(長谷)⇒ 토현(土峴)⇒ 금신사(金神寺) 서대
(西臺)⇒ 안적사(安寂寺)⇒ 보월(寶月)⇒ 영통사

7일(8월 7일) : 토교유지(土橋遺址)⇒ 추암(皺岩)⇒ 화담(花潭)⇒ 귀법사(歸法
寺) 터⇒ 탄현문(炭峴門)⇒ 성균관⇒ 동현(東峴)⇒ 목청전(穆淸殿)⇒ 남산(男山)
동쪽(大廟洞 文獻堂)⇒ 경덕궁(敬德宮)⇒ 잠두(蚕頭)⇒ 삼석교(三石橋)⇒ 신돈
(辛旽)의 옛 집⇒ 남대문⇒ 연경궁(延慶宮) 터⇒ 도찰령(道察嶺)⇒ 복령사(福靈
寺) 숙박

8일(8월 8일) : 복령사⇒ 환희동(歡喜洞)⇒ 능곡촌(陵谷村)⇒ 봉명산(鳳鳴山)
무선봉(舞仙峯) 아래 현릉·정릉(玄陵·正陵)⇒ 감로사(甘露寺)⇒ 왜현(倭峴)⇒
시식가(施食街)⇒ 경천사(敬天寺)

9일(8월 9일) : ⇒ 후릉재사(厚陵齋舍)

10일(8월 10일) : 낙하(洛河)⇒ 교하현

11일(8월 11일) : 교하현⇒ 서울

6.0

저자	성혼[成渾, 1535(중종 30)~1598(선조 31)]
제목	유천마산(遊天磨山)
출전	『우계집(牛溪集)』
유람 시기	1571년(선조 4) 9월
담당자	신안식(가톨릭대학교)

저자 소개

본관은 창녕(昌寧), 자는 호원(浩原), 호는 묵암(默庵)·우계(牛溪)이다. 아버지
는 현감 성수침(成守琛)이고, 어머니는 파평 윤씨(坡平尹氏)로 판관 윤사원(尹
士元)의 딸이다. 서울 순화방(順和坊)에서 태어났으며, 경기도 파주 우계(牛溪)
에서 거주하였다. 17세에 생원·진사 초시에 합격하였으나 과거에 뜻이 없어
복시(覆試)를 보지 않고 학문에 전념하였다. 율곡 이이(李珥)는 친구이며,

퇴계 이황(李滉)의 영향을 받기도 하였다. 이조참판 등의 벼슬을 지냈고, 저서로는『우계집(牛溪集)』이 있다.

작품 해제
「유천마산(遊天磨山)」이라는 시는『우계집(牛溪集)』권1, 시(詩)에 실려 있다. 이 시를 짓게 된 배경은『우계집』권6, 잡저(雜著), 잡기(雜記)에서 보면, 저자가 1571년(선조 4) 9월 송도에 사는 안습지(安習之)와 천마산(天磨山)으로 놀러간 것을 글로 남긴 것이 있었는데 그때 쓴 것으로 추정할 수 있다. 또한 잡기의 내용은 주로 화담(花潭) 서경덕(徐敬德)의 생가를 방문하여 그 감상을 적은 것이다.

수록 문집 소개
아들 성문준(成文濬)과 문인 김집(金集)·안방준(安邦俊) 등이 집안에 전하는 초고(草稿)를 편집하여 1621년(광해군 13)에 간행하였다. 속집(續集)은 외증손 윤증(尹拯)이 고손 성지선(成至善) 등과 함께 편집하여 1682년(숙종 8)에 공주감영(公州監營)에서 간행하였다. 본집과 속집 모두 시(詩)·소(疏)·서(書)·잡저(雜著) 등으로 구성되었다. 소(疏)에는 임진왜란 이전에 시무(時務)를 진달한 것과 임란 당시 피폐해진 민생을 구제하는 정책과 외교를 논한 것이 중요하며 나머지는 대개 사직소(辭職疏)이다. 당시 서인 사림들의 정치적 지향을 알 수 있다. 서(書)는 9차례에 걸쳐 이이와 성리설(性理說)을 논한 것이 유명하며, 시사(時事)와 예설(禮說) 등을 논한 것이 꽤 있다. 이이(李珥)와의 왕복 서한은 16세기 성리학 이해에 필수적이며 나머지 서한에서도 서인 사림들 간의 교유와 문생 관계를 심도 있게 볼 수 있다. 잡저 중 잡기(雜記)는 인물평·유람기·일화 등이다. 당시 정치·사상·경제적인 제반 동향에 대한 저자의 생각이 비교적 잘 정리되어 있으므로 임진왜란 전후시기를 이해하는 데 중요한 자료가 된다.

유람 일정
1571년(선조 4) 9월 영통사(靈通寺)⇒ 화담(花潭)

7.0

저자	이정구[李廷龜, 1564(명종 19)~1635(인조 13)]
제목	유박연기(游朴淵記)
출전	『월사집(月沙集)』
유람 시기	1604년(선조 37) 3월
담당자	장지연(대전대학교)

저자 소개

조선 중기의 문신·문인. 본관은 연안(延安). 자는 성징(聖徵), 호는 월사(月沙) 또는 보만당(保晩堂)·치암(癡菴)·추애(秋崖)·습정(習靜). 시호는 문충(文忠)이다. 세조 때의 명신인 석형(石亨)의 현손이다. 아버지는 문장으로 이름이 있던 현령 계(啓)이고, 어머니는 광산 김씨 김표(金彪)의 딸이다.

이정구는 문장가 집안에서 출생하여 가학을 통하여 성장하였으며, 윤근수(尹根壽)의 문인이었다. 14세 때 승보시에 장원하여 명성을 떨치게 되었고, 22세에 진사, 5년 뒤인 1590년(선조 23)에는 증광문과에 병과로 급제하였다. 중국어에 능하여 임진왜란 시기 어전통관(御前通官)으로 명나라 사신이나 지원군의 접대에 정부를 대표하여 활약이 컸으며, 여러 차례 사신으로 중국을 다녀오며 당대 여러 가지 외교적인 문제들을 해결하였다. 병조판서·예조판서를 거쳐 우의정·좌의정에 이르렀다.

문장의 명성이 높아 장유(張維)·이식(李植)·신흠(申欽)과 더불어 한문사대가로 일컬어지기도 하였다. 시문집으로는 그의 문인인 최유해(崔有海)가 편간한 『월사집』 68권 22책이 전한다.

작품 해제

「유박연기(游朴淵記)」는 이정구[李廷龜, 1564(명종 19)~1635(인조 13)]가 1604년(선조 37) 세자책봉주청사로 가는 길에 송도를 지나면서 방문한 기록이다. 이정구는 세자책봉주청사로 3월에 북경으로 가서 11월에 돌아왔는데, 가는 길이던 3월에 방문하였다. 사신 일행이던 부사(副使) 민인백(閔仁伯), 서장관(書狀官) 이준(李埈)과 경력(經歷) 김계도(金繼燾)가 함께 갔으며, 당시 배천수령이던 친구 강인(姜絪), 우봉태수 이국필(李國弼)이 참여하였다. 지족암, 대흥사, 관음굴 등을 거쳐 박연을 방문하였다. 사신으로 다녀오면서 쓴 시문은 '갑진조천록'이라 하여 별도로 『월사집』 권4~권5에 수록되어 있다.

수록 문집 소개

『월사집』은 이정구의 시문집. 1636년(인조 14) 처음으로 간행되었으며, 1720년 별집 7권을 추가하여 중간하였다. 총 77권 22책이다. 임진왜란 전후 시기에 이정구는 활발하게 외교에 참여하여 중요한 역할을 했기 때문에, 이 전후 정세를 이해하는 데 필수적인 자료이다.

유람 일정

1604년(선조 37) 3월 : 태안사(泰安寺)⟹ 지족암(知足庵)⟹ 대흥사(大興寺)⟹ 관음굴(觀音窟)⟹ 태종대(太宗臺)⟹ 청석담(靑石潭)·기담(妓潭)·마담(馬潭)·귀담(龜潭)⟹ 박연(朴淵)

8.0

저자	조찬한[趙纘韓, 1572(선조 5)~1631(인조 9)]
제목	유천마성거양산기(遊天磨聖居兩山記)
출전	『현주집(玄洲集)』
유람 시기	1605년(선조 38) 9월 5일~7일
담당자	정학수(인천문화재단)

저자 소개

조선 중기 문신으로 본관은 한양(漢陽), 자는 선술(善述), 호는 현주(玄洲)이다. 조부는 현감을 지낸 조옥(趙玉)이고 부는 조양정(趙揚庭)이다. 1601년(선조 34) 30세 때 생원시에 합격하였다. 1605년(선조 38) 34세 때 특별 과거인 정시(庭試)에 장원하여 곧바로 최종시험인 전시(殿試)에 응시할 수 있는 특전을 받았다. 정시 장원 직후에 천마산과 성거산을 유람하고 기행문을 쓴 것으로 보인다. 35세 때 증광시 병과로 급제하였다. 이후 성균관 학유, 전적, 호조와 형조의 좌랑, 사간원 정언, 영암과 영천의 군수 등을 역임하였고, 1629년(인조 7) 58세 때 예조참의로 있다가 선산부사로 나갔다. 60세 때인 1631년(인조 9) 3월, 권대진(權大進)의 역모사건에 잡혀가 문초를 당한 뒤 풀려났다가 병으로 졸하였다. 경기도 교하(交河) 맹곡(孟谷)에 장사 지냈다.

작품 해제

「유천마성거양산기」는 조찬한이 정시에 장원한 34세 때인 1605년(선조 38) 가을 조카와 우봉 아전 등과 함께 개성의 명산인 천마산과 성거산 일대를 사흘간 유람하고 남긴 기행문으로 그의 문집인 『현주집(玄洲集)』 권15의 기(記)에 실려 있다. 이 기행문에서 유람 동기와 출발지는 따로 밝히지 않았다. 기행문 말미에 을사년(1605년) 9월 초7일에 썼다고 했고 그가 병오년(1606년) 증광시 병과에 급제했으므로 이를 통해 유람 시기는 정시에 장원한 직후였던 것으로 짐작할 수 있다. 따라서 유람 동기는 이듬해 치러질 증광시를 앞두고 머리를 식히기 위해 개성의 명산들을 유람했을 것으로 생각해 볼 수 있다. 천마산과 성거산 유람에 동행한 사람은 조카 조전(趙俠)과 조직(趙伏), 박생(朴生) 형제, 우봉(牛峯)에 사는 젊은 선비 최 아무개, 앞길을 인도하며 지휘한 우봉 아전 이희주(李希珠) 등 6명이고, 가마꾼은 운거사 승려 법찬 등 11명으로, 모두 18명이 함께 움직인 적지 않은 규모였다. 이 유람기는 '운거사에서 서쪽으로 5리 정도 들어가면 박연이 있다'는 것처럼 행선지 간의 거리를 기록했으며, 천마산과 성거산의 산봉우리와 계곡과 바위, 연못과 폭포, 양산에 의지한 사찰과 암자의 풍광과 느낌을 독자가 그려볼 수 있도록 상세하게 묘사한 것이 특징이다.

수록 문집 소개

학자이자 문신인 조찬한의 시가와 산문을 엮어 1710년(숙종 36)에 간행한 문집이다. 15권 5책. 목활자본. 그의 시문이 병란을 겪으면서도 비교적 잘 보전되고 일찍 간행될 수 있었던 것은 두 아들의 노력 덕분이었다. 장남인 휴(休)는 병란 때에도 자신의 문고는 내버리고 아버지의 신주와 유고(遺稿)만을 지고 다녔을 정도로 효심이 지극했다고 한다. 차남인 비(備)가 편집하고 문인 신천익(愼天翊)이 교정해 1710년(숙종 36) 무주부(茂朱府)에서 간행되었 다. 권두에 이경석(李景奭)·이식(李植)의 서문이 있고 발문은 없다. 규장각 도서, 장서각 도서, 국립중앙도서관 등에 있다.

유람 일정

첫째 날 : 운거사(雲居寺)⟹ 박연(朴淵)⟹ 관음굴(觀音窟)⟹ 태종대(太宗臺)⟹ 마담(馬潭)⟹ 기담(妓潭)⟹ 대흥암(大興庵)⟹ 적멸암(寂滅庵)⟹ 지족암(知足庵) (숙박)

둘째 날 : 지족암⟹ 현화사(玄化寺)⟹ 화장사(花藏寺)⟹ 화장사 어용전(御容殿) 나한전(羅漢殿) 승당(僧堂) 종이 달린 한 누각⟹ 현화사 (숙박)

셋째 날 : 현화사⟹ 차일암(遮日巖)⟹ 주암(舟巖)⟹ 운거사

9.0

저자   김육[金堉, 1580(선조 13)~1658(효종 9)]
제목   천성일록(天聖日錄)
출전   『잠곡유고(潛谷遺稿)』
유람 시기   1607년(선조 40) 4월 3일~7일
담당자   이혜옥(문학박사)

저자 소개

조선 후기의 문신·실학자. 본관은 청풍. 자는 백후(伯厚), 호는 잠곡(潛谷)·회 정당(晦靜堂)이다. 증조할아버지는 기묘명현(己卯名賢)의 한 사람인 식(湜)이 며, 아버지는 참봉 흥우(興宇)다. 성혼, 김상헌의 문하에서 수업했다. 1605년 (선조 38) 사마시에 합격하였다. 1611년(광해군 3)에 정인홍을 비판하는 상소로 성균관에서 파직당한 후 고향인 가평 잠곡리로 낙향하였다. 1623년 인조반정으로 서인이 집권하자 유일(遺逸)로 천거되어 조정에 복귀했다. 1624년(인조 2)에는 증광문과에 장원으로 급제했다. 1638년(인조 16) 충청도

관찰사로 재직하면서 공물법을 폐지하고 대동법을 실시할 것을 건의하는
한편, 『구황촬요』와 『벽온방』 등을 편찬했다. 소현세자가 심양에 볼모로
잡혀가자 보양관(輔養官)으로 수행하고 귀국하여 우부빈객이 되었다. 대사헌
을 거쳐 우의정, 좌의정, 영의정을 역임했으며, 대동법 확대에 힘썼다.
그가 개성을 처음 찾은 것은 사마시 합격 후 2년 뒤인 28세 봄이었으며
유람후에 「천성일록」을 저술하였다. 68세(1647, 인조 25년 4월)에는 개성유수
로 부임하여 1649년 3월 12일까지 재직했다. 2년여 동안 재직하고 떠날
때에 개성 주민들이 모두 나와 수레를 에워싸며 애석해 했는데 그 길이가
무려 10리나 되었다고 전한다. 개성 재임중 성인비(成仁碑)를 세워 정몽주의
충절을 기리고 서경덕을 모신 화곡서원의 상량문을 쓰기도 하였으며, 후에
『송도지』를 남겨 개성에 대한 각별한 관심을 나타내기도 하였다.
묘와 신도비가 경기도 남양주시 삼패동에 남아 있으며, 대동법 시행기념비가
경기도 평택시 소사동에 있다.

작품 해제
「천성일록」은 김육의 『잠곡유고(潛谷遺稿)』 제14권 「錄」에 있다. 천성일록은
정미년(1607, 선조 40) 4월 3일 김육이 고홍달(高弘達), 조행립(曺行立), 박호(朴
濠) 등과 함께 송경에 가서 평양 대부인의 행차를 맞이하고, 박연폭포를
유람한 4박 5일의 과정을 기록한 글이다. 개성의 중요 유적지를 섭렵하며
경관과 느낌을 상세하게 서술하였다. 그리고 저술목적이 개성의 유적을
지인들에게 알리고 훗날 자신이 다시 찾을 때 참고하기 위한 것이었다고
밝힌 만큼 방문지간의 거리까지 꼼꼼히 기록해 놓은 것이 특징이다.

수록 문집 소개
『잠곡유고(潛谷遺稿)』는 김육의 문학과 사상을 한눈에 살피게 하는 책이며,
대동법의 실시, 새로운 역법의 시행, 수레의 사용, 수차를 이용한 관개법,
동전의 유통 등 주로 저자의 경제정책에 대한 의견 등을 개진하고 있다.
김좌명의 아들 김석주(金錫胄)가 숙종 초에 한구자(韓構字)를 주조하고 1683년
경 초간본을 14권 7책으로 재편집해서 이 활자로 인행하였다.

유람 일정

4월 3일 : 출발⇒ 사현(沙峴)⇒ 경리(經理)비각⇒ 옹암⇒ 동파역에서 숙박

4월 4일 : 풍우교(楓友橋)⇒ 동성(東城)에서 문충당을 바라 봄⇒ 동대문⇒ 성균관⇒ 탄현⇒ 귀법사옛터⇒ 막제현(莫啼峴)⇒ 종자동(種子洞)⇒ 비문현(碑門峴)⇒ 토교⇒ 영통사⇒ 홍성사⇒ 환희령⇒ 지족사

4월 5일 : 지족사 출발⇒ 적멸암⇒ 대흥사⇒ 개성암(開聖庵)⇒ 석문담(石門潭)·마담(馬潭)⇒ 태종대⇒ 관음굴⇒ 구담(龜潭)⇒ 제룡단(祭龍壇)⇒ 박연(편룡암(鞭龍巖)·고모담)⇒ 운거사(雲居寺)⇒ 길성동(吉城洞)⇒ 수령(水嶺)⇒차일암(遮日巖)⇒ 남성거암의 폐허⇒ 석령(石嶺)⇒ 인호대(印號臺)⇒ 북성거암(법달굴·제자굴)유람

4월 6일 : 원통사⇒ 홍복사(洪福寺) 유허지⇒ 현화사 상암(上庵)⇒ 현화사⇒ 광암령(廣巖嶺)⇒ 화장사

4월 7일 : 환경(還京)

10.0

저자	이정구[李廷龜, 1564(명종 19)~1635(인조 13)]
제목	유송악기(遊松嶽記)·유화담기(遊花潭記)
출전	『월사집(月沙集)』
유람 시기	1614년(광해군 6)
담당자	장지연(대전대학교)

저자 소개

7.0의 저자 소개 참조.

작품 해제

「유송악기(遊松嶽記)」와 「유화담기(遊花潭記)」는 이정구[李廷龜, 1564(명종 19)~1635(인조 13)]가 1614년(광해군 6)에 기우제를 위하여 송도를 방문했을 때의 기록이다. 이정구는 송악에 가게 되었고, 강인(姜絪)은 오관산에 가게

되어 함께 왔으며, 당시 개성유수로 있던 홍이상(洪履祥)의 접대를 받았다. 도착한 다음날 아침에 만월대 서쪽으로 송악산에 올라 송악사(松岳祠)에서 밤에 제례를 드렸다. 이를 기록한 것이 「유송악기」이다. 이튿날 그는 제례를 마치고 자하동에 들렀다가, 화담을 유람하자는 홍이상의 권유에 귀법사를 거쳐 화담으로 갔으며, 오관산에서 제례를 마친 강인도 여기에 합류하였는데, 이를 기록한 것이 「유화담기」이다. 「유송악기」는 기우제의 제장이자 민간신앙의 대상이던 송악사의 상황과 이에 대한 신앙 행위들을 잘 보여주고, 「유화담기」는 홍이상 등의 주도로 화담서원이 건립된 사실 등이 기록되어 있다. 17세기 개성의 상황을 잘 보여주는 기행문이다.

수록 문집 소개
7.0의 수록 문집 소개 참조.

유람 일정
1614년(광해군 6) : 송악산(松嶽山)⟹ 신사(神祠)⟹ 자하동(紫霞洞)⟹ 탄현(炭峴)⟹ 귀법사(歸法寺) 옛 터⟹ 화담(花潭)

11.0

저자	이덕형[李德泂, 1566(명종 21)~1645(인조 23)]
제목	송도기이(松都記異)
출전	『대동야승(大東野乘)』
유람 시기	1631년(인조 9) 5월
담당자	신안식(가톨릭대학교)

저자 소개
본관은 한산(韓山), 자는 원백(遠伯), 호는 죽천(竹泉)이다. 아버지는 호군 이오(李澳)이고, 어머니는 여흥 민씨(驪興閔氏)로 민원종(閔元宗)의 딸이다. 1590년(선조 23)에 진사가 되었고, 1596년 정시 문과에 을과로 급제하여 예문관 검열이 되었다. 이후 황해감사·예조판서·판의금부사·우찬성 등의 벼슬을 지냈고, 1629~1631년(인조 7~9)에 개성부 유수를 지냈다. 저서로는 『죽창한화(竹窓閑話)』·『송도기이(松都記異)』 등이 있다.

작품 해제

이덕형이 1631년(인조 9) 5월에 쓴 글이며 『대동야승(大東野乘)』 권70에 실려 있다. 이 책은 저자가 개성부 유수로 재직했을 때 그 지역에서 전하는 설화 및 보고 들은 바를 모아서 엮은 야담집이다. 책머리에 서문을 실었고, 본문에는 화담 서경덕, 차식·안경창·최영수·황진이·한명회·차천로·한호·임제 등 송도 출신 인사들에 얽힌 설화들을 수록하였다. 부록에는 고려 우왕·창왕의 가짜 왕씨(王氏) 설과 이 책의 후기를 수록하고 있다. 책 끝에는 신익성(申翊聖)·이식(李植)·이경전(李慶全) 등의 발문이 실려 있다.

수록 문집 소개

『대동야승(大東野乘)』은 조선 초부터 인조 때까지의 작품들을 수록한 것이다. 이는 총서명이며 한 개인이 저술한 것이 아니라 여러 저자들에 의하여 편술된 것이다. 편목 중 『기축록 속』은 황혁(黃赫)의 『기축록』을 추가 보충한 것으로 그 내용이 효종과 숙종 때의 사실을 다루고 있는 것으로 보아, 이 책의 편찬 시기 또한 숙종말~영·정조 사이일 것으로 추측된다. 사본 72권 72책으로 전해오던 것을 1909~1911년에 조선고서간행회(朝鮮古書刊行會)에서 13책으로 출판하여 널리 퍼졌고, 1968년에 다시 4책으로 영인·출판하였다. 1971년에 민족문화추진회에서 원문이 포함된 번역본 17책을 간행한 바 있다.

유람 일정

1631년(인조 9) 5월

12.0

저자　　　박장원[朴長遠, 1612(광해군 4)~1671(현종 12)]

제목   유박연기(遊朴淵記)
출전   『구당선생집(久堂先生集)』
유람 시기   1646년(인조 24) 4월 23일~25일
담당자   김순자(전 중국 정주경공업대학)

저자 소개
조선 중기의 문신. 본관은 고령(高靈), 자는 중구(仲久), 호는 구당(久堂) 또는
습천(隰川). 아버지는 직장(直長) 박훤(朴烜)이며, 어머니는 돈녕부 도정 심현
(沈誢)의 딸 청송 심씨(靑松沈氏)이다. 1636년(인조 14) 전시(殿試)에서 2등으
로 급제하였으나 병자호란으로 이듬해 가을에 방방(放榜)되어 승문원에 들어
갔다. 1646년 배천 군수(白川郡守)가 되었으며, 이때 「유박연기(遊朴淵記)」를
지었다. 서인(西人)으로 인조~효종년간 당쟁의 중심인물이었다. 이조판서,
예조판서, 한성부 판윤 등을 역임한 뒤 1671년 자청하여 개성부 유수로
부임하여 재임 중 사망하였다. 시호는 문효(文孝).

작품 해제
박장원[朴長遠. 1612년(광해군 4)~1671년(현종 12)]이 배천 군수(白川郡守)로
재직 중이던 1646년(인조 24) 4월 23일~25일까지 3일간 개성을 유람하고
이듬해에 기록한 기행문. 그의 문집인『구당선생집(久堂先生集)』권15에 실려
있다.

수록 문집 소개
『구당선생집(久堂先生集)』은 박장원[朴長遠. 1612년(광해군 4)~1671년(현종
12)]의 문집이며, 원집(原集) 20권과 부록 4권으로 구성. 저자의 증손인 박문수
(朴文秀)가 경상도 관찰사로 재직 중이던 1730년(영조6) 대구에서 목판본으로
간행하였다.

유람 일정
1646년 4월 23~25일 3일간
4월 23일(갑신) : 배천[白川郡] 출발⇒ 전포진⇒ 자론리⇒ 마천촌(숙박)

4월 24일(을유) : 새벽 출발⟹ 설마치⟹ 정자사⟹ 박연폭포(상연 박연, 하연 고모담)⟹ 금천(숙박)

4월 25일(병술) : 발산나루(鉢山渡)⟹ 배천 돌아옴

13.0

저자   김수증[金壽增, 1624(인조 2)~1701(숙종 27)]
제목   유송도기(遊松都記)
출전   『곡운집(谷雲集)』
유람 시기   1670년(현종 11) 8월
담당자   안병우(한국학중앙연구원)

저자 소개

조선 후기의 문신이자 성리학자. 본관은 안동이고, 자는 연지(延之), 호는 곡운(谷雲)이다. 김상헌(金尚憲)의 손자이고, 김수항(金壽恒)의 형이다. 1650 년(효종 1)에 생원시에 합격한 후 세마(洗馬), 형조정랑, 공조정랑, 성천 부사 등을 역임하였다. 1675년(숙종 1) 성천 부사 재직시 동생 김수항이 송시열과 함께 유배되자 벼슬을 그만두고 강원도 화천에 있는 농수정사(籠水精舍)로 돌아가 그곳을 곡운(谷雲)이라 이름 지었다. 기사환국으로 송시열과 김수항 등이 죽자 화음동(華蔭洞)에 은거하였고, 갑술옥사 후 한성부 좌윤, 공조참판 등에 제수되었으나 모두 사퇴하고 화악산(華嶽山) 골짜기로 들어가 은둔하였 다. 이때 그는 성리학에 심취하여 북송 성리학자들의 저서를 탐독하였다. 저서로는 『곡운집』과 『곡운구곡도첩』이 있다. 젊어서부터 산수를 좋아하여 금강산 등 여러 곳을 유람한 뒤 기행문을 남겼다.

작품 해제

1670년 김수증이 안악군수로 임명되어 부임하는 길에 이틀 동안 개성을 유람한 내용을 기록한 글이다.

수록 문집 소개

1711년(숙종 37) 김수증의 조카 김창흡(金昌翕)이 편집·간행하였으며, 6권 3책의 목판본이다. 권1·2에 시 547수, 권3·4에 가기(家記) 12편, 기 19편, 권5에 서(書) 43편, 제문 5편, 권6에 장지(狀誌) 4편, 잡문 14편 등이 수록되어 있다. 그 가운데 기는 대부분 산천을 유람한 기행문으로 권3에 유송도기(遊松都記)가 실려 있다.

유람 일정

8월 첫날 : 평산⇒ 오조천 -박연 하류 건넘⇒ 운거사(숙박)
제2일 : 운거사⇒ 박연⇒ 관음굴⇒ 식사⇒ 태종대⇒ 마담⇒ 기담⇒ 대흥동⇒ 계곡⇒ 적멸암⇒ 만경대⇒ 적조암⇒ 봉암암⇒ 태안사터⇒ 천마봉 옆⇒ 영통사 ⇒ 백화담⇒ 화곡서원⇒ 서화담 묘소⇒ 선죽교⇒ 숭양서원

14.0

저자   김창협[金昌協, 1651(효종 2)~1708(숙종 34)]
제목   유송경기(游松京記)
출전   『농암집(農巖集)』
유람 시기   1671년(현종 12) 3월 4일(乙卯)~10일(辛酉)
담당자   서성호(전 국립중앙박물관)

저자 소개

본관은 안동(安東)이다. 자는 중화(仲和), 호는 농암(農巖)·삼주(三洲) 등이다. 청음(淸陰) 김상헌(金尙憲)의 증손자로, 아버지는 영의정을 역임한 김수항(金壽恒)이고, 어머니는 해주 목사를 지낸 나성두(羅星斗)의 딸 안정 나씨(安定羅氏)이다. 1682년(숙종 8) 증광별시 문과에 장원으로 급제하였고, 대사성·예조참의·대사간 등을 역임하였다. 1694년 갑술옥사 이후 대제학 등 많은 벼슬에 임명되었으나 번번이 사직소를 올리고 학문에 전념하였다. 아우 삼연(三淵) 김창흡과 함께 농연(農淵) 형제로 일컬어지며 당대의 문운(文運)을 주도하였

고, 철학에서는 낙론(洛論)의 종장으로 추숭되는 인물이다. 안동 김씨 중에서
도 속칭 장동 김씨(壯洞金氏)의 일원으로서, 숙종대의 치열한 정치 상황에서
갈등한 노론(老論)의 정치가이기도 하였다. 문장이 단아하고 순수하며, 글씨
에도 능하였다. 시호는 문간(文簡)이다.

작품 해제
조선 후기의 문신이자 문인인 농암(農巖) 김창협(金昌協, 1651~1708)의 개성
여행기이다. 김창협은 1671년(현종 12) 동생 김창흡과 함께 강화(江華)에
머물다가 개성을 답사하고 와서 이 여행기를 남겼다. 김창협의 문집인 『농암
집』(원집 권23)에 실려 있다. 21세의 김창협은 강화로 가서 당시 강화유수로
재직하던 중부(仲父) 김수흥(金壽興)을 뵙고 독서하며 머물다가 3월이 되어
한양으로 돌아가려던 계획을 바꾸어 평소 숙원이던 개성 여행을 하기로
하였다. 이 여행에는 마침 김수흥의 사위로서 강화에 와 있던 김창협의
친구 송광속(宋光涑)이 동행하였고, 같이 가기를 청한 승려 계철(戒哲)·승린(勝
璘)·학련(學連)·계준(戒俊)도 함께 하였다. 이 여행기는 6박7일간의 개성 답사
를 시간과 노정을 따라 기록하였는데, 묘사가 사실적이어서 여정이 눈에
보는 듯하다. 사찰의 창건자와 시대, 사찰에 보존된 유물·유적 등을 자세히
고찰한 점도 자료적 가치가 있다.

수록 문집 소개
조선 후기의 문신·학자인 농암(農巖) 김창협(金昌協)의 시문집이다. 대략
원집(原集), 속집(續集), 별집(別集)으로 구분되며, 원집은 다시 권1에서 권34까
지 편차된 초간본(初刊本)과 여기에 권35와 권36을 덧보탠 보각본(補刻本)으로
나뉜다. 이 중 원집 34권은 김창협이 사망한 이듬해인 1709년(숙종 35)에
문인 김시좌(金時佐) 등이 유문을 수집하고, 1710년에 아우 김창흡(金昌翕)
등이 활자로 출간하였다. 원집에는 17세기의 대표적인 금강산 유람기로
꼽히는 「동유기(東游記)」와 함께, 개성 일대를 유람하고서 쓴 시와 「유송경기
(遊松京記)」, 1675년에 역시 개성의 박연과 화담 등지를 기행하고 쓴 「서유기
(西游記)」가 수록되어 있다.

유람 일정

3월 4일(을묘) : 경천사⇒ 개성 도착(숙박 : 객관 추정)

3월 5일(병진) : 숭양서원⇒ 선죽교⇒ 만월대⇒ 탄현⇒ 귀법사⇒ 화담서원(花潭書院)⇒ 영통사(숙박)

3월 6일(정사) : 태안사(泰安寺)⇒ 봉암전(鳳岩殿)⇒ 범림암(梵林菴)⇒ 적조암(寂照菴)⇒ 문수암⇒ 보현암⇒ 만경대(萬景臺)⇒ 적멸암(寂滅菴)⇒ 대흥사⇒ 청량담(淸凉潭)⇒ 마담(馬潭)⇒ 태종대⇒ 관음사(숙박)

3월 7일(무오) : 박연⇒ 운거사(雲居寺)⇒ 원통사(숙박)

3월 8일(기미) : 화장사(華藏寺)(숙박)

3월 9일(경신) : 적벽(赤壁)⇒ 적성(積城)⇒ 임진(숙박 : 村舍)

3월 10일(신유) : 한양 도착.

15.0

저자	김창협[金昌協, 1651(효종 2)~1708(숙종 34)]
제목	서유기(西游記)
출전	『농암집(農巖集)』
유람 시기	1675년(숙종 원년) 윤5월 8일(乙未)~14일(辛丑)
담당자	서성호(전 국립중앙박물관)

저자 소개

본관은 안동(安東)이다. 자는 중화(仲和), 호는 농암(農巖)·삼주(三洲) 등이다. 청음(淸陰) 김상헌(金尙憲)의 증손자로, 아버지는 영의정을 역임한 김수항(金壽恒)이고, 어머니는 해주 목사를 지낸 나성두(羅星斗)의 딸 안정 나씨(安定羅氏)이다. 1682년(숙종 8) 증광별시 문과에 장원으로 급제하였고, 대사성·예조참의·대사간 등을 역임하였다. 1694년 갑술옥사 이후 대제학 등 많은 벼슬에 임명되었으나 번번이 사직소를 올리고 학문에 전념하였다. 아우 삼연(三淵) 김창흡과 함께 농연(農淵) 형제로 일컬어지며 당대의 문운(文運)을 주도하였고, 철학에서는 낙론(洛論)의 종장으로 추숭되는 인물이다. 안동 김씨 중에서

도 속칭 장동 김씨(壯洞金氏)의 일원으로서, 숙종대의 치열한 정치 상황에서
갈등한 노론(老論)의 정치가이기도 하였다. 문장이 단아하고 순수하며, 글씨
에도 능하였다. 시호는 문간(文簡)이다.

작품 해제

조선 후기의 문신이자 문인인 농암(農巖) 김창협(金昌協, 1651~1708)이 개성을
돌아보고 쓴 기행문이다. 김창협은 25세 때인 1675년(숙종 1) 윤5월 황해도
풍덕(豊德)에서 이이(李珥)의 위패를 모신 사당[후일의 구암서원(龜巖書院)]의
낙성식을 참관한 뒤 박연(朴淵)과 화담(花潭), 만월대 등 개성 일대의 여러
곳을 유람하고 돌아왔는데, 이를 기록한 것이다. 김창협의 문집인『농암집(農
巖集)』(원집 권23)에 실려 있다. 이 여행에는 동년 급제인 최방준(崔邦儁)·이홍
(李泓)이 동행하였다. 김창협 일행은 윤 5월 8일 서울을 출발하여 고양,
덕수를 거쳐 10일 개성에 도착하여 박연, 구담(龜潭), 관음굴(觀音窟), 만월대,
숭양서원(崧陽書院), 선죽교, 화장사(華藏寺) 등을 답사하고 임진강, 화석정(花
石亭)을 경유하여 14일 서울로 돌아왔다. 이 여행은 「유송경기(游松京記)」
이후 4년 만의 개성 유람인 셈인데, 보현암, 영통사, 대흥사, 만경대를 비롯하여
천마산·성거산·오관산 등의 상당수 사찰·암자나 명승지들은 4년 전과 달리
들르지 않은 것으로 보인다.

수록 문집 소개

조선 후기의 문신·학자인 농암(農巖) 김창협(金昌協)의 시문집이다. 대략
원집(原集), 속집(續集), 별집(別集)으로 구분되며, 원집은 다시 권1에서 권34까
지 편차된 초간본(初刊本)과 여기에 권35와 권36을 덧보탠 보각본(補刻本)으로
나뉜다. 이 중 원집 34권은 김창협이 사망한 이듬해인 1709년(숙종 35)에
문인 김시좌(金時佐) 등이 유문을 수집하고, 1710년에 아우 김창흡(金昌翕)
등이 활자로 출간하였다. 원집에는 17세기의 대표적인 금강산 유람기로
꼽히는 「동유기(東游記)」와 함께, 개성 일대를 유람하고서 쓴 시와 「유송경기
(遊松京記)」, 1675년에 역시 개성의 박연과 화담 등지를 기행하고 쓴 「서유기
(西游記)」가 수록되어 있다.

유람 일정

윤5월 8일(을미) : 경성(京城)⟹ 고양⟹ 임진강변 민가(숙박)

윤5월 9일(병신) : 동파역(東坡驛)⟹ 사천(沙川)⟹ 덕수(德水)(숙박)

윤5월 10일(정유) : 송도(松都)⟹ 남문 밖(숙박)

윤5월 11일(무술) : 영은령(靈隱嶺)⟹ 박연⟹ 운거사(雲居寺)⟹ 박연⟹ 구담(龜潭)⟹ 관음굴(觀音窟)⟹ 태종대(太宗臺)(숙박?)

윤5월 12일(기해) : 박연⟹ 송도⟹ 만월대⟹ 숭양묘(崧陽廟)⟹ 선죽교⟹ 탄령(炭嶺)⟹ 화곡(花谷)⟹ 화장사(華藏寺)(숙박)

윤5월 13일(경자) : 임진강⟹ 화석정(花石亭)⟹ 고양(숙박)

윤5월 14일(신축) : 경성

16.0

저자   오원[吳瑗, 1700(숙종 26)~1740(영조 16)]
제목   서유일기(西遊日記)
출전   『월곡집(月谷集)』
유람 시기 1729년(영조 5) 4월 2일~7일
담당자   김순자(전 중국 정주경공업대학)

저자 소개

본관은 해주(海州), 자는 백옥(伯玉), 호는 월곡(月谷). 할아버지는 오두인(吳斗寅), 아버지는 오진주(吳晉周), 어머니는 예조판서 김창협(金昌協)의 딸이며, 오태주(吳泰周)에게 입양되었다. 1723년(경종 3) 사마시에 합격하고 1728년(영조 4) 정시 문과에 장원하였다. 1732년 동지사(冬至使)의 서장관(書狀官)으로 청(淸)에 다녀왔고, 부제학, 공조참판을 역임하였다.

작품 해제

오원[吳瑗. 1700년(숙종 26)~1740년(영조 16)]이 1729년(영조5) 4월 2일~7일까지 6일간 서제 오무(吳斌)와 함께 개성을 유람하고 남긴 기행문. 그의

문집인 『월곡집(月谷集)』 권10에 수록되어 있다. 이 해 3월 오원은 정언(正言)
으로 이광좌(李光佐)의 죄를 논하는 상소를 올렸다가 삭직되었다.

수록 문집 소개
『월곡집(月谷集)』은 오원(吳瑗. 1700~1740)의 문집. 14권 7책으로 구성되어
있으나, 서문과 발문이 없어 간행 연대를 알 수 없다. 「서유일기(西遊日記)」
외에도 호남지방 기행문인 「호좌일기(湖左日記)」, 「순해일기(巡海日記)」, 「금
양유기(衿陽遊記)」와 영평 백운산 여행기인 「영협일기(永峽日記)」, 금강산
기행문인 「유풍악일기(遊楓嶽日記)」 등이 수록되어 있다.

유람 일정
1729년(영조 5) 4월 2~7일 6일간
4월 2일(병자) : 돈의문 출발⟹ 벽제⟹ 파주 시곡(柴谷)⟹ 화석정(花石亭)⟹
임진(숙박)
4월 3일 : 임진 출발⟹ 오목점(梧木店)⟹ 판적교(板積橋)⟹ 조원(朝院)⟹ 탁타
교(橐駝橋)⟹ 동현(銅峴)⟹ (점심)⟹ 경덕궁(敬德宮)⟹ 저지교(猪支橋)⟹ 개성
남대문⟹ 연경궁[延慶宮 : 동지(東池), 간의대(簡儀臺)]⟹ 관덕정(觀德亭)⟹ 잠
두봉(蠶頭峯)⟹ 숭양서원(崇陽書院)⟹ 설창후(薛昌垕) 집(숙박)
4월 4일 : 출발⟹ 선죽교⟹ 성균관⟹ 탄현(炭峴)⟹ 귀법사(歸法寺)⟹ 화곡서원
(花谷書院)⟹ 서사정(逝斯亭)⟹ 수옥담(漱玉潭)⟹ 고암(鼓巖)⟹ 토교(土橋), 서
루대(西樓臺)⟹ 백석담(白石潭)⟹ 영통사(靈通寺)⟹ 백석담⟹ 백화담(百花潭)
⟹ 구동현(嫗洞峴)⟹ 괴정(槐亭)⟹ 남문⟹ 대흥동⟹ 석문담(石門潭)⟹ 청심담
(淸心潭)⟹ 영통사 약사전(숙박)
4월 5일 : 석문담⟹ 청심담⟹ 마담(馬潭)⟹ 태종대⟹ 박연폭포 상담⟹ 북문⟹
범사정(泛槎亭)⟹ 관음사(아침밥)⟹ 관음굴⟹ 북문⟹ 박연폭포⟹ 관음사(숙박)
4월 6일 : 박연폭포(상담, 하담)⟹ 구담⟹ 관음사(아침밥)⟹ 마담⟹ 석문담⟹
오도현(吾道峴)⟹ 추암(皺巖)⟹ 수옥담(漱玉潭)⟹ 서사정(逝斯亭)⟹ 귀법천(歸
法川)⟹ 개성 성균관⟹ 어은동(於隱洞. 점심밥)⟹ 남문⟹ 접현⟹ 발막⟹ 오목점
(숙박)
4월 7일 : 임진강⟹ 화석정⟹ 풍계사(豊溪祠)⟹ 시곡(점심)⟹ 창릉점(昌陵店)

⇒ 귀경

17.0

저자	이덕무[李德懋, 1741(영조 17)~1793(정조 17)]
제목	계사춘유기(癸巳春遊記)
출전	『아정유고(雅亭遺稿)』
유람 시기	1773년(영조 49) 윤3월 25일~28일
담당자	안병우(한국학중앙연구원)

저자 소개
조선 후기의 대표적인 북학자이다. 본관은 전주, 자는 무관(懋官)이며, 호는 형암(炯庵), 아정(雅亭), 청장관(靑莊館) 등이다. 정종의 열다섯째 아들인 무림 군(茂林君) 선생(善生)의 14세손이며, 아버지는 통덕랑 성호(聖浩)이고, 어머니는 반남 박씨로 토산현감 박사렴(朴師濂)의 딸이다. 박학다식하고 문장에 개성이 뚜렷해 일세에 문명을 떨쳤으나, 서자였기 때문에 크게 등용되지 못하였다. 박지원·홍대용·박제가 등의 북학파 실학자들과 깊이 교유하였고, 1778년(정조 2) 사은겸진주사(謝恩兼陳奏使) 심염조(沈念祖)의 서장관으로 연경에 가서 청나라 석학들과 교류하였다. 정조의 사랑을 받아 1779년에 박제가·유득공·서이수와 함께 초대 규장각 외각 검서관이 되었고, 내각 검서관, 적성현감 등을 거쳐 사옹원 주부가 되었다. 시문에 능해 규장각 경시대회에서 여러 번 장원을 차지하였으며, 글씨도 잘 썼고 그림도 잘 그렸는데, 특히 거미와 새, 짐승을 잘 그렸다 한다. 규장각에서 『도서집성(圖書集成)』·『국조보감(國朝寶鑑)』·『송사전(宋史筌)』·『대전회통(大典會通)』 등의 편찬에 참여하였고, 『관독일기(觀讀日記)』·『기년아람(紀年兒覽)』·『아정유고(雅亭遺稿)』 등 많은 저서를 남겼다.

작품 해제
계사춘유기는 1773년(영조 49) 윤삼월에 이덕무가 박지원, 유득공과 함께

평양을 유람하려고 가는 도중에 거쳐 간 파주와 개성, 평산, 서흥을 둘러보고
쓴 기행문이다. 이 글에는 나흘간의 일정만 기록하였다.

수록 문집 소개

12권 6책인데, 5·6권 1책, 9·10권 1책은 결본이다. 필사본이며 『청장관고(靑莊
館稿)』라고도 한다. 저자 자신이 시문 가운데에서 선집한 것이다. 이덕무가
죽은 뒤에 왕명에 의하여 『아정유고』가 간행되었다. 이는 필사본에서 간추려
만든 것이므로 편차와 분량이 다르다. 권1~4에 시 600여 수, 권7·8에 서(書)
385편, 권11에 서 47편, 권12에 응지(應旨) 시 13수, 서(序) 1편, 전(傳) 2편,
책(策) 1편, 춘첩(春帖) 1편, 주련(柱聯) 16구 등이 실려 있다. 계사춘유기(癸巳春
遊記)는 『아정유고』 권3에 실려 있다.

유람 일정

윤3월 25일 : 홍제원⇒ 녹반현⇒ 파주에서 숙박
26일 : 화석정⇒ 개경 선비 양정맹 집(점심)⇒ 남대문⇒ 청석동(숙박)
27일 : 청석동⇒ 평산 마당점(점심)⇒ 총수점(숙박)
28일 : 총수점⇒ 서흥(점심)⇒ 용천관 영파루

18.0

저자	송병선[宋秉璿, 1836(헌종 2)~1905(고종 42)]
제목	서유기(西遊記)
출전	『연재집(淵齋集)』
유람 시기	1867년(고종 4) 11월 13일(임술)~17일(병인)
담당자	안병우(한국학중앙연구원), 장지연(대전대학교), 정요근(서울대학교)

저자 소개

조선 말기의 학자이자 순국지사이다. 본관은 은진이고, 자는 화옥(華玉)이며,

호는 연재(淵齋)이다. 송시열의 9세손이며, 여러 차례 관직에 임명되었지만 나아가지 않았다. 1905년 을사조약이 체결되자 '흉악한 적을 토벌하기를 요청하는 글'(請討凶賊疏)을 올렸고, 을사오적을 처형할 것 등을 요구하였다. 을사늑약 반대 운동을 전개하려 하였으나 경무사 윤철규(尹喆圭)에게 속아 대전으로 강제 호송된 후 독약을 마시고 자결하였다. 저서로 『근사속록(近思續錄)』, 『연재집』 등이 있다. 시호는 문충(文忠)이고, 영동 문충사(文忠祠)에 배향되었다. 1962년에는 건국훈장 독립장이 추서되었다. 그는 1867년 종제(從弟) 송병찬(宋秉瓚)이 황해도 송화(松禾)의 현감(縣監)이 된 것을 계기로 송화에 들렀다가 황해도와 평양, 그리고 개성 일대를 유람하고 「서유기(西遊記)」를 남겼다. 「서유기」는 『연재집』 권19, 잡저(雜著)에 실렸다.

작품 해제

「서유기(西遊記)」는 송병선이 1867년(고종 4) 9월~11월 평양(平壤), 개성 등 해서(海西)와 관서(關西) 지방을 유람했을 때의 기록이다. 1867년에 종제(從弟) 송병찬(宋秉瓚)이 황해도 송화의 현감이 되자, 저자는 송화를 방문하고 황해도와 평양, 개성 일대를 유람하였는데, 「서유기」는 그때의 내용을 기록한 글이다. 송화와 구월산(九月山), 장수산(長壽山), 황주와 평양, 해주, 개성과 교하 등을 거쳐 돌아오는 과정을 일정별로 나누어 기록하였으며, 전체는 '자회향지송화기(自懷鄕至松禾記)', '자송화지구월산기(自松禾至九月山記)', '자구월산지장수산기(自九月山至長壽山記)', '자장수산역황주지평양기(自長壽山歷黃州至平壤記)', '자평양환송화기(自平壤還松禾記)', '관장연제승부환송화기(觀長淵諸勝復還松禾記)', '발송화역석담지해주기(發松禾歷石潭至海州記)', '자해주역연안지송도기(自海州歷延安至松都記)', '자송도역천마지성거산기(自松都歷天磨至聖居山記)', '자성거산지교하기' 등으로 구성되어 있다.

수록 문집 소개

송병선의 문집인 『연재집』은 저자가 순국한 후인 1907년경에 목판으로 처음 간행되었다. 전체 53권 24책으로 구성되었으며, 현재 규장각(古3428-146), 국립중앙도서관(한46-가918), 연세대학교 중앙도서관(811.98/송병선/연) 등에 소장되어 있다.

유람 일정

11월 13일(임술) : 청단역⇒ 연안부⇒ 연성대첩비⇒ 남대지(군자정)⇒ 이창매 묘⇒ 토산현⇒ 배천 벽란도 구병연 집(숙박)

11월 14일(계해) : 예성강 나루⇒ 죽백현⇒ 두문동⇒ 오정문 터⇒ 한천사⇒ 수창궁 터⇒ 만월대⇒ 봉명산⇒ 송상현 집터⇒ 남대문루⇒ 경덕궁터⇒ 숭양서원⇒ 선죽교⇒ 추모비⇒ 목청궁터⇒ 성균관

11월 15일(갑자) : 탄현⇒ 귀법사⇒ 화담서원⇒ 서사정⇒ 전석현⇒ 현화사터⇒ 천마관⇒ 대흥산성⇒ 대흥사⇒ 태종대⇒ 관음사⇒ 박연⇒ 대흥사(숙박)

11월 16일(을축) : 성거산(聖居山)⇒ 화담(花潭)⇒ 임진나루(臨津)⇒ 숙소(임진나루)

11월 17일(병인) : 숙소⇒ 율리(栗里)⇒ 화석정(花石亭)⇒ 향양리(向陽里)⇒ 성수침(成守琛)의 묘⇒ 성혼(成渾)의 묘⇒ 파주읍(坡州邑)⇒ 누현(樓峴)⇒ 교하(交河)의 부산(缶山)⇒ 심원(樽園)에 있는 김박연(金博淵)의 집

개성유람 지도

| 제작 |

박선영/정요근

| 공간정보 제공 |

박종진/신안식/전경숙
이지선/변성아/김지영/김현종

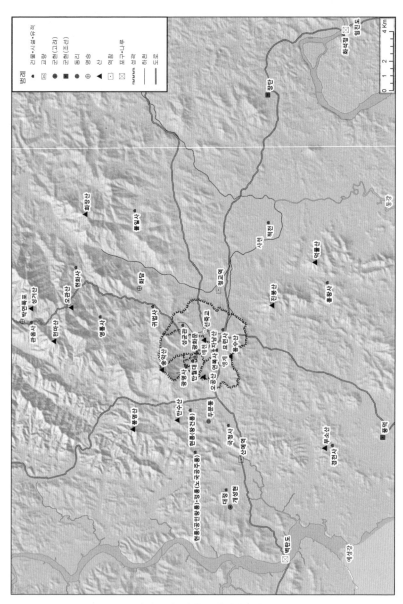

〈지도 1〉 개성 유람(전체지도)

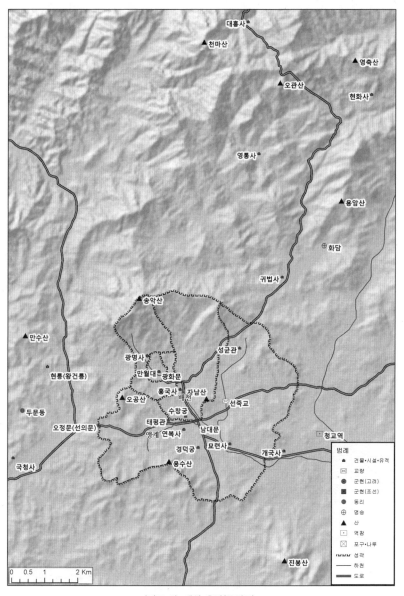

대흥사

천마산

영축산

오관산

현화사

영통사

용암산

화담

귀법사

송악산

만수산

광명사
성균관

현릉(왕건릉)
만월대 광화문

흥국사 자남산
두문동
오공산 배천 선죽교
수창궁

오정문(선의문)
태평관 남대문
양계 연복사 청교역

국청사
경덕궁 묘련사
용수산 개국사

진봉산

범례

- 건물·시설·유적
⊠ 교량
● 군현(고려)
■ 군현(조선)
● 동리
⊕ 명승
▲ 산
역참
☒ 포구·나루
성곽
하천
도로

0 0.5 1   2 Km

〈지도 2〉 개성 유람(근접도)

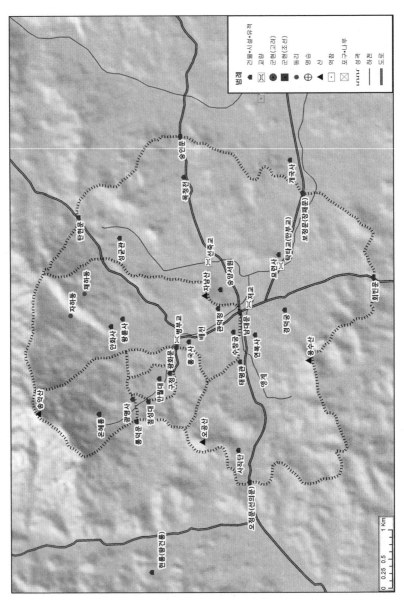

〈지도 3〉 개성 유람(개성시내도)

개성유람기 인명 일람

가섭(迦葉) 석가모니의 10대 제자 중 한 사람. 석가모니가 열반에 든 후 제자들의 집단을 이끌어가는 영도자의 역할을 수행하였다. 두타제일(頭陀第一)이라는 호칭으로 도 불린다.

강감찬(姜邯贊) 948(정종 3)~1031(현종 22). 고려 전기의 문신으로, 본관은 금주(衿州), 초명은 은천(殷川)이다. 983년(성종 3) 과거에 갑과 장원으로 급제하였다. 1010년(현종 1) 거란의 제2차 침입 때와 1018년 거란의 제3차 침입 때 거란군의 격파에 큰 공을 세웠다. 또한 개경에 나성을 쌓을 것을 주장해 국방에 큰 공을 세우기도 했다. 저서로는 『낙도교거집(樂道郊居集)』, 『구선집(求善集)』이 있었다고 하나 전하지 않는다.

강융(姜融) ?~1349(충정왕 1). 진주 관노의 손자로, 대표적인 부원세력의 한 사람. 본명은 강장(姜莊). 충선왕의 측근으로 활약하였다. 충숙왕 대에도 진녕부원군(晉寧府院君)에 봉해지는 등 영전을 거듭하였는데, 딸이 원나라 승상 톡토[脫脫]의 애첩이었던 점이 작용한 것으로 보인다. 1348년(충목왕 4)에는 경천사에 10층탑을 세웠다.

강인(姜絪) 1555(명종 10)~1634(인조 12). 조선 중기의 문신. 본관은 진주. 자는 인경(仁卿), 호는 시암(是庵). 아버지는 우의정 강사상(姜士尙)이다. 천거로 왕자사부에 제수되었고, 여러 고을의 수령을 지냈다. 임진왜란 때 왕을 호종한 공으로 1604년 호성공신(扈聖功臣) 3등에 녹훈되고, 진창군(晉昌君)에 봉해졌다. 1627년(인조 5) 정묘호란 때는 회답사(回答使)로 적진을 오가며 적정을 비밀리에 탐색한 바 있다. 일찍이 선천군수로 있을 때 30여 리의 관개수로를 팠는데, 백성들이 이것을 '강공제(姜公堤)'라 불렀다고 한다.

강조(康兆) ?~1010(현종 1). 고려 초기의 무신으로 1009년(목종 12) 목종의 어머니 천추태후(千秋太后)와 외척 김치양(金致陽)이 그들 사이에 태어난 아들을 목종의 후계자로 세우려는 음모를 꾸미자, 정변을 일으켜 대량군(大良君) 순(詢 : 현종)을 옹립하고 목종을 시해하였다. 현종 즉위 후 중대사(中臺使)가 되었고, 이듬해 거란의 성종이 목종을 시해한 것을 빌미로 40만 대군으로 침입해 오자 행영도통사(行營都統使)가 되어 30만의 군사로 통주(通州)에서 싸우다 사로잡혔다. 성종으로부터 자기의 신하가 되라는 회유와 압력을 받았으나, 끝내 거절하고 살해되었다. 『요사(遼史)』에는 강조(康肇)로 기록되어 있다.

강현(姜顯) 1486(성종 17)~1553(명종 8). 본관은 진주(晉州), 자는 현지(顯之), 호는 신안(新安), 시호는 혜평(惠平)이다. 아버지는 강문회(姜文會)이고 어머니는 김윤(金允)의 딸이다. 1513년(중종 8) 진사시에 합격하고 1517년(중종 12) 별시 문과에 급제하여 관직에 나아갔으며, 내외의 관직을 두루 역임하고 1551년(명종 6) 경연특진관이 되었다. 개성유수로 재직한 것은 실록에 기록되어 있지 않으나『중경지(中京誌)』에서 확인할 수 있다. 1538년(중종 33) 경상도관찰사 재직 시절 성주사고(星州史庫)가 불에 타자 파직된 적이 있으며, 1551년 경연에서 득세하고 있던 승려 보우(普雨)를 내치라고 건의한 것이 기록되어 있다.

강후(絳侯) ?~BC 169. 중국 전한(前漢) 초기의 무장(武將)인 주발(周勃)을 말한다. 주발은 강소성 패현(沛縣) 사람으로, 한나라 고조인 유방(劉邦)과 함께 병란을 일으켜 군공을 세우고, 강후에 책봉되었다.

고려 태조 877(헌강왕 3)~943(태조 25). 고려 제1대 왕(재위 918~943)으로, 본관은 개성(開城), 성은 왕(王), 이름은 건(建)이며, 자는 약천(若天), 시호는 신성(神聖)이다. 895년 아버지 금성태수(金城太守) 융(隆)을 따라 궁예의 휘하에서 견훤의 군사를 격파하였고 정벌한 지방의 구휼에도 힘써 백성의 신망을 얻었다. 궁예의 실정으로 홍유(洪儒)·배현경(裵玄慶) 등의 추대를 받아 918년 즉위하였다. 고려를 세운 후, 수도를 송악으로 옮기고 북진정책, 숭불정책, 호족 융합정책, 민심안정책 등을 표방하였다. 935년 신라 경순왕이 귀부하고, 이듬해 견훤과 함께 후백제를 공격하여 마침내 후삼국을 통일하였다. 이 해『정계(政誡)』,『계백료서(誡百寮書)』를 저술하여 정치의 귀감으로 삼게 하고 943년 후세의 왕들이 치국의 귀감으로 삼도록 〈훈요십조(訓要十條)〉를 유훈으로 남겼다. 서예에 뛰어났으며, 능은 현릉(顯陵)이다.

고홍달(高弘達) 1575(선조 8)~1644(인조 22), 조선 중기의 학자. 본관은 제주(濟州). 호는 달부(達夫), 죽호(竹湖). 아버지는 성주 통판(星州通判) 고현(高晛)이다. 1604년(선조 37) 사마시를 거쳐 성균관에 들어갔으나 광해군이 즉위한 뒤 대북세력이 인목대비를 폐하려는 논의를 일으키자 성균관을 떠났다. 인조반정 후 향리 부안에 은거하였다가 70세에 사망했다. 권필(權韠)과 교유하였다.

공민왕(恭愍王) 1330(충숙왕 17)~1374(공민왕 23). 고려 제31대 왕이며, 재위는 1351~1374년이다. 이름은 왕전(王顓), 초명은 왕기(王祺), 몽골식 이름은 바얀테무르(伯顏帖木兒)이며, 호는 이재(怡齋)·익당(益堂)이다. 아버지는 충숙왕(忠肅王), 어머니는 명덕태후(明德太后) 홍씨(洪氏)이다. 비(妃)는 원나라 위왕(魏王)의 딸 노국대장공주(魯國大長公主)이며, 그 외에 혜비 이씨(惠妃李氏)·익비 한씨(益妃韓氏)·정비 안씨(定妃安氏)·신비 염씨(愼妃廉氏)가 있다.

공민왕의 영정[恭愍王影幀] 현 개성특별시 용흥동의 화장사(華藏寺)에 봉안되어 있던 고려 제31대 공민왕의 초상화. 누가 그렸는지 알 수 없으나, 고려 말의 작품이라는

데에 별 이견이 없다. 한국전쟁 때 소실된 것으로 전한다. 일제가 1916년에 촬영할 당시 세로 208.2㎝, 가로 154.8㎝의 크기로, 화상의 길이가 약간 축소된 상태였다고 한다.

공용경(龔用卿)　명나라 사람으로 자(字)는 명치(鳴治), 호(號)는 운강(雲岡)이다. 1537년 (중종 32) 정사(正使)로 임명되어 조선에 파견된 적이 있었다. 이때의 경험을 참고하여 『사조선록(使朝鮮錄)』이라는 저술을 남겼다. 이 책은 모두 상하 2권으로 구성되었다. 상권에는 그가 조선에 사신으로 파견되었을 때 경험하였던 의례(儀禮)에 관한 내용이 서술되었다. 하권에는 사행의 여정 동안 지었던 수백 편의 시와 여러 의례에 대한 자신의 의견 등을 적었다.

공정(恭靖)　정종(定宗 : 1357~1419). 조선 제2대 왕으로, 이름은 경(曔)이다. 초명은 방과(芳果)이며, 자는 광원(光遠)이다. 태조 이성계(李成桂)의 둘째 아들로 어머니는 신의왕후 한씨(神懿王后韓氏)이다. 비는 정안왕후(定安王后)로 판예빈시사(判禮賓寺事) 김천서(金天瑞)의 딸이다.

곽광(藿光)　중국 한나라 때 사람으로 『한서』에 열전이 있다.

광묘(光廟)　조선의 세조[世祖, 1417(태종 17)~1468(세조 14)]를 말한다. 김육(金堉)의 『천성일록』에 의하면 개성 운거사에 그의 어필이 남아 있었다고 한다.

구계중(具繼重)　생몰연대 미상. 채수(蔡壽)가 개성을 방문할 당시 풍덕훈도(豊德訓導)를 지낸 것으로 알려져 있다.

구병연(具秉然)　생몰연대 미상. 조선 후기의 선비. 본관은 능성(綾城)이며, 구시경(具時 經)의 6세손이다. 아들 구양서(具陽書)가 1859년(철종 10) 증광시(增廣試)의 생원시에 합격하였을 때의 방목에 구병연의 신분은 유학(幼學), 거주지는 서울로 되어 있다. 송병선이 1867년 벽란도에 이르러 구병연을 방문한 것으로 보아, 개성으로 이주한 것으로 보인다.

구시경(具時經)　1637(인조 14)~1699(숙종 25). 조선 중기의 문신. 본관은 능성(綾城), 자는 제백(濟伯), 호는 독락재(獨樂齋)이다. 부친은 구몽협(具夢恊)이고 모친은 여흥 민씨(驪興閔氏)이며, 송시열의 문하이다. 1679년(숙종 5) 예송 논쟁에 연루되어 강원도 이천으로 유배되었다가 풀려난 후 연천현감(漣川縣監)을 지냈다. 문집으로 『독락재집』 이 있다.

권건(權健)　1458(세조 4)~1501(연산군 7). 본관은 안동(安東). 자는 숙강(叔强)·태보(殆 甫), 시호는 충민. 증조할아버지는 권근(權近), 할아버지는 권제(權踶), 아버지는 권람 (權擥)이고, 어머니는 이원(李原)의 딸이다. 1472년(성종 3) 진사가 되고, 1476년 별시문과에 을과로 급제하여 직강이 되어 유호인, 채수, 허침, 양희지, 조위 등과 함께 사가독서를 받았고, 그 다음해인 1477년(성종 7) 3월 14일(신사)부터 22일(기축)까지 9일 동안 채수, 권건, 조위 등과 함께 개성을 답사하였다. 문집으로 『권충민공집』이 있고, 『동문선』에 그의 시문 10여 편이 전한다. 경기도 이천시 신둔면 도암 3리에 그의 묘가 있다.

권근(權近)   1352(공민왕 1)~1409(태종 9). 고려 말·조선 초의 문신·학자. 본관은 안동이며, 자는 가원(可遠)·사숙(思叔), 호는 양촌(陽村)이다. 친명정책을 주장하였다. 조선 개국 후 사병 폐지를 주장하여 왕권확립에 큰 공을 세웠다. 길창부원군에 봉해졌으며, 대사성·세자좌빈객 등을 역임하였다. 문장에 뛰어났고, 경학에 밝았으며, 저서에는 『입학도설』·『양촌집』·『사서오경구결』·『동현사략』이 있다.

권부(權溥)   1262(원종 3)~1346(충목왕 2). 고려 후기의 문신이자 학자. 본관은 안동이고, 자는 제만(齊萬), 호는 국재(菊齋)이다. 1279년(충렬왕 5)에 급제하여 사림원(詞林院) 학사 등을 거쳐 영도첨의사사(領都僉議司事)를 지내고 영가부원군(永嘉府院君) 보리공신(輔理功臣)에 책봉되었다. 『효행록』을 저술하고, 『은대집(銀臺集)』을 주서하였다. 시호는 문정(文正)이다.

권중화(權仲和)   1322(충숙왕 9)~1408(태종 8). 고려 말 조선 초의 문신. 본관은 안동. 자는 용부(容夫), 호는 동고(東皐). 시호는 문절(文節). 아버지는 권한공이다. 1353년(공민왕 2) 문과에 을과로 급제해서 여러 관직을 거쳤고, 조선 건국 후에도 계속 관직에 있으면서 태종 때 영의정부사로 퇴임하였다. 1393년(태조 2)에 새 도읍지 한양의 종묘·사직·궁전·조시(朝市)의 형세도를 올렸다. 전서에도 능하여 광통보제선사비와 회암사나옹화상비의 전액에 글씨를 남겼다. 또 의약에 정통해서 조선 초에 『향약간이방(鄕藥簡易方)』과 『신편집성마우의방(新編集成馬牛醫方)』을 편집하기도 하였다.

권협(權韐)   생몰연대 미상. 조선 중기의 문신. 본관은 안동, 자는 여명(汝明), 호는 초루(草樓)이다. 관찰사 권벽(權擘)의 아들로 시와 문장에 능통하였으며, 음보(蔭補)로 종부시(宗簿寺) 주부(主簿)가 되었다. 아우 권필(權韠)이 대북파의 음모로 죽자 벼슬에서 물러나 시문으로 세월을 보냈다. 저서로 『초루집』이 있다.

기황후(奇皇后)   원나라의 마지막 황제인 순제(順帝, 1333~1368)의 황후. 생몰연대 미상. 아버지는 기자오(奇子敖), 오빠는 기철(奇轍). 공녀(貢女)로 원나라에 가서 궁녀가 되었다. 순제의 총애를 받고 낳은 아이유시리다라[愛猶識理達臘, 북원(北元) 소종(昭宗)]가 황태자로 책봉된 뒤, 제2황후가 되었다. 고려 여성들을 몽골 황실이나 유력자에게 뇌물로 제공하였으며, 몽골 황족의 전례를 깨고 1365년 12월 제1황후가 되었다. 1368년 명(明)이 대도(大都)를 공격할 때 순제와 떨어져 황태자와 함께 이동하였으나 그 이후의 행적은 알 수 없다. 모국인 고려에서는 기씨 일족이 전횡하다가 1356년(공민왕 5)에 제거되었는데, 그 보복으로 공민왕을 폐위시키고 몽골군 1만 명으로 고려를 침략하게 하였다.

길재(吉再)　1353(공민왕 2)~1419(세종 1). 고려 말 조선 초의 성리학자. 본관은 해평(海平), 자는 재보(再父), 호는 야은(冶隱)이다. 금주지사(錦州知事) 길원진(吉元雖)의 아들이며, 이색과 정몽주 등의 문하에서 학문을 익혔다. 1386년(우왕 12) 과거에 합격하였고, 문하주서(門下注書)를 지내다 고려의 쇠망을 짐작하고 사직하였다. 조선 건국 후 관직에 나아가지 않았으며, 김숙자(金叔滋)를 비롯하여 김종직(金宗直) 등이 학맥을 이었다. 청풍서원(淸風書院)에 제향되었고, 문집에『야은집』이 있다. 시호는 충절(忠節)이다.

김경조(金慶祚)　정몽주와 함께 선죽교에서 피살되었다고 하는 녹사(錄事). 그의 의리를 칭송하는 비는 1797년에 선죽교 옆에 세웠으며, 현재 북한의 국가지정문화재 보존급 제1626호이다.

김계도(金繼燾)　1543(중종 38)~1632(인조 10). 조선 중기 문신. 본관은 안동(安東). 자는 순원(順元)이다. 아버지는 김구(金龜)이다. 문장에 능하고 잘 가르친다는 평이 있어 조익이 스승으로 모신 바 있었다. 인조대 김상용의 추천으로 국가에서 노인을 우대하는 은전을 하사받았다.

김굉필(金宏弼)　1454(단종 2)~1504(연산군 10). 자는 대유(大猷), 호는 한훤당(寒暄堂) 혹은 사옹. 김종직(金宗直)의 문인이다.『소학(小學)』에 심취해 '소학동자(小學童子)'로 불리었다. 1480년(성종 11) 생원시에 합격하였고, 1494년 참봉을 시작으로 군자감주부, 사헌부감찰, 형조좌랑을 역임하였다. 1498년 무오사화가 일어나자 김종직의 문도라고 유배되었고, 1504년 갑자사화가 일어나자 무오 당인이라는 죄목으로 처형되었다. 아산의 인산서원(仁山書院), 서흥의 화곡서원(花谷書院), 희천의 상현서원(象賢書院), 순천의 옥천서원(玉川書院), 현풍의 도동서원(道東書院) 등에 제향되었다. 저서로는 『경현록(景賢錄)』·『한훤당집(寒暄堂集)』·『가범(家範)』 등이 있다. 시호는 문경(文敬)이다.

김득휘(金得輝)　1570(선조 3)~?. 본관은 덕수(德水), 자는 가회(可晦), 아버지는 김추(金秋)다. 1605년(선조 38) 증광(增廣) 생원(生員)에 합격하였고, 김익휘(金益輝), 김중휘(金重輝)의 형이다.

김박연(金博淵)　생몰연대 미상. 호는 백계(白溪). 조선 후기의 문신이자 성리학자. 고종 초년에 공충도도사(公忠道都事), 사헌부의 장령(掌令)과 집의(執義) 등을 역임하였다. 외조부 정혁신(鄭赫臣, 1719~1793)의 문집인『성당집(性堂集)』에 실린 정혁신의 행장을 지었으며, 이지수(李趾秀, 1779~1842)의 문집인『중산재집(重山齋集)』에 실린 이지수의 행장도 지었다. 송병선의 문집인『연재집(淵齋集)』에는 송병선이 김박연에게 보낸 편지가 실려 있다.

김봉조(金奉祖) 1572(선조 5)~1630(인조 8). 조선 중기의 학자. 본관은 풍산(豊山). 자는 효백(孝伯). 호는 학호(鶴湖). 아버지는 김대현(金大賢)이며, 어머니는 전주이씨로 충의위(忠義衛) 찬금(纘金)의 딸이다. 유성룡(柳成龍)의 문인이다. 문예에 조예가 깊어 동생 영조(榮祖)와 함께 영남에서 문명을 떨쳤다. 저서로는『학호문집』3권이 있다.

김부식(金富軾) 1075(문종 29)~1151(의종 5). 고려 전기의 문신관료이자 학자. 본관은 경주(慶州)이며, 자는 입지(立之), 호는 뇌천(雷川)이다. 아버지는 예부시랑 좌간의대부를 역임한 김근(金覲)이다. 1096년(숙종 1)에 과거에 급제하여 안서대도호부의 사록 및 참군사를 역임했으며, 한림원의 직한림에 발탁된 이후 20여 년 동안 문한직에 종사하였다. 1126년(인종 4)에 추밀원부사가 되었으며, 1130년(인종 8) 12월에 정당문학 겸 수국사, 1131년 9월에 검교 사공 참지정사, 1132년 12월에 수사공 중서시랑 동중서문하평장사로 승진하였다. 1135년(인종 13)에 묘청(妙淸)의 난이 발생하자 원수가 되어 묘청의 난을 진압하였으며, 묘청의 난을 진압한 공로로 수충정난정국공신에 책봉되었다. 1140년(인종 18)에 사직하였으며, 1145년(인종 23)에는 왕명을 받아『삼국사기』를 편찬하였다.

김사형(金士衡) 1333(충숙왕 후2)~1407(태종7). 조선의 개국 공신으로, 자는 평보(平甫), 호는 낙포(洛圃), 시호는 익원(翼元)이다. 공민왕 때 과거에 급제하여 대간(臺諫)으로 있었고, 뒤에 개성윤(開城尹)이 되어 보리공신(輔理功臣)의 호를 받았으며, 후에 지문하부사(知門下府事)가 되어 대사헌을 겸하였다. 1390년(공양왕 2) 이·초(彛·初)의 옥이 있은 후 그 당을 둘러싸고 찬성사 정몽주(鄭夢周)와 대결하고 서로 탄핵하였다. 동판도평의사사사(同判都評議使司事)로 있다가 이성계(李成桂)를 받들어 조선 개국에 크게 공을 세워 1등 공신에 서훈(叙勳) 되어 상락백(上洛伯)에 책봉되었다.

김상헌(金尙憲) 1570(선조 3)~1652(효종 3). 조선 중기의 문신. 본관은 안동(安東), 자는 숙도(叔度), 호는 청음(淸陰)·석실산인(石室山人). 아버지는 돈녕부 도정(都正) 김극효(金克孝)이며, 어머니는 좌의정 정유길(鄭惟吉)의 딸이다. 우의정 김상용(金尙容)의 동생이다. 1596년 임진왜란 중에 실시한 과거에 급제하여 관직에 나아갔다. 1623년 인조반정 이후 이조참의로 발탁되었으며, 이후 붕당에서 청서파(淸西派)의 영수가 되었다. 병자호란 때는 예조판서로 주전론(主戰論)을 주장하였으며, 인조가 항복하자 안동으로 은퇴하였다. 1639년 청이 명을 공격하려고 출병을 요구하자 이에 반대하는 상소를 올렸다가 청으로 압송되었으며, 6년 후 귀국하였다.『조천록(朝天錄)』,『청평록(淸平錄)』,『남한기략(南漢紀略)』등이 문집『청음전집(淸陰全集)』에 전하고 있다.

김성경(金成慶) 생몰연대 미상. 조선 초의 관리. 본관은 일선. 아버지는 김지(金地)이다. 김성경은 1472년(성종 3) 진사가 되었으며, 문과에 급제하여 사간원헌납을 지냈다. 1480년(성종 11) 5월 10일(기축) 사간원헌납에 임명되어, 헌납으로 활동한 기록이『성종실록』에서 확인된다.

김수증(金壽增) 1624(인조 2)~1701(숙종 27). 조선 후기의 문신이자 성리학자이다. 본관은 안동이고, 자는 연지(延之), 호는 곡운(谷雲)이다. 김상헌(金尙憲)의 손자이고, 김수항(金壽恒)의 형이다. 1650년(효종 1)에 생원시에 합격한 후 세마(洗馬), 형조정랑, 공조정랑, 성천부사 등을 역임하였다. 1675년(숙종 1) 성천부사 재직시 동생 김수항이 송시열과 함께 유배되자 벼슬을 그만두고 강원도 화천에 있는 농수정사(籠水精舍)로 돌아가 그곳을 곡운(谷雲)이라 이름 지었다. 기사환국으로 송시열과 김수항 등이 죽자 화음동(華蔭洞)에 은거하였고, 갑술옥사 후 한성부 좌윤, 공조참판 등에 제수되었으나 모두 사퇴하고 화악산(華嶽山) 골짜기로 들어가 은둔하였다. 이때 그는 성리학에 심취하여 북송 성리학자들의 저서를 탐독하였다. 저서로는『곡운집』과『곡운구곡도첩』이 있다. 젊어서부터 산수를 좋아하여 금강산 등 여러 곳을 유람한 뒤 기행문을 남겼다.

김수항(金壽恒) 1629(인조 7)~1689(숙종 15). 조선 후기의 문신. 본관은 안동(安東), 자는 구지(久之), 호는 문곡(文谷)이다. 김상헌(金尙憲)의 손자이며, 아버지는 동지중추부사(同知中樞府事) 김광찬(金光燦)이고, 어머니는 목사 김내(金琜)의 딸이다. 1651년(효종 2) 문과에 장원으로 급제하였으며, 노론의 핵심 인물로 영의정까지 지냈으나 기사환국 후 남인의 탄핵으로 사약을 받고 죽었다. 시호는 문충(文忠)이며, 나중에 현종 묘정에 배향되었다. 저서로는『문곡집』이 있다.

김수흥(金壽興) 1626(인조 4)~1690(숙종 16). 조선 후기의 문신이자 학자. 본관은 안동, 자는 기지(起之), 호는 퇴우당(退憂堂) 또는 동곽산인(東郭散人). 생부는 동지중추부사 김광찬, 양부는 동부승지 김광혁이고, 양모는 동지중추부사 김존경의 딸이다. 문과 급제 후 요직을 거쳤고, 영의정에 올랐다. 기사환국으로 장기(長鬐)에 유배된 후 죽었다.

김약로(金若魯) 1694(숙종 20)~1753(영조 29). 본관은 청풍, 자는 이민(而敏), 호는 만휴암(晩休庵)이다. 1727년 증광시(增廣試) 문과에 급제하였으며, 1740년 개성유수를 역임하였다. 청풍 김씨 가문은 당시에 세도가였는데, 김약로는 공조(工曹)·호조(戶曹)·병조(兵曹) 판서를 거쳐 우의정, 좌의정, 판중추부사(判中樞府事)까지 승진하였다.

김연광(金鍊光) 1524(중종 19)~1592(선조 25). 본관은 김해(金海), 자는 언정(彦精), 호는 송암(松巖)이다. 할아버지는 김수련(金守連)이고, 아버지는 영원군수 김이상(金履祥)이다. 개성에서 나고 자랐다. 임진왜란 때 왜적을 막다 전사하여 개성 숭절사(崇節祠)에 제향되었다.

김육(金堉) 1580(선조 13)~1658(효종 9). 조선 후기의 문신·실학자. 본관은 청풍. 자는 백후(伯厚), 호는 잠곡(潛谷)·회정당(晦靜堂)이다. 증조할아버지는 식(湜)이며, 아버지는 참봉 흥우(興宇)다. 김상헌(金尙憲)의 문하에서 수업했다. 1605년(선조 38) 사마시에 합격하고 1624년(인조 2) 증광문과에 장원으로 급제했다. 사마시에 합격한 후 2년 뒤인 28세 때 처음 개경을 유람하고, 유람기인 천성일록(天聖日錄)을 남겼다. 68세에 개성유수로 부임하여 2년여를 재직했다. 개성 재임중 성인비(成仁碑)를 세워 정몽주의 충절을 기리고 서경덕을 모신 화곡서원의 상량문을 쓰기도 하였다. 또한 『송도지』를 남겨 개성에 대한 각별한 관심을 나타냈다. 묘와 신도비는 청풍김씨 문의공파 묘역인 경기도 남양주시 삼패동 산29-1번지에 있다.

김익휘(金益輝)   김득휘의 아우.

김중휘(金重輝)   김득휘의 아우.

김창흡(金昌翕)   1653(효종 4)~1722(경종 2). 조선 후기의 학자. 본관은 안동, 자는 자익(子益), 호는 삼연(三淵). 증조할아버지는 김상헌(金尙憲)이고, 아버지는 김수항(金壽恒), 어머니는 해주목사 나성두(羅星斗)의 딸이다. 김창협의 동생. 진사시 합격 후 과장에 발을 끊었다. 기사환국으로 아버지가 사사되자 은거하였고, 여러 차례 관직이 주어졌으나 나아가지 않았다.

나옹(懶翁)   고려 후기 승려 혜근(惠勤·彗勤, 1320~1376)의 호. 속명은 아원혜(牙元惠), 아버지는 선관서령(善官署令) 아서구(牙瑞具)이다. 21세 때 친구의 죽음을 계기로 출가하여 1344년(충혜왕 5) 양주 천보산 회암사(檜巖寺)에서 깨달았다. 1347년(충목왕 3) 원나라로 건너가 인도 승려 지공 등의 가르침을 받았고 1358년(공민왕 7)에 귀국하였다. 1371년(공민왕 20) 왕사(王師)에 봉해졌다. 그는 참선과 교학을 같이 닦음으로써 성불의 가능성을 보여주었으며 고려 말의 선풍을 새롭게 선양하였다는 평가를 받는다. 또 적극적인 사회참여와 중생 제도의 보살도를 강조하였다. 시호는 선각(禪覺)이고 이색(李穡)이 글을 지어 세운 비와 부도가 회암사와 신륵사에 있다. 조찬한의 「유천마성 거양산기」에 따르면 개성 천마산 미륵봉 아래에 있는 적멸암의 담장과 전나무를 쌓고 심었다고 한다.

남재(南在)   1351(충정왕 3)~1419(세종 1). 본관은 의령(宜寧)이고, 자는 경지(敬之), 호는 구정(龜亭)이다. 이성계를 도아 조선 개국에 공을 세운 후 재(在)라는 이름을 하사받고 개국공신 1등에 책록되었다. 남재는 남효온의 5대조이며, 태조의 묘정에 배향되었다.

노힐부득(弩肹夫得)과 달달박박(怛怛朴朴)   두 사람은 신라 후기에 살던 친구 사이로 백월산에서 수도하다가 성불하였다고 전해진다. 『삼국유사』(권3, 탑상4, 弩肹夫得 怛怛朴朴)에 따르면 통일신라 때인 709년(성덕왕 8)에 백월산에서 수도하던 노힐부득과 달달박박은 관음 화신의 도움으로 성불하여, 노힐부득은 미륵불, 달달박박은 아미타불이 되었다고 한다. 755년에 경덕왕이 즉위하여 백월산 남사를 창건하였고, 764년 절을 완성하고 미륵불과 아미타불을 봉안하였다.

도선(道詵)   827(흥덕왕 2)~898(효공왕 2). 신라 말기의 승려로 풍수설의 대가이다. 성은 김씨이고, 자는 옥룡(玉龍), 호는 연기(烟起)이다. 15세에 출가한 후 동리산파 혜철(惠徹)의 법문을 듣고 깨우쳤으며, 전남 광양 옥룡사에서 후학을 가르쳤다. 죽은 뒤에 효공왕이 요공선사(了空禪師)라는 시호를 내렸고, 고려 숙종은 왕사(王師), 인종은 선각국사(先覺國師)로 추봉(追封)하였다.

만우(萬雨)   1357(공민왕 6)~?. 고려 말 조선 초의 승려로서 호는 천봉(千峯) 또는 만우(卍雨)이다. 출가하여 각운(覺雲)의 제자가 되었으며, 경전과 시서(詩書)에 뛰어나 이색(李穡)과 이숭인(李崇仁) 등이 그와 교유하였다. 조선 개창 후에는 집현전 학사들과 도 친분이 있었다. 90세가 넘도록 용모가 맑고 기질이 강건하였다고 한다. 그의 작품으로는 일본 승려 분케이(文溪)에게 지어준 시 1수와 「산중음(山中吟)」이 전하며, 『동문선(東文選)』에 이색이 그에게 천봉이라 호를 붙인 내력을 적은 「천봉설(千峰說)」 이 실려 있다. 저서로 『천봉시집(千峰詩集)』 1권이 있으나 전하지 않는다.

맹공(孟珙)   1195(명종 25)~1246(고종 33). 중국 남송의 명장. 악비(岳飛)·한세충(韓世忠) 과 함께 송을 대표하는 명장. 수주(隨州) 조양(棗陽) 출신으로, 자는 박옥(璞玉)이고 호는 무암거사(無庵居士)며 시호는 충양(忠襄) 또는 충안(忠安)이다. 악비의 부하로 활약한 맹안의 증손, 악가군의 일원이었던 맹림의 손자, 일종의 사병인 충순군(忠順軍) 을 이끌던 맹종정의 아들이다. 금나라와의 전투에서 공적을 쌓은 뒤, 몽골이 남송경략 에 나서자 몽골 주력군에 유일한 패배를 안긴 인물이다. 그는 몽골군의 침략으로 발생한 많은 유민들을 이용해 광대한 둔전을 개척하고 수리 사업을 실시, 강릉과 사천 등지에서 몽골군을 막고 버틸 수 있는 시스템을 구축하였는데, 그의 사후에도 남송이 30년 간 더 버티는데 일부 기여를 한 것으로 평가된다. 형제들과 아들 맹지경도 무장으로 활동했다. 그는 주역에도 뛰어났고, 불교에도 조예가 깊은 문무겸비의 명장이었다. 저서에 『경심역찬(警心易贊)』이 있다.

목은(牧隱)   → 이색(李穡)

목종   고려 제7대 왕. 재위 12년인 1009년 강조에 의해 폐위되어 귀법사에 머물다가 충주로 향하여 가다가 적성에서 강조가 보낸 사람에게 시해되었다.(『고려사』 권3, 목종 12년 2월 기축)

몽부인   고려 태조의 어머니인 위숙왕후(威肅王后)를 말한다. 「고려세계」에 따르면 태조의 아버지인 세조(왕륭)는 꿈에서 어떤 여인과 결혼을 약속하였는데, 어느 날 송악에서 영안성으로 가다가 꿈 속의 여인과 닮은 여인을 만나 혼인하였기 때문에 세상사람들이 이 여인을 몽부인이라 불렀다고 한다.

문강공(文康公)   화담 서경덕을 말함.

문정왕후(文定王后) 1501(연산군 7)~1565(명종 20). 조선 11대 중종의 계비(繼妃)이며, 명종의 어머니이다. 본관은 파평(坡平), 아버지는 영돈녕부사(領敦寧府事) 윤지임(尹之任)이며, 어머니는 전성부부인(全城府夫人) 이씨(李氏)이다. 1517년(중종 12) 왕비에 책봉되었으며, 1545년(인종 1) 명종이 12세의 나이로 왕위에 오르자 8년간 수렴청정하였다. 승려 보우(普雨)를 신임하여 승과와 도첩제를 실시하는 등 불교 부흥을 꾀하기도 하였다. 시호는 성렬인명문정왕후(成烈仁明文定王后)이고, 능호는 태릉(泰陵)으로 서울 노원구 공릉동에 있다.

문충(文忠) 고려시대의 효자.『고려사』권56, 지리1, 송림현과 권71, 악2, 속악, 오관산에 효자 문충에 대한 기록이 있다. 후자에 따르면 오관산 아래에서 어머니를 모시고 살던 문충은 어머니가 늙은 것을 한탄하여 오관산이란 노래를 지었다고 한다.

문충공(文忠公) 정몽주(鄭夢周)의 시호.

민순(閔純) 1519(중종 14)~1591(선조 24). 조선 중기의 관료. 본관은 여흥(驪興), 자는 경초(景初), 호는 행촌(杏村)·습정(習靜)이다. 아버지는 장사랑(將仕郎) 민학수(閔鶴壽)이다. 서경덕(徐敬德)의 문인이다. 1568년(선조 1) 효행으로 천거되어 효릉참봉(孝陵參奉)에 오른 뒤 용강현령(龍岡縣令)·청풍군수(清風郡守)·사헌부 장령(司憲府掌令) 등을 지냈고, 말년에는 벼슬을 사양하고 후진 교육에 힘썼다. 저서로『행촌집(杏村集)』이 있다.

민인백(閔仁伯) 1552(명종 7)~1626(인조 4). 조선 중기의 문신. 본관은 여흥(驪興). 자는 백춘(伯春), 호는 태천(苔泉). 사권(思權)의 아들이며, 성혼(成渾)의 문인이다. 1573년(선조 6) 진사가 되고, 1584년 별시문과에 장원하여 성균관전적을 지냈다. 정여립의 아들 옥남을 잡아들여 예조참의에 승진되고 평난공신(平難功臣) 2등에 책록되었다. 광해군대 벼슬이 지중추부사에 이르렀다. 저서로는『태천집』이 있다. 시호는 경정(景靖)이다.

박동량(朴東亮) 1569(선조 2)~1635(인조 13). 조선 중기의 문신. 본관은 반남(潘南). 자는 자룡(子龍), 호는 기재(寄齋)·오창(梧窓)·봉주(鳳洲)이며, 아버지는 대사헌 박응복(朴應福)이다. 선조의 유훈을 받든 유교칠신(遺敎七臣)의 한 사람으로 영창대군(永昌大君)을 보호하였고, 중국어에 능통하여 대중외교에도 기여하였다. 저술로『기재잡기(寄齋雜記)』가 있다.

박만호(朴萬戶) 생몰연대 및 행적 미상.

박순(朴淳) 1523(중종 18)~1589(선조 22). 본관은 충주(忠州), 자는 화숙(和叔), 호는 사암(思菴)이다. 아버지는 우윤(右尹) 박우(朴祐)이며, 어머니는 당악 김씨(棠岳金氏)이다. 서경덕(徐敬德)의 문인이다. 1553년(명종 8) 문과에 장원한 뒤 성균관 전적(成均館典

籍)을 시작으로 1572년(선조 5) 우의정(右議政)에 임명되었다. 나주의 월정서원(月井書
院), 광주(光州)의 월봉서원(月峰書院), 개성의 화곡서원(花谷書院), 영평(永平)의 옥병
서원(玉屛書院)에 제향되었다. 저서로『사암집(思菴集)』이 있고, 시호는 문충(文忠)이
다.

박은(朴誾)   1479(성종 10)~1504(연산군 10). 자가 중열(仲說)이며, 개성유람기「유천마
산록(遊天磨山錄)」의 저자이자 조선 중기의 문신. 18세의 나이로 문과에 급제하였으나,
연산군 재위기간 내에 불우한 정치적 상황을 겪었다. 1504년(연산군 10) 갑자사화가
발생하자, 동래로 유배되었다가 결국 사형에 처해졌다. 박은은 기발한 착상과 기교적
인 표현으로 시를 지었으며, 그가 죽은 후 친구인 이행(李荇, 1478~1534)이 그의
시를 모아『읍취헌유고』(挹翠軒遺稿)라는 문집을 펴냈다.

박장원(朴長遠)   1612(광해군 4)~1671(현종 12). 호는 구당(久堂), 문장으로 명성이
있었다. 1636년(인조 14) 전시(殿試)에서 2등으로 급제하였으나 병자호란으로 이듬해
가을에 방방(放榜)되어 승문원에 들어갔었다. 1646년 배천군수(白川郡守)가 되었으며,
이때「유박연기(遊朴淵記)」를 지었다. 서인(西人)으로 인조~효종년간 당쟁의 중심인물
이었으며, 1671년 개성유수로 재임 중 사망하였다. 시호는 문효(文孝).

박지원(朴趾源)   1737(영조 13)~1805(순조 5). 조선 후기의 대표적인 북학자이자 소설가.
본관은 반남(潘南), 자는 중미(仲美), 호는 연암(燕巖)이다. 한성부 판관, 양양부사(襄陽
府使) 등을 지냈다. 1780년(정조 4) 연경에 다녀온 후『열하일기(熱河日記)』를 지었으며,
자유로운 문체로 여러 편의 한문소설을 발표하였다. 저서에『연암집(燕巖集)』·『허생전
(許生傳)』·『호질(虎叱)』·『양반전(兩班傳)』등이 있다.

박호(朴濠)   1586(선조 19)~?. 본관은 반남(潘南), 호는 백유(伯游). 고려 말의 우문직제학
(右文直提學)이었던 박상충(朴尙衷), 조선 초 금천부원군(錦川府院君)에 봉해진 박은(朴
訔)의 후손이다. 할아버지는 선조 때 병조판서, 대사헌 등을 지낸 박응복(朴應福)이며,
아버지는 박동열(朴東說), 어머니는 신발(申撥)의 딸이다.

방옥정(房玉精)   조선 전기의 문신. 본관은 남양, 자는 윤보(潤甫). 증조할아버지는
방사량(房士良), 할아버지는 방구행(房九行), 아버지는 방유륜(房有倫)이다. 1472년(성
종 3) 춘당대시(春塘臺試) 문과에서 을과로 급제하여 판관을 거쳐 정5품 세자시강원
문학을 역임하며 왕세자의 교육을 담당하였고, 성종 때 옥과현감을 지냈다. 1493년(성
종 24) 천추사 서장관이 되어 명나라에 다녀오기도 했다.

비해당(匪懈堂)   → 안평대군(安平大君, 1418~1453). 조선 세종(재위 : 1397~1450)의
3남. 안평대군은 동복형인 수양대군과 정치적으로 대립하다가, 1453년 수양대군이
일으킨 계유정난 때에 강화도로 유배되었다가 교동도에서 사형을 당하였다. 유년
시절부터 학문을 좋아하고, 시문과 글씨, 그림에 모두 능하였다. 특히 당대의 서예가로

유명하다. 안견이 그린 몽유도원도의 발문을 직접 썼다. 비해당(匪懈堂)은 안평대군의 당호이다.

사암(思菴) → 박순(朴淳, 1523~1589)

서거정(徐居正) 1420(세종 2)~1488(성종 19). 조선 전기의 문신, 학자. 자는 강중(剛中). 호는 사가정(四佳亭), 문집에 『사가정집(四佳亭集)』, 『동인시화(東人詩話)』 등이 있다. 여섯 살 때부터 글을 읽고 시를 지어 신동이라 했다고 한다. 여섯 왕을 섬겨 45년간 조정에서 관료로 지냈으며, 벼슬은 대제학(大提學), 대찬성(大贊成)을 지냈다. 과거 시험관을 23번이나 지내면서 많은 인재를 뽑았으며, 문장과 글씨에도 뛰어났다.

서경덕(徐敬德) 1489(성종 20)~1546(명종 원년). 개성 출신으로 본관은 당성(唐城), 자는 가구(可久), 호는 복재(復齋)·화담(花潭)이다. 아버지는 서호번(徐好蕃)이며, 어머니는 보안(保安) 한씨(韓氏)이다. 1519년(중종 14) 조광조에 의해 채택된 현량과(賢良科)에 수석으로 추천을 받았으나 사양하고, 개성의 화담(花潭)에 서재를 세우고 학문 연구와 교육에 힘썼다. 1546년(명종 1)에 화담의 서재에서 죽었으며 1573년(선조 6)에 개성의 숭양서원(崧陽書院)에 배향되었다. 1575년(선조 8)에 대광보국숭록대부 우의정 겸 영경연춘추관사로 추증되고 '문강(文康)'이란 시호가 주어졌다. 이후 화곡서원(花谷書院)에도 배향되었다. 개성의 박연폭포·황진이와 더불어 송도삼절(松都三絶)로 불린다.

서숭덕(徐崇德) 생몰연대 미상. 서경덕(徐敬德)의 아우.

서처사(徐處士) → 서경덕(徐敬德)

석월창(釋月窓) 생몰연대 미상. 고려 말, 조선 초의 승려. 법호는 월창(月牕). 언양부원군 죽헌(竹軒) 김륜(金倫)의 아들, 화엄종사 우운(友雲) 주공(珠公)의 문인이다. 영통사 주지를 지냈다. 정도전에게 스승의 송서(送序)를 받아가기도 하였고, 권근에게 서문을 받기도 하였다. 두보의 시에 정통하여 태재(泰齋) 유방선(柳方善)에게 시를 가르쳤고, 세종 때에 유방선의 아들 유윤겸(柳允謙)·조위(曺偉) 등과 함께 『분류두공부시(分類杜工部詩)』를 언해하였다. 동문선에 '영통사(靈通寺) 서루(西樓)에서 옛 사람의 시에 차운하며[靈通寺西樓次古人韻]'가 남아 있다.

성간(成侃) 1427(세종 9)~1456(세조 2). 본관은 창녕(昌寧). 자는 화중(和仲), 호는 진일재(眞逸齋). 지중추부사 성염조(成念祖)의 아들이며 유방선(柳方善)의 문인이다. 1441년(세종 23) 진사시에 합격하였고 1453년(단종 1) 증광문과(增廣文科)에 급제한 후, 전농직장(典農直長)·수찬(修撰)을 거쳐 정언(正言)에 임명되었으나 부임하기 전에 병으로 죽었다. 경사(經史)는 물론 제자백가서(諸子百家書)도 두루 섭렵하여 문장·기예(技藝)·음률(音律)·복서(卜筮) 등에 밝았다. 특히, 시부(詩賦)에 뛰어나 「궁사(宮詞)」·

「신설부(伸雪賦)」 등을 남겼으며, 패관문학에 속하는 「용부전(慵夫傳)」은 문학적 가치가 높은 작품이다. 저서로는 『진일재집(眞逸齋集)』이 있다.

성담년(成聃年)　생몰연대 미상. 조선 전기의 문신. 자(字)는 인수(仁叟), 호(號)는 정재(靜齋). 아버지는 승문원교리 성희(成熺)이며, 생육신 성담수(成聃壽)의 동생이다. 1470년(성종 1) 별시문과에 갑과로 급제, 예문관 수찬·공조 정랑·이조 정랑 등을 역임하고 사직한 후에는 성리학 연구에 힘썼다. 저서는 『정제집(靜齋集)』이 있다.

성몽정(成夢井)　1471(성종 2)~1517(중종 12). 조선 전기의 문신. 본관은 창녕(昌寧). 자(字)는 응경(應卿), 호(號)는 장암(場巖), 시호는 양경(襄景), 아버지는 교리 성담년(成聃年)이며, 영의정 상진(尙震)의 매부이다. 1496년(연산군 2) 식년문과에 갑과로 급제하였으나 연산군의 난정(亂政)을 보고 벼슬을 단념, 물러나 있다가 1506년의 중종반정에 가담하여 정국공신 4등에 녹훈되고 전한(典翰)에 발탁되었다. 홍문관 직제학·도승지·병조참판·예조참판·한성부 판윤 등을 역임하였다. 조광조(趙光祖) 등의 신진사류와 가까웠다.

성석린(成石璘)　1338(충숙왕 복위 7)~1423(세종 5). 고려 말·조선 초의 문신. 본관은 창녕, 자는 자수(自脩), 시호는 문경(文景). 아버지는 성여완(成汝完), 어머니는 나천부(羅天富)의 딸이다. 문과에 급제, 국자학유의 벼슬을 받았다. 승진하여 사관으로 활동하였고, 공민왕 때에는 차자방(箚子房 : 뒤의 상서원)의 필도치(闓闍赤)로 등용되었다. 고려 말 양광도도관찰사가 되어 주·군에 의창 설치를 건의했는데, 조정에서 이를 채택하였다. 이성계의 역성혁명에 참여하였고, 1393년(태조 2) 개성부판사를 지냈다. 1415년 영의정이 되었으나 부원군으로 물러나서 쉬니 궤장이 하사되었다. 1456년 6월, 손자 사위인 평양감사 김연지(金連枝)가 문집을 초간하였다. 개성 독곡방(獨谷坊)에서 태어났다고 전한다.

성세명(成世明)　1447(세종 29)~1510(중종 5). 본관은 창녕(昌寧). 자는 여회(如晦), 호는 일로당(佚老堂). 할아버지는 판한성부사(判漢城府事) 염조(念祖)이고, 아버지는 좌참찬 임(任)이다. 어머니는 군자감주부(軍資監主簿) 허말석(許末石)의 딸이다. 1468년(세조 14) 사마시를 거쳐 진사로서 1475년(성종 6) 알성문과에 병과로 급제하였다. 이듬해 서장관(書狀官)으로 명나라에 다녀왔다. 1489년 왕명으로 경기 지방에 암행어사로 나아가 농작의 상태를 조사하고 돌아와 이듬해 집의에 올랐다. 이때 인사 부정(人事不正)을 묵인했다 하여 홍문관의 탄핵을 받고 물러났다. 1494년 부제학이 되어서는 시무책을 제시하여 토지제도와 공법제도의 문제점을 지적하고 언론을 중시할 것을 제의하였다. 1495년 연산군이 즉위하자 대사간이 되어 여러 대군(大君)과 상궁(尙宮)의 복호를 파할 것을 주장하고, 이어 병조참지가 되어 폐비 윤씨의 추존을 강경히 반대하였다. 그 뒤 동부승지·좌승지·도승지 등을 역임하고 동지돈녕부사로 체직되었다가 개성부유수·형조참판 등을 거쳤다. 1504년(연산군 10) 대사헌이 되었으나 갑자사화로 한성부좌윤으로 좌천되었다. 이듬해 진향사(進香使)로 명나라에 다녀와서 연산군에게 명나라 황제는 경연(經筵)에 부지런히 임한다는 말을 했다가 미움을 받아 파직되었다. 1506년 중종반정으로 다시 겸지춘추관사가 되어『연산군일기』를 수찬했고, 1508년(중종 3) 지돈녕부사가 되었다. 정자를 짓고 편액을 '춘휘정(春輝亭)'이라 했으며, 그림·글씨로써 스스로를 즐겼다. 시호는 평안(平安)이다.

성세원(成世源)　성석인(成石因)의 증손인 성임(成任)의 아들이자 성현(成俔)의 조카이다. 성임은 장녀 외에도 세 아들을 두었는데 세명(世明), 세균(世勻), 세원(世源)이 있다. 성세원(成世源)은 자가 유본(有本)이고 호조좌랑을 지냈는데, 생몰연대는 미상이다.

성수익(成壽益)　1528(중종 23)~1598(선조 31). 조선 중기의 문신. 본관은 창녕(昌寧)이며, 자는 덕구(德久), 호는 칠봉(七峯)이다. 아버지는 장흥고령(長興庫令)을 역임함 성예원(成禮元)이고, 어머니는 진사 이수량(李守諒)의 딸이다. 1559년에 정시문과에 을과로 급제한 후 승문원권지·예문관검열·형조정랑·호조정랑 등을 역임하였다. 1568년에 개성경력(開城經歷)에 임명되자 정몽주의 옛 집터에 사당을 세우고 서경덕과 함께 제향하였다. 1590년 종계변무(宗系辨誣)의 공으로 광국원종공신(光國原從功臣)이 되었다. 1592년 임진왜란이 발발하자 왕을 호종하였으며, 1597년 정유재란 때 왕비를 호종하다가 병을 얻어 1598년 해주에서 사망하였다.

성수침(成守琛)　1493(성종 24)~1564(명종 19). 본관은 창녕(昌寧), 자는 중옥(仲玉), 호는 청송(聽松), 죽우당(竹雨堂) 등이다. 한성부윤 성득식(成得識)의 증손으로, 아버지는 지중추부사 성세순(成世純)이다. 어머니는 강화부사 김극니(金克怩)의 딸이다. 동생인 성수종(成守琮)과 함께 조광조(趙光祖)의 문인으로 활동하였다. 1519년 현량과에 천거되었으나, 기묘사화가 일어나 사림 계열의 인사들이 대거 숙청을 당하자, 관직을 포기하고 학문에 평생을 전념하였다. 이후 여러 관직에 임명되었으나 모두 사양하고 처가가 있는 파주 우계(牛溪)에 은거하였다. 아들 성혼(成渾) 등 많은 문인을 배출하였으며, 저서로는『청송집(聽松集)』이 있다. 영의정에 추증되었으며, 파주 파산서원에 제향되었다. 시호는 문정(文貞)이다.

성임(成任)　1421(세종 3)~1484(성종 15). 본관은 창녕. 자는 중경(重卿), 호는 일재(逸齋), 시호는 문안(文安). 증조할아버지는 성석인(成石因), 할아버지는 성엄(成揜), 아버지는 성염조(成念祖)이다. 1438년(세종 20) 사마시에 합격하고, 1447년 식년 문과에 병과로 급제, 승문원에서 벼슬을 시작하였다. 1476년(성종 7) 개성부유수가 되었다. 중국의 『태평광기(太平廣記)』를 모방하여『태평통재(太平通載)』를 간행하였다. 문집으로『안재집(安齋集)』이 있다.

성현(成俔)　1439(세종 21)~1504(연산군 10). 조선 전기의 문신. 본관은 창녕, 자는 경숙(磬叔), 호는 용재(慵齋)·부휴자(浮休子)·허백당(虛白堂)·국오(菊塢). 시호는 문대(文戴). 아버지는 지중추부사(知中樞府事)를 지낸 성염조(成念祖)이다. 성현은 1462년

(세조 8) 23세로 식년문과에 급제하였다. 1476년 유호인, 채수 등과 함께 사가독서를 받았고, 그 다음해인 1477년(성종 7) 3월 14일(신사)부터 22일(기축)까지 9일 동안 채수, 권건, 조위 등과 함께 개성을 다녀왔는데, 그 기록이 채수의 「유송도록」이다. 당시 개성유수였던 성임은 그의 형이다. 연산군이 즉위한 후 한성부판윤을 거쳐서 공조판서가 되었고, 뒤에 대제학을 겸임하였다. 죽은 뒤 갑자사화가 일어나서 부관참시(剖棺斬屍) 당했다가 뒤에 신원되었다. 남긴 글로는 『허백당집(虛白堂集)』·『악학궤범』·『용재총화』 등이 있다.

성혼(成渾)   1535(중종 30)~1598(선조 31). 본관은 창녕(昌寧), 자는 호원(浩原), 호는 묵암(默庵)·우계(牛溪)이다. 아버지는 현감 성수침(成守琛)이고, 어머니는 파평 윤씨(坡平尹氏)로 판관 윤사원(尹士元)의 딸이다. 서울 순화방(順和坊)에서 태어났으며, 경기도 파주 우계(牛溪)에서 거주하였다. 17세에 생원·진사 초시에 합격하였으나 과거에 뜻이 없어 복시(覆試)를 보지 않고 학문에 전념하였다. 율곡 이이(李珥)는 친구이며, 퇴계 이황(李滉)의 영향을 받기도 하였다. 이조참판 등의 벼슬을 지냈고, 저서로는 『우계집(牛溪集)』이 있다.

세조   고려 태조 왕건의 아버지 왕륭을 말한다.

소강절(邵康節)   → 소옹(邵雍). 1001~1077. 중국 송나라 학자. 자는 요부(堯夫), 시호는 강절(康節)인데, 주로 소강절로 불린다. 벼슬을 하지 않고 평생을 낙양에 은거하며 살았다. 그는 도가사상의 영향을 받고 유교의 역철학(易哲學)을 발전시킨 것으로 평가받고 있다. 『황극경세서(皇極經世書)』(62편), 『관물편(觀物篇)』, 『소자전집(邵子全集)』 등의 저서가 있고, 하남성 낙양시 이천(伊川)현에 무덤이 있다.

소식(蘇軾)   1037~1101. 북송의 문인이자 관리로서, 중국을 대표하는 시인이자 문장가이다. 소식은 이른바 당송팔대가(唐宋八大家)의 한 사람으로 평가되며, 아버지 소순(蘇洵), 동생 소철(蘇轍) 역시 이름난 문장가이다. 소식은 정치적으로 구법당(舊法黨)에 속하였던 까닭에 신법당의 견제로 인하여 지방관으로 전출되거나 외지에서 귀양살이를 오래 하였다. 불후의 문학작품을 다수 남겼으며, 대표작인 「적벽부(赤壁賦)」가 특히 유명하다.

송광속(宋光涑)   1653(효종 4)~1704(숙종 30). 김창협의 벗으로, 본관은 여산(礪山), 자는 도실(道實)이다. 할아버지는 예조참의 송극인(宋克訒), 할머니는 첨정 김흡(金洽)의 딸 김씨이며, 아버지는 좌승지 증 의정부좌참찬 송시철(宋時喆)이다. 한성부서윤 등을 역임하고 간성군수로 재직 중 사망하였다.

송달수(宋達洙)   1808(순조 8)~1858(철종 9). 본관은 은진(恩津). 호는 수종재(守宗齋). 조선 후기의 문신이자 성리학자. 송시열(宋時烈)의 8대손으로, 아버지는 송흠학(宋欽學)이며, 어머니는 연일 정씨(延日鄭氏) 진사 정치환(鄭致煥)의 딸이다. 사헌부의 지평

(持平)과 장령(掌令), 부호군(副護軍), 이조참의(吏曹參議) 등을 역임했다. 이이(李珥)의 학설을 따랐으며, 낙론(洛論)을 지지하였다. 저서로는 『수종재집(守宗齋集)』이 있다.

송병선(宋秉璿) 1836(헌종 2)~1905(고종 42). 조선 말기의 학자이자 순국 지사이다. 본관은 은진이고, 자는 화옥(華玉)이며, 호는 연재(淵齋)이다. 송시열의 9세손이며, 여러 차례 관직에 임명되었지만 나가지 않았다. 1905년 을사조약이 체결되자 '흉악한 적을 토벌하기를 요청하는 글[請討凶賊疏]'을 올렸고, 을사오적 처형 등을 요구하였다. 을사조약 반대운동을 전개하려 하였으나 경무사 윤철규(尹喆圭)에게 속아 대전으로 강제 호송된 후 독약을 마시고 자결하였다. 저서로 『근사속록(近思續錄)』, 『연재집(淵齋集)』 등이 있다. 시호는 문충(文忠)이며, 영동 문충사(文忠祠)에 배향되었다. 1962년 건국훈장 독립장이 추서되었다.

송상현(宋象賢) 1551(명종 6)~1592(선조 25). 조선 중기의 문신. 본관은 여산(礪山), 자는 덕구(德求), 호는 천곡(泉谷) 등이다. 개성 출신으로, 1576년(선조 3) 문과에 급제한 후 호조정랑 등을 거쳐 동래부사가 되었다. 임진왜란이 일어나 왜적이 동래성으로 쳐들어오자 군관민이 합심하여 항전했으나 성이 함락되자 조복(朝服)으로 갈아입고 단정히 앉은 채 적병에게 살해되었다. 시호는 충렬(忠烈)이며, 동래 충렬사에 제향되었다.

송숙기(宋叔琪) 1426(세종 8)~1489(성종 20). 본관은 여산. 자는 거보(巨寶), 호는 월당(月塘). 한성부판사 송복산(宋福山)의 장남이다. 새보(璽寶)와 부패(符牌) 등을 관장하던 상서원(尙瑞院)의 직장(直長)을 거쳐 세조 1년(1455)에 원종공신에 올라 사헌부 감찰이 되었다. 성종 2년(1471)에 좌리공신(佐理功臣)에 책훈(冊勳)되었고 한성서윤(漢城庶尹), 장단(長湍)과 풍덕군수(豊德郡守), 덕원부사(德源府使), 사섬시(司贍寺)와 내자시(內資寺)의 정(正)을 역임하였다.

송순(宋純) 1493(성종 24)~1582(선조 15). 본관은 신평(新平), 자는 수초(遂初)·성지(誠之), 호는 기촌(企村)·면앙정(俛仰亭)이다. 아버지는 송태(宋泰)이며, 어머니는 순창 조씨(淳昌趙氏)이다. 1519년(중종 14) 별시 문과에 급제하였고, 1548년(명종 3)에 개성부 유수(開城府留守)가 되었다. 1569년(선조 2)에 한성부 판윤으로 특별 승진하였고, 이어서 의정부 우참찬이 된 이후 관직에서 물러났다. 「면앙정삼언가(俛仰亭三言歌)」·「면앙정제영(俛仰亭題詠)」 등 많은 한시를 남겼고, 문집으로 『면앙집(俛仰集)』이 있다.

송시열(宋時烈) 1607(선조 40)~1689(숙종 15). 조선 후기의 문신이자 성리학의 대가이며, 노론의 영수였다. 본관은 은진(恩津)이고, 자는 영보(英甫), 호는 우암(尤菴)이다. 효종 때 북벌계획에 주도적으로 참여하였으며, 숙종 때 영중추부사에 임명되고 봉조하(奉朝賀)의 영예를 받았다. 예송논쟁을 주도하였고, 1689년 기사환국 때 유배되었다가 서울로 압송되어 오던 중 정읍에서 사약을 받고 죽었다. 전국 70여 개의 서원에서 배향하였으며, 문집으로 『송자대전(宋子大全)』이 있다.

송위(宋遼)   생몰연대 미상.

송회령(宋會寧)   1469(성종 1)~1494(성종 25). 성종 때 젓대(대금, 大笒)의 명수로 전해진다.

순제(順帝)   1320~1370(재위 1333~1370). 중국 원나라의 마지막 황제이자 북원의 첫 황제로. 이름은 토곤테무르, 묘호는 혜종(惠宗)이다. 그와 기황후의 소생인 아유시리다라는 북원의 제2대 황제 소종(昭宗)이다.

습정(習靜)   → 민순(閔純. 1519~1591)

신각(申恪)   ?~1592(선조 25). 조선 중기의 무신. 본관은 평산(平山)이며, 아버지는 신경안(申景顔)이다. 무과에 급제하고 경상도방어사를 역임하였다. 임진왜란이 일어나자 도원수 김명원(金命元)의 부원수로서 서울을 방어하다가 한강 전투에서 패하였다. 그 후 유도(留都) 대장 이양원(李陽元)을 따라 양주(楊州) 해유령(蟹踰嶺)에서 일본군을 대파하였으나 김명원이 명령불복종으로 몰아 참형에 처하였다.

신돈(辛旽)   ?~1371(공민왕 20). 고려 말의 승려이자 정치가. 본관은 영산(靈山). 승명(僧名)은 편조(遍照), 자는 요공(耀空)이며, 공민왕이 청한거사(淸閑居士)라는 법호(法號)를 내렸다. 아버지는 누구인지 모르며, 어머니는 계성현(桂城縣) 옥천사(玉川寺)의 여종이었다. 1358년(공민왕 7) 김원명(金元命)의 소개로 공민왕을 만나 공민왕의 신임을 얻었다. 개혁을 추진하려는 공민왕의 후원에 힘입어 1365년(공민왕 14) 5월 최영(崔瑩)·이인복(李仁復)·이구수(李龜壽) 등을 제거하고 자신의 세력을 확대했으며, 7월에는 진평후에 봉해진 뒤 수정이순논도섭리보세공신(守正履順論道燮理保世功臣) 벽상삼한삼중대광(壁上三韓三重大匡) 영도첨의사사사(領都僉議使司事) 판감찰사사취성부원군제조승록사사겸판서운관사(判監察司事鷲城府院君提調僧錄司事兼判書雲觀事)에 임명되었다. 1366년(공민왕 15) 5월 전민변정도감을 설치하고 스스로 판사가 되어 토지와 노비 문제를 개혁하려 하였으며, 1367년(공민왕 16) 성균관의 중건을 주도하였다. 하지만 자신의 사사로운 욕심을 추구한데다 여러 가지 실정이 겹치면서 공민왕의 신임을 잃고, 결국 1371년 7월 역모를 꾀한다는 혐의로 붙잡혀 수원에 유배되었다가 일당 기현(奇顯)·이춘부(李春富)·이운목(李云牧) 등과 함께 죽임을 당했다.

신영희(辛永禧)   1442(세종 24)~1511(중종 6). 본관은 영산(靈山)이고, 자는 덕우(德優), 호는 안정(安亭)이다. 김종직(金宗直)의 문하에서 수학하여, 김굉필(金宏弼)·정여창(鄭汝昌)·남효온(南孝溫) 등과 교우를 맺고 학문을 닦았다. 1483년(성종 14) 사마시에 합격하였으며, 승려의 도첩(度牒)을 허여하는 왕의 교지가 내리자 성균관유생들과 함께 반대하는 상소문을 지어 올렸다. 1497년(연산군 3) 김굉필이 시국이 어지럽게 될 것을 암시하자 직산(稷山)에 은둔하여 죽림의 학자들과 학문에 정진하다가 일생을 마쳤다. 저술로 「사우언행록(師友言行錄)」 등이 있다.

신예(辛裔) ?~1355(공민왕 4). 고려 후기의 간신(姦臣). 본관은 영산(靈山)이고, 충혜왕 때 문과에 급제한 후 첨의평리(僉議評理)를 지냈다. 원나라 관직도 받았으며, 원나라 사신이 충혜왕을 잡아갈 때 매서인 원 자정원사(資政院使) 고용보(高龍普)와 함께 도움을 주었다. 충목왕 즉위 후 취성부원군(鷲城府院君)에 봉해졌다. 그는 고용보를 믿고 남의 재물을 강탈하고 벼슬을 파는 등 횡포를 많이 부렸다.

신우(辛禑) → 우왕(禑王)

신종호(申從濩) 1456(세조 2)~1497(연산군 3). 조선 전기 문신. 할아버지는 신숙주, 아버지는 신주(申澍), 어머니는 한명회의 딸이다. 본관은 고령. 자는 차소(次韶). 호는 삼괴당(三魁堂). 1474년(성종 5) 성균진사시에서 장원을 하였고, 1480년 식년문과와 1486년 문과중시에서 장원하였다. 『동국여지승람』과 『성종실록』 편찬에 참여하였다. 1476년(성종 7)에 유호인, 채수, 허침, 권건, 조위 등과 함께 사가독서를 받았다. 다음 해인 1477년(성종 8) 4월 25일(임술)부터 5월 7일(계유)까지 12일 동안 유호인, 양희지, 현열 등과 함께 개성을 답사하였는데, 그 기록은 유호인의 「유송도록」에 전한다. 1496년(연산군 2) 정조사 명나라에 갔다가 이듬해인 1497년에 돌아오던 중에 개성에서 죽었다. 문집으로 『삼괴당집(三魁堂集)』이 있다.

신칙(申恜) 1574(선조 7)~?. 자는 근숙(謹叔). 광해군 8년(1616) 병진 별시 병과 11위에 급제한 조선 중기 문인이다.

신포(申誧) 생몰연대 미상. 자는 지정, 호는 허주이다. 시화에 능했다고 전한다.

심수경(沈守慶) 1516(중종 11)~1599(선조 32). 본관은 풍산(豊山), 자는 희안(希安), 호는 청천당(聽天堂)이다. 아버지는 심사손(沈思遜)이며, 어머니는 이예장(李禮長)의 딸이다. 1546년(명종 원년)에 식년 문과의 장원으로 급제하였고, 1547년에 사간원 정언을 거쳐 직제학을 지냈다. 1565년(명종 20)에 개성부 유수(開城府留守)가 되었고, 1593년(선조 26)에 영중추부사가 되었다가 1598년(선조 31)에 우의정으로 치사(致仕)하였다. 문장과 서예에 능하였고, 저서로는 『청천당시집(聽天堂詩集)』・『청천당유한잡록(聽天堂遺閑雜錄)』 등이 있다.

안경창(安慶昌) 생몰연대 및 행적 미상. 송도 출신으로 자는 사내(四耐)이고, 이 책 「송도기이」편에서 소개하고 있다.

안방준(安邦俊) 1573(선조 6)~1654(효종 5). 본관은 죽산(竹山), 자는 사언(士彦), 호는 은봉(隱峰) 또는 우산(牛山) 등이다. 아버지는 첨지중추부사 안중관(安重寬)이나, 안중돈(安重敦)에게 입양되었다. 전라도 보성 출신으로 조선 중기의 문신이자 성리학자이다. 17세기 호남 지역을 대표하는 서인 계열의 성리학자로, 임진왜란 때는 의병을 일으킨 바 있다. 이후 효종 때 지평·장령·공조참의 등의 관직을 역임하였다. 이조판서에 추증되고 시호는 문강(文康)이다. 보성의 대계서원, 동복의 도원서원 등에 제향되었다. 문집으로 『은봉전서』가 전해지고 있다.

안소(安紹) ?~1388(우왕 14). 1382년 화척(禾尺)들이 무리를 지어 거짓으로 왜구라 칭하고 영해에 침입하여 공해(公廨)와 민호(民戶)를 불사르자 동지밀직(同知密直)으로서 이들을 격퇴하였다. 위화도회군 후 개경을 포위한 이성계(李成桂)의 군사를 최영(崔瑩)과 함께 남산(南山)에서 방어하였다가 패전하였고, 함경남도 안변(安邊)에 유배되어 살해되었다.

안요명(安堯明) 생몰연대 미상. 자는 명지(明之) 본관은 죽산(竹山)이며 1495년(연산군 1) 을묘 증광시(增廣試) 진사3등 42위로 합격하였다.

안지(安之) 1377(우왕 3)~1464(세조 10). 본관은 탐진(耽津)이고, 자는 자행(子行), 호는 고은(皐隱)이다. 1414년(태종 14) 친시문과(親試文科)에 을과로 급제하여 성균관박사가 되고, 1445년(세종 27) 정인지(鄭麟趾) 등과 함께 용비어천가를 지었다. 경산의 조곡서원(早谷書院)에 제향되었다. 시호는 문정(文靖)이다.

안침(安琛) 1445(세종 27)~1515(중종 10). 본관은 순흥(順興). 자는 자진(子珍), 호는 죽창(竹窓)·죽제(竹齊). 부윤 안지귀(安知歸)의 아들이다. 1462년(세조 8) 중형 안선(安璿)과 함께 생원·진사 양시에 합격하였다. 1466년 왕이 강원도에 행차하여 시행한 고성별시문과(高城別試文科)에 2등으로 급제하였다. 1471년(성종 2) 신설된 예문관에 당대의 명사로 뽑혀 등용되었다. 1481년 성균관사성에 있으면서 임사홍(任士洪)의 간사함을 폭로하였다가 임금의 노여움을 사서 파직되었다가, 다시 등용되어 군기시정(軍器寺正)·부제학·동부승지·우승지를 역임하고, 1487년 양주목사, 1493년 이조참의를 거쳐, 지중추부사로서 천추사(千秋使)가 되어 명나라에 다녀왔다. 이듬해인 1494년 대사성을 거쳐, 이조참판으로 부총관을 겸하고 이어서 동지춘추관사(同知春秋館事)가 되어 『성종실록』 편찬에 참여하였다. 1506년 평안도관찰사로 있다가 중종반정으로 지중추부사가 되었다. 1514년(중종 9) 공조판서에 발탁되었다가 병으로 죽었다. 문장에 능하고, 필법은 송설체(松雪體)로서 해서(楷書)에 뛰어났다. 영의정 유순(柳洵)·이손(李蓀) 등과 교우가 깊었다. 그의 필적으로는 「밀성군침비(密城君琛碑)」·「좌찬성한계희비(左贊成韓繼禧碑)」·「월성군이철견비(月城君李鐵堅碑)」가 있다.

안평대군(安平大君) 1418(태종 18)~1453(단종 1). 이름은 이용(李瑢), 자는 청지(淸之), 호는 비해당(匪懈堂)·낭간거사(琅玕居士)·매죽헌(梅竹軒)이다. 세종의 셋째 아들이며, 어머니는 소헌왕후이다. 큰형이 문종이고, 둘째 형이 세조이다. 1453년(단종 1) 계유정난(癸酉靖難)으로 황보인·김종서 등이 살해된 뒤 그 자신도 강화도로 귀양 갔다가 교동(喬桐)으로 옮겨져 사사되었다. 1747년(영조 23년) 영의정 김재로(金在魯)의 상소로 복관되었다.

안향(安珦) 1243(고종 30)~1306(충렬왕 32). 고려 후기의 문신이자 학자. 본관은 순흥이고 자는 사온(士蘊), 호는 회헌(晦軒)이다. 1260년(원종 1) 문과에 급제하여 정동행성 좌우사낭중(左右司郎中) 등을 거쳐 도첨의중찬(都僉議中贊)을 지냈다. 원나라에 왕래하면서 성리학을 도입하였으며, 시호는 문성(文成)이다.

양자징(梁子澂) 1523(중종 18)~1594(선조 27). 조선 중기의 문신. 아버지는 소쇄처사(瀟灑處士) 양산보(梁山甫)이고 본관은 제주(濟州)이다. 자는 중명(仲明), 호는 고암(鼓巖)이다. 하서(河西) 김인후(金麟厚)의 딸인 울산 김씨(蔚山金氏)를 아내로 맞았으며, 정철(鄭澈)·조헌(趙憲)·성혼(成渾) 등과 교유하였다. 아들 양천경(梁千頃)과 양천회(梁千會)가 최영경(崔永慶)을 정여립(鄭汝立)의 친구인 길삼봉(吉三峯)이라고 무고한 사건에 연루되자, 1591년(선조 24) 석성현감(石城縣監)에서 파직되었다. 장인 김인후를 배향하기 위해 건립된 필암서원(筆巖書院)에 1786년에 양자징도 추가로 배향되었다.

양정맹(梁廷孟) 생몰연대 미상. 개성의 선비. 본관은 남원. 1748년(영조 24) 8월 경상도 유학(幼學) 권태우(權泰佑) 등이 송시열과 송준길의 문묘 배향을 요청하는 상소에 참여하였으며, 박지원이 개성에 머물 때 형 호맹(浩孟)과 함께 깊이 교유하였다. 부친의 별장이 금학동(琴鶴洞)에 있었다는 『연암집』 만휴당기(晩休堂記)의 기록으로 보아 벼슬은 하지 않았지만, 개성의 대표적인 선비 가문이었을 것이다.

양희지(楊熙止) 1439(세종 21)~1504(연산군 10). 조부는 양미(楊湄)이고, 아버지는 양맹순(楊孟淳)이며, 어머니는 정시교(鄭是僑)의 딸이다. 본관은 중화(中和)이고 자는 가행(可行), 호는 대봉(大峰)이며, 한 때 희지(稀枝)라는 이름을 사용하기도 하였다. 1474년(성종 5) 식년 문과에 병과로 급제한 후 관직을 시작하였고, 1476년 유호인, 채수(蔡壽), 허침(許琛), 권건(權健), 조위 등과 함께 사가독서를 받았으며, 그 다음해인 1477년(성종 8) 4월 25일(임술)부터 5월 7일(계유)까지 12일동안 유호인, 신종호(申從濩), 현열(玄悅) 등과 함께 개성을 답사하였는데, 그 기록은 유호인의 「유송도록(遊松都錄)」에 전한다. 문집으로 『대봉집(大峯集)』이 있고, 대구 오천서원(梧川書院)에 배향되었다.

엄수(嚴守) 생몰연대 및 행적 미상.

염흥방(廉興邦) ?~1388(우왕 14). 고려 후기의 문신. 본관은 서원(瑞原). 자는 중창(仲昌), 호는 동정(東亭). 아버지는 곡성부원군 염제신(廉悌臣)이다. 1357년(공민왕 6) 과거에 장원급제하여 좌대언(左代言)이 되었다. 우왕 때 이인임·임견미 등과 함께 활동하다가 최영·이성계에 의해 살해되었다. 『연려실기술』에 『동정집(東亭集)』이라는 그의 문집 이름이 전한다. 『송도지』에 따르면 그의 옛집은 개성 동부 풍교(楓橋) 동쪽의 동소문 근처에 있었다고 한다.

오언후(吳彦侯) 생몰연대 미상. 고려 전기의 서예가. 구양순체의 대가로 알려져 있다.

오원(吳瑗) 1700(숙종 26)~1740(영조 16). 본관은 해주(海州), 자는 백옥(伯玉), 호는 월곡(月谷), 어머니는 현종의 딸 명안공주(明安公主)이다. 1723년(경종 3) 사마시에 합격하고 1728년(영조 4) 정시 문과에 장원하였다. 1732년 동지사(冬至使)의 서장관(書狀官)으로 청(淸)에 다녀왔고, 부제학, 공조참판을 역임하였다.

왕후(王煦) → 의천(義天).

용녀(龍女) 고려 태조 왕건의 할머니이다. 919년(태조 2) 태조의 할아버지 의조(懿祖) 경강대왕(景康大王)과 함께 원창왕후라는 시호를 받았다. 한편, 김관의가 쓴 『편년통록(編年通錄)』에는 서해 용왕의 딸인 용녀로 되어 있다.

우선언(禹善言) 생몰연대 미상. 본관은 단양(丹陽). 자는 덕보(德父), 호는 풍애(楓崖). 할아버지는 수로(秀老)이며, 아버지는 단성군(丹城君) 공(貢)이다. 1481년(성종 12) 영남으로 김종직(金宗直)을 찾아가 자용(子容)이라는 자를 받았다. 1482년 남효온(南孝溫)·홍유손(洪裕孫) 등과 일종의 동지회를 조직하고, 동대문 밖 죽림에 모여 시가와 담론으로 시사(時事)를 비판하며, 자신을 진나라의 죽림칠현에 비유하다 1498년(연산군 4) 체포되어 갑산으로 유배, 노복이 되었다. 시호는 효량(孝良)이다.

우왕(禑王) 1365(공민왕 14)~1389(공양왕 1). 고려의 32대 왕이다. 그는 신돈이 유배된 이후 공민왕의 아들로 알려져 궁중으로 들어가 강녕부원대군에 봉해졌고, 1374년(공민왕 23) 공민왕 사후 10세의 나이로 왕위에 올랐다. 1388년(우왕 14) 명나라에서 철령위(鐵嶺衛) 설치를 통고해오자 최영과 더불어 요동정벌을 단행했다가 이성계 등의 위화도회군으로 폐위되어 강화도에 안치되었다. 그 뒤 여흥군(驪興郡)으로 옮겨졌다가 1389년(공양왕 1) 11월 김저(金佇)와 모의하여 이성계를 제거하려 했다는 혐의를 받아 강릉으로 옮겨진 이후 아들 창왕(昌王)과 함께 살해되었다.

위시량(魏時亮) ?~1585. 명나라 학자이자 관료로, 자는 공보(工甫) 또는 경오(敬吾)이며, 남창(南昌) 사람이다. 과거 출신으로 형부 상서를 지냈으며, 명 목종의 등극조서를 반포하기 위해 1567년(선조 즉위) 7월 허국과 함께 조선에 왔다. 위시량은 엄정하고도 행동거지에 법도가 있었다. 일을 마치고 돌아갈 때도 행장이 빈약하였으므로, 전후 사신 중 제일이라는 평가를 받았다(『선조수정실록』 권1, 선조 즉위년 7월 경오).

유경(柳璥) 1211(희종 7)~1289(충렬왕 15). 고려 후기의 문신. 본관은 문화(文化). 자는 천년(天年) 또는 장지(藏之), 시호는 문정(文正). 할아버지는 유공권(柳公權), 아버지는 유택(柳澤)이다. 과거에 급제해 고종 때 대사성에 이르렀다. 오랫동안 정방에서 활동하였다. 1258년(고종 45) 별장 김준 등과 모의해 최의를 죽이고 왕실의 권위를 회복하였다. 원종 때에는 문하시랑 동중서문하평장사까지 관직이 올랐고, 1278년(충렬왕 4) 치사하였다. 신종·희종·강종·고종 등 4대의 실록편찬에 참여했으며, 모두 4회에 걸쳐 지공거를 역임하였다.

유득공(柳得恭) 1748(영조 24)~1807(순조 7). 조선 후기의 북학자. 본관은 문화(文化)이고, 자는 혜풍(惠風), 호는 영재(冷齋) 등이다. 서얼 출신이었지만 1779년(정조 3) 규장각 검서관(檢書官)에 임명된 후 풍천도호부사(豊川都護府使) 등을 역임하였다. 1800년 그를 아끼던 정조가 승하하자 관직에서 물러나 은거하였다. 역사와 문학에 뛰어난 재능을 보였으며, 저술로는 『영재집』·『경도잡지(京都雜志)』·『발해고(渤海考)』 등이 있다.

윤석(尹碩) ?~1348(충목왕 4). 고려 후기의 문신. 본관은 해평. 아버지는 만비(萬庇)이다. 충선왕 때 별장이 되었고, 충숙왕과 충혜왕대에 고위 관료로 활동하였다. 1326년 원나라가 고려를 없애고 성(省)으로 만들려는 책동을 저지한 공로로 1등 공신에 책봉되었고, 대언 봉천우(奉天祐) 등과 인사권을 관장하기도 하였다. 충목왕 초에 어사대의 탄핵으로 해평에 유배되어 죽었다.

윤영현(尹英賢) 1557(명종 12)~?. 조선 중기의 문신. 본관은 파평(坡平). 자는 언성(彦聖). 할아버지는 윤원필(尹元弼)이고, 아버지는 천안군수 윤회(尹繪)이며, 어머니는 이공의(李公毅)의 딸이다. 1588년(선조 21) 생원시에 1등으로 합격한 뒤, 1591년 왕자사부(王子師傅)가 되고, 1596년 홍산현감(鴻山縣監)이 되었다. 이때 이몽학(李夢鶴)이 홍산에서 가토 기요마사가 다시 침입해온다는 유언비어를 퍼뜨리며 반란을 일으켰는데, 당시 현감이었다가 이몽학에게 사로잡혔다. 이로 인하여 역적에게 굴종하였다는 죄로 의금부에 투옥되고 파직되었다. 광해군대 왕자사부였던 인연으로 복직하여 개성부도사 등을 역임하였다.

의상(義相) 신라를 대표하는 불교 승려로서 신라에 화엄종(華嚴宗)을 열었던 고승. 당의 화엄종 고승인 지엄(智儼)의 문하에서 화엄학을 공부하고 귀국한 후, 낙산사에서 관음신앙을 펼쳤으며, 부석사를 세워 화엄 사상의 근거지로 삼았다. 의상은 3,000여 명의 문도(門徒)를 양성하여, 신라에서 화엄종이 크게 번성하는 기틀을 세운 것으로 평가받고 있다.

의정(議政) → 우의정(右議政).

의종(毅宗) 1127(인종 5)~1173(명종 3). 고려의 제18대 왕(재위 1146~1170). 휘는 현(晛), 자는 일승(日升)이며, 시호는 장효(莊孝)이다. 초명은 철(徹)이며, 인종의 맏아들이다. 어머니는 공예태후(恭睿太后) 임씨(任氏)이다. 1170년(의종 24) 정중부·이의방 등이 난을 일으켜 폐위되어 거제현(巨濟縣)으로 옮겨갔다. 1173년(명종 3) 김보당(金甫當)의 의종 복위운동이 실패하자 계림으로 유폐되었다가 이의민(李義旼)에게 살해되었다.

의천(義天)　1055(문종 9)~1101(숙종 6). 고려 전기의 승려. 속명은 왕후(王煦), 호는 우세(祐世)이고, 의천은 법명이다. 고려 제11대 왕인 문종과 인예왕후(仁睿王后) 이씨(李氏) 사이에서 넷째 아들로 태어났다. 11세 때인 1065년(문종 19) 경덕국사(景德國師)를 스승으로 삼아 출가하였으며, 불일사(佛日寺)에서 구족계(具足戒)를 받았다. 1067년 문종으로부터 우세라는 호와 승통의 직책을 받았으며, 1085년(선종 2) 송나라로 밀항하여 중국 불교를 접하였다. 1086년 귀국한 뒤 흥왕사(興王寺)의 주지가 되었으며, 1089년에는 천태종(天台宗)의 본거지가 되는 국청사(國淸寺) 건립 공사를 시작했다. 1091년에 흥왕사에 교장사(敎藏司)를 설치하고 「속장경」의 간행에 착수했으며, 1101년 10월에 국사로 책봉되었다. 하지만 국사로 책봉된 지 이틀 만에 입적하였다.

이견간(李堅幹)　고려 문종 때 활동한 인물로 본문의 이견간은 확인이 되지 않는다. 비슷한 이름으로 이령간(李令幹)이라는 이름은 『고려사』에서 찾아지지만 그가 부적을 던져 박연의 용을 다스렸다는 내용은 확인되지 않는다.(『고려사』 권7)

이곡(李穀)　1298(충렬왕 24)~1351(충정왕 3). 고려 말기의 학자이자 관료. 호는 가정(稼亭)이며 이색의 아버지. 본관은 한산이며, 원에 들어가 전시(殿試)에 차석으로 급제하였다. 원에서 관직을 역임하면서 문인들과 교유하였으며, 고려에 들어온 후에 요직을 역임하였다. 충목왕이 죽자 충정왕 대신 공민왕의 즉위를 지지하다가 정치적으로 위기에 몰리기도 하였다. 문집으로 『가정집』이 있으며, 아들인 이색과 함께 고려 말기의 대표적인 유학자로 손꼽힌다.

이국필(李國弼)　생몰연대 미상. 퇴계 이황의 제자. 자는 비언(棐彦)이다.

이덕무(李德懋)　조선 후기의 대표적인 북학자이다. 본관은 전주, 자는 무관(懋官)이며, 호는 형암(炯庵), 아정(雅亭), 청장관(靑莊館) 등이다. 정종의 열다섯째 아들인 무림군(茂林君) 선생(善生)의 14세손이며, 아버지는 통덕랑 성호(聖浩)이고, 어머니는 반남 박씨로 토산현감 박사렴(朴師濂)의 딸이다. 박학다식하고 문장에 개성이 뚜렷해 일세에 문명을 떨쳤으나, 서자였기 때문에 크게 등용되지 못하였다. 박지원, 홍대용, 박제가 등의 북학파 실학자들과 깊이 교유하였고, 1778년(정조 2) 사은겸진주사(謝恩兼陳奏使) 심염조(沈念祖)의 서장관으로 연경에 가서 청나라 석학들과 교류하였다. 정조의 사랑을 받아 1779년에 박제가·유득공·서이수와 함께 초대 규장각 외각 검서관이 되었고, 내각 검서관, 적성현감 등을 거쳐 사옹원 주부가 되었다. 시문에 능해 규장각 경시대회에서 여러 번 장원을 차지하였으며, 글씨도 잘 썼고 그림도 잘 그렸는데, 특히 거미와 새, 짐승을 잘 그렸다 한다. 규장각에서 『도서집성(圖書集成)』·『국조보감(國朝寶鑑)』·『송사전(宋史筌)』·『대전회통(大典會通)』 등의 편찬에 참여하였고, 『관독일기(觀讀日記)』·『기년아람(紀年兒覽)』·『아정유고(雅亭遺稿)』 등 많은 저서를 남겼다.

이덕형(李德泂)　1566(명종 21)~1645(인조 23). 본관은 한산(韓山), 자는 원백(遠伯), 호는 죽천(竹泉)이다. 아버지는 이오(李澳)이며, 어머니는 민원종(閔元宗)의 딸이다.

1629(인조 7)~1631년에 개성부 유수(開城府留守)를 지냈는데, 이때『송도기이(松都記異)』를 저술하였다. 이 책은 개성에서 전하는 설화 및 보고 들은 바를 모아서 엮은 야담집으로,『대동야승』권70에 실려 있다. 또한 그는 개성부의 유생을 우대하여 교생(校生)까지도 고강(考講)을 하지 않았다는 개성부의 생원 이장형(李長馨) 등의 의견을 수렴한 뒤, 왕에게 전례를 상고하여 시행하게 해 달라는 글을 올려 허락을 받았다. 저서로는『죽창한화(竹窓閑話)』등이 전해진다. 황해감사·예조판서·판의금부사·우찬성 등의 벼슬을 지냈고, 영의정에 추증되었다.

이병연(李秉淵)　1671(현종 12)~1751(영조 27). 본관은 한산(韓山)이며 호는 사천(槎川), 또는 백악하(白嶽下)이다. 음보(蔭補)로 관직에 나아갔으며 1729년에 배천군수로 재직하였다. 김창흡(金昌翕)의 문인이며 영조시대 최고의 시인으로 일컬어졌다. 일생동안 10,300여 수에 달하는 많은 시를 썼다고 하나, 현재 전하는 것은 500여 수뿐이다. 저서로『사천시초(槎川詩抄)』2책이 전한다.

이색(李穡)　1328(충숙왕 15)~1396(태조 5). 고려 말 조선 초의 문신. 본관은 한산(韓山)이며, 아버지는 찬성사를 지낸 이곡(李穀)이다. 자는 영숙(穎叔), 호는 목은(牧隱)이다. 1341년(충혜왕 복위 2)에 진사가 되었으며, 1348년(충목왕 4)에는 원나라에 가 국자감의 생원이 되었다. 1351년 아버지의 상 때문에 귀국하였으며, 1352년에는 공민왕에게 여러 가지 당면 문제에 대한 개혁 상소를 올렸다. 1354년에 원나라 제과(制科)의 회시에 1등, 전시에 2등으로 합격하였다. 1367년 대사성이 되어 국학을 중영하였다. 1389년 위화도회군으로 우왕이 쫓겨나자 창왕을 옹립하였으며, 이후 이성계 일파가 세력을 잡자 장단(長湍)에 유배되었다. 조선 개창 이후 태조 이성계가 출사를 권하였으나 사양하였고, 1396년에 여강(驪江)으로 가던 중 사망하였다.

이승소(李承召)　1422(세종 4)~1484(성종 15). 본관은 양성(陽城). 자는 윤보(胤保), 호는 삼탄(三灘). 할아버지는 사근(思謹)이며, 아버지는 병조판서 온(蒕)이며, 어머니는 이회(李薈)의 딸이다. 1447년(세종 29) 식년 문과에 장원으로 급제한 이후 예조참의, 호조참의, 이조참의, 예문관제학, 충청도관찰사, 예조참판, 이조판서, 우참찬, 형조판서 등을 두루 거쳤다. 세조가 지은『병장설(兵將說)』을 찬수하였고, 1480년『국조오례의(國朝五禮儀)』를 편찬하였다. 저서로는『삼탄집』이 있다. 시호는 문간(文簡)이다.

이식(李湜)　1458(세조 4)~1488(성종 19). 세종의 10남인 계양군의 아들이다. 자는 낭옹(浪翁)이며, 호는 사우정(思雨亭), 봉호는 부림군(富林君)이다.

이심원(李深源)　1454(단종 2)~1504(연산군 10). 본관은 전주(全州)이고, 자는 백연(伯淵), 호는 성광(醒狂)·묵재(默齋)·태평진일(太平眞逸)이다. 효령대군 보(補)의 증손으로, 평성군(枰城君) 위(偉)의 아들이다. 1487년 종친과시강경사(宗親科試講經史)에서 장원급제하여 정의대부(正義大夫)에 제수되었다. 김종직(金宗直)의 문인으로, 1504년 갑자사화에 연루되어 두 아들과 함께 죽임을 당하였다. 1517년(중종 12)에 신원(伸寃)

되었으며, 흥록대부주계군(興祿大夫朱溪君)으로 증직되었다. 충경사(忠景祠)에 배향되었으며, 저서로는『성광유고』가 있다. 시호는 문충(文忠)이다.

이양중(李養中)   생몰연대 미상. 고려 말기의 관료. 본관은 광주(廣州)이고, 자는 자정(子精), 호는 석탄(石灘)이다. 고려 말에 형조참의(刑曹參議)를 지냈으나, 조선 개국 후에는 어릴 적 친구였던 태종 이방원의 권유도 뿌리치고 은거하면서 고려 왕조에 대한 절개를 지켰다고 한다. 1667년(현종 8) 한양에 구암서원(龜岩書院)이 설립되면서 이곳에 제향(祭享)되었다.

이영간(李靈幹)   생몰연대 미상. 고려 전기의 문신. 이영간(李令幹)이라고도 한다(『동사강목』제7상, 문종 6년 9월). 1040년(정종 6)에 사관수찬(史館修撰), 1042년에 비서소감 겸 한림시강학사(秘書少監兼翰林侍講學士)가 되었다. 1052년(문종 6)에 예부상서가 되었다가 다시 한림학사가 되었으며, 1056년 상서우복야(尙書右僕射)로서 지공거가 되어 과거시험을 주관하였다.

이예(李芮)   1419(세종 1)~1480(성종 11). 조선 전기의 문신. 본관은 양성(陽城). 자는 가성(可成). 아버지는 이전지(李全之)이다. 1438년(세종 20) 진사시에 합격하고 1441년 (세종 23) 식년 문과에 을과로 급제한 후 여러 관직을 지냈다. 1474년(성종 5) 4월에 개성유수로 임명되었다. 다음 해 왕에게 개성부학의 유생 중 우수한 자는 생원시·진사시의 복시에 응시할 수 있게 해달라고 건의하여 허락을 받았다. 1476년(성종 7)에는 천수원의 원주 강귀수(康龜壽)의 부탁을 듣고 천수사의 옛 터에 정자를 지은 뒤 고려 후기 문신인 최사립(崔斯立)이 지은 시를 현판에 써서 걸어두었다.

이우인(李友仁)   1537(중종 32)~?. 조선 전기의 관료. 본관은 여주(驪州)이며, 아버지는 사헌부 집의 이사필(李士弼)이다. 1568년(선조 1)에 생원시에 입격하였으며, 사재감 첨정을 지냈다.

이유성(李有成)   개성 사람이지만, 생몰연대 및 행적이 알려져 있지 않다.

이이(李珥)   1536(중종 31)~1584(선조 17). 본관은 덕수(德水). 자는 숙헌(叔獻), 호는 율곡(栗谷), 석담(石潭) 등이다. 아버지는 증좌찬성 이원수(李元秀)이며, 어머니는 사임당신씨(師任堂申氏)이다. 1548년 13세의 나이로 진사 초시에 합격하였으며, 1564년 문과에 장원급제하였다. 생원시와 진사시를 포함하여, 응시한 아홉 번의 과거 시험에 모두 장원으로 합격한 까닭에 구도장원공(九度壯元公)이라는 별칭으로 불렸다. 호조좌랑에서 시작하여 청주목사, 승정원 우부승지, 황해도 관찰사, 대사헌, 병조판서, 이조판서 등을 역임하였으나 49세의 나이로 별세하였다. 이황과 함께 조선시대를 대표하는 성리학자로서, 십만양병설의 주창자로도 유명하다. 이이의 문인들은 기호학파에 속하며, 훗날 서인과 노론의 주축이 되었다. 사후 의정부 영의정에 추증되고 동방 18현의 1명으로 문묘에 배향되었으며, 파주 자운서원, 강릉 송담서원 등 20여 곳의 서원에도 제향되었다. 저서로는『동호문답(東湖問答)』,『격몽요결(擊蒙要訣)』,『기자실기(箕子實記)』,『성학집요(聖學輯要)』등이 있다. 시호는 문성(文成)이다.

이인로(李仁老) 1152(의종 6)~1220(고종 7). 고려 후기의 문신. 본관은 경원(慶源). 초명은 득옥(得玉). 자는 미수(眉叟), 호는 쌍명재(雙明齋). 증조할아버지는 이오이다. 이인로는 일찍 부모를 여의고 화엄승통인 요일(寥一)의 밑에서 공부하였다. 1170년 그의 나이 19세 때에 무인정변이 일어나자 불문에 귀의하였다가 뒤에 환속하였다. 25세 때에 태학에 들어가 육경을 두루 학습하였다. 1180년(명종 10) 29세 때에는 진사과에 장원급제하였고, 주로 문한관으로 활동하여 많은 글을 남겼다. 임춘·오세재 등과 함께 '죽림고회'에서 활동하였다. 저술로는『은대집』·『쌍명재집』·『파한집』등이 있었다고 하나『파한집』만이 전하고 있다.

이자연(李子淵) 1003(목종 6)~1061(문종 15). 고려시대 문종 때의 문신. 본관은 인주(仁州). 자는 약충(若沖)이며, 시호는 장화(章和)이다. 세 딸이 각각 인예태후·인경현비·인절현비로 모두 문종의 비가 됨으로써 세력을 얻었다. 개부의동삼사·상주국·경원군개국공 등이 되었다.

이장길(李長吉) 생몰연대 미상. 본관은 벽진(碧珍)이고, 자는 자하(子賀)이다. 김굉필(金宏弼)로부터 학문을 배웠으나 후에 스승의 가르침과 달리 처신한 것으로 악명을 남겼다. 1504년(연산군 10) 의성현령으로 있으면서 세금을 과도하게 징수하는 등 악정이 심하여 신극성(愼克性)·남경(南憬)과 함께 삼맹호(三猛虎)로 불렸으며, 1507년(중종 2) 박원종(朴元宗) 등 중종반정 공신들을 해치려 한다는 무고로 인하여 평안북도 벽동군의 관노(官奴)가 되었다. 그 뒤 심정(沈貞)의 심복이 되어 1521년에는 평안도병마우후(平安道兵馬虞候)가 되었고, 1631년 심정이 몰락하면서 고향으로 쫓겨났다.

이정암(李廷馣) 1541(중종 36)~1600(선조 33). 조선 중기의 문신. 본관은 경주(慶州). 자는 중훈(仲薰), 호는 사류재(四留齋) 등이다. 아버지는 사직서(社稷署) 령(令) 이탕(李宕)이고, 어머니는 의성 김씨(義城金氏)로 김응진(金應辰)의 딸이다. 1561년(명종 16) 문과에 급제하였고, 병조참의 등을 역임하였다. 임진왜란이 일어나자 아우인 개성유수 이정형과 함께 개성을 수비하다 실패한 뒤 황해도로 들어가 초토사(招討使)가 되어 의병을 모집해 연안성에서 구로다 나가마사(黑田長政)가 이끄는 대군을 치열한 싸움 끝에 물리쳤다. 정유재란 때는 해서초토사(海西招討使)로 해주의 수양산성(首陽山城)을 지켰다. 저서로『왜변록(倭變錄)』등이 있다. 시호는 충목(忠穆)이다.

이정영(李正英) 1616(광해군 8)~1686(숙종 12). 조선 후기의 문신. 본관은 전주, 자는 자수(子修), 호는 서곡(西谷). 할아버지는 동지중추부사 이유간(李惟侃), 할머니는 대호군 고한량(高漢良)의 딸이며, 아버지는 호조판서 이경직(李景稷), 어머니는 첨지 오경지(吳景智)의 딸이다. 1636년(인조 14) 별시 문과에 급제하였고, 평안도관찰사 등을 거쳐 1671년(현종 12)에 개성유수를 지냈다.

이정우(李廷友)　1541(중종 36)~?. 조선 전기 인물. 이정우(李庭友)로도 표기된다. 본관은 신평(新平)이며, 아버지는 상의원 정을 역임한 이세건(李世健)이다.

이정은(李貞恩)　생몰연대 미상. 본관은 전주(全州). 자는 정중(正中), 호는 월호(月湖)·설창(雪窓)·남곡(嵐谷). 할아버지는 태종이고, 아버지는 익녕군 치(益寧君)이다. 일찍이 수천부정(秀川副正)에 봉해졌다가 도정에 올랐다. 김굉필(金宏弼)·남효온(南孝溫) 등의 사림파 학자들과 교유하였다. 성종대에 사림파가 정치적 역량을 높여가자 이들과 교유를 끊어 사화 때에 화를 면하고, 이후 음률(音律)에 심취하여 스스로 일가를 이루었다.

이준(李埈)　1560(명종 15)~1635(인조 13). 조선 중기의 문신. 본관은 흥양(興陽). 자는 숙평(叔平), 호는 창석(蒼石). 이수인(李壽人)의 아들이다. 유성룡(柳成龍)의 문인으로, 1591년 별시문과에 병과로 급제하였다. 임진왜란이 일어나자 피난민과 함께 안령에서 적에게 항거하려 하였으나 습격을 받아 패하였으며, 그 뒤 정경세(鄭經世)와 함께 의병 몇 천 명을 모집하여 고모담에서 외적과 싸웠으나 또다시 패한 바 있다. 1611년(광해군 3) 정인홍이 이황과 이이를 비난하자 그에 맞서다 벼슬을 버리고 고향으로 돌아갔다가 인조반정 이후 다시 복귀하였다. 정경세와 더불어 유성룡의 학통을 이어받아 정치적으로 남인세력을 결집하고 여론을 주도하는 역할을 하였다. 저서로는 『창석집』을 남겼으며, 『형제급난지도』를 편찬하였다. 시호는 문간(文簡)이다.

이창매(李昌梅)　생몰연대 미상. 조선 후기의 관노이자 효자. 예조가 1814년(순조 14) '연안의 고(故) 관노 이창매'를 효자 정려 대상으로 보고한(『순조실록』 17권, 순조 14년 9월 5일 임진) 기록으로 보아, 이창매는 관노 신분이었고 1814년에 이미 사망한 상태였다. 1801년에 공노비가 해방된 까닭에 여기서는 상인이라고 한 것으로 보인다.

이총(李摠)　?~1504(연산군 10). 자는 백원(百源), 호는 서호주인(西湖主人)·구로주인(鷗鷺主人)·월창(月牕)이다. 태종의 증손으로, 아버지는 우산군(牛山君) 이종(李踵)이다. 이총의 둘째 부인인 의령 남씨(宜寧南氏)는 남효온(南孝溫)의 딸이다. 1498년(연산군 4) 무오사화에 연루되어 유배되고, 1504년 갑자사화 때 효수형을 받고 죽었다.

이항복(李恒福)　1556(명종 11)~1618(광해군 10). 본관은 경주(慶州), 자는 자상(子常), 호는 필운(弼雲)·백사(白沙)·동강(東岡)이다. 아버지는 참찬 이몽량(李夢亮)이며, 어머니는 전주 최씨(全州崔氏)로 최륜(崔崙)의 딸이다. 1580년(선조 13) 알성 문과에 급제하였고, 1599년(선조 32) 우의정을 거쳐 이듬해에 영의정이 되었으며, 1602년 오성부원군(鰲城府院君)에 진봉되었다. 어렸을 때 이덕형(李德馨)과 돈독한 우정을 유지하여 오성(鰲城)과 한음(漢陰)의 우정과 해학이 얽힌 일화가 전해져온다. 저서로 『백사집』, 『북천일록(北遷日錄)』, 『사례훈몽(四禮訓蒙)』 등이 있다.

이행(李荇) 1478(성종 9)~1534(중종 29). 자는 택지(擇之), 호는 용재(容齋)로, 좌의정 등을 역임하였던 조선 중기의 문신. 1495년(연산군 1) 문과에 급제하였으며, 이조판서, 우의정 등을 역임하였다. 1530년(중종 25)『동국여지승람(東國輿地勝覽)』을 신증(新增)하고 좌의정이 되었다. 이듬해 권신 김안로(金安老)의 전횡을 비판하다가 1532년 평안도 함종에 유배되어 그곳에서 죽었다. 1537년(중종 32) 김안로 일파가 축출되면서 복관되었으며, 중종 묘정에 배향되었다. 저서로『용재집(容齋集)』이 있다. 시호는 문정(文定)이었으나 뒤에 문헌(文獻)으로 바뀌었다.

이홍(李泓) 1648(인조 26)~?. 본관은 전주, 자는 사징(士澄). 할아버지는 진사 이형(李迥), 아버지는 진사 이시휘(李時輝)이다. 김창협이 증광 문과에 급제한 1682년(숙종 8)에 증광 생원시에 합격하였다.

임견미(林堅味) ?~1388(우왕 14). 고려 말기의 무신. 본관은 평택. 아버지는 임언수(林彦修)이다. 공민왕 초 다루가치(達魯花赤)에 속하여 공을 세우고 중랑장에 등용되었다. 1361년(공민왕 10) 홍건적 침입 때 공을 세운 것을 비롯해서 1370년 동녕부 토벌 참가, 1377년 왜구 격퇴 등에 공을 세우면서 두각을 나타냈다. 1380년 이인임과 함께 경복흥과 그 일당을 숙청하면서 권력을 더하였다. 우왕 재위 후반부에 이인임·지윤·염흥방 등과 함께 권력을 오로지 하다가 1388년 최영·이성계에게 살해되었다.

임선미(林先味) 생몰연대 미상. 두문동 72인 가운데 이름이 알려진 사람의 하나이다. 본관은 평택(平澤), 자는 양대(養大), 호는 휴암(休庵)이다. 찬성사 임중연(林仲沇)의 아들이며, 성석린(成石璘), 박상충(朴尙衷) 등과 교유하며 학문을 닦았다. 고례(古禮)를 참작, 삼년상을 권장하였다. 고려가 망하자 두문동에 들어가 은거했다. 표절사(表節祠)에 배향되었다.

임수경(林秀卿) 생몰연대 미상. 조선 전기의 문신. 유호인 일행이 개성을 방문하였을 때 개성부 경력이었다. 1455년(세조 1) 12월 무진일에 원종공신 2등에 녹훈되었고, 세조 장례시 장례의 일을 맡아서 1470년(성종 1) 6월 경술일에는 승직대상이 되었다.

임운(林芸) 1517(중종 12)~1572(선조 5). 조선 중기의 문신. 본관은 은진(恩津)이며, 자는 언성(彦成), 호는 첨모당(瞻慕堂) 또는 노동(蘆洞)이다. 아버지는 임득번(林得蕃)이며, 어머니는 진주 강씨(晉州姜氏)로 참봉을 지낸 강수경(姜壽卿)의 딸이다. 정여창(鄭汝昌)의 문하에서 공부했으며, 1564년(명종19)에 형 임훈(林薰)과 함께 효행으로 정려(旌閭)되었다. 1567년(명종 22)에 사직서(社稷署) 참봉(參奉)이 되었으며, 1570년(선조 3)에 후릉(厚陵) 참봉이 되었고, 8월에 개성 일대를 유람한 뒤「유천마록(遊天磨錄)」을 지었다. 1586년(선조 19)에 정여창을 모신 안음현(安陰縣)의 서원(1662년 사액되어 龍門書院이 됨)에 형 임훈과 함께 배향되었다. 임운의 집에 그의 아들 임승신(林承信)이 학문을 공부하기 위해 지은 서간소루(西澗小樓)가 경상남도 거창군 북상면 간계리의 임씨 씨족마을 내에 위치하고 있다.

임제(林悌) 1549(명종 4)~1587(선조 20). 본관은 나주(羅州), 자는 자순(子順), 호는 백호(白湖)·풍강(楓江)이다. 아버지는 절도사 임진(林晉)이다. 1576년(선조 9) 생원시·진사시에 급제하였고, 1577년 알성 문과에 급제했다. 예조정랑과 지제교(知製敎)를 지내다가 당파 싸움을 개탄하여 명산을 찾아다니며 여생을 보냈다. 뛰어난 문장가로 명성을 떨쳤으며 시풍(詩風)이 호방하고 명쾌했다. 개성의 황진이 무덤을 지나며 읊은 시조 및 기생 한우(寒雨)와 화답한 시조 「한우가(寒雨歌)」 등이 유명하다.

임창택(林昌澤) 1682(숙종 8)~1723(경종 3). 조선 후기의 학자. 본관은 나주, 자는 대윤(大潤), 호는 숭악(崧嶽)이다. 아버지는 절충장군(折衝將軍) 임영준(林英儁)이며, 어머니는 개성 김씨로 김국건(金國健)의 딸이다. 1711년(숙종 37) 사마시에 합격하였고, 개성 백운동(白雲洞)에 서당을 짓고 후진을 양성하였다. 고체시(古體詩)를 비롯하여 각체의 문장에 능통하였고, 사마천과 반고의 문체를 모방하였으며, 이백의 시를 좋아하였다. 1732년(영조 8) 사헌부 지평에 추증되었으며, 숭남사(崧南祠)에 제향되었다. 저서로 『숭악집』이 전한다.

작제건(作帝建) 김관의가 지은 『편년통록(編年通錄)』에 왕건의 할아버지로 기록된 인물. 당나라 숙종이 황태자였을 때 개성에 와서 진의(辰義)와의 사이에서 낳았으며, 아버지를 만나러 배를 타고 가다가 용왕을 도와주고 그의 딸 용녀와 결혼했다고 한다. 919년(태조 2)에 의조(懿祖) 경강대왕(景康大王)으로 추존되었다.

잠곡(潛谷) → 김육(金堉)

전승개(田承漑) 조선 중종 때의 문신. 본관은 예산(禮山)이며, 고령 현감(高靈縣監) 전실(田實)의 아들이다. 1517년(중종 12) 별시 문과에 급제하였고, 예빈시 정(禮賓寺正)을 역임하였다.

정도전(鄭道傳) 1342(충혜왕 복위3)~1398(태조 7). 고려 말 조선 초의 문신. 본관은 봉화(奉化). 자는 종지(宗之), 호는 삼봉(三峰), 시호는 문헌(文憲). 고조할아버지는 정공미(鄭公美), 아버지는 정운경이다. 이색의 문하에서 수학하였고, 정몽주·이숭인·윤소종 등과 교유했다. 1360년(공민왕 9) 성균시에 합격하고, 1370년 성균관박사로 활동하였다. 1375년(우왕 1) 북원 사신을 맞이하는 문제로 이인임 등과 맞서다가 전라도 나주목 회진현의 거평부곡에 유배되었다. 1388년 6월에 위화도회군으로 이성계 일파가 실권을 장악한 후 조선 건국의 기초를 닦았다. 1392년 7월에 조준·남은 등 50여 명과 함께 이성계를 추대하였고, 태조즉위교서를 찬술하는 등 조선 개창의 주역을 담당하였다. 1398년 9월에 제1차 왕자의 난 때 이방원에게 죽임을 당하였다. 그는 『조선경국전』, 『고려국사』, 『경제문감』, 『불씨잡변』 등을 저술하였는데, 남아 있는 글은 『삼봉집』에 정리되어 있다.

정몽주(鄭夢周) 1337(충숙왕 복위6)~1392(공양왕 4). 고려 말 문신. 본관은 영일,

초명은 몽란(夢蘭) 또는 몽룡(夢龍), 자는 달가(達可), 호는 포은, 시호는 문충. 아버지는 정운관(鄭云瓘)이고 어머니는 이약(李約)의 딸이다. 1357년(공민왕 6) 감시에 합격하고, 1360년(공민왕 9) 문과에 장원급제하였다. 개경에 5부 학당과 지방에 향교를 세울 것을 건의하여 유교교육 진흥에 힘썼다. 1392년(공양왕 4) 이성계의 아들 이방원이 보낸 조영규에게 죽임을 당하였다. 1401년(태종 1) 영의정에 추증되고 익양부원군에 추봉되었다. 중종 때 문묘에 배향되었고 개성의 숭양서원 등 전국의 여러 서원에 제향되었다. 개성 자남산 동남쪽에 그의 집이 있었는데, 조선시대에 숭양서원이 세워졌다. 현재 개성특별시 선죽동이다.

정사룡(鄭士龍) 1491(성종 22)~1570(선조 3). 본관은 동래(東萊), 자는 운경(雲卿), 호는 호음(湖陰)이다. 아버지는 부사 정광보(鄭光輔)이다. 1509년(중종 4)에 생원을 거쳐 별시 문과에 급제하였다. 1523년(중종 18) 부제학에 올랐고, 1534년에 동지사로 명나라에 다녀왔으며, 1542년 예조판서에 올랐다. 1544년(중종 39)에 공조판서로 명나라에 다녀와서 1554년(명종 9) 대제학이 되었으나, 1558년 과거의 시험 문제를 응시자 신사헌(愼思獻)에게 누설한 죄로 파직된 적이 있었다. 시문과 음률에 뛰어나고 글씨도 잘 썼으나 탐학하다는 비난을 받았다. 문집 『호음잡고(湖陰雜稿)』와 저서 『조천일록(朝天日錄)』 등이 있다.

정서(鄭恕) 생몰연대 미상. 조선 초기 문신. 『성종실록』에 1479년(성종 10) 10월 임진일(10)에 헌납에 임명되어 다음해 4월 임신일(22)까지 헌납으로 활동한 사례가 확인된다. 유호인의 「유송도록」에 따르면 유호인 일행이 개성을 답사하였을 때 정서는 적전판관이었다.

정중부(鄭仲夫) 1106(예종 1)~1179(명종 9). 고려 무신정권기의 집권무신. 본관은 해주(海州). 인종 때 견룡대정(牽龍隊正)이 되고, 의종 초 교위(校尉)를 거쳐 상장군(上將軍)을 지냈다. 의종의 무신에 대한 차별대우에 불만을 품고 이의방(李義方)·이고(李高) 등과 반란을 일으키고 의종을 폐하고 명종을 즉위시켰다. 이어 의종을 살해하고 조위총의 난을 토벌하며 최고의 지위에까지 올랐으나 1179년 경대승에게 죽임을 당했다.

정철(鄭澈) 1536(중종 31)~1593(선조 26). 조선 중기의 문신이자 문인. 본관은 연일(延日), 자는 계함(季涵), 호는 송강(松江)이다. 돈녕부 판관 정유침(鄭惟沈)의 아들이다. 누이들이 인종의 숙의(淑儀)와 종실 계림군(桂林君) 이유(李瑠)의 부인이 되었으므로, 왕실의 인척으로서 같은 나이의 명종과 친숙하게 지냈다. 부친이 사화의 피해를 입고 전라도 담양으로 이주하자 이곳에서 10여 년 동안 시와 학문을 배웠다. 1562년(명종 17) 문과에 장원급제한 후 서인의 영수로서 좌의정까지 올랐으나, 동인의 모함으로 사직하고 강화에 우거(寓居)하다가 별세했다. 저서로 『송강집』과 『송강가사』가 있다. 시호는 문청(文淸)이다.

정희인(鄭希仁)   생몰연대 미상.

조업(曹鄴)   중국 당나라 계림(桂林) 양삭(陽朔) 사람. 시인. 자는 업지(業之) 또는 업지(鄴之). 저서에 시집 3권이 있었지만 없어지고, 후세 사람이 『조사부집(曹祠部集)』을 편찬했다. 『전당시(全唐詩)』에 시가 2권으로 수록되어 있다.

조연귀(趙衍龜)   1726(영조 2)~?. 조선 후기의 선비. 본관은 배천(白川), 자는 경구(景九), 호는 경암(敬菴)이다. 우암 송시열계의 성리학자인 윤봉구(尹鳳九)의 문하에서 수학한 뒤 평생 은거하며 저술에 힘썼다. 이덕무, 박지원 등과 교유하였으며, 『대학』과 『중용』의 내용을 알기 쉽게 도식화하고 해설을 덧붙인 『학용도설(學庸圖說)』 등을 저술했다.

조운흘(趙云仡)   1332(충숙왕 복위 1)~1404(태종 4). 고려 말 조선 초의 문신. 본관은 풍양(豊壤), 호는 석간(石磵)이다. 평장사 조맹(趙孟)의 후손이며, 이인복(李仁復)의 문인이다. 1357년(공민왕 6) 문과에 급제하여 관직에 나갔지만, 사직과 은둔, 출사를 반복하였다. 1390년(공양왕 2) 계림부윤(鷄林府尹)이 되었으며, 조선 개국 후 강릉부사에 임명됐지만 병을 핑계로 사직하고 광주(廣州)에서 여생을 보냈다. 홍건적 침입 때 공민왕을 호종하였고, 왜구를 토벌하였으며, 광주에서 판교원(板橋院)과 사평원(沙平院)을 중수하였다.

조위(曺偉)   1454(단종 2)~1503(연산군 9). 조선 전기 문신. 증조할아버지는 조경수(曺敬修), 할아버지는 조심(曺深), 아버지는 조계문(曺繼門)이고, 어머니는 유문(柳汶)의 딸이다. 본관은 창녕(昌寧), 자는 태허(太虛), 호는 매계(梅溪), 시호는 문장(文莊)이다. 김종직과 가까웠던 사림파의 인물이다. 1472년(성종 3)에 생원·진사시에 합격하였고, 1474년 식년문과에 병과로 급제하였다. 여러 관직을 역임한 뒤 도승지, 호조참판, 충청도관찰사, 동지중추부사를 지냈다. 1476년(성종 7)에 유호인, 채수, 허침, 권건, 양희지 등과 함께 사가독서를 받았고, 그 다음해인 1477년(성종 7) 3월 14일(신사)부터 22일(기축)까지 9일 동안 채수, 권건 등과 함께 개성을 답사하였는데, 그 기록은 채수의 『유송도록』에 전한다. 1498년(연산군 4) 무오사화 때 김종직의 시고를 수찬하였다 하여 오랫동안 의주에 유배되었다가 이후 순천으로 옮겨진 뒤, 그곳에서 죽었다. 문집으로 『매계집』이 있다. 경상북도 김천의 경렴서원과 충청북도 영동군 황간의 송계서원에 배향되어 있다.

조의생(曹義生)   생몰 연도 미상. 두문동 72인 가운데 이름이 알려진 사람의 하나이다. 자는 경숙(敬叔)이고, 아버지는 개성부윤(開城府尹)을 지낸 조인(曹仁)이다. 어려서부터 독서를 좋아했고 행동에 절개가 있었으며, 정몽주와 길재의 문하에서 배웠다. 언론(言論)이 동료들 중에서도 특출했다고 한다. 고려가 망할 때 태학생(太學生)이었으며, 두문동에 들어가 평생 벼슬하지 않았다.

조익(趙翼)   1579(선조 12)~1655(효종 6). 본관은 풍양(豊壤), 자는 비경(飛卿), 호는

포저(浦渚)·존재(存齋)이다. 아버지는 중추부첨지사 조영중(趙瑩中)이며, 어머니는 찬성 윤근수(尹根壽)의 딸이다. 임진왜란 때 음보로 정포만호(井浦萬戶)가 되었고, 1602년(선조 35) 별시 문과에 병과로 급제하여 승문원 정자에 임명되었다. 이후 1655년 3월 중추부영사(中樞府領事)로 죽기까지 우의정·좌의정 및 중추부 판사·영사를 역임하였다. 저서로는 『곤지록(困知錄)』·『중용주해(中庸註解)』·『대학주해(大學註解)』·『서경천설(書經淺說)』 등이 있다.

조진(趙振) 1535(중종 30)~?. 본관은 양주(楊州), 자는 기백(起伯), 호는 농은(聾隱)이다. 조충수(趙忠秀)의 아들이며, 퇴계 이황(李滉)의 문인이었다. 1576년(선조 9)에 성균관 생원이 된 이후 1579년(선조 12)에 천거로 왕자사부(王子師傅)가 되었다. 1605년(선조 38)에 좌의정 기자헌(奇自獻)의 뇌물 사실을 폭로하여 퇴출당하였다가, 1608년에 광해군이 즉위하면서 사부였던 공로로 복권되었다. 1614년(광해군 6)에 개성유수(開城留守)를 역임하였고, 1622년(광해군 14)에 판중추부사가 된 뒤 80세에 기로소(耆老所)에 들어갔다. 1623년(인조 원년) 인조반정으로 삭직되었다. 편서로 『상제례문답(喪祭禮問答)』 2권이 있다.

조행립(曺行立) 1580(선조 13)~1663(현종 4). 조선 후기의 문신. 자는 백원(百源), 호는 태호(兌湖). 아버지는 도사 조인서(曺麟瑞)이며 박동열(朴東說)의 문인이다. 광해군 때 서울을 떠나 고향에 내려가 있던 중 1623년(인조 1) 인조반정으로 서인이 집권한 후 평시서령(平市署令)을 거쳐 익산 군수·온양 군수·군기시 정·첨지중추부사 등을 역임하였다. 영암의 구림사(鳩林祠)에 제향되었다.

조헌(趙憲) 1544(중종 39)~1592(선조 25). 조선 중기의 문신이자 의병장. 본관은 배천(白川), 자는 여식(汝式), 호는 중봉(重峯)이다. 이이(李珥)와 성혼(成渾)의 문인이다. 1567년 문과에 급제하였고, 공주목 제독(提督) 등을 지낸 후 관직에서 물러나 옥천군에서 제자 양성과 학문 연마에 전념하다 임진왜란이 일어나자 의병을 모아 영규(靈圭)의 승군(僧軍)과 함께 청주성을 수복하였으나 금산전투에서 중과부적으로 몰사하였다. 시호는 문열(文烈)이다. 행장에 따르면, 그는 연안부사 신각에게 성을 쌓으라는 편지를 보냈다.

주저(周佇) ?~1024(현종 15). 고려시대의 관료. 원래 송나라의 온주인(溫州人)이었는데, 1005년(목종 8)에 상인을 따라 고려에 왔다가 고려에 귀화하였다. 예빈성주부(禮賓省注簿)를 역임하였으며, 1011년(현종 2) 거란 침략 시 현종을 남행한 공로로 예부시랑 중추원직학사(禮部侍郎中樞院直學士)가 되었다. 이후 내사사인, 비서감, 우상시 등을 역임하고, 1014년에 지공거가 되어 과거를 주관하였다. 1021년에 한림학사승지 숭문보국공신 좌산기상시 상주국 해남현개국남에 봉해졌으며, 1022년에는 예부상서에 임명되었다.

주지번(朱之蕃) 1575~1624. 명나라의 관료이며 서화가. 금릉(金陵) 사람으로, 자는 원승(元升), 호는 난우(蘭堣)이다. 1595년(만력 23)에 과거에 장원급제하여 예부 우시랑(右侍郎)을 지냈다. 서법에 뛰어났고, 산수와 화훼를 잘 그렸다. 『군자임도권(君子林圖卷)』 등의 그림과 문집이 전해온다. 1606년(선조 39) 4월 한림원 수찬(修撰)일 때 황손(皇孫)의 출생을 알리는 사신으로 조선에 왔으며, 그가 쓴 "영은문(迎恩門)" 편액이 국립중앙박물관에 남아 있다.

지공(指空)   ?~1363(공민왕 12). 인도 마갈타국 만왕(滿王)의 제3왕자. 8세에 나란타사 율현(律賢)에게 출가, 19세에 남인도 능가국 길상산 보명(普明)에게 참배하여 의발을 전해 받고, 원나라에 와서 불법을 전했으며, 이때 고려의 나옹화상에게 인가(印可)를 주었다. 1328년(고려 충숙왕 15) 고려에 와서 금강산 법기도량(法起道場)에 예배하고, 7월에 연복정(延福亭)에서 계를 설하고, 곧 연도(燕都)에 돌아가 법원사를 짓고 머물다가, 귀화방장(貴化方丈)에서 입적하였다. 양주 회암사와 개성 화장사에 부도가 남아 있다.

진녕군(晉寧君)   진녕부원군(晉寧府院君)의 줄임말로 강융(姜融)을 말한다.

진복(陳福)   생몰연대 및 행적 미상.

진이(眞伊)   → 황진이(黃眞伊)

차식(車軾)   1517(중종 12)~1575(선조 8). 조선 중기의 문신이며, 개성 출신이다. 아버지는 차광운(車廣運)이고, 어머니는 최지(崔漬)의 딸이다. 부인은 아주 이씨(牙州李氏)이며 그 사이에서 5남 3녀를 두었는데, 차천로(車天輅)와 차운로(車雲輅)가 잘 알려져 있다. 본관은 연안(延安), 자는 경숙(敬叔), 호는 이재(頤齋)이다. 1537년(중종 32)에 진사시에 합격하였고, 1543년(중종 38)의 식년시(式年試) 갑과(甲科) 2위로 급제하였다. 이후 여러 관직을 거쳐 1574년(선조 7) 평해군수(平海郡守)로 임명되었다가 이듬해 죽었다. 화담(花潭) 서경덕(徐敬德)에게 학문을 배워 경전(經典)과 4서(四書)에 밝았고, 문장과 시에 능했다고 한다.

차운로(車雲輅)   1559(명종 14)~?. 송도(松都) 출신으로 본관은 연안(延安), 자는 만리(萬理), 호는 창주(滄洲)이다. 아버지는 차식(車軾)이고, 어머니는 이계천(李繼天)의 딸이며, 부인은 전주 이씨(全州李氏) 이공(李恭)의 딸이다. 아버지 차식, 형 차천로(車天輅)와 함께 '3소(三蘇)'라고 불리기도 하였다. 1583년(선조 16) 알성시에 급제하였고, 1589년(선조 22) 전의현감(全義縣監)을 지냈으며, 봉상 판관(奉常判官)을 거쳐 교리(校理)에 이르렀다. 개성교수(開城敎授)를 지냈으며, 문장·시·글씨에 뛰어났던 것으로 알려져 있다.

차원부(車原頫)   1320(충숙왕 7)~?. 16세기에 후손들이 작성한 것으로 보이는 『차원부설원기』에 의하면, 고려 말 조선 초의 성리학자이며 본관은 연안(延安), 자는 사평(思平),

호는 운암(雲巖)이다. 방어사 차종로(車宗老)의 아들로, 공민왕 때 급제한 후 간의대부
(諫議大夫)를 지냈다. 고려 말 정치가 어지러워지자 관직을 사퇴하고 평산(平山)의
수운암동(水雲巖洞)에 은거하였다. 조선 개국 후 태조의 관직 제의를 거부하였으며,
하륜(河崙) 등이 보낸 자객에게 가족과 함께 살해되었다. 두문동 72인의 한 사람이며,
그림을 잘 그렸다고 한다.

차천로(車天輅)   1556(명종 11)~1615(광해군 7). 송도(松都) 출신으로 본관은 연안(延安),
자는 복원(復元), 호는 오산(五山)·귤실(橘室)·청묘거사(淸妙居士)이다. 아버지는 차식
(車軾)이고, 어머니는 이계천(李繼天)의 딸이다. 아버지 차식, 동생 차운로(車雲輅)와
함께 '3소(三蘇)'라고 불리기도 하였다. 1577년(선조 10)에 알성 문과에 급제하여
개성 교수(開城敎授)를 지냈다. 문장이 뛰어나 외교문서 작성을 주로 담당하였으며
명나라에까지 이름을 떨쳤다. 화담 서경덕(徐敬德)의 문인이며, 시에 능하여 한호(韓濩)
의 글씨와 최립(崔岦)의 문장과 함께 '송도 삼절(松都三絶)'이라고 불린다. 저서로
『오산집(五山集)』·『오산설림(五山說林)』, 작품으로 「강촌별곡(江村別曲)」 등이 있다.

채수(蔡壽)   1449(세종 31)~1515(중종 10). 조선 전기의 문신. 본관은 인천(仁川),
자는 기지(耆之), 호는 나재(懶齋). 아버지는 채신보(蔡申保)이고 어머니는 유승순(柳承
順)의 딸이다. 1468년(세조 14) 생원이 되고 이듬해 추장문과(秋場文科)의 초시·복시·
전시에 장원급제하였는데, 이석형과 함께 조선건국 이래 삼장에 잇따라 장원한 두
사람 가운데 하나이다. 1477년(성종 8) 3월, 사가독서 중에 성현 등과 함께 개성을
유람하고 『유송도록』을 저술하였다. 죽은 뒤 의정부좌참찬 겸지경연춘추관사 예문관
제학으로 증직되고, 양정(襄靖)이라는 시호를 받았다. 1568년(선조 1)에 현손 채유린(蔡
有隣)이 문집을 간행하였다.

채충순(蔡忠順)   ?~1036(정종 2). 고려 전기의 문신관료. 목종 때 중추원부사(中樞院副使)
로 임명되었으며, 현종이 즉위하는데 주도적인 역할을 하였다. 현종이 즉위한 후
직중대(直中臺), 이부시랑 겸 좌간의대부(吏部侍郞兼左諫議大夫) 등을 역임했고, 1011년
거란 침입 때에는 나주로 피난 가는 현종을 호종하였다. 그 뒤 비서감, 중추사,
예부상서, 이부상서 참지정사 등을 역임했고, 1019년에 추충진절위사공신(推忠盡節衛
社功臣) 및 제양현개국남(濟陽縣開國男)에 봉해졌다. 1027년 문하시랑평장사가 되었으
며, 1036년 병으로 죽자 정간(貞簡)이라는 시호가 내려졌다.

채홍철(蔡洪哲)   1262(원종 3)~1340(충혜왕 후1). 본관은 평강(平康), 자는 무민(無悶),
호는 중암(中庵)이다. 고려 충렬왕 때 문과에 급제, 장흥부사(長興府使)를 지내다가
사임하여 불교의 철리(哲理)와 음악을 연구하였다. 「자하동신곡(紫霞洞新曲)」이 『고려
악부(高麗樂府)』에 전한다.

천추태후(千秋太后)   고려 5대 경종의 세 번째 왕비. 태조 왕건의 손녀로, 아버지는
왕욱[王旭, 戴宗], 어머니는 선의왕후(宣義王后)이다. 부모가 모두 태조의 자녀로 이복

남매간에 혼인하였다. 태후는 사촌인 경종과 혼인하여 동성혼을 피하고자 할머니 신정왕태후(神靜王太后)의 성씨를 따 황주 황보씨(黃州 皇甫氏)를 칭하였다. 혼인 뒤 숭덕궁에 거처하며 목종을 낳았다. 남편이 젊은 나이로 사망해 18세에 청상과부가 되자 외족인 김치양(金致陽)과 사통했다. 오라버니 성종의 뒤를 이어 아들 목종이 나이 18세로 즉위하자 '응천계성정덕왕태후(應天啓聖靜德王太后)'라는 존호를 받고 섭정을 했는데, 천추전에 거처했기 때문에 천추태후라 불렸다. 강조(康兆)의 정변 이후 대량군(大良君, 현종)을 왕으로 옹립하는 과정에서 김치양은 죽임을 당했고, 목종은 폐위당해 유배 중에 시해당했다. 천추태후는 할머니의 고향인 황주로 추방되었다. 태후는 황주에 21년 동안 머물다가 병이 들자 개경으로 돌아왔다. 1029년(현종 20) 정월에 숭덕궁(崇德宮)에서 66세로 사망했으며, 유릉(幽陵)에 묻혔다.

청음(淸陰)   → 김상헌(金尙憲, 1570~1652)

초당(草堂)   → 허엽(許曄, 1517~1580)

최방준(崔邦儁)   1645(인조 23)~?. 본관은 전주, 자는 계백(啓伯). 할아버지는 영광군수 최전(崔瑑, 혹은 최탁(崔琢), 아버지는 생원 최세장(崔世章)이다. 김창협이 증광 문과에 급제한 1682년(숙종 8) 증광 진사시에 합격하였다.

최사립(崔斯立)   생몰연대 미상. 고려 후기의 문신으로 본관은 명주(溟州). 최수황[崔守璜, ?~1301(충렬왕 27)]의 아들이다. 『고려사』 최수황 열전에 의하면, 시(詩)를 잘 짓고 글씨를 잘 써서 관직이 선부 전서(選部典書)에 이르렀다고 한다. 개성 도성 동쪽에 있던 천수사(天壽寺)와 관련된 시를 지었는데, 1476년(성종 7)에 개성유수 이예(李芮)가 천수사 옛 터에 정자를 짓고 그의 시를 현판에 써서 걸어두었다. 그 뒤 개성을 유람하는 이들이 그의 시를 보며 천수사의 절경을 읊은 것을 감탄하였다고 전한다.

최영(崔瑩)   1316(충숙왕 3)~1388(우왕 14). 본관은 동주(東州)이고, 아버지는 사헌 규정(司憲糾正) 최원직(崔元直)이다. 고려 공민왕 때 원나라와 맞서 영토를 회복하고 왜구와 홍건적의 침입을 막은 명장이었다. 1388년(우왕 14) 명나라가 철령위(鐵嶺衛)를 설치하고 북변 일대를 요동(遼東)에 귀속시키려 하자, 요동 정벌을 계획하였다. 이때 그는 팔도도통사(八道都統使)가 되어 정벌군의 출정을 명령하였으나, 이성계 등의 위화도회군(威化島回軍)으로 요동 정벌이 좌절되었다. 후에 이성계 군사들이 개성에 난입하자 이에 맞서 싸우다가 체포되어 고봉(高峰) 등지로 유배되었다가 개경에서 참형되었다.

최영수(崔永壽)   개성 사람으로 알려졌지만, 생몰연대 및 행적이 알려지지 않았다.

최충(崔沖)   984(성종 3)~1068(문종 22). 고려 전기 문신. 본관은 해주(海州). 자는 호연(浩然), 호는 성재(惺齋)·월포(月圃)·방회재(放晦齋). 송악산 아래 공부하는 내용에 따라 방의 이름을 낙성재(樂聖齋)·대중재(大中齋)·성명재(誠明齋)·경업재(敬業齋)·조도재(造道齋)·솔성재(率性齋)·진덕재(進德齋)·대화재(大和齋)·대빙재(待聘齋) 등으로 지어 구재학당을 두어 인재를 교육하였다. 특히 귀법사의 하과가 유명하여, 조선 시기까지 널리 언급되었다.

최치원(崔致遠) 857(문성왕 19)~?. 9세기 통일신라 말기의 학자로, 자는 고운(孤雲), 해운(海雲), 해부(海夫)이다. 중국 당나라에서 '토황소격문(討黃巢檄文)'으로 이름을 떨쳤으며, 신라로 돌아온 뒤에는 진성여왕에게 시무책을 올리기도 하였다. 유·불·선 통합 사상을 제시하는 한편 수많은 시문(詩文)을 남겨 한문학의 발달에도 기여하였다. 고려 현종(顯宗) 때인 1023년(현종 14)에 내사령(內史令)으로 추증되었으며, 문묘(文廟)에 배향되며 문창후(文昌侯)라는 시호를 받았다.

탈탈(脫脫) 1314(충숙왕 1)~1355(공민왕 4). 원나라(몽골) 사람. 톡토. 멸리걸씨(蔑里乞氏) 또는 멸아길대씨(蔑兒吉歹氏)로, 자는 대용(大用)이다. 마찰아대(馬札兒臺)의 아들이다. 어릴 때 백부(伯父) 백안(伯顔)에게 길러졌다. 포강(浦江) 사람 오직방(吳直方)에게 배웠다. 처음에 황태자겁설관(皇太子怯薛官)이 되었다 1335년 백안이 권신 당기세(唐其勢)를 잡아 죽일 때 그 잔당들을 습격해 패퇴시키고 모두 사로잡아 바쳤다. 1338년 어사대부(御史大夫)에 올랐으며, 1340년 백안이 교만해져 정권을 천단하자 그가 사냥 나간 틈을 타 내쫓았다. 1341년 중서좌승상(中書左丞尙)에 올라 백안의 옛 정치를 모두 개혁하고 과거를 통해 인재를 뽑는 제도를 회복했다. 총재관(總裁官)이 되어 송·요·금 나라의 역사를 편수하는 일을 주관했다. 1352년 병사를 이끌고 서주(徐州)의 홍건군(紅巾軍)을 진압했다. 1354년 장사성(張士誠)을 고우(高郵)에서 포위했으나, 성을 함락시킬 무렵, 합마(哈麻)의 참언을 받아 탄핵되어 삭직(削職)되었다. 회안(淮安)에 안치되었다가 얼마 뒤 대리(大理)로 유배를 갔고, 합마가 조서(詔書)를 고쳐 보낸 사신에 의해 참살당했다.

태종 조선의 제3대 국왕인 태종 이방원을 말한다.

포은(圃隱) →정몽주(鄭夢周)

포저(浦渚) → 조익(趙翼)

하대청(河大淸) 1541(중종 36)~? 조선 전기의 인물. 본관은 강화(江華)이며 개성에 거주하였다. 자는 경휴(慶休)이며, 아버지는 참봉을 지낸 하세련(河世漣)이다. 1564년(명종 19) 시행된 갑자(甲子) 식년시에 생원 3등으로 합격하였다.

하륜(河崙) 1347(충목왕 3)~1416(태종 16). 자는 대림(大臨)이고, 호는 호정(浩亭)이며, 시호는 문충(文忠)이다. 본관은 진주로, 순흥부사 윤린(允麟)의 아들이다. 1398년 충청도 도관찰사로서 제1차 왕자의 난 때 정사공신 1등이 되었고, 1400년 제2차

왕자의 난 때 좌명공신 1등이 되었다. 1402년(태종 2) 좌정승으로 등극사가 되어 명에 가서 영락제의 즉위를 축하하고, 조선왕조의 완전한 인준을 표시하는 고명인장을 받아왔다. 태종의 묘정에 봉안되었으며, 저서에 『호정집(浩亭集)』이 있다.

한대용(韓大用) 조선시대 개성에 살던 효자로 알려져 있다. 병에 걸린 어머니가 천어(川魚, 냇물에 사는 물고기)를 먹고 싶어 했으나 물이 얼어 구하지 못하자 평생 물고기를 먹지 않았다. 아버지가 돌아가시자 묘 옆에 여막(盧幕)을 짓고 섬겼으며, 어머니 또한 그렇게 하였다.

한명상(韓命相) 1702(숙종 28)~?. 조선 후기 개성에 거주한 진사. 본관은 청주, 자는 군열(君悅), 아버지는 유학(幼學) 한태래韓(泰來)이다. 1721년(경종 1) 증광시(增廣試)에서 생원에 합격하였으며, 1773년까지는 생존하였다.

한명회(韓明澮) 1415(태종 15)~1487(성종 18). 본관은 청주(淸州), 자는 자준(子濬), 호는 압구정(狎鷗亭)·압구(狎鷗)·사우당(四友堂), 별칭은 칠삭동이, 시호는 충성(忠成)이다. 아버지는 사헌부 감찰 한기(韓起), 어머니는 예문관 대제학 이적(李逖)의 딸 여주 이씨이다. 명나라에 파견되어 '조선(朝鮮)'이란 국호를 확정짓고 돌아온 개국공신 한상질(韓尙質)의 손자이다. 수양대군의 책사로 계유정난(癸酉靖難)을 주도하여 정난공신(靖難功臣)이 되었고, 그를 왕으로 즉위시키는 데 기여하여 동덕좌익공신(同德左翼功臣)이 되었다. 두 번이나 영의정을 역임했고, 1457년(세조 3) 상당군(上黨君)에 봉군되었고, 1461년 진봉하여 상당부원군(上黨府院君)이 되었다. 종묘의 세조 묘정에 배향되어 종묘배향공신이 되었다.

한백겸(韓伯謙) 1552(명종 7)~1615(광해군 7). 조선 중기의 문신. 본관은 청주(淸州), 자는 명길(鳴吉), 호는 구암(久菴)이다. 아버지는 좌찬성 한효윤(韓孝胤)이고, 어머니는 정경부인 신씨(申氏)이다. 1586년(선조 19)에 천거로 중부 참봉에 제수된 이후 1611년(광해군 3)에 파주 목사를 지냈다. 『동국지리지』 등이 전한다.

한수(韓脩) 1333(충숙왕 복위 2)~1384(우왕 10). 고려 후기의 문신. 본관은 청주(淸州). 자는 맹운(孟雲), 호는 유항(柳巷), 시호는 문경(文敬). 할아버지는 중찬(中贊) 한악(韓渥)이다. 1347년(충목왕 3) 15세의 나이로 과거에 합격하였고, 공민왕 때 홍건적의 침입으로 왕이 안동으로 피난할 때 호종했다. 시서에 뛰어나 많은 작품을 남겼으며, 초서와 예서에 능해 당대의 명필로 이름이 났다. 공민왕릉 앞에 있는 광통보제선사비의 글씨를 비롯해서 여주신륵사보제선사사리석종비(神勒寺普濟禪師舍利石鐘碑)가 한수의 필적이다. 시집 『유항집(柳巷集)』을 남겼다고 한다. 『동문선』에 「영모정행(永慕亭行)」 등 시 여러 수가 수록되어 있다. 그의 집은 안향·이색 등의 집들과 함께 개성 태평관 서쪽이자 국자감 아래쪽의 양온동에 있었다.

한호(韓濩) 1543(중종 38)~1605(선조 38). 본관은 삼화(三和), 자는 경홍(景洪), 호는

석봉(石峯), 혹은 청사(清沙)이다. '한석봉'으로 더 잘 알려져 있는 인물이다. 성균관에서 공부하다가 1567년(명종 22) 진사시(進士試)에 합격하였다. 글씨의 재능을 인정받아 음사(蔭仕)로 1583년(선조 16)에 와서(瓦署) 별제(別提)로 임명되었다. 이후 사헌부(司憲府) 감찰(監察)과 한성부(漢城府) 판관(判官), 호조(戶曹)·형조(刑曹)·공조(工曹)의 정랑(正郎) 등 중앙관직을 역임하였으며, 지방관직으로는 간성군수(杆城郡守, 1593년), 가평군수(加平郡守, 1601년), 흡곡현령(歙谷縣令, 1604년) 등을 역임하였다. 조선 초기부터 성행하던 조맹부(趙孟頫)의 서체를 따르지 않고 왕희지체를 따라 배웠으며, 해서(楷書)·액서(額書)·진서(眞書)·초서(草書) 등 모든 서체에서 오묘한 경지에 이르렀다고 평가받았다. 현재 전해지고 있는 그의 글씨로는 개성에 있는 「서화담경덕비(徐花潭敬德碑)」와 선죽교의 '선죽교(善竹橋)'라는 세 글자, 개성 성균관의 '대성전(大成殿)' 편액 등이 있다.

허국(許國) 1527~1596. 명나라 관원으로 자는 유정(維楨)이며, 휘주부(徽州府) 흡현(歙縣) 사람이다. 1565년(가정 40) 과거에 합격하였고, 예부상서 겸 동각대학사(東閣大學士)를 지냈다. 1567년(선조 즉위) 7월 목종의 등극 조서를 반포하기 위해 조선에 왔다. 사신이 가산에 도착하였을 때 명종이 죽었으므로 선조가 권지국사(權知國事)로서 맞이하였다. 허국은 사람이 조용하고 청렴하여 조선에서 좋은 평가를 받았다(『선조수정실록』 권1, 선조 즉위년 7월 경오).

허금(許錦) 1340(충혜왕 복위1)~1388(우왕 14). 고려 후기의 관인으로, 본관은 양천(陽川)이다. 자는 재중(在中)이고, 호는 야당(埜堂)이며, 시호는 문정(文定)이다. 지신사(知申事)를 지낸 경(綱)의 아들이다. 공민왕 때 교서교감·예의정랑 등을 지냈으며, 1374년 이인임이 우왕을 옹립하려 할 때 반대하였다. 조준(趙浚) 등과 친교가 있어 함께 우왕의 폐위를 모의하였다. 말년에는 관직에서 물러나 고향에서 은거하여 고향에서 사재를 털어 가난한 병자들을 돌보았다.

허사악(許士諤) 생몰연대 미상. 이륙(李陸, 1438~1498)의 『청파집(青坡集)』 시(詩) 「문허사악파수원이판(聞許士諤罷水原邇判)」에 의하면, 수원통판(水原通判)을 지낸 것으로 파악된다.

허엽(許曄) 1517(중종 12)~1580(선조 13). 조선 중기의 문신. 본관은 양천(陽川), 자는 태휘(太輝), 호는 초당(草堂)이다. 아버지는 증 이조참판 허한(許澣)이며, 어머니는 돈녕부 판관 성희(成喜)의 딸이다. 허균(許筠)의 아버지이며, 서경덕의 문인으로 알려져 있다. 1546년(명종 1) 문과에 급제하였고, 경상도 관찰사를 지냈으며, 동인의 영수였다. 개성의 화곡서원(花谷書院)에 제향되었으며, 저서로 『초당집』, 『전언왕행록(前言往行錄)』 등이 있다.

허침(許琛) 1444(세종 26)~1505(연산군 11). 조선 전기의 문신. 증조할아버지는 허기(許愭), 할아버지는 허비(許扉), 아버지는 허손(許蓀)이며, 어머니는 최안선(崔安善)

의 딸이다. 본관은 양천(陽川), 자는 헌지(獻之), 호는 이헌(頤軒), 시호는 문정(文貞). 1462년(세조 8) 진사시에 합격하고, 1475년(성종 6) 참봉으로 친시문과에 을과로 급제해 감찰이 되었다. 여러 관직을 역임하고 좌의정까지 올랐다. 1476년 채수 등과 함께 사가독서를 받았으며, 사가독서 중인 1477년(성종 7) 3월 14일(신사)부터 22일(기축)까지 9일 동안 채수, 권건, 조위 등과 함께 개성을 답사하였다.

혜침(惠忱)   생몰연대 미상. 조선 중기의 문인인 박은(朴誾, 1479~1504)과 친밀한 관계에 있던 승려. 『읍취헌유고(挹翠軒遺稿)』 권3 오언율시(五言律詩)의 '산사람 혜침에게 부치다(寄山人惠忱)'라는 시에 따르면, 혜침은 박은의 산수(山水)의 벗으로 일컬어지며 박은과 함께 천마산을 유람한 적이 있다고 한다.

홍석주(洪奭周)   1774(영조 50)~1842(헌종 8). 조선 후기의 문신. 본관은 풍산(豊山), 자는 성백(成伯), 호는 연천(淵泉)이다. 영의정 홍낙성(洪樂性)의 손자이며, 우부승지 홍인모(洪仁謨)의 아들이다. 1795년(정조 19) 문과에 급제하였고, 좌의정을 지냈다. 성명이기(性命理氣)의 철학에 달통하여 일가를 이루었으며, 도학가적인 문학론을 전개하였다. 저서로는 『연천집』과 『학해(學海)』 등이 있고, 시호는 문간(文簡)이다.

홍언박(洪彦博)   1309(충선왕 1)~1363(공민왕 12). 본관은 남양(南陽). 자는 중용(仲容), 호는 양파(陽坡)이다. 외할아버지는 지밀직사사(知密直司事) 나유(羅裕)이며, 장인은 찬성사 권준(權準)이며, 공민왕의 모후인 명덕태후(明德太后)의 조카이다. 1330년(충혜왕 즉위년) 문과에 급제하였고, 1354년 문하시중이 되어 단성양절보리안사공신(端誠亮節輔理安社功臣)의 호를 받고 남양후(南陽侯)에 봉해졌다. 기철(奇轍) 일파를 숙청한 공으로 1등공신이 되었다. 1361년에는 문하시중이 되어, 홍건적이 침입하자 개경 사수를 주장하였다. 서경이 함락되자 안동파천에 호종해 개경수복의 방략(方略)을 건의하였다.

홍이상(洪履祥)   1549(명종 4)~1615(광해군 7). 조선 중기의 문신. 본관은 풍산(豊山), 초명은 인상(麟祥), 자는 군서(君瑞)·원례(元禮), 호는 모당(慕堂). 할아버지는 증 좌승지 홍세경(洪世敬)이고, 아버지는 부사직 홍수(洪修)이며, 어머니는 백승수(白承秀)의 딸이다. 1579년(선조 12) 문과에 장원급제한 뒤 예조좌랑 및 여러 청요직을 두루 거쳤다. 임진왜란 때 왕을 호가하였으며, 성절사로 명에 다녀오기도 하였다. 대사헌까지 지냈으나, 1612년(광해군 4) 이이첨(李爾瞻) 일파에게 밀려나 개성유수로 좌천된 후 그곳에서 죽었다. 저서로는 『모당유고』가 있고, 시호는 문경(文敬)이다.

홍자번(洪子藩)   1237(고종 24)~1306(충렬왕 32). 고려 후기의 문신. 본관은 남양. 자는 운지(雲之), 시호는 충정. 아버지는 홍예(洪裔)이다. 『고려사』 열전에 홍자번이 여러 번 과거에 응시하였다가 실패하였다고 기록한 것으로 음서로 관직에 나아간 것으로 보인다. 여러 관직을 역임하고 1294년에는 재상인 첨의중찬에 이르렀고, 1296년에는 개혁안의 하나인 '편민십팔사'를 올렸다. 충선왕 퇴위 후 충렬왕·충선왕 부자 사이가 극도로 악화되었을 때에 원나라에 가서 충선왕과 충렬왕을 화해시키려고 노력하였지만 뜻을 이루지 못한 채 원나라에서 죽었다. 충선왕 묘정에 배향되었다.

홍준법사(洪濬法師) 조선 세종의 3남인 안평대군과 친교가 있던 조선 초기의 고승.

홍하제(洪夏濟) 1709(숙종 35)~?. 개성 출신. 유학(幼學) 홍의청(洪義淸)의 아들. 오원(吳瑗)이 1729년 4월 개성 유람을 기록한 『서유일기(西遊日記)』에 개성 교수(開城敎授)로 나오며, 1730년(영조 6) 무과에 급제하였다.

화담(花潭) → 서경덕(徐敬德)

황진이(黃眞伊) 생몰연대 미상. 조선 중종대 개성의 이름난 기생. 서경덕, 박연폭포와 함께 송도삼절 중 하나로 꼽혔다. 본명은 진(眞), 또는 진랑(眞娘)이며, 기명(妓名)은 명월(明月)이다. 황진사(黃進士)의 서녀(庶女), 혹은 맹인의 딸이었다는 두 가지 기록이 전하지만 확실하지 않다. 생몰연대나 가계(家系)도 알 수 없다. 한시로는 「박연(朴淵)」, 「영반월(詠半月)」, 「등만월대회고(登滿月臺懷古)」, 「여소양곡(與蘇陽谷)」 등이 있고, 시조로는 「청산리 벽계수야」, 「동짓달 기나긴 밤을」, 「내 언제 신이 없어」, 「산은 옛산이로되」, 「어져 내일이여」 등 6수가 『청구영언(靑丘永言)』과 『해동가요(海東歌謠)』 등의 시조집에 전하고 있다.

황홍헌(黃洪憲) 중국 명나라 관료로 절강(浙江) 수수(秀水) 사람이며, 자는 무중(懋中), 호는 규양(葵陽)이다. 1571년 과거에 합격한 후 한림원 편수가 되어 『대명회전(大明會典)』 편찬에 참여하였으며, 소첨사(少詹事)까지 올라갔다. 1582년(선조 15) 10월 조선에 사신으로 왔으며, 『조선국기(朝鮮國記)』 등의 저서가 있다.

개성유람기 지명 일람

간의대(簡儀臺) 개성의 만월대 서쪽에 있던 고려시대의 천문대. 조선 세종 때 천문관측 기구인 간의(簡儀)를 제작하고 이를 놓아두는 대(臺)를 설치하여 간의대 또는 관천대(觀天臺)라고 하였는데, 이에 근거하여 고려의 천문대를 간의대라고 호칭한 것이다.

감로사(甘露寺) 고려 문종 때 이자연(李子淵, 1003~1061)이 개경 서쪽 벽란도 근처 오봉산(五峯山) 아래에 세운 절. 이자연은 송나라 강소성 윤주(潤州)의 감로사를 보고 돌아와 고려에 송나라의 감로사를 모방해서 절을 세우려고 하였는데, 중국 감로사와 비슷한 지형을 찾는 데만 6년이 걸렸다 한다. 감로사는 동쪽으로 오봉산을 등지고 서쪽으로 벽란도에 임하여 세워졌는데, 고려시대와 조선시대의 여러 문인들이 이곳을 찾아 많은 시를 남겼다. 감로사는 이후 고려왕실의 원찰이 되었다. 감로사에는 9층석탑이 있었는데, 유호인은 『유송도록』에서 "(감로사 탑의) 돌 색은 옥 같고 조각 솜씨가 절묘하여 꼭 경천사의 석탑과 같았다"고 하였고, 임운은 『유천마록』에서 감로사 9층석탑은 1327년(충숙왕 14)에 건립되었다고 하였다.

감악산(紺岳山) 경기도 파주시 적성면과 양주시 남면, 연천군 전곡읍에 걸쳐있는 높이 675m의 산. 조선 초기에는 적성현에 속하였다.(『신증동국여지승람』권11, 적성현, 산천)

강남(江南) 중국 강남 지방을 말함.

강도(江都) 고려와 몽골이 전쟁한 38년간 고려의 수도였던 지금의 강화군을 일컫는 말. 강화도 참조.

강령(康翎) 현재 북한의 황해남도 남단에 있는 지역. 1428년(세종 10) 기존의 영강현(永康縣)과 백령현(白翎縣)을 합해 강령현을 설치하였다.

강안전(康安殿) 고려 본궐 안에 있던 전각 중 하나. 1138년(인종 16) 본궐의 전각명을 모두 고쳤을 때 중광전(重光殿)에서 강안전으로 이름을 바꾸었다. 강안전은 강안궁(康安宮)이라고도 불렸다. 충선왕은 복위 후인 1309년(충선왕 1) 연경궁을 중건하면서 강안궁(강안전)을 함께 중수하려고 하였지만 실제 강안전은 충숙왕 때 중건되었다. 이후 강안전은 본궐의 대표 전각으로 활용되다가 우왕대 말엽 즈음 훼손된 것으로 추정된다. 강안전(이전 이름 중광전)은 태조대부터 존재했던 건물로, 혜종, 현종이 승하한 장소이기도 하며, 덕종 이후 여러 국왕들이 즉위한 장소이다. 또한 이곳은 연등회 소회일(小會日)의 중심공간이었으며, 이곳에서는 초제(醮祭)나 각종 도량이 펼쳐지기도 하였다.

강음(江陰)　　현재의 북한 황해남도 봉천군과 황해북도 금천군 일대에 있었던 고려 때의 옛 고을. 신라 경덕왕 때부터 강음현이라 칭하였으며, 당시에는 송악군 관할 하의 현(縣)이었다. 고려에 들어와 1018년(현종 9)에 경기 개성현의 속현이 되었다. 1062년(문종 16)에는 왕경개성부에 소속되었다가, 1143년(인종 21)에 감무가 파견되었다. 조선시대에 들어와 황해도 관할이 되고 1413년(태종 13)에 감무는 현감으로 개칭되었다. 1652년 강음현과 우봉현이 금천현(金川縣)으로 통합되면서 강음현은 소멸하였다.

강화(江華)　　현재 인천광역시에 소속된 군. 고구려 때 혈구군(穴口郡)이었으며, 신라 경덕왕 때 해구(海口)라고 고쳤다가 원성왕이 혈구진(穴口鎭)을 설치하였다. 고려에 들어와 940년(태조 23) 강화현(江華縣)으로 만들었으며, 1018년에 현령을 두었다. 몽골이 침략하자 1232년(고종 19) 수도를 이곳으로 옮겨 강도(江都)라고 하였으며, 1270년(원종 11) 다시 개경으로 도읍을 옮겼다. 1377년 강화부로 승격되었으며, 1413년에는 강화도호부, 1906년 강화군이 되었다.

개국사(開國寺)　　고려시대 개경 보정문(장패문) 밖에 있던 사찰. 고려 태조(太祖) 때에 창건하여 조선 중기까지 존속하였다. 개국사는 후삼국 전투에 참여한 병사를 사역시켜 조성하였으며, 전쟁에 쓰인 창과 방패를 부수어 자재로 활용하였다. 조성할 때부터 율승(律乘)을 배우는 승려를 거처하게 하였다. 소속 종파는 남산종(南山宗)이었다. 『신증동국여지승람』의 기록으로 보아 조선 중기까지 있었던 것으로 추정된다.

개성고현(開城古縣)　　→ 개성현(開城縣). 조선 초기까지 개성 서쪽에 있던 고을. 개성현은 고구려 때 동비홀(冬比忽)이었는데 756년(신라 경덕왕 15)에 개성군이 되었다가 919년 개주가 설치될 때 개주에 포함되었다. 995년(성종 14)에 적현과 기현이 실치될 때 개성현은 적현의 하나가 되었고, 1018년(현종 9)에 고려의 지방제도가 '주현속현제도'로 개편될 때 정주·덕수·강음 3현을 속현으로 거느리는 주현이 되었다. 1062년(문종 16)에 개성현은 지개성부사(知開城府事)로 승격되어 장단현(長湍縣)과 장단현의 속현, 평주(平州)의 속현이었던 우봉군(牛峯郡)까지 속현으로 거느리게 되었다. 1308년 충선왕이 복위하면서 개성부가 수도 개경의 행정을 맡는 기구로 확대 개편되면서 개성현에는 현령이 설치되었다. 조선 건국 후인 1394년 서울을 한양으로 옮기면서 개경에 개성유후사(開城留後司)가 설치되는데, 1398년 개성현은 혁파되어 개성유후사에 병합되었다.

개성대정(開城大井)　　개성 서쪽 옛 개성현이 있던 곳에 있는 우물. 『고려사』에 실린

「고려세계」에 의하면, 태조 왕건의 할아버지인 작제건과 혼인한 용왕의 딸 용녀가 개성에 처음 와서 은그릇으로 땅을 파서 만든 우물이라고 한다. 또 『고려사』 오행지에 개성대정은 가뭄에 기우제를 올리는 대상으로 기록되어 있다. 조선 건국 이후에도 개성대정의 물의 상태는 중앙 정부에 보고되었고, 가뭄 때에는 이곳에서 기우제를 올렸다. 조선 초기 음사를 규제하면서 신앙대상을 축소 정리하는 추세에서도 개성대정은 여전히 신앙 대상으로 남았다. 1477년(성종 9) 이곳을 방문한 유호인은 「유송도록」에서 당시 대정 주변에 수 칸의 제당이 있었다고 기록하였다. 또 조선 후기 이후 편찬된 개성읍지에 따르면 당시에는 기우제만 올렸다고 한다.

개성부(開城府)　조선시대 개성에 설치된 행정기관. 1394년(태조 3) 한양으로 천도한 이후 개성유후사(開城留後司)가 설치되었고 1438년(세종 20) 개성부로 개편하였다. 그 뒤 1485년(성종 16) 『경국대전』이 완성되면서 개성부의 직제는 유수 2인(1인은 경기관찰사 겸임), 경력 1인, 도사 1인, 교수 1인, 서리(書吏) 40인, 조례(皁隸) 30여인으로 법제화되었다.

건덕전(乾德殿)　고려시대 개경 본궐(本闕)의 정전(正殿)이다. 태조(太祖) 때 천덕전(天德殿)이었다가, 현종(顯宗)이 본궐을 중창할 때 건덕전으로 이름을 고친 것으로 보인다. 이 전각은 각종 조회, 책봉, 하의(賀儀) 및 가례(嘉禮), 군례(軍禮), 팔관회 등이 행해지는 중심 전각이었다. 1138년(인종 16) 건덕전에서 대관전(大觀殿)으로 이름을 고쳤다. 조선 초에는 본궐을 지칭하며 건덕전터라고 하여 건덕전을 대표 명칭으로 사용하였다. 2000년대 진행된 남북 공동 발굴 조사 결과 회경전 서쪽편이 태조대 초창 영역으로 추정하고 있고, 이 일대에 건덕전이 위치했던 것으로 보고 있다.

건성사(乾聖寺)　고려 초에 개경에 창건된 절. 1216년(고종 3)에 왕이 건성사에 가서 제석재를 연 이래 제석도량으로 알려졌다. 건성사는 원간섭기에도 왕륜사와 더불어 국왕이 정기적으로 행차하던 사원 가운데 하나였다. 또 조선 태종 때도 건성사에서 제석도량을 연 기록과 1477년(성종 8) 유호인 일행이 개성을 답사할 때 방문한 기록도 있다.

검수점(劒水店)　황해도 봉산군에서 서흥으로 가는 길에 있던 객점(客店).

견불사(見佛寺)　황해남도 배천군 강호리 운달산(雲達山)에 있는 절. 창건 연대와 창건주는 알 수 없다. 다만 신라 말 도선(道詵)이 양씨(梁氏) 성을 가진 부자에게 권하여 그 집을 절로 삼았다는 기록이 보일 뿐이다. 절에서 주위를 보면 부처를 보는 듯한 경치라 하여 견불사라고 하였다. 조선시대에는 예성강의 서쪽에 있다 하여 강서사라고 불렸다. 이 밖에 영운사(靈雲寺)·영은사(靈隱寺)라고도 한다. 1092년(선종 9) 사숙왕후가 이곳에서 천태종 예참법(禮懺法)을 1만일 동안 열었고, 김부식이 나귀를 타고 방문한 기록이 있다. 임진왜란 때 소실되었다가 중창하였고, 1651년(효종 2) 다시 소실되었으나 4년 뒤 중창하였다. 문화재로는 칠층석탑, 오층석탑, 사적비 등이 있다.

경덕궁(敬德宮) 이성계가 왕이 되기 전에 살던 집이며, 즉위 후에는 태종 이방원(李芳遠)이 살았다. 남문밖 추동(楸洞)에 있어서 추동 궁궐, 혹은 추동 본궁이라고도 불렸다. 태종이 즉위한 후 한때 별궁으로 사용하면서 규모가 커졌으며, 조선 전기 국왕들이 개성에 행차할 때 주로 머문 이궁이었다. 중종 이후 퇴락하기 시작하여 터만 남게 되었으며, 숙종과 고종 때 중수 논의가 있었으나 실행하지는 않았다.

경덕궁숙종어제비(敬德宮肅宗御製碑) 조선 숙종이 1693년(숙종 19) 8~9월에 선조의 능을 참배하는 행차 때 개성에 들렀는데, 이때 목청전(穆淸殿)과 경덕궁(敬德宮)에 비석을 세워 선조의 공덕을 기념하도록 명하고 어제시를 내렸다. 이 어제시를 비석으로 세운 「경덕궁비계영경비(敬德宮丕啓靈慶碑)」를 말하는 것으로 보이며, 비석으로 세워진 것은 다음 해이다. 이 비석의 탁본이 장서각에 전해지고 있다.

경리비각(經理碑閣) 경리는 정유재란 때 명에서 보낸 장수 양호(楊鎬)로 비와 비각은 그의 공을 기려 세운 것이다. 양호거사비라고도 하며, 서울시 유형문화재 91호다. 양호의 공덕비는 선조, 광해군, 영조, 헌종 때 총 4개가 세워졌는데, 이 비는 1598년(선조 31) 세운 공덕비로서 명지대 서울캠퍼스 안에 있다.

경성(京城) 왕도(王都)의 성곽, 또는 왕도 그 자체. 여기서는 조선의 왕도인 한양, 즉 지금의 서울을 가리킨다.

경천사(敬天寺) 북한 황해북도 개풍군 광덕면 부소산(扶蘇山)에 있었던 고려 전기에 창건된 것으로 추정되는 사찰. 경천사(擎天寺)라고도 한다. 국보 제86호로 지정된 10층석탑이 유명하다. 1118년 예종은 숙종의 기신도량(忌辰道場)을 이곳에서 베풀었고, 1134년 인종이 문경태후(文敬太后)의 추모제를 열었으며, 그 뒤 인종·의종·공민왕 등이 자주 행차하였다. 1348년(충목왕 4)에 10층석탑을 건립하였으며, 1393년 조선 태조가 신하들과 이곳에서 천추절(千秋節)의 기념행사를 가졌다. 1394년 태조의 아버지인 환왕(桓王)의 추모제를 지내고, 특별히 재를 열고 화엄삼매참(華嚴三昧懺)을 강하였다. 1397년(태조 6) 신덕왕후(神德王后)의 추모제를 지내고 화엄법석(華嚴法席)을 열었다.

경천사탑(敬天寺塔) 1348년(충목왕 4)에 개성 부소산 경천사에 조성된 이형 석탑이다. 대리석으로 만들어졌는데, 대리석은 이전에 탑의 재료로 사용하지 않았다. 평면 구조는 '아(亞)'자 형태와 4각으로 구성되어 있는데 첫째, 탑신에 비해 낮고 3중으로 된 기단은 정사각형 한 변에 직사각형이 돌출되어 있으며, 그 위에 기단과 동일한 형태의 탑신이 3중으로 올려져 있다. 둘째, 4층부터는 정사각형의 탑신과 지붕이 10층까지 이어졌으며 그 위로 상륜부가 설치되어 있다. 우리나라 탑 가운데 매우 이례적인 구조적 형태를 보여준다. 1909년경 일본 궁내대신 다나카(田中光顯)가 일본 도쿄로 불법 반출하였다. 경천사탑은 반환된 후 경복궁에 세워놓았다가 1995년 해체, 복원되어 2005년 신축 개관한 국립중앙박물관으로 옮겨져 실내에 전시되고 있다. 국보 제86호이다.

고달산(高達山)　『신증동국여지승람』에 따르면 황해도 곡산군(谷山郡) 동쪽 55리에 있는 산이라고 함(『신증동국여지승람』 권42, 황해도, 곡산군, 산천).

고려시중정선생성인비(高麗侍中鄭先生成仁碑)　→ 정몽주성인비(鄭夢周成仁碑). 개성특별시 선죽동 선죽교 동쪽에 있는 비. 1641년(인조 19)에 개성유수로 부임한 목서흠 등이 세운 석비이다. 앞면에 2행으로 "圃隱鄭先生成仁碑 一代忠義萬古綱常"이라 새겨져 있다. 나라에 변고가 있을 때마다 비가 눈물을 흘린다 하여 '읍비(泣碑)'로 불린다. 김창협이 '고려시중정선생성인비'라고 돼 있다고 한 것은 기억의 착오일 것이다.

고모담(姑姆潭)　개성특별시 박연리 박연폭포 밑에 있는 연못. 고담(姑潭)이라고도 한다. 박연폭포에서 떨어져 내린 폭포수에 의해 형성되었으며, 크기는 둘레 120m, 지름 40m이다. 박진사가 연못 위에서 피리를 불었는데, 용녀(龍女)가 피리소리에 감동하여 박진사를 남편으로 삼았다. 이에 박진사의 어머니가 와서 울다가 떨어져 죽었으므로, 고모담이라고 이름하였다는 전설이 있다. 고모담 기슭에는 용바위가, 고모담의 서쪽언덕에는 범사정(泛斯亭)이 있다.

고무담(鈷鉧潭)　→ 고모담(鈷姆潭)

고암(鼓岩)　개성 용암산(湧岩山) 서쪽에 있는 바위. 오관산(五冠山) 동쪽 봉우리에 있는 돌이며, 공중에 떠서 홀로 선 모양을 하고 있다. 경성(京城)의 간방(艮方) 모퉁이와 천마산(天魔山)의 손방(巽方)과 고암(鼓巖)의 태방(兌方)에 5봉우리가 하나의 산처럼 서로 둘러서 마주보고 있는데, 이것의 형상을 본떠 오관(五冠)이라 한다.

고양(高陽)　고려시대 고봉현과 행주 등을 통합하여 조선 초기에 만들어진 고을. 고양이라는 명칭은 고봉(高峰)과 덕양(德陽)에서 한 글자씩 따서 만들어진 것이다. 1394년(태조 3)에 고봉에 지방관인 감무를 두었으며, 1413년(태종 13)에 고양으로 개칭하여 현감을 파견하였다. 1471년(성종 2)에는 고양군으로 승격되었고, 현재의 경기도 고양시로 이어진다.

고함산(高涵山)　『신증동국여지승람』이나『세종실록지리지』에 고함산이란 명칭은 보이지 않는다.『신증동국여지승람』 권47, 강원도 철원도호부(鐵原都護府)에 부의 북쪽 40리에 고암산(高岩山)이 있다고 기록되어 있으며, 이 산은 현재 강원도 철원군 북면과 평강군 서면에 걸쳐 있다. 따라서 고함산이 이 고암산을 의미하는 것으로 보이나 확실하지는 않다.

공민왕의 영정[恭愍王影幀] 현 개성특별시 용흥동의 화장사(華藏寺)에 봉안되어 있던 고려 제31대 공민왕의 초상화. 누가 그렸는지 알 수 없으나, 고려 말의 작품이라는 데에 별 이견이 없다. 한국전쟁 때 소실된 것으로 전한다. 일제가 1916년에 촬영할 당시 세로 208.2cm, 가로 154.8cm의 크기로, 화상의 길이가 약간 축소된 상태였다고 한다.

과천(果川) 현재의 경기도 과천시로 이어지는 고을. 신라 경덕왕 때 율진군이라고 불렀다가, 고려 초에 과주(果州)로 이름이 바뀌었다. 1018년(현종 9)에는 광주(廣州)에 소속된 군(郡)이 되었다. 후에 지방관인 감무가 파견되었다. 조선에 들어와 1413년(태종 13)에 과주를 과천이라 개명하고 현감을 파견하였다.

관덕정(觀德亭) 개성 자남산(子男山) 꼭대기에 있던 정자이다. 구군정(九君亭), 호정(虎亭), 군자정(君子亭), 명월정(明月亭), 반구정(反求亭), 보선정(步仙亭), 채빈정(採蘋亭)과 더불어 조선시대 개성에 있었던 8개 사정(射亭) 중 하나이다. 현재 북한 보존유적 제527호로 지정되어 있다. 초축 연대는 정확히 알 수 없으나, 1149년(의종 3) 9월, 왕이 이곳에서 군사를 사열한 기록으로 보아 12세기 이전에 세워졌을 것으로 추정된다.

관락전(觀樂殿) 『고려사』에서 확인되지 않은 전각 이름. 『신증동국여지승람』 등에서는 연등회와 팔관회 때 왕이 행차한 전각으로 기록되어 있다. 그런데 『고려사』에는 관락전이라는 전각은 확인되지 않고 다만 팔관회나 연등회가 열릴 때 왕이 어떤 전각에 가서 '觀樂'하였다는 기록만 보인다. 따라서 유호인의 『유송도록』에 보이는 관락전이라는 전각 명칭은 잘못으로 여겨진다. 유호인의 오류가 『동국여지승람』으로 이어진 것으로 보인다.

관악산(冠岳山) 서울특별시 관악구 신림동과 경기도 안양시·과천시의 경계에 있는 산. 높이는 632m.

관음굴(觀音窟) 개성특별시 박연리 천마산 관음사에 있는 굴. 관음사는 대흥산성의 북쪽 수구인 박연폭포 인근에 있으므로 '수구관음사(水口觀音寺)'라고도 한다. 970년(광종 21) 법인국사 탄문(坦文)이 굴 속에 관음보살상 2기를 두고 관음굴(觀音窟)이라 한데서 비롯되었다. 후에 절을 지어 관음사라고 불렀다고 한다. 1393년(조선 태조 2)에 크게 확장하였으며, 1477년(성종 8) 산사태로 무너진 것을 1646년(인조 23)에 다시 세웠다. 현재의 건물은 1797년(정조 21)에 중수한 것이며, 경내에는 대웅전, 승방, 칠층석탑, 관음굴이 남아 있다. 현재 북한 국보유적 125호로 지정되어 있다. 관음굴 안에는 흰 대리석으로 만들어진 관음보살좌상 2기가 모셔져 있었는데, 하나는 조선중앙력사박물관에 있다. 국보유적 154호이다. 박연리 대흥산성 북문에서 약 1㎞ 정도 거리의 천마산과 성거산 계곡에 관음사 터가 있고 관음사 사적비가 거북등 위에 세워져 있다.

관음굴사(觀音窟寺) → 관음굴(觀音窟)

관음사 관음보살(觀音寺 觀音菩薩)   개성특별시 산성리 관음사 좌측 동굴에 흰색 대리석으로 된 관음보살반가사유상이 모셔져 있다. 원래 두 구의 관음보살상이 있었다고 하며, 그 하나가 평양의 중앙역사박물관으로 옮겨 갔다. 2006년 6월 13일부터 8월 16일까지 국립중앙박물관에서 열린 '북녘의 문화유산-평양에서 온 국보들' 특별전에 전시된 적이 있다. 높이 113.0㎝, 북한 국보문화유물 제154호.

관음암(觀音庵) → 관음굴(觀音窟)

광명동(廣明洞)   개성특별시 서북쪽의 지명. 송악산 남쪽에 있었던 광명사(廣明寺)에서 유래된 명칭으로 추정된다.

광명사(廣明寺)   고려시대 개경에 있던 사찰. 개성특별시 만월동에 위치해 있다. 922년(태조 5) 고려 태조가 자기가 살던 옛집을 희사하여 창건하였다. 1213년(강종 2) 왕사 지겸(至謙)이 머물렀다. 특히, 담선법회(談禪法會 : 선의 도리를 추구하는 모임)가 개최된 사찰로 유명하다. 또한, 최충헌(崔忠獻)은 왕에게 달아정(妲艾井)을 메우고 광명사의 우물물을 어수(御水)로 쓰게 했는데, 이 우물에는 작제건(作帝建)과 용녀(龍女)의 전설이 전해지고 있다. 공민왕은 1370년 9월 널리 승려들을 모으고 혜근(惠勤)에게 명하여 이 절에서 공부선(功夫選 : 승려의 수행 정도를 시험함)을 시행하게 하였으며, 1371년 9월 16일 양종오교(兩宗五敎)의 각 사찰 승려들이 치르는 공부선을 관람하였다. 조선 태조는 1393년(태조 2) 무학(無學)을 이 절에 머물게 하였고, 1399년(정종 1) 신덕왕후의 기제사를 지냈다. 1424년(세종 6)부터 이 절은 교종에 속하게 되었으며, 나라에서 전지 100결과 승려 100인으로 정하였다. 이후 기록은 알 수 없다. 『신증동국여지승람』에는 충숙왕을 비롯한 이규보·김극기(金克己) 등이 이 절을 소재로 하여 읊은 시가 수록되어 있다.

광묘(光廟)   조선의 세조[世祖, 1417(태종 17)~1468(세조 14)]를 말한다. 김육(金堉)의 『천성일록』에 의하면 개성 운거사에 그의 어필이 남아 있었다고 한다.

광주(廣州)   오늘날 경기도 광주시로 이어지는 고을. 신라 경덕왕 때에는 한주(漢州)라 하였으며, 고려 건국 후인 940년(태조 23)에 광주가 되었다. 983년(성종 2)에 설치된 12목 중 하나였다. 조선시대에 들어와 1577년(선조 10)에 광주부가 되었고, 1907년에는 광주군이 되었다. 2001년에 광주시로 승격되었다.

괘관리(掛冠里)   두문동의 괘관현(掛冠峴) 인근 마을로 보인다.

괘관현(掛冠峴)   개성특별시 관훈동 중부 갓골에 있는 고개. 조선 태조가 과거를 실시하였을 때 응시하기를 거부한 문인들이 갓을 벗어놓고 이 고개를 넘어갔다고 하여 붙여진 이름이다. 갓걸재, 괘관고개라고도 한다.

괴정(槐亭)   개성에서 대흥산성 남문 방향으로 가는 대흥대로에서 남문 밖 7~8리 지점에 있던 정자 이름.

교동(喬桐)   현 교동도를 중심으로 한 도서 지역에 편성된 옛 고을. 신라 경덕왕 때부터 교동이라 칭하고 해구군 관할 하의 현(縣)이 되었다. 고려시대에도 교동은 해구군의 후신인 강화현의 속현이 되었다. 1172년(명종 2)에 하급 지방관인 감무가 신설, 파견되었고, 조선 건국 직후인 1395년(태조 4)에 감무대신 지현사(知縣事)를 두고 만호로 삼았으나, 곧 폐지하고 현감을 두었다. 1629년(인조 7)에는 교동도호부로 승격되었다. 1914년에 강화군에 편입되었다. 현 인천광역시 강화군 교동면으로 이어 진다.

교하(交河)   현재 경기도 파주시 교하동으로 이어지는 옛 고을. 신라 경덕왕 때 교하군이라 하였다. 고려시대에는 1018년(현종 9)에 양주의 소속 군(郡)이 되었다가, 명종 때(1170~1197) 지방관인 감무가 신설, 파견되었다. 조선 건국 직후인 1395년(태조 4)에 감무 대신 지현사를 두고 만호로 삼았으나, 곧 폐지하고 현감으로 고쳤다. 1731년(영조 7) 교하군으로 승격되었다. 1914년 파주군에 편입되어 폐지되었다.

구담(龜潭)   개성특별시 북쪽 천마산과 성거산 사이 계곡인 대흥동에 있는 못. 박연(朴淵) 의 상류에 있다. 『신증동국여지승람(新增東國輿地勝覽)』을 비롯하여 조선 후기에 편찬 된 개성읍지에 관련 기록이 전한다.

구월산(九月山)   현재의 황해도 신천군, 은율군 일대에 있는 945m의 산. 아사달산(阿斯達 山), 궁홀산(弓忽山), 증산(甑山) 등으로 불렸으며, 단군(檀君)이 도읍을 정한 곳이라는 이야기가 내려온다.

구재(九齋)   고려 문종 때 최충(崔冲)이 후진 양성을 위해 만든 사립학교. 문헌공도(文憲公 徒) 또는 시중최공도(侍中崔公徒)라고도 한다.

구정(毬庭)   본궐의 신봉문(神鳳門)과 승평문(昇平門) 사이의 넓은 뜰. 광명천(廣明川)이 구정을 가로질러 지나갔으며, 승평문부터 신봉문까지 낮은 담장으로 구획되어 있었고, 좌·우 동락정(同樂亭)과 팔관사(八關司)가 그 안에 있었다. 구정 공간에는 서문으로 의창문(義昌門), 동문으로 인덕문(仁德門)이 있었다. 구정은 의례공간의 운영에 있어서 신봉문(혹은 의봉문)과 한 세트로 구성되어, 팔관회, 초례(醮禮) 등의 중심 공간이었다. 이곳에서 반승(飯僧)을 하기도 하였다.

군산(君山)의 동정호(洞庭湖)   중국의 악양루(岳陽樓)와 동정호(洞庭湖) 어귀에 있는 산으로, 일명 상산(湘山)이라고도 한다. 동정호는 중국 호남성(湖南省) 북부에 있는 호수로, 포양호(鄱陽湖, 파양호), 타이호(太湖, 태호), 차오호(巢湖, 소호), 훙쩌호(洪澤湖, 홍택호)와 함께 중국 5대 담수호의 하나이다. 양자강(揚子江)의 흐름을 조절(調節)하는 구실을 하며 예로부터 많은 시인(詩人)들에 의(依)하여 읊어진 명승지(名勝地)로 알려져 있다. 이곳 인근에서 생산되는 안휘성(安徽省) 영벽현(靈璧縣) 경석산(磬石山)과 평강부(平江府) 태호석(太湖石)은 유명한 수석(壽石)이다.

귀법사(歸法寺)   황해북도 개풍군 영남면 용흥리에 있던 절. 963년(광종 14)에 왕이 대원(大願)을 발하여 국찰로서 송악산 아래에 이 절을 짓고 친히 중들을 공양했으며, 균여(均如)를 초대주지로 삼았다. 여러 왕의 행차가 잦았으며, 중요한 법회의식이 거행되어 당시로서는 최대의 국찰이었다. 고려 중기 최충(崔冲)이 이곳에서 예비 등용문인 하과(夏課)를 베풀었다. 폐사연대 등은 알 수 없으나, 이정구(李廷龜)의 『화담기(花潭記)』에는 이 절의 옛터에 석주가 남아 있었다고 했으며, 1945년 이전에는 거대한 당간석주와 함께 초석들이 산재해 있었다.

금강산 십이폭포(十二瀑布)   십이폭포는 불정대(佛頂臺)에 올라 멀리 바라보면, 푸른 언덕과 벽이 둘러서서 그림 병풍 같은 곳에, 물이 내리 쏟아져서 그 형상이 흰 무지개 같은 것이 무릇 열두 곳이기 때문에 이렇게 이름한 것이다.

금신사(金神寺)   성거산 남쪽 우봉현에 있는 절. 존자(尊者)라 칭하는 금부처가 있는데 영험하다는 이야기가 있어 개성의 사대부집 여성들의 참배가 끊이지 않았다고 한다 (『신증동국여지승람』 권42, 황해도 우봉현).

금장굴(金藏窟)   개성 송악산(松嶽山)과 오관산(五冠山)의 중간 지점에 있는 굴. 조선시대 박은(朴誾)의 문집인 『읍취헌유고(挹翠軒遺稿)』 권3에는 '금장굴에 묵으며(宿金藏窟)'라는 시와 '금장굴로 가는 도중 택지의 시에 차운하며(金藏窟途中 用擇之韻)'라는 시가 있다. 당시 동행했던 이행(李荇)의 『용재집(容齋集)』 권4에도 '금장굴에 묵으며(宿金藏窟)'라는 시가 수록되어 있다. 당시 박은 일행의 유람로가 송악산 복령사에서 낭월사와 금장굴을 거쳐 오관산 영통사로 향했다.

금천(衿川)   현재의 서울시 금천구 지역을 중심으로 편성되었던 옛 고을. 신라 경덕왕 때 곡양현이라 하고 율진군 관할 하의 현(縣)으로 삼았다. 고려 초에 금주라 하였으며, 1018년(현종 9)에는 안남도호부 수주의 속현이 되었다. 1172년(명종 2)부터 감무가 파견되었다. 조선 개창 후 몇 번의 변화 끝에 1416년(태종 16)에 금천현이 되어 현감이 지방관으로 파견되었다. 1795년(정조 19) 시흥으로 개칭하고 현감을 현령으로 승격시켰다.

기담(妓潭)   개성특별시 박연리의 태종대 위쪽에 있는 못.

기전(畿甸)   도읍을 둘러싸고 있는 경기(京畿) 일원을 부르는 명칭. 기내(畿內)나

기현(畿縣)이라고도 칭하며, 조선시대에는 경기도를 칭하는 용어로도 사용되었다.

기주(岐周)   주 나라가 건국된 도시로, 기산(岐山) 아래 있었다. 지금의 섬서성 기산현이다.

길상사(吉祥寺)   개성특별시 북쪽 성거산 북쪽에 있던 절. 고려 충렬왕이 제국대장공주와 함께 박연폭포를 구경할 때 머물렀던 절이다. 공민왕도 박연폭포를 유람하면서 이 절에서 3일간 머물렀다. 조선 세종 때는 상왕인 태종의 병이 심해지자 이곳에서 왕명으로 불교 행사인 나한재를 지내기도 하였다.

김포(金浦)   현재의 경기도 김포시로 이어지는 고을. 김포는 신라 경덕왕 때부터 김포라 불리면서 장제군 관할 하의 현이 되었다. 고려시대에는 1018년(현종 9)에 안남도호부 수주의 속현이 되었다. 1172년(명종 2)에는 감무가 파견되었고, 1198년(신종 1)에는 왕의 태(胎)를 묻었다는 이유로 현령관으로 승격되었다. 조선 개창 후에도 현령이 그대로 파견되었으며, 1632년(인조 10)에 군으로 승격되었다. 1998년에는 김포시가 되었다.

나월(蘿月)   개성 천마산(天摩山)의 나월봉(蘿月峰). 천마봉의 서쪽에 있다.

낙산사(洛山寺)   개성 용암산(湧巖山)에 있던 사찰이다. 사찰의 창건연대는 알 수 없으나 1275년(충렬왕 1) 충렬왕과 제국대장공주가 낙산사에 행차했다는『고려사』의 기록으로 보아 늦어도 13세기 후반에는 낙산사가 창건되어 있었음을 알 수 있다. 공민왕대 신돈(辛旽)은 낙산사를 자신의 원찰(願刹)로 삼았으며, 의상(義湘)이 만든 것으로 알려져 있는 관음소상(觀音塑像)이 있다. 조선 전기에도 낙산사는 계속 존속되었는데, 절 뒤에는 성현(成俔, 1439~1504)이 쓴 찬불비(贊佛碑)가 서 있었다. 16세기 이후 기록은 확인되지 않는 것으로 미루어 조선 후기 폐사된 것으로 추정된다.

낙양(洛陽)   황하(黃河)의 지류인 중국 하남성 서부 낙하(洛河) 유역에 위치한 중국 7대 고도(古都)의 하나. BC 11세기에 주나라 성왕이 동방경영의 기지로 낙읍을 설치하면서 두각을 드러내었다. 이후 동주(東周), 후한, 삼국의 위·서진, 북위, 후당의 수도였고, 수나라와 당나라 때에는 장안에 수도의 지위를 내주었지만, 그에 버금가는 부도로서 경제도시의 위상을 가졌다. 문화유적으로는 용문석굴을 비롯해서 백마사와 백거이 묘 등이 유명하다.

낙월봉(落月峯)   조찬한(趙纘韓)이 천마산과 성거산 일대를 유람한 후 1605년(선조 38)에 쓴 「유천마성거양산기」에 지족암 서쪽에 있는 봉우리 중의 하나로 기술되어 있다.

낙하(洛河)   경기도 파주시 탄현면 낙하리와 장단면 석곶리 사이에 위치한 임진강의 한 구간. 낙하에는 낙하도라는 나루가 있었는데, 예로부터 개성과 교하 지역뿐만 아니라 개성과 한양을 왕래하는 사람들이 주로 이용하였다. 조선시대에는 낙하도에 나루를 지키는 관리인 도승(渡丞) 1인이 파견되었으며, 낙하도 남쪽 언덕에는 낙하원(洛河院)이라는 숙식 제공 시설이 운영되었다.

난정(蘭亭)   중국 진(晉)나라 때의 명필인 왕희지(王羲之, 307~365)의 정자. 중국 절강성 소흥현(紹興縣) 회계산(會稽山) 북쪽에 있었다고 한다. 왕희지는 이곳에서 각지의 유명 인사들을 모아 유상곡수의 잔치를 베풀고, 그들이 지은 시를 모아 서문을 썼다. 당시 왕희지가 쓴 서문을 난정집서(蘭亭集序) 혹은 난정기(蘭亭記)라 하는데, 왕희지의 글씨 중 가장 뛰어나다고 전해지고 있다.

남대문(南大門)   조선시대 개성부 내성(內城)의 남쪽 성문이다. 1394년(태조 3)에 개성의 내성이 완공될 때 건축되었다. 이후 여러 차례 보수되다가 1900년에 크게 수축되었지만, 일제시기에 내성을 헐어내면서 본래의 모습을 잃어버렸다. 현재의 남대문은 한국전쟁 때 파괴된 것을 1954년에 복구한 것이다. 하지만 조선 후기의 회화 및 일제시기의 사진 자료 등과 비교해 보면 석축(石築)·종루(鐘樓)·문루(門樓) 등에서 변화가 있음을 알 수 있다. 2013년 유네스코 세계문화유산으로 등록된 개성역사문화지구 문화유산의 일부이다.

남대문 종각   강세황의 그림에는 종각이 서쪽에 있다. 현재 종각은 없고 연복사(演福寺) 종만 문루 서쪽에 매달려 있다.

남대지(南大池)   황해도 연백군 연안에서 남쪽 12㎞ 지점, 오늘날 황해남도 연안군 호남리에 있는 못. 연백평야를 관개하던 큰 저수지로, 대제지, 와룡지(臥龍池)라고도 하였다. 『문헌비고』에 둘레가 20리 102보로 되어 있으며, 고려 때 축조된 것으로 보인다.

남문(南門)   → 남대문(南大門)

남산(男山)   개성 자남산을 부르는 옛 명칭. 현재의 개성특별시 자남동에 위치한다. 송악산의 남쪽에 있다고 해서 남산(南山)이라고도 하며, 조선 중기 이후부터 자남산이라고 주로 불렸다. 고려시대 자남산(남산) 일대에는 최충헌(崔忠獻)의 사제(私第), 낙랑군(樂浪君) 김혼(金琿)의 서재(書齋)가 있었고, 임견미(林堅味)의 집이 있었다.

남악(南嶽)   중국인들이 성스럽게 여기는 오악(五嶽) 중 하나인 후난성[湖南省] 헝양[衡陽] 시의 형산(衡山)을 말함. 주돈이(周敦頤)가 살아 있을 때 정호(程顥)·정이(程頤) 형제가 남악에서 읊조리지 않고 주돈이가 있던 염계(濂溪)로 가 읊조렸다고 한다.

낭월사(朗月寺)   조선 중기에 개성 천마산 혹은 송악산 기슭에 있던 사찰. 조선 중기의 문인인 박은의 『읍취헌유고(挹翠軒遺稿)』라는 문집에는 박은이 개성 유람 당시의 정경(情景)을 읊은 한시 여러 구가 수록되어 있는데, 그 중 낭월사반송(朗月寺盤松)이라는 시가 있어 낭월사가 천마산 혹은 송악산 기슭에 있었음을 알 수 있다. 또한 박은과 함께 개성 유람에 동행했던 이행(李荇)의 『용재집(容齋集)』에도 낭월사반송이라는 같은 제목의 시가 확인된다. 그러나 낭월사의 건립 시기는 정확히 알 수 없다.

내성(內城)　조선시대 개성부의 성곽이다. 고려 말 왜구의 침략이 빈번하여 개경까지 위협하는 지경에 이르자, 최영이 내성의 축조를 건의하였다. 내성의 축조는 곧바로 시행되지 못하다가 1391년(공양왕 3)에 가서야 비로소 공사가 시작되어 1393년(태조 2)에 완성되었다. 『신증동국여지승람(新增東國輿地勝覽)』에 따르면, 성곽의 둘레가 20리 40보(약 11.2㎞)이며, 성문으로는 동대문(東大門), 남대문(南大門), 동소문(東小門), 서소문(西小門), 북소문(北小門), 눌리문(訥里門), 진언문(進言門) 등을 확인할 수 있다.

노국공주(魯國公主)의 영전(影殿)　공민왕이 왕비인 노국공주가 사망하자 궁궐 동북쪽 왕륜사 근처에 만든 추모시설. 1365년(공민왕 14) 2월 노국공주가 사망한 후 공민왕은 왕비의 추모사업에 열중하였는데, 그 중 하나가 영전건설이었다. 1366년 5월 많은 재정과 노동력을 동원하여 왕륜사 동남쪽에 영전 건설을 시작하여서 1368년 5월 완성하였다. 공민왕은 건물이 좁다고 마암에서 영전 공사를 다시 시작하였지만 많은 반대로 1370년 6월 이전에 만든 왕륜사 근처의 영전을 다시 수리하고 확대하여 화려하고 규모가 큰 정문, 종루, 취두를 완성하였다.

노국공주릉(魯國公主陵)　→ 정릉(正陵). 노국공주는 고려 공민왕의 왕비이며, 몽골 이름은 보탑실리공주(寶塔實里公主)이다. 원나라의 황족 위왕(魏王)의 딸로서, 1349년 원나라에서 공민왕과 결혼하였다. 1365년(공민왕 14)에 난산(難産)으로 죽었다.

녹반현(綠礬峴)　서울특별시 은평구 녹번동 산1번지 일대의 고개. 서대문구 홍은동 사거리에서 녹번동으로 넘어가는 고개이며, 고개 석벽에서 황산제일철인 속칭 녹반이 났기 때문에 생긴 이름이다. 녹번현이라고도 하고, 녹번이고개, 산골고개 등으로 불렸다.

누현(樓峴)　경기도 파주시 월롱면 영태리와 월롱면 위전리 사이에 있는 고개. 일제강점기에 제작된 1：50,000 지형도에도 누현(樓峴)이 표기되어 있다. 현재는 국도 1호선의 통과구간에 해당하며, 누현길이라는 도로명주소가 지정되어 있다.

다경루(多景樓)　감로사의 누각. 남효온(南孝溫)은 「감로사(甘露寺)」라는 시에서 '五峰山下千林紫 多景樓前細路分'(『秋江集』권3, 七言絶句, 詩「甘露寺」)이라고 하였으므로, 다경루 앞에서 길이 갈라짐을 알 수 있다. 남효온은 다경루를 내려와 탁타교(槖駝橋)를 건넜다고 하였다(『秋江集』권2, 五言古詩,「紀行」).

당두(堂頭) 황해북도 개풍군 용산리 예성강변에 있는 작은 봉우리 이름. 뱃사람이 바다와 강을 왕래하면서 항해의 안전을 위해 용왕에게 제사를 지낸 곳으로 알려져 있다.

당두산(堂頭山) 개성 서남쪽에 40리에 위치한 산이다. 개성 서강(西江) 주변에 위치한 병악(餠岳) 서쪽에 있는 봉우리를 가리킨다. 남효온(南孝溫, 1454~1492)이 쓴「송경록(松京錄)」에 따르면, '당두산'이라는 명칭은 산꼭대기에 신당(神堂)이 있기 때문에 붙여진 이름이다. 이 신당은 주작신당(朱雀神堂)을 가리키며, 옛 장원정(長源亭) 서남쪽 2리 바닷가에 있다고 『신증동국여지승람(新增東國輿地勝覽)』에 전한다. 당두산은 현재 황해북도 개풍군 용산리에 위치한 계두산(鷄頭山)을 지칭하며, 계두산 일대는 곶의 입지를 지녔다.

대각국사비(大覺國師碑) 고려 천태종의 시조 의천의 업적을 새긴 비석이다. 개성특별시 개풍군 용흥리의 영통사에 있으며, 의천이 입적한 뒤인 1125년(인종 3)에 세워졌다. 높이 2.9m이며, 비석 앞면의 윗부분에「증시 대각국사비명(贈諡大覺國師碑銘)」이란 제목이 새겨져 있고 그 좌우에 봉황과 보상화문을 양각했다. 당대의 명문장가인 김부식이 비문을 지었고 글씨는 고려 전기에 유행하던 구양순체다.

대관전(大觀殿) 고려 개경 본궐의 정전 중의 하나. 1138년(인종 16) 본궐에 있는 전각의 명칭을 고칠 때 건덕전에서 대관전으로 이름이 바뀌었다. 건덕전은 고려 초부터 있었던 천덕전과 같은 전각으로 추정된다. 의종 때 편찬된『상정고금예문』을 바탕으로 한『고려사』예지의 기록들이 대관전을 기준으로 하고 있는 것에서 고려 중기 대관전의 위상을 알 수 있다. 그러나 몽골과의 전쟁 이후에는 1339년(충숙왕 후8) 6월에 대관전 은행나무가 저절로 넘어졌다는 기록밖에 확인되지 않는다. 이를 통하여 강도에서 개경으로 환도한 이후에 대관전은 사용하지 못할 정도로 훼손된 것으로 추정된다. 고려 궁궐터 회경전 서쪽편의 '서부건축군'을 태조 때 초창한 궁궐 영역으로 추정하고 있는데, 이 일대에 대관전 곧 건덕전이 위치했던 것으로 보고 있다.

대교(大橋) 조선시대 개성부 성(城)의 서쪽 10리에 있던 다리이다. 조수가 왕래하는 곳에 있었다. 이 다리로부터 마교(麻橋)까지 풍덕부(豊德府)에 합속시켰다가, 1823년(순조 23)에 풍덕부를 폐하면서 개성에 예속시켰다.『신증동국여지승람(新增東國輿地勝覽)』에서는 서쪽 10리에 있다고 나오며,『송도지(松都誌)』와『중경지(中京誌)』에서는 서쪽 25리로 기록되어 있어 기록마다 차이가 있다.

대둔산(大屯山) 개성 서북쪽 80리에 위치하고 있는 산. 대둔산(大芚山)으로도 표기된다. 『송도속지(松都續誌)』에 의하면, 고려 때의 봉화대가 산꼭대기 위에 있었는데, 불을 피우는 봉대(烽臺)가 당시까지도 남아있었다고 한다.

대명전(大明殿) 조선시대 때 개성부에 있던 전각 명칭. 하지만『고려사』를 비롯한 고려시대 다른 기록에서 대명전의 이름은 확인되지 않으므로, 그 연혁에 대해서는 알 수 없다.

대성전(大聖殿) 공자의 사당인 문묘(文廟) 안의 정전(正殿). 공자의 위패를 모시는 전각이다.

대안사(台安寺) → 태안사(泰安寺). 개성특별시의 천마산과 성거산 사이 골짜기인 대흥동 상류에 있던 대흥사의 위쪽에 위치했던 절.『신증동국여지승람』에는 이곳이 고려 태조의 태실(胎室)이었고, 절터만 있다고 기록되어 있으나, 이정구(李廷龜, 1564~1635)와 양경우(梁慶遇, 1568~?)가 이 절에 투숙한 적이 있는 것으로 보아, 조선 중기에도 폐사되지는 않았던 것 같다.

대흥동(大興洞) 개성 천마산(天磨山)과 성거산(聖居山) 사이에 있는 골짜기. 이곳에는 관음사(觀音寺), 대흥사와 대흥산성 등이 있다. 조선시대에는 매년 9월에 이곳에서 나오는 잣(栢子)을 왕실에 진상한 적이 있었다. 현재 북한 개성특별시 박연리에 위치한다.

대흥사(大興寺) 황해북도 개풍군 영북면 고덕리 천마산에 있던 절이다.『신증동국여지승람』에서는 이미 조선 전기 이전에 폐사되었다고 하는데,『송도지(松都誌)』에서는 천마산에 있던 거찰(巨刹)로 병자호란 후에 화재로 소실되었다고 하여 폐사된 시기에는 논란이 있다.

대흥암(大興庵) → 대흥사(大興寺).

덕수(德水)의 율곡선생 사당 『농암집』에서 김창협 일행이 1675년(숙종 1)에 준공식에 참석했다고 한 덕수(德水)의 율곡 이이 사당. 이곳은 1681년(숙종 7)에 개성부 남쪽 30리로 옮기고 이듬해에 사액된 구암서원(龜巖書院)을 가리키는 것일 가능성이 있으나, 확실하지 않다.

도암(島嵒) 개성 천마산의 박연에 있는 섬처럼 생긴 바위.『신증동국여지승람』의 황해도 우봉현 산천조에 따르면, 고려 문종(文宗)이 박연폭포에 와서 놀다가 도암(島巖) 위에 올라갔는데, 갑자기 비바람이 일어나고 돌이 흔들리니 크게 놀랐다고 한다. 왕을 호종하던 이영간(李靈幹)이라는 신하가 용의 죄목을 책망하는 글을 지어 못에 던지니, 용이 그 등을 위로 드러내므로 매를 때리자 못의 물이 붉게 변하였다는 일화가 전한다.

동강(東江)   현 북한 개성특별시 동창리 일대에 있었으며, 사천(沙川), 즉 사천강(沙川江)
이 임진강에 합류하는 구간. 사천강은 개성 중심부의 동북쪽에서 발원하여 개성의
동남쪽 방향으로 흐른다. 개성 시가지 내부를 흐르는 하천들은 모두 사천강의 지류이
며, 동강으로 연결된다. 고려시대 동강은 예성강 하구의 서강(西江)과 더불어 개경과
연결되는 포구가 위치한 곳이자, 지방에서 개경으로 운송되는 물자의 하역 장소이기도
하였다. 현재까지도 북한 개성특별시 동창리 지역에는 동강(東江), 동강리(東江里),
창내리(倉內里) 등의 지명이 남아 있다.

동대(東岱)   중국 태산(泰山)을 말함. 중국 산동성 타이안[泰安]시 북쪽에 있으며,
중국인들이 성스럽게 여기는 오악(五嶽) 중 하나이다. 중국 역대 황제들이 천명(天命)을
받아 천하를 평정했음을 알리는 의식인 봉선(封禪) 의식을 행하는 장소였으며, 도교와
불교의 성지이기도 하다. 1987년 유네스코 세계유산으로 지정되었다.

동대문(東大門)   고려 말기~조선 초기 개성부 내성(內城)의 동쪽 문이다. 혹은 개성의
외성인 나성(羅城)의 숭인문(崇仁門)을 지칭하기도 하였다. 1393년(태조 2) 내성이
축조된 이후 내성의 동대문은 내동대문(內東大門)으로, 나성의 숭인문은 외동대문(外東
大門)으로도 각각 불렸다. 한편『고려도경(高麗圖經)』에는 국성(國城)에 12개의 외문이
있는데, 그 중 정동(正東)에 있는 선인문(宣仁門)이 옛 기록에는 이름 없이 다만 동대문이
라 불렸다고도 기록하고 있다.

동지(東池)   고려시대 개경 본궐 동쪽 북천(北川)에 있던 연못이다. 만월대(滿月臺)에서
동쪽으로 약 130m 떨어진 곳에 있었는데, 궁성(宮城)의 동문과 황성의 동문 사이의
골짜기를 이용하여 조성하였다. 이 골짜기에는 지금도 조그마한 내가 있는데, 이것이
북천(北川)이다. 1980년대 북한의 발굴조사 결과, 남북 길이 약 270m, 동서 길이
약 190m, 둘레 1,030m에 이르는 대규모의 연못이었다.

동파역(東坡驛)   동파역은 서울에서 개성으로 가는 중요한 길목으로 현 파주시 진동면
동파리에 터가 남아 있다. 서해의 밀물이 초평도까지 미치기 때문에 초평도의 상류
구간에 위치한 임진나루가 임진강을 건너는 최적의 나루가 되었다. 동파역은 임진나루
를 건너 초평도 북쪽에 위치하였다.

동포(東浦)   조선 초기 예성강 벽란도 근처에 있던 포구.

동현(銅峴)   개성부의 남쪽 입구에 있었던 고개로 추정.

두문동(杜門洞)   지금의 황해북도 개풍군 광덕면(光德面) 광덕산(光德山) 서쪽에 있는
골짜기. 고려가 망하자 조의생(曹義生) 임선미(林先味) 성사제(成思齊) 등이 조선에
벼슬하지 않고 모여 살았다는 곳이다. 이성계는 이곳을 포위하고 72명의 충신들을
몰살하였다고 전해진다. 정조 때 그 자리에 표절사(表節祠)를 세워 그들의 충절을

기렸다. 두문동에 관한 기록은 순조 때 성사제(成思齊)의 후손이 쓴 『두문동실기(杜門洞實記)』가 전해지고 있다.

마니산(摩尼山)　인천광역시 강화도에 있는 높이 472.1m의 산. 두악(頭嶽), 마리산, 머리산이라고도 불리는데, 모두 머리를 의미한다. 단군왕검이 내려왔다고 전해지는 참성단(塹星壇)이 산의 정상에 있다.

마담(馬潭)　개성특별시 박연리의 태종대 위쪽에 있는 못. 강세황(姜世晃, 1713~1791)이 그린 『송도기행첩(松都紀行帖)』에 그림이 있다.

마산역(馬山驛)　현재 경기도 파주시 파주읍 파주리 지역에 있었던 고려시대와 조선시대의 역. 고려시대에는 청교도(靑郊道), 조선시대에는 영서도(迎曙道)에 속하였으며, 북쪽으로는 동파역(고려시대에는 통파역), 남쪽으로는 벽제역(고려시대에는 벽지역)과 연결되는 역이었다.

마암(馬巖)　개성부 성균관(成均館) 앞에 있는 가파른 땅(바위)이다. 고려 후기 여러 왕들이 이곳에서 수박희(手搏戲), 활쏘기 등을 관람하였다. 1369년(공민왕 17)에 왕륜사(王輪寺)에 있던 노국대장공주(魯國大長公主)의 영전(影殿, 초상을 모신 전각)을 철거하고 이곳에 영전을 지으려고 했으나 심한 노역(勞役)으로 원성이 일어나서 이듬해 공사를 중지하였다.

마전(麻田)　고려 때부터 1914년 연천군에 편입될 때까지 존재했던 옛 고을. 신라 경덕왕 때 임단현이라 하였다. 1018년(현종 9)에는 장단의 속현(屬縣)이 되었고, 1062년(문종 16)에는 개성부에 직접 소속되었다. 뒤에 감무가 파견되었다가 폐지되었다. 1389년(공양왕 1)에 다시 감무를 두었다. 조선 개창 후 1452년(문종 2)에 군으로 승격하였으며, 1895년에 삭녕에 편입되었다가 곧 다시 분리되었다. 1914년 연천군에 편입되었다.

만경대(萬景臺)　개성특별시 천마산의 최고봉. 전망이 훌륭한 곳이라는 뜻을 가진다.

만월대(滿月臺)　고려 법궁인 본궐의 회경전 터. 나중에는 본궐 터 전체를 일컫는 말로 사용되었다. 만월대는 『고려사』, 『고려사절요』에는 보이지 않는 표현으로 정식 궁궐 관련 명칭은 아니고, 15세기 후반까지는 개성 지역민들 안에서 사용된 것이었다. 그러다 15세기 후반 개성을 여행했던 유호인, 채수 등이 얻은 지역 정보가 『동국여지승람』에 반영되면서 만월대 항목이 추가되었다. 16세기 추가된 신증 부분에는 만월대를 읊은 시들이 수록되어 이 항목이 강화되면서, 중앙에서도 널리 사용되는 단어가 되었으며 본궐 터 전체를 일컫는 말로 사용되어 현재까지도 고려 본궐을 지칭하는 대표적인 용어로 사용되고 있다.

망월대(望月臺) 고려 법궁인 본궐의 회경전 터로 만월대(滿月臺)라고도 한다. 나중에는 본궐 터 전체를 일컫는 말로 사용되었다.

목청전(穆清殿) 조선 태조 이성계(李成桂)의 초상화를 모시기 위해 설치한 진전(眞殿). 이성계의 옛 집을 고쳐 만들었다. 이성계가 새 나라를 세우고 왕위에 오를 수 있도록 풍수가 이 터를 잡아 주었다는 설화가 있다. 그 위치는 현재 개성특별시 운학동이다.

묘각암(妙覺庵) 개성에 있던 암자(庵子)이다. 조선 후기에 편찬된 『송경광고(松京廣攷)』에서는 자남산(子男山) 동쪽 묘각동(妙覺洞)에 있던 묘각사(妙覺寺)를 이곳과 동일한 곳으로 추정하였으나, 자세한 내용은 알 수 없다.

무선봉(舞仙峯) 개성 서쪽에 있는 봉명산(鳳鳴山)의 봉우리. 무선봉 밑에 공민왕의 현릉(玄陵)과 노국대장공주의 정릉(正陵)이 있다.

묵사동(墨寺洞) 황해북도 개풍군 묵산리. 조선시대 개성부 중서면(中西面)에 소속된 마을이다. 이곳에 문익점(文益漸)의 손자인 문래(文萊)의 무덤이 있다.

문충당(文忠堂) 정몽주의 옛집 터에 세운 사당이며, 조선 선조가 1575년(선조 8)에 사액하여, '숭양서원'(嵩陽書院)이라 하였고 현재 개성특별시 선죽동 자남산 아래에 위치하고 있다. 차천로(車天輅)의 『오산설림초고(五山說林草藁)』에 따르면 "그 앞 작은 시내를 건너 언덕에 대나무 우거진 곳은, 바로 이익재와 여러 현인들이 살던 곳이다. 이 대나무 숲은 곧 죽림당의 옛 물건이다. 아래 작은 연못이 있는데 지금도 전한다. 그 뒤 작은 봉우리와 시내 밑에 상국 이규보의 옛 집터가 남아 있다."고 하였다.

문헌당(文獻堂) 정몽주(鄭夢周)의 집. 조선 전기 문신 유호인(兪好仁 : 1445~1494)이 1476년(성종 7) 개성을 방문하고 지은 「유송도록(遊松都錄)」에 '태묘동(大廟洞)에 들어가 포은(圃隱)의 옛 집을 찾으니 뜰에는 풀이 우거지고 빈 터만 남아 지금은 승방이 되었다.'라고 되어 있다. 그렇다면 문헌당은 1476년 이후 1570년 이전에 지어졌다고 할 수 있다.

문화(文化) 현재의 북한 황해남도 신천군과 삼천군 지역에 있었던 고을. 본래 궐구(闕口)라 하였는데, 고려 초기에 유주라 하였다. 1018년(현종 9)에 풍주의 속현(屬縣)이 되고, 1106년(예종 1)에 지방관인 감무가 신설되었다. 1259년(고종 46)에 최의(崔竩)를 제거하는 데에 참여한 유경(柳璥)의 내향(內鄕)이라 하여 문화로 이름을 바꾸고 현령으로 승격하였다. 조선시대에도 문화현은 그대로 이어지다가, 1909년(융희 3) 신천군에 병합되었다.

미륵봉(彌勒峯) 박연의 서쪽은 상령사(桑靈寺)이며 아래는 운거사(雲居寺)이다. 박연을 지나 관음굴(觀音窟)에 오르면 돌로 된 관음불이 있는데, 천마산 동쪽 기슭, 정광봉(頂光

峯) 아래에 있다. 정광봉 서쪽은 미륵봉이며 다시 서쪽은 문수봉(文殊峯)이다. 미륵봉 남쪽은 보현봉(普賢峯)이며 천마봉은 문수봉 남쪽에 있다. 그 서쪽은 나월봉(蘿月峯)이다.(『기언』 권27, 하편 산천 상 성거산과 천마산)

박연(朴淵) 개성특별시 박연리 박연폭포의 상단에 있는 작은 연못. 폭포의 위쪽에 있기 때문에 상연(上淵)·상담(上潭)이라고도 하고, 상·하연과 폭포 전체를 박연이라 부르기도 한다. 폭포의 높이는 37m, 너비 1.5m이며, 고려시대 송도8경(松都八景) 중 하나였고, 조선시대 서경덕, 황진이와 더불어 송도삼절(松都三絶)로 유명하다. 옛날에 박진사(朴進士)가 연못 위에서 피리를 불었는데, 용녀(龍女)가 피리소리에 감동하여 박진사를 남편으로 삼았다. 이에 박진사의 어머니가 와서 울다가 떨어져 죽었으므로 고모담(姑母潭)이라는 전설과 박씨의 성을 따서 박연이라 부르게 되었다는 설이 있다. 또 연못이 바가지처럼 생겨서 박연이라 부르게 되었다고도 한다. 겸재 정선(鄭敾, 1676~1759)이 그린 박연폭포 그림이 남아 있고 현재 천연기념물 제388호로 지정되어 있다.

발막(撥幕) 발소(撥所), 또는 발참(撥站), 파발막(擺撥幕). 중요한 공문서를 전달하는 역참(驛站) 기구에 속하는 기관으로 기발(騎撥)과 보발(步撥)이 있었다. 조선시대 서울을 중심으로 하는 주요 교통로에 설치되었다.

발산나루[鉢山渡] 조선시대에 파주목(坡州牧)에 있던 나루터.

배천군(白川郡) 현 황해남도 배천군으로 이어지는 고을. 신라 경덕왕 때에는 구택현이라 하고 고려 초에 배주(白州)라고 고쳤다. 1018년(현종 9)에 평주의 속현이 되었으며, 1158년(의종 12)에 개흥부로 승격하였다가, 다시 배주로 환원하여 해주의 속현이 되었다. 1259년(고종 46)에는 충익현이 되어 현령관이 파견되었으며, 1273년(원종 10)에는 복흥군으로 승격되고 현령관은 지군사로 바뀌었다. 1369년(공민왕 18)에 다시 배주가 되었으며, 조선 건국 이후인 1413년(태종 13)에 배천군이 되었다.

백련산(白蓮山) 북한 개성특별시 개풍군에 위치하고 있는 산. 조선시대에 이 산에 흥교사(興敎寺)라는 절이 있었다고 한다(『신증동국여지승람』 권13, 京畿 豊德郡). 「흥교사사적비」에 따르면 흥교사는 백룡산(白龍山)에 위치하고 있었다고 한다. 따라서 백련산은 백룡산으로도 불렸음을 알 수 있다. 북한의 개풍군 흥교면의 서북단에 236m의 백룡산이 있는데, 이 백룡산이 백련산으로 추정된다.

백룡산(白龍山) 천화사(天和寺)가 있던 산이다. 일제강점기의 행정구역상 경기도 장단군(長湍郡) 진서면(津西面) 대원리(大院里)에 위치하고 있다.

백사정(白沙亭) 고려시대 개성 영통사에 있던 정자. 조선 중기에는 이미 없어져 버렸다고 한다.

백상루(百祥樓)   북한 국가지정문화재 국보급 제31호로 지정된 현 북한 평안남도 안주시 등방산동에 위치한 누정. 백 가지 아름다운 경치를 볼 수 있다는 뜻을 지닌 옛 안주성 장대 터에 세워진 건물로서, 청천강이 굽어보이는 경치를 지녀 관서제일루(關西第一樓)로 불린다. 영변의 약산동대 등과 함께 관서8경 중 하나로 꼽히는 백상루는 고려시대에 처음 세워졌으며, 이후 몇 차례의 중건을 거쳤다. 6.25전쟁 때 파괴되었다가 1977년에 복구되었다.

백화담(百花潭)   개성특별시 대흥산성 안에 있는 못. 강세황(姜世晃, 1713~1791)이 그린 『송도기행첩(松都紀行帖)』에 그림이 있으며, 그 화제에 바위 위에 신선이 놀던 홈이 있다고 하였다.

범사대(泛槎臺)   범사정(泛槎亭)과 관련이 있는 글씨로 보인다. 범사정은 박연폭포에서 대흥산성 북문으로 오르는 언덕길에 있다.

벽란강(碧瀾江)   예성강 본류 중 벽란도 앞을 흐르는 강이다. 벽란도는 고려 때 대외교류의 중심이 되었던 개경의 무역항이며, 예성강의 하류 지역에 위치하였다. 예성강은 현재의 북한 황해북도 수안군에서 발원하여 황해북도 개풍군과 황해남도 배천군 사이에서 서해로 흘러 들어가는 총 길이 187.4㎞의 강이다. 『신증동국여지승람(新增東國輿地勝覽)』에 따르면, 황해도 강음현(江陰縣) 조읍포(助邑浦)의 강물이 이포(梨浦)와 전포(錢鋪)를 지나 벽란도에 도달하며, 동쪽으로 흘러 예성강이 되었다가 남쪽으로 바다에 흘러 들어간다고 기록되어 있다. 곧 예성강 본류의 전체 물줄기를 예성강이라고 칭한 것이 아니라 바다로 들어가는 하구 일대만 예성강이라 칭한 것이다.

벽란도(碧瀾渡)   황해북도 개풍군 신서리에 있는 예성강 하구의 고려~조선시대 항구이자 개성-해주 방면을 연결하던 나루. 『선화봉사고려도경』에는 개경 나성에서 30리 떨어진 벽란도를 예성항(禮成港)으로 표기하였다. 고려시대 개경의 해상 관문으로서 크게 번영하였던 벽란도는 조선시대 한양 천도와 함께 개성의 국가적 비중이 약화되었지만 예성강을 건너는 대표적인 나루로서의 기능은 그대로 유지되었다.

별포(別浦)   조선 초기 벽란도 건너편, 곧 예성강 서안에 있던 포구.

병부교(兵部橋)   개성 만월대 근처에 있던 다리이다. 개성 시내를 흐르는 배천(白川)을 건너는 다리이며, 가까이에 광화문(廣化門)이 있었다. 광화문은 고려시대 개경 황성(皇城)의 정문이다. 병부교라는 명칭은 근방에 병부(兵部)가 있었기 때문에 붙여진 것으로 여겨진다.

병악(餠岳)   개성 서강(西江) 주변에 있는 산이다. 1056년(문종 10) 이 산 남쪽에 장원정(長源亭)을 세웠으며, 도선(道詵)의 『송악명당기(松岳明堂記)』에는 이곳을 명당(明堂)이라 하였다.

보개산(寶蓋山) 경기도 연천(漣川)과 철원의 경계에 있는 산. 현재는 경기도 연천군 신서면 내산리에 위치해 있다.

보봉산(寶鳳山) 경기도 장단(長湍)의 서쪽 20리인 회령(檜嶺) 동쪽에 있는 산(『신증동국여지승람』 권12, 京畿 長湍都護府 산천). 오관산(五冠山) 동쪽에 위치하였으며, 봉악(鳳嶽)이라고도 불렸다. 산세가 봉이 춤추는 것 같았으므로 이러한 이름으로 불렸다.

보선암(普善庵) 조찬한(趙纘韓)이 천마산과 성거산 일대를 유람한 후 1605년(선조 38)에 쓴 「유천마성거양산기」에 나오며, 보선봉(普善峯) 아래에 있는 암자이다. 암자가 공중에 걸려 있는 듯 아득하게 멀어 찾아갈 수가 없었다고 한다.

보정문(保定門) 고려시대 개경 나성(羅城)의 동남쪽 성문이다. 장패문(長霸門)이라고도 한다. 2문(門) 형식이었고, 수구문(水口門)을 끼고 있었다. 성문의 안쪽에는 탁타교(橐駝橋), 숭화사(崇化寺), 용화사(龍華寺), 미타사(彌陀寺), 자씨사(慈氏寺) 등이 있었고, 성문 밖에는 삼겸(三鉗), 증지(甑池), 덕암(德巖), 광덕평(廣德坪) 외에도 청교역(靑郊驛)과 흥왕사(興王寺), 사포서(司圃署), 광덕사(廣德寺), 개국사(開國寺) 등의 시설이 있었다.

보통원(普通院) 고려시대에 구휼을 담당하였던 기관. 기록에서는 임진 보통원(臨津普通院)과 서보통원(西普通院) 두 곳이 확인되는데, 이에 따라 보통원은 임진보통원·동보통원·서보통원 등 3곳을 비정하거나, 임진 보통원을 동보통원으로 이해하고 동·서 보통원 두 곳을 비정하기도 한다. 위치로 보아 이곳은 고려시대 서보통원일 가능성이 있지만 같은 곳인지 확인할 수 없다. 『고려사』에는 1071년(문종 25) 12월 서보통원에서 현덕궁(玄德宮)의 쌀 500석을 방출하여 빈민들에게 식사를 제공했던 기록이 있다.

보현봉(普賢峯) 천마산(天磨山)에 있는 봉우리(『신증동국여지승람』 권4, 개성부 상, 신증).

보현원(普賢院) 1 고려시대 개경 동남쪽에 있던 절. 1170년(의종 24) 8월 이고와 이의방 등이 무인정변을 알리는 군사행동을 한 곳이다. 『신증동국여지승람』 장단도호부 고적조 서술에서 보현원이 세종대에 혁파된 조현역(調絃驛)의 옛터라고 한 것으로 보아 조선 건국 후 고려 때 보현원 자리에 조현역을 설치하였고, 세종대 조현역이 혁파된 후에 그 자리에 보현원이 다시 들어섰다가 그마저도 사라진 것으로 보인다. 이러한 사실은 1477년(성종 9) 유호인 일행이 이곳을 지날 때 건물 몇 칸만 남아있었고 좁고 습기가 차서 쉴 수가 없었다고 한 것에서도 확인할 수 있다.

보현원(普賢院) 2 조선 초 개성 서북쪽에 있던 절. 고려시대 개경 동남쪽에 있던 보현원과는 다른 절로, 유호인 일행이 개성을 유람할 때인 조선 초 개성 서북쪽에 있었던 절로 추정되지만 다른 기록을 찾을 수 없어서 구체적인 실상은 알 수 없다.

복령사(福靈寺) 송악산 서쪽 기슭에 있었던 절. 창건 연대는 알 수 없다. 박은(朴誾)은 시에서, 이 절이 신라시대부터 있었다고 하였으며, 불상은 모두 서천축에서 왔다고 하였다.(『신증동국여지승람』 권4, 개성부 상 불우) 1100년 숙종이 이 절에 행차한 기록, 1245년 고종이 행차한 기록, 1352년에 공민왕이 노국대장공주와 함께 이 절에 행차했다는 기록이 있다. 조선 중기까지는 존속하였던 것으로 보인다.

봉명산(鳳鳴山) 개풍군 북부와 개성특별시 서부의 경계에 있는 산으로, 높이는 414m이다. 산 남쪽 봉우리에 공민왕릉인 현릉과 왕비릉인 정릉이 있다.

봉산(鳳山) 현재의 북한 황해북도 봉산군으로 이어지는 고을. 신라 경덕왕 때에 서암군이라 하였다가 고려 초에 봉주로 이름이 바뀌었다. 995년(성종 14)에 방어사가 파견되었으나 곧 폐지되고 황주목 소속의 군(郡)이 되었다. 1285년(충렬왕 11)에 다시 방어사를 두었다가 얼마 후 봉양군이 되고 방어사는 지군사로 바뀌었다. 그 후 다시 봉주라 하였으며, 조선 개창 후인 1413년(태종 13)에 봉산군이 되었다.

봉황암(鳳凰岩) 현 북한 개풍군 대룡리에 위치한 것으로 추정되는 임진강 북안의 야트막한 구릉. 『신증동국여지승람』의 장단도호부 산천조에 따르면, 강련포(江連浦)의 서쪽 강가에 있는 봉황암(鳳凰巖 혹은 鳳凰岩)은 임진강 낙하도(洛河渡)의 하류에, 오도성(烏島城)의 상류에 있었다고 한다. 또한 강련포는 옛 임진현(臨津縣) 서쪽 10리에 고기잡이 배들이 정박하는 곳이었다고 한다. 휴전선 북쪽 지대에 해당하므로, 봉황암의 옛 지형이 현재 어떻게 남아 있는지는 확인할 수가 없다.

부산(缶山) 옛 교하 지역에 소속되었던 지명으로 여겨지나, 현재 그 정확한 위치를 알기는 어렵다.

부소산(扶蘇山) 개성 송악산의 옛 이름. 고구려 때 송악군(松岳郡)을 부소갑(扶蘇岬)이라 하였다.

부조령(不朝嶺) → 부조현(不朝峴)

부조현(不朝峴) 개성특별시 남동쪽에 있는 고개. 조선 건국에 반대한 고려 유신 조의생(曺義生)·임선미(林先味)·맹호성(孟好誠)·성사제(成思齊) 등 72인이 이 고개에서 조복(朝服)을 벗어 던지고 두문동으로 들어가 끝까지 조선에 벼슬하지 않았다고 한다.

부평(富平) 현재의 인천광역시 부평구와 계양구 일대에 있었던 고을. 신라 경덕왕 때 장제군이라 불렸으며, 고려 초에는 명칭이 수주(樹州)로 바뀌었다. 1018년(현종 9)에는 지주사가 파견되었고, 1150년(의종 4)에는 안남도호부, 1215년(고종 2)에는 계양도호부, 1308년에는 길주목, 1310년에는 부평부가 되었다. 조선시대에 들어와

1413년(태종 13)에 부평도호부가 되었다. 1914년에 부천군이 되었다가 1940년 인천에 편입되었다.

불성암(佛成庵)   개성 낙산사(洛山寺) 부근에 있던 암자(庵子)이다. 창건 및 폐사 시기는 미상이다. 인근에 성불암(成佛庵)이 있다.

불은사(佛隱寺)   고려시대 수창궁(壽昌宮)의 서쪽 밖에 있던 절. 남효온(南孝溫)의 「송경록(松京錄)」에 의하면, 사찰의 서쪽 마을에 강감찬(姜邯贊)과 조준(趙浚)의 옛 집이 있었다고 한다.

불회사(佛會寺)   개성특별시 박연리 박연(朴淵) 동남쪽에 있던 절로 추정되나, 기록이 남아 있지 않다.

비문령(碑門嶺)   총지동(摠持洞) 또는 종자동(種子洞)에서 영통사(靈通寺)로 가는 길에 있는 고개. 비문현(碑門峴)으로도 불렸다.

사천(沙川)   개성의 동북쪽에서 발원하여 임진강 하구로 유입되는 하천. 임진강의 지류이며, 개성 시가지의 물줄기들을 지류로 품고 있는 하천이다. 조선 전기의 지리서 인『신증동국여지승람』에는 개성부의 천마산과 성거산, 송악산 등 여러 산의 물이 합쳐서 동강(東江)으로 흘러들어간다고 하였으며, 조선 후기의 개성 읍지인『송도지』에는 개성의 영통동(靈通洞), 소릉동(韶陵洞), 총지동(摠持洞)에서 흘러나온 세 물줄기가 합류하여 사천을 이루고, 다시 풍덕의 동강으로 흘러들어간다고 하였다.

사현(沙峴) 1   서울특별시 서대문구 현저동에서 홍제동으로 넘어가는 고개. 홍제동에 있는 모래내의 이름을 따서 붙여진 모래재를 한자명으로 표기한 데서 유래한 이름이다.(서울시사편찬위원회, 2009,『서울지명사전』)

사현(沙峴) 2   개성특별시 동북쪽 만월동과 북안동의 경계 지역에 있는 고개. 일명 모락재. 사현은 개성부 동쪽 1리 지점에 있었다는 사령(沙嶺)과 같은 지명으로 보인다.(조선과학백과사전출판사·한국평화문제연구소 공편, 2005-2006,『조선향토대백과』)

삭녕(朔寧)   신라 때부터 1914년까지 철원군과 연천군 일대에 존재했던 옛 고을. 신라 경덕왕 때에는 삭읍현이라 하였으며, 고려 때에 삭녕현이라 하였다. 1018년(현종 9)에 동주(東州)의 속현이 되었다가 1106년(예종 1) 승령감무의 관할 하에 들어갔다. 조선 개창 후인 1403년 군으로 승격되었으며, 1413년에는 승령을 병합하였다. 1914년에 폐지되고 그 영역은 경기도 연천과 강원도 철원에 나뉘어 소속되었다.

산예역(狻猊驛)   고려와 조선시대에 개성에 속했으며, 개성에서 해주 방면으로 향하는 교통로에 있던 역. 고려시대에 산예역은 산예도에 속한 개경의 서쪽 관문에 해당하는 역이었으나, 조선 개창 이후 한양으로 천도하면서 산예역의 중요성은 축소되었다. 산예역은 현재 북한의 황해북도 개풍군 개풍읍 산의골(산이동)에 있었던 것으로 여겨진다.

산호정(山呼亭) 고려시대 개경 궁궐 금원(禁苑)에 있던 정자이다. 『신증동국여지승람(新增東國輿地勝覽)』에는 연경궁(延慶宮) 후원(後苑)에 있다고 기록하였으며, 『중경지(中京誌)』에는 궁원(宮苑)에 있다고 기록하였다.

삼각산(三角山) 서울의 북쪽과 경기도 고양시에 걸쳐 있는 산으로 북한산을 말한다. 백운대(白雲臺), 만경대(萬景臺), 인수봉(仁壽峰)의 세 봉이 있다 하여 지어진 이름이다.

삼토교(三土橋) 고려시대 개경에 도읍을 건설할 때에 송악산 산줄기의 맥이 되었던 지점에 있었다고 전해지는 교량. 현재 정확한 위치는 확인하기 어려우나, 조선 전기의 문인인 박은(朴誾)의 『읍취헌유고(挹翠軒遺稿)』에 영통사와 함께 삼토교를 언급한 시가 실려 있다.

상연(上淵) → 박연(朴淵)

상원(祥原) 현재의 북한 황해북도 상원군으로 이어지는 옛 고을. 신라 헌덕왕 때 토산현(土山縣)이 되었으며, 고려 건국 이후 1018년(현종 9)에 황주목의 속현(屬縣)이 되었다. 1322년(충숙왕 9)에는 재상이었던 조인규(趙仁規)의 조모(祖母)의 고향이라 하여 상원군으로 승격되었다. 조선시대에도 상원군이라 하였으며 평안도 관할 하에 두었다. 해방 이후 북한 평양직할시 상원군이 되었다가, 현재는 북한 황해북도 상원군으로 이어진다.

상춘정(賞春亭) 고려시대 개경 궁궐 후원(後園)에 있던 정자이다. 금정(禁亭)이라고도 한다. 『신증동국여지승람(新增東國輿地勝覽)』에서는 연경궁(延慶宮) 후원에 있다고 기록하였는데, 『송경광고(松京廣攷)』에서는 이를 잘못 인식한 것이라고 지적하며 회경전(會慶殿) 후원이라고 고쳐 설명하고 있다. 정확한 위치는 알 수 없다. 1392년(공양왕 4) 3월, 왕이 이곳에 행차하여 세자(世子)의 노고를 치하하는 연회를 베푼 기록이 있는 것으로 보아, 고려 말까지 이용되었던 것으로 보인다.

서루대(西樓臺) 개성에서 경치가 제일 뛰어났다는 곳. 조선시대까지 확인되는데, 1671년 영통사를 방문했던 김창협(金昌協)은 이미 없어졌다고 「송경유기(松京遊記)」에 기록하였다.

서사정(逝斯亭) 조선시대 개성 화담(花潭)의 못가 바위 위에 있던 정자. 1679년(숙종 5)에 개성유수 윤심(尹深, 1633~1692)이 창건하였다. 조선후기 표암 강세황(豹菴 姜世晃, 1713~1791)의 『송도기행첩(松都紀行帖)』에서 이 정자의 그림을 확인할 수 있다.

현재 개성특급시 용흥동과 황해북도 장풍군 월고리와의 경계에 있는 용암산(湧巖山) 아래에 있다.

서소문(西小門) 조선 초 개성부 내성의 성문. 성문 안쪽에는 수창궁이, 바깥쪽에는 태평관이 있었다.

서역(西域) 일반적으로 중앙아시아, 서아시아 등 중국 서쪽의 여러 나라나 지역을 통칭하는 말. 본서에서는 중국 원나라에 들어가 활동하다 입적한 승려 지공(指空, ?~1363)의 출신지인 인도를 가리킨다.

서호(西湖) 1 개성 서쪽 예성강 하류의 물을 중국 서호에 빗대어 표현한 말. 『신증동국여지승람』의 감로사 창건기록에 따르면, 이자연(1003~1061)이 중국 윤주(潤州)의 감로사를 보고 그 경치에 감동하여, 귀국 후 고려에 감로사를 짓기 위해 중국 감로사가 위치한 풍광과 비슷한 곳을 찾아다니가 6년 만에 개성부 서쪽의 서호에서 비슷한 곳을 발견하여 감로사를 창건하였다고 한다. 1477년(성종 9), 유호인(1445~1494)의 유송도록의 서술을 통하여 예성강 하구에 있는 영안성 근처에서 벽란도에 이르는 예성강 하류를 서호라 부른 것을 짐작할 수 있다. 이것은 예성강 하구를 서강이라 한 것과도 관련이 있다. 한편 조선시기에는 서울 서쪽 한강 하류를 서호, 동쪽을 동호라 불렀다.

서호(西湖) 2 중국 절강성 항주시의 서쪽에 있는 호수(湖水). 삼면이 산으로 둘러싸여 있고 남북 3.3㎞, 동서 2.8㎞, 수면 면적은 약 5.66㎢로 호수 가운데 있는 섬을 포함하면 6.38㎢에 달하며 호안(湖岸)의 총길이는 15㎞이다. 호숫가에는 보숙탑, 갑구백탑, 영은사가 있고, 백거이가 쌓았다는 백제(白提)와 소동파가 쌓았다는 소제(蘇堤)가 유명하다.

서흥(瑞興) 황해북도 서흥군으로 이어지는 고을. 신라 경덕왕 때 오관군으로 삼았으며, 고려에 들어와 동주(洞州)로 이름을 바꾸었다. 995년(성종 14)에 방어사를 두었다가 얼마 후에 폐지하고 평주의 속현이 되었다. 원종 때(1259~1274)에 서흥현이 되어 현령관이 파견되었다. 조선 건국 후인 1415년(태종 15) 서흥군으로 승격되고 지군사(知郡事)가 두어졌다가, 1424년(세종 6)에 서흥도호부로 다시 승격되었다.

석실(石室) 경기도 양주의 마을로, 김수증의 선영이 있는 곳이다. 1656년(효종 7)에 지방 유림들이 김상용(金尙容)·김상헌의 충절과 학덕을 추모하기 위해 사우(祠宇)를 창건하였고, 1663년에 '석실(石室)'이라는 사액을 받아 서원으로 승격되었다. 1645년 무렵 김수증은 이곳에 조부와 함께 머무른 것으로 보인다. 김상헌은 1652년에 사망했다.

선죽교(善竹橋) 개성특별시 선죽동에 있는 다리. 원래 이름은 선지교(選地橋)였다.

다리 동쪽에 한석봉 글씨로 '선죽교(善竹橋)'라 새긴 비가 있다. 고려 말에 정몽주가 이방원이 보낸 조영규 등에게 피살된 곳으로 전해지나, 뚜렷한 근거는 없다. 북한의 국보유적 제159호로, 현재 2013년 유네스코 세계유산으로 등재된 '개성역사유적지구' 안에 들어 있다.

성거산(聖居山)　개성 북쪽에 있는 산으로, 구룡산(九龍山)·평나산(平那山)이라고도 한다. 김관의(金寬毅)의『편년통록』에 의하면 고려 태조 왕건의 조상인 성골장군(聖骨 將軍)이 이 산에서 사냥을 하였으며, 성골장군의 손자 보육(寶育)이 이 산 북쪽에 살았다고 한다.

성균관(成均館)　고려시대 수도 개경에 있던 교육기관. 고려 성종 때 국립교육기관으로 국자감이 설치되었는데, 성균관이라는 이름이 처음 사용된 것은 1298년(충선왕 즉위 년)이다. 그 이후에도 여러 번 이름이 바뀌었지만 고려 말이후 성균관이란 명칭이 계속 사용되었다. 성균관이 개성특별시 방직동에 자리 잡은 것은 1367년(공민왕 16)에 성균관을 중건하면부터이다. 개성성균관은 1592년(선조 25) 임진왜란 때 불에 타서, 1602년부터 8년에 걸쳐서 복원하였다. 현재 개성 성균관 건물 일부는 고려박물관 전시실로 사용하고 있으며, 2013년 유네스코 세계유산으로 등재된 '개성역사유적지구 (Historic Monuments and Sites in Kaesong)' 안에 포함되어 있다.

성불암(成佛庵)　개성 낙산사(洛山寺) 부근에 있던 암자(庵子)이다. 창건 및 폐사 시기는 미상이다. 정확한 위치는 알기 어려우나, 남효온(南孝溫)의「송경록(松京錄)」에 의하면 용암산(湧岩山)의 낙산사 앞 향로봉(香爐峰)과 마주한 봉우리에 있었다. 인근에 불성암 (佛成庵)이 있다.

성해굴(性海窟)　개성 대흥사(大興寺) 부근에 있던 암자이다. 창건 및 폐사 시기는 미상이다.

성해암(性海庵)　→ 성해굴(性海窟)

소격전(昭格殿)　고려시대와 조선시대 도교의 재초(齋醮)를 거행하기 위하여 설치되었던 관서. 이미 조선 전기에는 개경 궁성 북쪽에 옛 터만 남았으며, 소격전의 옛 터 옆에 구산사(龜山寺)와 선월사(仙月寺) 두 사찰이 있었다.

송경(松京)　고려 국도 개경(開京)의 다른 명칭이며, 송경(松京)·송악(松嶽)·개성(開城)· 개주(開州)·경도(京都)·경성(京城)·상경(上京)·중경(中京) 등으로도 불렸다. 조선시대 에도 한양과 구분하기 위하여 개성의 별칭으로 많이 사용되었다.

송경외성(松京外城)　고려시대 개경의 외성(外城)이며, 궁성(宮城)과 황성(皇城) 및 일반 거주지인 5부방리(五部坊里) 등을 포괄한 나성(羅城). 1009년(현종 즉위)에 축성

논의가 있은 이후, 거란 침략 등으로 공사가 늦추어지다가, 1029년(현종 20)에 완성되었다. 왕가도(王可道) 등이 축성의 책임을 담당하였다. 송경 외성은 개성 시가지를 둘러싸고 있는 산줄기의 능선을 그대로 이용하여 축조되었으며, 둘레는 약 23㎞이다. 현재 북한에서는 국가지정문화재국보급 제130호로 지정하고 있다.

송도록(松都錄) → 유송도록(遊松都錄). 조선 중기 문신 채수(蔡壽, 1449~1515)의 개성 기행문. 채수의 문집인 『나재집』에 전한다. 채수는 중종반정공신임에도 벼슬을 버리고 경상도 함창(지금의 상주)에 쾌재정(快哉亭)을 짓고 독서와 풍류로 여생을 보냈다.

송도의 토성   개성의 나성.

송악산(松嶽山)   개성특별시와 개풍군 경계에 있는 산으로 고려 개경의 진산이며, 높이는 490m. 부소갑(扶蘇岬)·곡령(鵠嶺)·문숭산(文崧山)·신숭(神嵩)·촉막(蜀幕) 등으로도 불렸다. 이 산에 소나무가 많게 된 것은 소나무를 심어 바위가 드러나지 않게 하면 삼한을 통일할 자손이 태어날 것이라는 풍수가 팔원(八元)의 조언에 따라 태조의 조상 강충이 고을을 산 남쪽으로 옮기고 사람들과 함께 소나무를 심었기 때문이라 한다. 이후 지속적인 산림 관리를 위해 사람을 동원하여 송충이를 잡기도 했다. 1351년(충정왕 3) 산 정상에 봉수(烽燧)를 설치했고, 송악신사(松嶽神祠)가 있다.

송악신사(松嶽神祠)   개성의 송악산 산신에게 제사 지내던 사당이다. 고려시대 이전부터 산신이 산을 지배할 뿐만 아니라 인간의 길흉화복을 통제한다고 믿었다. 전쟁에서 승리를 가져다준다거나 가뭄을 해결하고 비를 내려주며 심지어 개인의 화복에도 영향력을 미친다고 여겼다. 따라서 산신 숭배는 개인뿐만 아니라 국가 차원에서도 행해져서 명산에 덕호(德號)들이 내려졌다. 특히 개성의 송악산은 무속신앙에서 중요시되는 신산(神山)의 하나로서 덕물산(德勿山)이 '밖산'인 데 대하여 '안산'이라 불렸다. 송악신사는 고려 전기부터 그 명칭이 나타나는데, 1073년(문종 27)에 이곳 동남쪽에 있는 바위가 무너졌다는 등의 기록들이 확인된다.

송죽가(松竹家)   조선 중기의 문인인 박은 일행이 개성 유람을 할 때 머물렀던 개경 시가지의 숙소.

수락암(水落巖)   개성(開城) 북쪽 자하동(紫霞洞) 입구에 있던 바위. 광문암(廣文巖) 또는 수락석이라고도 하였다. 『송도지』에 따르면, 자하동에 두 갈래로 흘러내리는 작은 폭포 석벽이 마치 병풍과 같아서 수락암이라 이름하였다고 한다.

수안(遂安)   현 북한 황해북도 수안군으로 이어지는 고을. 신라 때는 장새현이라 하였으며, 고려 초에 수안현이라 하고 곡주의 속현(屬縣)으로 삼았다가, 후에 현령을 두었다. 1310년(충선왕 2)에는 수주(遂州)로 승격되기도 하였다. 조선에서는 수안군으로 삼았다.

수양산(首陽山)　황해도 벽성군 서석면과 해주시에 걸쳐 있는 산이다. 높이는 899m이고, 수양산에서 비롯한 산맥은 동으로 뻗어 예성강 건너 송악산에 이른다. 수양산은 해주의 진산(鎭山)이며, 남쪽 기슭에는 문묘(文廟) 등의 사적이 많다.

수정굴(水精窟)　고려시대 성거산(聖居山)에 있던 사찰이다. 창건 및 폐사 시기는 미상이다. 수정정사(水精精舍), 수정사(水精寺)로도 불렸다. 조선 전기 남효온의 「송경록(松京錄)」에 원통사(元通寺)를 출발하여 이곳에 이르렀다고 기록되어 있는데, 이를 통해 원통사 인근에 있던 것으로 추정할 수 있다.

수창궁(壽昌宮)　고려시대의 이궁. 개경 중심인 십자가 서북쪽에 있었다. 고려 현종, 인종, 명종 등이 본궐을 중수할 때 이곳에 머무르곤 하여, 이른 시기부터 활발히 활용되었다. 그러나 강도에서 개경으로 돌아온 이후로는 한동안 사용된 사례가 잘 보이지 않아서 원종~충렬왕대 사이에 폐허가 되었던 것으로 보인다. 수창궁은 1381년(우왕 7)~1384년(우왕 10) 중수하였고, 창왕 즉위 후 잠시 수녕궁(壽寧宮)으로 개칭한 적이 있었다. 우왕대 중수된 이후로 수창궁은 조선 초까지 주요 궁궐로 활용되어, 공양왕과 조선의 태조와 태종이 모두 이 궁에서 즉위하였다. 세종대를 지나며 본래 모습을 잃은 것으로 추정된다.

순효사(純孝寺)　숭효사(崇孝寺)의 오기로 보인다. 숭효사는 1418년(세종 18)에 건립한 태조의 진전이다. 당시 개경을 방문한 태종의 명으로 전우(殿宇)를 짓고, 태조의 화상(畵像)을 모시고 전직(殿直) 2인을 두었으며, 전우 옆에 숭효사(崇孝寺)를 세우고 명복을 빌게 하였다. 목청전의 남쪽에 있다.

숭악집(崧岳集)　1735년(영조 11)에 간행된 조선 후기 개성의 문인 임창택(林昌澤)의 시문집. 권1·2에 시와 해동악부(海東樂府), 악령문(岳靈問), 서(書), 서(序), 제문, 기(記), 용호검명병서(龍虎劍銘幷序), 권3·4에 양친론(養親論), 잡저, 행장, 가장, 전(傳) 등이 수록되어 있고, 부록으로 묘갈명 1편이 있다.

숭양서원(崧陽書院)　정몽주와 서경덕을 기리기 위해 세운 서원. 1573년(선조 6)에 개성유수 남응운(南應雲) 등이 선죽교 위쪽에 문충당(文忠堂)을 세웠는데, 1575년에 '숭양(崧陽)'이라고 사액되어 서원으로 승격되었다. 북한의 국보유적 제128호로, 2013년 유네스코 세계유산으로 등재된 '개성역사유적지구' 안에 들어 있다.

승람(勝覽)　→『동국여지승람(東國輿地勝覽)』. 1481년(성종 12)에 50권으로 편찬된 조선 전기의 대표적인 관찬(官撰) 지리서(地理書)인『동국여지승람(東國輿地勝覽)』을 지칭함. 각 지방에 대한 연혁, 성씨, 산천, 토산, 풍속, 인물, 건물, 학교, 사찰, 고적 등을 항목별로 정리하고,『동문선(東文選)』등에 수록된 시문(詩文)도 함께 수록하였다.

1530년(중종 25)에 속권 5권을 합쳐 전체 55권으로 간행하고,『신증동국여지승람(新增東國輿地勝覽)』이라 하였다.

승제문(承濟門)　고려시대 개경 나성(羅城)의 남서쪽 성문. 승전문(勝戰門)의 이칭이며, 승지문(承旨門)이라고도 한다. 조선 후기의 기록에 승전문의 이칭으로 되어 있으나, 『고려사』에서는 확인되지 않는다. 조선시대에 여러 인물들이 개성을 유람할 때 이곳을 지나갔는데, 채수는 이 문을 나와 20여 리를 걸어서 경천사에 도착하였으며, 유호인은 이 문을 나가서 옥연평을 거쳐 남신원을 넘어 영안성에 올랐다.

승지문(承旨門)　고려시대 개경 나성(羅城)의 남서쪽 성문. 승제문(承濟門)의 이칭이며, 승전문(勝戰門)이라고도 한다. 조선 중기의 문신인 남효온(南孝溫, 1454~1492)은 시두위교(時豆爲橋)를 건너 태평관(太平館)을 지나 남쪽으로 이 문을 나가서 경천사(敬天寺)에 들어갔다고 하였고, 채수(蔡壽, 1449~1515)는 승제문을 나와 20여 리를 걸어서 경천사(敬天寺)에 도착하였다고 하였다. 조선 후기의 기록에 승지문은 승제문과 승전문의 이칭으로 되어 있으나,『고려사』등 고려시대 기록에서는 확인되지 않는다.

승천포(昇天浦)　풍덕군(지금의 황해북도 개풍군)의 읍치 남쪽 15리에 위치한 포구.

시곡(柴谷)　경기도 파주시 파주읍의 지명. 시곡(柴谷)은 자곡(紫谷)으로도 기록되어 있는데, 어느 것이 맞는지 확인하기 어렵다. 오원의『서유일기(西遊日記)』와 일제강점기의 지명은 파주군 시곡면인데,『대동지지(大東地志)』와『신증동국여지승람』파주목 조에는 '자곡'으로 되어 있다. 현재 지명은 자곡이다.

시두위교(時豆爲橋)　개성 남대문(南大門) 밖 십자가(十字街) 동쪽에 놓인 다리이다. 그 아래로 배천(白川)이 흐른다. 풍판교(楓板橋) 또는 풍우교(楓友橋) 등으로도 불렸다.

신계(新溪)　1445년(세종 27)에 고려의 신은현(新恩縣)과 협계현(俠溪縣)을 합쳐서 만들었으며, 현재의 북한 황해북도 신계군으로 이어지는 고을. 조선 개창 후인 1396년(태조 5)에 곡주의 속현(屬縣)이던 신은현에 지방관인 감무를 두고 역시 곡주의 속현이었던 협계현을 소속시켰다. 1413년(태종 13)에 신은감무를 현감으로 개칭하였다. 이후 신은현감은 현령으로 승격하였으며, 1445년(세종 27)에 신은과 협계를 합쳐 신계현으로 명칭을 바꾸었다.

신관(新館)　성균관을 이르는 것으로 보인다. 성균관은 공민왕 때 현재의 자리로 이전하였다. 이 때문에 신관이라고 부른 것으로 보인다.

신박암(信朴庵)　19세기 임효헌(林孝憲)이 편찬한『송경광고(松京廣攷)』에 따르면, 신박사는 수락석(水落石) 상리(上里)에 있었으며, 절의 앞 동쪽이 자하동(紫霞洞)이고 서쪽이 안화동(安和洞)이라고 하였다. 1112년(예종 7) 숙종의 비인 왕태후 유씨(柳氏)가

신박사에서 훙서하였다는 기록이 확인된다.

신천(信川)   현재의 북한 황해남도 신천군으로 이어지는 고을. 고려 때에는 신주(信州)라 하였으며, 995년(성종 14)에 방어사를 두었다가 얼마 후에 폐지하고 황주목 소속의 군으로 삼았다. 후에 지방관인 감무를 파견하였다. 조선 개창 후인 1413년(태종 13)에는 신천현으로 개명하고 감무를 현감으로 개칭하였다. 1469년(예종 1)에 신천군으로 승격시키고 군수를 두었다.

심원(樳園)   19세기 유학자인 김박연(金博淵)의 거주지가 있던 교하 관할의 지역. 정보가 충분하지 않아 정확한 현재 위치는 알기 어렵다.

십천교(十川橋)   개성 서쪽 앵계 상류에 있던 다리. 조선시대에 앵계, 혹은 앵계 상류를 십천이라고 불렀다.

안산(案山)   풍수상 주산(主山)은 뒤쪽에 있는 산을 말하며, 그 맞은 편에 있는 산을 안산(案山)이라고 하는데, 안산은 내안산과 외안산으로 구분된다. 개성의 경우 용수산(龍首山)·진봉산(進鳳山)이 내안산을 이루고 있다고 한다.

안악(安岳)   현재의 북한 황해남도 안악군으로 이어지는 고을. 고려 초부터 안악이라는 명칭으로 불렸다. 1018년(현종 9)에는 풍주 소속의 군(郡)이 되었으며, 1106년(예종 1)에 하급 지방관인 감무를 신설 파견하였다. 1348년(충목왕 4)에는 감무를 지군사(知郡事)로 승격시켰다. 조선 개창 이후에도 그대로 안악군이 되었으며, 1466년(세조 12)에 지군사를 군수로 고쳤다.

안적사(安寂寺)   성거산에 위치해 있는 절(『신증동국여지승람』 권42, 황해도 우봉현). 고려의 승려 탄연(坦然)이 개성의 북산(北山)에 있는 안적사에서 출가했다는 기록이 있다.

안주(安州)   평안남도 서북부 청천강 남안에 위치한 시. 안주는 예로부터 평양과 의주의 중간 지점에 위치하여 요충지가 되었던 곳이다. 고려 초기인 931년(태조 14) 안북부가 되고 983년(성종 2)에 영주(寧州) 안북대도호부(安北大都護府)가 되었다. 고려 말인 1369년(공민왕 18)부터 안주로 개칭되었다. 조선시대에도 안주목으로 중요시되었다.

안탕산(雁蕩山)   중국 절강성 온수시에 있는 산. 2005년 2월 세계지질공원으로 지정되었다. 적성은 안탕산 안의 지명으로 보인다. 안탕산과 적성을 빗대어 한 표현은 석법종(釋法宗)의 「유금강록(遊金剛錄)」(『허정집(虛靜集)』)에도 있다.

안화동(安和洞)   조선시대 개성의 송악산(松嶽山) 남쪽에 있던 골짜기. 『고려사(高麗史)』

에 보이는 안화사동(安和寺洞)과 같은 곳으로 보인다. 근처에 안화사(安和寺)가 있어 이 이름을 가진 것으로 추정된다. 조선시대 신박암(信朴庵)이라는 암자가 있었는데, 암자 앞의 동쪽 길은 자하동(紫霞洞)이고, 서쪽 길은 안화동이라고 한다.

암방사(巖防寺) 개성 자남산(子男山)에 있던 절. 암방사(巖房寺)라고도 한다. 남효온은 「송경록(松京錄)」에서 용암사를 자남산에 있는 암방사(巖房寺)와 같은 이름으로 인식하였다.

야교(夜橋) 원래 이름은 만부교(萬夫橋)이며, 개성의 보정문(保定門) 안에 있다. 탁타교(橐駝橋), 낙타교(駱駝橋)라고도 한다. 방언에 탁타(橐駝)의 초성이 우리말의 야(夜)자와 비슷하기 때문에 별다른 의미 없이 편한 대로 사용하여 이 이름으로 불렸다는 견해가 있고, 신인(神人)이 하룻밤 만에 다리를 완성했기 때문에 유래한 것이라는 전설도 있다.

양주(楊州) 현 서울특별시와 경기도 양주시, 남양주시로 이어지는 유서깊은 고을. 양주는 755년(신라 경덕왕 14)에 한양군이 되었으며, 고려 초에 양주로 이름을 바꿨다. 1067년(문종 21)에 남경유수관이 되었으며, 1104년(숙종 9)에 남경궁궐을 세웠다. 1308년에는 한양부로 이름을 바꿨다. 1394년 한양 천도를 하면서, 한양의 옛 영역 중 한양 도성과 성저 10리 지역을 제외한 나머지 지역을 견주와 통합하여 양주라 칭하였다. 양주는 1466년(세조 12) 목으로 승격하여 후대로 이어졌다.

양천(陽川) 현재의 서울시 강서구 지역에 있던 옛 고을. 신라 경덕왕 때에는 공암(孔巖)이라고 하였다. 고려에 들어와 1018년 수주(樹州)에 속하였으며, 1310년 양천현이 되었다. 조선에서도 그대로 유지되다가 1895년 양천군이 되었다.

양화(楊花) 현 서울시 마포구 망원동과 영등포구 양화동 사이의 한강 나루인 양화도(楊花渡)를 지칭함. 조선시대 양화도는 한양에서 부평이나 인천, 김포 방면으로 향할 때에 이용했던 나루이며, 서해 연안을 따라 한강 하구를 거쳐 한양으로 들어오는 세곡(稅穀) 운반선이 지나는 곳이기도 하다. 한양 서강(西江)의 하류이자 양천 공암진(孔巖津)의 상류에 해당한다. 조선시대 양화도에는 도승(渡丞) 1명이 배치되어 있었다.

언진산(彦珍山) 황해도와 평안도의 도 경계를 이루는 언진산맥의 주봉. 높이 1,120m이며 수안군에 있다. 언진산(彦眞山)으로도 표기된다.

여산(廬山) 중국 장시성(江西省) 주장시(九江市) 남쪽의 명산. 산세가 웅장·기이하고 험하고 수려하기로 유명하며, 수많은 폭포와 호수·연못이 있다. 폭포 중에는 낙차가 150여m에 이르는 것도 있다고 한다. 이런 폭포의 장관을 일러 당나라 시인 이백(李白)은 「망여산폭포(望廬山瀑布)」란 시에서 "飛流直下三千尺 疑是銀河落九天"이라 노래하였다.

여산폭포 중국 장시성(江西省) 주장시(九江市)의 여산(廬山)에 있는 폭포. 웅장하고 수려한 명산으로 유명하며, 이백(李白)의 「여산폭포를 바라보다(望廬山瀑布)」처럼 중국 문인들이 시를 많이 남겼다. 중국의 '여산국가공원'으로 지정되어 있고, 1996년에 유네스코 세계유산으로 등록되었다.

여조구택사(麗祖舊宅舍) → 고려 태조의 옛집(麗祖舊宅舍). 고려 태조 왕건(王建, 877~943)이 왕위에 오르기 전에 살던 사저(私邸). 궁궐 북쪽 송악산 기슭에 위치하였으며, 왕건이 왕위에 오른 후 광명사(廣明寺)로 만들었다고 한다. 홍유(洪儒)·배현경(裴玄慶)·신숭겸(申崇謙)·복지겸(卜智謙) 등이 궁예를 축출하고 왕건을 추대하기 위해 왔던 집이 바로 이곳이다.

역암(檋岩) 개성 송악산 기슭에 있는 유명한 바위. 19세기에 편찬된『송경광고(松京廣攷)』에 따르면, 개경 본궐 터인 만월대 북쪽의 좌창동(左倉洞)에 너럭바위(盤石)와 작은 폭포가 있는데 이 바위를 역암이라 한다는 내용이 실려 있다.

연경궁(延慶宮) 고려시대 수창궁과 함께 대표적인 이궁으로 본궐 동쪽에 있었다. 연경궁이 본격적으로 활용된 것은 충선왕 이후이다. 충선왕이 연경궁을 중수하여 자신의 궁으로 만든 이후 공민왕 전기까지 궁궐의 운영은 본궐의 강안전과 이궁인 연경궁을 축으로 운영되었다. 조선전기에 편찬된 지리지에서는 연경궁을 고려의 본궐로 잘못 인식하고 기록하였다.『세종실록(世宗實錄)』지리지 이래『신증동국여지승람(新增東國輿地勝覽)』까지 연경궁은 고려 본궐과 동일하게 사용되었으며, 정전은 건덕전(乾德殿)이라고 서술되었다. 이런 인식은 충선왕대 이후 연경궁이 활발하게 활용되었기 때문으로 보인다. 또 연경궁이 본궐 동쪽 가까이에 있었던 것도 연경궁을 본궐로 오인한 이유의 하나였다.

연백평야(延白平野) 황해도 동남부 해안 지역인 연백군과 벽성군에 펼쳐진 평야. 멸악산맥의 산들 사이로 흐르는 예성강과 한교천(漢橋川), 나진포천(羅津浦川), 풍천(楓川), 화양천(花陽川) 등의 유역에 발달된 평야이며, 예성강 서쪽에서 해주에 이른다.

연복사(演福寺) 고려시대부터 조선 전기까지 개성에 있던 절. 연복사의 원래 이름은 광통보제사(廣通普濟寺)로 보통 보제사(普濟寺)라고 불렸는데, 당사(唐寺), 대사(大寺) 등으로도 불렸으며, 고려 후기에 연복사로 이름이 바뀐 것으로 보인다. 연복사는 고려 말부터 조선 초까지 대대적으로 중창되었는데, 그 중창과정은『고려사』와 1393년(태조 2) 권근이 찬술한 「연복사탑중창기」에서 확인할 수 있다. 연복사가 폐사된 시기는 조선 명종대로 추정되는데, 폐사 이후 연복사종은 개성특별시 남대문루로 옮겨졌다.

연복사능인전(演福寺能仁殿) 개경에 있던 연복사의 중심 전각. 능인전은 석가여래가 모셔진 건물을 말한다.『고려도경(高麗圖經)』에 따르면 연복사의 정전(正殿) 곧 능인전의 편액은 '나한보전(羅漢寶殿)'이었고, 그 안에 금선(金仙 ; 석가모니불), 문수, 보현 등 세 개의 불상이 있었고, 그 서쪽에 오층탑이 있다고 하였는데, 이것은 유호인이 「유송도록」에서 묘사한 것과 같다.

연복사오층탑(演福寺五層塔)　고려시대부터 조선 전기까지 개성 연복사(演福寺)에 있던 탑. 연복사탑은 여말선초 크게 두 차례 중수를 거치게 되는데, 이때의 정황은 1393년(태조 2) 권근이 찬술한 「연복사탑중창기」에서 확인할 수 있다. 연복사탑은 16세기에도 사람들이 올라가 볼 수 있는 상태를 유지하고 있었다. 1485년(성종 16) 9월 개성을 유람하고 남긴 남효온의 「송경록」에는 5층 전각(탑)의 꼭대기에 올라가 회령에게 피리를 불게 하고 창을 열어 아래를 내려다보았다고 하였다. 이러한 내용으로 미루어 연복사탑은 목탑이었음을 알 수 있다. 한편 연복사탑 공사가 끝난 뒤 권근의 「연복사탑중창기」를 새긴 비석을 절에 세웠다. 「연복사탑중창비」는 1910년 서울 용산의 철도구락부 구역으로 옮겨졌다가 지금은 귀부와 이수만 용산역 뒤 철도회관 정원에 세워져 있다.

연복사종(演福寺鍾)　연복사에 있던 종. 북한 국보 제136호. 현재는 개성특별시 남대문 문루에 걸려 있다. 종의 높이는 3.24m, 지름 1.88m, 두께 23㎝, 무게 14톤이며 동으로 주조하였다. 연복사종은 종신 상단에 불보살상을 새기는 등 한국종의 전통적인 양식을 계승하면서도 중국 종의 영향을 강하게 받았다. 연복사종은 1346년(충목왕 2) 봄에 강금강과 신예(?~1355)가 원나라 순제의 명으로 금강산에서 종을 주도하고 원나라로 돌아가던 길에 충목왕과 덕령공주의 요청으로 주조하였다고 한다. 종에는 이곡이 짓고 성사달(?~1380)이 글씨를 쓴 조성 경위가 새겨져 있는데, 이것은 『가정집』에도 수록되어 있다.

연복사탑중창비(演福寺塔重創碑)　1392년(태조 1) 12월 연복사탑 중수가 끝난 후 권근이 찬술한 「연복사탑중창기」를 새긴 비. 「연복사탑중창비」는 1910년 서울 용산의 철도구락부 구역으로 옮겨졌다가 지금은 귀부와 이수만 용산역 뒤 철도회관 정원에 세워져 있다.

연성대첩비(延城大捷碑)　황해남도 연안군 연안읍에 있는 비로, 임진왜란 때 연안성 전투 승리를 기념하기 위해 1608년에 세웠다. 연안부사 이정암이 이끄는 황해도 의병이 1592년 8월 말부터 9월 초까지 연안성을 공격하는 3천여 명의 왜군을 통쾌하게 물리치고 성을 사수한 사실을 기록하였다. 비문은 이항복이 짓고 글씨는 정양호가 썼다. 현재 북한의 국가보존유적이다.

연안(延安)　현재의 황해남도 연안군으로 이어지는 고을. 신라 경덕왕 때 해고군이라 하였으며, 고려 초에 염주(鹽州)로 이름을 바꿨다. 995년(성종 14) 방어사를 두었으나 얼마 후인 현종 때 폐지하고 해주의 소속 고을로 삼았다. 후에 하급 지방관인 감무를 신설, 파견하였으나, 영응현령관(永膺縣令官), 지복주사(知復州事), 석주(碩州), 온주목

(溫州牧) 등으로 바뀌었다가, 1310년에 연안부(延安府)가 되었다. 조선에서도 연안도호부라 하였다.

영빈관(迎賓館)   사신을 맞이하기 위하여 설치한 객관으로, 오정문(午正門) 밖에 있었다. 1011년(현종 2)에 영빈관(迎賓館)·회선관(會仙館)을 개설하였다는 기록이 확인된다. 영빈관에는 송나라 상인들이 묵은 것으로 보인다. 영빈관의 명칭은 고려 말까지 계속해서 나오지만 계속 동일한 건물을 가리키는 것은 아니었다. 곧 문종 때 와서는 사신을 맞이하는 주요 장소가 순천관(順天館)으로 바뀌는데,『동국여지승람』에는 순천관을 영빈관의 별칭이라 하였다.

영수병(映水屛)   황해북도 금천군 금천읍을 흐르는 오조천 옆의 절벽으로, 물결이 비치어 반사되는 모습이 아름다웠다. 근처에 영파역이 있었다.

영안성(永安城)   개성 서남쪽인 예성강 하류인 서강(西江)에 있는 성곽.「고려세계」에 의하면 고려 태조의 할아버지인 작제건이 서해 용왕의 딸을 맞이하여 오자, 백주 정조 유상희 등이 개주·정주·염주·백주와 강화현·교동현·하음현 사람들을 이끌고 와서 작제건을 위해서 영안성을 쌓았다고 한다. 영안성에는 고려 태조의 부모인 세조와 위숙왕후의 묘인 창릉이 있다. 현재 개성특별시 남포리에 성곽 유적이 남아 있다.

영취산(靈鷲山)   개성특별시 장풍군 월고리에 있는 산이다.

영통사(靈通寺)   개성 동북쪽 오관산의 남쪽에 있는 절. 영통사는 고려초기인 948년(정종 3) 이전에 창건된 고려시대 왕실 원찰이자 화엄종 중심 사찰이었다. 허목의「산천기」에 오관산 아래 영통사가 있다는 기록이 있는 것으로 보아 조선 후기까지는 폐사되지 않은 것으로 보인다. 조선 후기 이래 오랫동안 방치되었던 영통사는 북한 사회과학원 고고연구소와 일본 대정대학(大正大學)이 1998년부터 2000년까지 공동으로 발굴 조사하였고, 대한불교천태종단과 북한 조선경제협력위원회가 2002년 11월 함께 복원에 착수하여 2005년 10월 2만여 평의 부지에 29개의 전각을 복원 완료하였다. 현재 영통사에는 대각국사의천비, 당간지주, 오층석탑 및 동·서삼층석탑 등 문화재가 있다.

영통사대각국사의천비(靈通寺大覺國師義天碑)   1125년(인종 3) 영통사에 세워진 고려 천태종의 개조인 대각국사(大覺國師, 1055~1101) 의천(義天)의 사적을 기록한 탑비. 북한의 국보 문화유물 155호. 영통사는 북한 개성특별시 용흥리에 있다. 비신 높이 2.9m, 너비 1.56m이며, 귀부(龜趺)와 옥개석(屋蓋石)을 갖추고 있다. 비신 앞면 상단에는 '증시대각국사비명(贈諡大覺國師碑銘)'이라는 전액이 있고 그 좌우에 봉황과 보상화문을 양각하였으며 비면의 가장자리에도 보상화문 띠가 양각되어 있다. 김부식이 지은 비문은 오랜 세월 화재 등으로 인한 박락으로 비명의 절반 가까이는 판독이 어려운 상태다. 이외에도 의천의 비로 1132년에 경상북도 칠곡군에 세워진 선봉사대각국사비(僊鳳寺大覺國師碑)」가 있다.

영파루(暎波樓)　황해북도 서흥군의 객사였던 용천관(龍泉館)의 문루. 용천관은 6.25전쟁 때 소실되었다.

영평문(永平門)　개경 나성(羅城)의 성문. 고려시기에는 위숙군으로 장교 1명, 군인 2명, 산직장상 2명, 감문위군 2명이 배치되었다. 이 성문은 고려시기의 황성·나성 조선 초기의 내성이 만나는 곳에 위치하였던 것으로 추정된다. 조선 후기 이후의 기록에 보이는 눌리문이 영평문의 다른 이름으로 여겨진다.

예성강(禮成江)　북한 황해북도 수안군에서 발원하여 황해북도 개풍군과 황해남도 배천군 사이에서 서해로 흘러들어가는 하천이다. 고려에서 송(宋)나라에 사신을 보낼 때에 여기에서 배를 출항시켰으므로 예성강(禮成江)이라 하였다고 한다. 총 길이는 187.4㎞이다. 하지만 고려시대나 조선시대에는 전체 중 바다로 흘러들어가는 하구 부분만을 따로 지칭하여 예성강이라고 하였으며, 서강(西江), 후서강(後西江)이라고도 한다. 고려 중기의 화가인 이영(李寧)은 예성강도(禮成江圖)라는 그림을 그려 송나라 휘종(徽宗)의 극찬을 받았다.

오관산(五冠山)　개성특별시 용흥동의 서북쪽, 장풍군 월고리와의 경계에 있는 산. 산꼭대기에 동그랗게 관(冠)처럼 생긴 작은 봉우리 다섯이 있으므로 오관산이라 하였다고 한다(『신증동국여지승람』 권12, 경기 장단도호부). 건국 설화를 수록한 '고려세계(高麗世系)'에는 왕건의 조상 강충(康忠)이 오관산 마하갑(摩訶岬), 즉 영통동에 살았다고 한다. 그의 아들 보육 역시 마하갑에 암자를 짓고 살았다. 영통사(靈通寺)가 있다.

오도령(悟道嶺)　오도령(吾道嶺)·오도현(吾道峴). 대흥산성(大興山城) 남문에서 개성 방향으로 내려오는 길에 있던 고개 이름.

오목점(梧木店)　지방에 있는 객사(客舍)를 말함. 진목정점(眞木亭店), 진목점(榛木店), 오목점(烏木店), 오목점(五木店)으로 표기하기도 한다. 개성유람기에 나오는 오목점은 파주에서 개성 방향으로 임진강 건너 대략 40리 지점에 있었던 것으로 추정된다.

오봉봉(五鳳峯)　→ 오봉산(五峰山)

오봉산(五峰山)　개성 서쪽에 있는 산. 산 아래에 감로사(甘露寺)가 있으며, 고려 후기의 조인규(趙仁規, 1237~1308)와 조선 중기의 이정암(李廷馣, 1541~1600)의 무덤이 있다.

오정문(午正門)　개경 나성(羅城)의 서쪽문인 선의문(宣義門)의 이칭. 조선시대 이후에는 선의문보다 오정문으로 불렸다.

오조천(五助川)　개성특별시 박연리 아호비령 산줄기의 안달봉 북쪽 골짜기에서 발원하여 금천군 금천읍에서 예성강으로 흘러드는 하천. 전체 길이는 32km이며, 상류 지역에 박연폭포가 있다.

옥촉정(玉燭亭)　고려시대 개경 연경궁(延慶宮) 후원(禁苑)에 있던 정자이다. 1068년(문종 22) 8월, 송나라 진사(進士)들을 불러 이곳에서 시부(詩賦)를 시험하였으며, 1107년(예종 2) 윤10월, 이곳에 처음으로 원시천존상(元始天尊像)을 안치하고, 달마다 초제(醮祭)를 지내게 하였다.

온혜릉(溫鞋陵)　고려 태조의 할아버지인 의조 작제건의 부인인 용녀, 즉 원창왕후의 것으로 전해지는 능. 『고려사』 「고려세계」에 따르면 용녀는 우물을 통하여 용궁을 왕래했는데, 우물에 들어갈 때 보지 않기로 한 약속을 남편인 작제건이 어기자 우물로 들어가 돌아오지 않았다고 한다. 전하는 이야기에 따르면 이때 용녀가 남겨두고 간 신발을 묻어 장례를 치렀는데 그 무덤을 온혜릉이라 이름 붙였다고 한다. 그 위치는 북한 개성특별시 송악동 송악산 남쪽 기슭이다.

옹암(瓮巖)　독바위라는 뜻으로 지금 불광동의 독박골(독바위골)인 듯하다.

옹진(瓮津)　현재의 인천광역시 옹진군과 북한의 황해남도 옹진군으로 이어지는 고을. 고려 초부터 옹진이라 불렸으며, 1018년(현종 9)에 현령(縣令)이 파견되었다. 조선 후기인 1729년(숙종 45)에 도호부로 승격되었다. 해방 후에는 38선 이남에 위치한 까닭에 남한 관할이 되어 경기도 옹진군이 되었으나, 6.25전쟁 이후 백령도와 대청도, 소청도, 연평도 등을 제외하고 모두 북한 영역이 되었다. 현재 남한에는 인천광역시 옹진군이 백령도 등을 관할하고 있고, 북한에는 황해남도 옹진군이 별도로 있다.

왕륜사(王輪寺)　고려 건국 초 919년(태조 2)에 창건한 10개 사원의 하나이다. 대궐의 동북쪽, 개경의 주산인 송악산 남쪽 기슭에 위치하여 그 남쪽의 대궐을 보호하였다. 개성 북부에 왕륜방(王輪坊)이 있는데, 왕륜사가 위치하고 있었기 때문에 붙여진 이름이다. 왕륜사의 소속 종파는 해동종(海東宗)이다. 분황종(芬皇宗) 광천사(光闡師)가 왕륜사에 머물고 있다는 지적이 보이고, 왕륜사가 해동종도량이라고 명시된 기록이 있으므로 해동종·분황종이 분명하다. 분황종(해동종)은, 경주 분황사에 거처하며 활동했던 신라 고승 원효를 숭배하는 것으로 보인다. 해동종의 수좌와 승통이 보이므로 소속 승려의 승계는 교종을 따른 것을 알 수 있다.

왕저동(王邸洞)　고려시대 개경 동부 이현(泥峴, 진고개) 근처에 있던 마을. 고려 말 우왕 때 권력자인 이인임(李仁任)의 집이 이현 나복산의 동쪽에 있었는데, 우왕이 자주 이인임의 집에 가서 머물렀기 때문에 붙여진 이름이다. 현재의 위치는 개성특별시 선죽동 근처이다.

용둔평(庸遁坪)　개성 인근이나 지역 미상.

용수산(龍首山)　용수산(龍岫山)이라고도 쓰며, 지명 특성상 여러 곳에 있으나, 개성유람기에서는 개성에 있는 산을 말한다. 개성특별시 승전동, 용산동과 개풍군 고남리의 경계에 있는 해발 178m의 산이다. 고려시대 개성부 남쪽 2리 지점에 있었으며 남산이라고도 하였다. 고려 왕성(王城)의 외성(外城)에 있다.

용암사(龍巖寺)　개성 자남산(子男山)에 있던 절로, 용암사(龍岩寺)라고도 한다. 1388년 (우왕 14)에 이성계(李成桂)가 이 절의 북쪽 고개를 점거하고서 최영(崔瑩)을 압박하였다는 기록이 있다. 『송경광고(松京廣攷)』에서 용암사를 자남산에 있는 암방사(巖房寺)와 같은 이름으로 인식하였다.

용암산(湧巖山)　개성 동북쪽에 위치한 산이다. 오관산(五冠山) 동쪽, 별봉(鱉峯) 남쪽에 있는데, 오관산·천마산(天磨山)의 여러 산과 서로 이어져 있다. 산 아래에 낙산사(洛山寺)가 있었다.

용왕당(龍王堂)　조선 초 개성 박연폭포 옆에 있던 신당. 유호인의 「유송도록」에 의하면 가뭄이 들 때 기도하면 바로 효험이 있었다고 한다. 유호인의 「유송도록」을 제외하고는 용례를 찾을 수 없다.

용장사(龍藏寺)　강화도에 있던 사찰로, 고려 공민왕이 충정왕으로부터 선위를 받은 사찰. 1360년(공민왕 9) 왜구가 강화도를 침략했을 때 선원사와 용장사가 큰 피해를 본 바 있으며, 1362년(공민왕 11)에는 공민왕이 한방신(韓方信)으로 하여금 용장사를 수리하도록 명령한 바 있다. 그러나 현재 용장사의 남아 있는 흔적에 대해서는 알려진 바가 없다.

용천관(龍泉館)　황해북도 서흥군의 객사. 본래 예전의 서흥읍 서쪽에 있던 원우(院宇)였는데, 1439년(세종 21)에 역로의 변경에 따라 서흥으로 옮겼다. 1615년(광해군 7) 읍치를 서흥산성 밑에서 대니산(大尼山) 기슭으로 옮기면서부터 서흥부의 객관으로 사용되었다. 이때 부사 윤형갑(尹衡甲)이 동헌과 서헌을 개수했고, 1735년(영조 11) 현감 박사창(朴師昌)이 대청 등을 크게 수리하였다. 6.25전쟁 때 소실되었다.

우봉(牛峯)　황해북도 금천군(金川郡) 지역에 있던 옛 지명. 고구려 때는 우잠군(牛岑郡)이었으며, 신라 경덕왕 때 우봉으로 이름을 고쳤다. 고려에 들어와 1015년(현종 6) 평주(平州)에 속하게 하였고, 1062년에 개성부에 속하게 하였다. 예종 때 감무(監務)

를 두었다. 조선에 들어와 1395년 현으로 승격되었으며, 1652년에 강음(江陰)과 합쳐져 금천군(金川郡)이 되었다.

운거사(雲居寺)　개성특별시 박연리 박연(朴淵) 동남쪽에 있던 절. 채수(蔡壽, 1449~1515)의 「유송도록」에는 서쪽 방에서 달마(達磨)의 초상을 구경했다고 하고, 조찬한(趙纘韓, 1572~1631)은 천마산과 성거산 일대를 유람할 때 이곳에서 출발하여 이곳으로 돌아왔다. 김육(金堉, 1580~1658)은 「천성일록」에서 박연에서 운거사까지 6, 7리라 하였고, 이 절에 세조의 어필이 있다고 들었는데 중이 말해주지 않아 보지 못했다고 한다.

원찰(願刹)　죽은 사람의 명복을 비는 것을 포함하여 복(福)을 빌기 위하여 또는 소원을 빌기 위하여 건립한 사찰. 원당(願堂)이라고도 한다. 고려시대에는 왕실 및 관료 집안에서 원찰을 많이 세웠으므로, 개경 근처의 사찰 중에는 원찰이 많았다. 왕실의 원찰 중 왕족의 진전을 모신 경우 진전사원(眞殿寺院)이라고 하였다.

원통사(元通寺)　성거산(聖居山) 북성암(北聖菴) 남쪽에 있던 사찰. 원(元)은 원(圓)으로도 통용하여 썼다는 것으로 보아, 원통사(圓通寺)와 동일한 절로 추정된다.

원통사(圓通寺)　황해북도 개풍군 영북면 성거산에 있는 절로 31본산 시대에는 전등사(傳燈寺)의 말사였다. 태조가 개경 근처에 세운 10대 사찰 중의 하나로 보기도 한다. 919년(태조 2)에 진경대사(眞境大師)가 창건하였다. 1731년(영조 7)에 영련(靈鍊) 등이 중창하였고, 1762년에 설조(說照)가 중건하였으며, 1796년(정조 20)에 계철(戒徹)이 중건하였다. 1870년(고종 7)에는 화월장로(華月長老)를 비롯하여 벽월(碧月)·영봉(泳峰) 등이 중수하였고, 1907년에 주지 장학규(張鶴奎)가 중창하여 오늘에 이르고 있다. 중요 유물로는 약사당 옆에 있는 부도(浮屠)와 법화경서탑(法華經書塔)이 있다.

위봉루(威鳳樓)　고려 초기 개경의 본궐(本闕) 안 회경전(會慶殿) 남쪽에 있던 문루. 문무백관과 백성들의 조하(朝賀)를 받거나 과거의 방(榜)을 내걸어 급제를 하사하는 등 경사스러운 일을 많이 행하였다.

윤주(潤州)　중국 수나라 때 지금의 중국 강소성 전장현에 있었던 고을이다.

윤필암(潤筆庵)　개성 성거산(聖居山)에 있었던 절로, 윤필사(潤筆寺)라고도 한다. 1485년(성종 16)에 남효온(南孝溫, 1454~1492)이 개성 지역을 유람하고 지은 「송경록(松京錄)」에서 윤필암이 확인된다. 남효온은 9월 7일(을묘)부터 18일(병인)까지 12일 동안 개성을 유람했는데 그 중 9월 14일(임술)에 성거산에 올랐다. 남성거암, 북성거암을 보고 성거산 윗봉오리로 가다가 눈바람이 거세져 북쌍련암에서 피하다가 눈이 걷히자 걸어 나와 윤필암으로 들어갔다고 하였다.

율리(栗里)　율곡리를 지칭한다. 오늘날 경기도 파주시 파평면 율곡리에 해당한다.

1789년에 발간된 자료인 『호구총수』에도 파평면 소속에 율곡리가 기록되어 있다. 현재 화석정도 율곡리에 위치한다.

은율(殷栗) 　현재 북한의 황해남도 은율군으로 이어지는 고을. 원래 율구(栗口) 혹은 율천(栗川)이라 하다가, 고려 초에 은율현이 되었으며, 1018년(현종 9)에 풍주의 속현이 되었다. 조선 건국 직후인 1396년(태조 5)에 감무(監務)가 지방관으로 파견되기 시작하였다. 감무는 이후 현감으로 명칭이 바뀌었으며, 1895년에 은율군이 되었다.

의상대(義相臺) 　개성 성거산(聖居山) 의상암(義相庵) 위에 있던 정자이다.

의상암(義相庵) 　개성 성거산(聖居山)에 있던 절이다. 남효온(南孝溫, 1454~1492)이 개성을 유람할 때, 윤필암(潤筆菴)에서 출발하여 작은 굴을 지나 의상암에 이르렀다. 의상암에는 의상의 진영(眞影)이 있었고, 의상암 위에는 의상대(義相臺)가 있었다.

의천의 공덕비 　→ 대각국사비(大覺國師碑)

이천(伊川) 　현재의 북한 강원도 이천군으로 이어지는 고을. 신라 경덕왕(景德王) 때 이천현이라 하였고, 고려 현종 9년(1018)에 동주(東州, 현 강원도 철원)의 속현이 되었다가, 이후 하급 지방관인 감무가 파견되었다. 조선에 들어와 강원도 소속이 되고 감무는 현감으로 바뀌었으며, 1687년(숙종 13)에는 도호부로 승격되었다.

인달봉(人達峯) 　성거산의 북쪽에 있는 봉우리. 인달봉(因達峯) 또는 인달봉(仁達峯), 인달암(因達岩)으로도 표기된다. 현재 북한의 황해북도 장풍군 월고리에 위치한다. 어떤 중이 이곳에 올라갔으나 너무 가팔라서 내려오지 못하고 안달을 하다가 떨어져 죽었다는 이야기가 전하고 있다고 한다.

인덕전(仁德殿) 　『고려사』에서 확인되지 않은 전각 이름. 『고려사』에는 이궁인 인덕궁만 확인된다. 인덕궁은 고려시대 개경 본궐 동쪽에 있던 이궁으로, 1127년(인종 5) 8월에 연경궁에서 인덕궁으로 이름을 고쳤다. 인종이 이곳으로 자주 거처를 옮겼으며, 1129년(인종 7)에는 대안사의 불사리를 옮겨 봉안하기도 하였다. 이후 1137년(인종 15) 무렵부터는 다시 연경궁으로 불렸다. 연경궁은 충선왕이 중건한 이후 공민왕대 전반까지 주로 활용되었다.

임진(臨津) 　임진은 3가지 뜻을 가지고 있다. 첫 번째는 함경남도 덕원군 마식령(馬息嶺)에서 발원하여 남서쪽으로 흘러 서해로 흘러드는 강이며, 두 번째는 경기도 파주시 문산읍 임진리와 진동면 동파리 사이에서 임진강을 건너는 옛 나루, 세 번째는 경기도 파주시 군내면 지역에 읍치가 있던 통일신라와 고려 때의 옛 고을을 뜻한다.

임진나루 　유호인 일행은 개성을 가는 데 임진나루에서 임진강을 건넜을 것이다.

임진나루는 현재 화석정이 있는 언덕 서쪽 아래에 있다.

자하동(紫霞洞) 송악산 아래에 있는 지역. 동부(洞府)가 그윽하고 막혀 있으며, 시냇물이 맑고 잔잔하여 첫째 가는 좋은 땅으로 절경이다(『신증동국여지승람』 권4, 개성부 산천).

잠두봉(蠶頭峯) 황해북도 봉산군 청룡리 서쪽과 은파군 적성리 경계에 있는 봉우리. 봉우리가 누에머리처럼 생겼다 하여 붙여진 이름이며 누에머리봉이라고도 한다.

장단(長湍) 황해북도 개성시의 동쪽에 위치했던 옛 고을. 고구려 때는 장천성현(長淺城縣)이었으며, 신라 경덕왕 때 장단으로 이름을 고쳐 우봉군(牛峯郡)의 영현(領縣)으로 삼았다. 고려 1001년(목종 4) 단주(湍州)로 승격되었다가 1018년에 다시 장단현이 되었다. 조선에 들어와 1414년 임강현(臨江縣)과 합쳐 임단현(臨湍縣)이라고 하였다가 1419년에 다시 장단현으로 만들었다. 1459년에 장단군이 되었으며, 1469년에 도호부가 되었다. 1895년 다시 장단군이 되었으나, 남북 분단 이후 휴전선으로 그 영역이 갈라지면서 사라져버렸다. 그 영역은 오늘날 남한의 파주시와 연천군, 북한의 개성특별시 지역에 걸쳐 있었다.

장어(藏魚)→ 장어사(藏魚寺) 현재 서울 종로구 신영동 세검정초등학교 자리에 있던 장의사(藏義寺 혹은 莊義寺)의 별칭. 신라시대에 창건된 이래, 조선시대까지도 존속하다가 1506년(연산군 12) 연산군이 유흥의 장소로 삼으면서 폐허가 되었다. 현재 당간지주가 남아 있다. 조선 중기의 문인인 박은(朴誾)의 『읍취헌유고(挹翠軒遺稿)』 문집에는, 박은이 이행 등과 개성 유람을 떠나면서 장어사에 들러 지은 시가 수록되어 있다.

장원정(長源亭) 고려시대 서강(西江) 병악(餠嶽) 남쪽에 있던 정자이다. 장원궁(長源宮)이라고도 하며, 이궁(離宮)의 기능을 하였다. 1056년(문종 10)에 서강의 병악 남쪽에 지었다. 도선(道詵)의 『송악명당기(松岳明堂記)』에 명당(明堂)인 이곳에 정자를 지으면 국업(國業)이 연장된다고 하였으므로, 이 예언을 따라 만든 것이다.

장의사(藏義寺) 서울특별시 종로구 세검정초등학교에 있던 절. 세검정초등학교 안에 통일신라 때 것으로 추정되는 당간지주(보물 235호)가 남아 있다.

장포(長浦) 현재 파주 파평면 두포리 지역이다. 장포는 본래 파평산 지역으로 1914년 행정구역 폐합 때 두문리 전부와 신사리·장포리·마사리의 각 일부 지역을 병합하여 두문(斗文)의 '두'자와 장포(長浦)의 '포'자를 따서 두포리로 이름하였다.

재령(載寧) 현재의 북한 황해남도 재령군으로 이어지는 고을. 신라 경덕왕 때에 중반군(重盤郡)이라 하였으며, 고려 초에 안주(安州)로 이름이 바뀌었다. 995년(성종

14)에 방어사를 두었다가 현종 때에 방어사를 폐지하고 해주에 소속시켰다. 1106년(예종 1)에 감무가 파견되었으며, 1217년(고종 4)에 재령으로 이름을 바꾸고 현령이 파견되었다. 조선에 들어와 황해도 소속이 되었으며, 1415년에 재령군으로 승격되었다.

저지교(猪支橋) 고려시대 개성의 남대문 밖에 있던 다리. 위치상 저시교(猪市橋)로 불린 다리를 가리키는 것으로 보이는데, 언제 저지교로 불렸는지는 알 수 없다. 『고려사절요』에 이의민이 탁타교에서 저교(猪橋)까지 제방을 쌓고 버드나무를 심었다고 기록되어 있는데, 같은 다리를 가리키는 것으로 추측된다.

적멸암(寂滅庵) 개성특별시 대흥동 계곡 상류 천마산에 있었던 절. 병자호란 이후 피해를 입은 천마산, 성거산 일대 여러 절들을 새로 지었는데, 적멸암은 이후 환적암으로 바뀌었다(『松都誌』 卷3, 佛宇).

적묵당(寂默堂) 적묵당의 묵(默)자가 원문에는 '점(點)'으로 되어 있으나, 문맥에 따라 '묵(默)'이 맞으므로 바로잡았다.

적벽(赤壁) 1 중국 후베이성 푸치현 서북부 양쯔강 남안에 있는 강변의 깎아지른 듯한 절벽. 208년 손권과 유비의 연합군이 조조의 20만 대군을 대파시킨 적벽대전의 무대로도 유명하다. 송나라 때에는 근처로 유배를 온 소식(蘇軾)이 1082년 음력 7월과 10월에 적벽을 유람하며 글을 지었는데, 이것이 「적벽부(赤壁賦)」이다. 7월에 지은 것을 「전(前)적벽부」, 10월에 지은 것을 「후(後)적벽부」라 한다.

적벽(赤壁) 2 현재 경기도 파주시 장파리의 임진적벽을 가리킨다.

적성(積城) 현재의 경기도 파주시 적성면에 있었던 옛 고을. 고구려 칠중성(七重城)이 있던 곳으로, 신라 경덕왕 때 중성현이 되었다. 고려 초에 적성현이 되었으며, 1018년(현종 9)에 장단의 속현(屬縣)이 되었다. 1062년(문종 16)에는 개성부에 소속되어 경기의 영역에 포함되었다. 1106년(예종 1)에 감무를 두었다. 조선에 들어와 감무는 현감으로 명칭이 바뀌었다. 1914년 경기도 파주에 합병되었다.

적전(籍田) 고려와 조선시대 왕이 농경의 시범을 보이기 위해 의례용(儀禮用)으로 설정한 토지로, 조선 숙종 연간에 개성을 4부 7면으로 개편할 때 동면(東面)에 소속된 마을 이름이다. 『고려사(高麗史)』 권62 지(志) 16 예(禮) 4 길례중사(吉禮中祀) 적전조(籍田條)의 기록에 의하면, 성종 2년 정월 기해(己亥) "국왕이 적전을 친경하고 신농을 제사하였는데, 후직(后稷)을 배향하였다. 적전 의례는 이때부터 시작되었다"고 하였다. 이 기록으로 보아 적전과 신농·후직에 대한 제사는 고려 성종 때부터 비롯된 것으로 볼 수 있다. 현재 개성의 동남쪽 방향이 적전지역으로 이름이 남아 있다. 조선의 경우, 개성의 동남쪽 밖 20리 지점에 서적전(西籍田)이 있었다. 조선 태종대의 기록에 의하면, 고려 말 권신(權臣)이었던 임견미(林堅味)·염흥방(廉興邦) 등의 토지를 몰수해 옛 서울 개성의 보정문(保定門) 밖에 서적전(西籍田) 약 300결(結)을 설치했고, 또 한성에는 흥인문(興仁門) 밖에 동적전(東籍田) 약 100결을 설정했다.

적조암(寂照菴)　개성 천마산 보현봉 바로 아래에 있던 암자. 송시열의 문인 이희조의 『지촌선생문집』에 따르면, 적조암에는 나옹화상이 쌓은 담장이 있는데 범자(梵字) 모양으로 만든 것이어서 특이했다고 한다.

전포(錢浦)　예성강 상류에 위치한 포구이다. 벽란도(碧瀾渡)보다 상류에 있다. 『신증동국여지승람(新增東國輿地勝覽)』에 따르면, 전포는 개성부 서쪽 36리 지점에 있다. 또한 『고려사』에 실린 「고려세계」에 의하면 당나라 숙종이 제위에 오르기 전 바다를 건너 처음 패강(浿江) 서포(西浦)에 이르렀는데, 그때 조수가 물러가고 진창이 가득해져 따라온 관원이 배 안에 있는 돈을 꺼내 진흙 위에 깔고 언덕으로 올라왔다하여 이름을 전포(錢浦)라 하였다고 전한다.

접현(拈峴)　파주에서 개성으로 가는 길목에 있는 지명. 파주에서 임진강을 건너면 대략 40리 지점에 객사인 오목점(梧木店)을 경유하게 되는데, 접현은 거기에서 개성 방향으로 15리 지점에 있었던 고개이다. 중요한 공문서를 전달하는 역참(驛站) 기구인 발막(撥幕)이 설치되어 있었다.

정광봉(定光峯)　개성특별시 박연리와 삼거리 경계에 있는 천마산(天磨山)의 한 봉우리 이름. 기슭에 정광암이 있었다.

정광암(定光庵)　개성특별시 박연리와 삼거리 경계의 천마산(天磨山) 기슭에 있던 암자. 남효온(南孝溫, 1454~1492)이 1485년(성종 16) 9월에 개성 유람을 하면서 박연폭포를 보고 관음굴(觀音窟)과 대흥사(大興寺)를 거쳐 성해암(性海庵)을 찾다가 길을 잃어 정광암에 들어간 사례가 있다.

정릉(正陵)　고려 제31대 왕 공민왕(恭愍王)의 비(妃) 노국대장공주(魯國大長公主)의 능이다. 북한에서 국보유적 제123호로 지정되어 있으며, 2013년 유네스코 세계유산으로 등재된 '개성역사유적지구' 안에 포함되어 있다. 공민왕의 현릉(玄陵)과 함께 쌍릉(雙陵)을 이루고 있다. 현릉이 서쪽, 정릉(正陵)이 동쪽에 위치한다. 봉명산(鳳鳴山) 무선봉(舞仙峯)의 산중턱 남쪽 능선에 남향하여 있고, 앞쪽에는 서쪽에서 시작되어 동남쪽으로 흐르는 개울이 있어 풍수지리를 살펴 입지를 정한 것으로 보인다.

정양사(正陽寺)　금강산 표훈사 북쪽에 있는 절. 600년(무왕 1)에 백제 승려 관륵 등이 세우고 661년(문무왕 1)에 신라의 원효가 중창하였다. 고려 태조가 이 절에 올라왔을 때 법기보살이 현신하여 바위 위에서 빛을 발했는데, 이 일을 잊지 못해 빛이 나타났던 바위에 정례(頂禮)하고 절을 중창했다고 한다.

정자사(淨慈寺) 정자사(正慈寺). 개성 박연폭포 상류에 있는 관음사(觀音寺)에 딸린 암자. 석자사(石慈寺)라고도 한다. 17~18세기까지 존속하였으나 폐사되었고, '천마산석자사위전탑비(天摩山石慈寺位田塔碑)'가 있었다. 고려 말에 이색(李穡)이 기문(記文)을 지었다고 한다.

제룡단(祭龍壇) 박연은 조선 초부터 기우제장으로 활용되었으며 신룡이 거주하는 것으로 인식되었다. 허목의 『기언』에서는 용사(龍祠)라고 하기도 하였다.(허목, 『기언』 권27, 하편, 산천 상, 성거산과 천마산)

제릉(齊陵) 조선 태조 이성계의 첫째 부인 신의왕후(神懿王后, 1337~1391) 한씨(韓氏)의 능이다. 현재 개성특별시 대련리 부소산 남쪽 기슭에 있고, 북한의 보존급유적 제556호로 지정되어 있다. 능역은 크게 3단으로 구분된다. 제1단에는 봉분을 중심으로 높이 270cm의 곡장이 둘러져 있다. 제2단의 가운데에 6각의 장명등이 있고, 그 좌우에 한 쌍의 문인석이 마주 서 있고, 그 뒤에 석마가 있다. 제3단에는 투구와 갑옷을 입힌 무인석 1쌍과 석마가 있다. 능 앞쪽에 정자각과 비각이 있는데, 정자각은 조선시대 이래 여러 차례 소실과 파괴를 거친 것을 복원한 것이다. 비각에는 1744년(영조 20)에 세운 「신의왕후제릉신도비(神懿王后齊陵神道碑)」와 1900년(광무 4)에 세운 「신의황후제릉비(神懿皇后齊陵碑)」가 있다.

조강(祖江) 한강(漢江)과 임진강(臨津江)이 합류하여 서해로 흘러들어가는 한강 하구 일대. 이곳에는 조강도(祖江渡)가 있어서 고려, 조선시대 개경(개성)과 통진현 방면을 연결하는 나루로 기능하였다.

조원(朝院) 조선시대 한양에서 파주를 거쳐 개성으로 갈 때의 도로상에 있었던 개성부 남쪽의 지명. 취적교(吹笛橋) 남쪽에 있었다. '조원'이라는 명칭에서 역원(驛院)이었을 것으로 추정되지만 그 연혁을 확인할 수 없다.

종제지(種穄地) '기장을 심은 땅'이라는 뜻. 고려 태조 왕건(王建)의 아버지 용건(龍建, 세조)이 송악산에 살다가 새 집을 남쪽에 지었다. 그때 도선(道詵)이 용건의 새 집을 보고 "기장을 심을 땅에 어째서 삼[麻]을 심었는가?"라고 하고 가 버렸다. 용건의 부인이 이 말을 듣고 용건에게 이야기하니 용건이 급히 따라가 도선을 만났으며, 도선이 이에 36구(區)의 집을 지으면 삼한을 통합할 아들을 낳을 것이라고 예언하였다고 한다.

중령(中冷) 중국 강소성 진강시(鎭江市)에 있는 물. 당(唐)나라 장우신(張又新)이 지은 「전다수기(煎茶水記)」에 의하면, 전 형부시랑(刑部侍郞) 유백추(劉伯芻)가 천하의 물의 등급을 정했는데, 이때 양자강 남령수(南零水)를 천하제일로 정했다고 한다. 남령수가 중령이다.

중화(中和)   현재의 북한 황해북도 중화군으로 이어지는 고을. 신라 헌덕왕 때에 당악현이 되었고, 고려 시대에는 서경 소속이었다. 1136(인종 16)에 서경기에 6현을 설치할 때 현령을 두었으나, 얼마 지나지 않아 다시 서경의 속현이 되었다. 1322년(충숙왕 9)에 군(郡)으로 승격되었으며, 1371년(공민왕 20)에 지군사(知郡事)가 파견되었다. 1592년(선조 25)에 도호부로 승격되었다가, 1895년에 다시 군이 되었다. 조선시대에는 평안도 소속이었으나, 1963년에는 평양직할시로, 2010년에는 황해북도로 소속이 바뀌었다.

중화당(中和堂)   고려 후기의 문신인 채홍철(蔡洪哲, 1262~1340)의 집 중 하나. 채홍철이 집 남쪽에 당을 지어 중화당(中和堂)이라고 하고서 때로 영가군(永嘉君) 권보(權溥) 등 국가 원로 여덟 명을 초청해 기영회(耆英會)를 열었다. 이때 지은 「자하동 신곡(紫霞洞新曲)」은 악부에 악보가 전한다.

증각암(證覺庵)   화장사(華藏寺) 위에 있던 암자. 증각암은 『신증동국여지승람』에는 증각사(證覺寺)로 표기되어 있으며, 화장사 위에 있다고 한다(『신증동국여지승람』 권12, 京畿 長湍都護府 신증).

증봉   오관산 동쪽에 있는 봉우리이다.

지족암(知足庵)   지족사(知足寺)라고도 하였다. 개성특별시 박연리와 삼거리 경계에 있는 천마산(天磨山)의 청량봉(淸涼峯) 아래에 있던 암자. 도솔암(兜率庵) 또는 지족사(知足寺)라고도 한다. 황진이가 파계시킨 지족선사(知足禪師)가 머물던 암자로 유명하다. 『신증동국여지승람』에 암자 뒤에는 낙산(洛山)보다 웅장한 석벽이 있고 그 뒤로 봉우리들이 병풍처럼 둘러쳐 있으며, 남쪽으로는 시야가 툭 터져 바다가 시원하게 보인다고 하면서 일찍이 중국 사람이 그려가기도 할 정도로 뛰어난 풍광이라 하고, 절 곁에는 고선(高禪)·적멸(寂滅)·성해(性海)·원적(圓寂)·낙도(樂道)·운주(雲住)·선관(善觀)·견성(見性)·청량(淸涼)·성등(聖燈)·불교(佛敎)·영안(永安)·보성(寶聖) 등의 암자가 있다고 소개하였다.

차일암(遮日巖)   개성 면주동 입구에 있는 바위. 차일암(遮日岩)이라고도 한다. 바위가 넓고 평평하여 앉아서 놀기 좋은 곳이었으며, 바위에 구멍을 뚫어 놓았는데 이곳에 장막을 칠 때 기둥을 세웠던 곳이라고 전한다. 이곳에 임금이 거동하였다거나 신선이 놀던 곳이었다는 이야기도 전해 온다. 바위 앞에 샘이 있는데 이곳이 백화담이다.

창릉(昌陵)   고려 태조 왕건의 아버지인 왕륭(王隆)의 무덤으로, 황해북도 개풍군 남포리 영안성 안에 있다.

천마봉   → 천마산(天磨山)

천마산(天磨山) 높이는 762m, 화강암 바위산이며, 개성에서 두 번째로 높은 산이다. 여러 봉우리가 높고 험하며 하늘을 찌를 듯 솟아있어서 바라보면 푸른 기운이 엉겼기 때문에 천마(天摩)라고 불렸다고 한다. 성거산(聖居山)과 마주 보고 있으며, 주요 봉우리로는 보현봉(普賢峯)·만경대(萬景臺)·청량봉(淸涼峯)·국사봉(國師峰)·응봉(鷹峯) 등이 있다. 고려시대에는 개경의 진산(鎭山)인 송악(松岳) 북쪽의 명산대천으로 인식되어 국가 제사를 올리는 중요한 제사터였으며, 조선시대에는 한양(漢陽)을 방어하는 대흥산성(大興山城)이 들어선 군사적 요충지였다.

천수문(天壽門) 개성(開城) 동쪽의 교통 요충지에 있었던 천수사(天壽寺)의 남문이다. 개성을 나서는 길목이라 모든 배웅이 이곳에서 이루어졌다고 한다.

천수사(天壽寺) 고려시대 개경 동쪽에 있던 절. 고려 숙종 때 창건하기 시작해 예종 때 크게 경영하였다. 개경과 남쪽 지역을 연결하는 교통의 요충에 위치한 천수사는 교통과 국방에서 중요한 역할을 담당하였으며, 국왕이 왕릉을 찾아가거나 행차할 때, 또 사냥이나 연회의 목적으로 교외에 행차하였을 때 머무는 이궁(離宮) 역할도 하였다. 이규보는 천수사 문은 해마다 이별하는 곳이라 읊었으며, 이인로(李仁老)는 천수사의 경우 강남에서 황도(皇都)로 가는 이들은 반드시 그 아래서 쉬어가므로 수레와 말굽이 길을 메우고 어부의 노래와 초동의 피리소리는 끊이지 않는다고 언급하였다. 예종 때의 화가 이녕(李寧)이 「천수사남문도(天壽寺南門圖)」를 그려 왕의 칭찬을 받았다는 기록이 전한다.

천수원(天水院, 天壽院) 조선 초기 장단 소재 천수사(天壽寺) 터에 세운 역원(驛院)이다. 천수사는 개경 도성의 동쪽 밖 100보되는 거리에 있던 사찰이며, 개경과 남방을 연결하는 교통의 요지로 손님을 맞이하고 전별하는 장소로 이용되었다. 천수사는 조선 초 거의 파괴되어 농지로 변하였다가 숙박의 기능을 담당하는 '원'만이 남게 되었다.

천일대(天逸臺) 금강산 정양사(正陽寺) 앞에 있으며, 금강산의 경치가 전부 그 앞에 펼쳐진다고 한다.

천화사(天和寺) 장단(長湍)에 있던 고려 및 조선시대 사찰. 장단의 성동(城東)에 있다고 기록되어 있는데『신증동국여지승람』권12, 京畿 長湍都護府, 신증 고적) 일제강점기의 행정구역상 경기도 장단군(長湍郡) 진서면(津西面) 대원리(大院里)에 위치하고 있었다.

철리곶(鐵里串) 옛 개성 당두산(堂頭山) 지역 일대의 지형이다. 조선 전기의 문인 남효온(南孝溫, 1454~1492)이 당두산 지역 일대의 지형을 지칭한 명칭이다. 당두산은 현재의 북한 황해북도 개풍군 룡산리에 위치한 계두산(鷄頭山)을 지칭하며, 계두산 일대는 곶의 입지를 지녔다.

철원(鐵原) 현재 강원도 철원군으로 이어지는 고을. 고구려 때는 철원군(鐵圓郡) 또는 모을동비(毛乙冬非)라고 하였으며, 신라 경덕왕이 철성군(鐵城郡)이라고 하였다. 궁예(弓裔)가 태봉(泰封)의 수도로 삼았으며, 고려 태조 왕건이 919년(태조 2)에 수도를 송악으로 옮기고 동주(東州)로 삼았다. 1310년에 철원으로 바꾸었으며, 조선왕조에 들어와 1413년에 철원도호부로 삼고 1434년에 강원도에 편입시켰다. 1895년에 철원군이 되었으나, 20세기에 들어 남북 분단으로 말미암아 그 영역이 남한과 북한으로 갈라졌다. 남한의 철원군 이외에, 북한에도 철원군이 있다.

첨성대(瞻星臺) 고려시대 개경 만월대(滿月臺) 서쪽에 있던 천문을 관측하기 위한 누대이다. 고려 초에 만들어진 것으로 추정된다. 현재 개성특별시 송악동에 있으며, 북한 국보유적 131호로 지정되어 있다. 조선 후기 기록에서는 간의대(簡儀臺)와 이 누대를 동일한 것으로 추정하였다. 현재 이 시설은 화강암을 이용하여 축조된 석재구조물로 이루어져 있으며, 관측기구를 올렸을 것으로 추정되는 2.8m 높이의 축대만 남아 있는 상태이다. 2013년 유네스코 세계문화유산으로 등록된 개성역사문화지구 문화유산의 일부이다.

청교역(靑郊驛) 고려, 조선시대 개성의 보정문(保定門) 밖에 위치했던 역으로, 청교참(靑郊站)이라고도 한다. 보정문은 개성 나성(羅城)의 동쪽 방면 문이다. 고려시대의 청교역은 개경의 관문으로서 전국에서 가장 중요한 역으로, 중앙의 조정에서 각 지방으로 발송되는 공첩(公貼)을 전송하는 역할을 담당하였다. 조선시대『경국대전(經國大典)』에는 경기도 영서도(迎曙道) 소속의 역으로 편제되었다. 조선시대 청교역은 한양에서 개성을 거쳐 평안도의 평양과 의주 방면으로 향하는 간선 교통로 상에 위치하여 중시되었다.

청단역(靑丹驛) 『신증동국여지승람』에 따르면, 황해도 해주목(海州牧) 동쪽 40리에 있었던 찰방역이다.

청량동(淸涼洞) 개성 북쪽 천마산 청량봉 아래 있는 골짜기로 추정되는 곳이다.

청량봉(淸涼峰) 개성 천마산의 세 봉우리 중 하나. 청량봉 아래에는 지족암(知足菴)이 있었다.

청석동(靑石洞) 개성특별시 삼거리의 남쪽 청석골에 있는 마을이다. 청석골은 십여 리나 되는데, 구불구불하게 사린 긿 양쪽 벼랑의 가운데로는 큰 시냇물이 급류하고 있다. 16세기 임꺽정 무리의 중요한 근거지의 하나였다.

총수산(葱秀山) 황해북도 평산군 평산읍 소재지 서쪽에 있는 산으로, 지금은 금동산으로 부른다. 해발 523m이며, 나무가 우거지고 물이 좋아 산수가 아름답다.

총수점(蔥秀店)　　황해북도 평산군 총수산 근처에 있던 객관(客館).

총지동(摠持洞)　　고려시기 개경 동북쪽 탄현문 밖에 있던 마을. 총지사(摠持寺)가 있어서 마을 이름이 총지동으로 불린 것으로 여겨진다. 총지동은 영통동, 소릉동(韶陵洞)과 함께 사천(沙川)의 3대 발원지이다. 현재 위치는 개성특별시 용흥동 서북쪽이다.

추암(皺岩)　　개성 도성(都城) 동북쪽 2~3리 되는 곳에 있는 바위. 바위가 시냇가에서 있어 병풍 같고, 가로 지른 금이 있기 때문에 추암이라고 한다(『신증동국여지승람』권12, 京畿, 長湍都護府).

취적교(吹笛橋)　　경기도 장단군 진서면에 있었던 다리. 천마산, 성거산, 송악에서 흘러내리는 물의 합수처인 사천(沙川)에 만들어졌으며, 고려~조선 시대에 사용되었다. '신선이 피리를 불던 곳'이라 하여 이름이 붙여졌다는 이야기가 전해진다.

취적봉(吹笛奉)　　개성특별시 전재리에 있는 산 봉우리. 유호인의 「유송도록」에 '천수사 취적봉'이라 한 것으로 보아 천수사의 뒷산으로 추정된다. 취적봉 서쪽에는 취적교가 있다. 「통일뉴스」 2008년 1월 16일 보도에 따르면 북한에서 취적교를 발굴하였고, 아울러 그 동쪽 취적봉 서쪽 기슭에서 채석장도 발굴하였다고 한다.

탁타교(橐駝橋)　　원래 만부교(萬夫橋)라고 하며, 개경의 보정문(保定門) 안에 있는 다리이다. 926년 고려 태조가 거란에서 보내온 낙타 50필을 만부교 아래에 매어놓아 굶어 죽게 한 사건 이후로 탁타교라고 부르게 되었다.

탄령(炭嶺)　　→ 탄현(炭峴)

탄현(炭峴)　　개성특별시 룡흥동과 운학이동 경계에 있는 고려시대 개경 나성(羅城)의 탄현문(炭峴門)을 지나는 고개. 숯고개, 탄현문고개라고도 한다. 고려시대 개경 시내에서 귀법사(歸法寺)나 불일사(佛日寺), 현화사(玄化寺) 등 개경 동북쪽에 위치한 주요 사찰들을 왕래할 때 이 고개를 거쳐 지나갔다. 남효온(南孝溫, 1454~1492)이나 김창협(金昌協, 1651~1708)과 같은 조선시대 문인들의 개성 기행문에도 이 고개를 거쳐 귀법사를 왕래했다는 내용이 남겨져 있다.

탄현문(炭峴門)　　고려시대 개경 나성(羅城)의 남쪽 탄현 고개를 지나는 성문 이름. 이 고개의 정상부에 탄현문이 있었다. 고려시대 탄현문에는 검점군(檢點軍)으로 장교(將校)와 산직장상(散職將相) 각 1명, 군인 6명이 배치되었다.

태묘동(大廟洞)　　조선시대 개성 동부 소속의 마을 이름. 태묘리로도 불렸다. 고려시대 태묘가 있었던 곳으로 추정된다. 최근 북한에서 발간된 『고려도읍 개경의 민족유산-고려 건국 1100돐에 즈음하여-』에 따르면 2010년 2월에 평양건축종합대학과 고려박물관이 공동으로 태묘터를 발굴하였다고 한다.

태안사(泰安寺)   천마산과 성거산 사이 골짜기인 대흥동의 상류에 있던 대흥사의 위쪽에 위치했던 절.『신증동국여지승람』에 따르면 이곳이 고려 태조의 태실(胎室)이 었다고 한다.『신증동국여지승람』에는 절터만 있다고 기록되어 있으나, 이정구(李廷龜, 1564~1635)와 양경우(梁慶遇, 1568~?)가 이 절에 투숙한 적이 있는 것으로 보아, 조선 중기에도 폐사되지 않았던 것 같다.

태조 왕릉(太祖王陵)   고려 태조 왕건과 왕비 신혜왕후 유씨의 무덤. 황해북도 개풍군 해선리 만수산 기슭에 있고, 능호는 현릉(顯陵)이다.

태종대(太宗臺)   개성특별시 박연리의 관음굴(觀音窟) 위쪽에 있던 바위. 태종 이방원(李芳遠, 1367~1422)이 왕위에 오르기 전에 이곳에서 무예를 수련했다는 전설이 있다. 계곡 가운데 평평한 바위가 있었는데, 그 위는 백 명이 앉을 수 있을 만큼 넓었으며, 앞에는 물방울이 튀는 여울이 있었다. 조선 후기에 강세황(姜世晃)이 그린 그림이 남아 있다.

태종암(太宗岩)   → 태종대(太宗臺)를 말함.

태평관(太平館)   고려 말~조선시대까지 명나라 사신이 머물던 객관이다. 고려시대에는 정동행성의 정청에 객관을 마련하여 원나라 사신이 머물렀으며, 개성 내성의 서소문 밖 불은동(佛恩洞) 불은사(佛恩寺) 남쪽에 있었다. 이후 1393년(태조 2) 명나라 사신이 묵을 객관이 필요하여 태평관으로 이름을 고쳐 사용하였다. 조선이 수도를 한양으로 옮겨감에 따라 개성의 태평관도 폐지될 위기에 처했으나 개성이 명나라를 오가는 중요 거점이므로 건물은 유지되었다. 일제 강점기 인삼 전매국 개성출장소로도 알려져 있다. 개성의 태평관의 모습을 유추해 볼 수 있는 자료는 1612년 작품으로 추정되는 『송도사장원계회도병(松都四壯元契會圖屏)』(국립중앙박물관 소장)과 「송도용두회도(松都龍頭會圖)」(고려대박물관 소장)가 있다.

토교(土橋)   영통사 입구의 비화담(比花潭)에 놓인 흙으로 만든 다리. 고려시대 때 지맥(地脈)을 연결시키려고 시냇물 위로 쌓아 올렸다는 이야기가 전한다. 수각(水閣)이 있었다고 하지만 17세기에는 그 터만 남아 있었다. 조선시대에 문인들이 개성 명승지 중의 한 곳으로 꼽았다.

토령(土嶺)   옛 개성부 대흥산성(大興山城) 남문에 위치한 고개이며, 토현(土峴)이라고도 한다. 조선 전기의 지리서인『신증동국여지승람』에 따르면, 토령은 개성부 관아 북쪽 41리에 위치한다고 하였고, 우봉현(牛峯縣) 기록에는 우봉 금신동(金神洞)이라는 골짜기로부터 북쪽으로는 현화사(玄化寺)가 연결되고 서쪽으로는 토령을 넘는다고 하므로, 토령은 개성 북쪽의 천마산(天磨山) 기슭으로 파악된다.

토산현(兔山峴) 황해남도 연안과 배천 사이에 있는 고개.

통진(通津) 현재의 경기도 김포시 월곶면, 통진읍 등에 있었던 옛 고을. 신라 경덕왕 때 분진현이라 하였다가, 고려에 들어와 통진현이 되고, 안남도호부 수주의 소속 현이 되었다. 고려 말 공양왕 때 감무가 신설되었으며, 조선에 들어와 현감으로 바뀌었다. 1694년(숙종 20)에 통진도호부가 되었으나, 1914년 김포군에 합쳐졌다.

파주(坡州) 현재 경기도 파주시로 이어지는 고을. 고려 때의 파평현과 서원현을 통합하여 조선 개창 직후인 1393년에 원평군이 만들어졌다. 1415년(태종 15)에 원평도 호부가 되었다가 1459년(세조 5)에 왕비의 본향이라는 이유로 파주목으로 승격하였다. 고려시대 파평현은 개성부 소속이었으며, 서원은 원래 봉성이었는데 1387년에 서원으로 이름이 바뀌고 현령이 파견되었다. 조선시대 파주목은 경기도 관할 하에 있었다.

파주로 석인(坡州路石人) 경기도 파주시 광탄면 용미리에 있는 석불을 이야기하는 것으로 추정된다. 이 석물은 천연 암벽을 몸체로 삼아 그 위에 목과 머리, 갓 등을 따로 만들어 얹은 두 구(軀)의 거대한 불상이다. 보물 제93호이며, 보통 고려시대의 불상으로 보았으나 최근에는 명문과 양식을 근거로 조선 전기의 작품으로 보는 견해가 우세하다.

파지동(巴只洞) 개성 서쪽 곡령에 있는 지명. 고려 태조와 그의 비 신혜왕후 유씨의 능인 현릉이 송악산 서쪽 파지동 남쪽에 있다고 했는데, 이곳은 현릉리라고도 했다. 이곳에는 송상현(宋象賢, 1551~1592)의 선영이 있었다. 개풍군 중서면 곡령리 일대로 추정된다. 현재의 위치는 황해북도 개풍군 해선리이다.

판적교(板積橋) 조선시대 개성부(開城府) 동쪽 경계에 있던 다리. 판적교 또는 판문교(板門橋), 판문평(板門平) 등으로 불렸으며, 현재의 판문점 일대이다. 한양에서 개성으로 갈 때 파주(坡州)를 지나면서 경유하는 지점이었다. 1750년대 초에 제작된 것으로 추정되는 『해동지도(海東地圖)』의 「장단부지도」에는 '판적교'로, 1760년경 편찬된 『여지도서(輿地圖書)』 장단부 교량조에는 '판문교'로 기록되어 있다.

팔각전(八角殿) 고려 후기 공민왕(恭愍王) 때 개경 이현(泥峴)의 화원(花園) 안에 건설된 2층 전각. 공민왕이 2층으로 팔각전을 세우고 주위에 화초를 심어서 화원(花園)을 만들어 잔치하고 놀이하는 장소로 삼았다. 그후 1388년(우왕 14) 위화도(威化島)에서 회군(回軍)한 이성계(李成桂)가 우왕과 함께 숨어있던 최영(崔瑩)을 붙잡은 장소이기도 하다. 개성특별시 동흥동 자남산 아래에 위치한 것으로 알려져 있다.

팔선궁(八仙宮) 조선 초 개성 송악산 정상에 있던 신당. 『신증동국여지승람』에는 팔선궁이 송악산 정상에 있다고 기록하고 있다. 조선 초 유호인은 「유송도록」에서 송악산 정상에 있는 대왕당과 성모당을 팔선궁으로 보았다. 보통 8선은 중국 신화의 전설적인 도교 선인 8명을 가리킨다. 고려시기 팔선과 관련된 기록으로는 『고려사』 묘청열전(권127)에 묘청이 인종을 설득하여 임원궁에 성을 쌓고 궁 안에 팔성당을 설치하였다는 기록이 있다. 이어지는 정지상의 제문에는 팔성을 팔선으로도 표현하였다. 조선 초 송악산 정상의 신당에 대해서는 유호인이 자세히 묘사하였다.

평강(平康) 현재 북한 강원도 평강군으로 이어지는 고을. 신라 경덕왕 때에 광평현이라 하였으며, 고려에 들어와 1018년(현종 9)에 평강현으로 이름을 바꾸고 동주(東州)의 속현이 되었다. 1172년(명종 2)에 하급 지방관인 감무를 두었다가, 후에 폐지하고 김화의 감무가 겸임하였다. 1389년(공양왕 1)에 감무를 다시 따로 두었다. 조선에 들어와 강원도 소속이 되었으며, 감무는 현감으로 바뀌었다.

평산(平山) 현재의 북한 황해북도 평산군으로 이어지는 고을. 신라 경덕왕 때 영풍군이라 하였다가, 고려 초에 평주라 하였다. 995년(성종 14)에 방어사를 두었다가 1018년(현종 9)에 지주사(知州事)가 임명되었다. 조선에서는 황해도 관할 하의 고을이 되었으며, 1413년(태종 13)에 평산이라 이름을 바꾸고 도호부가 되었다.

풍덕(豊德) 현재의 북한 개성특별시 개풍군에 위치하고 있던 조선시대의 고을. 본래 고구려 정주(貞州)이며, 1010년(현종 9)에 개성현에 예속시켰다. 1108년 (예종 3)에 승천부(昇天府)가 되었다가, 1310년(충선왕 2) 강등되어 지해풍군사(知海豊郡事)가 되었다. 조선왕조에 들어와 1413년(태종 13)에 개성부에 합쳐졌다가 1418년에 다시 복구되었다. 1442년에 덕수현(德水縣)을 합병하여 풍덕으로 이름을 바꾸었으며, 1649년 왕비의 관향(貫鄕)이라 하여 풍덕도호부로 승격되었다. 1914년 군면 폐합으로 폐지되어 개성군에 병합되었다가 1930년에 송도면이 개성부로 승격되면서 개풍군에 속하게 되었다.

풍덕사(豊德寺) 조선시대에 개성이나 그 근방에 있었던 절로 추정. 정확한 위치를 알 수 없다. '풍덕사'란 명칭은 당(唐) 장안(長安)의 종남산(終南山)에 있던 사찰 이름인 풍덕사, 혹은 개성 동남쪽에 있었던 풍덕군(혹은 풍덕부)에서 유래했을 것으로 추정한다.

풍덕향교(豊德鄕校) 풍덕군 동쪽 1리에 있던 향교. 1535년(중종 30)에 호종하던 당상관 중에서 풍덕향교에 제사 지낼 헌관(憲官)을 뽑아 보내라는 기록이 있으므로(『중종실록』 권80, 중종 30년 9월 13일), 조선 중기 이전에 풍덕향교가 설치되었음을 알 수 있다.

풍악산(楓嶽山) 금강산의 다른 이름이다.

풍우교(楓友橋) 개성 남대문 밖에 있으며, 배천[白川] 위에 놓여진 다리이다.

풍천(豐川) 현재의 북한 황해남도 과일군 지역에 있던 옛 고을. 고려 초에 풍주라 하였으며, 995년(성종 14)에 도호부로 승격되었다가, 1018년(현종 9)부터는 방어사가 임명되었다. 조선에서는 황해도 관할 하의 고을이 되었으며, 1413년(태종 13)에 풍천군이 되었다. 1469년(예종 1) 풍천도호부로 승격되었다. 1909년 송화군에 합병되었으나, 1967년 옛 풍천의 영역에 황해남도 소속의 과일군이 생겼다.

하연(下淵) → 고모담(姑姆潭)

한수(漢水) 한강으로 태백산맥에서 발원하여 강원도·충청북도·경기도·서울특별시를 동서로 흘러 서해로 흘러들어가는 강이다. 북한강과 남한강의 두 물줄기가 남양주에서 합류하며, 총길이는 514㎞이다.

한천사(寒泉祠) 개성 용수산의 북쪽 한천(寒泉)이라는 샘 위쪽에 있었던 사당. 주자의 진영을 모시고 안향, 권부(權溥), 이색, 한수(韓脩) 네 성리학자를 배향했다. 안향이 주자의 무이정사(武夷精舍)를 본떠 건물을 짓고 주자 진영을 봉안한 후 아침저녁으로 배알한 데서 유래하였다. 안향 사망 후 이를 물려받은 권부는 주자의 『사서집주(四書集註)』를 간행하고 이곳에서 여러 선비들과 모여 강론하였다고 한다. 그 후 시간이 지나면서 황폐해졌는데, 19세기 초에 개성 유림들이 주도하여 다시 건립하였고, 송시열이 추가 배향되었다. 그러나 대원군의 서원 철폐 때 훼철되었으며, 1903년 그 터에 단(壇)을 설치하였다.

해주(海州) 현재의 북한 황해남도 해주시로 이어지는 고을. 신라 경덕왕 때에 폭지군이라 하였으며, 고려 태조 때에 해주(海州)라고 고쳤다. 983년(성종 2) 12목을 설치할 때 그중 하나가 되었다. 995년(성종 14)에는 절도사가 임명되었다가 1012년(현종 3)에 폐지되었다. 1018년(현종 9)에 해주 안서도호부가 되었으며, 1122년(예종 17)에는 대도호부로 승격되었다가, 1247년(고종 34)에 해주목이 되었다. 조선에서도 그대로 해주목으로 이어졌으며, 황해도 관할 하에 있었다.

향양리(向陽里) 경기도 파주 관할의 지명이자 행정구역명. 1789년에 발간된 자료인 『호구총수』에 의하면, 파주 칠정면 소속의 리로 기록되어 있다. 현재 경기도 파주시 파주읍 향양리로 이어진다. 향양리에는 성수침과 성혼 부자의 묘소가 있다.

현릉(玄陵) 고려 제31대 왕인 공민왕(恭愍王)의 능. 북한 개성특별시 해선리 봉명산 무선봉의 산 중턱 남쪽 능선에 왕비릉인 정릉과 함께 쌍릉을 이루고 있다. 서쪽에 있는 것이 현릉이고, 동쪽에 있는 것이 정릉이다. 일제시기에 여러 차례 도굴되었고, 이후 수십 년간 방치되었다가 1956년에 비로소 보수 공사를 하였다. 이때 묘실 내부를 조사하면서 벽화를 모사하여 개성 성균관에 설치된 고려박물관에 전시하고 있다. 정릉은 아직 능 내부가 발굴되지 않은 것으로 알려져 있다. 현릉 아래에서 동쪽으로 좀 떨어진 곳에 '광통보제선사비(국보유적 제152호)'가 있다.

현화사(玄化寺)　황해북도 장풍군 월고리 영축산(靈鷲山, 혹은 영취산이라 부르기도 함) 남쪽 기슭에 있었던 절. 현종이 자신의 부모인 안종 욱과 헌정왕후 황보씨의 명복을 빌기 위한 진전(眞殿)으로 1018년(현종 9) 공사를 시작하여 1021년(현종 12) 낙성했다. 현종 사후에는 현종의 진전사원이 되었다. 고려 중기 의종 때에는 국왕이 자주 이어하기도 했다. 충렬왕 때 수리했고, 임진왜란 때 다시 병화를 입어 거의 폐허가 되었다. 조찬한(趙纘韓)이 1605년에 쓴 「유천마성거양산기」에는 터만 남은 곳에 불전을 다시 세우는 상황이 기록되어 있으나 17세기 전반에 폐사된 것으로 추정된다. 현재 절터에 당간지주와 돌다리가 남아 있고, 창건 당시 건립한 현화사비(玄化寺碑)와 칠층석탑은 개성특별시 고려박물관에, 석등은 서울 용산의 국립중앙박물관에 남아 있다.

혜산(惠山)　중국 강소성 무석(無錫) 지방에 있는 산. 여기에 물이 맑고 청량하기로 유명한 이천(二泉)이라는 샘이 있다. 다성(茶聖) 육우(陸羽)가 이천이라는 이름을 붙였다고 한다.

호곶(壺串)　개성 동남쪽 동강 근처의 지명. 고려 말 우왕이 누각을 세우고 자주 방문하여 사냥과 승마, 그리고 각종 유희를 즐기던 곳이다. 우왕은 호곶에 누각을 짓고, 봉천선(奉天船)을 타고 동강에서 물놀이를 벌였다고 한다. 호곶의 위치에 대해서는 『신증동국여지승람』에는 장단 관아 남쪽 35리 지점에 호곶교가 있으며, 그곳에는 목장이 설치되어 있다는 기록이 참고된다. 『신증동국여지승람』 편찬 당시에 장단 관아는 현재 황해북도 장풍군 고읍리에 있었다.

홍제원(弘濟院)　서울특별시 서대문구 홍제동 지역에 있었던 원. 서울에서 의주 방면으로 가는 의주로의 첫 번째 원이었으며, 공관과 누각 등의 건물이 1895년(고종 32)까지 남아 있었다.

화개산(華蓋山)　인천광역시 강화군 교동면 고구리에 있는 산(높이 269m). 『신증동국여지승람』에 화개산을 읊은 이색의 시가 전한다. 화개산에는 화개산성(향토유적 제30호)과 봉수지가 있다.(『한국지명유래집 중부편』)

화곡(花谷)　개성특별시 용흥동의 지역으로, 화담 서경덕이 머물렀다고 전해지는 곳. 뒷산마루에는 서경덕의 무덤이 있다.

화담(花潭)　서경덕이 화담에 거주하였고 화담서원도 그곳에 세웠다고 한 것으로 볼 때, 경기도 개풍군 영남면 현화리에 있는 못이다. 정자와 누대, 연못의 섬, 언덕 등을 인공으로 만들었으며, 이 산에 두견화(杜鵑花)가 많아 못물에 붉게 어리비치기 때문에 화담이란 이름이 생겼다고 한다. 두 산이 담벼락처럼 우뚝 서 있고, 원통사(圓通寺)를 기점으로 뭇 골짜기에서 내려온 물줄기들이 모여 큰 시내를 이루어 못으로 떨어졌다. 강세황(姜世晃, 1713~1791)이 1757년에 그린 『송도기행첩(松都紀行帖)』에도 화담(花潭) 그림이 두 번째로 게재되어 있다.

화담서원(花潭書院) → 화곡서원(花谷書院). 황해북도 개풍군 영남면 현화리의 화담(花潭) 옛터에 있었던 서원. 서경덕(徐敬德)·박순(朴淳)·민순(閔純)·허엽(許曄)을 추모하기 위해 1609년(광해군 1)에 개성 사림이 주도하여 창건하였다. 이 해에 '화곡'이라 사액되었으며, 숙종과 영조가 친히 행차하였다. 1871년(고종 8) 서원 철폐 때 없어졌다.

화산(花山) 강화도의 별칭. 고려 후기 최자가 「삼도부」(『동문선』 권2)에서 강도를 묘사하면서 '중유화산(中有花山)'이라 하였는데, 이것은 바다 가운데 화산 곧 강도가 있다는 의미이다. 또 이곡의 「차강화군(次江華郡)」(『가정집』 권15)에서도 '도화산흥미휴(到華山興未休)'라고 하여 강화도를 '화산(華山)'으로 표현하였다. 이 밖에 이색이 서울의 삼각산을 화산으로 묘사한 시도 있다.(『목은집』 목은시고, 권19, '망삼각산상운(望三角山上雲)')

화석정(花石亭) 경기도 파주시 파평면 율곡리 산100-1에 있는 조선시대 정자. 1443년(세종 25)에 이명신(李明晨)이 건립하였고, 1478년(성종 9)에 이숙함(李淑瑊)이 화석정이라 명명하였다. 이명신의 증손인 이이(李珥)가 중수하였다. 정자에서 장단 쪽을 향하면 바로 밑을 흐르는 임진강을 굽어볼 수 있고, 서울의 삼각산과 개성의 오관산이 보인다. 임진왜란 때 불타 없어진 후 1673년(현종 14)에 중건하였는데, 한국전쟁 때 다시 소실된 것을 1966년 다시 복원하였다. 경기도유형문화재 제61호.

화원(花園) 고려시대 개경 이현(泥峴)에 조성된 이궁이다. 1373년(공민왕 22)에 화원의 팔각전(八角殿)을 조성하고, 주변에 가산(假山)과 화분 등으로 화려하게 조경을 하였는데, 환관 김사행(金師幸, ?~1398)이 관장하여 건설하였다. 이후 공민왕대~우왕대에 자주 활용되어, 1388년(우왕 14) 위화도회군 때 우왕과 최영(崔瑩, 1316~1388) 등이 최후까지 거점으로 삼아 저항하였던 장소이기도 하였다. 조선 건국 후에도 태조(太祖)가 개경에 머물고 있을 때 여러 차례 수리되고 활용되었다. 태조대 이후 쇠락하기 시작하여, 1470년대 중반 무렵에는 팔각전 전각도 붕괴되었다.

화장사(華藏寺) 개성의 보봉산(寶鳳山)에 위치하고 있던 절. 지공(指空)이 창건하였다(『신증동국여지승람』 권12, 京畿, 長湍都護府)고 하나, 1115년(예종 10) 원명국사(圓明國師)의 천거에 의해 서경 출신의 교웅(敎雄)이 삼중대사를 제수 받고 화장사에 거처한 기록이 나오므로 고려 중기 이전에 창건되었다고 보아야 한다. 공민왕 때에 옛 계조암(繼祖庵) 터에 중건하였다.

화장사(花庄寺) → 화장사(華藏寺)

황교(黃橋) 개성 나성의 서쪽 성문인 선의문 밖에 있었던 다리. 『고려고도징』에는 오정문 밖에 있다고 하였는데, 오정문은 선의문의 다른 이름이다. 1217년(고종 4)

거란병이 선의문까지 쫓아와서 황교를 불사르고 퇴각하여 조야가 크게 놀랐다는 기록이나 1358년(공민왕 7) 이제현이 상소하여 "여고(余古)·차라대(車羅大)가 황교에 군대를 주둔시키고도 개경으로 쳐들어올 수 없었던 것은 현종 20년(1029)에 개경에 성곽을 쌓았기 때문"이라는 기록을 통해 볼 때 황교는 도성의 서쪽으로 들어오는 가장 가까운 지점에 놓였던 다리임을 알 수 있다. 송도 팔경 중에 '황교의 저녁노을[黃橋晩照]'이 포함되어 있다.

황련암(黃蓮庵) 개성 성거산에 있던 절이다.

황주(黃州) 현재의 북한 황해북도 황주군으로 이어지는 고을. 신라 헌덕왕 때 취성군이 되었으며, 고려 초에 황주가 되었다. 983년(성종 2)에 설치된 12목 중의 하나였고, 995년(성종 14)에는 절도사가 임명되었다. 1012년(현종 3)에는 절도사 대신 안무사를 임명하였다. 1018년(현종 9)에 황주목이 되었다. 조선에서는 황해도 관할 아래에 있었으며, 그대로 황주목이라 하였다.

회란석(廻瀾石) 비 1567년(명종 22)에 황해북도 금천군 금천읍 서남쪽 오조천 기슭에 세운 비석으로, 영수병(映水屛)의 아름다운 풍경이 시구 형식으로 새겨져 있다.

회령(檜嶺) 개성특별시 용흥동 동북쪽 보봉산(寶鳳山) 화장사(華藏寺) 터의 서쪽에 위치한 고개.

회창문(會昌門) 개경 나성의 성문.『송경광고』에는 나성의 동북쪽 성문인 탄현문의 이칭으로 기록되어 있다.

회현(檜峴) 개성 북쪽에 있는 고개. 조선 초 개성을 답사한 유호인(兪好仁, 1445~1494)은 이 길을 따라서 박연폭포로 갔다.『송경광고』에 따르면 행인들이 이 고개에 이르면 다리를 절게 되기 때문에 건현(蹇峴)이라 부르기도 했다 한다.『해동지도(海東地圖)』 송도에는 천마산 서쪽 봉우리인 문수봉과 보현봉 서쪽에 건현이 표시되어 있다.

후릉(厚陵) 조선 제2대 왕 정종(定宗)과 왕비인 정안왕후(定安王后 : 1355~1412)의 능. 개성에 있다.

흥국사(興國寺) 고려시대 개경 광화문(廣化門) 동남쪽에 있던 사찰이다.『삼국유사(三國遺事)』 왕력 태조에 따르면 924년(태조 7)에 창건되었다. 영준(英俊)이 946년(정종 1) 흥국사 관단(官壇)에서 수계한 사실이 있고, 1021년에 강감찬이 흥국사에 탑을 조성한 사실이 확인된다. 1046년(문종 즉위년) 문무백관이 이 절에 모여 국가의 안녕을 비는 대법회를 가진 이래, 이곳에서 각종 도량(道場)을 여는 것을 항규(恒規)로 삼았다. 궁성 가까이 위치하여 국사와 관련한 일을 처리하기위한 장소로 꾸준히 이용된다. 이후 폐사된 시기는 잘 알려지지 않는다.

흥성사(興聖寺)   오관산 영통사 북쪽에 있는 절. 『牧隱文藁』 권2, 「오관산흥성사전장법회기문(五冠山興聖寺轉藏法會記文)」에 의하면 태조 왕건의 증조 작제건(作帝建)의 외조부인 보육(寶育)이 살던 곳을 태조 왕건이 사원으로 희사해 숭복(崇福)이라 하였다고 한다. 1125년(인종 3) 3월에 숭복원(崇福院)을 흥성사로 개편하였다. 그 후 병화로 소실되었다가 1368년(공민왕 17) 노국공주의 원당이 된 후로부터 고려 말에 거대한 총림이 되었다.

희우정(喜雨亭)   조선 세종의 형인 효령대군(孝寧大君)의 별서(別墅)에 1425년(세종 7)에 지은 정자. 세종이 이곳을 행차하여 연회를 베푸는 중 마침 비가 내려 주변의 들판을 적시자, 정자를 짓고 희우정이라고 이름 지었다고 한다. 그 위치는 양화나루 동쪽 언덕이다. 1484년(성종 15) 성종의 형인 월산대군(月山大君)이 고쳐 짓고 망원정(望遠亭)으로 이름을 바꾸었다. 현재 망원정의 옛 터는 서울특별시 시도기념물 제9호로 지정되어 있으며, 서울시 마포구 합정동에 위치한다. 정자가 새로 세워져 있다.

편자 |

한국역사연구회 개경사연구반

역주자 | 가나다순
  김순자 | 전 중국 정주경공업대학
  박종진 | 숙명여자대학교
  박진훈 | 명지대학교
  서성호 | 전 국립중앙박물관
  신안식 | 가톨릭대학교
  안병우 | 한국학중앙연구원
  이혜옥 | 문학박사
  장지연 | 대전대학교
  전경숙 | 숙명여자대학교
  정요근 | 서울대학교
  정학수 | 인천문화재단
  홍영의 | 국민대학교

역주 조선시대 개성유람기
한국역사연구회 개경사연구반 편

초판 1쇄 발행 2021년 2월 20일

펴낸이 오일주
펴낸곳 도서출판 혜안

등록번호 제22-471호
등록일자 1993년 7월 30일

주 소 ⑨04052 서울시 마포구 와우산로 35길 3(서교동) 102호
전 화 3141-3711~2
팩 스 3141-3710
이메일 hyeanpub@hanmail.net

ISBN 978-89-8494-655-2 03910

값 20,000 원